UTB **1458**

W0176461

Eine Arbeitsgemeinschaft der Verlage

Wilhelm Fink Verlag München
A. Francke Verlag Tübingen und Basel
Paul Haupt Verlag Bern · Stuttgart · Wien
Hüthig Fachverlage Heidelberg
Verlag Leske + Budrich GmbH Opladen
Lucius & Lucius Verlagsgesellschaft Stuttgart
Mohr Siebeck Tübingen
Quelle & Meyer Verlag Wiebelsheim
Ernst Reinhardt Verlag München und Basel
Ferdinand Schöningh Verlag Paderborn · München · Wien · Zürich
Eugen Ulmer Verlag Stuttgart
Vandenhoeck & Ruprecht Göttingen und Zürich
WUV Wien

Grundwissen der Ökonomik

Betriebswirtschaftslehre

Herausgegeben von

F. X. Bea, Tübingen

E. Dichtl, Mannheim

M. Schweitzer, Tübingen

Franz Xaver Bea / Jürgen Haas

Strategisches Management

3., neu bearbeitete Auflage

mit 119 Abbildungen

Lucius & Lucius · Stuttgart

Anschrift der Autoren:

Prof. Dr. Franz Xaver Bea　　　　　　Dr. Jürgen Haas
Lehrstuhl für Betriebswirtschaftslehre,　Küferring 66
insbesondere Planung und Organisation,
Universität Tübingen　　　　　　　　53340 Meckenheim
Sigwartstr. 18
72076 Tübingen

1. Auflage 1995
2. Auflage 1997, ND 1999

Die Deutsche Bibliothek – CIP-Einheitsaufnahme

Bea, Franz Xaver:

Strategisches Management / Franz Xaver Bea; Jürgen Haas. – 3., neu
bearb. Aufl. – Stuttgart : Lucius und Lucius, 2001

   (UTB für Wissenschaft : Uni-Taschenbücher ; 1458)
   (Grundwissen der Ökonomik : Betriebswirtschaftslehre)
   ISBN 3-8252-1458-31 (UTB)
   ISBN 3-8282-0164-4 (Lucius & Lucius)

NE: Haas Jürgen:; UTB für Wissenschaft / Uni-Taschenbücher

© Lucius & Lucius Verlagsgesellschaft mbH Stuttgart 2001
   Gerokstr. 51, D-70184 Stuttgart

Druck und Einband: Clausen & Bosse, Leck
Einbandgestaltung: Atelier Reichert, Stuttgart
Printed in Germany

UTB-Bestellnummer: ISBN 3-8252-1458-3

Vorwort der Herausgeber

Für die Studierenden im Anfänger- wie im Fortgeschrittenenstadium ist es erfahrungsgemäß eine große Hilfe, wenn ihnen ein Teilgebiet eines Faches in einer knappen, systematisch aufbereiteten und leicht fasslichen Form dargeboten wird. Gleichzeitig müssen sie die Gewissheit haben, dass die wichtigsten Inhalte in einer Weise abgedeckt sind, die den jeweiligen Prüfungserfordernissen Rechnung trägt.

Diesem Ziel dienen die Uni-Taschenbücher (UTB), die wir in der Reihe «Grundwissen der Ökonomik: Betriebswirtschaftslehre» bei der «Lucius & Lucius» Verlagsgesellschaft mbH, Stuttgart herausgeben. Die Themen der einzelnen Bände sind so gewählt, dass davon der gesamte Wissensbereich der modernen Betriebswirtschaftslehre erfasst wird.

Als Autoren konnten Hochschullehrer gewonnen werden, die dank der Verschiedenheit von Alter, Herkunft und Wissenschaftsauffassung die Gewähr dafür bieten, dass der Charakter der Reihe von keiner bestimmten Schulrichtung geprägt, sondern ein getreues Abbild der Wissenschaftsvielfalt in der Betriebswirtschaftslehre geboten wird.

Eine Besonderheit der Reihe besteht im Übrigen darin, dass Bände, bei denen es sich vom Gegenstand her anbietet, durch Arbeitsbücher ergänzt werden. Diese Studienhilfen dienen vor allem der Vertiefung theoretischer Erörterungen, der Einübung von Wissen und der Anwendung des Erlernten auf praktische Fälle. Außerdem sind sie ein nützliches Instrument für eine wirksame Lernkontrolle. Mit diesem Konzept ist zugleich die Chance verbunden, die Tätigkeit von Dozenten didaktisch zu unterstützen und sie von Arbeiten zu befreien, deren Erledigung zwangsläufig zu Lasten vordringlicher Aufgaben ginge.

Abschließend sei noch darauf hingewiesen, dass Teil der Reihe eine «Allgemeine Betriebswirtschaftslehre» in drei Bänden ist, die, von einem Expertenteam verfasst, die Klammer um die einzelnen Titel bildet. Die positive Aufnahme, die diese am Markt gefunden hat, führte bereits nach kurzer Zeit zu zahlreichen Neuauflagen. Gelegenheiten, die von Autoren und Herausgebern immer wieder für Erweiterungen und Verbesserungen genutzt werden.

Tübingen, August 2000

F. X. Bea
M. Schweitzer

Einführung

1 Zielgruppe und Aufbau

Dieses Buch ist für **drei Zielgruppen** geschrieben:

(1) **Studenten**, die sich

- mit den Grundlagen und den vertiefenden Aspekten des Strategischen Managements insgesamt oder
- mit einzelnen Elementen des Strategischen Managements gezielt auseinandersetzen wollen.

(2) **Praktiker**, die eine Auffrischung bzw. eine Aktualisierung ihres Wissensstandes zum Strategischen Management anstreben.

(3) **Forscher**, die durch kritische Reflexion der hier vertretenen Konzeption vom Strategischen Management Impulse für die Weiterentwicklung ihres Forschungsgebietes erhalten können.

Die vorliegende Arbeit besteht aus **sieben Teilen**. Im ersten Teil wird das Fundament für dieses Buch gelegt. Der Identifikation des **Gegenstandes** des Strategischen Managements folgt eine Beschreibung der **Aufgaben** des Strategischen Managements. Die Aufgaben lassen sich nur dann lösen, wenn eine **Theorie** zur Verfügung steht. Diese Theorie wird im Rahmen der Strategieforschung erarbeitet. Es werden daher die wichtigsten Ansätze der Strategieforschung dargestellt.

In den folgenden Teilen 2 bis 7 werden die einzelnen Bausteine der Konzeption des Strategischen Managements behandelt. Neben einer ausführlichen und fundierten Darstellung der jeweiligen spezifischen Inhalte wird ein besonderes Augenmerk auf ihre Integration in das Gesamtkonzept des Strategischen Managements gerichtet. Folgende **Bausteine** werden beschrieben:

- Strategische Planung,
- Strategische Kontrolle,
- Information,
- Organisation,
- Unternehmenskultur,
- Leistungspotenziale.

Der integrative Charakter der Konzeption des Strategischen Managements wird durch die folgende Abbildung zum Ausdruck gebracht. Sie führt als «Logo» durch das Buch und leitet den jeweiligen Teil ein.

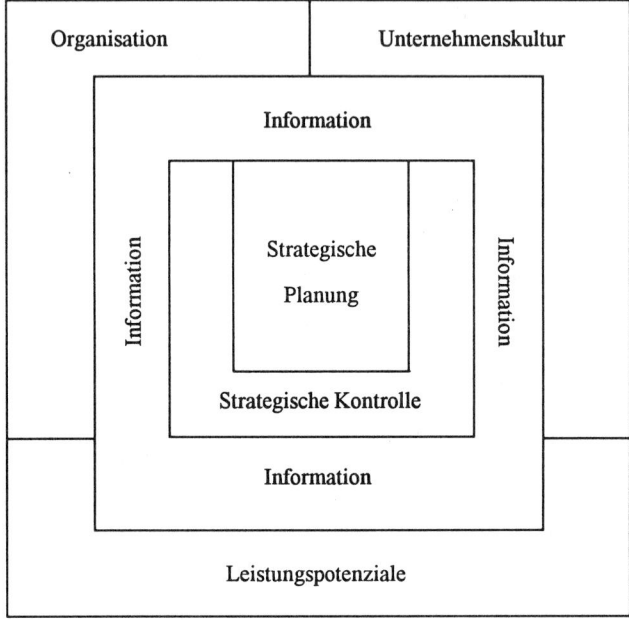

Jeder Teil wird mit einer Zusammenfassung abgeschlossen. Am Ende des Buches findet sich ein kurzer Ausblick auf mögliche zukünftige Entwicklungen auf dem Gebiet des Strategischen Managements.

2 Empfehlungen für die Benutzung

Wir haben uns zum Ziel gesetzt, das Spektrum des Strategischen Managements in seiner ganzen Breite aufzuzeigen und die einzelnen Aspekte und Elemente in eine geschlossene Konzeption einzufügen. Trotz der Geschlossenheit ist es für den Leser ohne weiteres möglich, einzelne Teile, bspw. Organisation oder Unternehmenskultur, separat und isoliert zu bearbeiten. Da zu Beginn jedes Teils seine strategische Bedeutung im Gesamtrahmen der Konzeption des Strategischen Managements erläutert wird, kann trotz **Quereinstieg** der Gesamtzusammenhang erfaßt werden. Wir empfehlen dem Leser in diesem Fall dennoch, vorab den Abschnitt 2.2 in Teil 1 zu lesen, um sich mit der Fit-Konzeption des Strategischen Managements vertraut zu machen.

Um das Lernen mit diesem Buch interessanter und effizienter zu gestalten, möchten wir dem Leser folgende **Anregungen** und **Hinweise** geben:

(1) Die einzelnen **Teile** weisen die folgende **identische Struktur** auf:

- **Einführung** durch
    - ein «Logo» (mit Ausnahme von Teil 1) und einen Kurzausblick,
    - eine Detailgliederung und
    - aktuelle Beispiele aus der Unternehmenspraxis.

- **Hauptteil** mit optischer Hervorhebung von Definitionen und Kernaussagen, weiteren Praxisbeispielen und einer Zusammenfassung.

- **Schluß** mit
    - Fragen zur Wiederholung, die anhand der Abschnittsangaben eine Überprüfung des Wissens ermöglichen,
    - Fragen zur Vertiefung, die dem interessierten Leser weitere Zusammenhänge und offene Probleme erschließen und
    - Literaturempfehlungen, welche die wichtigste Literatur zum intensiven Studium sachlich geordnet umfassen.

(2) **Lernen Sie nicht auswendig**, sondern versuchen Sie zu verstehen. Die Fragen zur Wiederholung und zur Vertiefung sowie die Beispiele aus der Unternehmens praxis sollen dieses Verstehen unterstützen und erleichtern.

3 Veränderungen gegenüber der 2. Auflage

Die Neuauflage haben wir genutzt, um das Lehrbuch auf den neuesten Stand des Wissens zu bringen. Neben einer Aktualisierung von Zahlen und Fakten haben wir vor allem aktuelle Diskussionen aufgegriffen und verarbeitet. Zu nennen sind u.a. folgende Themen: Shareholder Value, Balanced Scorecard, Wissensmanagement, virtuelle Unternehmung, Netzwerkorganisation, Desinvestitionsstrategien, Going Public, Kennzahlen, Non-Profit-Organisationen.

4 Die Verfasser

Das Buch wurde von uns in mehrjähriger Teamarbeit geschrieben. Wenngleich zunächst Schwerpunkte bei der Bearbeitung der einzelnen Teile gesetzt wurden, so ist das Endprodukt letztlich doch ein Gemeinschaftswerk geworden.

Dieses Buch basiert auf Erfahrung, die in einer langen Reihe von Lehrveranstaltungen mit Studenten und Seminaren mit Praktikern gesammelt worden ist. Wichtige Erkenntnisse lieferte uns auch eine Vielzahl von theoretisch wie empirisch ausgerichteten Diplomarbeiten und Dissertationen, die wir im Laufe der letzten Jahre betreut haben. Schließlich baut dieses Buch auf der inzwischen reichhaltigen Literatur zum Strategischen Management auf. Insofern ist es notwendig, den Kreis der Verfasser weiter zu ziehen und ihnen allen zu danken.

Herzlichen Dank sprechen wir auch Frau Privatdozentin Dr. Elisabeth Göbel, den Herren Dipl.-Kfm. Jochen Schellinger, Dr. Steffen Scheurer und Dipl.-Kfm. Martin Weinmann für die kritische Durchsicht des Manuskripts aus. Frau Heide-Lore Schnitzler und Herrn stud. rer. pol. Tobias Kamm danken wir für ihren großen Einsatz und ihre Sorgfalt beim Schreiben bzw. Setzen des Manuskripts sowie Frau stud. rer. pol. Sabine Hesselmann für die Durchsicht aus studentischer Perspektive Schließlich danken wir Herrn Dr. von Lucius für die langjährige verlegerische Betreuung unserer Arbeit.

Wir hoffen, daß es uns gelungen ist, ein den Anforderungen der einzelnen Zielgruppen genügendes Buch zu verfassen. Für Hinweise und Verbesserungsvorschläge jeglicher Art bedanken wir uns im voraus.

Adresse:

Lehrstuhl für Betriebswirtschaftslehre, insbesondere Planung und Organisation, Universität Tübingen, Sigwartstr. 18, 72076 Tübingen, Tel.: 07071/297-5256, Fax: 07071/551994, e-mail: franz-xaver.bea@uni-tuebingen.de

Franz Xaver Bea (geb. 1937): Inhaber des Lehrstuhls für Betriebswirtschaftslehre, insbesondere Planung und Organisation, an der Universität Tübingen. Forschungsschwerpunkte: Strategisches Management, Organisation.

Jürgen Haas (geb. 1965): Von 1992 bis 1995 Mitarbeiter am Lehrstuhl von Professor Bea, Forschungsschwerpunkt: Management des Wandels von Unternehmungen. Seit 1996 in der Zentrale der Deutschen Telekom AG, Bonn. Arbeitsschwerpunkte: Prozessorganisation, Marketingplanung, Konzernstrategie.

Inhaltsübersicht

Einführung

Inhaltsverzeichnis

Teil 1: Grundlagen

- Die Unternehmensumwelt hat sich in den letzten Jahren rasch und grundlegend verändert. Dieser neuen Wirklichkeit verdankt das Strategische Management seine Existenz.

- Eine passive Reaktion auf Umweltveränderungen führt erfahrungsgemäß nicht zum Erfolg. Eine Erfolg versprechende, aktive Gestaltung der Unternehmung und ihrer Beziehungen zur Umwelt kann nicht ausschließlich intuitiv erfolgen, sondern muss rational vollzogen werden. Dies ist die Aufgabe des Strategischen Managements.

- Der Einsatz des Strategischen Managements bedarf der theoretischen Fundierung. Theoretische Aussagen werden auf der Basis von verschiedenen Ansätzen der Strategieforschung gewonnen.

Inhalt

Beispiele aus der Unternehmenspraxis:

(1) Strategische Herausforderungen in einem wachsenden Markt: Telekommunikation, Multimedia und Internet

Die Märkte Telekommunikation, Multimedia und Internet weisen seit Jahren **höchste Wachstumsraten** *auf, ohne dass ein Ende absehbar wäre. Daneben kommen weitere Herausforderungen auf die Unternehmen dieser Branche zu: Verschmelzung von Technologien und Märkten, Globalisierung von Märkten und Marktbeziehungen und Konzentrationsdruck auf der Anbieterseite. Die* **Deutsche Telekom**, *die es in einem Maße verstanden hat, als ehemalige Behörde und einstiger Monopolist auf all diesen Märkten inzwischen gute und sehr gute Positionen einzunehmen, plant im Jahre 2000 durch weitere Börsengänge ihre strategische Ausgangsposition und ihre Handlungsspielräume weiter zu verbessern.*

Ron Sommer, Pressegespräch zum Börsenjahr 2000, 25. Januar 2000:

«Die Börsengänge der Tochtergesellschaften T-Mobil und T-Online sollen der Fortsetzung eines konsequenten Wachstumskurses dieser Unternehmen wie auch des Konzerns insgesamt dienen. Angesichts der gravierenden Konzentrationsprozesse in der Branche und des zunehmenden Zusammenwachsens von Technologien, Netzen, Produkten und Anwendungen... müssen wir deutlich an Größe hinzugewinnen. Die genannten Börsengänge schaffen dafür zusätzliche Voraussetzungen, und zwar in dreierlei Hinsicht:

Erstens: Durch den Aktienverkauf fließen dem Konzern zusätzliche Finanzmittel zu, die in den Ausbau unserer nationalen und internationalen Wettbewerbsposition investiert werden sollen. Wir konzentrieren uns hierbei auf vier strategische Wachstumsfelder: Mobilkommunikation, Online-Kommunikation, Datenkommunikation und Systemlösungen sowie Netzzugänge.

Zweitens schaffen wir durch eine separate Börsennotierung unserer Tochtergesellschaften eine Akquisitionswährung, die wir ebenfalls zum Ausbau unserer Wettbewerbsposition einsetzen können. Gerade in den hochbewerteten Internet- und Mobilfunksegmenten sind Akquisitionen oder Beteiligungen oft nur noch mittels Aktientausch zu finanzieren.

Ein dritter und ganz wesentlicher Grund ist die Marktkapitalisierung. Dieser Faktor wird immer mehr zum entscheidenden Faktor im internationalen Wettbewerb. Heute schon ist die Deutsche Telekom mit einer Marktkapitalisierung von aktuell fast 400 Mrd. DM das wertvollste Unternehmen Deutschlands. Allerdings schreitet der Konzentrationsprozess in der Branche und die Bildung immer größerer Unternehmenseinheiten rasch voran.»

(2) Strategische Herausforderungen in einem schrumpfenden Markt: Bier

*Der Markt für Bier befindet sich in Deutschland - im Gegensatz zum weltweiten Trend - in einer Stagnations- bzw. Schrumpfungsphase. Hauptgrund dieser Entwicklung ist eine **Veränderung des Verbraucherverhaltens**: Der Gesundheitsaspekt tritt hierbei immer mehr in den Vordergrund und überlagert saisonale wie «modebedingte» Schwankungen der Trinkgewohnheiten. So ist in Deutschland in den ersten 3 Quartalen 1998 der Bierausstoß um 3 % auf 84 Mio. Hektoliter gesunken, womit sich der Negativtrend der letzten Jahre fortsetzte. Besonders stark war der Rückgang im Norden der Republik mit teilweise zweistelligen Minusraten, aber auch in Bayern, im «Mutterland» des Bierkonsums, ging der Ausstoß um 5 % zurück.*

*Die **Brauereien** reagieren auf diese Entwicklung mit unterschiedlichen Strategien. Zum einen **diversifizieren** viele Anbieter **horizontal** und erweitern ihre Produktpalette um nicht-alkoholische Getränke wie Fruchtsäfte, Mineralwasser oder alkoholfreie Biere. Bei der **Schwabenbräu AG** etwa trug der Anteil der Säfte 1998 mit mehr als 40 % zum Getränkeumsatz bei. Zum anderen diversifizieren Brauereien **konglomerat** in völlig neue Märkte. So betreibt seit 1999 der größte deutsche Getränkekonzern «Brau und Brunnen» neben den Geschäftsfeldern «Bier» und «Alkoholfreie Getränke» das Geschäftsfeld «Immobilien» als eigenständiges Profit Center. Schließlich versuchen viele Bierbrauer, nationale Umsatzverluste auf **internationalen Märkten** zu kompensieren. So betrug der Anteil des Exports 1998 bereits ca. 10 % an der gesamten Produktionsmenge.*

(3) Strategische Herausforderungen in einem sich international öffnenden Markt: Logistik

*Die **Deutsche Post AG**, die heute bereits 80 % ihres Umsatzes mit Geschäftskunden erzielt, positioniert sich im internationalen Logistikmarkt neu. Die **internationale Strategie** der Post AG fußt auf drei Säulen:*

- *Auf- und Ausbau eines leistungsfähigen europäischen Distributionsnetzes für Pakete durch gezielte Beteiligungen und Kooperationen (u.a. an bzw. mit Transoflex, Servisco (Polen), Securicor (GB), Ducros (F))*

- *Ausbau des internationalen Expressgeschäftes (u.a. Beteiligung an DHL)*

- *Aufbau des Geschäftsfeldes «Logistische Mehrwertdienste» (Outsourcing-Geschäft)*

*Zur **Umsetzung** dieser Strategie übernahm die Deutsche Post AG 1999 u.a. für rund 1,8 Mrd. DM den schweizer Logistik-Konzern Danzas. **Danzas** bietet weltweit IV-gestützte, integrierte Logistikdienstleistungen an und realisiert einen Jahresumsatz von 8,6 Mrd. DM. Klaus Zumwinkel, ehemaliger Vorstandsvorsitzender der Post AG, begründete die Übernahme wie folgt: «Die Einführung des Euro und die Zollfreiheit machen die europäischen Märkte für die Kunden transparenter. Im Wettbewerb werden sich deshalb nur die Anbieter durchsetzen können, für die Logistikmärkte keine nationale Angelegenheit sind und die eine möglichst umfassende Angebotspalette bereithalten. In der Logistikbranche bilden sich deshalb immer mehr global operierende Unternehmen mit umfassenden Angeboten heraus.»*

1 Gegenstand des Strategischen Managements

Das Strategische Management ist relativ jung. Es hat sich erst in den 80er Jahren in Praxis und Wissenschaft etabliert. Im Jahre 1976 veröffentlichten *Ansoff, Declerck* und *Hayes* ein Buch mit dem Titel «From Strategic Planning to Strategic Management». Diese Publikation könnte als Geburtsstunde des Strategischen Managements gewertet werden (vgl. *Göbel* [Forschung] 3). Welche Trends haben die Etablierung des Strategischen Managements als Forschungsgebiet und als Führungskonzeption begünstigt? Es sind die Veränderungen der Unternehmensumwelt und die mit ihr verbundenen Anforderungen an die Unternehmen. Die einleitenden Beispiele demonstrieren diesen Zusammenhang eindrücklich.

1.1 Veränderungen der Unternehmensumwelt

> *Leitgedanke: «Früher hatten wir einen Zustand, dann kam die Veränderung, dann ein neuer Zustand. Jetzt ist die Veränderung der Zustand.»*
>
> *Michael Urban, Verleger*

Veränderungen der Unternehmensumwelt haben verschiedene Ursachen und erfassen eine Vielzahl von Feldern eines Unternehmens. Abb. 1-1 vermittelt ein Bild von dieser Dynamik im Laufe der Entwicklung von der vorindustriellen Zeit um 1900 bis zur heute aktuellen nachindustriellen Ära. Die Aussagen beziehen sich auf die Verhältnisse in den westlichen Industrieländern. Selbstverständlich sind die Zeiten für die einzelnen Phasen länderspezifisch verschieden.

Produktionsverfahren

Die industrielle Fertigung von Massengütern wurde mit der Einführung des Fließbandes durch *Henry Ford* (1863-1947) in Detroit für das Modell T eingeleitet. Weiterentwicklungen stellen die elektronisch gesteuerte Fertigungsanlage und die Roboter-Fertigung dar. Die Produktionsverfahren der 90er Jahre zeichnen sich durch integrierte und flexible Fertigungssysteme und die computerintegrierte Fabrik aus. Deren Einführung wurde durch Fortschritte in der Mikro-Elektronik stark gefördert. Das Zusammenwachsen von Informationsverarbeitung und Telekommunikation schließlich schafft die Voraussetzung für weltweit vernetzte Verbundsysteme in der Produktion.

Art der Produkte

Mit der Entwicklung der Massenfertigung im Industriezeitalter war die Herstellung homogener Massenprodukte verbunden. Als typisches Beispiel kann der VW-Käfer genannt werden. Heute ist auf Grund des technologischen Fortschritts und eines stärkeren Differenzierungsgrades bei den Nachfragern das Angebot an verfügbaren Produkten sehr variantenreich und stark wandlungsfähig. Der Konsument entwickelt ein Feingefühl für seinen Lebensstil, verbunden mit einer Zunahme des Selbstbewusstseins. Beispielsweise gibt es heute in Deutschland mehr als 250 verschiedene Brotsorten, in Frankreich mehr als 500 Käsesorten. Es findet also eine Verlagerung von der Produktionsorientierung zur Marktorientierung, vom Verkäufermarkt zum Käufermarkt statt. Das gehobene Anspruchsniveau führt auch zu einer wachsenden Nachfrage nach immateriellen Gütern, insbesondere Dienstleistungen in den Bereichen Finanzen, Gesundheit/Fitness und Reisen/Tourismus und zu den sog. intelligenten Produkten, wie bspw. Navigationssystemen und Sicherheitssystemen in Automobilen (vgl. S. 344).

Kaufkraft

Die Kaufkraft der Bevölkerung hat heute ein Niveau erreicht, das mit allgemeinem Wohlstand bezeichnet werden kann. Die Sorge um die Existenzsicherung rückt in

	Vorindustrielle Zeit um 1900	Industrielle Zeit ab 1930	Nachindustrielle Zeit um 2000
Produktionsver-fahren	Handwerkliche Produktion	Industrielle Massenproduktion; elektronisch gesteuerte Fertigungsanlagen	Integrierte und flexible Fertigungssysteme; computerintegrierte Fabrik; globale, temporäre Produktionsnetzwerke
Art der Produkte	Individualprodukte	Homogene Massenproduktion	Heterogene und neuartige Produkte; Zunahme der Dienstleistungen; virtuelle Produkte, intelligente Produkte
Kaufkraft	Privilegien	Massenkaufkraft	Wohlstand
Geographische Verbreitung	Standortorientierung	Internationalisierung	Weltorientierung (Globalisierung)
Einfluss der Gesellschaft auf die Unternehmung	Reglementierung	Liberalismus	Wachsende Einflussnahme der Politik und von Interessengruppen

Abb. 1-1: Veränderungen der Unternehmensumwelt

den Hintergrund, stattdessen findet eine Hinwendung zu Bedürfniskategorien außerhalb des ökonomischen Bereiches statt. Die Entstehung der ökologischen Bewegung ist u.a. auf dieses Phänomen zurückzuführen.

Geographische Verbreitung

Die Zunahme der Internationalisierung bis in die 70er Jahre wird in wachsendem Umfang durch eine Globalisierung, d.h. eine Weltorientierung der Unternehmen und auch der Nachfrager, abgelöst. Die Unternehmen verstehen sich als Global Player, und die Nachfrager geben sich weltoffen, d.h. nicht mehr die Herkunft der Produkte steht im Vordergrund, sondern deren Funktionserfüllung.

Beispiel: Andreas Renschler, verantwortlich für die Standortplanung des neuen Mercedes-Benz-Werkes in Tuscaloosa/Alabama, schreibt: «Basis für die Standortplanung waren die Erfahrungen der Kollegen aus der Nutzfahrzeugsparte. Sie haben aufgezeigt, dass heute eine Internationalisierung der Aktivitäten durchaus ohne Qualitätseinbußen realisierbar und damit eine Weiterentwicklung der Philosophie von «Made in Germany» zu «Made by Mercedes-Benz» möglich ist. Grundvoraussetzung für jede dieser Überlegungen zum Thema «going international» ist, dass die Kunden mit dem Stern auch in Zukunft die bestmögliche Qualität an Produkt und Service erwarten können, unabhängig vom Produktionsstandort.» (Renschler, A.: Standortplanung für Mercedes-Benz in den USA. In: Gassert, H. u.a.: Den Standort richtig wählen, Stuttgart 1995, S. 39)

Ein weiteres Beispiel: «In wenigen Jahren wird Siemens nur noch rund 50 % seines Geschäfts in Europa machen. Gut 25 % werden auf Amerika entfallen, weitere 20 % auf Asien/Pazifik. Unsere Geschäfte sind inzwischen fast ausschließlich globale Geschäfte. Regionale Märkte haben sich geöffnet, die Marktbedingungen gleichen sich an. Deshalb bauen wir ein über die Welt ausgewogenes verteiltes globales Netzwerk an Wertschöpfung auf.» (Siemens AG, Geschäftsbericht 1997)

Einfluss der Gesellschaft auf die Unternehmung

Die Gesellschaft und in ihr bestimmte Interessengruppen nehmen immer mehr Einfluss auf die Unternehmen. Sie betrachten die Wirtschaft und damit die Unternehmen als Teil ihrer selbst. So sind bspw. Störfälle in Chemieunternehmen, Forschungsaktivitäten biologisch und medizinisch ausgerichteter Unternehmen (etwa Gentechnologie) sowie Standortentscheidungen von Automobilunternehmen keine ausschließlich unternehmerische Angelegenheit mehr, sondern im selben Maße werden sie auch zum Gegenstand öffentlicher Diskussionen gemacht.

Eine ganz bestimmte Interessengruppe beteiligt sich in zunehmendem Maße an der Gestaltung der Unternehmenspolitik: Die aktuellen und die potenziellen Kapitaleigner. Mit dem Begriff «Shareholder Value-Orientierung» wird dieser Trend plakativ charakterisiert (vgl. S. 76 ff.).

Wir können festhalten:

> **Dynamik** und **Komplexität** von **Umweltveränderungen** haben zugenommen. Die Unternehmen geraten in starkem Maße in die **Abhängigkeit** von der Umwelt. Daraus erwachsen neue **Anforderungen** an die Unternehmen.

1.2 Anforderungen an die Unternehmen

Leitgedanke: «Nicht die Größe macht den Erfolg eines Unternehmens aus, sondern seine Fähigkeit, auf Veränderungen der Umwelt schnell zu reagieren.»

Die Anforderungen an die Unternehmen lassen sich in zwei Kategorien unterteilen:

(1) Anforderungen an die Beziehungen zur Umwelt (Außenorientierung)

(2) Anforderungen an die Binnenstruktur des Unternehmens (Binnenorientierung)

Eine stärkere **Außenorientierung** ist deshalb geboten, weil auf die Dynamik der Umweltveränderungen grundsätzlich und schnell reagiert werden muss. Diese Fähigkeit setzt eine Umweltsensibilität voraus, die ein Unternehmen in die Lage versetzt, Veränderungen in einem Stadium geringer Konkretisierung wahrzunehmen. Offenheit, Marktnähe, Kundenorientierung und Kooperationsfähigkeit sind jene Eigenschaften, die in wachsendem Maße gefragt werden. Problemlösungen schlagen sich u.a. in Früherkennungssystemen, flexiblen Organisationsmodellen, unternehmensübergreifenden Kooperationsmodellen und der Pflege der Investor Relations nieder.

Eine starke Umfeldsensibilität verlangt als Äquivalent eine entsprechende **Binnenorientierung,** die sich auf die Felder der Flexibilität, der Kreativität und der

Innovationsfähigkeit und -bereitschaft richtet. Diese Anforderungen an das Fähigkeitsprofil eines Unternehmens sind die Konsequenz eines Mangels an Voraussetzungen für eine rationale Durchdringung künftiger Entwicklungen, also der Planbarkeit der Zukunft. In einer instabilen und unsicheren Umwelt muss Ex ante-Rationalität durch Ex post-Flexibilität und -Kreativität ersetzt werden. Sie verlangen die Entwicklung leistungsstarker Ressourcen, Potenziale und Kompetenzen.

2 Aufgaben des Strategischen Managements

2.1 Von der Planung zum Strategischen Management

Die skizzierten Veränderungen in den Anforderungen an die Unternehmen haben zu einem Wandel in der Managementforschung und Managementpraxis geführt. **Vier Entwicklungsphasen** dieses Wandlungsprozesses lassen sich grob unterscheiden (vgl. auch *Ansoff/McDonnell* [Implanting] 3 ff.):

Die Phasen

- der Planung,
- der Langfristigen Planung,
- der Strategischen Planung und
- des Strategischen Managements.

Diese Phasen unterscheiden sich als Folge der Veränderung der Umweltsituation und der Unternehmenssituation auch hinsichtlich des Forschungsschwerpunktes, des Forschungsansatzes und der Forschungsergebnisse. Vgl. hierzu die Übersicht in Abb. 1-2.

1. Phase: Planung (1945-1960)

Die in der Nachkriegszeit beginnende Phase war vorwiegend auf die Planung der **Finanzströme** ausgerichtet. Ausgehend von der Vorstellung, dass sich wirtschaftliche Aktivitäten grundsätzlich in Geld niederschlagen und sich das Unternehmensgeschehen über Finanzströme lenken lässt, wurde in der **Budgetierung** das Planungshandeln schlechthin gesehen. Das Budget lieferte außerdem eine geeignete Grundlage für die Kontrolle. Kontrolle wurde dabei i.S. einer Ergebniskontrolle (Ermittlung einer Soll-Ist-Abweichung) verstanden.

Im **Leistungsbereich** wandte man sich einzelnen Entscheidungen zu. So entstanden insbesondere Planungsmodelle für die Beschaffung (z.B. Bestellmengenoptimierung), die Produktion (z.B. Optimierung des Produktionsprogramms) und den Absatz (z.B. Optimierung der Preispolitik). Die Verfahren des **Operations Research** (OR) wurden intensiv gepflegt und weiterentwickelt.

2. Phase: Langfristige Planung (1960 - 1973)

Die Konzeption der langfristigen Planung (engl.: long range planning), die in den 60er Jahren einsetzte, bemühte sich aus dem Bedürfnis einer weitsichtigen Planung heraus um die Gewinnung langfristiger Prognosen. Die **Langfristprognosen** beruhten auf einer Verlängerung des bisherigen Trends weit in die Zukunft hinein. Sie dienten der Formulierung von Mehrjahres-Budgets. Zudem wurde versucht, in Erweiterung der OR-Modelle die gesamte Unternehmung modellhaft abzubilden, um zu optimalen Management-Entscheidungen zu gelangen. Diskontinuitäten in der Unternehmensumwelt wie der Ölschock des Jahres 1973 stellten die Tauglichkeit von Extrapolationsverfahren, Gesamtunternehmensmodellen und rein quantitativen Kennzahlensystemen in Frage.

3. Phase: Strategische Planung (1973 - 1980)

Die Ölkrise legte die Frage nahe, ob man solchen Trendbrüchen wehrlos ausgesetzt sei oder ob sie vorhersehbar wären. Es wurde in einer nun einsetzenden Aufbruchstimmung die Vorstellung entwickelt, an die Stelle einer Beschäftigung mit der Vergangenheit und deren Verlängerung in die Zukunft eine systematische **Analyse der zukünftigen Chancen und Risiken** treten zu lassen. Da die Ursprünge von Chancen und Risiken in der Unternehmensumwelt lokalisiert sind, rückte die strategische Planung die **Umweltanalyse** in den Vordergrund der Betrachtung. Aus einem Vergleich von Anforderungen aus der Unternehmensumwelt mit den Fähigkeiten des Unternehmens, auf die Umwelt zu reagieren, resultierten die Vorstellungen von einer Planung des langfristigen Erfolgspotenzials. Sie beruhen auf einer

- Analyse der zukünftigen Chancen und Risiken,
- Analyse der eigenen Stärken und Schwächen,
- Suche nach Zielen,
- Ableitung von Strategien auf der Grundlage von Portfolio-Analysen.

Einen wichtigen Beitrag zur Entwicklung der strategischen Planung hat die **Krisenforschung** geleistet. Unter den Bezeichnungen «**Strategic Issue Management**», «**Strategic Surprise Management**» und «**Diskontinuitätenmanagement**» wurden Konzepte der raschen Identifikation von Gefahren und einer adäquaten Reaktion auf Bedrohungen entwickelt. Einen Beitrag zur Lösung dieser Aufgaben haben die Entwürfe für Frühwarnsysteme (vgl. *Krystek/Müller-Stewens* [Frühaufklärung]) und das Konzept der Schwachen Signale (*Ansoff* [Schwache Signale]) geliefert (vgl. dazu Teil 4, S. 287 ff.).

Ebenso wurden wichtige Techniken zur Unterstützung der einzelnen Phasen des strategischen Planungsprozesses entwickelt. Zu nennen sind u.a. die Portfolio-

Analyse, die Szenario-Analyse und die Erfahrungskurve (vgl. 131 ff., 274 ff., 127 ff.).

4. Phase: Strategisches Management (1980-...)

In den 80er Jahren setzte die Globalisierung ein und mit ihr die Verstärkung der Position des Nachfragers. Diese Veränderungen in den Beziehungen zwischen der Unternehmung und der Unternehmensumwelt erhöhten die Anforderungen an die Anpassungs- und Innovationsfähigkeit einer Unternehmung und lenkten damit die Aufmerksamkeit auf soziale und gesellschaftliche Aspekte, die sog. **soft facts.**

Unter diesem Gesichtspunkt erlangten das Personal, die Organisation, die Unternehmenskultur und die Information eine ganz neuartige, nämlich eine eigenständige strategische Bedeutung. Auch öffneten sich die Grenzen der Unternehmen für Kooperationen und Integrationen.

In **neuester Zeit** (in Abb. 1-2 ab 1995) gewinnen Schlagworte wie «Wissensgesellschaft», «virtuelle Märkte», «grenzenloses Unternehmen», «virtuelle Organisation», «Selbstorganisation», «die Unternehmung als lernende Organisation» an Bedeutung. Sie skizzieren die Richtung der Umweltveränderungen und der aus ihnen resultierenden Anforderungen an die Unternehmungen. Die Forschungsschwerpunkte der Wissenschaft liegen in der Selbstorganisation, dem Lernen in Unternehmen, dem Wissensmanagement.

Es fällt auf, dass das integrativ-systemische Denken noch mehr an Bedeutung gewinnt. Damit wird die Grundidee des Strategischen Managements, nämlich der Fit-Gedanke, auf eine neue moderne Grundlage gestellt.

> Das Strategische Management verlangt eine Koordination aller Führungssubsysteme. Der **Fit-Gedanke** steht im Mittelpunkt.

Die Bemühungen von Praxis und Forschung, eine immer bessere Abstimmung von Umwelt und Unternehmung zu realisieren, brachten in den letzten Jahren zahlreiche neue, tendenziell ganzheitliche Management-Konzepte hervor (vgl. Abb. 1-2). Gleichzeitig setzte sich aber zunehmend die Erkenntnis durch, dass der gezielten Gestaltung der Unternehmens-Umwelt-Beziehungen i.S. eines rationalen Optimierungsansatzes komplexitätsbedingte Grenzen gesetzt sind.

Phasen	Zeit-raum	Umweltsituation	Unternehmens-situation	Forschungs-schwerpunkt	Forschungs-ansatz	Forschungs-ergebnisse	Forscher/Autoren
Planung	1945-1960	Wiederaufbau nach dem 2. Weltkrieg. ⇨ Umwelt: deterministisch, begrenzt linear-dynamisch, einfach	Ressourcenknappheit, Verkäufer-/ Angebotsorientierung	Finanzplanung und -steuerung, Budgetierung, Optimierung von Entscheidungen	Modellanalyse	OR-Modelle, (Finanz-) Planungsmodelle, Entscheidungs-/ Optimierungsmodelle	Churchman, Ackoff, Arnoff Hax Müller-Merbach
Langfristige Planung	1960-1973	Wirtschaftswachstum. ⇨ Umwelt: weitgehend deterministisch, linear-dynamisch, begrenzt komplex	Unternehmenswachstum, neue Märkte, Verkäufer-/ Angebots- orientierung	Extrapolation bisheriger Entwicklungen, Steuerung und Kontrolle von Unternehmen, Verhaltensaspekte	Modellanalyse, verhaltensorientierte Forschung	Prognosemodelle, Wachstumsmodelle, mehrjährige Planungsmodelle (z.B. PPBS), Gesamtunternehmensmodelle, Kennzahlensysteme	Ansoff Agthe Gälweiler Wild
Strategische Planung	1973-1980	Ölkrise und Destabilisierung. ⇨ Umwelt: stochastisch, turbulent-dynamisch, komplex	Wachstumskrisen, Käufer-/ Nachfrageorientierung, Diversifikation	Frühwarnung, Erkennung von Chancen und Risiken bzw. von Stärken und Schwächen, Diskontinuitätenmanagement, Corporate Identity, DV- Unterstützung des Managements, Bedeutung der Zeit (Time-Management)	Situativer Ansatz, empirische Forschung	Frühwarnsysteme, Szenario-Analyse, Marktforsch-ung, strategisches Marketing, Ziel- und Planungsmodelle, Stakeholder- und Shareholderansätze, Portfolioansätze, Erfahrungskurvenkonzept, Lebenszykluskonzept, PIMS, Wertkette, Management-Informationssysteme	Ansoff, Boston Consulting Group, Cyert/March, Henderson, Mintzberg, Porter, Williamson Ulrich, Hahn
Strategisches Management (1)	1980-1995	Wachstumsgrenzen, Globalisierung, Dienstleistungsgesellschaft. ⇨ Umwelt: hyper-turbulent, komplex	Internationalisierung, Käufer-/ Nachfrageorientierung, Differenzierungsstrategien, Reengineering und Kostensenkung, Konzentration und strategische Allianzen	Erfolgspotenziale, Kernkompetenzen, Umsetzungsschwäche, Outsourcing, Outplacement, (Unternehmens-) Kultur, Institutionales Lernen	Marktorientierter Ansatz, Fit-Konzepte, integrativ-systemisches Denken, Human Resource-Ansatz	Integration aller Führungssubsysteme, Benchmarking, Business Reengineering, Lean Management, Shareholder Value, Desinvestitionsmanagement	Ansoff, Chandler, Hammer/Champy, Mintzberg, Peters, Porter, Rappaport, Senge, Ohmae, Ouchi, Hinterhuber, Kirsch, Probst, Scholz
Strategisches Management (2)	ab 1995	Zunehmende Bedeutung globaler Finanzmärkte; globale Wissensgesellschaft: Wissen als Produktionsfaktor Nr. 1, virtuelle Märke. ⇨ Umwelt: hyper-turbulent, komplex	Kundenorientierung, weltweite Fusionen, Entstehung von Global Players, von grenzenlosen Unternehmen. Auf der anderen Seite: «Small is beautiful»: Virtuelle, polyzentrische Unternehmensstrukturen	Selbstorganisation, Unternehmenssteuerung und Menschenführung in virtuellen polyzentrischen Unternehmen, Lernen/ Wissensmanagement	Fit-Konzepte, systemisches Denken, ressourcenorientierter Ansatz, Konzept der Kernkompetenz, wissensor. Ansatz, evolutionstheoretische Ansätze, institutionenökonomischer Ansatz, Konstruktivismus	Ganzheitliches Wertmanagement, «objektorientierte» Steuerungs- und Führungskonzepte, Balanced Scorecard	Nonaka, Polanyi Kaplan, Norton Probst, Wilke

Abb. 1-2: Von der Planung zum Strategischen Management

2.2 Der strategische Fit als Leitgedanke des Strategischen Managements

Leitgedanke: «Unsichtbare Harmonie ist stärker als sichtbare.»

Heraklit, griechischer Philosoph um 500 v. Chr.

2.2.1 Varianten des strategischen Fit

Die strategische Planung verdankt ihre Existenz der Erkenntnis, dass das Kompetenzprofil einer Unternehmung konsequent auf die Anforderungen aus der Unternehmensumwelt auszurichten ist. Als erster hat *Ansoff* (geb. 1918) in seinem Buch «Corporate Strategy» im Jahre 1965 auf diesen Sachverhalt hingewiesen. Damit war der Fit-Gedanke i.S. des **System-Umwelt-Fit** geboren.

Bereits im Jahre 1962 formulierte *Chandler* (geb. 1918) in seinem Buch «Strategy and Structure» die berühmte Hypothese: «Structure follows strategy». Beobachtungen von Organisationsänderungen in Großunternehmungen der USA zwischen 1850 und 1920, also der Entstehungszeit des modernen Kapitalismus, brachten den Historiker *Chandler* zu der Erkenntnis, dass eine Strategieänderung häufig der Auslöser für Reorganisationen ist. Amerikanische Großunternehmungen, die sich zu diversifizierten Multis entwickelten, passten sich nach seiner Feststellung mit ihrer Organisation durch Divisionalisierung an (vgl. S. 385 ff.).

Ansoff griff diese Erkenntnis auf und brachte sie in dem programmatischen Titel seines Lehrbuches «Strategic Management» (1979) zum Ausdruck. Dort findet sich der Satz (S. 7): «This book, like Chandler's, is built on the basic hypothesis that environment, external strategic behavior, and the internal 'structure' are interrelated». Aus der Forderung nach einem System-Umwelt-Fit entwickelte sich so der Gedanke eines Fit zwischen den Elementen des Systems «Unternehmen», eines sog. **Intra-System-Fit.** *Ansoff* rückte vor allem die Struktur, die Kultur und das Verhalten in den Vordergrund der Betrachtung. Starken Einfluss auf *Ansoff* übten *Cyert* und *March* aus, die mit ihrer Arbeit «A Behavioral Theory of the Firm» (1963) die Aufmerksamkeit auf Verhaltensweisen in Unternehmen richteten (vgl. *Cyert/March* [Theory]). *Hax/Majluf* ([Management] 94) sehen die Aufgabe des Strategischen Managements in einer Integration von Planungssystem,

Führungskontrollsystem, Kommunikations- und Informationssystem, Motivations-
und Belohnungssystem, Organisationsstruktur und Unternehmenskultur.

Der Gedanke des Intra-System-Fit fand in dem viel zitierten **7-S-Modell** von *Mc-
Kinsey* seinen praxisorientierten Ausdruck. Es verlangt die Abstimmung der in
Abb. 1-3 dargestellten sieben Subsysteme, die in ihrer Gesamtheit nach Meinung
von *McKinsey* das Strategische Management ausmachen (vgl. *Peters/Waterman*
[Excellence] 10).

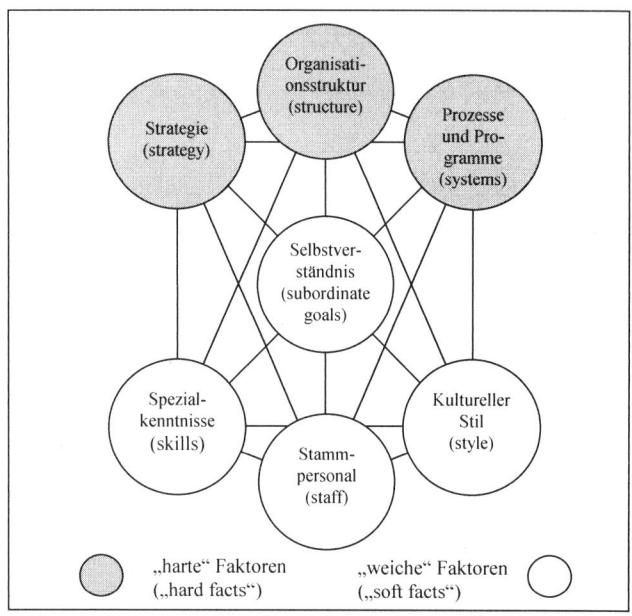

Abb. 1-3:   Das 7-S Modell von *McKinsey*

Die Unterteilung in «harte» und «weiche» Faktoren soll zum Ausdruck bringen,
dass es Subsysteme gibt, die eher rational-quantitativer Natur sind, und solche, die
vorwiegend einen emotional-qualitativen Charakter aufweisen.

In der deutschsprachigen Literatur sind insbesondere *Hahn, Kirsch* und *Hinterhuber* mit umfassenden Ansätzen der strategischen Unternehmensführung hervorge-
treten. Für *Hahn* ([Unternehmungsführung] 28 ff.) besteht das Strategische Management aus folgenden Elementen: Unternehmungsphilosophie, Ziele, Strategische
Planung, Organisationsplanung, Führungskräftesystemplanung, Implementierung,
Kontrolle und Unternehmenskultur. *Kirsch* entwickelte eine «konzeptionelle Gesamtsicht der Unternehmenspolitik» für die Formulierung von Zielen, Grundsät-

zen und Strategien sowie deren Implementierung. Seiner Sichtweise liegt eine Philosophie der «geplanten Evolution» zu Grunde (vgl. *Kirsch/Esser/Gabele* [Management], vgl. auch S. 30 ff.).

Hinterhuber ([Unternehmungsführung I] 33 ff.) unterscheidet sieben Komponenten der strategischen Unternehmensführung: Die unternehmerische Vision, die Unternehmungspolitik, die Formulierung der Strategien, die funktionalen Politiken oder Direktiven für die Funktionsbereiche, die Organisation, die Aktionspläne mit Fortschrittskontrolle und Strategieüberwachung sowie die Unternehmenskultur. Diese sieben Komponenten machen nach ihm die Gesamtkonzeption für die strategische Führung einer Unternehmung aus.

2.2.2 Eigener Ansatz

Wir gehen in diesem Buch von folgenden **Teilsystemen** (Subsystemen) des Strategischen Managements aus:

– Strategische Planung,
– Strategische Kontrolle,
– Information,
– Organisation,
– Unternehmenskultur,
– Leistungspotenziale.

Diese Konzeption folgt dem Wandel in der praktischen Bedeutung der einzelnen Teilsysteme: Während ursprünglich der strategischen Planung die zentrale Aufgabe zugesprochen wurde und sowohl Organisation wie auch Unternehmenskultur als bloße Umsetzungshilfen verstanden wurden, kommt heute **allen Komponenten eine gleichberechtigte und eigenständige strategische Funktion** zu. Anders ausgedrückt: In traditioneller Sicht sind alle Teilsysteme außer der strategischen Planung am Effizienzkriterium ausgerichtet. In neuerer Sicht richten sich alle Subsysteme am Effektivitätskriterium aus (zu den Begriffen «Effizienz» und «Effektivität» vgl. S. 68). *Mintzberg* [Patterns] hat die Relativierung der strategischen Planung und die Aufwertung der übrigen Subsysteme in seinem Konzept der beabsichtigten und nicht beabsichtigten, der realisierten und nicht realisierten Strategien zum Ausdruck gebracht. Geplante Strategien (intended strategies) werden dann nicht realisiert, wenn die übrigen Subsysteme mit der strategischen Planung nicht harmonieren. Ungeplante Strategien (emergent strategies) entstehen dann, wenn aus der Organisation und der Unternehmenskultur heraus Vorstellungen entwickelt werden, die vom Planungssystem nicht intendiert waren.

Die Konzeption, der wir folgen, ist in Abb. 1-4 dargestellt. Sie umfasst **drei Ebenen**, nämlich die Abstimmung zwischen den einzelnen Subsystemen (etwa zwischen Organisation und Unternehmenskultur) (Intra-System-Fit), die Koordination innerhalb eines Subsystems (z.B. Intra-Planungs-Fit, wie etwa Abstimmung von strategischen Zielen und Strategiearten) sowie die Abstimmung zwischen dem System «Unternehmung» und seiner Umwelt (System-Umwelt-Fit). Im Mittelpunkt des System-Umwelt-Fit stehen die Anforderungen an die Beziehungen zur Umwelt (Außenorientierung). Intra-System-Fit und Intra-Subsystem-Fit fokussieren die Anforderungen an die Binnenstruktur des Unternehmens (Binnenorientierung).

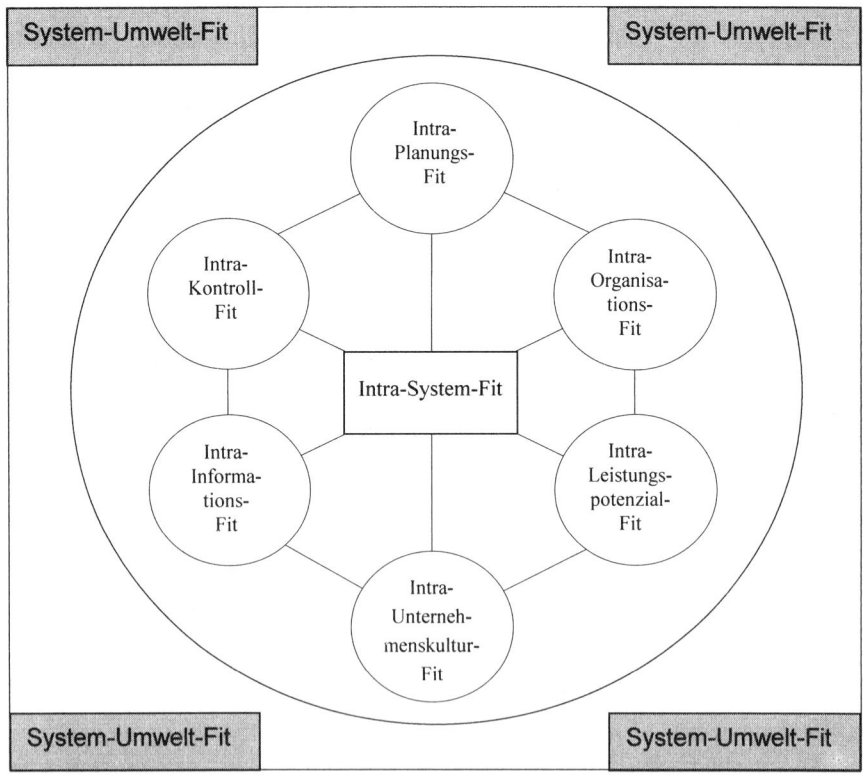

Abb. 1-4:   Ansatz des Strategischen Managements

Am Beispiel der von *Porter* entwickelten Geschäftsbereichsstrategien «Kostenführerstrategie» und «Differenzierungsstrategie» (vgl. S. 177 ff.) sollen Inhalt

Strategie	Kontrolle	Information	Organisation	Unternehmens-kultur	Potenziale
Kostenführer-strategie	Fokus auf traditioneller Kontrolle i.S. einer Fremdkontrolle durch zentrale Einheit(en) ⇧ Zentrale Fremdkontrolle; Kostenkontrolle	Betonung des internen Informationsmanagements: z.B. Plankostenrechnung, Target Costing ⇧ Kosten-management	Hierarchisch und zentralistisch ausgerichtete Fremdorganisation ⇧ Eher effizienzorientierte Funktionale Organisation	Grundwerte: Innenorientierung, Sparsamkeit, Pünktlichkeit, Zuverlässigkeit, Disziplin ⇧ «geschlossene Effizienzkultur»	Z.B. Beschaffung: Outsourcing / Produktion: Rationalisierung / Absatz: Preis als Erfolgsfaktor / Personal: Quantitative Leistungsorientierung (variable Entlohnung, „Hire and Fire") ⇧ Potenzialeinsatz zur Effizienzsteigerung
Differenzierungs-strategie	Fokus auf strategischer Kontrolle i.S. einer dezentralen Eigenkontrolle ⇧ Dezentrale Eigenkontrolle; Qualitätskontrolle; Kontrolle der Entwicklungsfähigkeit des Unternehmens	Betonung des externen Informationsmanagements: z.B. Marktforschung, Trendanalysen ⇧ Marktorientiertes Informationsmanagement	Dezentral ausgerichtete Selbstorganisation ⇧ Eher marktnahe Divisionale Organisation / Teammodelle	Grundwerte: Außenorientierung, Innovationsbereitschaft, Kooperationsbereitschaft, Null-Fehlertoleranz, Qualitätsbewusstsein ⇧ «Offene Qualitätskultur»	Z.B. Beschaffung: Zuverlässigkeit der Lieferanten / Produktion: Gruppenfertigung / Absatz: Kommunikation und Qualität als Erfolgsfaktoren / Personal: Qualitatives Leistungsbewusstsein (Qualitätsprämien, Personalbindung und -entwicklung) ⇧ Potenzialeinsatz zur Qualitätsverbesserung

Abb. 1-5: Kostenführerstrategie und Differenzierungsstrategie im System des Strategischen Managements

und Notwendigkeit des strategischen Fit demonstriert werden. Das Beispiel macht deutlich, dass mit der Formulierung einer Strategie das Problem der strategischen Planung nicht gelöst, sondern erst ausgelöst wird (vgl. Abb. 1-5).

Eine Abrundung des Fit-Ansatzes durch die Einbeziehung staatlicher Institutionen in den Abstimmungsprozess wird in neuester Zeit verstärkt diskutiert: Unternehmen fordern einen **Staat-Unternehmens-Fit**, und zwar verstärkt auf den Feldern der Infrastruktur, der Steuerpolitik und der Arbeitsmarktpolitik. Da Staaten auf Grund der Globalisierung immer stärker in einen Wettbewerb um Standortvorteile geraten, sind sie auch in verstärktem Maße bereit, diesem Fit-Aspekt Rechnung zu tragen. Weil Unternehmen sich immer mehr zu Global Players entwickeln, dürfte die Abstimmung zwischen Unternehmen und wirtschaftlichen Rahmenbedingungen künftig immer mehr an Bedeutung gewinnen.

3 Ansätze der Strategieforschung

Leitgedanke: «Die Theorie ist ein Netz, das wir auswerfen, um die Welt einzufangen. Wir arbeiten daran, um die Maschen dieses Netzes immer enger zu machen.»

Karl R. Popper

3.1 Die drei Ziele einer Wissenschaft

Die Betriebswirtschaftslehre verdankt ihre Existenz dem Bemühen von Wissenschaftlern, Werkzeuge zu entwickeln, mit deren Hilfe das Wirtschaften in Betrieben unter Beachtung ihrer Beziehungen zur Umwelt systematisch beschrieben, erklärt und gestaltet werden kann. Die Aufgabe der Beschreibung wird auch als **deskriptives Wissenschaftsziel,** jene der Erklärung als **theoretisches Wissenschaftsziel** und die Aufgabe der Gestaltung als **pragmatisches Wissenschaftsziel** bezeichnet. Ein maßgeblicher Einfluss auf den Entwurf der wissenschaftlichen Instrumente geht von der Beschaffenheit jener Probleme aus, die wissenschaftlich zu analysieren und praktisch zu gestalten sind. Die Probleme des Strategischen Managements stellen besondere Anforderungen an die Wissenschaft. Sie sollen im Folgenden diskutiert werden.

Beschreibung

Die Umwelt, in die Unternehmen eingebettet sind, hat in den letzten Jahrzehnten in wachsendem Maße an Übersichtlichkeit, Berechenbarkeit und Stabilität verloren. Aus **Dynamik und Komplexität** der Umwelt erwachsen neue Herausforderungen für die Unternehmen. Sie verlangen nicht nur punktuelle Maßnahmen, etwa auf dem Gebiet des Absatzmarketing oder der Beschaffung, sondern eine Anpassung des Planungssystems, der Organisation, der Informationswirtschaft, der Unternehmenskultur, kurzum der ganzen Unternehmung mit ihren verschiedenen Subsystemen.

Eine Bestandsaufnahme von Herausforderungen der Umwelt und Anforderungen an die Unternehmung ist die erste Aufgabe des Strategischen Managements. Damit im Ergebnis kein Sammelsurium von Daten entsteht, müssen **zweckorientierte Instrumente der Beschreibung** zur Verfügung gestellt werden. Gehen wir von unseren drei Beispielen aus der Unternehmenspraxis (S. 3 ff.) aus, so sind in diesen Fällen u.a. Techniken der deskriptiven Statistik bereitzustellen, mit deren Hilfe langfristige Nachfragetrends darstellbar sind.

Erklärung

Gelingt es, die in der Wirklichkeit zu beobachtenden Phänomene zu erklären, werden **Bausteine für eine Theorie** bereitgestellt. Eine Theorie wiederum ist die Voraussetzung für die Problemlösung. Erklärungen geben eine Antwort auf Warum-Fragen. Werden diese gefunden, lassen sich die Ursachen und damit Ansatzpunkte für die Gestaltung identifizieren.

In den Beispielen aus der Unternehmenspraxis (S. 3 ff.) ist eine Problemlösung nur dann möglich, wenn eine Nachfragetheorie erarbeitet wird, also ein System von empirisch gehaltvollen Aussagen, die das Verhalten der Nachfrager z.B. gegenüber Preis- oder Qualitätsänderungen, in Abhängigkeit vom Einkommen usw. erklären. Stehen nämlich solche Aussagen zur Verfügung und kann von einer gewissen Verhaltensstabilität der Nachfrager ausgegangen werden, so lässt sich das Verhalten in der Zukunft vorhersagen und die Prognosen lassen sich für die Gestaltung nutzen.

Gestaltung

Das Strategische Management ist letztlich auf die Bewältigung der aus den Herausforderungen der Umwelt resultierenden Anforderungen an die Unternehmung ausgerichtet. Die damit verbundenen Maßnahmen dürfen nicht dem Zufall oder dem Gefühl überlassen bleiben, sondern müssen - soweit möglich - geplant werden. **Die Grundlagen dafür liefert die Theorie.** Steht bspw. eine Nachfragetheorie zur Verfügung, lässt sich das Verhalten der Nachfrager prognostizieren. Die Prognosen wiederum liefern die Grundlage für die Bereitstellung von Maßnahmen im Rahmen des Strategischen Managements.

Gehen wir in unseren Beispielen von der theoretisch gesicherten Erkenntnis aus, dass die neuen Produkte den Präferenzen der Nachfrager entgegenkommen, lassen sich daraus Produkt- und Marktstrategien ableiten.

In Abb. 1-6 sind die Ziele einer Wissenschaft und ihre jeweiligen Einsatzbereiche im Strategischen Management skizziert. Gegenstand und Aufgaben des Strategischen Managements sind in den beiden vorausgehenden Abschnitten bereits erörtert worden. Nun wenden wir uns der Theorie zu.

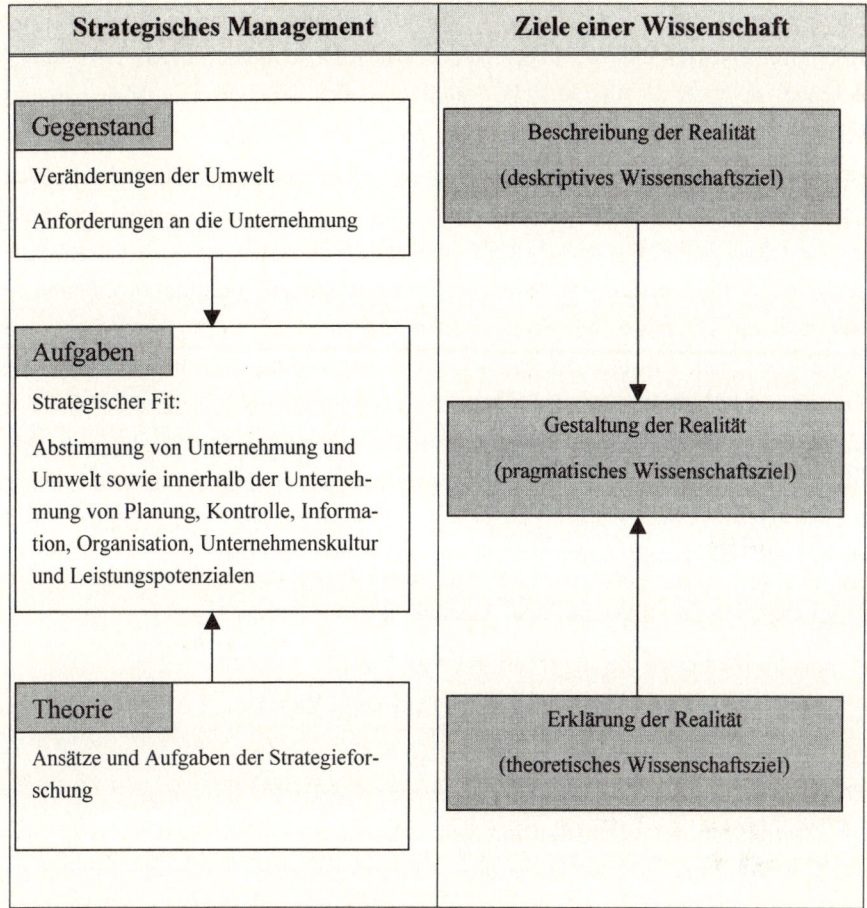

Abb. 1-6: Die drei Ziele einer Wissenschaft

Betrachtet man den gegenwärtigen wissenschaftlichen Status des Strategischen Managements, so bietet sich ein verwirrendes Bild von unterschiedlichen Ansätzen und Paradigmen. Statt einer geschlossenen Theorie liegt eine Vielzahl unverbundener Einzelaussagen vor (vgl. *Knyphausen-Aufseß* [Theorie], *Göbel* [Forschung]), die auf der Basis unterschiedlicher Ansätze gewonnen worden sind. Mit diesen Ansätzen werden wir uns im Folgenden beschäftigen.

3.2 Aufgaben und Arten von Ansätzen

Befasst sich ein Wissenschaftler mit einem ihn interessierenden Gegenstand oder Sachverhalt, so geschieht dies immer unter einer ganz bestimmten Sichtweise.

Diese Perspektive nimmt Einfluss – bewusst oder unbewusst – auf die Wahl des Erkenntnisobjektes und die Interpretation der Wirklichkeit. Da jede Forschungsaufgabe, so auch die theoretische Fundierung des Strategischen Managements, sehr viele Freiheiten zulässt, bleibt es nicht aus, dass eine Vielzahl von **forschungsleitenden Ideen**, also Ansätzen oder Paradigmen, im Hause der Wissenschaft präsent ist. Da jeder Ansatz dazu beiträgt, den Forschungsgegenstand besser zu verstehen, sollte Wissenschaft als „aktive Ideenkonkurrenz – als Konkurrenzpluralismus – organisiert sein" (*Schanz* [Wissenschaftsprogramme] 96). Durchforstet man die Literatur zum Strategischen Management, so begegnet man einer Fülle – um nicht zu sagen einem Dickicht – von Ansätzen. Zu nennen sind etwa: Der Struktur-Verhaltens-Ansatz, der ressourcenorientierte Ansatz, der Transaktionskostenansatz, der Principal-Agent-Ansatz, der Ansatz der Spieltheorie. Alle diese Ansätze sollen hier nicht behandelt werden; es sei vielmehr auf die Literatur verwiesen: *Knyphausen-Aufseß* [Theorie], *Welge/Al-Laham* [Management] 20 ff., *Bea/Göbel* [Organisation] 44 ff..

Wir behandeln im Folgenden **drei Ansätze**: Den

– marktorientierten Ansatz (Market-based View),
– ressourcenorientierten Ansatz (Resource-based View),
– evolutionstheoretischen Ansatz.

Das Gemeinsame dieser drei Ansätze besteht darin, dass die Aufgabe der Strategieforschung in der **Identifikation von strategischen Erfolgsfaktoren** gesehen wird. Anders ausgedrückt: Diese drei Ansätze befassen sich zuallererst mit der Frage, wie sich der Erfolg erklären lässt und demzufolge eine Unternehmung ihren Erfolg im Lichte der Umweltdynamik nachhaltig steigern kann und daher wettbewerbsfähig bleibt.

3.3 Der marktorientierte Ansatz (Market-based View)

Grundlage des marktorientierten Ansatzes ist das **Structure-Conduct-Performance-Paradigma** nach *Mason/Bain*. Nach ihm werden Wettbewerbsvorteile (also Performance) durch die Branchenstruktur (Industry Structure) und das strategische Verhalten (Conduct) eines Unternehmens erklärt. Diese Betrachtungsweise ist der Industrieökonomik (Industrial Organization) entlehnt. Sie beschäftigt sich mit den Beziehungen zwischen der Marktstruktur (Anzahl und Größe der anbietenden und nachfragenden Unternehmen, Grad der Produktdifferenzierung), dem Marktverhalten (Preissetzung, Forschung und Entwicklung, Produktstrategien) und dem Marktergebnis (Profitabilität des Marktes).

Wesentliches Kennzeichen des marktorientierten Ansatzes ist die Betrachtung des Unternehmens aus der Perspektive des Absatzmarktes (**Outside-in-Perspektive**). Erfolgsfaktoren werden aus den Anforderungen des Marktes bzw. der Umwelt abgeleitet. Um auf die Chancen und Bedrohungen aus der Umwelt adäquat reagieren zu können, werden Produkt-Markt-Strategien konzipiert. Der marktorientierte Ansatz ist also durch den synoptischen Planungsprozess geprägt, d.h. der Erfolg gilt als planbar.

Unter den Pionieren des Strategischen Managements ist der bekannteste Vertreter des marktorientierten Ansatzes der Harvard-Professor *Michael Porter* (geb. 1948). Seine Pionierleistung fällt in die beginnenden 80er Jahre. Zwei seiner Publikationen sind Klassiker geworden: «Competitive Strategy: Techniques for Analyzing Industries and Competitors», New York 1980, und «Competitive Advantage: Creating and Sustaining Superior Performance», New York 1985. *Porter* wandte den industrieökonomischen Ansatz an, um den Wettbewerb in einer Branche zu erklären. Er geht davon aus, dass der Erfolg eines Unternehmens von der Branchenattraktivität und der relativen Position des Unternehmens in dieser Branche abhängt. Die Branchenattraktivität wird durch die Intensität folgender **fünf Wettbewerbskräfte** bestimmt: Bedrohung durch neue Anbieter, Verhandlungsstärke der Lieferanten, Verhandlungsstärke der Abnehmer, Bedrohung durch Ersatzprodukte und Intensität der Rivalität der Wettbewerber innerhalb einer Branche (vgl. S. 95 ff.). Je stärker diese Wettbewerbskräfte ausgeprägt sind, umso höher ist die Wettbewerbsintensität und umso geringer sind die Erfolgsaussichten. Durch die sog. generischen Wettbewerbsstrategien lassen sich nach *Porter* Wettbewerbsvorteile aufbauen. Er unterscheidet zwei **Grundstrategien**: Die Kostenführerstrategie und die Differenzierungsstrategie. Beide Strategien können sich auf die gesamte Branche beziehen oder nur ausgewählte Segmente abdecken (Nischenstrategie) (vgl. S. 176 ff.).

Die Bedeutung der durch den Markt bestimmten Erfolgsfaktoren wird durch **empirische Untersuchungen** fundiert. Zu nennen sind u.a. der Produktlebenszyklus, die Erfahrungskurve und das PIMS-Programm.

Anlass zur Kritik am Market-based View bietet die reaktive, defensive Grundposition. Ein Ansatz, der die Ermittlung der Branchenattraktivität in den Mittelpunkt der Betrachtung stellt, orientiert sich zwangsläufig an etablierten Branchen. Strategien dagegen, die bisherige Marktgrenzen verschieben oder neue Märkte schaffen, also aktiv in den Wettbewerbsprozess eingreifen und bisherige Trends brechen, werden systematisch vernachlässigt. In einer Zeit der sog. New Economy, welche klassische Branchen (z.B. Automobilindustrie) durch neue Märkte (E-Commerce, Biotechnologie) auf den zweiten Platz verweist, sind Wettbewerbsvorteile nicht ausschließlich extern, sondern in unternehmensinternen Ressourcen (z.B. Humankapital) zu suchen. Sie stellt der sog. ressourcenorientierte Ansatz in den Vordergrund (vgl. Abb. 1-7).

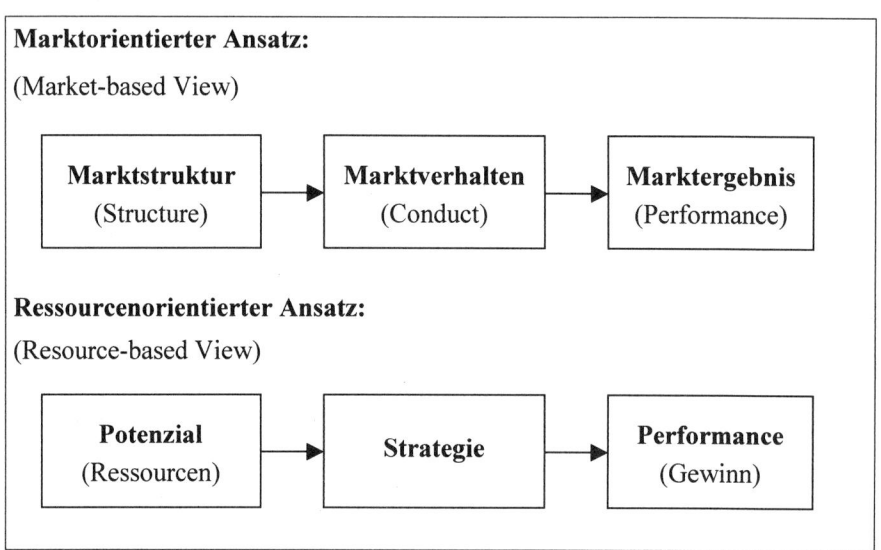

Abb. 1-7:   Marktorientierter und ressourcenorientierter Ansatz (vgl. *Corsten* [Wettbewerbsstrategie] 17)

3.4   Der ressourcenorientierte Ansatz (Resource-based View)

Mit dem ressourcenorientierten Ansatz findet ein Perspektivenwechsel gegenüber dem Market-based View statt. Im Vordergrund steht nun die **Inside-out-Perspektive**. Quelle des dauerhaften Erfolges eines Unternehmens ist nach dem ressourcenorientierten Ansatz die **Qualität der Ressourcen**. Die Aufgabe der strategischen Unternehmensführung besteht demzufolge darin, den Aufbau und die Weiterentwicklung von Ressourcen zu fördern. Als Begründer des ressourcenorientierten Ansatzes kann *Penrose* gelten. In dem Werk «The Theory of the Growth of the Firm», 1959, wird die Unternehmung als ein System produktiver

Ressourcen definiert. Ähnlich wie *Schumpeter* («Prozess der schöpferischen Zerstörung») sieht *Penrose* die Aufgabe des Unternehmens in der Schaffung von Innovationen. Diese Innovationen werden bei *Penrose* durch neuartige Ressourcen ermöglicht.

Ressourcen bzw. **Potenziale** stellen Speicher spezifischer Stärken dar, die es ermöglichen, die Unternehmung in einer veränderlichen Umwelt erfolgreich zu positionieren und somit den langfristigen Unternehmenserfolg zu sichern.

Grant ([Strategy] 111 ff.) hat sich ausführlich mit der Klassifikation von Ressourcen beschäftigt. Er unterscheidet:

- **Tangible** (greifbare) **Ressourcen**. Zu ihnen zählen jene Aktivposten, die in der Bilanz erfasst sind.

- **Intangible** (nicht greifbare) **Ressourcen**. Sie umfassen jene immateriellen Vermögensgegenstände wie Image, Unternehmenskultur, Technologie-Know How, die sich nur schwer quantifizieren lassen und daher auch i.d.R. nicht bilanziert werden.

- **Human-Ressourcen**. Sie repräsentieren das Humankapital des Unternehmens und umfassen das Know How, die Fähigkeiten, die Erfahrung sowie die Motivation der Mitarbeiter.

Neben diesen drei Klassen von Ressourcen kennt *Grant* noch die sog. «Organizational Capabilities». Nach *Grant* sind Ressourcen nämlich nicht von sich aus produktiv, sondern ihr Beitrag zum strategischen Erfolg hängt vom richtigen Einsatz und der geeigneten Kombination dieser Ressourcen, also von Führungsfähigkeiten (capabilities) ab.

Eine Klassifikation, die wir in diesem Lehrbuch verwenden, unterscheidet zwischen **Leistungspotenzialen** und **Führungspotenzialen**. Zu den Leistungspotenzialen zählen Leistungsprozess, Kapital, Personal und Technologie. Die Führungspotenziale bestehen aus Planung, Kontrolle, Information, Organisation und Unternehmenskultur. Die Führungspotenziale, auch soft facts genannt, gewinnen im Rahmen des ressourcenorientierten Ansatzes zunehmend an Bedeutung als Quelle für dauerhafte Wettbewerbsvorteile.

Wir unterscheiden folgende **Varianten des ressourcenorientierten Ansatzes**:

- das Konzept der Kernkompetenzen,
- den wissensorientierten Ansatz (Knowledge-based View).

Das Konzept der Kernkompetenzen

Das Konzept der Kernkompetenzen ist von *Prahalad/Hamel* [Core Competence] entwickelt worden. Im Mittelpunkt steht hier nicht die einzelne Ressource, sondern die Aggregation mehrerer Ressourcen zu spezifischen Fähigkeiten bzw. Kernkompetenzen.

> Eine **Kernkompetenz** ist ein Bündel von Fähigkeiten, welche (zusammen mit anderen Kernkompetenzen) die Grundlage für die Kernprodukte und die darauf aufbauenden Endprodukte eines Unternehmens darstellen und welche sich durch schwierige Erzeugbarkeit, Imitierbarkeit und Substituierbarkeit auszeichnen.

Zur Verdeutlichung der Bedeutung des Konzepts der Kernkompetenzen ist eine Unterteilung des Wettbewerbs in drei Ebenen sinnvoll: Zum einen die **Ebene der Endprodukte.** Sie wird überlagert von der (zweiten) **Ebene der Kernprodukte,** welche entscheidende Bestandteile des Endprodukts darstellen. Ein Beispiel hierfür wäre der Laserdruckermotor als Kernprodukt des Endproduktes «Laserdrukker». Die Wettbewerbsfähigkeit hinsichtlich dieser Kernprodukte ist folglich besonders wichtig, obgleich sie vom Endnachfrager nicht unbedingt registriert wird. So mag es überraschen, dass nicht *Hewlett Packard,* sondern *Canon* beim Kernprodukt Laserdruckermotor einen Marktanteil von 85% innehat und sogar HP, vom Endnachfrager als den Laserdruckermarkt dominierend angesehenes Unternehmen, beliefert. Die dritte, grundlegende Wettbewerbsebene stellt schließlich die **Ebene der Kernkompetenzen** dar. Sie spiegelt die Fähigkeiten wider, welche für eine entsprechende Wettbewerbsposition bei den Kernprodukten notwendig sind. Der Wert einer solchen Fähigkeit bemisst sich - unter der Prämisse einer Nutzenstiftung für den Kunden - danach, wie schwierig sie zu erzeugen, wie schwierig sie durch andere zu imitieren und wie schwierig sie letzlich durch eine andere Fähigkeit substituierbar ist. Nur wenn diese Forderungen in hohem Maße erfüllt sind, kann von einer wirklichen Kernkompetenz gesprochen werden.

Die Identifikation der Kernkompetenzen als Voraussetzung für ein zielgerichtetes und effektives strategisches Handeln sowie deren anschließende Kultivierung und Ausbeutung werden als entscheidende Fähigkeiten der Zukunft angesehen.

Der wissensorientierte Ansatz (Knowledge-based View)

Diese Ausprägung des ressourcenorientierten Ansatzes ist relativ neu. Wesentliche Vertreter dieses Ansatzes sind die Japaner *Nonaka* (vgl. *Nonaka/Takeuchi* [knowledge-creating], 1995) und *Polanyi* ([Knowledge], 1958) sowie der Amerikaner *Grant*([knowledge-based theory], 1996). Nach ihnen ist das Wissen in einer dynamischen Umwelt die entscheidende und beständige **Quelle für Wettbewerbsvorteile**. Wissen ist danach jene Ressource, die neben Arbeit, Boden und Kapital den vierten Produktionsfaktor darstellt, ja diese Faktoren immer mehr ablöst. Der Grund für die zunehmende Bedeutung der Ressource «Wissen» ist darin begründet, dass Produkte heute ein beträchtliches Maß an Intelligenz enthalten (z.B. Autos, Unternehmensberatung), das durch Wissen erzeugt wird. Wissen lässt sich in Unternehmen generieren, transferieren, speichern und nutzen. Mit diesen Teilprozessen des Wissensprozesses beschäftigt sich das sog. **Wissensmanagement**. Es ist ab S. 342 ff. ausführlich dargestellt.

Der marktorientierte Ansatz und der ressourcenorientierte Ansatz stellen letztlich **keine Gegensätze** dar. Strategische Erfolge lassen sich am Markt nur dann erzielen, wenn die Ressourcen den Anforderungen der Nachfrager entsprechen. Andererseits findet mit einer Fokussierung auf die Ressourcen nur eine sachliche und zeitliche Vorverlagerung des Wettbewerbsgedankens statt.

3.5 Der evolutionstheoretische Ansatz

Beim evolutionstheoretischen Ansatz wird das Unternehmen als ein System verstanden, das auf Grund der **Komplexität** und **Dynamik** von Unternehmen und Umwelt nur begrenzt steuerbar ist (das Unternehmen als Spielball der Umwelt). Eine plandeterminierte Unternehmensführung ist daher wenig geeignet, Wettbewerbsvorteile einer Unternehmung zu programmieren. An seine Stelle treten **Versuchs-Irrtums-Prozesse**, die ihrerseits Lernaktivitäten auslösen. Damit Versuchs-Irrtums-Prozesse möglich sind, muss Starrheit durch Variation überwunden werden. Die Aufgabe der strategischen Unternehmensführung besteht dabei darin, **die Entwicklung eines Unternehmens** durch Selbstorganisationsprozesse zu kanalisieren. Neben der strategischen Planung müssen daher die strategischen Subsysteme der Information, der Organisation und der Unternehmenskultur als gleichberechtigte Partner im Strategischen Management gelten.

Zwei Forschungsrichtungen im Rahmen des evolutionstheoretischen Ansatzes seien im Folgenden erörtert:

- der St. Galler Ansatz und
- die evolutionäre Führungskonzeption nach *Kirsch*.

Der St. Galler Ansatz

Grundlage des St. Galler Ansatzes ist die Systemtheorie nach *Ulrich* und das Konzept der spontanen Ordnung nach *von Hayek*. Eine spontane Ordnung zeichnet sich dadurch aus, dass sie zwar das Ergebnis menschlichen Handelns, aber nicht das Ergebnis menschlichen Entwurfs ist. Die *Ulrich*-Schüler *Malik* und *Probst* haben in ihren Arbeiten «Strategie des Managements komplexer Systeme» (1989) bzw. «Selbst-Organisation» (1987) ihre Konzeption erläutert. Oberstes Ziel der Unternehmensführung ist nach *Malik* die Sicherung der **Überlebensfähigkeit** eines Unternehmens. Er beschäftigt sich besonders intensiv mit der Problematik der Komplexität von Systemen. Zu ihrer Lösung schlägt er die Gewährung von Freiräumen für spontane Ordnungsprozesse vor. Komplexität lässt sich nach ihm also nicht durch plandeterminiertes Handeln bewältigen. Die Mitarbeiter müssen ihre Probleme vielmehr selber lösen. Das Management nimmt dabei lediglich eine Katalysatorfunktion wahr.

Bei *Probst* steht nicht die Überlebensfähigkeit der Unternehmung, sondern deren **Entwicklungsfähigkeit** im Vordergrund. Ebenso wie *Malik* geht *Probst* davon aus, dass soziale Systeme grundsätzlich selbstorganisierende Systeme sind, die sich durch Entwicklungsfähigkeit auszeichnen. Die Funktion der Unternehmensführung besteht darin, diese Selbst-Organisation zu organisieren. Erfolgsfaktoren im Wettbewerbsprozess sind demzufolge die Fähigkeit einer Organisation, sich **selbst zu organisieren** und **zu lernen** (vgl. *Haas* [Entwicklungsfähigkeit]). Die Unternehmen werden als eine lernende Organisation verstanden.

Die evolutionäre Führungskonzeption nach *Kirsch*

Nach *Kirsch* [Management] und seinen Schülern entwickeln sich Organisationen prinzipiell in eine offene Zukunft hinein. Wenn Unternehmen über bestimmte Fähigkeiten verfügen, sind sie in der Lage, diesen Entwicklungsprozess besser zu gestalten. Besonders wichtig für ihn sind nicht die sog. Kernkompetenzen, sondern **Metakompetenzen**, also solche Fähigkeiten, welche die Handlungsfähigkeit, das Responsiveness (Sensibilität der Organisation gegenüber den Interessen und

Bedürfnissen von Betroffenen) und die Lernfähigkeit des Unternehmens als Grundlage der Entwicklungsfähigkeit entfalten. Die Höherentwicklung durch Wandel der Sinnmodelle wird auch begleitet von einer Entfaltung der Rationalität der organisatorischen Lebenswelt.

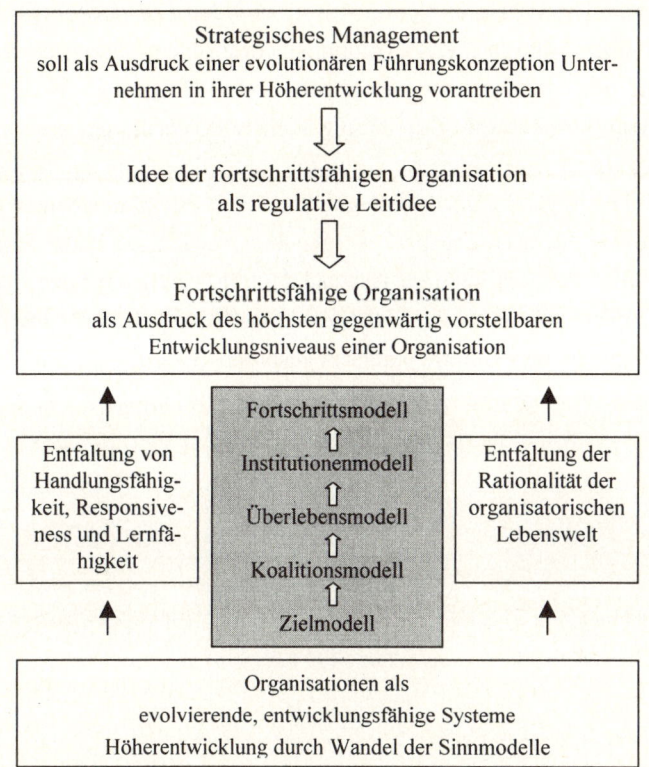

Abb. 1-8: Organisationstheoretischer Bezugsrahmen nach *Kirsch* ([Management] 654)

Nach *Kirsch* verläuft die Entwicklung einer Organisation nach einer gewissen Logik. Eine Höherentwicklung findet durch einen Wandel der Sinnmodelle statt. Sinnmodelle bringen zum Ausdruck, was als Sinn und Zweck der Unternehmung angesehen wird. Der Evolutionsprozess spiegelt sich im Übergang von einem Sinnmodell zum nächsthöheren wider. Das Strategische Management soll als Ausdruck einer evolutionären Führungskonzeption Unternehmen in ihrer Höherentwicklung vorantreiben (geplante Evolution). Letztendliches Ziel ist die Entwicklung zur fortschrittsfähigen Organisation. Eine **fortschrittsfähige Organisation** ist dann erreicht, wenn das höchstmögliche und gegenwärtig vorstellbare

Entwicklungsniveau realisiert ist. Allerdings bringt *Kirsch* zum Ausdruck, dass ein derartiger Zustand im dargelegten Sinne in der Realität nicht anzutreffen ist. Der organisationstheoretische Bezugsrahmen nach *Kirsch* ist in Abb. 1-8 dargestellt.

Vergleicht man den marktorientierten Ansatz und den ressourcenorientierten Ansatz auf der einen Seite mit dem evolutionstheoretischen Ansatz auf der anderen Seite, so wird deutlich, dass eine plandeterminierte Bestimmung der Erfolgsfaktoren beim evolutionstheoretischen Ansatz nicht zur Verfügung steht. Unternehmensführung findet hier vielmehr dergestalt statt, dass günstige Rahmenbedingungen für die Entwicklung von Fähigkeiten durch das Management geschaffen werden, also ein Entwicklungspfad vorgegeben wird. Eine Nähe zum ressourcenorientierten Ansatz ist insofern festzustellen, als der Kompetenz, nämlich der sog. Metakompetenz, eine wesentliche Funktion bei der Kanalisierung der Entwicklungsfähigkeit eines Unternehmens zugesprochen wird.

4 Aufgaben künftiger Strategieforschung

Die Darstellung und kritische Bewertung der Ansätze der Strategieforschung hat gezeigt, dass ein wissenschaftlicher Standard, der den Namen «Theorie» verdient, nur unvollkommen erreicht ist. Eine gründliche Bestandsaufnahme von Entwicklung und state of the art der theoretischen Elemente des Strategischen Managements liefert *zu Knyphausen-Aufseß* [Theorie]. Er registriert eine Reihe von Krisenerscheinungen, darunter u.a. die mangelnde Praxisrelevanz und die Widersprüchlichkeit von theoretischen Aussagen.

Sollen die Schwachstellen im theoretischen Fundament des Strategischen Managements überwunden werden, so sind zum einen die Probleme der Forschung zu identifizieren und zum anderen soll die Richtung der Problemlösung sichtbar gemacht werden (vgl. auch *Göbel* [Forschung]). Mit diesen Aufgaben der Strategieforschung werden wir uns im Folgenden beschäftigen.

4.1 Probleme der Forschung

(1) Komplexität des Forschungsgegenstandes

Der Forschungsgegenstand des Strategischen Managements ist sehr komplex und nur wenig eingrenzbar, da er eine **ganzheitliche** und **disziplinübergreifende Perspektive** verlangt. Das Bemühen um empirische Hypothesentests hat daher zu einer unübersehbaren Anzahl von unterschiedlichen Partialanalysen geführt, die kaum vergleichbar und häufig widersprüchlich sind. Der Versuch, den Forschungsgegenstand in seiner gesamten Komplexität in den Griff zu bekommen, überfordert den einzelnen Wissenschaftler, da die erforderliche Anzahl von Untersuchungseinheiten schnell ins Gigantische steigt, wenn die Ergebnisse statistisch signifikant sein sollen und eine Vielzahl von Variablen mit jeweils unterschiedlichen Ausprägungen zu erfassen ist.

(2) Dynamik des Forschungsgegenstandes

Der Forschungsgegenstand entgleitet dem Forscher, da das Objekt der Forschung ständig in der Entwicklung begriffen ist. Die Erfahrung zeigt, dass die Unternehmenspraxis mit immer **neuen Problemen** konfrontiert wird, die auf schnelle Lösungen drängen. Im Gegensatz dazu hinkt die Forschung der Dynamik in der Praxis häufig hinterher.

(3) Methodische Schwierigkeiten

– Fast alle Zusammenhänge sind **wechselseitiger Natur**. Korrelationen können i.d.R. nicht als einseitige Kausalitäten interpretiert werden.

– Eine scharfe **Trennung** von Ursachen, Wirkungen und Symptomen ist schwer durchzuführen.

– Es ist äußerst schwierig, den **Erfolg** einer strategischen Handlung zu ermitteln und zu **messen**. Um Gestaltungsempfehlungen abzuleiten, sollte diese Voraussetzung aber erfüllt sein. Die Probleme liegen insbesondere darin, dass sich zum einen die Wirkungen einer Handlung nicht isolieren lassen und zum anderen der Zeitpunkt der Wirkungen schwer zu identifizieren ist: Strategien wirken langfristig. Wie lange ist aber die Frist?

– Es besteht das Dilemma, dass die intensive Erforschung weniger Untersuchungseinheiten keine generalisierbaren Ergebnisse bringt, andererseits sehr groß angelegte Untersuchungen notwendigerweise Heterogenes zu **fragwürdigen** Durchschnitten verbinden.

(4) Fragwürdigkeit von «Gesetzen»

Die Suche nach «Gesetzen des richtigen Managens» unterstellt einen Determinismus, der das Managen als aktive Gestaltungshandlung paradoxerweise wieder in Frage stellt. Entweder man unterstellt, dass man Gesetze finden kann, die dann nur noch den passiven Vollzug erforderlich machen (Management ist dann eigentlich überflüssig), oder man betont das aktive, voluntaristische Moment des Managements, was dann die Suche nach Gesetzen sehr fragwürdig werden lässt. Dieser Konflikt mag erklären, warum in der Praxis gerade die Trendbrecher besonders erfolgreich sind, also jene Manager, die den bisher anerkannten Gesetzmäßigkeiten zuwiderhandeln («**distinctiveness**» als strategischer Erfolgsfaktor).

(5) Einfluss des Forschers

Weil die Freiheitsgrade der Forschung groß sind, spielen der persönliche und kulturelle Hintergrund des Forschers eine wesentliche Rolle, was häufig nicht erkannt wird. Die Forscher sollten sich ihrer Subjektivität bewusst sein. Besonders bei interkultureller Managementforschung kann eine Verallgemeinerung des persönlichen Erfahrungshintergrundes zu großen Fehlinterpretationen führen.

Auf die Entwicklung von Managementkonzepten haben **Unternehmensberater** einen großen Einfluss. Dies kann dazu beitragen, dass kein großes Interesse am allmählichen Aufbau eines integrierten Gesamtkonzeptes besteht, sondern unter Vermarktungsgesichtspunkten immer wieder neue «Moden» entwickelt werden. Außerdem haben Unternehmensberatungen sicherlich mehr Interesse daran, dass eine Empfehlung zum schnellen Erfolg führt, als an einer peniblen Begründung für den Zusammenhang zwischen Strategien und Erfolg. Nicht selten entspringen die «Erfolgsrezepte» bekannter Erfolgsautoren einer Mischung von Erzählung und Erfahrungsbericht.

4.2 Empfehlungen für die Forschung

Aus dieser Problemdiagnose lassen sich folgende Empfehlungen für die Forschung ableiten:

(1) Theorie mit geringer Reichweite

Ernüchterung und teilweise Ratlosigkeit als Folge der identifizierten Probleme der Forschung (*Mintzberg* nennt sein neuestes Buch «The Rise and Fall of Strategic Planning» 1994) verlangen eine Modifikation der Erwartungshaltung der Theoretiker. Dieser «Rückzug» ist erforderlich, da wegen des Mangels an Prognostizierbarkeit von Veränderungen die Grenzen der rationalen Gestaltung sehr eng gezogen sind. Folgende Konsequenzen für die Forschung lassen sich daraus ziehen:

(a) Die Theoretiker sollten eher nach den Bedingungen für effiziente Strategien suchen als nach den effizienten Strategien selbst. Daraus ließen sich dann Erkenntnisse gewinnen für die Gestaltung und Lenkung von Unternehmungen in ihrer Umwelt (**Systemrationalität**).

(b) Die Suche nach generellen Verhaltensregeln ist der Suche nach spezifischen Handlungsanweisungen vorzuziehen (**Handlungsrationalität**).

Verhaltensempfehlungen nutzen das kreative Potenzial der Mitarbeiter. Der Beitrag der «Theorie» kann hier darin bestehen, dass Erfahrungen gesammelt werden, die Aufschluss über die Effizienz von Verhaltensweisen liefern. Man sollte dabei akzeptieren, dass die Verhaltensempfehlungen im Strategischen Management eher **induktiv aus Erfahrungen «kondensiert»** gewonnen als hypothetisch-deduktiv abgeleitet werden.

(2) Kontingenz der Theoriebildung

Die Möglichkeiten zur Theoriebildung sind als «kontingent» anzusehen. Man müsste daher auf einer **Metaebene** erst einmal entscheiden, wo eine Suche nach deterministischen Zusammenhängen sinnvoll ist und wo nicht. So ist bspw. der Zusammenhang zwischen kumulierter Produktionsmenge und Erfahrungsvorteil (im Rahmen des Erfahrungskurvenkonzepts) vermutlich eher determiniert als jener zwischen Marktanteil und Erfolg (im Rahmen des PIMS-Programms). Auf den Erfolg wirkt nämlich ein Ursachenbündel ein, das in seiner Komplexität einzigartig ist und nicht quantifizierbare Größen und voluntaristische Elemente enthält. Gesetze sind dagegen nur da zu finden, wo isolierbare, messbare (quantitative) Größen in einem kaum zu beeinflussenden Ursache-Wirkungs-Verhältnis stehen.

(3) Kombination von Forschungsmethoden

Die Kontingenz der Theoriebildung legt es nahe, verschiedene Forschungsmethoden zu kombinieren. Im einen Fall sind Regressionsanalysen auf der Grundlage von Querschnittsanalysen sinnvoll, im anderen unstrukturierte Interviews, teilnehmende Beobachtung, Rollenspiele oder Ähnliches. Quantitative Studien können z.B. interessante statistische Invarianzen aufdecken, qualitative Studien können helfen, die Ursachen zu verstehen.

(4) Integration von Partialanalysen

Es ist zu empfehlen, die Vielzahl von empirisch ausgerichteten Partialanalysen wie z.B. die PIMS-Studie, das Erfahrungskurvenkonzept oder die Portfolio-Analyse zu **bündeln** und zu **integrieren.** Eine wichtige Vorarbeit dabei bestünde darin, die Einzelbeiträge zu ordnen und nach Unterschieden und Gemeinsamkeiten zu suchen. Eine derartige Bestandsaufnahme könnte wertvolle Hinweise auf Forschungsdefizite liefern.

(5) Zusammenhang zwischen Theorie und Planungsmethodik

Der Zusammenhang zwischen Theorie und Planungsmethodik sollte stärker in das Problembewusstsein des Forschers gerückt werden. Je nach Stand der Theorie sind unterschiedliche Anforderungen an die Leistungsfähigkeit einer Planungsmethodik zu stellen. Im Extremfall ist die Lücke, die durch das Fehlen einer Theorie entsteht, durch den Einsatz einer Planungsmethodik auszufüllen. Lassen sich bspw. Krisen theoretisch nicht identifizieren, verbleibt nur die Installation eines wirksamen strategischen Krisenmanagements.

(6) Theoriebildung als Lernprozess

Es sollte klar sein, dass der Prozess der Theoriebildung im Strategischen Management niemals abgeschlossen sein kann, weil der Forschungsgegenstand nicht »still hält«, sondern sich verändert und weiterentwickelt. Auch wenn auf einen Erkenntniszuwachs im Laufe der Zeit gehofft werden darf, so bleibt doch jede Erkenntnis vorläufig und erfordert permanentes Weiterlernen. Dabei lernt nicht nur die Praxis von der Theorie, sondern auch die Theorie von der Praxis sowie der eine Forscher vom anderen. Vom einzelnen Theoretiker erfordert dies, die Begrenztheit der eigenen Perspektive zu reflektieren und zugleich offen und verständigungsbereit gegenüber anderen Perspektiven zu werden («Von der Beobachter- zur Teilnehmerperspektive»; *Scherer* [Pluralismus]). *Popper* drückt dies so aus: «Wir sind fehlbar und neigen zu Fehlern; aber wir können aus unseren Fehlern lernen.» ([Objektive Erkenntnis] 19).

5 Zusammenfassung

Gegenstand des Strategischen Managements sind die aus der Komplexität und Dynamik der Unternehmensumwelt resultierenden Anforderungen an die Unternehmen. Die Anforderungen lassen sich in **zwei Kategorien** unterteilen:

(1) Anforderungen an die Beziehungen zur Umwelt (Außenorientierung),

(2) Anforderungen an die Binnenstruktur des Unternehmens (Binnenorientierung).

Die Aufgaben des Strategischen Managements haben sich in einer Entwicklungsgeschichte von der Phase der Planung in der Nachkriegszeit über die Langfristplanung und die Strategische Planung zum heutigen Verständnis des Strategischen Managements herausgebildet. Das Strategische Management verlangt eine Koordination aller Führungssubsysteme. Der **Fit-Gedanke** steht im Mittelpunkt.

Wir unterscheiden **drei Ansätze der Strategieforschung**:

(1) Den marktorientierten Ansatz (Market-based View),

(2) den ressourcenorientierten Ansatz (Resource-based View),

(3) den evolutionstheoretischen Ansatz.

Diese Ansätze dürfen jedoch nicht als Gegensätze verstanden werden, sie ergänzen sich vielmehr.

Der künftigen Strategieforschung bietet sich ein weites Feld bislang ungelöster Fragen einer theoretischen Fundierung des Strategischen Managements.

Probleme der Forschung sind:

(1) Komplexität des Forschungsgegenstandes,

(2) Dynamik des Forschungsgegenstandes,

(3) methodische Schwierigkeiten,

(4) Fragwürdigkeit von «Gesetzen»,

(5) Einfluss des Forschers.

Fragen zur Wiederholung

1. Was versteht man unter dem Gegenstand des Strategischen Managements? (1)

2. Worin besteht der Unterschied zwischen der langfristigen Planung und der strategischen Planung? (2.1)

3. Welche Bedeutung hatte der sog. Ölschock des Jahres 1973 für die Weiterentwicklung der langfristigen Planung zur strategischen Planung? (2.1)

4. Was ist unter dem strategischen Fit zu verstehen ? Zwischen welchen Teilsystemen soll ein Fit hergestellt werden? (2.2)

5. Beschreiben Sie den Unterschied zwischen dem Intra-System-Fit und dem System-Umwelt-Fit. (2.2.1)

6. Beschreiben sie den Unterschied zwischen dem deskriptiven, dem theoretischen und dem pragmatischen Wissenschaftsziel. (3.1)

7. Warum braucht man eine Theorie, wenn man gestalten will? (3.1)

8. Beschreiben Sie den Unterschied zwischen der Outside-in-Perspektive und der Inside-out-Perspektive. (3.3. und 3.4)

9. Worin sieht der ressourcenorientierte Ansatz im Gegensatz zum marktorientierten Ansatz die Wettbewerbsvorteile? (3.3 und 3.4)

10. Beschreiben Sie den Unterschied zwischen tangiblen Ressourcen und intangiblen Ressourcen. (3.4)

11. Nehmen Sie Stellung zu der These: «Der Wettbewerb findet eher auf der Ebene der Kernkompetenzen als auf der Ebene der Endprodukte statt». (3.4)

12. Welche Interpretation der Unternehmung nimmt der evolutionstheoretische Ansatz vor? (3.5)

13. Was ist nach *Kirsch* eine fortschrittsfähige Organisation? (3.5)

14. Warum ist es schwierig, den Erfolg einer strategischen Handlung zu messen? (4.1)

15. Warum lassen sich generelle Verhaltensempfehlungen eher vertreten als präzise inhaltliche Strategieempfehlungen? (4.2)

16. Worin besteht der Unterschied zwischen Systemrationalität und Handlungsrationalität? (4.2)

Fragen zur Vertiefung

1. Im Rahmen des Strategischen Managements entstehen immer wieder neue Moden, wie etwa Business Reengineering und Balanced Scorecard. Wie erklären Sie sich dieses Phänomen?

2. Beim 7S-Modell von *McKinsey* wird zwischen hard facts und soft facts unterschieden. Was versteht man unter diesen Begriffen und welchen Sinn hat diese Unterteilung?

3. Stellen Sie den Zusammenhang her zwischen dem. sog. industrieökonomischen Ansatz und dem Market-based View nach *Porter*.

4. Nehmen Sie Stellung zu der These: «Der ressourcenorientierte Ansatz und der marktorientierte Ansatz schließen sich gegenseitig nicht aus, sondern sie ergänzen sich.»

5. Von welchen strategischen Erfolgsfaktoren geht der evolutionstheoretische Ansatz aus?

6. Welcher Zusammenhang besteht zwischen dem ungeplanten organisatorischen Wandel und dem evolutionstheoretischen Ansatz?

7. Was versteht man unter einer Theorie mit geringer Reichweite?

8. Was versteht man unter der Kontingenz der Theoriebildung?

9. Interpretieren Sie den Satz: Eine Theorie, die alles erklären will, erklärt nichts.

Literaturempfehlungen

Lehrbücher zum Strategischen Management

Ansoff, H.I. u. *E.J. McDonnell*: Implanting Strategic Management. 2. A., New York u.a. 1990.

Corsten, H.: Grundlagen der Wettbewerbsstrategie. Leipzig 1998.

Hax, A.C. u. *N.S. Majluf*: The Strategic Concept and Process. 2. A., London u.a. 1996.

Hinterhuber, H.H.: Strategische Unternehmungsführung. Bd 1: Strategisches Denken. Bd II: Strategisches Handeln. 6. A., Berlin, New York 1996/97.

Kreikebaum, H.: Strategische Unternehmensplanung. 6. A., Stuttgart u.a. 1997.

Macharzina, K.: Unternehmensführung. 3. A., Wiesbaden 1999.

Porter, M.E.: Wettbewerbsstrategie. 10. A., Frankfurt/Main 1999.

Porter, M.E.: Wettbewerbsvorteile. 5. A., Frankfurt/Main 1999.

Steinmann H. u. *G. Schreyögg*: Management. 4. A., Wiesbaden 1997.

Welge M.K. u. *A. Al-Laham*: Strategisches Management. 2. A., Wiesbaden 1999.

Wissenschaftliche Grundlagen des Strategischen Managements

Göbel, E.: Forschung im strategischen Management. In: A. Kötzle (Hrsg.): Strategisches Management. Stuttgart 1997, S. 3-25.

Grant, R.E.: Contemporary Strategy Analysis. 3. A., Cambridge 1998

Hoskisson, R.E. u.a.: Theory and Research in Strategic Management: Swings of a Pendulum. In: Journal of Management 1999, Vol. 25, H. 3, S. 417-456.

Kirsch, W.: Strategisches Management. München 1997.

Knyphausen-Aufseß, D. zu: Theorie der strategischen Unternehmensführung. State of the Art und neue Perspektiven. Wiesbaden 1995.

Kötzle, A.: Ansätze zur Theorie strategischer Unternehmensentwicklung. In: *A. Kötzle* (Hrsg.): Strategisches Management. Stuttgart 1997, S. 27-43.

Scheurer, S.: Bausteine einer Theorie der strategischen Steuerung von Unternehmen. Berlin 1997.

Schreyögg, G.: Unternehmensstrategie. Grundlagen einer Theorie strategischer Unternehmensführung. Berlin, New York 1984.

Teil 2: Strategische Planung

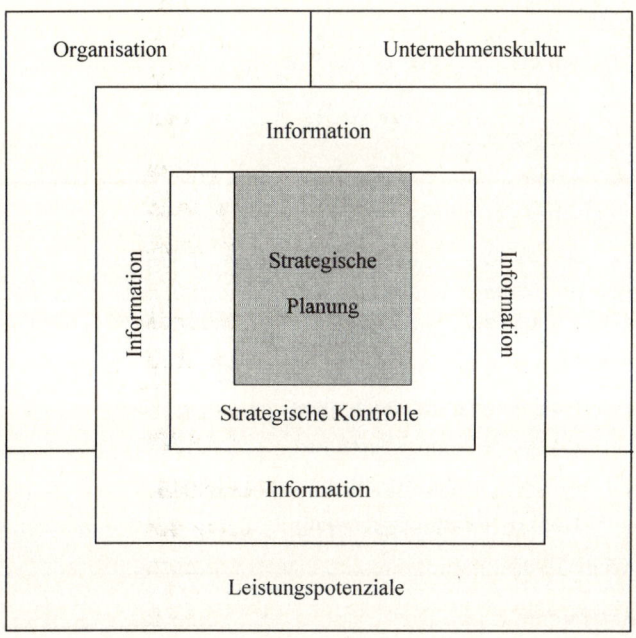

- Die strategische Planung besteht aus fünf Komponenten: Zielbildung, Umweltanalyse, Unternehmensanalyse, Strategiewahl und Strategieimplementierung.

- Sollen die strategischen Ziele erfüllt werden, sind die Stärken und Schwächen einer Unternehmung mit den Anforderungen aus der Unternehmensumwelt abzustimmen, d.h. es ist ein Fit zwischen Unternehmen und Umwelt herbeizuführen.

- Die Unternehmung begegnet den Chancen und Bedrohungen aus der Umwelt über die Wahl geeigneter Strategien. Die Konkretisierung dieser Strategien findet über die Implementierung statt.

Inhalt

Beispiele aus der Unternehmenspraxis:

*(1) Kohle und Stahl markierten den Anfang der **Mannesmann AG**. Lange Zeit wurde Mannesmann nach der üblichen Branchengliederung den Montanunternehmen zugeordnet. Nach Jahrzehnten des Wachstums gehört der Montanbereich seit den 60er Jahren zu den schrumpfenden Märkten. Mannesmann hat es jedoch geschafft, sich in mehreren Schritten strategisch neu zu positionieren und sukzessive neue Standbeine in wachsenden Branchen zu schaffen. Mit zahlreichen rechtlich selbstständigen Gesellschaften ist der Konzern Ende 1999 in den Branchen Maschinen- und Anlagenbau (Engineering), Automobilzulieferung (Automotive), Telekommunikation (Telecommunications) und Röhren (Tubes) tätig (vier Unternehmensbereiche und elf Geschäftsbereiche):*

Mannesmann – AG			
Engineering	**Automotive**	**Telecommunications**	**Tubes**
Dematic	VDO	Mobilfunk (D2)	Mannesmann Röhren-Werke
Rexroth	Sachs	Arcor	
Krauss-Maffei		Eurokom	
		Infostrada	
		Omnitel Pronto Italia	

*Die **Strategie** des Unternehmens kann durch folgende **Merkmale** beschrieben werden:*

- *Konsequente Diversifikation in wachsende Märkte und neue Technologien sowie Desinvestition unrentabler Geschäfte*
- *Nutzung von Synergie-Effekten zwischen den Geschäftsfeldern, d.h. die Felder sind verwandt in dem Sinne, dass ein Know How-Transfer stattfinden kann (Nutzung sog. economies of scope)*
- *Kooperation und Akquisition als Instrumente zur Umsetzung der Diversifikationsstrategie*

Die «Business Week» schreibt in ihrer Ausgabe vom 23.11.1998:

*«Few German firms have transformed themselves as much with so **little fanfare** as the engineering conglomerate Mannesmann. In the past three years, Mannes-*

mann has quietly divested 39 businesses with sales of $ 4.2 billion. It has moved aggressively into telecommunications, which now accounts for two-thirds of its profits. Unlike giants such as Siemens or Hoechst, which have trumpeted their restructuring plans, 'we decided to work without big announcements' says Chief Financial Officer Klaus Esser, who will become CEO in May. 'This gives us more flexibility and keeps critics off our backs.'»

Trotzdem: Mannesmann wurde Anfang 2000 trotz (zunächst) heftiger Gegenwehr von Klaus Esser von dem englisch-amerikanischen Mobilfunkunternehmen Vodafone-Airtouch («freundlich») übernommen.

*(2) Die deutschen **Energieversorgungsunternehmen** (EVU) stehen vor großen strategischen Herausforderungen: Die Stagnation auf den angestammten Versorgungsmärkten einerseits (der Anteil der Energiesparten am Umsatz beträgt bei RWE unter 30 % und bei VEBA gar unter 20 %), und andererseits die Suche nach attraktiven Investitionsmöglichkeiten für die Monopolgewinne sowie der Verlust der Gebietsmonopole forcieren die strategische Neuorientierung der deutschen EVUs. Auf der Suche nach einem auch in Zukunft ausgeglichenen Portfolio drängen **RWE, VEBA, VIAG** aber auch **regionale** und **kommunale Versorgungsunternehmen** seit Beginn der 90er Jahre in neue Wachstumsmärkte, v.a. in den boomenden Markt der Telekommunikation. Der Eintritt in diesen Markt erfordert jedoch die Überwindung zahlreicher **Markteintrittsbarrieren (MEBs)**. Nicht zuletzt deshalb haben sich die EVUs unterschiedliche Partner aus der eigenen Branche sowie aus den Bereichen Banken (z.B. Deutsche Bank, Commerzbank oder Sparkassen) und Telekommunikation (internationale Anbieter wie British Telecom, AT&T, Cable&Wireless) gesucht und sich zu mehr oder weniger festen Allianzen zusammengeschlossen.*

Hiervon verspricht man sich die Bündelung finanzieller Mittel, um in Netz- und Dienstetechnologie investieren zu können (MEB «Finanzen»), den Transfer von Know How (MEB «branchen- und technologiespezifisches Wissen»), die schnelle Erreichung der kritischen Masse (MEB «economies of scale») aber auch die Konzentration von Macht zur Ausübung politischen Drucks auf Institutionen (u.a. Regulierungsbehörde für Telekommunikation und Post, Bundeskartellamt, Regulierungsrat der EU), die für die (De-)Regulierung des Telekommunikationsmarktes in Deutschland, Europa und weltweit verantwortlich sind (MEB «Recht/Politik»).

1 Grundlagen der strategischen Planung

1.1 Begriffe

Das Konzept der strategischen Planung ist relativ neu, sowohl als Gegenstand unternehmenspraktischer Überlegungen wie auch als Objekt wissenschaftlicher Erörterung. Die **Anfänge** sind in den beginnenden 70er Jahren auszumachen, jener Zeit also, in der an der *Harvard Business School* im Rahmen der Managerausbildung der Inhalt der strategischen Planung vermittelt wurde.

Die Umstände der Startphase sind charakteristisch für die strategische Planung. Sie war und ist bis heute ein Produkt aus einem intensiven **Zusammenspiel von Praxis und Wissenschaft.** Es gibt wohl kein betriebswirtschaftliches Betätigungsfeld, auf dem die sachlichen und auch personellen Verflechtungen von Theorie und Praxis so weit fortgeschritten sind wie jenes der strategischen Planung. Daraus ergeben sich Vorteile und Nachteile. Die **Vorteile** liegen auf der Hand: Die Forschung beschäftigt sich in hohem Maße mit Fragen, die von der Praxis gestellt werden. Aus der Nähe zur Praxis, insbesondere zur Unternehmensberatung, erwachsen aber auch **Nachteile:** Der theoretische Gehalt der strategischen Planung ist teilweise recht dürftig entwickelt. Auch ist eine durchgängige begriffliche Klarheit zu vermissen. Diese Feststellung trifft auch für den Begriff der strategischen Planung zu. Er lässt sich klären, wenn die Aufgabe der strategischen Planung umschrieben ist. Wir verzichten dabei auf eine Erörterung der unterschiedlichen Lehrmeinungen, sondern greifen das heraus, was als gemeinsamer Bestandteil anzusehen ist: Danach besteht die **Aufgabe** der strategischen Planung in der Sicherung des langfristigen Erfolges eines Unternehmens. Die Wahrnehmung dieser Aufgabe wiederum setzt eine konsequente und zukunftsbezogene Orientierung der Unternehmung an ihrer Umwelt, den sog. System-Umwelt-Fit, voraus.

Verstehen wir die Planung als einen Prozess, mit dessen Hilfe Zukunftsprobleme erkannt und gelöst werden, lässt sich die strategische Planung folgendermaßen definieren:

> **Strategische Planung** ist ein informationsverarbeitender Prozess zur Abstimmung von Anforderungen der Umwelt mit den Potenzialen des Unternehmens in der Absicht, mit Hilfe von Strategien den langfristigen Erfolg eines Unternehmens zu sichern.

Die **zentralen Begriffe** der strategischen Planung sind demzufolge:

- Strategie,
- Anforderungen der Umwelt,
- Potenziale des Unternehmens,
- Langfristiger Erfolg,
- Informationsverarbeitender Prozess,
- Abstimmung von Umwelt und Unternehmen.

(1) Strategie

Der Begriff «Strategie» ist zum Modewort geworden. Seine ursprüngliche Bedeutung geht auf das griechische Wort «strategós» zurück, das so viel wie «Heerführer» bedeutet. Aus dem Militärwesen in die Wirtschaftswissenschaften übertragen wurde der Strategiebegriff von *John von Neumann* und *Oskar Morgenstern,* den Erfindern der sog. **Spieltheorie**. Ihr Buch erschien 1944 unter dem Titel: «Theory of Games and Economic Behavior». Im Rahmen dieser Theorie bedeutet eine Strategie - etwa so wie im Schachspiel - eine Folge voneinander abhängiger Einzelschritte, die auf ein ganz bestimmtes Ziel ausgerichtet ist. Von *Ansoff* [Strategy] wurde dieser Begriff im Jahre 1965 verwendet, um das zu benennen, was wir heute als Strategie bezeichnen:

> **Strategien** sind Maßnahmen zur Sicherung des langfristigen Erfolgs eines Unternehmens.

(2) Anforderungen der Umwelt

Jedes Unternehmen ist von einer spezifischen Umwelt umgeben, die sich in eine Vielzahl von Segmenten zerlegen lässt. Mit ihnen steht es in vielfältigen Beziehungen. Die Unternehmensumwelt bietet Chancen, sie birgt aber auch Gefahren in sich.

(3) Potenziale des Unternehmens

Die Potenziale eines Unternehmens stellen Speicher spezifischer Stärken dar. *Gälweiler* [Unternehmensführung] spricht von Erfolgspotenzialen. Sie können auch als Quellen von Kompetenz im Wettbewerb bezeichnet werden.

(4) Langfristiger Erfolg

Ein Unternehmen ist i.d.R. eine auf Dauer ausgerichtete Institution. Sie verkraftet kurzfristige Verluste, kann aber langfristig nur dann existieren, wenn der Erfolg nachhaltig ist. Die strategische Planung versucht daher ausdrücklich, die Gefahr des kurzfristigen Denkens (day-to-day operations) zu vermeiden und die lange Sicht ins Bewußtsein zu rücken.

(5) Informationsverarbeitender Prozess

Chancen und Bedrohungen aus der Umwelt müssen erfasst und bewertet werden. Dies ist die Aufgabe eines Managements externer Informationen. Das Management interner Informationen stellt Informationen über die Stärken und Schwächen der Unternehmenspotenziale zur Verfügung.

(6) Abstimmung von Umwelt und Unternehmen

Die Aufgaben der Abstimmung von Umwelt und Unternehmen erstrecken sich auf drei Bereiche:

– Die Komponenten des strategischen Planungsprozesses,
– die Techniken der strategischen Planung und
– das strategische Planungssystem.

Die Abwicklung der Komponenten des strategischen Planungsprozesses wird durch den Einsatz von Techniken der strategischen Planung erleichtert und verbessert. Sowohl die einzelnen Planungsprozesse als auch der Einsatz der Planungstechniken bedürfen einer Regelung. Dies ist die Aufgabe des strategischen Planungssystems.

Das Charakteristische der strategischen Planung wird deutlich, wenn sie anhand von Merkmalen gegen die **operative Planung** abgegrenzt wird (Abb. 2-1). Auf den Begriff der taktischen Planung verzichten wir bewusst, da - wie die ohnehin nicht ganz eindeutige Abgrenzung von strategischer und operativer Planung bereits zeigt - die Schnittstellen von strategischer, taktischer und operativer Planung nicht immer transparent gemacht werden können.

		Merkmale von Planungsproblemen					
		Bezugs-zeitraum	Grad d. Detail-liertheit	Ziele	Umwelt-bezug	Gegen-stand	Zustän-digkeit	Verhal-tensweise
Arten der Planung	strategisch	langfristig	global	quantitativ und qua-litativ	Außenori-entierung	Entwick-lung von Potenzia-len	Unter-nehmens-leitung (Kon-zernlei-tung)	antizipativ (proaktiv)
	operativ	kurzfristig	spezifi-ziert	quantitativ	Binnen-orientie-rung	Nutzung von Po-tenzialen	Werks-leitung	reaktiv

Abb. 2-1:   Vergleich von strategischer und operativer Planung

1.2   Komponenten des strategischen Planungsprozesses

Wir haben festgestellt, dass sich die strategische Planung in einem **informations-verarbeitenden Prozess** vollzieht. Betrachten wir diesen Prozess im Einzelnen, so lassen sich verschiedene Teilprozesse ausmachen. In Anlehnung an das Pha-senschema der Planung (vgl. *Schweitzer* [Planung] 59 ff.) unterscheiden wir folgende **Komponenten:**

(1) Zielbildung,

(2) Umweltanalyse,

(3) Unternehmensanalyse,

(4) Strategiewahl,

(5) Strategieimplementierung.

Umweltanalyse und Unternehmensanalyse werden zusammen auch als **strategi-sche Analyse** bezeichnet.

In der Literatur wird - wie bei allen Phasenschemata dieser Art - teilweise anders gegliedert. Zuweilen finden Erweiterungen dieses Schemas (*Gilmore/*

Brandenburg [Anatomy] unterscheiden 43 Schritte), teilweise Zusammenfassungen statt, z.T. wird die Reihenfolge anders gewählt. Ein Beispiel: Die Phase der Zielbildung wird bei *Ansoff* ([Strategy] 202) und bei *Hofer/Schendel* (vgl. Abb. 2-6, S. 62) nicht als Teil des strategischen Planungsprozesses angesehen. Anders dagegen verfahren *Hinterhuber* ([Unternehmungsführung 1] 39 ff.) und *Kreikebaum* ([Unternehmensplanung] 37 ff.). Sie machen die Zielbildung zur Aufgabe der strategischen Planung.

Gelegentlich wird der strategische Planungsprozess auch um die **strategische Kontrolle** erweitert und mit ihr die Planung abgeschlossen. Diesem Vorgehen liegt ein Kontrollbegriff i.S. eines Soll-Ist-Vergleichs zu Grunde. Da wir die strategische Kontrolle als einen planungsbegleitenden Vorgang interpretieren, wird sie nicht als «Anhängsel der Planung», sondern als eigenständiger Aufgabenbereich erörtert (vgl. Teil 3).

Die Unterschiede in der Strukturierung des strategischen Planungsprozesses sind letztlich darauf zurückzuführen, dass solche Ablaufmodelle idealtypischen Charakter besitzen. Tatsächlich sind alle Planungsteilprozesse interdependent, also in Form von Vor- und Rückkopplungsprozessen miteinander verknüpft. Man denke nur an die Frage, ob man zunächst Ziele braucht, damit man Probleme überhaupt erkennen kann, oder ob die Ziele sich aus der Problemanalyse ergeben.

In Abb. 2-2 sind die Komponenten des strategischen Planungsprozesses schematisch dargestellt. Dieses Schema liefert die Grundlage für unsere weitere Vorgehensweise. Die Reihenfolge in Abb. 2-2 soll nicht als Norm verstanden werden, der Prozess der strategischen Planung ist vielmehr **multioperational, multipersonal** und **multitemporal** und durch **Mehrfachdurchläufe** gekennzeichnet (vgl. dazu die Unterschiede zwischen der synoptischen und der inkrementalen Planung; S. 194 f.). Die gestrichelten Pfeile sollen die **Vor- und Rückkopplungsprozesse** verdeutlichen.

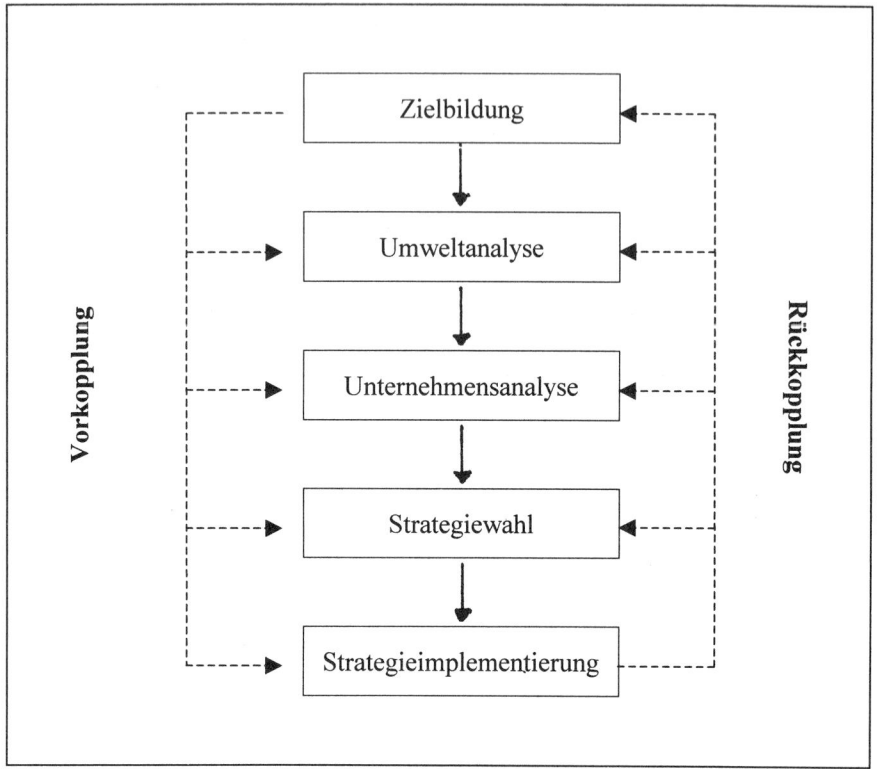

Abb. 2-2: Komponenten des strategischen Planungsprozesses

1.3 Techniken der strategischen Planung

1.3.1 Aufgaben

Strategische Planung, so haben wir festgestellt, ist ein informationsverarbeitender Prozess, der sich aus fünf verschiedenen Komponenten zusammensetzt. Die geistigen Vorgänge, die die Abwicklung dieser Komponenten begleiten, können gedanklich in einzelne

- Wahrnehmungsprozesse und
- Denkprozesse

zerlegt werden. Sowohl bei einem Individuum als auch in einer Gruppe sind diese Wahrnehmungs- und Denkprozesse rationalisierbar, d.h. einer Gestaltung zugänglich. Aufgabe einer derartigen Gestaltung ist es u.a., Planungstechniken zur Verfügung zu stellen, welche die genannten Prozesse erleichtern und verbessern.

Eine **Erleichterung** des Planungsprozesses ist insofern erforderlich, als die menschliche Informationsbeschaffungs- und -verarbeitungskapazität naturgemäß begrenzt ist. Planungstechniken stellen in diesem Fall so etwas Ähnliches wie externe Speicher zur Vergrößerung der Wahrnehmungs- und Denkkapazität dar.

Eine **Verbesserung** der Planungsprozesse ist durch den Einsatz von Planungstechniken deswegen zu erwarten, weil so die gefühlsbetonte Intuition des Planenden durch «vorgedachte Rationalität» ergänzt werden kann. Planungstechniken sind nämlich ihrerseits das Produkt eines Denkvorganges. Mit dem Entwurf von Planungstechniken werden gewissermaßen auf Vorrat Denkhilfen bereitgestellt, die je nach Planungsaufgabe in Anspruch genommen werden können. Dabei ist nicht einmal vorausgesetzt, dass der Planende die Funktionsweise einer Planungstechnik versteht. Wichtig ist ausschließlich, dass er die Technik sinnvoll einsetzt. Allerdings hat die Erfahrung gezeigt, dass Planungstechniken von einem Benutzer i.d.R. dann nicht akzeptiert werden, wenn er die Technik «nicht durchschaut». Ein weiterer Vorteil des Einsatzes von Planungstechniken besteht darin, dass allein schon während der Handhabung einer Technik neue Einsichten gewonnen werden. Sie entspringen dem Umstand, dass eine Planungstechnik zur Bearbeitung von solchen Problemen zwingt, die bei einer gefühlsmäßigen Planung evtl. übergangen worden wären. So gewährleistet etwa eine Anwendung der Nutzwertanalyse, dass sich der Planende über die Zusammensetzung seines Zielsystems und über die Zielgewichtung gründlich Gedanken macht. Insofern üben Planungstechniken auch eine Checklistenfunktion aus.

Neben diesen **instrumentalen Funktionen** nehmen Planungstechniken auch **organisatorische Funktionen** wahr. Die Anwendung einer Planungstechnik ermöglicht eine Arbeitsteilung im Rahmen der Lösung eines Planungsproblems, eine Verbesserung der Transparenz des Planungsprozesses und damit eine Kontrolle der Planung.

Die **Arbeitsteilung** verhindert, dass ein bestimmtes Planungsergebnis bewusst oder unbewusst durch «Manipulation» der einzelnen Planungsschritte herbeigeführt wird. So lässt sich bspw. durch die Zuweisung der Kriteriengewichtung im Rahmen der Zielbildung und der Alternativenbewertung an verschiedene Hände vermeiden, dass - bewusst oder unbewusst - die Kriterien in einem Sinne gewählt werden, der zwangsläufig auf eine bestimmte Strategie hinausläuft.

Die **Transparenz** des Planungsprozesses wird deshalb gefördert, weil die einzelnen Schritte i.d.R. zu dokumentieren sind, und schließlich die Anwendung einer Planungstechnik eine schematische Vorgehensweise impliziert, welche die Möglichkeit der Vergleichbarkeit steigert. Ein Vergleich ist nicht nur auf innerbetrieblicher Basis möglich, sondern es können auch zwischenbetriebliche Vergleiche durchgeführt werden. Der Vergleich kann sich auf die Ergebnisse der einzelnen Schritte einer Planungstechnik beziehen, aber auch auf die Erfahrungen bei der Anwendung der Technik.

Mit der Steigerung der Transparenz des Planungsprozesses wird auch die **Voraussetzung** für die **Kontrolle** der einzelnen Planungsschritte geschaffen.

Mit dem Einsatz von Planungstechniken sind allerdings auch **Risiken** verbunden. Zu nennen ist u.a. die Gefahr der blinden Anwendung (Technikgläubigkeit) und die damit verbundene Technikabhängigkeit mit der Folge des Verlustes eines intuitiven Moments. Diese Gefahr besteht insbesondere dann, wenn der Einsatz von Planungstechniken durch EDV-Systeme unterstützt wird («Computergläubigkeit», vgl. auch S. 339 ff.).

Instrumentale Funktionen:
- Erleichterung des Planungsprozesses,
- Verbesserung des Planungsprozesses.

Organisatorische Funktionen:
- Arbeitsteilung,
- Transparenz des Planungsprozesses,
- Kontrolle des Planungsprozesses.

Abb. 2-3: Aufgaben von Planungstechniken

Aus der Beschreibung der Aufgaben von Planungstechniken lässt sich deren Begriff ableiten:

Planungstechniken stellen strukturierte und formalisierte Instrumente zur Erleichterung und Verbesserung von Wahrnehmungs- und Denkprozessen dar, die bei der Planung zu bewältigen sind.

In der Literatur werden neben oder statt des Begriffes «Planungstechnik» auch die Begriffe «Planungsmethode», «Planungsinstrument», «Planungsverfahren» und «Planungsmodell» verwendet. Viele Versuche, diese Begriffe sinnvoll voneinander abzugrenzen, sind gescheitert. Wir wollen keinen neuen Versuch unternehmen, sondern nur klarstellen: Im Folgenden verwenden wir den Begriff «Planungstechnik» im oben definierten Sinne. Planungsmodelle stellen nach unserer Terminologie Bestandteile von Planungstechniken dar. Die Begriffe «Planungsinstrument», «Planungsverfahren» und «Planungsmethode» können als Synonyme zum Begriff «Planungstechnik» verstanden, sollen aber im Folgenden der sprachlichen Einfachheit halber vermieden werden.

1.3.2 Arten

Wissenschaft und Praxis haben im Laufe der letzten Jahrzehnte eine Fülle von Planungstechniken entwickelt. Sie dienen nicht nur den verschiedensten Zwecken, sondern sie sind auch methodisch sehr unterschiedlich konzipiert. Einzelne Techniken sind ausgesprochen einfach, andere wiederum sehr komplex, d.h. sie stellen ein Konglomerat von verschiedenen einfacheren Techniken dar. Techniken wie das PIMS-Programm und die Erfahrungskurvenanalyse sind zunächst Ergebnisse empirischer Studien, welche Aussagen mit gesetzesähnlichem Charakter enthalten. Sie unterscheiden sich grundsätzlich von einer Technik wie der Wertkettenanalyse, die lediglich einen Formalismus, ein Schema bereitstellt. Es ist also ein schwieriges Unterfangen, in diese Vielfalt eine Ordnung zu bringen.

Wir werden im weiteren Verlauf vom **Anwendungsbezug der Planungstechniken** ausgehen und folgende Unterscheidung treffen:

– Techniken der Zielbildung,
– Techniken der Umweltanalyse,
– Techniken der Unternehmensanalyse,
– Techniken der Strategiewahl,
– Techniken der Strategieimplementierung.

In der folgenden Abb. 2-4 sind jene Techniken der strategischen Planung genannt, die im Rahmen dieses Lehrbuches erörtert werden. Die jeweiligen Klammerzusätze verweisen auf die entsprechende Stelle der Beschreibung. Die Zuordnung der Techniken zu den einzelnen Planungskomponenten ist nicht überschneidungsfrei, insbesondere dann nicht, wenn es sich um eine komplexe Technik handelt. So kann die PIMS-Studie nicht nur für die Unternehmensanalyse, sondern auch für die Umweltanalyse eingesetzt werden. Die Portfolio-Analyse stellt zwar vorrangig eine Technik der Kombination von Umweltanalyse und Unternehmensanalyse dar, lässt sich aber auch zur Unterstützung der Strategiewahl einsetzen.

Komponenten des strategischen Planungsprozesses	Techniken der strategischen Planung
Zielbildung	Kennzahlensysteme (2.1 u. III/3.2.3) Deduktive Zielauflösung (2.1)
Umweltanalyse	Marktanalyse (Wettbewerbsanalyse) (3.3.2.3.1) Branchenanalyse nach Porter (3.3.2.3.2) Indikatorenanalyse (3.3.3.1) Stakeholder-Ansatz (3.3.3.2) Chancen-/Risiko-Analyse (3.4) Prognoseverfahren (IV/3.2) Szenario-Analyse (IV/3.3.1) Früherkennungssysteme (IV/3.3.2) Konzept der Schwachen Signale (IV/3.4)
Unternehmensanalyse	Potenzialanalyse (4.2) Ressourcenanalyse (4.2) Wertkettenanalyse (4.2.1) Stärken-Schwächen-Analyse (4.2) Konkurrentenanalyse (4.2.3) Benchmarking (III/3.2.3) PIMS-Studie (4.5.1) Produktlebenszyklus-Analyse (4.5.2) Erfahrungskurven-Analyse (4.5.3) Preiserfahrungskurven-Analyse (4.5.3) Strategische Kostenanalyse (IV/4.4.1) Target Costing (IV/4.4.2) Prozesskostenrechnung (IV/4.4.3) Lebenszyklusorientierte KER (IV/4.4.4)
Kombination von Umweltanalyse und Unternehmensanalyse	Portfolio-Analyse (4.6) Lückenanalyse (5.1)
Strategiewahl	Portfolio-Analyse (4.6) Planungsmodelle (5.6.2)
Strategieimplementierung	Budgetierung (6.2.1) Balanced Scorecard (6.2.2) Synoptische und inkrementale Planung (6.3.1) Retrograde, progressive, zirkuläre Planung (6.3.2)

Abb. 2-4: Planungsprozess und Planungstechniken

1.4 Strategisches Planungssystem

1.4.1 Aufgaben

Planung, so haben wir festgestellt, besteht aus einem Prozess, der sich wiederum in verschiedene Teilprozesse zerlegen lässt. Die Abwicklung dieser Teilprozesse kann durch den Einsatz von Planungstechniken erleichtert und verbessert werden. Die Komponenten des strategischen Planungsprozesses wie auch der Einsatz von Planungstechniken bedürfen einer Regelung, einer Ordnung, einer Gestaltung. Dies sind die Aufgaben des strategischen Planungssystems.

Ein Planungssystem schafft eine Struktur und einen institutionellen Rahmen für die Planung. Besonders deutlich wird diese Aufgabe beim bekanntesten Planungssystem, dem sog. **Planning Programming Budgeting System** (PPBS), das im amerikanischen Verteidigungsministerium in den 70er Jahren eingeführt wurde. Es enthält detaillierte Anweisungen für den Planungsvollzug.

Ein System besteht bekanntlich aus Elementen und deren Beziehungen zueinander.

Elemente eines Planungssystems sind:

– Planungsträger,
– Planungsprozess,
– Planungstechniken,
– Planungsbereiche,
– Ablauforganisation der Planung,
– Planungsrechnung.

Im Folgenden werden diese Elemente beschrieben.

1.4.2 Elemente

1.4.2.1 Planungsträger

Die Frage nach den Planungsträgern, also jenen Personen, die mit der Wahrnehmung der Planung betraut sind, ist untrennbar verbunden mit der **Aufbauorganisation** eines Unternehmens. So ist die Funktionale Organisation dadurch gekennzeichnet, dass die Planungskompetenz in der Unternehmensspitze konzentriert ist. Man spricht in diesem Zusammenhang vom sog. Kamineffekt. Häufig wird die Unternehmensleitung bei der Wahrnehmung ihrer Planungsaufgaben von Planungsstäben unterstützt. Im Gegensatz dazu findet bei der Divisionalen Organisation eine Verlagerung von Planungszuständigkeit in die einzelnen Sparten statt, während in den zentralen Planungsabteilungen lediglich spartenübergreifende Funktionen verbleiben. Hier entsteht dann i.d.R. ein Abstimmungsproblem zwischen zentraler und dezentraler Planungszuständigkeit. Die Dezentralisierung von Planungskompetenz wird bei der Holding noch dadurch verstärkt, dass die einzelnen Holding-Gesellschaften rechtlich selbstständig sind. Die (nicht ganz unproblematische) Aufteilung der Planungszuständigkeit zwischen Obergesellschaft und Beteiligungsgesellschaften wird häufig in Form von Unternehmensverträgen geregelt.

Eine besondere Vorstellung von Kompetenzverteilung liegt den Teammodellen zu Grunde. Hier sind nicht Einzelpersonen Planungsträger, sondern die Planungskompetenz wird einer Gruppe übertragen (vgl. S. 407 ff.).

Die hier angesprochene Beziehung zwischen Organisation und Planungskompetenz wird ausführlich in Teil 5 erörtert, der dem Thema «Organisation» gewidmet ist.

Wir gehen im Folgenden davon aus, dass die **Planungsträger auf drei Ebenen** angesiedelt sind (vgl. *Hofer/Schendel* [Strategy] 27 f.):

– Ebene der Unternehmung (corporate level),
– Ebene der Geschäftsbereiche (business level),
– Ebene der Funktionen (functional level).

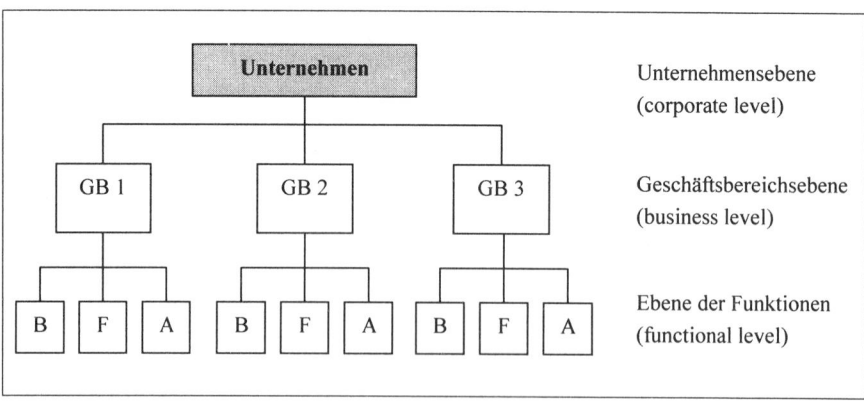

Abb. 2-5: Die drei Ebenen der strategischen Planung

In Abb. 2-5 ist diese vertikale Gliederung dargestellt. Es wird von drei Geschäfts-bereichen (GB) und drei Funktionen (Beschaffung, Fertigung, Absatz) ausgegangen.

Auf das Beispiel *Mannesmann* (vgl. S. 47) übertragen, bedeutet dies: Planung findet statt in der Muttergesellschaft *Mannesmann AG* (Unternehmensebene), den Tochtergesellschaften *VDO*, *Mobilfunk* usw. (Geschäftsbereichsebene) und je-weils in den Funktionen Beschaffung, Fertigung, Absatz usw. (Ebene der Funk-tionen). Auf der Unternehmensebene wird insbesondere entschieden, in welchen Geschäftsbereichen sich eine Unternehmung positionieren will; auf der Ebene der Geschäftsbereiche ist zu planen, wie durch Einsatz von Wettbewerbsstrategien die von der Unternehmung zugewiesene Position realisiert wird. *Hofer/Schendel* ([Strategy] 15) charakterisieren den Zusammenhang folgendermaßen: «The first, which we shall call **corporate strategy,** addresses the question, 'What set of busi-nesses should we compete in?', while the second, which we shall call **business strategy** addresses the question, 'How should we compete in the XYZ business?'»

Auf der Ebene der Funktionen ist über die Art der Realisierung einer Strategie zu entscheiden. Wir ordnen diesen Aufgabenbereich daher der Planungskomponente der Strategieimplementierung zu. Mit diesem Thema befasst sich Abschnitt 6 (vgl. S. 188 ff.).

1.4.2.2 Planungsprozess

Planung, so haben wir festgestellt, ist ein Prozess, der in einzelne Planungsphasen zerlegt werden kann. Die Probleme dieser Zerlegung haben wir bereits beschrie-ben (vgl. S. 52 ff.). Wir sind zu dem Ergebnis gekommen, dass es sinnvoll ist, von folgenden fünf **Planungsphasen** auszugehen:

– Zielbildung,
– Umweltanalyse,
– Unternehmensanalyse,
– Strategiewahl,
– Strategieimplementierung.

Diese fünf Planungsphasen bestehen nun ihrerseits wieder aus einer Vielzahl von Teilprozessen. Abb. 2-6 vermittelt einen Eindruck von der dabei entstehenden Komplexität der Planung. Sie stellt das «Strategieformulierungsmodell» nach *Ho-fer/Schendel* ([Strategy] 50) dar.

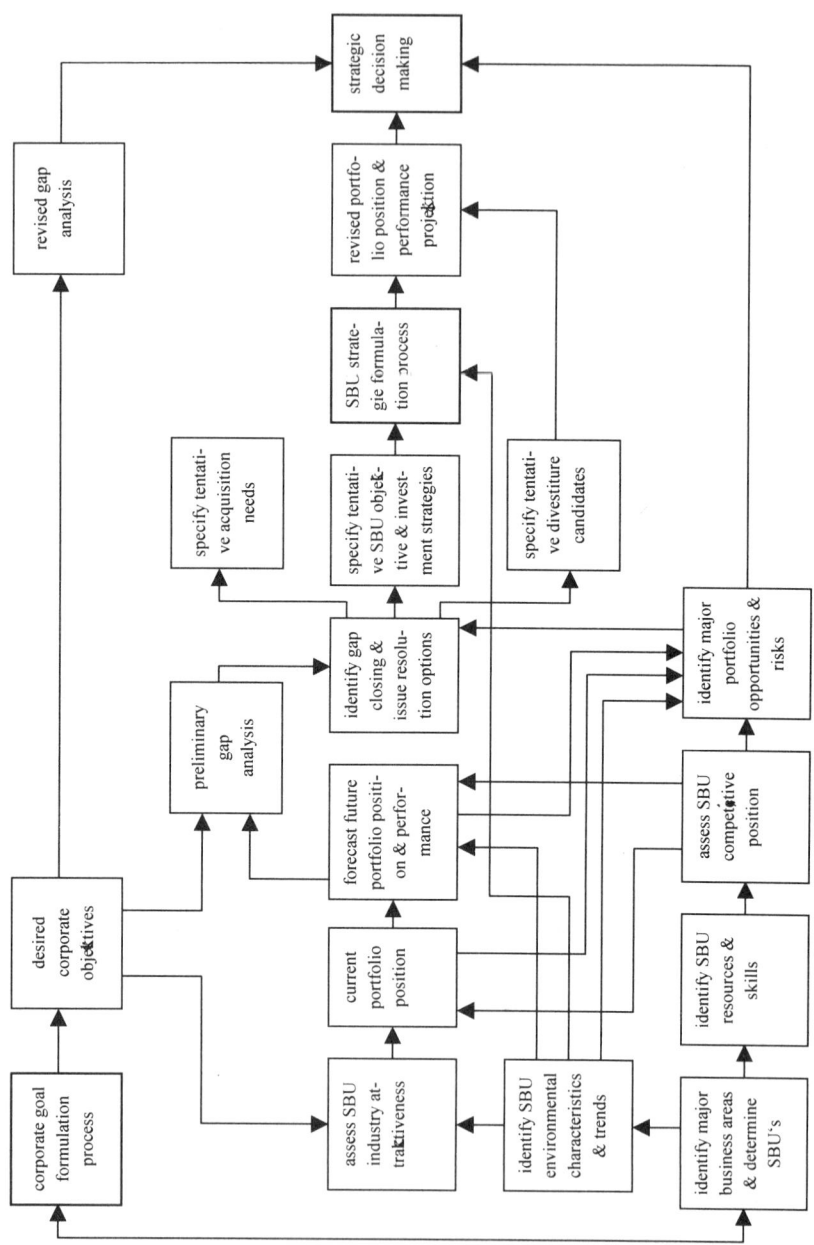

Abb. 2-6: Planungsprozess nach *Hofer/Schendel* ([Strategy] 52), gekürzt und modifiziert

In einem Planungssystem ist zu klären, welche Planungsträger für die Wahrnehmung dieser einzelnen Teilprozesse zuständig sind.

1.4.2.3 Planungstechniken

Die Planungstechniken stehen den einzelnen Planungsträgern bei der Bearbeitung der verschiedenen Planungsphasen zur Verfügung. Es ist nun im Planungssystem festzulegen, ob der Einsatz von Techniken den Planungsträgern freigestellt oder ob er für verbindlich erklärt werden soll. Für eine Verbindlichkeit sprechen die bereits genannten organisatorischen Funktionen von Planungstechniken, nämlich der Arbeitsteilung, der Transparenz des Planungsprozesses und der Kontrollierbarkeit des Planungsprozesses (vgl. S. 54 ff.). Auch die instrumentalen Funktionen, d.h. die Erleichterung und Verbesserung des Planungsprozesses, legen den Einsatz von Planungstechniken nahe.

1.4.2.4 Planungsbereiche

Im Rahmen eines Planungssystems ist festzulegen, auf welche Handlungsbereiche sich die Planung in einem Unternehmen zu beziehen hat. Die einzelnen Planungsbereiche können u.a. untergliedert werden:

Nach dem **Planungsträger** in:

– Unternehmensplanung,
– Geschäftsbereichsplanung,
– Funktionsbereichsplanung.

Nach den **Funktionen** in:

– Beschaffungsplanung,
– Fertigungsplanung,
– Absatzplanung,
– Finanzplanung,
– Investitionsplanung,
– Personalplanung.

Die Unterteilung in Planungsbereiche nach dem **Planungsträger** wird bestimmt von der Aufbaustruktur eines Unternehmens und damit der Festlegung von Planungsträgern (vgl. S. 59 ff.). Die Einteilung der Planungsbereiche nach den **Funktionen** hängt von der Reichweite und dem Präzisionsgrad der Planung in einem Unternehmen ab. So ist denkbar, dass auf die Planung einzelner Bereiche, wie etwa der Personalwirtschaft, verzichtet wird. Die Planung kann im Gegensatz dazu auch sehr differenziert vorgenommen werden. So kann im Rahmen der Fertigungsplanung eine Produktionsablaufplanung, eine Kapazitätsplanung, eine Reihenfolgeplanung usw. stattfinden.

1.4.2.5 Ablauforganisation der Planung

Die Ablauforganisation der Planung legt fest, in welcher Reihenfolge die einzelnen Planungsschritte abzuwickeln sind und wie das Koordinationsproblem gelöst werden kann. Beide Aufgaben sind eng miteinander verzahnt.

Zur Lösung des **Reihenfolgeproblems** ist prinzipiell zu klären, ob man dem Leitbild der synoptischen oder jenem der inkrementalen Planung folgt. Die Vor- und Nachteile dieser Leitbilder sind auf S. 193 ff. beschrieben. Entscheidet man sich für die synoptische Planung, so ist eine Reihenfolge normativ vorgegeben, die i.d.R. mit der Zielbildung beginnt. Bei der inkrementalen Planung dagegen ist die Reihenfolge offen und Mehrfachdurchläufe sind vorgesehen.

Das **Koordinationsproblem** entsteht dadurch, dass die Planung aus einzelnen Prozessen besteht, die zu unterschiedlichen Zeiten und von verschiedenen Personen wahrgenommen werden. Es ist dafür zu sorgen, dass aus der Vielfalt ein Plan «aus einem Guss» entsteht. Die Koordinierungsaufgabe lässt sich in eine zeitliche, horizontale und vertikale Komponente zerlegen.

Die **zeitliche Koordination** regelt die Abstimmung der einzelnen Planungsschritte. Dabei ist zu wählen zwischen den Abstimmungsprinzipien der rollenden und der nichtrollenden Planung sowie der starren und der flexiblen Planung (vgl. *Schweitzer* [Planung] 56 ff.).

Die **horizontale Koordination** (bereichsbezogene Koordination) führt die Teilpläne (etwa den Produktionsplan und den Absatzplan) zu einem integrierten Unternehmensgesamtplan zusammen.

Die **vertikale Koordination** (hierarchische Koordination) sorgt für die Abstimmung der Pläne auf den verschiedenen Ebenen der Leitungshierarchie.

Die Implementierung der strategischen Planung muss sich mit diesen Koordinationsproblemen auseinander setzen. Dort ist zu klären, wie die zeitliche Koordination, die horizontale Koordination und die vertikale Koordination gestaltet werden sollen (vgl. S. 196).

1.4.2.6 Planungsrechnung

Die Planungsrechnung hat die Aufgabe, Planungsaktivitäten, die sich quantitativ abbilden lassen, in Zahlen zu fassen. Die Planung wird auf diese Weise konkretisiert und damit kontrollierbar gemacht.

Je nach Planungsaktivität lassen sich unterschiedliche Bereiche der Planungsrechnung unterscheiden:

(1) Entscheidungsrechnungen:

Sie dienen der Entscheidungsvorbereitung im Rahmen der Planung. Grundlage solcher Entscheidungsrechnungen sind **Entscheidungsmodelle.** Zu nennen sind u.a. Modelle der optimalen Preispolitik, Modelle der optimalen Programmgestaltung und Investitionsrechenverfahren. Im Rahmen solcher Modelle lässt sich auch die mit der Planung untrennbar verbundene Ungewissheit berücksichtigen (vgl. *Bea* [Entscheidungen] 376 ff.).

(2) Dokumentationsrechnungen:

Ihre Aufgaben bestehen in der Dokumentation von Planungen in Form von Zahlen. Formen der Dokumentationsrechnung stellen das Budget und der Business Plan dar. Das **Budget** bildet die kurz- und mittelfristigen Maßnahmen in Form von Zahlen ab. Den Entscheidungsträgern im Unternehmen steht damit eine verbindliche Orientierung für den Planvollzug zur Verfügung. Das Budget bietet auch eine «ideale Richtschnur» für die Kontrolle (vgl. S. 189 f.).

Der **Business Plan** stellt ein schriftliches Unternehmenskonzept in Form von Planzahlen für die nächsten 3 – 5 Jahre dar. Er bildet die Strategie sowie die einzelnen Schritte zur Strategieimplementierung, insbesondere die erforderlichen personellen und finanziellen Ressourcen ab. Diese Dokumentationsrechnung dient der Unternehmensführung zur Konkretisierung der Strategie, den Mitarbeitern zur Information und Motivation, den Kreditgebern und Teilhabern als Grundlage für ihr finanzielles Engagement (vgl. S. 189 f.).

In neuester Zeit wird die **Balanced Scorecard** als Dokumentationsrechnung eingesetzt (vgl. S. 190 ff.).

2 Strategische Ziele

Beispiele aus der Unternehmenspraxis:

(1) Deutsche Telekom AG:

«Wir orientieren uns bei all unseren unternehmerischen Aktivitäten an den daraus resultierenden Potenzialen zur Wertsteigerung des Unternehmens, um unseren Aktionären eine angemessene Rendite zu sichern und die T-Aktie nachhaltig als solides Investment zu festigen. ... Die Deutsche Telekom hat sich für die kommenden Jahre die Ziele gesetzt, ihren Shareholder Value zu erhöhen und ihren Aktionären attraktive Renditen zu bieten, ihre Position als führender Komplettanbieter von Telekommunikationsleistungen in Deutschland auszubauen, ihren Kunden weltweit Service aus einer Hand anzubieten und auf ihren Märkten die Nachfrage nach Telekommunikationsleistungen zu stimulieren, um damit Umsatz, Cash Flow und Ertragskraft zu steigern sowie ihre Bilanzstruktur zu verbessern.» (Geschäftsbericht 1997)

(2) VIAG AG:

«Primäres Ziel des unternehmerischen Handelns der VIAG ist die langfristige Steigerung des Unternehmenswertes. ... Mit diesem Ansatz wird das Portfolio laufend unter den Aspekten Zukunftschancen und Marktpositionen, letztlich also mit Blick auf seine langfristige Rentabilität, überprüft. Bei dauerhaftem Nichterfüllen einzelner Kriterien werden die entsprechenden Geschäftsfelder umstrukturiert, abgegeben oder geschlossen. Umgekehrt werden erfolgreiche Felder ausgebaut, um zusätzliche Marktchancen zu erschließen.» (Geschäftsbericht 1997)

(3) Jürgen Schrempp:

«Das Konzept der Unternehmenswertsteigerung (Shareholder Value), das wir seit 1996 systematisch in all unseren Bereichen verankert haben, ist inzwischen Teil unserer Unternehmenskultur geworden.» (Halbjahresbilanzpressekonferenz 30. 07.1998)

2.1 Zielhierarchie

Wie bereits dargelegt, wird in der Literatur die Einordnung der Zielbildung in den Planungsprozess nicht einheitlich gesehen (vgl. S. 53). Die Antwort auf die Frage, ob die Bildung strategischer Ziele Gegenstand der Planung ist, hängt davon ab, ob strategische Ziele in einem recht vagen Zustand gesehen werden oder bereits operationalisiert sind. Die Entwicklung einer vagen Idee, das Entstehen einer Vision, bedarf im Normalfall keiner Planung. Eine Konkretisierung dieser Idee in Form einer Marktanteilsziffer dagegen kann nur das Ergebnis eines Planungsprozesses sein.

Je nach Grad der Präzision und Anwendungsbereich unterscheiden wir verschiedene Zielvorstellungen, die sich idealerweise in einer Zielhierarchie darstellen lassen:

- **Vision**

An der Spitze der Zielhierarchie steht eine allgemein und grundsätzlich gehaltene Vorstellung von der künftigen Rolle des Unternehmens. Sie wird i.d.R. mit recht anspruchsvollen Begriffen belegt. So ist in diesem Zusammenhang häufig von einer **Vision** oder einer **Unternehmensphilosophie** die Rede. Im angelsächsischen Sprachraum werden u.a. die Begriffe «vision», «philosophy», «mission» und «charta» verwendet. Es soll mit all diesen Begriffen zum Ausdruck gebracht werden, dass am Anfang eine Grundposition zu formulieren ist, die eine weit in die Zukunft gerichtete Orientierung markiert, also richtungsweisend ist.

Beispiele: Zu Beginn der 90er Jahr formulierte der damalige Chef von Daimler-Benz, Edzard Reuter, die Vision vom «Integrierten Technologiekonzern». Sein Nachfolger Jürgen Schrempp sieht nach der Konzentration auf die Kernkompetenzen, dem Verkauf unrentabler Geschäfte und der Fusion mit Chrysler den Daimler Chrysler-Konzern als «globale Nr. 1 auf dem Automobilmarkt».

BASF charakterisiert die Aufgabe ihrer «Vision 2010» wie folgt: «Unsere Vision beschreibt, wie die BASF aus der Sichtweise des Jahres 2010 aussehen will».

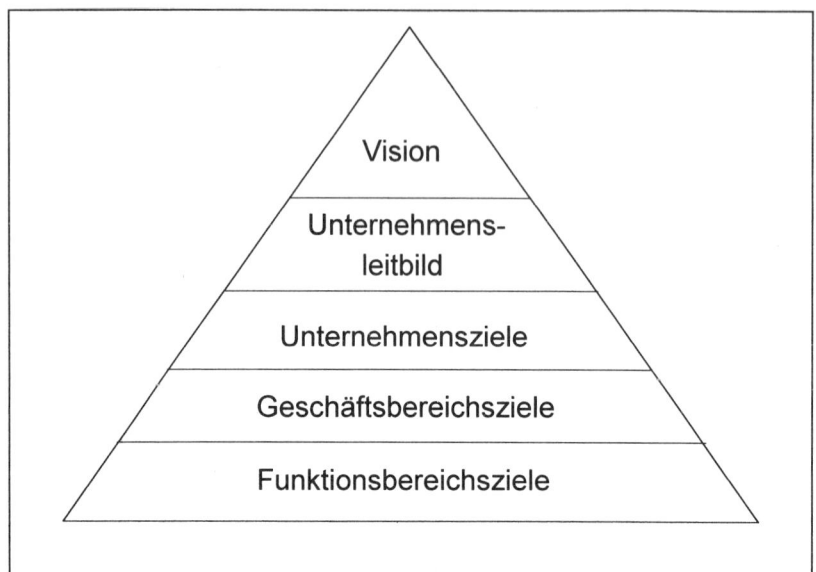

Abb. 2-7: Zielhierarchie im Strategischen Management

Als generelles Ziel der strategischen Planung wird häufig die **Effektivität** genannt und als Gegensatz zur **Effizienz** gesehen. Effektivität wird durch eine Relation aus aktuellem und erwünschtem Output erfasst. Die Effizienz misst dagegen das Verhältnis von aktuellem Output zu aktuellem Input. Insofern kann die Effektivität als Leitlinie für langfristiges Handeln, die Effizienz als Kriterium für die kurzfristige Planung angesehen werden. *Hofer/Schendel* ([Strategy] 2) drücken dies recht anschaulich folgendermaßen aus: Effektivität heißt, die richtigen Dinge tun («to do the right things»), Effizienz heißt, die Dinge richtig tun («to do things right»).

- **Unternehmensleitbild**

Eine in der Zielhierarchie tiefer liegende Stufe der Konkretisierung von Visionen stellen sog. **Unternehmensleitbilder** (auch Führungsgrundsätze genannt) dar. Derartige Leitbilder sind häufig Orientierungshilfen für das Verhalten der Mitarbeiter gegenüber den Partnern des Unternehmens. Sie werden daher auch als **Verhaltensrichtlinien** (policies) bezeichnet. Sie liefern - i.d.R. schriftlich formulierte - Grundsätze für die Verwirklichung der Vision. In diesem Zusammenhang ist festzustellen, dass solche Verhaltensrichtlinien in den letzten Jahren als Folge eines wachsenden Defizits an Prognostizierbarkeit der Zukunft und damit deren Planbarkeit an Bedeutung gewonnen haben.

*Beispiel: Das **Unternehmensleitbild** der **Siemens AG** liefert Grundsätze für Managemententscheidungen und Mitarbeiterverhalten:*

– *Der Kunde bestimmt unser Handeln.*
– *Unsere Innovationen gestalten die Zukunft.*
– *Erfolgreich wirtschaften heißt: Wir gewinnen durch Gewinn.*
– *Spitzenleistungen erreichen wir durch exzellente Führung.*
– *Durch Lernen werden wir immer besser.*
– *Unsere Zusammenarbeit kennt keine Grenzen.*
– *Wir tragen gesellschaftliche Verantwortung.*

- **Unternehmensziele**

Visionen und Leitbilder sind bewusst abstrakt und vage gehalten und bedürfen daher einer weiteren Präzision durch die sog. **Unternehmensziele** (objectives, corporate goals). Sie gelten für das ganze Unternehmen, also je nach Organisationsstruktur für den Konzern, die Holding, das Familienunternehmen.

Beispiele für strategische Unternehmensziele:

– Steigerung des RoI im Jahre 2001 um x %.
– Verbesserung der Marktstellung (Marktanteilssteigerung um x % im Jahre 2001).
– Die heimischen Absatzmärkte sollen durch ausländische Märkte erweitert werden (Markteintritt in Asien).
– Die Marktführerschaft soll verteidigt werden.
– Die Unternehmung soll gesellschaftliche Verantwortung übernehmen.
– Die Unabhängigkeit des Familienunternehmens soll gesichert werden.
– Der Shareholder Value soll gesteigert werden.

- **Geschäftsbereichsziele**

Ein Unternehmen ist i.d.R. in mehrere Geschäftsbereiche untergliedert. So weist bspw. der *Siemens-Konzern* im Jahre 1999 folgende Geschäftsbereiche aus: Energie, Information und Kommunikation, Industrie, Verkehr, Medizin, Bauelemente, Licht und Finanzdienstleistungen.

Sollen aus den strategischen Unternehmenszielen Vorgaben für die einzelnen **Geschäftsbereiche** abgeleitet werden, müssen die Ziele weiter operationalisiert, d.h. messbar gemacht und zeitlich abgegrenzt werden. Als Technik zur Unterstützung einer derartigen **deduktiven Zielauflösung** stehen **Kennzahlensysteme** zur Verfügung. Das *Du-Pont*-Kennzahlensystem ist als konsistentes Zielsystem entwickelt worden (vgl. Abb. 2-8 sowie Abb. 3-7). Die Unterziele werden durch Zielauflösung abgeleitet (deduziert). Die Umsatzrentabilität und der Kapitalumschlag sind Unterziele des Oberziels «Return on Investment (RoI)». Im Rahmen eines derartigen Kennzahlensystems lassen sich für die Geschäftsbereichsziele (business objectives) konkrete Vorgaben in Form von Umsatzzielen oder Marktanteilen festsetzen.

• **Funktionsbereichsziele**

Aus den Geschäftsbereichszielen werden durch weitere deduktive Zielauflösung die sog. **Funktionsbereichsziele** (functional objectives) gewonnen. Sie können u.a. in der Festlegung von Kostenzielen für den Fertigungsbereich und in Kapitalbindungsregeln für die Lagerhaltung bestehen. Ein Kennzahlensystem wurde bereits im Jahre 1919 von dem amerikanischen Chemie-Konzern *Du-Pont* zur Steuerung einer dezentralen Geschäftsbereichsorganisation eingesetzt. Die Kontrolle der einzelnen Geschäftsbereiche erfolgt über die in Abb. 2-8 aufgeführten finanziellen Zielgrößen.

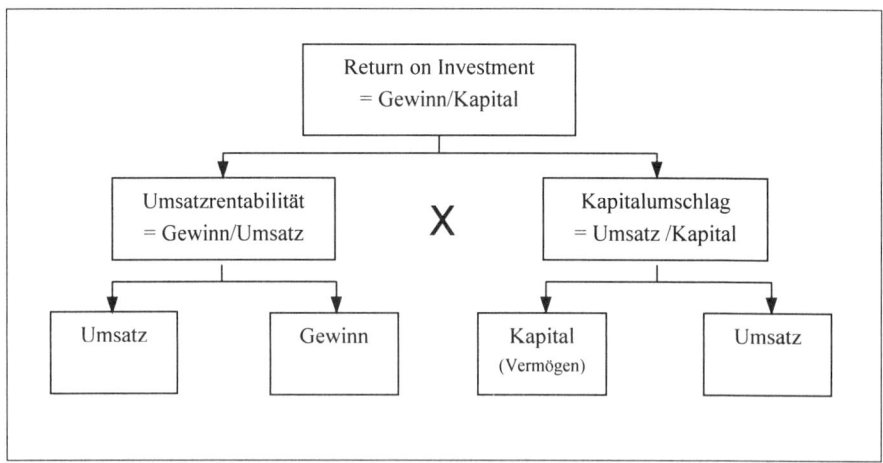

Abb. 2-8: Das *Du-Pont*-Kennzahlensystem

Zur Konkretisierung strategischer Ziele sowohl auf der Unternehmensebene als auch der Geschäftsbereichsebene und der Funktionsbereichsebene eignen sich Kennzahlen in besonderem Maße. **Kennzahlen** bieten den Vorzug der Klarheit und Präzision und damit auch die Voraussetzungen für die Kontrolle der Zielverwirklichung.

Wichtige Kennzahlen zur Konkretisierung strategischer Ziele sind:

EBIT = Ergebnis vor Steuern und Zinsen (earnings before interest and taxes)

EBITDA = earnings before interest and taxes plus depreciation and amortization

$$Return\ on\ Investment\ (RoI) = \frac{Gewinn}{Kapital}$$

$$Eigenkapitalrentabilität\ (Return\ on\ Equity;\ RoE) = \frac{Gewinn}{Eigenkapital}$$

$$Gesamtkapitalrentabilität = \frac{Gewinn + Fremdkapitalzinsen}{Gesamtkapital}$$

$$Umsatzrentabilität\ (RoS = Return\ on\ Sales) = \frac{Jahresüberschuß}{Umsatzerlöse}$$

Economic Value Added (EVA) = Rendite (= operatives Ergebnis vor Zinsen und nach Steuern) – Kapitalkosten (WACC)

Cash Flow = zahlungswirksamer Ertrag
– zahlungswirksamer Aufwand
± Bestandsveränderungen

$$Discounted\ Cash\ Flow = \sum_{t=1}^{n} \frac{CF_t}{(1+WACC)^t} + \frac{Residualwert}{(1+WACC)^n}$$

$$Cash\ Flow\ RoI = \frac{Cash\ Flow}{investiertes\ Kapital}$$

Hinweis: WACC = Weighted Average Cost of Capital; zur Berechnung vgl. S. 77 f.

Abb. 2-9: Kennzahlen zur Konkretisierung strategischer Ziele

Eine aktuelle Methode zur strategischen Führung von Unternehmen mit Kennzahlen stellt das Konzept der Balanced Scorecard dar. Die **Balanced Scorecard** will nicht nur Ziele, sondern auch die Umsetzung der Ziele durch Strategien in messbare Größen übertragen. Insofern ist dieses Konzept auch und vor allem eine Technik der Strategieimplementierung. Sie wird auf S. 190 ff. dargestellt.

2.2 Funktionen der strategischen Zielsetzung

Die Formulierung strategischer Ziele ist eine wichtige – in der Praxis nicht selten missachtete – Aufgabe des Strategischen Managements. Dies wird deutlich, wenn wir die Funktionen der strategischen Zielsetzung untersuchen. Wir **unterscheiden** (vgl. auch *Kupsch* [Unternehmungsziele] 1 ff.) die

- – Entscheidungsfunktion,
- – Koordinationsfunktion,
- – Motivationsfunktion,
- – Informationsfunktion,
- – Kontrollfunktion,
- – Legitimationsfunktion.

(1) Entscheidungsfunktion:

Ziele liefern Kriterien für die Bewertung von Alternativen. Insofern ist die Existenz eines aus der strategischen Zielsetzung abgeleiteten Zielsystems eine Voraussetzung für die Auswahl von Strategien.

(2) Koordinationsfunktion:

Ziele sind geeignet, Teilaktivitäten zu integrieren und auf eine Bezugsgröße, nämlich das Ziel, auszurichten. Sehr deutlich wird die Relevanz der Koordinationsfunktion bei der Anwendung des Führungsmodells «**Management by Objectives**» (= Führung durch Zielvereinbarung) im Rahmen der Divisionalen Organisation (vgl. S. 385 ff.). Hier werden die einzelnen Geschäftsbereiche durch ein gemeinsames Zielsystem koordiniert.

(3) Motivationsfunktion:

Ziele stellen Vorgaben dar und sollen daher die Mitarbeiter motivieren, diese Ziele zu erfüllen. In Verbindung mit der Koordinationsfunktion sollen Ziele eine Identifikation schaffen, ein Wir-Gefühl erzeugen. Ein starker Motivationsschub ist insbesondere dann zu erwarten, wenn es der Unternehmensleitung gelingt, die Mitarbeiter mit der eigenen Vision anzustecken. Einen Beitrag dazu hat die Unternehmenskultur zu liefern (vgl. Teil 6, S. 447 ff.).

(4) Informationsfunktion:

Ziele informieren sowohl die Mitarbeiter als auch die Unternehmensumwelt über die künftigen Aktivitäten. Sie vermitteln insofern eine Information an interne als auch an externe Adressaten. Unter den externen Informationsempfängern sind insbesondere die Investoren von Bedeutung. Durchschaubare und auch überprüfbare Ziele fördern die Bereitschaft der Kapitalgeber zum Engagement in einem Unternehmen. Die Vermittlung strategischer Ziele ist die Aufgabe der Investor Relations.

(5) Kontrollfunktion:

Ziele schaffen die Voraussetzungen für einen Soll-Ist-Vergleich und damit für die Kontrolle. Ohne Zielsetzung ist Kontrolle gar nicht möglich, weil sonst die Vergleichsgröße fehlt. Dieser Effekt hält Manager nicht selten davon ab, Ziele konkret zu formulieren, um so der Gefahr des Versagensvorwurfes zu entgehen.

(6) Legitimationsfunktion:

Ziele dienen immer mehr auch als Rechtfertigung gegenüber Außenstehenden. Das zu berücksichtigende Umfeld der Unternehmung wirkt sich demzufolge auf die Zielbildung aus. So ist es nicht verwunderlich, dass die Ziele «Erhaltung von Arbeitsplätzen» und «Verbesserung der Umweltverträglichkeit von Produkten und Verfahren» gerne genannt werden.

2.3 Zielbildung

Unternehmen können bei der Formulierung ihres Zielsystems zwei grundsätzlich verschiedene Positionen einnehmen. Sie können die Bedarfsdeckung in den Vordergrund rücken und sich gemeinwirtschaftlich verhalten oder aber die Gewinnerzielung bzw. die Wertgenerierung (Shareholder Value) zur Leitlinie ihres Handelns machen und sich damit erwerbswirtschaftlich verhalten. Im ersteren Falle haben wir es mit sog. Nonprofit-Organisationen zu tun, im zweiten Falle mit gewinnorientierten Unternehmen. Beide Typen sollen im Folgenden im Hinblick auf die Zielbildung behandelt werden.

(1) Nonprofit-Organisationen

Nonprofit-Organisationen (NPO) sind jene Organisationen, bei denen nicht das Gewinnziel im Vordergrund steht, sondern ein Sachziel, d.h. die Bedarfsdeckung durch die Bereitstellung eines Leistungsprogrammes. Erscheinungsformen von NPOs sind Vereine, Verbände, Gewerkschaften, Genossenschaften, Anstalten und Stiftungen des öffentlichen Rechts, Naturschutzorganisationen, religiöse Gemeinschaften, Wohlfahrts- und karitative Organisationen, staatliche Krankenhäuser, staatliche Theater, Schulen, Universitäten, öffentliche Rundfunkanstalten usw. Während gewinnorientierte Unternehmen weitgehend frei bei der Wahl ihrer Ziele sind, unterliegen NPOs einer Reihe von Bedingungen, die ihren Spielraum einengen. Zu den **Kontextfaktoren** zählen vor allem:

– Rechtliche Beschränkungen (z.B. Zwang zur Aufrechterhaltung unrentabler Strecken im öffentlichen Nahverkehr),
– politische Einflussnahme (Entscheidungsgremien sind oft von Politikern besetzt),
– Leistungsprogramm (immaterielle Güter in Form von Dienstleistungen, die häufig unentgeltlich oder zu politisch festgesetzten Preisen abgegeben werden),
– Finanzierung (Gebühren, Beiträge, Spenden, politische Preise).

In Abb 2-10 werden **Beispiele für Ziele** von NPOs genannt. Die Beispiele machen deutlich, dass die Ziele von Nonprofit-Organisationen durch folgende Merkmale gekennzeichnet sind:

– Dominanz qualitativer Ziele,
– Unschärfe der Zielformulierung.

Daraus erwachsen folgende Konsequenzen für den strategischen Planungsprozess: Die Problemidentifikation in Form einer Soll-Ist-Abweichung wird erschwert. Sind die Ziele verschwommen, können auch die Probleme nur vage wahrgenommen werden. Die Entwicklung von Lösungsalternativen hat unter dieser Unschärfe zu leiden. Sie erlaubt es den einzelnen Interessengruppen, ihre spezifischen Ziele «heimlich» zur Geltung zu bringen. Auch eine Bewertung der Alternativen wird insofern erschwert, als Entscheidungstechniken, die auf quantitativen Größen beruhen (z.B. Investitionsrechenverfahren), kaum angewandt werden können. Schließlich wird die Implementierung der Planung dadurch beeinträchtigt, dass die einzelnen Teilpläne nur unzureichend koordiniert werden und Anreiz- und Sanktionsmechanismen auf Grund fehlender Erfolgsindikatoren nur schwer greifen können. Diese Bestandsaufnahme macht deutlich, dass die strategische Planung bei NPOs ungleich größere Schwierigkeiten zu überwinden hat, als dies bei gewinnorientierten Unternehmen der Fall ist.

Nonprofit-Organisationen	Ziele
Öffentlicher Nahverkehr	- Schaffung eines sicheren und bedarfsgerechten Verkehrsnetzes - Bereitstellung kostengünstiger und nachfragegerechter Verkehrsleistungen
Rundfunkanstalten	- Grundversorgung mit Information, Bildung und Unterhaltung - Meinungsvielfalt im Programmangebot
Universitäten	- Ausbildung des akademischen Nachwuchses - Mehrung wissenschaftlicher Erkenntnisse durch Forschung
Gemeindeverwaltungen	- Steigerung der kommunalen Wohlfahrt - Bereitstellung öffentlicher Dienstleistungen (z.B. Standesamt, Sozialamt)

Abb. 2-10: Beispiele für Ziele von Nonprofit-Organisationen

(2) Gewinnorientierte Unternehmen

Die Zielbildung in gewinnorientierten Unternehmen wird im Wesentlichen bestimmt von der Unternehmensverfassung. Die **Unternehmensverfassung** legt fest, welche Interessen in welchem Umfang am Willensbildungsprozess im Unternehmen beteiligt sind. Prinzipiell kommen als Interessengruppen die Kapitaleigner, die Arbeitnehmer und die Öffentlichkeit in Betracht. Das Recht der Kapitaleigner wird durch die jeweilige Rechtsform festgelegt, jenes der Arbeitnehmer vor allem durch Mitbestimmungsrechte. Die Öffentlichkeit artikuliert ihre Interessen durch gesetzliche Bestimmungen, wie z.B. Publizitätsvorschriften und Umweltschutzgesetze. Die Frage, welchen dieser verschiedenen Interessengruppen im Konfliktfall der Vorrang einzuräumen ist, läuft auf die Kontroverse **«Shareholder-versus-Stakeholder-Ansatz»** hinaus. Nach dem Stakeholder-Ansatz wird die Unternehmung nicht als Gewinnerzielungsinstrument des Kapitalgebers (Shareholder) interpretiert, sondern als eine Institution, die einer Vielzahl verschiedener Interessen gegenübersteht und ihnen auch zu genügen hat (Vgl. S. 101 ff.). Zweifellos ist heute ein Trend zu Gunsten des Shareholder Value-Ansatzes festzustellen. Dieser Trend wird u.a. begünstigt durch die Globalisierung und die damit verbundene Zunahme des Wettbewerbs auf Güter- und Kapitalmärkten, die Knappheit von Kapital (im Gegensatz zur Arbeit) und schließlich die wachsende Bereitschaft in der Bevölkerung zum Engagement für Beteiligungen an Unternehmen. Da der Shareholder Value eine dominante Rolle in der Diskussion um die strategische Zielbildung einnimmt, soll er im Folgenden ausführlich erörtert werden.

2.4 Shareholder Value

*Beispiel aus dem **VEBA**-Geschäftsbericht für das Jahr 1995:*

«Durch die zunehmende Internationalisierung des VEBA-Aktionärskreises seit Abschluss der Privatisierung im Jahre 1987 und die Erfahrung mit der angelsächsischen Kapitalmarktkultur hat unsere aktionärsorientierte Unternehmenspolitik einen neuen Akzent erhalten. VEBA bekennt sich zum Shareholder Value-Ansatz und gehört mit der konzernweiten Einführung Cash Flow-orientierter Steuerungsinstrumente in Deutschland und Europa zu den Pionieren der wertorientierten Unternehmensführung. Als Mittler zwischen Kapitalmarkt und Teilkonzernen setzt die Holding gemeinsam mit den Teilkonzernen die Ansprüche der Aktionäre in wertsteigernde Unternehmenskonzepte um.»

(1) Definition

Im Jahre 1986 veröffentlichte *Alfred Rappaport* ein Buch mit dem Titel «Creating Shareholder Value. The New Standard for Business Performance.» Ein Kernsatz darin lautet: «Critics of large corporations often allege that corporate managers have too much power and that they act in ways to benefit themselves at the expense of shareholders and other corporate constituencies.» Inzwischen ist die von dem Autor geforderte Orientierung des Managements am Shareholder Value (SV) zumindest für die großen deutschen Aktiengesellschaften zur Selbstverständlichkeit geworden.

Rappaport begründet den Shareholder Value (SV) als alleinigen Maßstab für die Kontrolle der Unternehmensführung mit den Unzulänglichkeiten «der Zahlen aus dem Rechnungswesen», insbesondere mit den Einflüssen von **Bewertungsmodalitäten** auf die Höhe des Gewinnes. Die Kennzahlen RoI (Return on Investment) und RoE (Return on Equity), die häufig zur Beurteilung der Erfolgsträchtigkeit von Strategien verwendet werden, sind wesentlich beeinflusst von buchhalterischen Vorgängen wie Abschreibungen und Periodisierung. So werden etwa gegenwartsnahe Strategien, wie eine Abschöpfungsstrategie, die weitgehend auf Forschung und Entwicklung sowie Marketing-Aktivitäten verzichten, mit einem hohen RoI «belohnt».

Nach *Rappaport* ist der **Cash Flow** im Gegensatz zu solchen Kennzahlen frei von buchhalterischen Bewertungsspielräumen. Aus diesem Grund rückt er ihn in den Mittelpunkt der Bewertung von Strategien und Unternehmen. Der Cash Flow ist die Differenz aus zahlungswirksamen Erträgen und zahlungswirksamen Aufwendungen (+/- Bestandskorrekturen). Geht man vom Jahresüberschuss aus, kann er folgendermaßen ermittelt werden:

Jahresüberschuss/-fehlbetrag
+ Abschreibungen auf das Anlagevermögen
./. Zuschreibungen auf das Anlagevermögen
+ Erhöhung von langfristigen Rückstellungen
./. Minderung von langfristigen Rückstellungen
+ Zunahme der Sonderposten mit Rücklageanteil
./. Abnahme der Sonderposten mit Rücklageanteil

= Cash Flow

Der SV, der dem Eigentümerwert entspricht, wird definiert als Unternehmenswert abzüglich Marktwert des Fremdkapitals:

$$SV = \sum_{t=1}^{n} \frac{CF_t}{(1 + WACC)^t} + \frac{\text{Residualwert}}{(1 + WACC)^n} - \text{Fremdkapital} \qquad (1)$$

CF$_t$ stellt für die einzelnen Perioden den prognostizierten Cash Flow dar. Im **Residualwert** wird der über den expliziten Prognosezeitraum hinaus erzielbare Cash Flow erfasst. Dessen Berücksichtigung trägt der Tatsache Rechnung, dass sich Strategien u.U. erst langfristig in Form einer Wertsteigerung niederschlagen.

Als **Diskontierungsfaktor** wird der Weighted Average Cost of Capital **(WACC)** verwendet. Der Faktor entspricht dem Kalkulationszinsfuß im Rahmen investitionstheoretischer Verfahren. Er bringt die Mindestrenditeerwartung der Eigen- und Fremdkapitalgeber zum Ausdruck.

Nach dem Capital Asset Pricing Model (CAPM) werden die **Eigenkapitalkosten** (k_{EK}) folgendermaßen ermittelt:

$$k_{EK} = r_f + \beta \times (r_M - r_f) \tag{2}$$

Dabei bedeuten:

r_f = risikolose Sockelrate

r_M = Marktrendite

β = Volatilitätsparameter (Beta-Risiko)

Die Gesamtkapitalkosten ergeben sich als gewichteter Durchschnitt der Eigenkapitalkosten (k_{EK}) und der Fremdkapitalkosten (k_{FK}):

$$WACC = k_{EK} \times \frac{EK}{GK} + k_{FK} \times \frac{FK}{GK} \tag{3}$$

Während die Fremdkapitalkosten k_{FK} relativ einfach nach dem Zinssatz für langfristige Schuldverschreibungen bestimmt werden können, bereitet die Ermittlung der Kosten des Eigenkapitals größere Schwierigkeiten. Aus der Formel (2) geht hervor, dass die Eigenkapitalkosten nach dem CAPM aus einer risikolosen Sockelrate (Zinssatz für eine langfristige Staatsanleihe) und einem Risikozuschlag bestehen. Letzterer ergibt sich aus der Differenz der Marktrendite (etwa der des DAX-Portfolios) und der risikolosen Sockelrate multipliziert mit dem sog. **Beta-Faktor**. Dieser stellt die in der Vergangenheit ermittelte Volatilität hinsichtlich der Kursentwicklung einer Aktie im Vergleich zur Entwicklung des Gesamtindex (etwa des DAX) dar. Ist $\beta > 1$, so wird sich eine Aktie stärker verändern als der DAX und gilt demnach als risikoreich.

Inzwischen sind weitere Konzepte der wertorientierten Unternehmensführung entwickelt und in der Unternehmenspraxis implementiert worden. Gemeinsam ist ihnen die große Skepsis gegenüber den klassischen, buchhalterisch basierten Steuerungskonzepten und die eindeutige Priorisierung der Aktionärs- bzw. Eigentümerperspektive und damit der Ziele «Maximierung des Wohlstands der Eigenkapitalgeber» oder der «Erwirtschaftung maximaler Eigentümerrenditen». So definieren viele Unternehmen den Unternehmenswert auch über den sog. **Economic Value Added (EVA)**. Er ist die Differenz aus dem operativen Ergebnis vor Zinsen und nach Steuern und den Kapitalkosten. Wird der EVA dynamisiert, also periodenübergreifend erfaßt und auf die Gegenwart diskontiert, kommt man zum **Market Value Added (MVA)**.

Hahn stellt den Gesamtkapitalwert (GKW) in den Mittelpunkt. Dieser Wert wird durch Diskontierung des Cash Flow ermittelt. Vermindert man GKW um den Fremdkapitalwert, erhält man den **Eigenkapitalwert** (EKW). Dieser Wert entspricht dem Shareholder Value. Vermindert man EKW um den vertraglich vereinbarten Eigenkapitalwert (z.B. Rückzahlungsansprüche der Eigenkapitalgeber), erhält man den residualen Unternehmenskapitalwert (RUKW); (vgl. *Hahn/Hintze* [Konzepte]).

In Abb. 2-11 werden einzelne Konzepte der Wertorientierung verglichen.

		Rappaport [Creating]	Copeland u.a. [Valuation]	Stern/Stewart [EVA]	Lewis [Total Value]	Hahn [Konzepte]
Kapitalkostensatz		WACC, EK-Kostensatz nach CAPM	WACC, EK-Kostensatz nach CAPM	WACC, EK-Kostensatz nach CAPM	Durchschnittl. Gesamtkapitalkostensatz	WACC, EK-Kostensatz nach CAPM
Erfolgsmaßstab	**periodenübergreifend**	Shareholder Value	Equity Value	Market Value Added (MVA)	Marktwert des Eigenkapitals	GKW, EKW, RUKW, KW-Raten
	periodenbezogen / **Rentabilität**	Umsatzrentabilität, kritische Marge	Return on Invested Capital (ROIC)		Cash Flow Return on Investment (CFROI)	Return on Investment (RoI)
	Übergewinn		Economic Profit	Economic Value Added (EVA)	Cash Value Added (CVA)	Kalkulatorisches Ergebnis

Abb. 2-11: Vergleich verschiedener Konzepte der Wertorientierung (nach *Hahn/Hintze* [Konzepte] 350)

Beispiel Siemens: «Auch im Geschäftsjahr 1999 haben wir die unternehmensweite Ausrichtung unseres gesamten Führungssystems auf den Geschäftswertbeitrag (GWB) fortgesetzt. Der GWB ergibt sich aus der Differenz von Geschäftsergebnis nach Steuern (Net Operating Profit after Taxes = NOPAT) und den Kapitalkosten. Die Kapitalkosten repräsentieren dabei die Mindestrendite für das in ein Geschäft investierte Kapital. Nach diesem Konzept ist ein Geschäft nur dann wertschaffend, wenn es seine Kapitalkosten verdient und darüber hinaus die Erwartungen des Kapitalmarkts an die Steigerung des GWB erfüllt.» (von Pierer, Bericht zur Hauptversammlung 2000.)

(2) Praktische Bedeutung

Geht man davon aus, dass das Management von den Investoren den Auftrag erhält, für das bereitgestellte Kapital eine möglichst hohe Rendite zu erzielen (Agency-Theorie), ist der SV ein geeignetes **Kriterium für die Bewertung von Strategien.** Eine Strategie ist dann erfolgreich, wenn der Eigentumswert eines Unternehmens bei Durchführung einer neuen Strategie im Vergleich zum Wert bei Beibehaltung der bisherigen Strategie gesteigert wird.

Voraussetzung dafür, dass sich Manager am SV orientieren, ist allerdings die Beachtung folgender Strukturmerkmale einer Organisation:

• **Einwirkungsrechte der Anteilseigner**

Probleme bei der Durchsetzung von **Eignerinteressen** bestehen insbesondere dann, wenn die Anteile breit gestreut sind. Eine Analyse des deutschen Aktienrechts belegt, dass das Aktiengesetz ausreichend Spielraum für eine effiziente Unternehmenskontrolle bietet, wenn die Aufforderung des Gesetzgebers, «die Geschäftsführung zu überwachen» (§ 111 Abs. 1 AktG), ernst genommen wird. Insbesondere bei der Formulierung zustimmungspflichtiger Geschäfte (§ 111 Abs. 4 AktG), der Feststellung des Jahresabschlusses zusammen mit dem Vorstand (§ 172 AktG) und der Bestellung und Abberufung von Vorstandsmitgliedern (§ 84 Abs. 1 AktG) kann der Kontrollkompetenz des Aufsichtsrats Nachdruck verliehen werden. Dass es dazu oft nicht in dem erforderlichen Maße kommt, liegt erfahrungsgemäß in dessen Abstinenz bei der Wahrnehmung seiner Kontrollrechte, was wiederum mit seiner Zusammensetzung zusammenhängen kann (z.B. Aufsichtsräte mit Mehrfachmandaten sind zeitlich überfordert). Eine weniger Shareholder- als vielmehr Stakeholder-orientierte Besetzung des Aufsichtsrats würde nur auf den ersten Blick die Wahrnehmung verschiedener Interessen begünstigen, bei näherer Betrachtung dagegen die Position des Managements stärken.

• **Informationsrechte der Anteilseigner**

Informationseffizienz bildet eine notwendige Voraussetzung für Allokationseffizienz. Ansatzpunkte für eine Verbesserung bieten der Jahresabschluss und das Auskunftsrecht der Aktionäre. Der Jahresabschluss hat sich stärker am Informationsbedarf der Anteilseigner auszurichten. Damit verbunden sind u.a. eine Einschränkung des Bewertungsspielraumes und die Berichterstattung über den Erfolg von Geschäftsbereichen (Segmentberichterstattung). Im Rahmen von Investor Relations sollten die Anteilseigner über den Jahresabschluss hinaus laufend mit Informationen versorgt werden.

- **Vergütungssystem für Manager**

Durch die Verwendung des SV als Bezugsgröße für die Managerentlohnung soll eine Interessenharmonie zwischen **Management** und **Kapitaleignern** herbeigeführt werden. Porsche-Chef *Wiedeking*: «Wird der Topmanager seiner Unternehmerrolle gerecht, dann muss er auch wie ein Unternehmer dotiert werden.» Unbeantwortet ist allerdings die Frage nach der geeigneten praktischen Umsetzung der SV-orientierten Vergütung. Präferiert werden heute vor allem Optionen auf Aktien des eigenen Unternehmens (sog. **Stock Options**). Die Festlegung der Optionsbedingungen (z.B. Laufzeit und Basispreis) entscheidet dabei über den Erfolg einer derartigen Vergütungsregelung.

Beispiele: SAP beteiligt bis zum Jahre 2002 in drei Tranchen 8 % der Gesamtbelegschaft an den Kurssteigerungen der SAP-Vorzugsaktien entsprechend dem STAR-Programm. So sollen Führungskräfte, insbesondere in den USA, an das Unternehmen gebunden werden.

Siemens: «Außerdem haben wir für das Top-Management einen Stock-Options-Plan eingerichtet. Dadurch spüren alle Beteiligten die positiven, aber auch die negativen Konsequenzen ihres Wirkens viel deutlicher als früher» (von Pierer, Bericht zur HV 2000).

- **Aufbauorganisation**

Einwirkungs- und Informationsrechte sowie anreizverträgliche Vergütungssysteme für das Management führen nur dann zu den genannten Effekten, wenn die **Unternehmensstruktur** reformiert wird. Das bedeutet, dass ein Shareholder-orientiertes Verhalten des Managements zu erwarten ist, sofern eine damit kompatible Aufbauorganisation eingeführt wird. Nach *Rappaport* muss sich ein Bereichsleiter folgende Fragen stellen: «Welche Strategien erzeugen den größten Shareholder Value?», «Wie würden alternative Konzepte diesen beeinflussen?» Um sie beantworten zu können, bedarf es der Einrichtung organisatorischer Einheiten, die mit der Wahrnehmung einer bestimmten Strategie betraut sind und denen sich Zahlungsströme eindeutig zurechnen lassen. Einwirkungs- und Informationsrechte sowie Vergütungssysteme können dann SV-konform auf «Wertsteigerungsprojekte» ausgerichtet werden. Damit zwangsläufig verbunden ist eine Vermeidung von **Quersubventionierung**, also einer Stützung weniger effizienter Strategischer Geschäftsfelder durch erfolgreiche Strategische Geschäftsfelder.

(3) Kritik

Der Hauptvorwurf besteht darin, dass der SV-Ansatz **kurzfristiges Denken** des Managements **fördere** und **den Konsens** zwischen Management und Mitarbeitern **zerstöre**. Beide Argumente sind zumindest diskussionswürdig.

Rappaport hat für den SV plädiert, da dieser sämtliche Zahlungsströme über alle Perioden einschließlich des Restwertes berücksichtige, also **langfristig** ausgerichtet sei. Gleichwohl kann eine ausschließliche Kontrolle des Managements an Kennzahlen, sog. hard facts, zu kurzfristigem Denken und Handeln verleiten. Langfristige Strategien, wie etwa Investitionen - bevorzugt in Forschung und Entwicklung sowie in Humankapital -, beeinflussen messbare Erfolgskriterien zunächst einmal negativ. Ob sich ein Erfolg einstellt, lässt sich erst sehr viel später feststellen, evtl. zu einer Zeit, die das Management gar nicht mehr «erlebt».

Der Vorwurf der Konsenszerstörung leitet sich daraus ab, dass der SV eine **Restrukturierung** verlangt, welche «kranke» Geschäftsbereiche in die Rentabilitätszone zurückbringen soll. Sie ist häufig mit Entlassungen verbunden und provoziert insofern Konflikte mit der Belegschaft. Dem halten Vertreter des SV entgegen: «Was den Aktionären nützt, trägt auch den Ansprüchen anderer gesellschaftlicher Gruppen Rechnung» (*Jürgen Schrempp*). Ob diese Konsensformel einer Nachprüfung standhält, lässt sich beim heutigen Kenntnisstand nicht eindeutig belegen. Es steht jedoch außer Frage, dass auf Dauer nur profitable Unternehmen auf den Märkten bestehen können und sich damit auch die Ansprüche diverser Stakeholder besser erfüllen lassen.

3 Umweltanalyse

Leitgedanke: «Wir haben unsere Umwelt so radikal verändert, dass wir uns jetzt selber ändern müssen, um in dieser neuen Umwelt existieren zu können.»

Norbert Wiener, 1894-1964

3.1 Aufgaben

«Die Umwelt ist komplexer und dynamischer geworden.» Dies ist einer der am häufigsten formulierten Sätze in der Literatur zum Strategischen Management. Er macht deutlich, dass der Umweltanalyse eine zentrale Aufgabe im Rahmen der strategischen Analyse zukommt bzw. zukommen muss.

Beispiele aus der Unternehmenspraxis:

*(1) Die **IBM** beherrschte in der Nachkriegszeit den Markt für Computer. Als «Big Blue» bestimmte der Marktführer die technischen Standards, die Produktlebenszyklen und die Preise. Zunächst richtete sich das Angebot ausschließlich an Geschäftskunden und EDV-Spezialisten, Alternativangebote waren rar, die Rentabilität des Geschäfts folglich hoch.*

*Inzwischen hat sich die **Marktposition** von **IBM** nachhaltig **verändert**. Im nach wie vor stark wachsenden Segment der PCs hat das Unternehmen die Weltmarktführung längst abgeben müssen. Neue Technologien und der rasante Fortschritt bei den Speicherchipkapazitäten in Verbindung mit einem kontinuierlichen Preisverfall haben neuen Wettbewerbern - vornehmlich aus Asien / Pazifik - den Markteintritt ermöglicht, zugleich aber die Margen im Bereich Hardware schrumpfen lassen.*

*Das immer weiter fortschreitende **Zusammenwachsen** von **Informations- und Telekommunikationstechnologie** wird zur Folge haben, dass die Benutzer von (Personal-)Computern immer mehr Leistungen (Intelligenz, Software) aus den verschiedenen Netzen holen - diese also zentral bereitgestellt werden -, die Hardware hingegen immer «einfacher» und damit billiger wird. Dies könnte zur Folge haben, dass Personalcomputer («Netzwerk-PCs») dann nur noch in Billiglohnländern von einigen wenigen Herstellern produziert werden können. Ein anderes Szenario sieht den klassischen PC als zentrales multifunktionales Kommunika-*

tionsterminal eines jeden Haushalts (ggf. mit mehreren User-Terminals): Computer, Fernseher, Telefon/ Fax in einem.

(2) Dr. Horst Dietz, Vorsitzender des Vorstands der **ABB** *Deutschland, Juli 1998:*

«Das **Wettbewerbsumfeld***, in dem wir uns bewegen, kennt* **keine Grenzen mehr***: Heute kann alles überall und rund um die Uhr entwickelt, produziert und verkauft werden. Die Folge: deutlich erweiterte Absatzmöglichkeiten, aber natürlich auch mehr Wettbewerber. Hinzu kommt die Deregulierung der Märkte, die Beseitigung wettbewerbshemmender Gesetze. In liberalisierten Märkten geben noch stärker die Kosten den Ausschlag. Technologie und Qualität müssen ohnehin stimmen. Auch die Umweltprobleme stellen uns vor neue Herausforderungen. Auf all diese* **Veränderungen** *müssen wir uns* **frühzeitig einstellen.***»*

Drei **Aufgaben** sind im Rahmen der Umweltanalyse zu lösen:

(1) Sensibilisierung für die Umweltproblematik

(2) Identifikation der relevanten Umweltsegmente

(3) Aufspüren von Chancen und Bedrohungen

Mit diesen Aufgaben werden wir uns im Folgenden beschäftigen.

3.2 Outside-in Approach

Die Bedeutung der Unternehmensumwelt hat eine besondere Aufwertung durch den sog. Outside-in Approach erfahren. Seine **Grundidee** besteht darin, dass nicht - so wie in traditioneller Sicht - der Blick von der Unternehmung aus auf ihre Umgebung gerichtet wird (Inside-out Approach), sondern von dort auf die Unternehmung. Die entscheidende Frage lautet: Wie sieht die Umwelt die eigene Unternehmung? Die Folgen dieses Positionswechsels werden deutlich, wenn man die Entwicklungslinie vom produktionstheoretischen Ansatz über den Umwelt-Strategie-Struktur-Ansatz zum Stakeholder-Ansatz nachzeichnet. Es sei in diesem Zusammenhang darauf hingewiesen, dass in jüngster Zeit auch durch den sog. ressourcenorientierten Ansatz eine Ergänzung der Outside-in-Perspektive stattfindet. Im Sinne eines Inside-out Approach wird die Frage gestellt: «In welchen Potenzialen liegen unsere Stärken?» (vgl. S. 26 ff).

(1) Produktionstheoretischer Ansatz

Der produktionstheoretische Ansatz wurde im Wesentlichen von *Gutenberg (1897-1984)* geprägt. *Gutenberg* seinerseits orientierte sich stark an der mikroökonomischen Theorie. Aus diesem Grunde wird diese Perspektive auch als **Ansatz der Mikroökonomik** bezeichnet. *Gutenberg* leitet sein Lehrbuch zur Betriebswirtschaftslehre, dessen erster, im Jahre *1951* erschienener Band den Titel «Die Produktion» erhielt, mit dem Satz ein: «Der Sinn aller betrieblichen Betätigung besteht darin, Güter materieller Art zu produzieren oder Güter immaterieller Art bereitzustellen.» Die Unternehmung richtet damit ihren Blick zunächst nach innen, nämlich auf die Produktion, und dann von innen nach außen («product out» statt «market in»). Zum produktionstheoretischen Standpunkt *Gutenbergs* vgl. *Schanz* ([Wissenschaftsprogramme] 111 ff.).

Die Umwelt wird natürlich nicht völlig ignoriert, die unternehmerischen Probleme jedoch bestimmen den Leitfaden für die Umweltanalyse. Dies gilt im Prinzip auch für die auf den produktionstheoretischen Standpunkt folgende **marketingorientierte** Betrachtungsweise. Hier findet zwar eine stärkere Hinwendung zur Unternehmensumwelt statt, aber immer noch in dem Sinne, dass der Blick von innen nach außen gerichtet wird.

(2) Umwelt-Strategie-Struktur-Ansatz

Der Umwelt-Strategie-Struktur-Ansatz stellt einen Spezialfall des sog. situativen Ansatzes dar (vgl. S. 366 ff.). Er ist in Anlehnung an *Chandlers* Strategie-Struktur-Hypothese im Wesentlichen von *Ansoff* entwickelt worden. Der Ansatz geht von der Hypothese aus, dass die Strategiewahl zunächst von der Umwelt bestimmt wird. Oder anders ausgedrückt: Die Strategiewahl ist auf die Bedingungen der Unternehmensumwelt abzustimmen, wenn ein Unternehmen erfolgreich sein will. Dieser **Fit** zwischen **Umwelt** und **Strategie** ist ein wesentliches Charakteristikum der strategischen Planung. Die Abstimmung mit der Struktur und anderen Subsystemen, wie etwa der Unternehmenskultur, erweitert die strategische Planung zum Strategischen Management. «From Strategic Planning to Strategic Management» wählten *Ansoff, Declerck* und *Hayes* als Titel eines 1976 erschienenen Buches. Im Jahre 1979 veröffentlichte *Ansoff* schließlich das Lehrbuch «Strategic Management» und wandte darin den Umwelt-Strategie-Struktur-Ansatz konsequent auf Probleme des Strategischen Managements an (vgl. *Ansoff* [Management]). Eine ausführliche Darstellung des Umwelt-Strategie-Struktur-Ansatzes erfolgt in Teil 5, S. 371 ff.

(3) Stakeholder-Ansatz

Sehr weit und ebenso einflussreich wird die Unternehmensumwelt im sog. Stakeholder-Ansatz interpretiert. *Freeman* ([Management] 46) definiert **Stakeholder** als «any group or individual, who can affect or is affected by the achievement of the organizations objectives.» Das «Betroffensein» von der Unternehmenstätigkeit reicht aus, um eine Beziehung herzustellen zwischen Umsystem und Unternehmung. Damit werden Personen oder Gruppen in die Umweltanalyse einbezogen (z.B. Umweltschutz- und Verbraucherverbände, Bürgerinitiativen, Kirchen, Vereine), die bei einer Beschränkung auf die Aufgabenumwelt aus der Betrachtung herausfallen würden. Ihre Relevanz für die Unternehmung ist aber, eben durch ihr Betroffensein, trotzdem wahrscheinlich.

Dies wird besonders deutlich beim Konzept der Schwachen Signale, das die Absicht verfolgt, Umweltveränderungen aus bisher unbekannten Richtungen frühzeitig wahrzunehmen (vgl. S. 287 ff.).

Sowohl beim Umwelt-Strategie-Struktur-Ansatz wie auch beim Stakeholder-Ansatz kommt die **Grundfrage** des Outside-in Approach zum Tragen: Welche Merkmale der Unternehmensumwelt sind für die Wahl von Wettbewerbsstrategien und deren organisatorische Umsetzung relevant? Im Folgenden wird zum Zwecke einer Systematisierung der Umweltdeterminanten vom Umwelt-Strategie-Struktur-Ansatz ausgegangen. Der weiter gehende Stakeholder-Ansatz wird auf S. 101 ff. erörtert.

3.3 Relevante Umwelt

3.3.1 Begriff und Arten

Als Erstes stellt sich die Frage, was unter «Umwelt» zu verstehen ist. Der Versuch einer Antwort endet bei der Folgefrage nach der **Abgrenzung von Unternehmen und Umwelt.** Zur Lösung dieses Problems gibt es wiederum recht unterschiedliche Vorschläge. So kann man bspw. die Lieferanten und Kunden als Mitglieder des Systems «Unternehmen» ansehen und den Unternehmensbegriff damit sehr weit fassen. Eine sehr enge Fassung des Unternehmensbegriffs liegt dann vor, wenn lediglich die Unternehmensführung als Bestandteil des Systems «Unternehmen» angesehen wird. Bei dieser Betrachtung sind dann bspw. die Arbeitnehmer Teil der Unternehmensumwelt.

Neben der Grenzziehung zwischen System und Umsystem besteht ein weiteres Problem darin, wie man das Umsystem für eine systematische Analyse **ordnen** könnte. *Mintzberg* ([Structuring] 286) unterscheidet bspw. die Umwelt nach jenen Kriterien, die zu einer zutreffenden Charakterisierung der heutigen Umwelt führen: **Komplexität** und **Dynamik.** Danach lassen sich vier **Typen der Umwelt** unterscheiden:

- Einfach-statische Umwelt,
- einfach-dynamische Umwelt,
- komplex-statische Umwelt,
- komplex-dynamische Umwelt.

Das Merkmal der Komplexität hebt auf die Anzahl und Verschiedenartigkeit der Elemente einer Umwelt und deren Verflechtung (Interdependenz) ab, das Merkmal der Dynamik auf die Veränderung der Elemente und deren Interdependenz im Zeitablauf. Sowohl aus dem Merkmal der Komplexität wie auch aus jenem der Dynamik resultiert das Phänomen der **Ungewissheit.**

Nimmt man den **Grad der Verflechtung** von Unternehmen und Unternehmensumwelt zum Klassifikationskriterium, so kann zwischen einer weiteren Unternehmensumwelt (general environment) und einer engeren Unternehmensumwelt (task environment) unterschieden werden. Die eine wird auch als Makro-Umwelt oder globale Umwelt bezeichnet, die andere als Mikro-Umwelt oder aufgabenspezifische Umwelt. Von dieser Zweiteilung gehen wir im Folgenden aus. Wir unterscheiden nach der **Nähe zum Unternehmen** (vgl. Abb. 2-12):

- Den Markt (= aufgabenspezifische Umwelt, Wettbewerbsumwelt),
- die weitere Unternehmensumwelt (= globale Umwelt).

3.3.2 Der Markt

Die unmittelbare wirtschaftliche Umgebung eines Unternehmens stellen seine Wettbewerber, seine Nachfrager und seine Lieferanten dar. Die Beziehungen zu den Lieferanten werden als Beschaffungsmarkt, jene zu den Nachfragern als Absatzmarkt bezeichnet.

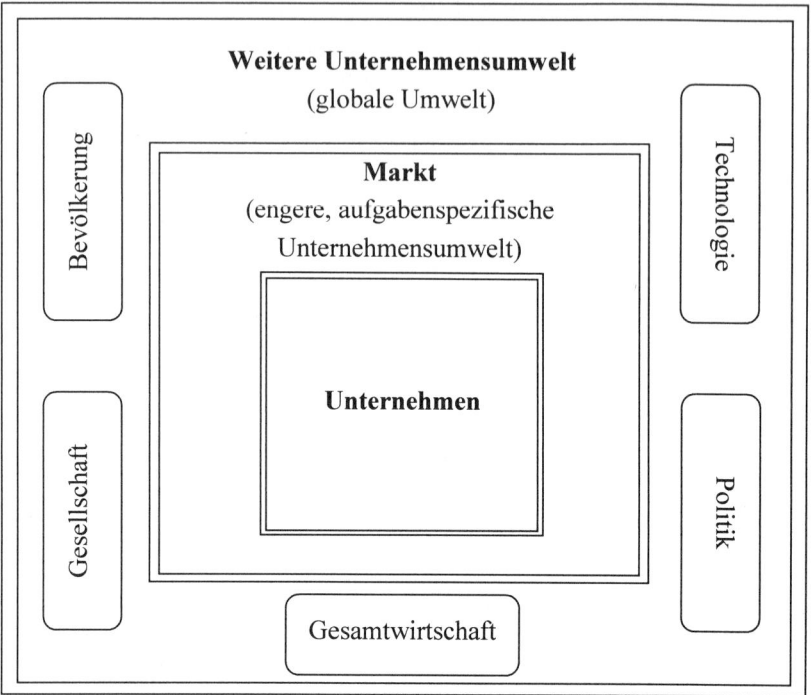

Abb. 2-12: Die Umwelt des Unternehmens

Wir gehen im Folgenden vom **Absatzmarkt** aus. Die Ergebnisse lassen sich spiegelbildlich auch auf den Beschaffungsmarkt übertragen. Im Rahmen der strategischen Planung sind zwei **Aufgaben** zu lösen:

1. Abgrenzung des Marktes,
2. Ermittlung der Marktattraktivität.

Mit dem ersten Schritt werden Wettbewerber und Nachfrager identifiziert, die für den Anbieter relevant sind. Es wird daher in diesem Zusammenhang auch vom **«relevanten Markt»** gesprochen.

Mit dem zweiten Schritt wird festgestellt, welche Renditen ein Markt in der Zukunft zulässt und welche Attraktivität er demzufolge ausstrahlt.

Beispiel: Eine hohe Attraktivität wird derzeit dem Markt für trendige Energy-Drinks, eine befriedigende Attraktivität dem Markt für Bier und eine geringe Attraktivität dem Markt für Spirituosen zugesprochen.

3.3.2.1 Abgrenzung des Marktes

Ein Markt ist die Gesamtheit der wirtschaftlichen Beziehungen zwischen Anbietern und Nachfragern eines bestimmten Gutes oder einer bestimmten Gütergruppe.

Die Definition des Marktes ist Voraussetzung für eine Vorhersage des Verhaltens der Mitanbieter und Nachfrager und damit für die Ausrichtung des eigenen Verhaltens. Die Folgen einer falschen Marktdefinition macht *Levitt* ([Marketing] 45) an folgendem Beispiel klar: *Die Schwierigkeiten der amerikanischen Eisenbahngesellschaften sind letztlich darin begründet, dass sich diese Unternehmen als Schienentransportgesellschaften definiert und sich nicht als Anbieter auf dem Markt für Transportleistungen verstanden haben. Sonst wären etwa strategische Allianzen mit Fluggesellschaften und Mietwagenunternehmen zu Stande gekommen.*

Entwickelt man das Beispiel von *Levitt* weiter, so ist zu fragen: Soll sich eine Bahngesellschaft, etwa die Deutsche Bahn AG, als Transport- oder als Touristikunternehmen verstehen. Je nach Antwort werden unterschiedliche Kunden und Konkurrenten und damit Marktgrenzen definiert.

Die **Marktabgrenzung** ist ein schwieriges Unterfangen, da um die Befriedigung des Bedarfs viele Anbieter mit einer Vielzahl von Produkten konkurrieren. Letztlich stehen alle Produkte und damit alle Unternehmen in einer Konkurrenzbeziehung. Die Intensität dieser Beziehung ist jedoch recht unterschiedlich.

Ein von der Preistheorie entwickeltes formales Kriterium zur Abgrenzung eines Marktes ist der sog. **Triffin'sche Koeffizient (Kreuzpreiselastizität).** Er lautet:

$$\varepsilon_{m_i,p_j} = \frac{dm_i}{m_i} : \frac{dp_j}{p_j}$$

m_i ist die Absatzmenge des Unternehmens i, p_j der Preis der Unternehmung j. Beide Unternehmen bieten auf dem gleichen Markt an, wenn die Variation von p_j des Anbieters j eine für die Unternehmung i fühlbare Veränderung der Absatzmenge m_i bewirkt. Liegt der Wert ε_{m_i, p_j} bei Null, ist also für die Unternehmung i die Aktion des Unternehmers j nicht spürbar, so bieten die beiden Unternehmen ihre Produkte auf verschiedenen Märkten an. Der Grad der Spürbarkeit ist sehr hoch, wenn die Güter homogen sind, mit zunehmender Heterogenität nimmt er ab.

Es ist nun letztendlich die Frage zu stellen, was den Grad der Heterogenität bestimmt. Ein Kunde erwartet von einem Produkt eine Problemlösung. Sind zwei Güter in der Lage, aus der Sicht des Konsumenten zu einer bestimmten Problemlösung beizutragen, müssen sie demselben Markt zugeordnet werden.

*Beispiel: Die Produkte/Dienstleistungen **Telefonbuch (Druckerzeugnis), Telefonverzeichnis auf CD-ROM, Telefonverzeichnis im Internet** und **Telefonauskunft** können demselben Markt zugeordnet werden, wenn die Wahl des Mediums aus Sicht des Kunden offen ist. Kommen aus Sicht des Kunden – bspw. auf Grund technologischer Barrieren - ausschließlich das gedruckte Telefonbuch und die Telefonauskunft in Frage, so bilden CD-ROM und Internet einen eigenen Markt.*

Die Verwendung des Triffin'schen Koeffizienten kann auch zu einer falschen Marktabgrenzung führen. *Beispiel: Die Preise p_j für Autos fallen, gleichzeitig steigt die Nachfrage m_i nach Fernreisen. Dennoch kann wohl kaum von einem gemeinsamen Markt für Autos und Fernreisen gesprochen werden. Es existieren jedoch gesamtwirtschaftliche Marktverflechtungen.*

Eine weitere Schwäche des Triffin'schen Koeffizienten als Maß der Marktabgrenzung besteht darin, dass er zu einer **statischen** Marktabgrenzung führt. Märkte dürfen jedoch nicht als «Standbilder» betrachtet werden, sondern unterliegen erfahrungsgemäß einer steten Veränderung.

3.3.2.2 Marktdynamik

Märkte sind nicht etwas Gegebenes, sondern sie entstehen und vergehen. Bei diesem Prozess spielen Unternehmen häufig eine aktive Rolle: Sie kreieren neue und zerstören traditionelle Märkte. Die Beachtung dieser **Marktentwicklung** ist von besonderer Relevanz, da die strategische Planung auf sehr lange Sicht ausgerichtet ist und sich demzufolge an den Märkten der Zukunft zu orientieren hat.

Veränderungen des Marktes vollziehen sich in

- quantitativer und
- qualitativer Hinsicht.

(1) Märkte haben grundsätzlich die Tendenz, (geografisch) größer zu werden. Dies ist vor allem auf die Kostendegressionseffekte in der Transportleistung und der Kommunikationstechnologie sowie auf die Angleichung der individuellen Bedürfnisse zurückzuführen. Unternehmen reagieren auf dieses Phänomen durch die Globalisierung der Strategie.

(2) Märkte haben die Tendenz, sich inhaltlich, d.h. in ihrer Grenzziehung zueinander zu verändern. Von besonderer Bedeutung sind hierbei Verschiebungen in dem für eine Branche erforderlichen technologischen Kompetenzprofil. *Beispiel: In der **Automobilindustrie** wurden durch die Nachfrageentwicklung sowie die gleichzeitige technologische Entwicklung die Elektronik und die Computertechnologie zur dominierenden technologischen Kompetenz. Der durchschnittliche Anteil von Elektronik und Computertechnologie an der Wertschöpfung hat von 0,5 % im Jahre 1970 und 8 % im Jahre 1990 auf 30 % im Jahre 2000 zugenommen.*

Ähnliche Entwicklungen sind in vielen anderen **Branchen** zu beobachten, etwa im Maschinenbau (was die Dominanz der Mikroelektronik betrifft), im Bereich der Bürokommunikation (Weiterentwicklung der Datenverarbeitungstechnik zur Kommunikationstechnik), im Finanzdienstleistungssektor (Aufbau eines Allfinanzangebots und damit Revision der Marktabgrenzung zwischen Bausparkassen, Versicherungen und Banken) sowie in der Telekommunikation (z.B. Allianz von T-Online und Comdirect).

Wie die Beispiele zeigen, entstehen neue Märkte häufig durch die Kombination von Produkten zu einer neuartigen Problemlösung. Diese Beispiele demonstrieren aber auch, dass die zusätzliche Kompetenz gerne über Akquisitionen herbeigeführt wird. Abb. 2-13 zeigt, wie aus dem Zusammenwachsen vormals unverbundener Branchen die neue Megabranche «**Multimedia**» entstand. Durch technologischen Fortschritt einerseits und durch Veränderungen im Nachfragerverhalten andererseits wird diese **Konvergenz** seit Jahren forciert und führt im Multimedia-Sektor zu nach wie vor hohen Wachstumsraten.

Mit der **Dynamik von Märkten** ist die Erkenntnis verbunden, dass Märkte nicht objektiv gegeben, sondern einer unternehmerischen Gestaltung zugänglich sind. **Unternehmen schaffen Märkte**, und mit diesem kreativen Vorgang wird die Dynamik der Märkte und damit auch die Verwischung bisheriger Branchengrenzen gefördert.

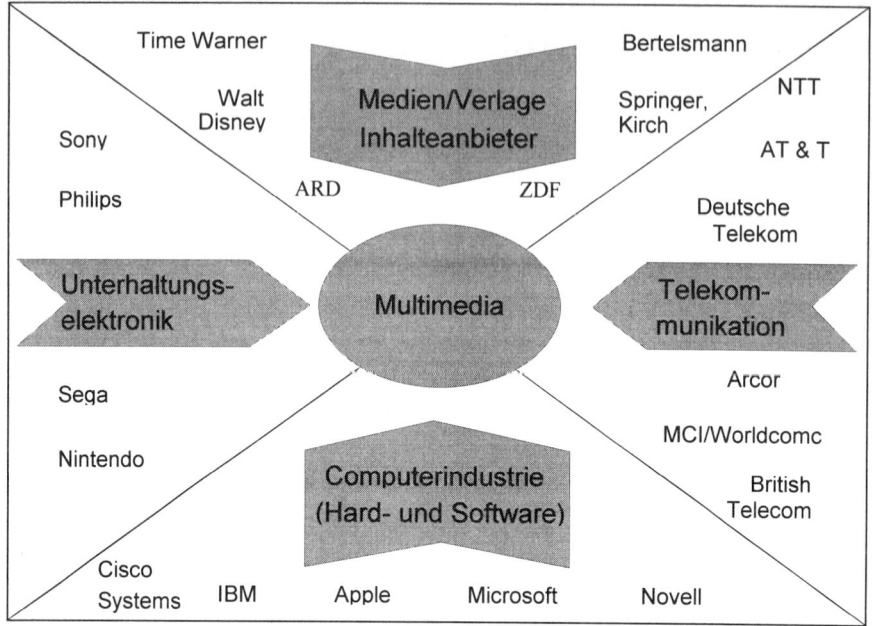

Abb. 2-13: Die Entstehung der Multimedia-Branche

Rückt man den **Planungsaspekt der Marktabgrenzung** in den Vordergrund, so verlagert sich das Problem hin zur Frage nach der Bildung Strategischer Geschäftsfelder. Sie stellen die Planungseinheiten im Rahmen des strategischen Planungsprozesses und der Portfolioanalyse dar. Diese Problematik wird ab S. 135 ff. behandelt.

3.3.2.3 Marktattraktivität

Die langfristig ausgerichtete strategische Planung benötigt nicht nur Informationen über die Abgrenzung künftiger Märkte, sondern auch über deren Attraktivität. Zur Ermittlung der Marktattraktivität verwenden wir im Folgenden

– die Marktanalyse und
– die Branchenstrukturanalyse nach *Porter*.

Beide Verfahren setzen sich zur Aufgabe, die Renditen eines Marktes zu prognostizieren. Während die Marktanalyse an den Kriterien zur Charakterisierung eines Marktes ansetzt, geht die Branchenstrukturanalyse nach *Porter* - der Leitlinie des industrieökonomischen Ansatzes folgend - von der Wettbewerbssituation in einer Branche aus. Auf Grund ihrer besonderen Bedeutung sollen beide Ansätze separat beschrieben werden, auch wenn sie im Vorgehen und im Ergebnis große Ähnlichkeit aufweisen.

Beispiel: Der Mannesmann-Konzern war bis zum Jahre 2000 in verschiedenen Märkten aktiv. Die Zahlen machen deutlich, dass die Rendite auf das eingesetzte Vermögen in diesen vier Märkten und demzufolge die Marktattraktivität recht unterschiedlich war. Für Vodafone war nur «Mobilfunk» attraktiv.

Mannesmann-Konzern	1998	1997
Engineering (Maschinenbau)	11,3 %	5,0 %
Automotive (Automobilzulieferung)	11,7 %	9,2 %
Telecommunications, speziell Mobilfunk	67,3 %	53,2 %
Tubes (Röhren)	5,8 %	8,9 %

3.3.2.3.1 Marktanalyse

Die auf einem Markt erzielbaren Renditen können in Abhängigkeit von folgenden Determinanten gesehen werden:

(1) Marktpotenzial:	(2) Marktstruktur:
– Marktgröße	– Wettbewerber
– Marktwachstum	– Lieferanten
	– Abnehmer
(3) Beschaffenheit des Gutes	

(1) Marktpotenzial

Das Marktpotenzial äußert sich in der gegenwärtigen Marktgröße und dem künftigen Marktwachstum.

– Die **Marktgröße** gibt Auskunft über das gegenwärtige Umsatzpotenzial, das ein Markt bietet. So ist bspw. in Deutschland, Österreich und der Schweiz der Markt für betriebswirtschaftliche Lehrbücher groß, jener für sinologische Lehrbücher dagegen klein.

– Entscheidend ist die Abschätzung des **Marktwachstums**, also eine Information darüber, mit welchen Wachstumsraten zu rechnen ist und in welcher Phase des Marktzyklusses sich ein Produkt oder eine Branche gegenwärtig und künftig bewegt. Abb. 2-14 liefert Beispiele von Branchen und Produkten, die sich in den vier verschiedenen Marktphasen der Entstehung, des Wachstums, der Stagnation und der Degeneration befinden.

Entstehung	Wachstum	Stagnation	Degeneration
• Multimedia • Electronic Commerce • Electronic Payment / Security • (Verkehrs-) Telematik • Digitales Fernsehen • Laser für die Zahnbehandlung	• Mobilfunk • Online-Dienste • Call Center • Hard- und Software • Internet-Suchdienste (Navigatoren) • Logistik und Logistiksysteme • Kunststoffverarbeitung • Life Sciences / Gesundheitsmarkt • Spezialchemie • Medizintechnik • Bio- und Gentechnologie • Tourismus / Reisen • Freizeitindustrie • Finanzdienstleistungen • Biotechnologische Nahrungsmittel • Fruchtsäfte	• Energie (Strom) • Automobile • Maschinenbau • Haushaltsgeräte (braune und weisse Ware) • Echtschmuck (Diamanten, Perlen) • Telefonauskunft • Bier • Grundnahrungsmittel • Schokolade	• Kohle, Stahl • Rüstungsgüter • Spirituosen • Pelzwaren • Öffentliche Telefonzellen

Abb. 2-14: Beispiele von Branchen und Produkten in verschiedenen Marktphasen

(2) Marktstruktur

Die Marktstruktur lässt sich anhand von drei Elementen kennzeichnen: Den Wettbewerbern, den Lieferanten und den Abnehmern.

– **Wettbewerber:** Die Zahl der Wettbewerber ist abhängig von der Marktform, in der sich ein Unternehmen befindet (vgl. Konkurrentenanalyse, S. 113 f.). Es lassen sich grundsätzlich Monopol, Oligopol und Polypol unterscheiden. Diese Marktformen wiederum nehmen Einfluss auf den preispolitischen Spielraum. Bei Monopolen hängt er ausschließlich von der Nachfrageelastizität ab, bei Oligopolen darüber hinaus von der Größenverteilung der Wettbewerber. Auf einem Polypolmarkt besteht nur dann ein preispolitischer Spielraum, wenn der Fall des heterogenen Polypols gegeben ist. Anbieter in der Marktform des homogenen Polypols können lediglich ihre Menge einem gegebenen Preis anpassen.

Ob diese Märkte stabil oder gefährdet sind, ist abhängig von den sog. Markteintrittsbarrieren. Es gilt der Grundsatz: Je höher die Barrieren, umso stabiler ist eine Marktform.

–   **Lieferanten:** Auf der Beschaffungsseite ist die Qualität eines Marktes wesentlich bestimmt von der Störanfälligkeit gegenüber Lieferungen, der Verhandlungsstärke der Lieferanten sowie der Entwicklung der Faktorpreise.

–   **Abnehmer:** Die Absatzseite nimmt über Zahl und Größe der Abnehmer, die Verhaltensstruktur der Abnehmer (Bindung des Käufers an das Produkt eines Anbieters) und die Preissensitivität Einfluss auf das Renditeniveau eines Marktes.

(3) Beschaffenheit des Gutes

Eine starke Produkthomogenität führt tendenziell zu einer hohen Markttransparenz und verringert die Rendite, eine niedrige Transparenz verschafft einen größeren Preisspielraum. Als Beispiel für einen Markt mit geringer Transparenz könnte jener für Lebensversicherungen gelten, für hohe Markttransparenz jener für Heizöl und Telefontarife.

3.3.2.3.2 Branchenstrukturanalyse nach Porter

Dem Ansatz der **Industrieökonomik** (Industrial Organization-Ansatz) folgend, rückt *Porter* die Struktur der Branche in den Mittelpunkt der Betrachtung. Dabei geht er von der These aus, dass die Strukturmerkmale einer Branche die Intensität und die Dynamik des Wettbewerbs bestimmen. Von dieser Intensität und Dynamik wiederum ist die Rentabilität einer Branche abhängig (vgl. S. 24 ff.).

Porter (geb. 1947) unterscheidet **fünf Wettbewerbskräfte,** die Einfluss auf die **Rentabilität** einer Branche und damit auf die **Marktattraktivität** nehmen. Die Stärke jeder dieser fünf Kräfte wiederum ist abhängig von einer Reihe von Elementen der Branchenstruktur. In Abb. 2-15 ist das *Portersche* Konzept dargestellt.

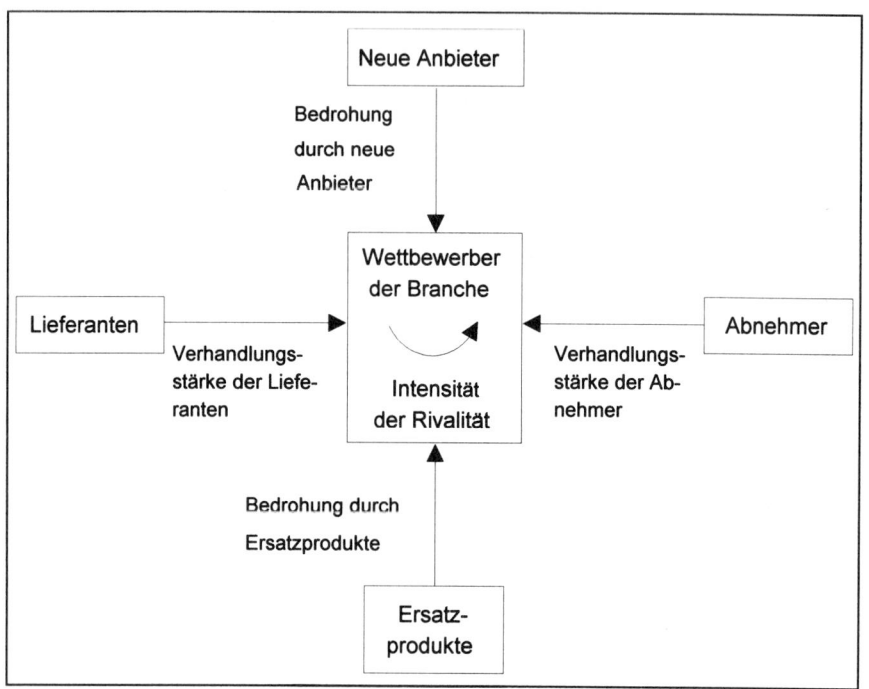

Abb. 2-15: Wettbewerbskräfte einer Branche nach *Porter* ([Wettbewerbsstrategie] 34)

Die einzelnen Wettbewerbskräfte sollen im Folgenden erörtert werden (vgl. dazu *Porter* [Wettbewerbsstrategie] 33 ff.):

(1) Verhandlungsstärke der Lieferanten

Je intensiver die Verhandlungsstärke der Lieferanten ausgeprägt ist, umso geringer ist der Gewinnspielraum des Abnehmers auf der Einkaufsseite. Die «Lieferantenmacht» als attraktivitätsmindernde Größe wiederum ist abhängig von einer Vielzahl von Strukturmerkmalen des Beschaffungsmarktes. So ist die Verhandlungsstärke der Lieferanten umso größer, je höher die Konzentration im Beschaffungsbereich vorangeschritten ist und/oder je geringer die Substitutionsmöglichkeiten in Form von Ersatz-Inputs ausgeprägt sind. Eine große Lieferantenmacht ist bspw. zu erwarten, wenn einer großen Zahl relativ kleiner Abnehmer eine geringe Zahl von Lieferanten gegenübersteht, deren Produkte wichtige Inputs für die Abnehmerbranche darstellen und die, z.B. durch Produktdifferenzierung, hohe Umstellungskosten (switching costs) bei den Abnehmern verursachen würden.

(2) Bedrohung durch neue Anbieter

Die Bedrohung durch neue Anbieter hängt nach *Porter* von den **Markteintrittsbarrieren** für «Newcomer» ab. Deren Höhe wird bestimmt von

– **Economies of scale:** Neue Anbieter müssen sich erst den Fixkostendegressionseffekt «erarbeiten», da sie i.d.R. mit geringen Stückzahlen «einsteigen» müssen.

– **Unternehmenseigenen Produktunterschieden** (Produktdifferenzierung): Die Produkte der etablierten Unternehmen sind bereits im Markt eingeführt.

– **Markenidentität und Käuferloyalität:** Die Präferenz für eine etablierte Marke lässt sich nur schwer korrigieren. Beispiel: Raucher wechseln nur langfristig ihre Marke, auch Autofahrer zeichnen sich durch eine hohe Markentreue aus.

– **Kapitalbedarf:** Die Überwindung der Markteintrittsbarrieren verursacht häufig hohe Investitionen im Bereich der Forschung und Entwicklung und der Produktionsanlagen.

– **Umstellungskosten:** Kosten des Produktwechsels, wie etwa für neue Objektive beim Wechsel des Kamerafabrikats, behindern die Bereitschaft zur Umstellung beim Abnehmer.

– **Distributionszugänge:** Neue Anbieter müssen ein eigenes Vertriebssystem aufbauen, wenn die etablierten Wettbewerber die bestehenden Kanäle besetzt haben (z.B. durch vertragliche Bindungen). Dabei sind häufig hohe Anfangsinvestitionen erforderlich, so etwa, wenn heute bei Versicherungen ein laptopgestütztes Vertriebssystem praktiziert wird.

– **Absolute Kostenvorteile:** Die auf dem Markt befindlichen Anbieter besitzen Kostenvorteile (unabhängig von der produzierten Menge; vgl. economies of scale) etwa hinsichtlich der Erfahrung, der Technologie oder der Nutzung von Synergien.

– **Vertragliche Bindungen der Abnehmer** (z.B. Strom- und Mobilfunkmarkt).

– **Staatliche Regulierung:** Der Staat kann den Marktzutritt fördern (z.B. durch Hilfen für Existenzgründungen) oder hemmen (z.B. durch Niederlassungsvorschriften, Staatsmonopole, Reinheitsgebot für deutsches Bier). Im Zuge der Schaffung des europäischen Binnenmarktes ist eine Vielzahl von nationalen Marktzutrittsbarrieren innerhalb Europas abgeschafft worden. Gegenüber dem außereuropäischen Ausland ist jedoch eher ein Ausbau der Barrieren zu beobachten. Ein Beispiel von Deregulierung innerhalb Deutschlands ist die Liberalisierung des Strommarktes und damit die Beseitigung der Gebietsmonopole von Versorgungsunternehmen.

Neben dem Aufbau von Marktzutrittsbarrieren können neue Wettbewerber auch durch direkte Reaktionen i.S. von **Vergeltungsmaßnahmen** vom Marktzutritt abgehalten werden. Bereits das Signalisieren der Bereitschaft zu solchen Maßnahmen, bspw. durch die Bereitstellung umfangreicher finanzieller Mittel, kann den Marktzutritt verhindern.

(3) Verhandlungsstärke der Abnehmer

Eine große Verhandlungsmacht der Abnehmer reduziert die Rentabilität und damit die Attraktivität eines Marktes. Die Verhandlungsmacht ist u.a. dann als hoch einzustufen, wenn die Abnehmerkonzentration und das Abnahmevolumen einzelner Abnehmer hoch sind. Das Verhältnis von Automobilherstellern zu ihren Zulieferern ist im Wesentlichen durch eine solche Konstellation gekennzeichnet. Die Absatzeinbrüche der Automobilindustrie trafen solche Zulieferer besonders hart, die ihren Umsatz ausschließlich oder überwiegend im Direktgeschäft mit den großen Herstellern erzielten. Ähnlich ist die Situation im Bereich der Rüstungsindustrie. Wege aus dieser Abhängigkeit sind die Abnehmerauswahl (Streuung) und Maßnahmen der Absatzpolitik (z.B. Diversifikation des Programms, Differenzierung der Produkte).

(4) Bedrohung durch Ersatzprodukte

Die Bedrohung durch Ersatzprodukte (etwa Flugreisen durch Bahnreisen) ist umso größer, je stärker sich deren Preis-/Leistungsverhältnis im Vergleich zu den Branchenproduzenten verbessert und je größer die Neigung der Abnehmer zum Produktwechsel ist. Die Abwehr von Substituten kann einmal durch gemeinsame Strategien der etablierten Wettbewerber wie Werbekampagnen, Besetzen von Vertriebswegen oder Schaffung eines einheitlichen Produktstandards (kollektives Handeln) oder durch individuelles Handeln einzelner Wettbewerber (Produktpolitik, Preispolitik, Werbung) erfolgen. Die frühe Erkennung derartiger Bedrohungen ist eine entscheidende Voraussetzung für eine effiziente Reaktion (vgl. die Darstellung der Früherkennungssysteme S. 280 ff.).

(5) Die Rivalität der Wettbewerber einer Branche

Die Intensität des Wettbewerbsverhaltens der etablierten Unternehmen ist von einer Reihe von **Determinanten** abhängig. Die wichtigsten seien genannt (vgl. *Porter* [Wettbewerbsstrategie] 50 ff.):

– **Kapazitätsauslastung:** Bei Unterauslastung der Kapazität ist i.d.R. eine hohe Wettbewerbsintensität zu erwarten.

– **Differenzierungsgrad der Produkte:** Je heterogener die Produkte der einzelnen Anbieter, umso geringer ist der Grad der Interdependenz im Einsatz der absatzpolitischen Instrumente und damit der Grad der Wettbewerbsintensität.

– **Umstellungskosten:** Die Wettbewerbsintensität wird höher sein, wenn es nicht gelungen ist, die Abnehmer an das eigene Produkt zu binden (vgl. Markteintrittsbarrieren).

– **Marktaustrittsbarrieren:** Sind die Marktaustrittsbarrieren hoch, so ist der Wettbewerb zwischen den etablierten Unternehmen intensiv, da ein Verbleiben im Markt erzwungen wird. Marktaustrittsbarrieren sind u.a. Personalkosten (z.B. Sozialplan mit Abfindungen für entlassene Mitarbeiter), Wertverluste bei den Anlagen (besonders bei hochspezialisierten Aktiva) und emotionale Bindungen (etwa an das Familienunternehmen mit langer Tradition).

– **Branchenkultur:** Es gibt traditionell Branchen, in denen ein besonders harter Umgang miteinander an der Tagesordnung ist (etwa im Handel), und solche, bei denen das Konkurrenzdenken noch nicht sonderlich ausgeprägt ist (etwa bei beratenden Berufen wie Unternehmensberatern und Steuerberatern).

3.3.3 Weitere Unternehmensumwelt

Beispiel aus der Unternehmenspraxis:

Liberalisierung und (De-)Regulierung verändern die Telekommunikationsmärkte:

*In Deutschland waren vor 1989 der Betrieb von Telekommunikationsnetzen und die Bereitstellung entsprechender Dienste wie Telefon, Fax, Telegramm oder Btx Gegenstand eines Monopols, das von der **Deutschen Bundespost** ausgeübt wurde. Seither wurde stufenweise der **Markt für private Anbieter geöffnet**: Zunächst für Text- und Datenübermittlungsdienste, dann für Endgeräte und Mobilfunk und zuletzt auch für den gesamten Betrieb von Übertragungswegen einschließlich des öffentlichen Sprachtelefondienstes im Festnetz.*

*Diese **Veränderungen in der rechtlich-politischen Umwelt** haben in Deutschland eine völlig neuartige Wettbewerbslandschaft geschaffen und die **Wettbewerbsbedingungen** für die **Deutsche Telekom** als ein Nachfolgeunternehmen der Deutschen Bundespost **vollständig verändert**. Die Deutsche Telekom konkurriert heute mit einer großen Zahl hinsichtlich ihres strategischen Ansatzes heterogener **Wettbewerbergruppen**: Kommunale Stadtnetzbetreiber (NetCologne), regionale TK-Anbieter (Tesion), nationale Anbieter (Mannesmann Arcor, Viag Interkom), weltweite Online-Diensteanbieter (AOL), Mobilfunkanbieter (D2, E-Plus, E2), Endgeräteanbieter (Siemens, Nokia, Hagenuk, Motorola), globale Komplettanbieter (AT&T/BT, MCI WorldCom).*

*Die **weltweite Liberalisierung** nationaler TK-Märkte bietet für die **Deutsche Telekom** zahlreiche **Chancen**: Sie ermöglicht den Eintritt in internationale Märkte und das Anbieten globaler Dienstleistungen.*

3.3.3.1 Indikatorenanalyse

Es gibt naturgemäß eine Vielzahl von Möglichkeiten, die Analysefelder der weiteren Unternehmensumwelt zu klassifizieren. *Dunst* ([Portfolio-Management] 21 ff.) unterscheidet: Ökonomische, technische, politisch-rechtliche und soziokulturelle Umwelt. *Steinmann/Schreyögg* ([Management] 158 ff.) analysieren fünf Umweltsegmente: Makro-ökonomische Umwelt, technologische Umwelt, politisch-rechtliche Umwelt, sozio-kulturelle Umwelt und natürliche Umwelt.

In Anlehnung an diese verschiedenen Klassifikationen unterscheiden wir fünf **Segmente** der weiteren Unternehmensumwelt:

- Gesamtwirtschaft,
- Bevölkerung,
- Technologie,
- Politik,
- Gesellschaft.

Da die strategische Planung weit in die Zukunft gerichtet ist, interessiert bei den genannten Umweltsektoren weniger der gegenwärtige Stand als vielmehr die künftige Entwicklung. Dabei müssen **zwei Fragen** behandelt werden:

1. Welche Indikatoren bilden die Entwicklung gut ab?
2. Wie kann die Veränderung der Indikatoren prognostiziert werden?

Bei der Frage nach der Auswahl der Indikatoren ist zu beachten, dass nicht nur leicht messbare hard facts (wie etwa das Sozialprodukt), sondern vor allem auch soft facts (wie etwa die Veränderung des ökologischen Bewusstseins) zu erfassen sind. Mit dem Thema der Erfassung und Messung des Wertewandels mit Hilfe von Indikatoren werden wir uns im Zusammenhang mit der Früherkennung von Umweltveränderungen befassen (vgl. Teil 4, S. 280 ff.).

In Abb. 2-16 sind zur Illustration der Problematik einzelne Trends in der Entwicklung der fünf Umweltsegmente sowie Indikatoren zu deren Messung aufgeführt.

Die beispielhaft genannten Indikatoren der weiteren Unternehmensumwelt sind nicht unabhängig voneinander zu sehen, sondern sie beeinflussen sich teilweise gegenseitig. So dürfte bspw. die Veränderung der Alterspyramide auf den Wertewandel in einer Gesellschaft Einfluss nehmen oder eine politische Veränderung die gesamtwirtschaftliche Entwicklung fördern oder hemmen.

3.3.3.2 Stakeholder-Ansatz

Eine umfassende und gleichzeitig intensive und offensive Berücksichtigung der Unternehmensumwelt geht vom sog. Stakeholder-Ansatz aus. Sein Hauptvertreter ist *E.R. Freeman* ([Strategic Management. A Stakeholder Approach] 1984). Als **Stakeholder** (stake = ein mit Risiko verbundener Einsatz) können Bezugsgruppen, Interessengruppen, Anspruchsgruppen bezeichnet werden, die von der Unternehmung betroffen sind. Sie verfolgen deshalb ein gewisses Interesse

Umweltsegment	Indikatoren
(1) Gesamtwirtschaftliche Entwicklungen Trends: Die gesamtwirtschaftliche Entwicklung zeichnet sich derzeit durch ein stetiges Wachstum auf geringem Niveau aus. Die Arbeitslosigkeit bleibt auf hohem Niveau und wird zu einem Dauerproblem.	a) Wachstum des Sozialprodukts b) Entwicklung des Geldwertes c) Entwicklung der Zahlungsbilanz und des Wechselkurses d) Arbeitslosenzahlen
(2) Demografische Entwicklungen Trends: Das Durchschnittsalter der Deutschen betrug 1965 = 35 Jahre, 1985 = 39 Jahre und 1998 = 41 Jahre. Es entstehen zwei neue Zielgruppen: junge Doppelverdiener und vermögende Etablierte ohne Kinder zwischen 40 und 60 Jahren.	a) Geburtenrate b) Entwicklung der Altersstruktur c) Regionale Mobilität d) Zunahme der Singlehaushalte (bereits 50 % in einzelnen Ballungsgebieten)
(3) Technologische Entwicklungen Trends: Produkt-Lebenszyklen verkürzen sich laufend bei steigenden Entwicklungszeiten. Prozessinnovationen sind auf die Schaffung integrierter, vernetzter und flexibler Fertigungsstrukturen ausgerichtet.	a) Produktinnovationen b) Prozessinnovationen
(4) Veränderungen im politischen Umfeld Trends: Staat und Staatenbündnisse greifen in das Wirtschaftsgeschehen ein (z.B. Verpackungssteuern, Abgasverordnungen), politische Veränderungen (z.B. europäische Integration, wachsende Bedeutung Chinas) beeinflussen die Entwicklung von Märkten.	a) Verschiebungen im Parteiengefüge b) Regierungswechsel c) Gesetzesinitiativen und gesetzliche Änderungen d) Deregulierung im Rahmen des europäischen Marktes e) Veränderungen von Wochen- bzw. Lebensarbeitszeiten f) Zwischenstaatliche Abkommen (EU, GATT/WTO)
(5) Veränderungen im gesellschaftlichen Umfeld (Wertewandel) Trends: Nachdem der Umweltschutz in den 80er und 90er Jahren zum Hauptanliegen der Deutschen wurde, hat er sich inzwischen als Grundwert etabliert, wird derzeit aber von Zielen wie 'Sicherung des Arbeitsplatzes' dominiert. Es findet eine zunehmende Individualisierung mit einer Tendenz zum selektiven Luxus ('der feine Unterschied') statt.	a) Entstehung von Bürgerinitiativen b) Änderungen in der Einstellung zur Arbeit und Freizeit (Freizeitmobilität und Freizeitverhalten) c) Ökologisches Bewusstsein und Handeln d) Abkehr von materiellen Werten hin zur Pflege des persönlich-privaten Lebensbereiches wie Ehe, Familie, Freizeit, Gesundheit, persönliche Unabhängigkeit

Abb. 2-16: Segmente und Indikatoren der weiteren Unternehmensumwelt

gegenüber dem Unternehmen (*Göbel* [Verantwortung] 140 ff.). Mit dem weiten Begriff des Betroffenseins wird die Unternehmung nicht ausschließlich als eine Einrichtung und damit als Instrument zur Erzielung von Gewinn für den Kapitalgeber (Stockholder) gesehen, sondern als eine Institution, die einer **Vielzahl verschiedener Interessen** gegenübersteht, denen auch zu entsprechen ist (Koalitionsansatz). Der Stakeholder-Ansatz wird daher auch als Anspruchsgruppen-Ansatz bezeichnet. Darin besteht der Unterschied zum klassischen Ansatz der Mikroökonomik (vgl. S. 85), bei dem der Unternehmer als Funktionär des Marktmechanismusses interpretiert wird. Die Akteure in der Umwelt sind beim mikroökonomischen Ansatz die Lieferanten, die Abnehmer, die Arbeitnehmer, die Kapitalgeber und die Konkurrenten. Eine derartige Eingrenzung findet aber beim Stakeholder-Ansatz nicht statt. Es gilt vielmehr, das Feld für die Umweltanalyse gerade so weit abzustecken, dass eine Verbindung zur Unternehmung hergestellt werden kann, dass aber auf der anderen Seite die Wahrnehmung nicht zu stark auf die bekannten, rein marktmäßigen Beziehungen eingeengt wird.

Die Umweltanalyse im Rahmen des Stakeholder-Ansatzes läuft in folgenden **vier Schritten** ab:

(1) Scanning: Identifikation von Anspruchsgruppen.

Die Umwelt wird abgetastet, d.h. von einem breiten und unvoreingenommenen Blickwinkel aus betrachtet. Das Ergebnis stellt sich in Form einer Stakeholder-Landkarte dar (vgl. *Freeman* [Management] 56). So würde bspw. eine solche Landkarte (Stakeholder Map) einer Zigarettenfirma u.a. aus Ärzten, Krankenkassen, Tabakanbauern, Arbeitnehmern, Vertretern der Werbewirtschaft, Nichtrauchergruppierungen und Anteilseignern bestehen (vgl. *Göbel* [Stakeholderansatz] 61).

(2) Monitoring: Identifikation von relevanten Trends.

Es werden solche Umweltveränderungen ausfindig gemacht, die für das Unternehmen bedeutsam sind und deren Entwicklung prognostiziert werden kann. Dabei geht es vor allem um die Erfassung der Ziele, Argumente und Instrumente der einzelnen identifizierten Anspruchsgruppen.

(3) Forecasting: Ermittlung von Richtung, Ausmaß und Intensität von Umweltveränderungen. Es findet insbesondere eine Erforschung von Bedrohungspotenzialen statt. Geeignete Techniken sind u.a. die Trendanalyse, die Szenario-Analyse und die Expertenbefragung (z.B. durch die Delphi-Methode). Zu diesen Techniken vgl. S. 266 ff.

(4) Assessment: Bewertung der Ergebnisse von Scanning, Monitoring und Forecasting.

Es soll herausgefunden werden, ob und in welcher Weise die Ergebnisse der Stakeholder-Analyse Bedrohungen oder Chancen für das Unternehmen darstellen und wie ihnen zu begegnen ist. Damit beginnt die Suche nach Strategien.

Ein **Grundproblem** des Stakeholder-Ansatzes ist in der **Abgrenzung** der Stakeholder zu sehen. Wird sie sehr eng vorgenommen, so wird das Früherkennungspotenzial reduziert; bei einer weiten Interpretation besteht die Gefahr der Überinformation (vgl. Früherkennungssysteme S. 280 ff.). Auch ist die Frage der Implementierung nicht zu übersehen. Sie ist ein Problem der Organisation sowie des Ergreifens von personalpolitischen Maßnahmen wie Schulung, Schaffung von Anreizsystemen und Partizipation der Betroffenen.

Wie die Darlegung gezeigt hat, führt der Stakeholder-Ansatz nicht zu einer prinzipiell anderen Vorgehensweise bei der Umweltanalyse; der Unterschied ist lediglich gradueller Natur. Die besondere Bedeutung des Stakeholder-Ansatzes ist in seinem **Früherkennungspotenzial** zu sehen: Es findet automatisch eine ungerichtete und umfassende Suche nach Schwachen Signalen statt. Auch potenzielle Anliegen von solchen Gruppen, die mit der Unternehmung nur in einer indirekten Beziehung stehen, werden untersucht. Der Stakeholder-Ansatz hat damit einen stark antizipativen Charakter. Er fördert insofern das strategische Denken. Zum Konzept der Schwachen Signale vgl. S. 287 ff.

3.4 Identifikation von Chancen und Risiken als Ergebnis der Umweltanalyse

Jede Unternehmung ist von einer Umwelt umgeben, die ihr Chancen bietet, aus der aber auch Risiken zu erwarten sind. Die Umweltanalyse hat die Aufgabe, Chancen und Risiken rechtzeitig zu identifizieren.

Der konsequenten Beachtung von Beziehungen eines Unternehmens zu seiner Umwelt - so haben wir festgestellt - verdankt die strategische Planung ihre Existenz. Werden diese Zusammenhänge vernachlässigt, läuft eine Unternehmung Gefahr, vom Markt verdrängt zu werden.

*Ein **Beispiel** für Bedrohungen, aber auch Chancen bietet folgende Analyse des Buchhandels:*

*Der klassische Buchhandel sieht sich einer wachsenden Gefahr gegenüber: **Online-Buchhandel** heißt das Zauberwort, das die wirtschaftliche Existenz vieler «Präsenz-Buchhandlungen» in Frage stellt **(Bedrohung).***

***Amazon.com**, der US-amerikanische Pionier des Online-Buchhandels, öffnete seine virtuellen Türen erst 1995 mit der Zielsetzung «to use the Internet to offer products that educate, inform, and inspire. We decided to build an online store that would be costumer-friendly and easy to navigate and would offer the broadest possible selection.» Heute hat amazon.com mehr als 3 Mio. Bücher, CDs und Computerspiele im Angebot und verkauft bereits gut 25 % aller in den USA angebotenen Bücher. Nach der Übernahme des deutschen Internetanbieters ABC-Bücherdienst hat sich amazon.com auch in Deutschland ein festes Standbein geschaffen. Weitere inzwischen börsennotierte Anbieter sind buch.de und buecher.de. Rasante Fortschritte im Bereich Informations- und Kommunikationstechnologie, wachsende Verbreitung onlinefähiger PCs sowie die zunehmende Vertrautheit der Nachfrager mit dem Medium «Internet» bescheren den Online-Buchhändlern astronomische Wachstumsraten.*

*Das frühzeitige Erkennen dieser Entwicklungen in der Unternehmensumwelt eröffnete amazon.com die **Chance** zum Aufbau seiner Weltmarktführung. Dem klassischen Handel laufen hingegen einzelne Kunden weg, da nicht rechtzeitig auf die Veränderungen reagiert wurde.*

Die Frage, die sich aufdrängt, lautet: Wie kann man und wie soll man auf Umweltveränderungen reagieren? Die Antwort hängt davon ab, welche **Potenziale** einem Unternehmen zur Verfügung stehen. Mit der Analyse dieser Potenziale, genauer der **Unternehmensanalyse,** werden wir uns im Folgenden beschäftigen.

4 Unternehmensanalyse

4.1 Aufgaben

Die Aufgabe der strategischen Planung besteht darin, die Potenziale des Unternehmens mit den Anforderungen der Unternehmensumwelt abzustimmen. Als Ergebnis der Unternehmensanalyse erhalten wir ein System von Stärken und Schwächen eines Unternehmens. Der Weg zu dieser **Stärken-Schwächen-Analyse** vollzieht sich in **drei Schritten**:

(1)   Zunächst sind die Quellen von Stärken und Schwächen zu ermitteln. Zur Systematisierung dieser **strategischen Erfolgsfaktoren** stehen zwei Ansätze zur Verfügung: Die Wertkettenanalyse nach *Porter* und der Ansatz des Strategischen Managements.

(2)   Ob aus einem strategischen Erfolgsfaktor eine Stärke oder auch eine Schwäche resultiert, ist abhängig von der Wettbewerbssituation. Es muss daher stets eine **Konkurrentenanalyse** durchgeführt werden, um die strategische Position eines Unternehmens beurteilen zu können.

(3)   Ein allgemeines Problem bei der Identifikation von Stärken und Schwächen besteht in der **Ermittlung des strategischen Erfolgs.** Für folgende Fragen muss eine Antwort gefunden werden: Welcher Zusammenhang besteht zwischen strategischen Erfolgsfaktoren und strategischem Erfolg, und wie lässt sich der strategische Erfolg messen? Ist dieser Zusammenhang empirisch abgesichert und theoretisch fundiert, lassen sich auf der Basis dieser Erkenntnis Strategien wählen? Mit der Strategiewahl befassen wir uns ab S. 161 ff.

Abb. 2-17 verdeutlicht den Zusammenhang zwischen Umweltanalyse und Unternehmensanalyse.

4.2 Stärken- und Schwächenanalyse

Die Quellen des strategischen Erfolges eines Unternehmens bestehen in seinen Potenzialen. Führen wir eine **Potenzialanalyse** (auch **Ressourcenanalyse** genannt) durch, erhalten wir ein Profil jener Fähigkeiten, die ein Bild von der relativen Wettbewerbsposition eines Unternehmens vermitteln. Ob also eine Unternehmung Stärken oder Schwächen aufweist, hängt von der Beschaffenheit der unternehmerischen Potenziale ab.

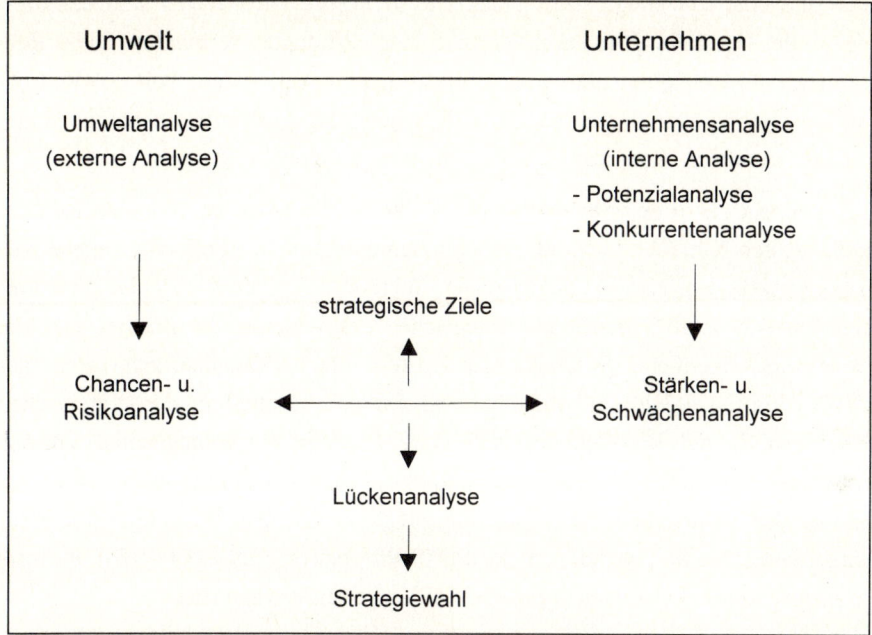

Abb. 2-17: Umweltanalyse und Unternehmensanalyse

Im Folgenden werden zwei Möglichkeiten der Klassifikation strategischer Potenziale vorgestellt:

– Die Wertkette nach *Porter,*
– der Ansatz des Strategischen Managements.

4.2.1 Wertkette nach *Porter*

Jedes Unternehmen besitzt nach *Porter* eine individuelle Wertkette (value added chain), die in ein System vor- und nachgelagerter Wertketten von Lieferanten und Abnehmern eingebettet ist. *Porter* ([Wettbewerbsvorteile] 68) definiert folgendermaßen:

«Wertaktivitäten sind die physisch und technologisch unterscheidbaren, von einem Unternehmen ausgeführten Aktivitäten. Sie sind die Bausteine, aus denen das Unternehmen ein für seine Abnehmer wertvolles Produkt schafft. Die Gewinnspanne ist der Unterschied zwischen dem Gesamtwert und der Summe der Kosten, die durch die Ausführung der Wertaktivitäten entstanden sind.»

Wie aus Abb. 2-18 hervorgeht, unterscheidet *Porter* zwischen primären Aktivitäten und unterstützenden Aktivitäten. Die **primären Aktivitäten** sind unmittelbar mit der Herstellung und dem Vertrieb eines Produktes verbunden. Die **unterstützenden Aktivitäten** unterstützen die primären Aktivitäten. Soll ein Wettbewerbsvorsprung erzielt werden, sind die einzelnen Aktivitäten kostengünstiger und/oder nutzbringender zu vollziehen, als dies der Konkurrenz gelingt.

Das Konzept der Wertkette entspricht im Kern - wie leicht zu erkennen ist - der traditionellen Einteilung in die betrieblichen Funktionen «Logistik», «Produktion», «Absatz» etc. Neu am Konzept der Wertkette ist jedoch die Idee, den Leistungsprozess zum Gegenstand strategischer Überlegungen zu machen und die Prozesse der Wertkette als Quellen für Kosten- oder Differenzierungsvorteile gegenüber Wettbewerbern zu betrachten (vgl. dazu die Darstellung der strategischen Kostenanalyse auf Wertkettenbasis S. 312 ff.). Wie die strategischen Vorteile wahrzunehmen sind, geht aus diesem Analyseinstrument nicht hervor. Dazu bedarf es der Erforschung empirisch abgesicherter Ursache-Wirkungszusammenhänge, wie sie etwa im Rahmen des PIMS-Programms (vgl. S. 117 ff.) oder des Erfahrungskurvenkonzeptes (vgl. S. 127 ff.) ermittelt worden sind.

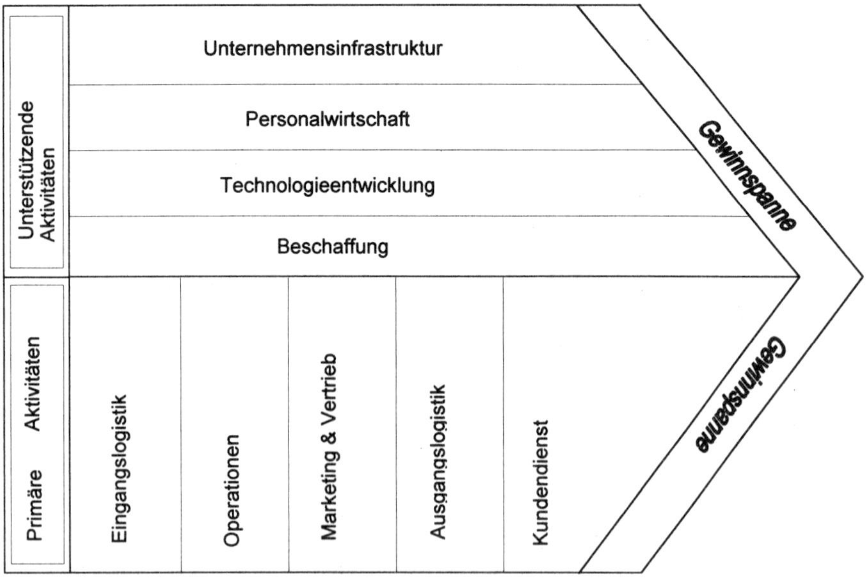

Abb. 2-18: Die Wertkette nach *Porter*

Kritisch ist gegen das Konzept der Wertkette vorzutragen, dass es - abgesehen von der wenig einleuchtenden Zusammenstellung der einzelnen Aktivitäten - zu stark an den klassischen betrieblichen Funktionen ausgerichtet ist. Dies gilt auch für die sog. unterstützenden Aktivitäten «Beschaffung» und «Technologieent-wicklung» sowie «Personalwirtschaft», die nach *Porter* ([Wettbewerbsvorteile] 69) «sowohl mit bestimmten primären Aktivitäten zusammenhängen als auch die gesamte Kette unterstützen können.» Eine Ausnahme bildet die «Unternehmens-infrastruktur». Sie besteht nach *Porter (S. 74)* «aus einer Reihe von Aktivitäten, wozu die Gesamtgeschäftsführung, Planung, Finanzen, Rechnungswesen, Rechts-fragen, Kontakte zu Behörden und staatlichen Stellen und Qualitätskontrollen ge-hören. Im Gegensatz zu anderen unterstützenden Aktivitäten trägt die Infrastruktur i.d.R. die ganze Kette und nicht einzelne Aktivitäten.»

Nach dem neuesten Stand des Strategischen Managements ist davon auszugehen, dass die von *Porter* so genannte Unternehmensinfrastruktur nicht nur eine dem Leistungsprozess **dienende Funktion** erfüllt, sondern eine gleichberechtigte und **eigenständige** strategische Position einnimmt. Danach ist ein Unternehmen dann erfolgreich, wenn die einzelnen Systeme der Unternehmensführung und die Lei-stungspotenziale mit den Anforderungen aus der Unternehmensumwelt (System-Umwelt-Fit) und untereinander (Intra-System-Fit) abgestimmt sind. Diesem An-spruch genügt der Ansatz des Strategischen Managements.

4.2.2 Ansatz des Strategischen Managements

Eine Unternehmung ist dann erfolgreich, wenn es ihr gelingt, ihre Potenziale mit den Anforderungen der Unternehmensumwelt, insbesondere dem Wettbewerb, abzustimmen. Strategische Potenziale stellen Speicher spezifischer Stärken dar, die es ermöglichen, die Unternehmung in einer veränderlichen Umwelt erfolgreich zu positionieren. *Gälweiler* ([Unternehmensplanung], 1974) verwandte in diesem Zusammenhang als erster den Begriff «Erfolgspotenzial».

Der Ansatz des Strategischen Managements geht von einer eigenständigen strate-gischen Funktion folgender Teilsysteme aus: Strategische Planung, strategische Kontrolle, Information, Organisation, Unternehmenskultur, Leistungspotenziale. Diese Teilsysteme stellen die Potenziale für strategische Erfolgsfaktoren dar. Un-sere Konzeption ist in Abb. 2-19 dargestellt. Ihr ist zu entnehmen, dass wir zwei **Kategorien von Potenzialen** unterscheiden: Leistungspotenziale und Führungs-potenziale.

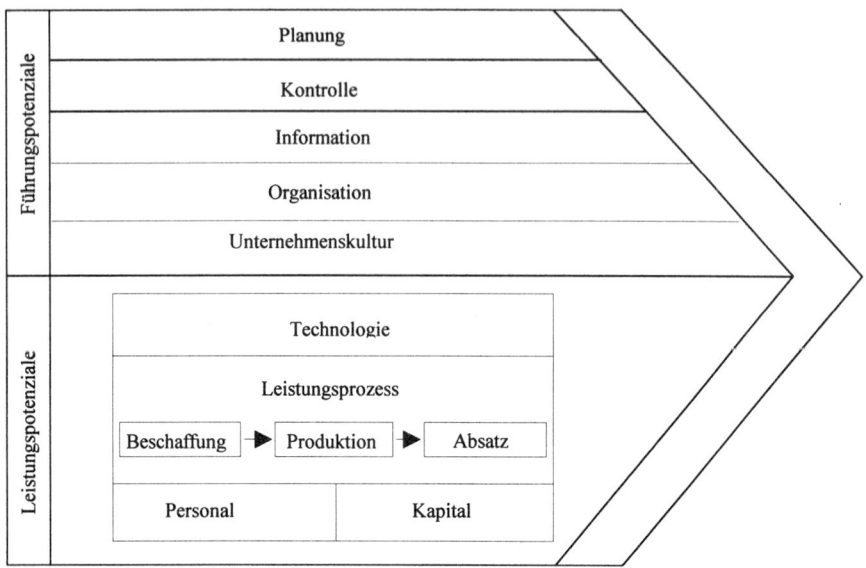

Abb. 2-19: Strategische Potenziale

Aus den in Abb. 2-19 dargestellten Potenzialen lassen sich die entsprechenden **strategischen Erfolgsfaktoren** ableiten.

> **Strategische Erfolgsfaktoren** (auch kritische Erfolgsfaktoren genannt) sind erfolgsrelevante Stärken und Schwächen einer Unternehmung.

Eine Unternehmung weist dann Stärken auf, wenn es ihr gelingt, den folgenden Anforderungen zu genügen: Sie muss

1. eine konsequente Orientierung an den Kundenwünschen vornehmen,
2. einen Wettbewerbsvorsprung gegenüber Wettbewerbern aufweisen.

Beispiel: Sind die Nachfrager sehr preisbewusst (etwa bei Heizöl), so verfügt eine Unternehmung über diesbezügliche strategische Erfolgsfaktoren nur dann, wenn es ihr gelingt, den Kunden billiger zu beliefern als die Konkurrenz. Dies wiederum setzt voraus, dass die Unternehmung über eine günstige Kostenstruktur verfügt.

Die aus den Potenzialen ableitbaren strategischen Erfolgsfaktoren sind im Folgenden näher erläutert. Der Katalog kann in Abhängigkeit von der Situation des Unternehmens modifiziert werden:

Potenziale	Strategische Erfolgsfaktoren
(1) Leistungspotenziale	
(a) Beschaffung	– Relative Preise der Produktionsfaktoren – Qualität der Vorprodukte – Abstimmung mit Lieferanten (z.B. Verwirklichung des Just-in-Time-Prinzips) – Grad der Abhängigkeit von Lieferanten (Höhe der switching costs)
(b) Produktion	– Kapazität der Fertigungsanlagen – Leistungsstand der Fertigungsanlagen – Flexibilität der Fertigungsanlagen – Fertigungstiefe – Kostenstruktur
(c) Absatz	– Produktqualität – Markenname – Laufzeit von Schutzrechten – Altersaufbau der Produkte – Qualität des Distributionssystems – Qualität der after-sales-services (Betreuung, Schulung) – Preisspielraum – Lieferfähigkeit – Marktanteil – Kundentreue
(d) Personal	– Qualifikation – Motivation – Alter und Ausbildung – Lernfähigkeit – Identifikation mit dem Unternehmen – Unternehmerisches Handeln
(e) Kapital	– Zugang zum Kapitalmarkt – Verschuldungsgrad – Eigene finanzielle Ressourcen – Finanzielle Ressourcen verbundener Unternehmen
(f) Technologie **(Forschung und Entwicklung)**	– Innovationsbereitschaft – Forschungs- und Entwicklungsaufwand – Forschungseffizienz – Patente, Lizenzen

(2) Führungspotenziale	
(a) Planung	– Geschlossenes Planungssystem – Flexibilität der Planung – Einsatz von Planungstechniken
(b) Kontrolle	– Geschlossenes Kontrollsystem – Abstimmung der Kontrolle mit der Planung – Einsatz von Kontrolltechniken
(c) Information	– Strategisch orientierte Unternehmensrechnung (z.B. Prozesskostenrechnung, Target Costing) – Früherkennungssysteme – Computergestützte Informationssysteme
(d) Organisation	– Zahl der Hierarchieebenen – Grad der Dezentralisation – Flexibilität der Organisation – Lernfähigkeit der Organisation – Kooperationsfähigkeit mit anderen Unternehmen
(e) Unternehmenskultur	– Stärke der Unternehmenskultur – Grad der Außenorientierung – Innovationsfähigkeit

In Abb. 2-20 sind die Ausprägungen der einzelnen strategischen Potenziale in Form eines Kompetenzprofils dargestellt (vgl. auch *Hinterhuber* [Unternehmungsführung 1] 121 ff.). Dabei wird eine Bewertung (Stärken-Schwächen-Analyse) mit Hilfe einer kardinalen Punkteskala (von 1 – 10 Punkten) vorgenommen.

An Stelle der strategischen Potenziale lassen sich auch die strategischen Erfolgsfaktoren – die in den vorausgehenden Abschnitten aus den Potenzialen abgeleitet worden sind – zum Aufbau des Stärken-Schwächen-Profils verwenden. Da die einzelnen Potenziale und damit auch die strategischen Erfolgsfaktoren von Unternehmen zu Unternehmen unterschiedlich wichtig sind, wird die Erweiterung des Stärken-Schwächen-Profils durch Gewichtung der strategischen Erfolgsfaktoren zu einem **Scoring-Modell** empfohlen. Die damit verbundene Wertsynthese führt allerdings zu einem Informationsverlust (vgl. dazu das Marktattraktivität-Wettbewerbsvorteil-Portfolio S. 146 ff.).

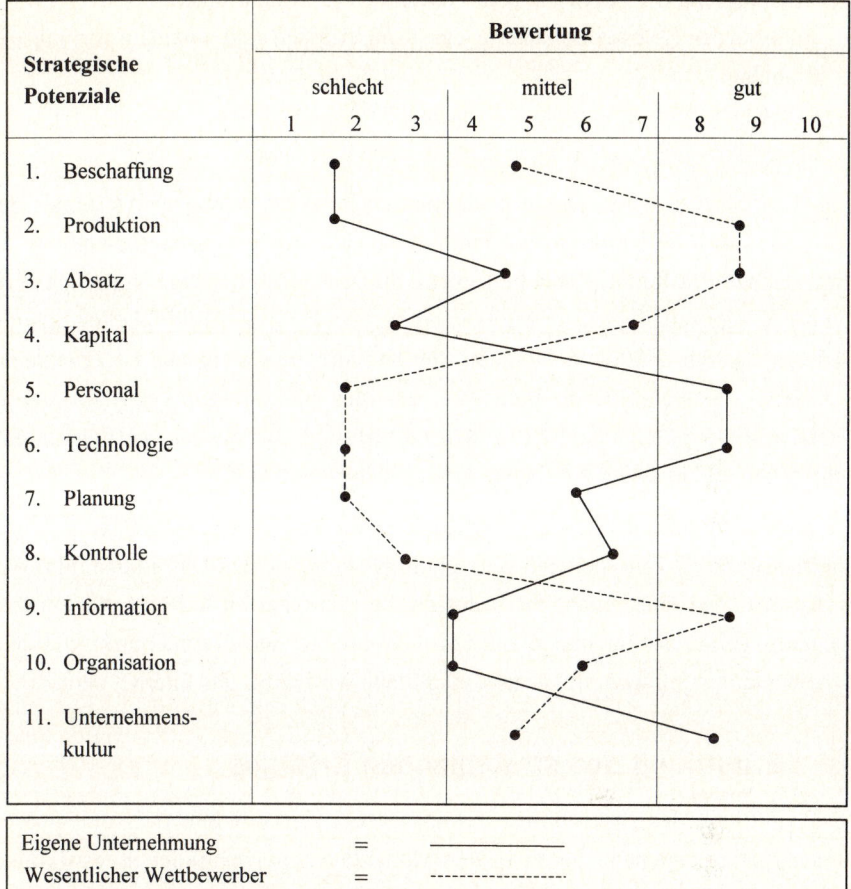

Abb. 2-20: Stärken-Schwächen-Profil

4.2.3 Konkurrentenanalyse

In welchem Umfang strategische Erfolgsfaktoren Stärken oder Schwächen eines Unternehmens darstellen, ist stets relativ, d.h. im Verhältnis zu den Wettbewerbern zu sehen. Insofern ist mit der Stärken-Schwächen-Analyse untrennbar die Konkurrentenanalyse verbunden, auch wenn Konkurrenten Bestandteil der Unternehmensumwelt sind und insofern dieses Analyseinstrument auch im Rahmen der Umweltanalyse behandelt werden könnte.

Nach *Porter* ([Wettbewerbsstrategie] 86 ff.) besteht eine Konkurrentenanalyse aus **vier Schritten:**

– Beschreibung der gegenwärtigen Strategien der Konkurrenten,
– Analyse der Selbsteinschätzung der Konkurrenten und ihrer Bewertung der Branche,
– Ermittlung der Stärken und Schwächen der Konkurrenten,
– Identifikation der zukünftigen Ziele der Konkurrenten.

Eine Verdichtung der durch die Konkurrentenanalyse gewonnenen Merkmale zur Beschreibung eines Konkurrenten führt schließlich zu einer Gesamtbewertung der strategischen Position des Wettbewerbers. So lassen sich künftige Verhaltensweisen der Konkurrenten prognostizieren und mögliche eigene Anfälligkeiten diagnostizieren. In Abb. 2-20 ist neben dem **Polaritätsprofil** des eigenen Unternehmens auch jenes des wesentlichen Wettbewerbers (des stärksten Konkurrenten) eingezeichnet. Ein Vergleich beider Profile macht deutlich, wo die eigenen Stärken und Schwächen und jene des Wettbewerbers zu lokalisieren sind.

Ein schwer zu lösendes Problem der Konkurrentenanalyse besteht in der Informationsbeschaffung. Unternehmen sind allerdings heute publizitätsfreudiger als noch in den 50er und 60erJahren. Sie benutzen die Publizität im Rahmen der Investor Relations gerne, um ihr Image auf dem Gütermarkt, dem Kapitalmarkt und dem Arbeitsmarkt zu pflegen. In wachsendem Maße wird dabei das Internet genutzt.

4.3 Ermittlung des strategischen Erfolges

Die Ermittlung des strategischen Erfolgs ist ein Kernproblem der strategischen Planung. Die Frage nach der adäquaten Methode des **performance measurement** ist so alt wie die strategische Planung selbst.

Bei der Erörterung der strategischen Erfolgsfaktoren wird i.d.R. davon ausgegangen, dass

– ein empirisch nachweisbarer Zusammenhang zwischen den Erfolgsfaktoren und dem strategischen Erfolg besteht und
– der strategische Erfolg tatsächlich gemessen werden kann.

Mit den empirischen Studien als Bestandteilen einer Theorie des Strategischen Managements werden wir uns in Abschnitt 4.5 befassen. Sie suchen nach empirisch gehaltvollen Zusammenhängen zwischen strategischen Erfolgsfaktoren und strategischem Erfolg.

An dieser Stelle ist zu klären, was unter «strategischem Erfolg» zu verstehen ist. Generell kann Erfolg mit Zielerreichung gleichgesetzt werden. Wird nun als strategisches Ziel die Steigerung des RoI um einen bestimmten Prozentsatz oder eine genau fixierte Marktanteilserhöhung definiert, so lässt sich bei derartigen quantitativen Zielen (hard facts) der Erfolg unmittelbar messen. Diese Bedingung ist bei den für das Strategische Management eher charakteristischen qualitativen Zielen (soft facts) nicht gegeben. Zu denken ist etwa an ein Ziel wie «Behauptung der Qualitätsführerschaft».

Beim performance measurement bestehen immer auch die Gefahren einer zu **kurzfristigen Betrachtungsweise** und einer zu starken **quantitativen** Ausrichtung als Folge einer «hard fact-Gläubigkeit». Sie äußern sich darin, dass auf dem Wege der Zielerreichung «sichtbare Erfolge» gefordert werden. Es ist dann zu erwarten, dass eine Strategie gegebenenfalls abgebrochen wird, weil die notwendige Geduld nicht aufgebracht werden kann.

Ein weiteres Problem der Ermittlung des strategischen Erfolges ist in der **Isolierung des Zusammenhanges** von Erfolgsfaktor und Erfolg zu sehen. Der Erfolg ist i.d.R. von mehreren Determinanten abhängig. Wie groß ist aber der Beitrag einer einzelnen strategischen Maßnahme, etwa einer Reorganisation? Die Beantwortung dieser Frage führt uns zu einem weiteren Problem: In welcher **Periode** wirkt eine Strategie? Stehen Erfolgsfaktor und Erfolg in unmittelbarem zeitlichen Zusammenhang oder tritt die Wirkung erst nach einem bestimmten Zeitraum ein? Diese sehr schwierigen Fragen werden wir bei der Erörterung der einzelnen strategischen Potenziale angehen (z.B. im Zusammenhang mit der Betrachtung der strategischen Relevanz der Organisation und der Unternehmenskultur). Vgl. dazu auch die Ausführungen zum «performance measurement» im Rahmen der Balanced Scorecard, S. 190 ff.

4.4 Identifikation von Stärken und Schwächen als Ergebnis der Unternehmensanalyse

Die Ermittlung der strategischen Erfolgsfaktoren aus der Potenzialanalyse ist die Grundlage für die Ermittlung der Stärken und Schwächen eines Unternehmens. Die Ausprägungen der einzelnen strategischen Erfolgsfaktoren müssen zu diesem Zweck ins Verhältnis gesetzt werden zu den

– Konkurrenten und den
– Anforderungen aus der Unternehmensumwelt.

Dabei ist sowohl auf die gegenwärtige Situation, vor allem aber auf die künftigen Entwicklungen abzuheben.

Beispiele von Stärken als Quelle von Wettbewerbsvorteilen	
Deutsche Telekom	Marktführer, Technologieführer
Beiersdorf	Markenname (Nivea)
SAP	Innovationskraft
Boss	Firmenimage
Allianz	Qualität des Distributionssystems
Aldi	Preisniveau
Ikea	Kundenbindung

Eine Unternehmung ist - so ein Grundsatz des Strategischen Managements - dann erfolgreich, **wenn sie ihre** Stärken gezielt im Wettbewerb einsetzt. Falls solche Stärken im Unternehmen nicht vorhanden sind, bieten sich **zwei Wege** an, die gewünschten Stärken aufzubauen:

1. Erwerb von Potenzialen durch Akquisitions- und Kooperationsstrategien (vgl. S. 171 ff. und S. 417 ff.),

2. Entwicklung eigener Potenziale im Leistungsbereich (z.B. FuE, Marketing) und/oder im Führungsbereich (Reorganisation, Einführung eines Früherkennungssystems). Die Vorgehensweise bei der Entwicklung eigener Potenziale ist in Teil 7 beschrieben.

Eine Kombination von Unternehmensanalyse und Umweltanalyse stellt die sog. **SWOT-Analyse** dar (SWOT = Strengths, Weaknesses, Opportunities, Threats). Sie geht von der Vorstellung aus, dass die Identifikation von Chancen und Risiken aus der Unternehmensumwelt im Zusammenhang gesehen werden muss mit den Fähigkeiten eines Unternehmens, also mit der Stärken-Schwächen-Analyse. Eine Entwicklung in der Unternehmensumwelt ist je nach Beschaffenheit der strategischen Position eines Unternehmens entweder als Chance oder als Risiko zu interpretieren.

4.5 Empirische Studien

Die vorausgehenden Analysen haben gezeigt, dass die strategische Planung nur dann erfolgreich sein kann, wenn

- die strategischen Erfolgsfaktoren identifiziert und
- die Wirkungsweise der strategischen Erfolgsfaktoren bekannt sind.

Im vorausgehenden Abschnitt ist eine Systematik der strategischen Erfolgsfaktoren entwickelt worden. Wir fragen jetzt nach deren Wirkungen auf den Erfolg. Sind solche funktionalen Zusammenhänge empirisch ermittelt, lassen sie sich als Grundlage für die Gestaltung verwenden. Zur Beantwortung dieser Frage präsentieren wir im Folgenden jene empirischen Studien, die als Beiträge zu einer mehr oder weniger gut entwickelten Theorie der strategischen Planung gewertet werden können. Die Zusammenstellung macht deutlich, dass es bereits eine Vielzahl von Partialanalysen gibt, die zusammenhanglos und mit methodisch unterschiedlichen Ansprüchen durchgeführt worden sind. Sie lassen sich allenfalls als Bausteine einer dringend erforderlichen weiteren theoretischen Fundierung der strategischen Planung qualifizieren. Viele Lücken sind noch offen.

4.5.1 PIMS-Programm

(1) Entstehungsgeschichte und Ziele

Fred Bosch, der Präsident des nordamerikanischen Unternehmens *General Electric,* beauftragte Anfang der 60er Jahre *Sidney Schoeffler,* Bestimmungsgrößen des Gewinnes und des Cash Flow zu ermitteln und die Zusammenhänge empirisch zu erforschen. So entstand das PIMS-Programm (**P**rofit **I**mpact of **M**arket **S**trategy).

Heute wird dieses Programm vom Strategic Planning Institute (SPI) in Cambridge (Mass.), einer Non-Profit-Organisation der beteiligten Unternehmen, getragen (vgl. *Abell/Hammond* [Strategic] 271 ff., *Buzzell/Gale* [PIMS]).

Die Zahl jener Unternehmen, die sich am Programm beteiligen, ist recht groß. Tausende von strategischen Geschäftseinheiten aus verschiedenen Branchen und Regionen stellen ihre Daten zur Verfügung Die meisten Unternehmen stammen allerdings aus den USA.

Es werden Antworten auf folgende **Fragen** gesucht:

1. Welche Determinanten wirken auf den Return on Investment (RoI) und den Cash Flow?

2. Wie ändern sich RoI und Cash Flow bei einer Änderung der Strategie?

Die erste Frage zielt auf die Identifizierung strategischer Erfolgsfaktoren, die zweite Frage auf deren Wirkungsweise ab. Als Erfolgsmaß werden der **RoI** und der **Cash Flow** definiert. Beim RoI wird die Rentabilität erfasst, beim Cash Flow die verfügbare Finanzierungsmasse. Zur Definition beider Begriffe vgl. S. 71 bzw. 77.

In Abb. 2-21 sind die **fünf Haupteinflussgrößen auf den RoI** nach Ergebnissen der PIMS-Studie dargestellt (vgl. *Abell/Hammond* [Strategic] 275 ff.). Insgesamt werden 37 unabhängige Erfolgsfaktoren erfasst, die ca. 80 % der Varianz des RoI erklären. Als Einflussgrößen auf den Cash Flow werden 19 Erfolgsfaktoren berücksichtigt, die ca. 70 % der Varianz erklären.

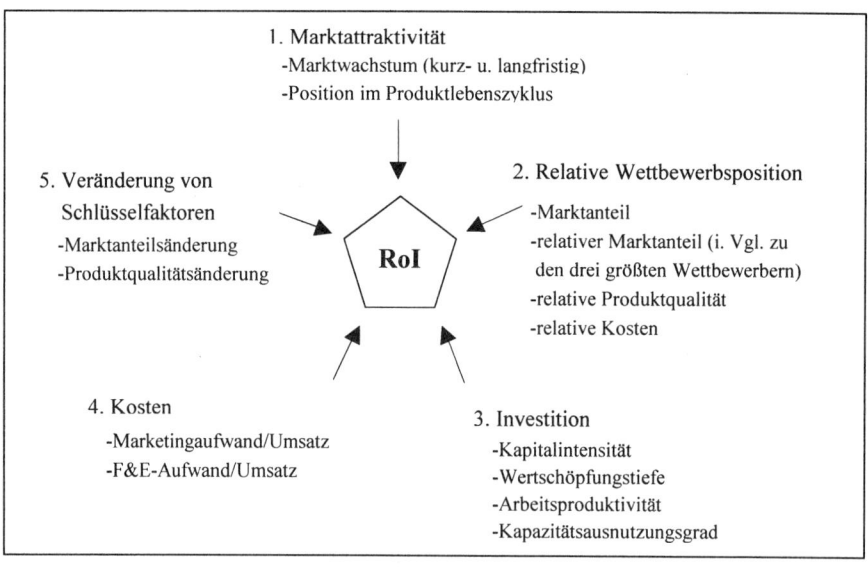

Abb. 2-21: Die fünf Schlüsselfaktoren des RoI nach PIMS

(2) Methodisches Vorgehen

(a) **Untersuchungsgegenstände** sind **Strategische Geschäftseinheiten** (zur Definition vgl. S. 139 ff.), da nur bei einer derartigen Aggregationseinheit eine einigermaßen homogene Masse von Untersuchungsobjekten gebildet werden kann.

(b) Die **Informationen der Mitglieder** werden mit Hilfe von **Fragebögen** erfasst und in einer Datenbank gespeichert (vgl. Abb. 2-22).

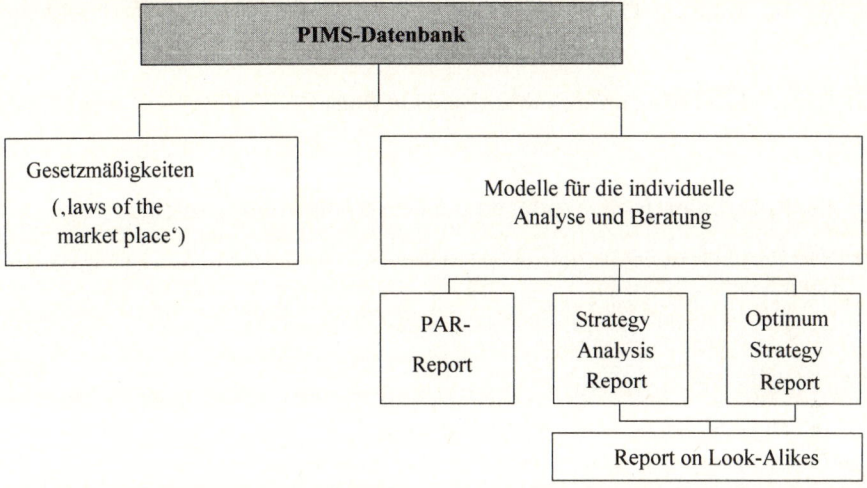

Abb. 2-22: Das PIMS-Programm

(c) **Multiple Regressionsmodelle** liefern Erkenntnisse über Zusammenhänge zwischen dem RoI bzw. Cash Flow und verschiedenen Einflussfaktoren. Zur Darstellung der Zusammenhänge werden Korrelationstabellen (cross tabulation analysis) verwendet.

In der folgenden Abb. 2-23 sind Kombinationen von Forschungsintensität und relativem Marktanteil und deren Bedeutung für den RoI dargestellt. Die Tabelle zeigt, dass hohe FuE-Ausgaben den RoI bei geringem Marktanteil drücken. Die Tabelle ist folgendermaßen zu lesen: Wenn die Forschungsintensität höher ist als 3,7 % und der relative Marktanteil niedriger als 26 %, ergibt sich ein RoI von 4.

		Forschungsintensität (FuE-Ausgaben/Umsatz)		
		niedrig 1,3 %	3,7 %	hoch
	niedrig	17	12	4
relativer	26 %	14	20	10
Marktanteil	63 %	27	30	30
	hoch			

Abb. 2-23: Die Bedeutung von Forschungsintensität und relativem Marktanteil für den RoI

(3) Untersuchungsergebnisse (= Findings)

Im Rahmen des PIMS-Programms werden generelle Aussagen gewonnen und spezielle Auswertungen für die individuelle Analyse und Beratung zur Verfügung gestellt (vgl. *Abell/Hammond* [Strategic] 277 ff. bzw. Abb. 2-22):

(a) Generelle Aussagen (laws of the market place):

Beispiele:

– Der RoI ist stark positiv korreliert mit dem relativen Marktanteil.
– Der RoI und der Cash Flow sind positiv korreliert mit der Produktqualität (dem Qualitätsindex).
– Der RoI ist negativ korreliert mit der Kapitalintensität.

(b) Spezielle Auswertungen

Es werden für einzelne Strategische Geschäftseinheiten individuelle Stärken- und Schwächenanalysen durchgeführt:

– **PAR-Report** (Analyse der gegenwärtigen strategischen Situation einer SGE; PAR = typisch). Den Mitgliedsunternehmen wird ein PAR-RoI mitgeteilt (= branchenüblicher RoI), der mit dem individuellen RoI verglichen werden kann. Mit diesem Report verbunden ist eine Analyse der Gründe für die Abweichung.

– **Strategy Analysis Report** (Beurteilung von Strategien, die in Erwägung gezogen werden).

   Kern dieses Strategieberichtes ist ein Simulationsmodell, mit dessen Hilfe Auswirkungen von Strategieänderungen auf den RoI bzw. den Cash Flow ermittelt werden können. Als Strategien kommen u.a. in Frage:

   • Veränderungen des Marktanteils,
   • Veränderungen der vertikalen Integration,
   • Veränderungen der Investitionsintensität.

– **Optimum Strategy Report** (Entwicklung einer optimalen Strategie)

   Es wird eine Kombination von Strategien ermittelt, die eine Zielerfüllung in optimaler Weise in Aussicht stellt.

– **Report on «Look-Alikes»** (Bericht über Strategische Geschäftseinheiten mit ähnlicher Struktur)

Es werden Look-Alikes (= ähnliche SGEs, etwa bei den Konkurrenten) gebildet und miteinander verglichen. Aus dem Unterschied zwischen beiden lassen sich Strategieempfehlungen ableiten. Diese SGEs werden in «winners» und «loosers» eingeteilt.

(4) Kritische Würdigung

Trotz der Bedeutung des PIMS-Programms für Theorie und Praxis der strategischen Unternehmensplanung wurden in der Literatur zahlreiche kritische Vorbehalte gegenüber den Prämissen und den Aussagen vorgebracht. Genannt seien u.a. (vgl. *Lange* [Portfoliomethoden] 128 ff. und *Kötzle* [Geschäftseinheiten] 121 ff.):

– Es ist äußerst fraglich, ob ein linearer multipler Regressionsansatz derart **komplexe Wirkungsstrukturen** adäquat wiedergeben kann, zumal interdependente Zusammenhänge mit Hilfe dieses Ansatzes nicht abbildungsfähig sind. Interdependenzen sind jedoch in mehrfacher Hinsicht möglich: So könnte z.B. ein höherer RoI nicht nur Folge, sondern Voraussetzung für eine Änderung der Erfolgsdeterminanten (etwa Verbesserung der Produktqualität) sein. Des Weiteren werden Beziehungen zwischen den unabhängigen Variablen nicht berücksichtigt. Es ist schließlich zu befürchten, dass mit der Wahl des RoI als Zielgröße kurzfristig wirksame Strategien zu gut abschneiden.

– Von **Korrelationen** kann nicht auf **Kausalitäten** geschlossen werden. Ist der Marktanteil die unabhängige Größe, die es einzusetzen gilt, um den Erfolg zu steigern, oder ist die Ursache des Erfolges eine andere Größe (etwa eine Investition), die zu einem hohen Marktanteil führt? Außerdem ist der Marktanteil keine direkt wirkende Erfolgsursache. Er stellt vielmehr ein **Potenzial** für die Ausnutzung der Preisstellung und des Gesetzes der Massenproduktion dar.

– Die **Zeit** lässt sich in der Wirkungskette nur ungenau berücksichtigen. Beispiel: FuE erzeugen zunächst Aufwand und senken damit den RoI; erst in späteren Perioden tragen FuE zum RoI bei. Kurzum: Der RoI stellt eine statische Kennziffer dar.

– Es besteht die Gefahr, dass im Rahmen des quantitativen Regressionsansatzes **wichtige Erfolgsfaktoren, die sich nicht quantifizieren lassen, nicht beachtet** werden, wie z.B. organisatorische Änderungen, Maßnahmen im Personalbereich, technologische Verbesserungen. Hier bietet das sog. Benchmarking eine Alternative mit Aussicht auf praktikablere Ergebnisse (vgl. S. 231).

– Durch die **Querschnittsuntersuchungen** über verschiedene Branchen hinweg geht Individualität verloren und wird eine Nivellierungstendenz gefördert.

– Werden die Untersuchungsergebnisse der PIMS-Studie instrumental verwendet, wird also den Empfehlungen in der Praxis gefolgt, so kann dies zu einem **Widerspruch** führen. Krasses Beispiel: Nicht alle Unternehmen können ihren Marktanteil erhöhen und dadurch - PIMS folgend - den RoI steigern.

Der Katalog kritischer Anmerkungen zur PIMS-Studie lässt sich noch durch eine Reihe weiterer Punkte, wie z.B. Vergangenheitsorientierung (d.h. Diskontinuitäten und strategische Überraschungen werden nicht oder viel zu spät erkannt), geografische und strukturelle Nichtrepräsentativität der Mitgliedsfirmen (vor allem Großunternehmen) erweitern. Vor einer allzu strengen PIMS-Gläubigkeit im Rahmen der strategischen Planung muss somit gewarnt werden.

Allerdings sind auch folgende **Vorteile** nicht zu übersehen: Das PIMS-Programm

– strukturiert strategische Probleme,
– skizziert Lösungsalternativen und
– falsifiziert intuitiv getroffene Entscheidungen.

Insgesamt ist zu resümieren, dass trotz aller Kritik bis heute keine empirische Untersuchung mit der genannten Zielsetzung zur Verfügung steht, die den Vergleich mit dem PIMS-Programm auch nur annähernd bestehen könnte.

4.5.2 Produktlebenszyklus

(1) Beschreibung

Produkte durchlaufen in Abhängigkeit von der Zeit verschiedene Marktphasen: Einführungsphase, Wachstumsphase, Reifephase, Degenerationsphase. Diese Einteilung haben empirische Studien zu Tage gefördert. Dabei sind zwar für unterschiedliche Produkte Unterschiede in Einzelheiten, insbesondere in den Phasenlängen, ermittelt worden, aber eine grundsätzliche Bestätigung des Gesetzes vom Werden und Vergehen ist empirisch fundiert.

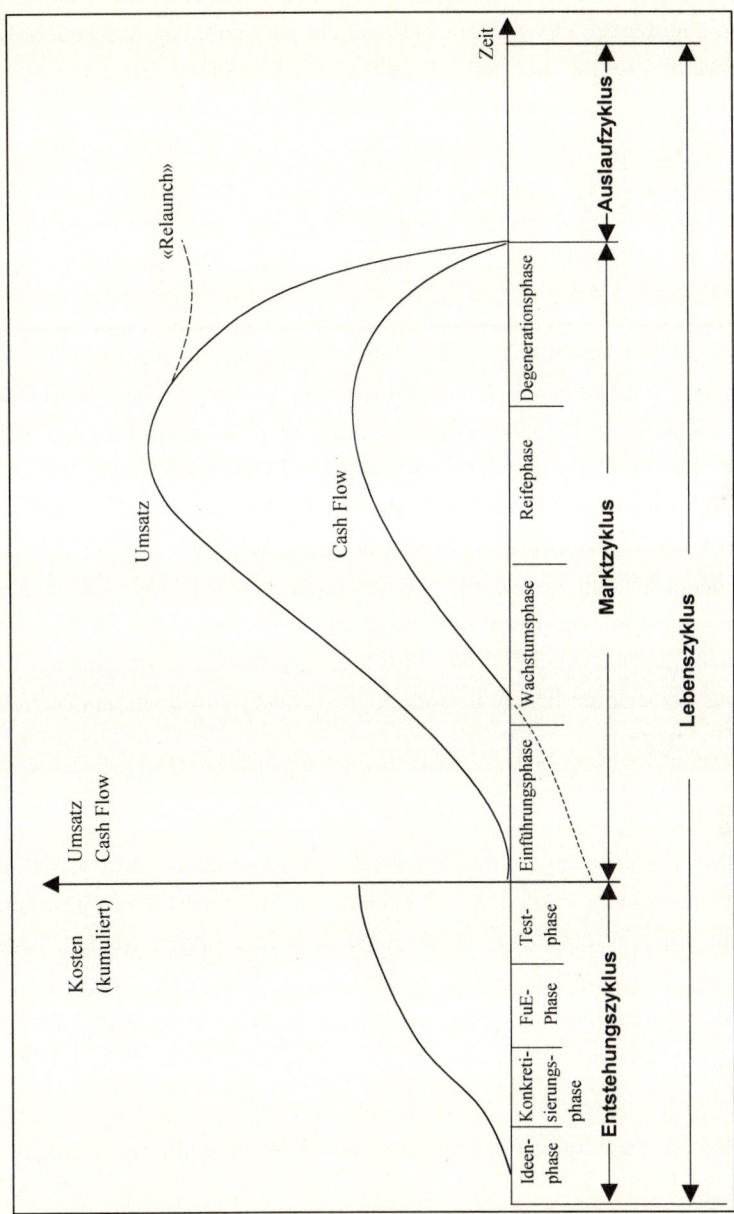

Abb. 2-24: Der Produktlebenszyklus

Abb. 2-24 zeigt, dass sich der Produktlebenszyklus in einen **Entstehungszyklus**, einen **Marktzyklus** und einen **Auslaufzyklus** zerlegen lässt. Der Marktzyklus umfasst die Einführungsphase, die Wachstumsphase, die Reifephase und die Degenerationsphase. Falls ein Produkt die Reifephase verlängert, also Zeichen der Degeneration überwindet (etwa Coca Cola), spricht man vom sog. **Relaunch**. Der Entstehungszyklus besteht aus der Ideenphase (Produktidee), der Konkretisierungsphase (Plan zur Neuentwicklung eines Produktes), der Forschungs- und Entwicklungsphase (Entwicklung eines neuen Produktes), einer eventuellen Genehmigungsphase und der Testphase (Marktstudien vor Produkteinführung). Der Auslaufzyklus beginnt mit der Beendigung der Erzeugung und Vermarktung eines Produktes. Er umfasst Aktivitäten wie Wartung, Ersatzteillieferung und Recycling.

Die einzelnen Phasen lassen sich durch unterschiedliche Ausprägungen der Kosten, des Umsatzes und des Cash Flow kennzeichnen. Im Entstehungszyklus fallen hauptsächlich Kosten an. Im Marktzyklus ist der Cash Flow zunächst negativ, da bei geringem Umsatz hohe Kosten (insbesondere Markteinführungskosten) zu verzeichnen sind. In den Folgephasen nimmt der Cash Flow dagegen zu, da ein relativ hoher Umsatz geringen Marketingkosten gegenübersteht. In der Auslaufphase fallen hauptsächlich Kosten an (z.B. Entsorgungskosten), aber auch Erträge (z.B. Lizenzeinnahmen). Zur Ermittlung von Kosten, Umsatz und Cash Flow entlang des Produktlebenszyklusses liefert die lebenszyklusorientierte Kosten- und Erlösrechnung die erforderlichen Informationen. Dieses Informationssystem ist auf S. 326 ff. dargestellt.

(2) Erklärung

Die Suche nach Erklärungen für den beschriebenen Produktlebenszyklus ist notwendig, wenn aus seinem Verlauf Anhaltspunkte für dessen Gestaltung gewonnen werden sollen. Denn je nachdem, welche **Ursachen** identifiziert werden, lassen sich unterschiedliche Reaktionsstrategien formulieren. Entweder werden die Determinanten des Produktlebenszyklusses akzeptiert oder aber modifiziert. Wird die zweite Konzeption gewählt, findet eine Beeinflussung des Produktlebenszyklusses statt.

Zwei **Gründe** lassen sich für den Verlauf des Produktlebenszyklusses ermitteln:

– Das Verhalten der Käufer,

– das Verhalten der Anbieter.

(a) Verhalten der Käufer: Eine neue Idee, ein neues Produkt verbreitet sich nach bestimmten Regeln der Kommunikation in einem sozialen System. Diese Regeln versucht die Diffusionsforschung zu ergründen. Sind sie in Form von

Diffusionskurven bekannt, so kann die Diffusion prognostiziert und auch gestaltet werden.

Das Käuferverhalten der heutigen Gesellschaft ist durchaus günstig für die Diffusion neuer Produkte, denn sie ist eher bereit, Gewohnheiten aufzugeben und Neuerungen zu akzeptieren. Andererseits wird aber gerade durch diese Grundeinstellung die Degenerationsphase schneller eingeleitet und eine Tendenz zur Verkürzung des Produktlebenszyklusses begünstigt.

(b) Verhalten der Anbieter: Die Anbieter tragen prinzipiell zur Entstehung und zum Marktaustritt von Produkten dadurch bei, dass sie bestrebt sind, über stets neue Produkte am Wachstum zu partizipieren. Mit einer Innovation wird automatisch auch zur (schöpferischen) Zerstörung vorhandener Produkte beigetragen.

Begünstigt das Käuferverhalten die Verkürzung des Marktzyklusses, so gilt dies auch für das Anbieterverhalten. Das Tempo des technischen Fortschritts wird zunehmend beschleunigt und der Marktzyklus von Produkten reduziert (vgl. z.B. die Modellzyklen im Automobilbau). Nach Aussagen der Anbieter zwingt das Verhalten der Konkurrenz zu dieser Politik.

(3) Strategische Bedeutung

Die Erkenntnisse über Verlauf und Erklärung des Produktlebenszyklusses lassen sich für eine Reihe strategischer Maßnahmen verwerten; so z.B. für die

– Prognose (theoretischer Aspekt) und die
– Absatzstrategie (pragmatischer Aspekt).

(a) Prognose

Ist davon auszugehen, dass die Aussagen des Produktlebenszykluskonzeptes empirisch fundiert sind, kann aus den theoretischen Aussagen eine Prognose über die Entwicklung eines Produktes formuliert werden. Prognosen wiederum sind die Voraussetzung für die Planung, so etwa für die langfristige Produktplanung. Selbst wenn auf Grund des geringen theoretischen Gehalts eine tragfähige Prognose nicht möglich ist, so wird doch durch das Phänomen des Produktlebenszyklusses das Bewusstsein für die Marktdynamik geschärft: Was heute erfolgreich ist, kann morgen schon gefährdet sein (zur Prognoseproblematik im Strategischen Management vgl. ausführlich S. 264 ff.).

(b) Absatzstrategie

Die einzelnen Marktphasen des Produktlebenszyklusses verlangen unterschiedliche absatzpolitische Maßnahmen. So liegt es nahe, in der Einführungsphase das Instrument der Werbung in den Vordergrund zu rücken und in der Degenerationsphase die Marketingaktivitäten zu reduzieren, evtl. eine Marktnische aufzusuchen oder gar den Marktaustritt vorzubereiten. Betrachtet man das gesamte Angebotsprogramm eines Unternehmens, so ist auf den Ausgleich im Portfolio entsprechend der Position der einzelnen Produkte im Produktlebenszyklus zu achten. Dieser Aspekt ist implizit (als «Theoriebaustein») im Marktanteil-Marktwachstum-Portfolio (BCG-Matrix) und explizit im Wettbewerbsposition-Marktlebenszyklus-Portfolio enthalten (vgl. S. 144 ff. und 150 f.).

Aus der Verkürzung des Marktzyklusses einerseits und der zunehmenden Bedeutung der Entwicklungskosten andererseits resultieren strategische Herausforderungen. Maßnahmen im Entstehungszyklus bestehen u.a. in der Parallelisierung von Produktplanung und Herstellprozessplanung sowie in der Zusammenarbeit mit Entwicklungspartnern. Im Marktzyklus ist eine Strategie der schnellen und umfassenden Marktdurchdringung angebracht.

(4) Kritische Würdigung

Analog zur empirisch orientierten PIMS-Studie sind die Aussagen des Produktlebenszykluskonzeptes mit **theoretischen** und **konzeptionellen Mängeln** behaftet:

–   Die **Definition** des Bezugsobjektes «Produkt» bereitet Schwierigkeiten. Es kann sehr eng, als unveränderliches Produkt, oder aber weiter, als Produktgruppe, oder in einem sehr weiten Sinne, als Branche und Markt, definiert werden.

–   Es ist zwar unbestritten, dass Produkte einen Lebenszyklus durchlaufen, diese Erkenntnis lässt sich jedoch i.d.R. erst **ex post** gewinnen. Ein ex ante bestimmbarer und damit für die Prognose geeigneter Verlauf dürfte in den seltensten Fällen bekannt sein. Insbesondere lässt sich nur schwer die Verweildauer eines Produktes in den einzelnen Phasen prognostizieren. Ohne verlässliche Prognosen lassen sich aber Strategieempfehlungen nicht formulieren.

—   Der Produktlebenszyklus wird maßgeblich vom Einsatz absatzpolitischer Instrumente ebenso beeinflusst wie bspw. von technologischen Innovationen oder wertebedingten Veränderungen in den Konsumgewohnheiten der Endverbraucher. Dies belegt, dass der Produktlebenszyklus **kein «Gesetz»** darstellt, sondern von einer Vielzahl schwer identifizierbarer Umwelteinflüsse und unternehmenspolitischer Aktivitäten abhängig ist.

Zusammenfassend lässt sich festhalten: Die Bedeutung des Produktlebenszyklusses liegt in der Erkenntnis, dass Produkte eine beschränkte Lebensdauer aufweisen und verschiedene Lebensphasen durchlaufen. Diese wiederum fördert die Einsicht in die Notwendigkeit, eine **Sensibilität** für Schwache Signale eines Phasenwechsels zu entwickeln. Entscheidend ist insbesondere, ein Problembewusstsein für Degenerationserscheinungen von Produkten zu kultivieren.

4.5.3 Erfahrungskurve

(1) Beschreibung

Das Konzept der Erfahrungskurve (experience curve) wurde von der *Boston Consulting Group* (hier speziell von *Bruce Henderson*) entwickelt und als Planungs- und Kontrollkonzept vermarktet. Der in der Erfahrungskurve zum Ausdruck kommende Sachverhalt wird daher auch als «Boston-Effekt» bezeichnet (vgl. *Henderson* [Erfahrungskurve] und *Bauer* [Erfahrungskurvenkonzept]).

Sie bringt folgende (empirisch fundierte) Grundthese zum Ausdruck:

> **Erfahrungskurve:** Eine Verdoppelung der kumulierten Ausbringungsmenge eines Produktes über alle Perioden senkt die inflationsbereinigten Stückkosten um einen Satz von 20 % bis 30 % (bezogen auf die eigene Wertschöpfung).

Als Maß für die Erfahrung wird also die über die Zeit kumulierte Ausbringungsmenge gewählt. In Abb. 2-25 ist die Erfahrungskurve dargestellt.

(2) Erklärung

Der Verlauf der Erfahrungskurve lässt sich folgendermaßen **erklären** (vgl. *Abell/Hammond* [Strategic] 112 ff.; *Bauer* [Erfahrungskurvenkonzept]):

(a) Durch die Wiederholung von Tätigkeiten entstehen **Lerneffekte** sowohl bei den einzelnen Personen (individuelles Lernen) wie auch in der Zusammenarbeit innerhalb einer Gruppe (kollektives Lernen). Sie führen über eine Reduktion der Fertigungszeit und der Ausschussquote zu einer Senkung der Produktionskosten. Die Lerneffekte sind nicht beschränkt auf die direkt am Produktionsprozess beteiligten Mitarbeiter, sondern machen sich auch im Verwaltungsbereich bemerkbar.

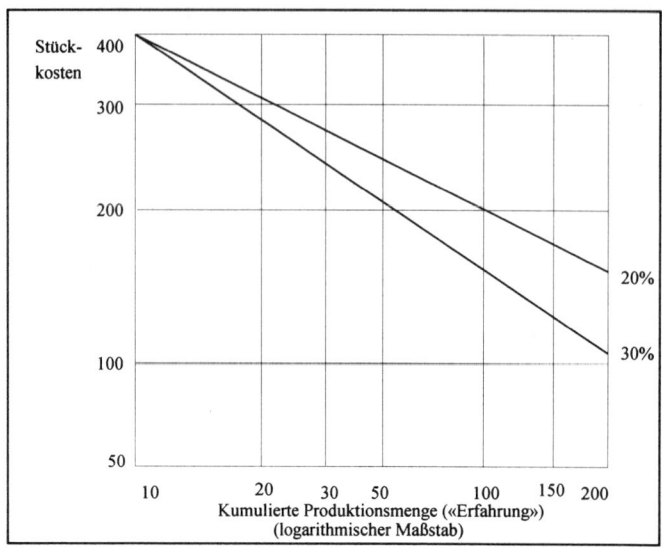

Abb. 2-25: Die Erfahrungskurve

Die dynamischen Lerneffekte wurden in der Frühphase der Diskussion der Erfahrungskurve als Hauptursache für die Kostendegression angesehen (daher auch die Bezeichnung «Erfahrungskurve»). Später kamen noch folgende Argumente hinzu:

(b) Verbesserungen der Produktionsanlagen sowie die Beseitigung von Störungen im Produktionsablauf **erhöhen die Produktivität** und verringern damit die Stückkosten.

Beispiel: Die Herstellung des alten Porsche 911 hat wesentlich mehr Zeit in Anspruch genommen als die des neuen 911er. Dazu Porsche-Vorstand Michael Macht: «Produktionsanläufe gelten stets als heikle Phase, weil zunächst einmal jeder Handgriff geübt werden und jedes Teil zur richtigen Zeit am richtigen Ort sein muss, was nicht immer auf Anhieb klappt.»

Speziell in kapitalintensiven Branchen, z.B. in der Halbleiterindustrie, bei Ölraffinerien und Stahlwerken sind in den USA Kosteneinsparungen von 20 % bis 30 % bei einer Verdoppelung der kumulierten Ausbringung nachgewiesen worden, die von einer verbesserten Produktionstechnologie herrühren.

(c) Die **Produktstandardisierung** ermöglicht eine ständige Wiederholung und damit Vereinfachung des Produktionsprozesses. Facharbeiter können dann u.U. durch ungelernte Arbeitskräfte ersetzt werden. Ein Beispiel für diese Politik liefert der Automobilhersteller *Ford,* der mit seinem Modell T eine Strategie der Produktstandardisierung verfolgte und von 1909 bis 1930 die Preise dank dem Erfahrungskurveneffekt wiederholt zu senken vermochte.

Ein aktuelles Beispiel: VW praktiziert die sog. Plattform-Strategie: Wesentliche Bauteile wie Fahrwerk und Motoren werden standardisiert und in verschiedene Autotypen eingebaut. Durch die unterschiedliche Kombination von – für den Kunden nicht sichtbaren – Bauteilen entsteht eine variantenreiche Produktpalette.

(d) Die Erfahrung des Herstellers und Verwenders eines Produktes (u.U. gefördert durch den Einsatz der Wertanalyse) führt auch zu einem besseren Verständnis der Produkteigenschaften, das i.d.R. **Modifikationen des Produktes** zulässt, um Rohmaterial zu sparen oder teure Materialien durch billige (z.B. Kunststoffe) zu ersetzen.

(e) Mit der Erhöhung der Produktionsmenge lassen sich die Vorteile des **Gesetzes der Massenproduktion** (economies of scale) wahrnehmen:

– Ausnutzung des Fixkostendegressionseffektes,
– Möglichkeit des Übergangs zu kostengünstigeren Fertigungsverfahren (z.B. von der Werkstattfertigung zur Fließfertigung ab einer kritischen Menge).

(3) Strategische Bedeutung und kritische Würdigung

Die Aussagen des Erfahrungskurvenkonzepts werden heftig kritisiert. Die Kritik bezieht sich vor allem auf den umfassenden und **absoluten Gültigkeitsanspruch** des Konzepts, der in der Bezeichnung «Erfahrungskurvengesetz» deutlich zum Ausdruck kommt. Da außerdem als Voraussetzung für die Wirksamkeit des Erfahrungskurveneffektes ein «effizientes Kostenmanagement» gefordert wird, sind mit einer derartigen Immunisierung alle vorfindbaren Kostenverläufe erklärbar.

Wichtig aus dieser Kritik sind jedoch folgende **Schlussfolgerungen:**

– Die Aussagen der Erfahrungskurve weisen nur auf ein **Potenzial** hin, das genutzt werden muss. Eine Kostensenkung ist mit einer Erhöhung des Produktionsvolumens nicht zwingend verbunden; es müssen vielmehr die Chancen genutzt werden, die sich aus einer Volumensteigerung ergeben. Dies setzt allerdings eine genaue Kenntnis der Ursachen des Erfahrungskurveneffektes voraus. Und hier ist eine Schwäche zu sehen: Der Anteil der fünf genannten Erklärungsfunktionen an der Zusammensetzung des Erfahrungskurvenverlaufs ist nicht bekannt, sodass Anhaltspunkte für eine eindeutige Steuerungsmöglichkeit fehlen.

– Der Erfahrungskurveneffekt gibt Hinweise für die **Strategiewahl** in der Hinsicht, dass eine Erhöhung des Marktanteils offensichtlich die Chance für Kostenvorteile mit sich bringt. Je früher eine Unternehmung einen Markt bearbeitet («First to market-Strategie» statt «Follower-Strategie»), umso schneller erreicht sie das Potenzial für den Erfahrungskurveneffekt (vgl. Erörterung der Kostenführerstrategie S. 177 f.).

Auf der anderen Seite ist aber zu beachten, dass die Prämissen für die Wahrnehmung von Erfahrungskostenvorteilen heute immer weniger erfüllt sind. Auf dem Markt sind nämlich aktuell nicht so sehr homogene Massenprodukte gefragt, sondern **individuelle Lösungen**, sodass die Unternehmungen eher kleinere Produktionsmengen realisieren, um sich flexibel den Nachfrageänderungen anpassen zu können.

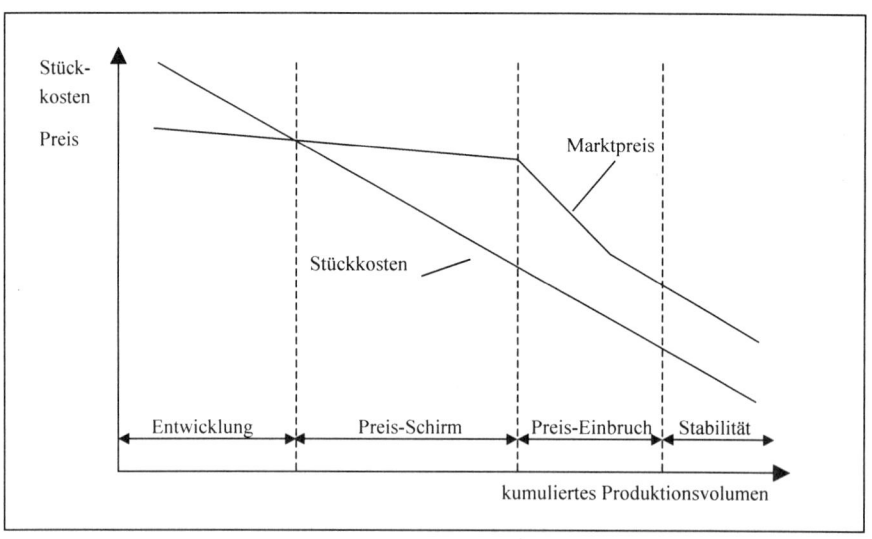

Abb. 2-26: Preisverlauf und Kostenverlauf

– Die positive Kostenwirkung des Erfahrungskurveneffektes wird ergänzt durch die positive Erlöswirkung der **Preiserfahrungskurve**. In Abb. 2-26 ist ein häufig zu beobachtender Verlauf der Preisentwicklung für ein neues Produkt dargestellt: Das Preisniveau wird zunächst relativ hoch angesetzt. Diese Preispolitik ist so lange erfolgreich, bis neue Wettbewerber in den attraktiven

Markt eindringen: Der «Preisschirm» wird eingedrückt und es kommt zu einem Preiseinbruch (shake out).

Aus dem Verlauf der Kostenkurve und der Preiskurve werden im Rahmen der Portfolio-Analyse Erkenntnisse für die Positionierung der Strategischen Geschäftsfelder gewonnen.

4.6 Portfolio-Analyse

Die Portfolio-Analyse ist *die* Technik der strategischen Planung schlechthin, da sie in idealer Weise eine Kombination von Umweltanalyse und Unternehmensanalyse zulässt. Außerdem liefert sie Hinweise für die Strategiewahl. Insofern könnte dieses Instrument auch an anderer Stelle behandelt werden. Didaktische Gründe haben uns veranlasst, sie im Anschluss an die Unternehmensanalyse und im Kontext mit den empirischen Studien vorzustellen.

4.6.1 Konzeption

Die **Grundidee** der Portfolio-Analyse besteht darin, dass strategische Entscheidungen nicht isoliert zu sehen sind, sondern in Verbindung mit anderen Entscheidungen. So sind bestimmte Produkt-Markt-Kombinationen für sich gesehen Erfolg versprechend, aus übergeordneter gesamtunternehmerischer Perspektive jedoch als ungünstig zu bewerten, da z.B. eine zu starke Ausrichtung auf eine Branche stattfindet und damit ein forciertes Risiko eingegangen wird. Andererseits kann eine für sich gesehen als risikoreich einzustufende Produkt-Markt-Kombination wahrgenommen werden, weil ein Risikoausgleich im Gesamtzusammenhang erfolgt. Dieser Ausgleich erfolgt horizontal und zeitabhängig. Dabei gilt die Prämisse, dass eine Risikostreuung, gerade aus Investorensicht, wirklich erwünscht ist.

Die Portfolio-Analyse basiert auf der sog. **Portfoliotheorie** (Portfolio Selection Theory) der Finanzierung. Bei dieser Theorie geht es um ein Konzept der effizienten Anlagenstreuung (Wertpapier-Mischung). Aus der Portfoliotheorie lässt sich ableiten, wie ein Anleger eine optimale Zusammensetzung seines Wertpapierportfolios erreichen kann.

Harry M. Markowitz, der Begründer der Portfoliotheorie und Nobelpreisträger von 1990, hat im Jahre 1952 folgende **Forderungen** für ein Portfolio aufgestellt ([Portfolio] 77):

1. Kombiniere eine Gruppe von Vermögenswerten so, dass bei einer gegebenen Höhe des Risikos der erwartete Gesamtgewinn aus dem Portefeuille maximiert wird.

2. Kombiniere eine Gruppe von Vermögenswerten so, dass für eine gegebene Gewinnrate das Risiko des Portefeuilles minimiert wird.

Diese Art der Vorgehensweise unterscheidet sich fundamental von den traditionellen Modellen der Entscheidungstheorie. Nehmen wir die Kapitalwertmethode: Sie ermittelt die Vorteilhaftigkeit einer Investition isoliert von den übrigen Investitionen eines Entscheidungsträgers. Eine Berücksichtigung des Risikos ist im Rahmen dieser Methode zwar möglich, eine sinnvolle Abbildung der Risikostreuung jedoch kaum durchführbar.

Die Portfolio-Analyse lässt sich durch folgende drei **Merkmale** kennzeichnen:

– Dekomposition der strategischen Entscheidungsaufgabe (Bildung Strategischer Geschäftsfelder),
– Integration der einzelnen Entscheidungsobjekte (Gleichgewicht von Gewinn- und Risikoerwartung über alle Strategische Geschäftsfelder),
– Anwendung einer bestimmten Methodik (optische Beschreibung der strategischen Position eines Unternehmens).

(1) Dekomposition

Die strategische Planungsaufgabe wird derart differenziert, dass das Unternehmen in einzelne objektbezogene Planungsbereiche zergliedert wird. Diese Planungsobjekte stellen die sog. Strategischen Geschäftsfelder dar. Für sie werden Strategien formuliert.

(2) Integration

Die Einzelstrategien werden so koordiniert, dass die Vorteile des Synergieeffektes unter Risiko- und Ertragsaspekten wahrgenommen werden können. Es findet im Rahmen der Portfolio-Analyse eine Gesamtbetrachtung und ein damit verbundenes Gleichgewichtsdenken statt.

(3) Methodik

(a) Die Portfolio-Analyse greift den Gedanken einer Gegenüberstellung von Unternehmensanalyse und Umweltanalyse auf und erfasst die Umwelt (im Prinzip unbeeinflussbare Umweltdeterminanten) bzw. das Unternehmen (vom Unternehmen beeinflussbare Größen) auf der Ordinate bzw. Abszisse einer zweidimensionalen Matrix. Die beiden Dimensionen werden je nach Variante des Portfolios unterschiedlich interpretiert. Es findet dabei eine Reduktion von Faktoren auf strategisch relevante Einflussgrößen statt.

(b) Die Strategischen Geschäftsfelder als Entscheidungsobjekte werden in den Matrixfeldern positioniert.

(c) Strategische Ziele werden extern vorgegeben.

(d) In das Portfolio werden empirisch gehaltvolle Aussagen (Gesetzeshypothesen) über die Zielbeiträge von Umwelt- und Unternehmensfaktoren einbezogen.

(e) Den einzelnen Feldern werden Normstrategien zugeordnet, die Leitlinien für die Formulierung von Strategien in einer spezifischen Planungssituation liefern.

Aus dieser Schrittfolge ergibt sich, dass die Portfolio-Analyse zunächst einmal als ein **Beschreibungsmodell** charakterisiert werden kann, mit dessen Hilfe sich die strategische Situation einer Unternehmung beschreiben und damit analysieren lässt.

Die Portfolio-Analyse lässt sich auch als **Erklärungsmodell** interpretieren, da sie Gesetzeshypothesen, also Aussagen mit empirischem Gehalt enthält. So ist z.B. in der BCG-Matrix die Aussage enthalten, dass mit steigendem Marktanteil eines Produktes die Cash Flow-Erwirtschaftung zunimmt (bestätigt durch das PIMS-Programm).

Die Portfolio-Analyse kann insofern auch als **Entscheidungsmodell** angesehen werden, als sich aus einem Vergleich von Istportfolio und Zielportfolio Problemlücken ermitteln lassen, die mit Hilfe von Normstrategien zu beseitigen sind.

4.6.2 Istportfolio

Wie bereits dargelegt, ist die Portfolio-Analyse zunächst eine Technik zur Beschreibung der strategischen Situation eines Unternehmens. Sie bildet demzufolge die Unternehmensumwelt und die interne Situation eines Unternehmens ab. Die

Form der Abbildung wird wesentlich bestimmt von der jeweiligen Variante der Portfoliotechnik, die der Analyse zu Grunde gelegt wird. In Abschnitt 4.6.4 werden verschiedene Varianten beschrieben und verglichen.

Zur Charakterisierung der wesentlichen Merkmale der Portfolio-Analyse wird im Folgenden die einfachste und gleichzeitig bekannteste Form der Portfolio-Analyse zu Grunde gelegt, nämlich die sog. **Marktwachstum-Marktanteil-Matrix** (vgl. Abb. 2-27). Sie wurde von der amerikanischen Unternehmensberatungsfirma *Boston Consulting Group* konzipiert und wird daher heute auch als BCG-Matrix bezeichnet. Die Umwelt wird mit einem einzigen Merkmal charakterisiert, nämlich dem Marktwachstum. Es findet also eine Verdichtung der umweltrelevanten Erfolgsfaktoren auf eine einzige Umweltdimension statt. Die interne Situation eines Unternehmens wird abgebildet mit Hilfe ebenfalls nur eines einzigen Merkmals, nämlich dem relativen Marktanteil.

Das Marktwachstum wird i.d.R. quantifiziert als Zunahme des Umsatzes auf einem bestimmten Markt innerhalb eines festgelegten Zeitpunktes (i.d.R. ein Jahr).

Der Marktanteil wird als Umsatz des eigenen Unternehmens im Verhältnis zum Umsatz des größten Wettbewerbers zum Ausdruck gebracht: Die Ziffer 1 bedeutet, dass der eigene Marktanteil so groß ist wie der des größten Wettbewerbers. Marktanteile im Bereich zwischen 1 und 1,5 werden besonders hervorgehoben, da hier die Marktposition leicht verloren gehen kann. Die Unterteilung der Achse bei 1,5 beruht auf der Erkenntnis der *Boston Consulting Group*, dass eine dauerhafte Erwirtschaftung von Cash Flow bei einem Marktanteil beginnt, der mindestens 50 % höher ist, als jener des stärksten Konkurrenten.

Die Matrix wird in vier Felder eingeteilt:

- **Nachwuchsprodukte** (question marks),
- **Starprodukte** (stars),
- **Cash-Produkte** (cash cows),
- **Auslaufprodukte** (poor dogs).

Die Größe eines Kreises ist ein Indikator für den Umsatz eines Strategischen Geschäftsfeldes, also im Fall der BCG-Matrix für den Umsatz eines Produktes.

Ein Portfolio ist dann im Gleichgewicht, wenn die Produkte, die Cash Flow verwenden (Nachwuchs- und Starprodukte), in ausreichendem Maße von jenen Produkten alimentiert werden können, die Cash Flow erwirtschaften (Cash-Produkte).

Ein besonderes Problem stellen die Abgrenzung und die Positionierung der Strategischen Geschäftsfelder dar. Dieser Aufgabe werden wir uns im Folgenden zuwenden.

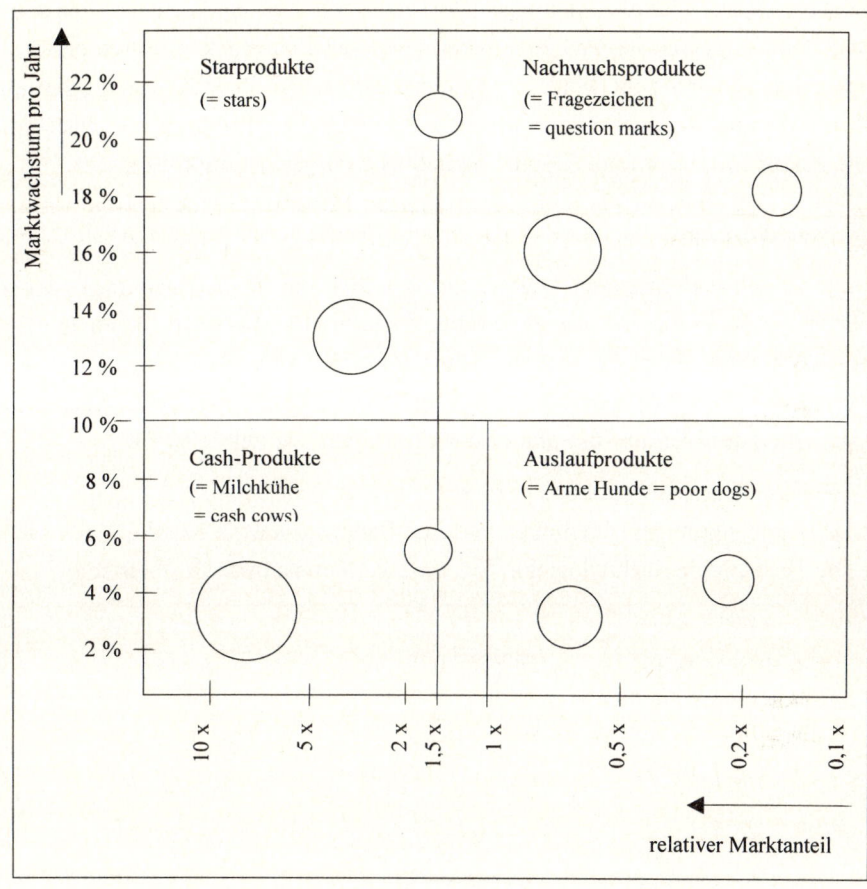

Abb. 2-27: Marktwachstum-Marktanteil-Portfolio (BCG-Matrix)

4.6.3 Strategische Geschäftsfelder

4.6.3.1 Bildung Strategischer Geschäftsfelder

Die Strategischen Geschäftsfelder (SGF; engl.: Strategic Business Areas = SBA) stellen die Planungseinheiten im Rahmen der Strategischen Planung und der Portfolio-Analyse dar. Mit der Formulierung von Strategischen Geschäftsfeldern wird das gesamte unternehmerische Tätigkeitsfeld in einzelne Aktionsbereiche zerlegt.

Es findet eine, die Planungsaufgabe generell kennzeichnende, Reduktion von Komplexität statt.

Die Abgrenzung der SGF wird grundsätzlich von zwei Dimensionen bestimmt: Einmal von den Marktbedingungen (Wettbewerbsbedingungen), denen ein Geschäftsfeld ausgesetzt ist, und zum anderen von der Planungskonzeption des Unternehmens. Während die Marktbedingungen extern und objektiv festgelegt sind, ist das Planungskonzept von internen und subjektiven Erwägungen abhängig. Dem Planungskonzept folgt ein innerbetriebliches Organisationskonzept.

(1) Marktkonzept

Den klassischen Beitrag zur Abgrenzung von SGF hat *Abell* ([Defining] 16 ff.) geliefert. Er baute die von *Ansoff* gewählte Sicht der Produkt-Markt-Kombination (welche Produkte für welche Märkte?) zu einer differenzierteren Betrachtungsweise aus. Nach ihm lässt sich ein Markt durch drei Dimensionen beschreiben (zur Abgrenzung des Marktes im Rahmen der Umweltanalyse vgl. S. 89 f.):

– Die Kundengruppen (customer groups): Wer hat Bedürfnisse?
– Das Kundenproblem (functions): Welches Bedürfnis hat ein Kunde?
– Die Technologie (technologies): Wie wird das Kundenbedürfnis befriedigt?

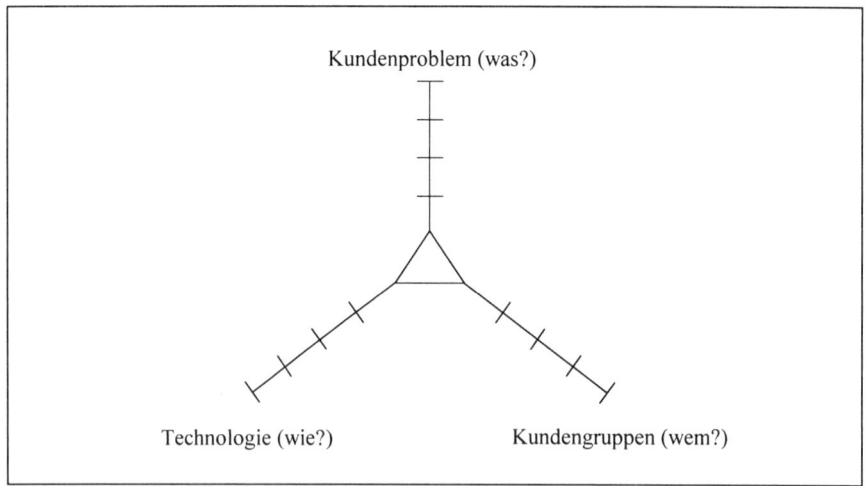

Abb. 2-28: Die Abgrenzung der SGF nach *Abell*

Ein Beispiel soll die Konzeption *Abells* verdeutlichen: Das Kundenproblem «Durstlöschen» kann bei verschiedenen Kundengruppen auftreten (Sportler, Kinder, Urlauber) und lässt sich auf verschiedene Weise (durch verschiedene Technologien) lösen (Iso-Getränke, Mineralwasser, Weizenbier). Ein SGF kann nun nach *Abell* durch die strategische Orientierung an einer Kundengruppe, einem Kundenproblem und einer Problemlösungstechnologie oder der Kombination dieser drei Varianten gebildet werden.

Beispiel für Geschäftsfelder: Die Brau und Brunnen AG hat folgende Geschäftsfelder:

- *Bier (z.B. Dortmunder Union, Jever),*
- *Limonaden (z.B. Schweppes),*
- *Mineralwasser (z.B. Appolinaris).*

Im Folgenden soll für die Abgrenzung eines SGF ein **erweitertes Marktmodell** entwickelt werden. Wir gehen von **fünf Dimensionen** aus:

- Technologie,
- Produkt,
- Problemlösung,
- Wettbewerber,
- Nachfrager.

Ein Anbieter wendet eine bestimmte Technologie an, um ein Produkt herzustellen und anzubieten, das zu einer Problemlösung befähigt. Wettbewerber treten mit derselben Absicht am Markt auf. Die Nachfrager auf der anderen Seite äußern einen bestimmten Bedarf, der zu einer Nachfrage führt und durch die Problemlösung befriedigt wird. In Abb. 2-29 ist dieser Zusammenhang dargestellt.

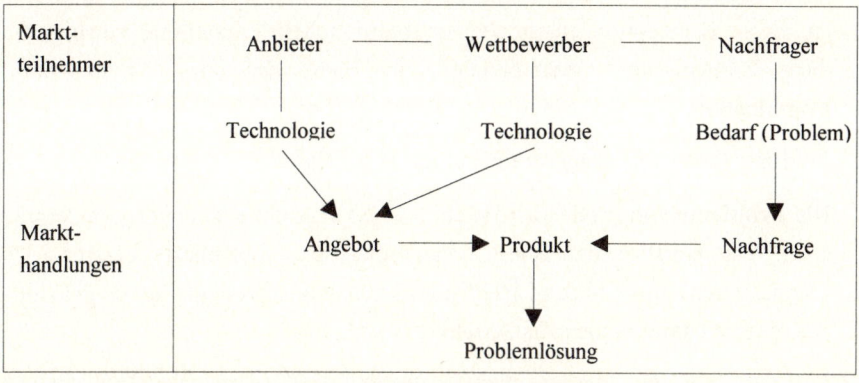

Abb. 2-29: Markt-Modell zur Abgrenzung eines SGF

(2) Planungskonzept

Strategische Geschäftsfelder stellen Planungseinheiten dar, d.h. an ihnen wird die strategische Planung vollzogen. Sie müssen sich daher klar voneinander abgrenzen lassen. Die Abgrenzung lässt sich mit Hilfe der erörterten fünf Marktdimensionen vornehmen (vgl. Abb. 2-30). Dabei ist festzustellen, dass diese Marktdimensionen nicht isoliert voneinander zu sehen sind, sondern sich teilweise überschneiden und auch beeinflussen.

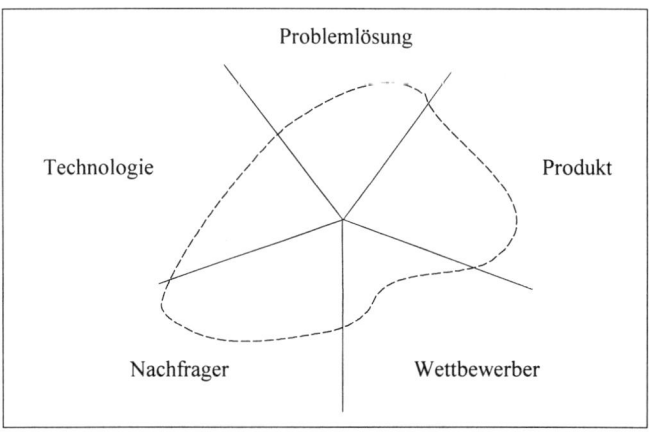

Abb. 2-30: Die fünf Dimensionen eines SGF

Das Profil des jeweiligen SGF hängt davon ab, welche Grundorientierung gewählt wird. Sie kann sich **schwerpunktmäßig** beziehen auf:

- **Das Produkt:** Das SGF wird am Produkt bzw. an Produktgruppen ausgerichtet. Diese Konzeption entspricht der traditionellen Vorstellung von der Bildung Strategischer Geschäftsfelder in Form der sog. Produkt-Markt-Kombination.

   Beispiel: Eine Computerfirma bildet die SGF «Hardware» und «Software».

- **Die Problemlösung:** Hier wird nicht auf das Produkt abgehoben, sondern auf einen Tätigkeitsbereich. *Levitt* ([Marketing] 46) formulierte bereits 1960: «Management must think of itself not as producing products but as providing customer-creating value satisfactions».

   Beispiel: Dieselbe Computerfirma bietet Problemlösungen für die Lohnbuchhaltung und die Kostenrechnung an. Die jeweilige Problemlösung ist das Strategische Geschäftsfeld.

- **Die Technologie:** Während die bisher genannten Dimensionen sich am Absatz orientieren, findet hier eine Ausrichtung an der Produktion und der ihr vorgelagerten FuE statt. Diese Grundorientierung dürfte bei technologieintensiven Unternehmen zum Zuge kommen, bei denen in der Anwendung einer bestimmten Technik ein wesentlicher strategischer Vorteil gesehen wird (vgl. Technologie-Portfolio, S. 152 ff.).

  Beispiel: Es werden SGF für Standard-PC, Profi-PC und Internet-PC gebildet.

- **Die Wettbewerber:** Hier findet eine Ausrichtung an den identifizierbaren Wettbewerbern bzw. an der Intensität des Wettbewerbs statt. Dies dürfte dann der Fall sein, wenn die Strategie schwerpunktmäßig auf die Konkurrenz ausgerichtet ist. *Beispiel: Der Computerhersteller bildet ein SGF für USA (hohe Wett-bewerbsintensität) und ein SGF für Südostasien (geringe Wettbewerbsintensität).*

- **Die Nachfrager:** Die Wahl dieser Dimension führt zur klassischen Einteilung der SGF in Marktsegmente. Diese Marktsegmentierung kann u.a. nach geografischen, demografischen, psychografischen und verhaltensorientierten Merkmalen erfolgen.

  Beispiel: Strategische Ausrichtung einer Computerfirma an Großabnehmern (Firmen- bzw. Systemkunden) und Einzelabnehmern (Privatkunden).

Ob nun den Strategischen Geschäftsfeldern weite oder enge Grenzen gezogen werden, hängt davon ab, welcher Grad der Zielgenauigkeit bei der Marktbearbeitung angestrebt wird. Eine enge Geschäftsfeldabgrenzung erlaubt sehr spezifische Strategieempfehlungen, eine weite Abgrenzung erhöht den Grad der Übersichtlichkeit, lässt aber nur eine allgemeine Strategieempfehlung zu, da die SGF in sich heterogen sind. Hierin liegt ein Dilemma.

(3) Organisationskonzept

Dem umweltorientierten Planungskonzept muss ein bestimmtes binnenorientiertes Organisationskonzept folgen. Es äußert sich in der Bildung von Strategischen Geschäftseinheiten (SGE; engl.: Strategic Business Unit = SBU). Die **SGE** stellen organisatorische Einheiten in Unternehmen dar, an die der Prozess der Formulierung, vor allem aber der Präzisierung und Ausführung spezifischer Strategien von der Unternehmensleitung delegiert wird. Sie sind durch einen gewissen Grad der

Autonomie ausgestattet und bilden selbstständige Abrechnungskreise (Profit Center).

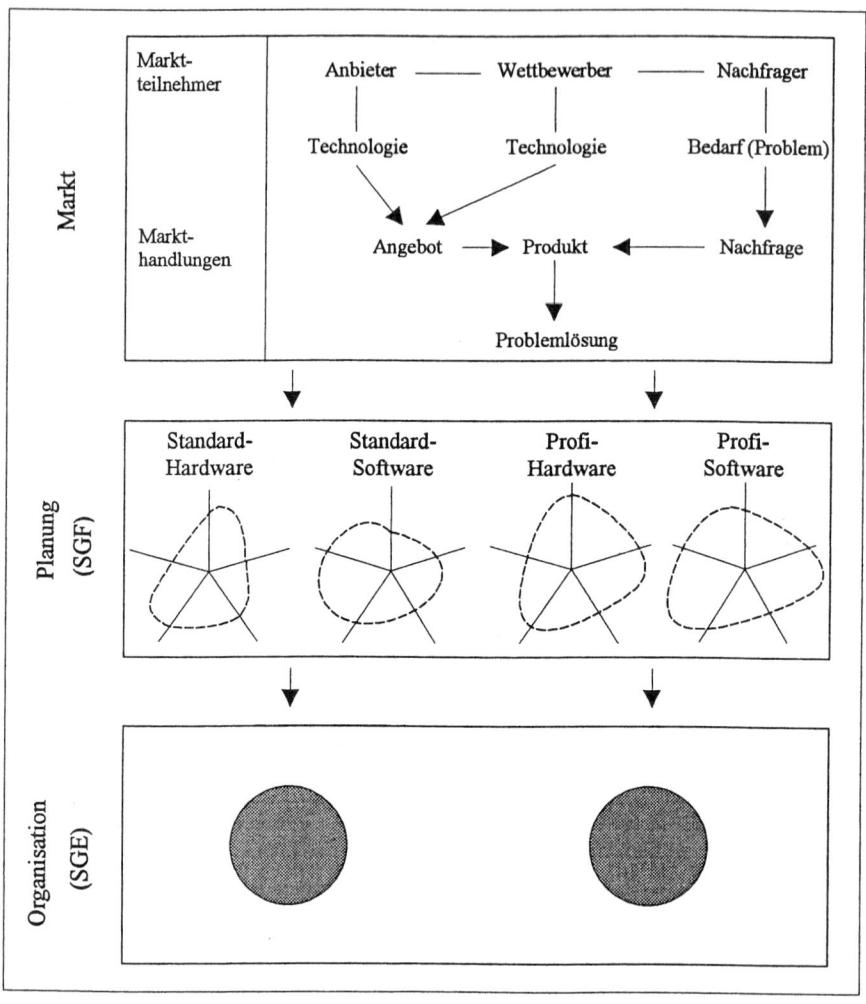

Abb. 2-31: Zusammenhang zwischen Markt, SGF und SG am Beispiel «PC»

In Abb. 2-31 ist der Zusammenhang zwischen Marktkonzept, Planungskonzept und Organisationskonzept am Beispiel «PC» dargestellt (vgl. auch *Ansoff/McDonnell* [Implanting] 51).

Eine SGE kann für ein einziges SGF zuständig sein. In diesem Fall liegt ein strategieorientiertes Organisationsmodell vor. Eine SGE kann aber auch für mehrere SGF verantwortlich sein. In Abb. 2-32 sind denkbare Beziehungen zwischen SGE und SGF dargestellt. Zum Verhältnis der SGE zu den Sparten im Rahmen der Divisionalen Organisation vgl. S. 387 f.

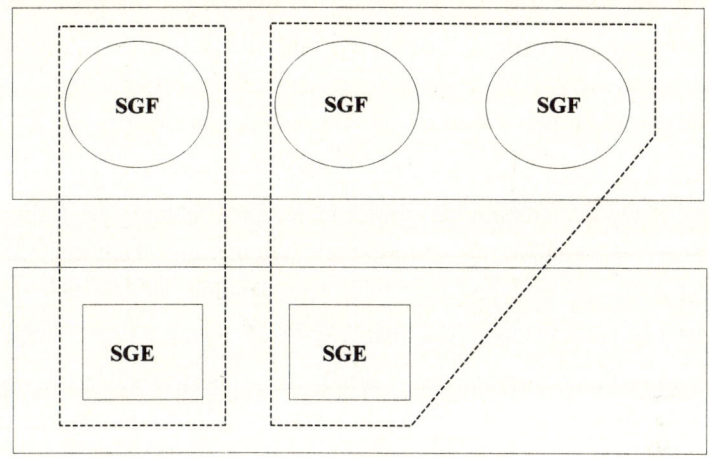

Abb. 2-32: Beziehungen zwischen SGE und SGF

In Abb. 2-33 sind drei Kriterien genannt, mit deren Hilfe sich SGF und SGE unterscheiden lassen.

Kriterien	SGF	SGE
Orientierungsrichtung	Umweltorientierung	Binnenorientierung
Anlass der Differenzierung	Marktsegmentierung	Bildung organisatorischer Einheiten
Ursachen für die Bildung	- Gezielte Marktbearbeitung - Reduktion von Komplexität	- Arbeitsteilung - Ressourcenzuteilung - Schaffung von Zuständigkeiten für Formulierung, Präzisierung, Ausführung und Monitoring spezifischer Strategien

Abb. 2-33: Unterschiede zwischen SGF und SGE

4.6.3.2 Positionierung der Strategischen Geschäftsfelder

Die Strategischen Geschäftsfelder werden im Portfolio entsprechend der Merkmale, die ein SGF im Hinblick auf die Umwelt und die Unternehmenssituation aufweist, positioniert.

Wir unterscheiden eine Punktpositionierung und eine Bereichspositionierung. Eine **Punktpositionierung** liegt dann vor, wenn dem SGF eine eindeutige Position im Portfolio zugewiesen werden kann.

Die **Bereichspositionierung** berücksichtigt die Unsicherheit bei der Ermittlung der ein SGF charakterisierenden Merkmale. Bei der BCG-Matrix (vgl. Abb. 2-35, S. 145) sind dies der relative Marktanteil und das Marktwachstum.

Bei der Bereichspositionierung wird für ein SGF der Bereich abgegrenzt, in dem sich dieses Feld in der Zukunft bewegen könnte. Zur Erhöhung des Informationsgehaltes ist es zweckmäßig, die erwarteten Positionen mit Wahrscheinlichkeiten zu versehen. Unter diesen Umständen wird dann deutlich, ob Abweichungen vom «Mittelpunkt» mit großer oder mit geringer Wahrscheinlichkeit zu erwarten sind.

Die Bereichspositionierung hat den **Vorteil,** dass unterschiedliche Erwartungen dokumentiert werden. Damit verbunden ist eine Sensibilisierung für künftige Entwicklungen, d.h. der Beobachter wird explizit darauf hingewiesen, dass die Positionierung noch nicht endgültig abgeschlossen ist, sondern zusätzlicher Informationen bedarf. Die aus einer Positionierung abzuleitenden Strategien können daher unter diesen Umständen auch nicht endgültig festgelegt werden.

Formal lässt sich die Bereichspositionierung mit der Technik der «Risk analysis» nach *Hertz* durchführen (vgl. *Hertz* [Risk analysis]).

Ob eine Punktpositionierung möglich ist, hängt auch von der zuvor gewählten Abgrenzung der SGF ab. So lässt sich bspw. bei großen und heterogenen Strategischen Geschäftsfeldern eine Punktpositionierung kaum durchführen.

4.6.4 Varianten von Portfolios

Zur Charakterisierung der wesentlichen Merkmale der Portfolio-Technik wurde die einfachste und gleichzeitig bekannteste Form der Portfolio-Analyse gewählt, die Marktwachstum-Marktanteil-Matrix. Im Folgenden sollen verschiedene Varianten von Portfolios systematisch erörtert werden. Sie wurden in den 70er Jahren von Forschung und Praxis - insbesondere von bekannten Unternehmensberatungsgesellschaften - entwickelt. Das Gemeinsame dieser Varianten ist in der zweidimensionalen Gegenüberstellung von Merkmalen der Unternehmensumwelt und Merkmalen zur Charakterisierung des strategischen Potenzials eines Unternehmens zu sehen. Unterschiede bestehen in der Zielsetzung der Portfolios und der

Interpretation von Umwelt und Unternehmenspotenzial. Vgl. dazu auch den marktorientierten und den ressourcenorientierten Ansatz (S. 24 ff.).

Es lassen sich zwei Gruppen unterscheiden:

– Absatzmarktorientierte Portfolios,
– ressourcenorientierte Portfolios.

Abb. 2-34 zeigt die im Folgenden zu behandelnden Portfolio-Konzepte mit ihren jeweils spezifischen Unternehmens- und Umweltdimensionen sowie den zugehörigen Strategischen Geschäftsfeldern (SGF).

	Unternehmen	Umwelt	SGF
Absatzmarktorientierte Portfolios			
1. Marktwachstum-Marktanteil-Portfolio (BCG-Matrix)	Relativer Marktanteil von Produkten	Marktwachstum	Produkt-Markt-Kombinationen
2. Marktattraktivität-Wettbewerbsvorteil-Portfolio (*McKinsey*-Matrix)	Relativer Wettbewerbsvorteil	Marktattraktivität	Produkt-Markt-Kombinationen
3. Wettbewerbsposition-Marktlebenszyklus-Portfolio (*A.D.Little*)	Wettbewerbsposition	Lebenszyklusphase	Produkt-Markt-Kombinationen
Ressourcenorientierte Portfolios			
1. Geschäftsfeld-Ressourcen-Portfolio (*Albach*)	Verfügbarkeit von Ressourcen Kostenentwicklung	Marktattraktivität von Produkten Produktlebenszyklus	Produkt-Ressourcen-Kombinationen
2. Technologie-Portfolio (*Pfeiffer* u.a.)	Technologiestärke	Technologie-attraktivität	Produkttechnologie, Verfahrenstechnologie

Abb. 2-34: Portfolio-Konzepte

4.6.4.1 Absatzmarktorientierte Portfolios

Absatzmarktorientierte Portfolios sind auf Produkte und Absatzmärkte für diese Produkte ausgerichtet. Es wird mit Hilfe des Portfolios ermittelt, mit welchen Marketingstrategien auf welchen Märkten mit welchen Produkten strategische Erfolge zu erzielen sind. Zu den wichtigsten absatzmarktorientierten Konzepten zählen:

– Das Marktwachstum-Marktanteil-Portfolio (BCG-Matrix),
– das Marktattraktivität-Wettbewerbsvorteil-Portfolio (*McKinsey*-Matrix),
– das Wettbewerbsposition-Marktlebenszyklus-Portfolio (*A. D. Little*).

4.6.4.1.1 Marktwachstum-Marktanteil-Portfolio (BCG-Matrix)

Das Marktwachstum-Marktanteil-Portfolio von der Unternehmensberatungsgesellschaft *Boston Consulting Group* (BCG) stellt die erste und einfachste Variante einer Portfolio-Matrix dar. Ihre Grundzüge wurden bereits auf S. 134 f. beschrieben. Als Umweltdimension wird das Marktwachstum und als Unternehmensdimension der relative Marktanteil eines Produktes definiert. Zielgröße ist der Cash Flow. Die strategische Bedeutung des Marktwachstums und des relativen Marktanteils beruht auf den theoretischen Aussagen der **PIMS-Studie** und des **Erfahrungskurvenkonzeptes**: Je stärker das Marktwachstum und je höher der Marktanteil, umso ergiebiger fällt der endgültige Beitrag zum Cash Flow aus, wenn auch ein aktuelles Marktwachstum wegen der hohen Investitionstätigkeit zunächst Cash Flow bindet.

Nachwuchsprodukte (question marks) stellen innovative Produkte dar. Sie werden auf schnell wachsenden Märkten positioniert, haben aber bislang nur einen geringen Marktanteil erreicht. Hier ist zu überlegen, ob sich eine Steigerung des Marktanteils verwirklichen lässt, also aus einem «question mark» ein «star» gemacht werden kann.

Starprodukte (stars) befinden sich in einem wachsenden Markt und erfreuen sich eines besonders hohen Marktanteils. Sie stellen die Hoffnungsträger des Unternehmens dar, nehmen aber wie die Nachwuchsprodukte noch Cash Flow in Anspruch.

Cash-Produkte (cash cows) erzeugen Cash Flow, da sie mit einem hohen Marktanteil versehen sind (Erfahrungskurveneffekt) und wegen des geringen Marktwachstums Investitionen und Marketingaktivitäten reduziert werden können.

Auslaufprodukte (poor dogs) sind kaum mehr in der Lage, Zahlungsüberschüsse zu erzielen, da sie aus Produkten bestehen, die sich auf einem Markt mit geringem Wachstum bei gleichzeitig geringem Marktanteil befinden.

Die vier Produkt-Markt-Kombinationen lassen sich exakt den vier Phasen im Marktzyklus zuordnen (vgl. Abb. 2-24, S. 123).

In Abb. 2-35 ist der typische Lauf eines Produktes durch die Matrixfelder mit Pfeilen markiert. Jedem Matrixfeld lässt sich eine **Normstrategie** zuordnen, nämlich den Nachwuchsprodukten eine Offensivstrategie (oder im Falle eines drohenden Flops eine rasche Desinvestitionsstrategie), den Stars eine Investitionsstrategie, den Cash-Produkten eine Abschöpfungsstrategie und den Auslaufprodukten eine Desinvestitionsstrategie. Mit der Bedeutung von Normstrategien werden wir uns noch näher beschäftigen (vgl. S. 183 f.).

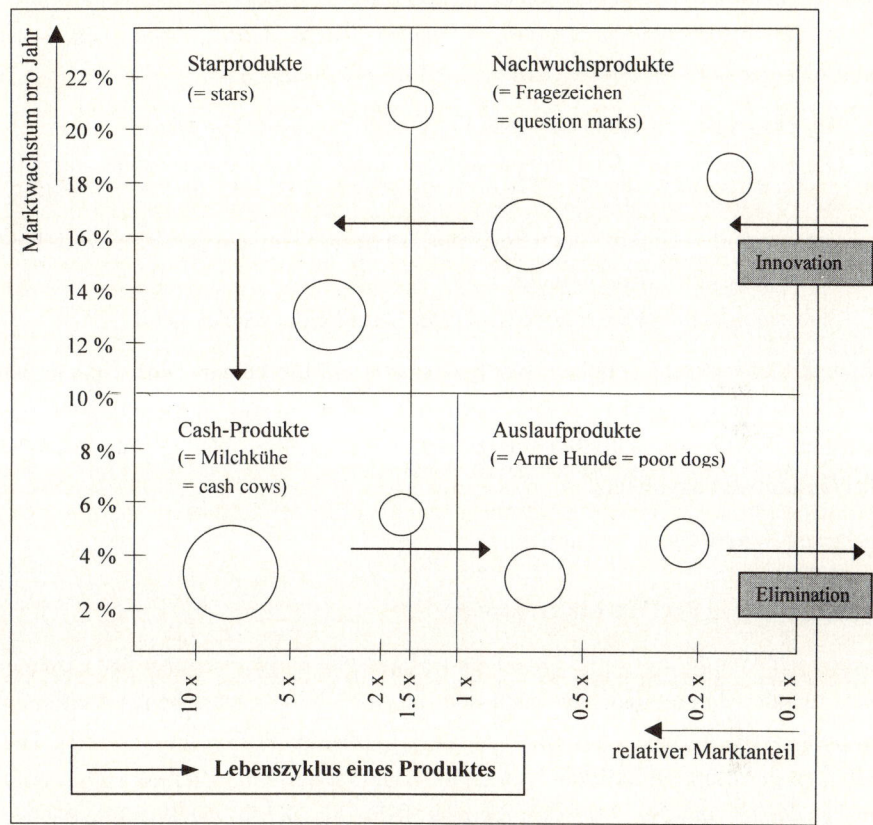

Abb. 2-35: Marktwachstum-Marktanteil-Portfolio

Der Trennungsstrich zwischen Cash-Produkten und Auslaufprodukten bei einem relativen Marktanteil von 1,5 beruht auf folgender Erkenntnis: Signifikante Erfolge treten erfahrungsgemäß dann ein, wenn der Marktanteil mindestens 50 % höher ist als der des stärksten Konkurrenten.

4.6.4.1.2 Marktattraktivität-Wettbewerbsvorteil-Portfolio (McKinsey-Matrix)

Das Marktattraktivität-Wettbewerbsvorteil-Portfolio wurde aus der BCG-Matrix von *McKinsey* und *General Electric* entwickelt. Dieses Portfolio (vgl. Abb. 2-36) unterscheidet sich von der BCG-Matrix in folgenden Punkten:

- Als Zielgröße wird nicht der Cash Flow, sondern der RoI gewählt.
- Die Determinanten der Umwelt werden durch die Marktattraktivität abgebildet.
- Die durch das Unternehmen beeinflussbaren Größen schlagen sich im relativen Wettbewerbsvorteil nieder.
- Statt einer Vier-Felder-Matrix wird eine Neun-Felder-Matrix gebildet.

Marktattraktivität und relativer Wettbewerbsvorteil, die beiden Dimensionen der *McKinsey*-Matrix, werden jeweils durch eine Vielzahl von unterschiedlich gewichteten Faktoren beschrieben und zu einem das jeweilige SGF charakterisierenden Gesamtwert aggregiert.

Folgende **Schritte** sind wesentlich:

(1) Ermittlung der Marktattraktivität

Gehen wir von der auf S. 93 skizzierten Marktanalyse aus, so kann der Gesamtwert für die Marktattraktivität nach dem in Abb. 2-37 beschriebenen Verfahren ermittelt werden (vgl. auch *Hinterhuber* [Unternehmungsführung 1] 157). Die Faktoren der Marktattraktivität werden im Hinblick auf ihren Zielbeitrag bewertet und gewichtet. In Abb. 2-37 sind die drei SGFs, die sich in der Portfolio-Matrix befinden (vgl. Abb. 2-36), durch ein Polaritätsprofil dargestellt.

(2) Ermittlung des relativen Wettbewerbsvorteils

Zur Ermittlung der Stärken und Schwächen eines Unternehmens haben wir eine Systematik von Erfolgspotenzialen entworfen (vgl. S. 110 ff.). Von dieser Systematik gehen wir aus, um die Wettbewerbsvorteile für die drei SGF im Vergleich zum stärksten Wettbewerber zu ermitteln.

In Abb. 2-37 und 2-38 ist die Vorgehensweise beschrieben.

(3) Formulierung einer Normstrategie

Aus der Position der einzelnen SGF im Portfolio lassen sich SGF-spezifische Strategien, sog. Normstrategien, ableiten. Bei der *McKinsey*-Matrix sind sie auf die Hauptzielsetzung der Steigerung des RoI ausgerichtet. **Klassen von Normstrategien** sind:

– Wachstums- bzw. Investitionsstrategie,

– Abschöpfungs- bzw. Desinvestitionsstrategie,

– Selektionsstrategie (Offensiv-, Defensiv- und Übergangsstrategie).

Die Zuordnung der Normstrategien zu den einzelnen Matrixfeldern ist Abb. 2-36 zu entnehmen (vgl. dazu *Hinterhuber* [Unternehmungsführung 1] 163 ff.).

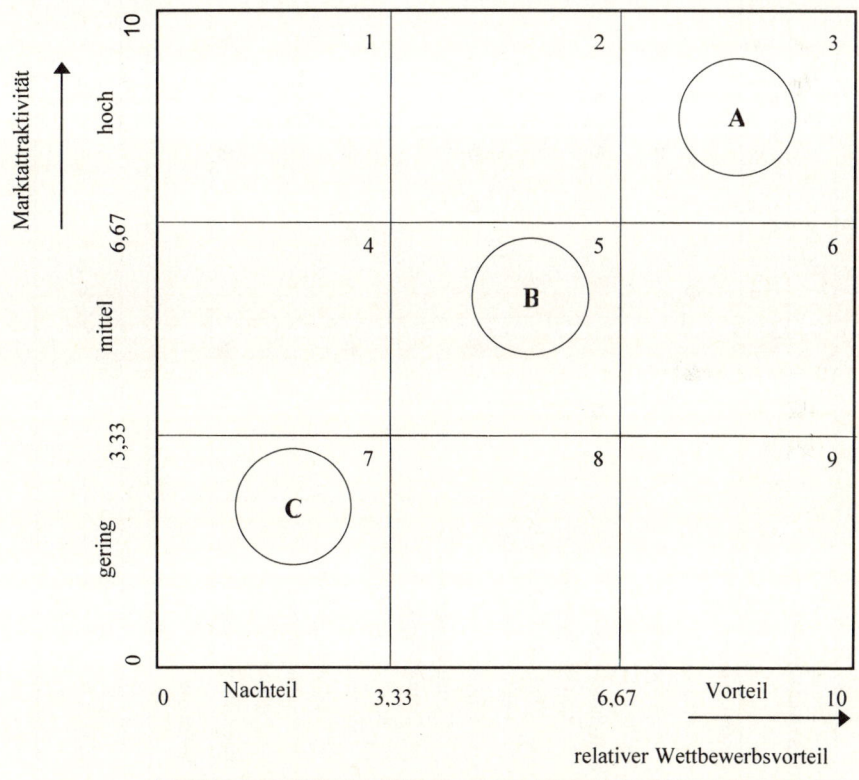

4,7,8	Abschöpfungs- bzw. Desinvestitionsstrategie
1,5,9	Selektionsstrategie (Offensiv-, Defensiv- und Übergangsstrategie)
2,3,6	Wachstums- bzw. Investitionsstrategie

Abb. 2-36: Marktattraktivität-Wettbewerbsvorteil-Portfolio

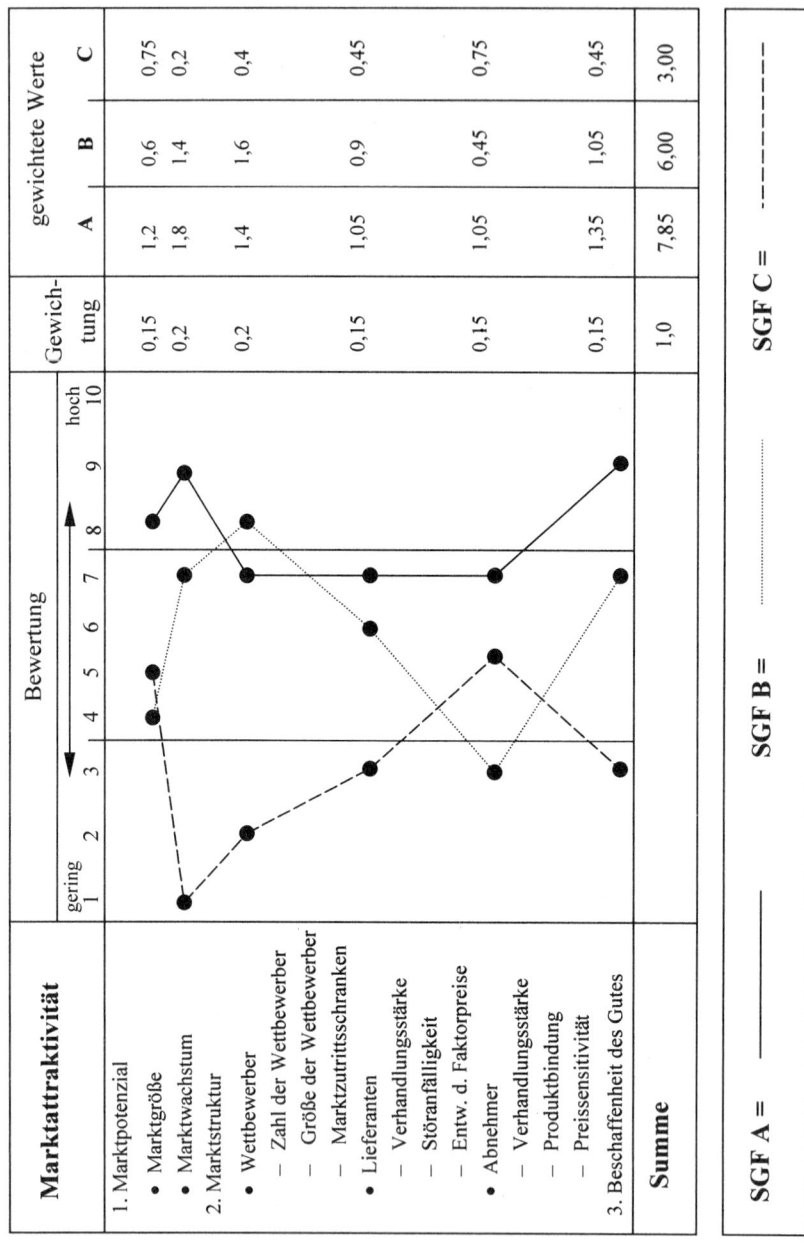

Abb. 2-37: Ermittlung der Marktattraktivität

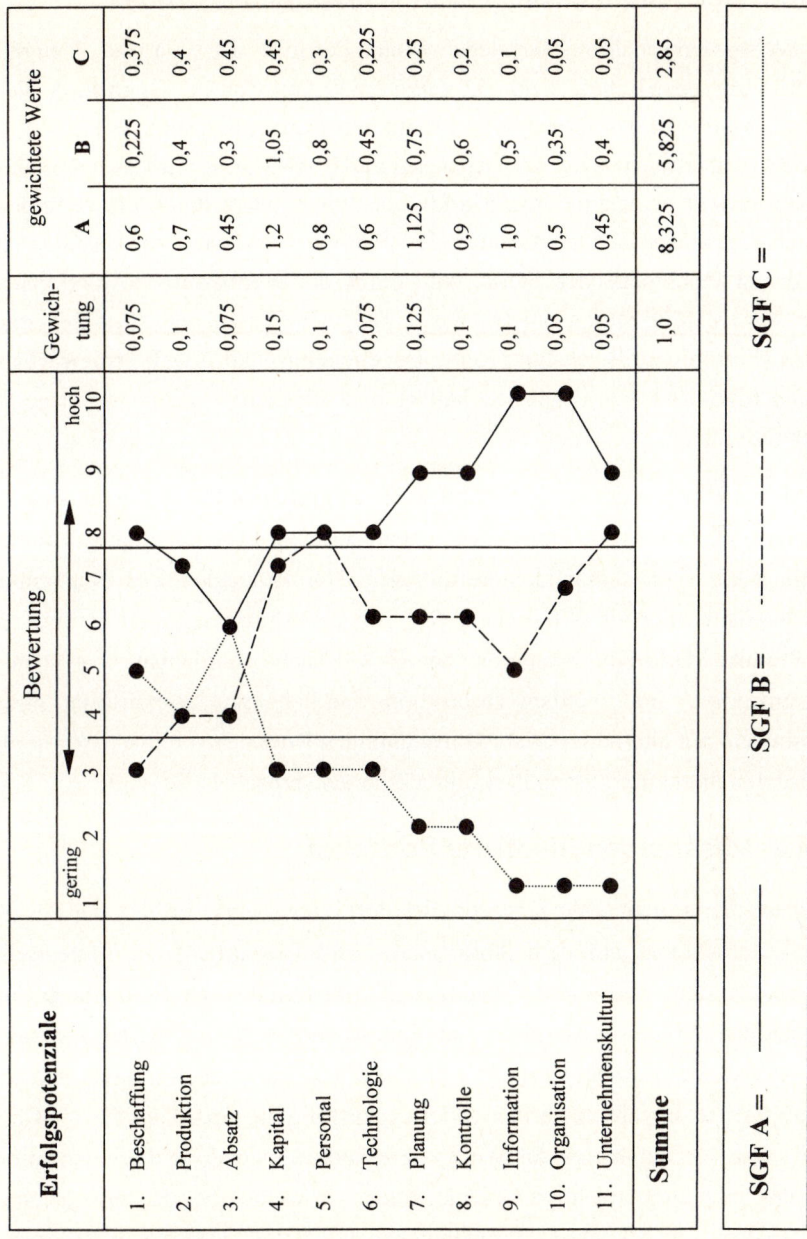

Abb. 2-38: Ermittlung des relativen Wettbewerbsvorteils

4.6.4.1.3 Wettbewerbsposition-Marktlebenszyklus-Portfolio

Das Wettbewerbsposition-Marktlebenszyklus-Portfolio ist von der Unternehmensberatungsgesellschaft *Arthur D. Little* entwickelt worden. **Grundlage** dieser Portfolio-Matrix ist das Konzept des Produktlebenszyklusses (vgl. S. 122 ff.), das auf Märkte übertragen wird. Im Gegensatz zur BCG-Matrix wird hier die Unternehmensumwelt nicht durch das Marktwachstum, sondern durch die verschiedenen Lebenszyklusphasen repräsentiert. Der relative Marktanteil zur Charakterisierung der unternehmerischen Stärke wird durch die Wettbewerbsposition ersetzt. Dabei werden fünf Stufen unterschieden. Bei vier Phasen des **Marktlebenszyklusses** (Einführung, Wachstum, Reife, Degeneration) und fünf **Wettbewerbspositionen** (dominant, stark, günstig, haltbar und schwach) erhalten wir insgesamt 20 Matrixfelder.

Den Matrixfeldern werden die in Abb. 2-39 dargestellten 20 Normstrategien zugeordnet (vgl. *Dunst* [Portfolio-Management] 59). Die Liste der Strategieempfehlungen zeigt, dass Ähnlichkeiten mit den Normstrategien des Marktanteil-Marktwachstum-Portfolios bestehen. Die Lebenszyklusphasen sind in etwa den vier Produkt-Markt-Kombinationen der BCG-Matrix zuordenbar. Die stärkere Differenzierung im Wettbewerbsposition-Marktlebenszyklus-Portfolio nimmt insbesondere auf alternative Marktkonstellationen Rücksicht - ein Aspekt, der bei den anderen marktorientierten Portfolio-Varianten vernachlässigt wird.

4.6.4.2 Ressourcenorientierte Portfolios

Die absatzmarktorientierten Konzepte der Portfolio-Analyse wählen die Position eines Unternehmens auf dem Absatzmarkt zum Gegenstand der strategischen Analyse. Bei der Erfassung des Marktanteils (im Rahmen der BCG-Matrix) und des relativen Wettbewerbsvorteils (im Rahmen der *McKinsey*-Matrix) kommen zwar Aspekte der Ressourcenstärke zum Ausdruck, dies jedoch indirekt und eher beiläufig. Bietet ein absatzmarktorientiertes Portfolio die Grundlage für die Generierung von Normstrategien des Wettbewerbsverhaltens und für die Finanzmittelsteuerung in zukunftsträchtige Geschäftsfelder, so werden bei den ressourcenorientierten Konzepten konkrete Empfehlungen für die Förderung von Ressourcen abgeleitet. Ressourcenstrategien sind nicht mehr nur «Erfüllungsgehilfen» von Marktstrategien, sondern rücken in das Zentrum der Betrachtung.

Wettbewerbs-position	Lebenszyklusphase			
	Einführung	Wachstum	Reife	Degeneration
Dominant	Marktanteil hinzugewinnen oder mindestens halten	Position halten, Marktanteil halten	Position halten, Wachstum mit der Branche	Position halten
Stark	Investieren, um Position zu verbessern; Marktanteilsgewinnung (intensiv)	Investieren, um Position zu verbessern; Marktanteilsgewinnung	Position halten, Wachstum mit der Branche	Position halten oder ‚ernten'
Günstig	Selektive oder volle Marktanteilsgewinnung; selektive Verbesserung der Wettbewerbsposition	Versuchsweise Position verbessern; selektive Marktanteilsgewinnung	Minimale Investition zur Instandhaltung; Aufsuchen einer Nische	‚Ernten' oder stufenweise Reduzierung des Engagements
Haltbar	Selektive Verbesserung der Wettbewerbsposition	Aufsuchen und Erhaltung einer Nische	Aufsuchen einer Nische oder stufenweise Reduzierung des Engagements	Stufenweise Reduzierung des Engagements oder liquidieren
Schwach	Starke Verbesserung oder aufhören	Starke Verbesserung oder Liquidierung	Stufenweise Reduzierung des Engagements	Liquidieren

Abb. 2-39: Wettbewerbsposition-Marktlebenszyklus-Portfolio

Ressourcenorientierte Portfolios wurden in den 70er Jahren auf Grund der Erfahrung mit der Rohstoffabhängigkeit (Ölkrise) entwickelt.

Wir erörtern zwei ressourcenorientierte Portfolios:

– Das Geschäftsfeld-Ressourcen-Portfolio (*Albach*) und
– das Technologie-Portfolio (*Pfeiffer* u.a.).

Das **Geschäftsfeld-Ressourcen-Portfolio** hebt auf die **Beschaffungsseite** ab und rückt die Bedeutung strategischer Gefährdungen in den Mittelpunkt der Betrachtung. Das **Technologie-Portfolio** rückt die **Ressourcenstärke** in den Vordergrund. Beide bewegen sich also nicht auf der Ebene des Produkts, sondern der

Potenziale. Damit sind die **Informationen** der ressourcenorientierten Portfolios denen der absatzorientierten Portfolios **zeitlich** und **sachlich** vorgelagert.

4.6.4.2.1 Geschäftsfeld-Ressourcen-Portfolio

Albach ([Unternehmensplanung] 702) entwickelte ein Konzept, das den Beschaffungsmarkt und den Absatzmarkt integriert. Es werden dabei kritische Produkt-Ressourcen-Kombinationen aufgezeigt. Aus einer isolierten Produkt-Matrix und einer isolierten Ressourcen-Matrix wird ein kombiniertes Geschäftsfeld-Ressourcen-Portfolio aufgebaut. Es enthält bezüglich der Beschaffungs- bzw. Absatzmarktsituation ungefährdete Geschäftsbereiche, offene Geschäftsbereiche und gefährdete Geschäftsbereiche (vgl. Abb. 2-40).

Die **Produkt-Matrix** beschreibt Kombinationen von Phasen des Produkt-Lebenszyklusses und Stufen der Marktattraktivität. Die **Ressourcen-Matrix** liefert Beurteilungen der für die Produktion benötigten Ressourcen nach ihrer Kostenentwicklung und Verfügbarkeit für das Unternehmen.

Ein Geschäftsbereich ist dann ungefährdet, wenn er bezüglich der Absatzseite wie auch der Ressourcenseite in der **Geschäftsfeld-Ressourcen-Matrix** als unkritisch bewertet werden kann. Ist dies nicht der Fall, so empfiehlt sich eine Strategie zur Verbesserung der Ressourcensituation (z.B. Suche nach Ersatzressourcen) nur dann, wenn die Produkt-Matrix eine günstige Gesamtbeurteilung liefert.

4.6.4.2.2 Technologie-Portfolio

Die Grundidee der absatzmarktorientierten Konzepte der Portfolio-Analyse beruht auf der Annahme, dass ein Zusammenhang zwischen dem Unternehmenserfolg und der Absatzstrategie besteht. Ein typisches Beispiel stellt die auf der PIMS-Studie beruhende Annahme über einen Zusammenhang zwischen dem RoI und dem Marktanteil dar. Die vor dem Hintergrund einer rasanten technologischen Entwicklung aufkommende Klage über eine mangelnde Berücksichtigung technologischer Aspekte in diesen Modellen führte seit Anfang der 80er Jahre zur Konzeption einer Reihe neuartiger Portfolio-Ansätze, die eine explizite planerische Berücksichtigung der Technologie-Dimension ermöglichen sollen.

Charakteristisch für Technologie-Portfolios ist die Gegenüberstellung von unternehmensexternen, weitgehend unbeeinflussbaren Parametern (technologische Chancen und Risiken) und unternehmensinternen, beeinflussbaren Parametern (technologische Stärken und Schwächen), die zu zwei Dimensionen im Rahmen

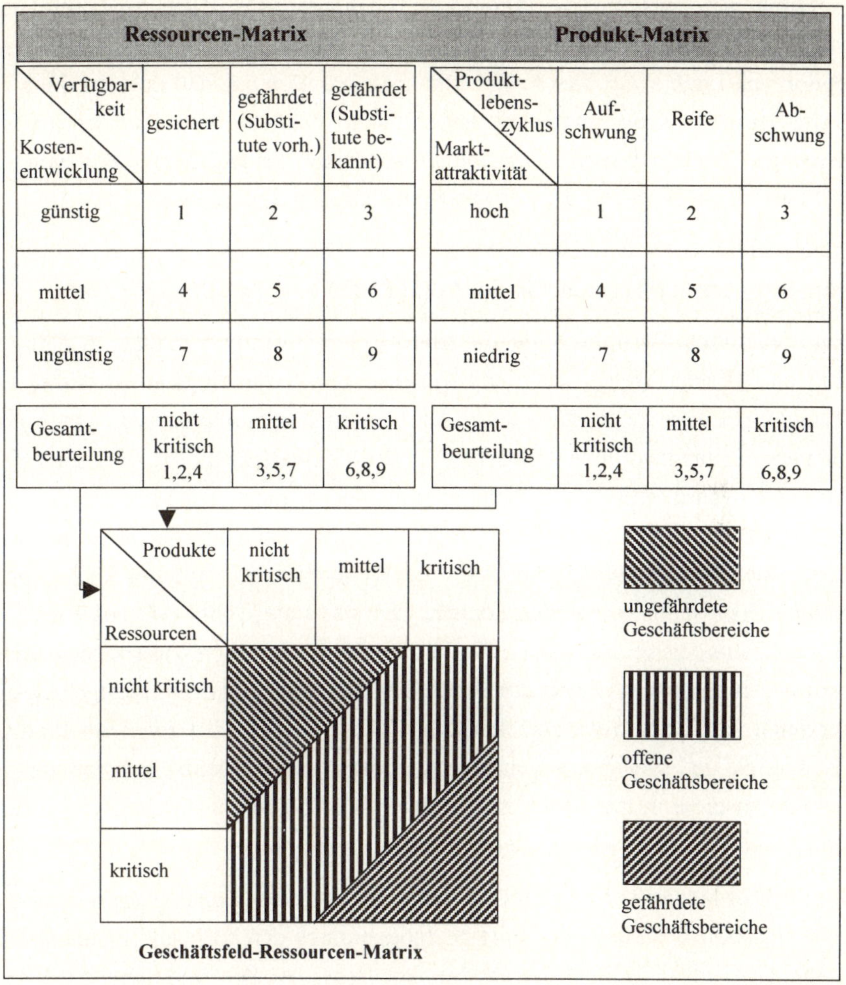

Ressourcen-Matrix				Produkt-Matrix			
Kostenentwicklung \ Verfügbarkeit	gesichert	gefährdet (Substitute vorh.)	gefährdet (Substitute bekannt)	Marktattraktivität \ Produktlebenszyklus	Aufschwung	Reife	Abschwung
günstig	1	2	3	hoch	1	2	3
mittel	4	5	6	mittel	4	5	6
ungünstig	7	8	9	niedrig	7	8	9

Gesamtbeurteilung	nicht kritisch 1,2,4	mittel 3,5,7	kritisch 6,8,9	Gesamtbeurteilung	nicht kritisch 1,2,4	mittel 3,5,7	kritisch 6,8,9

Ressourcen \ Produkte	nicht kritisch	mittel	kritisch
nicht kritisch			
mittel			
kritisch			

Geschäftsfeld-Ressourcen-Matrix

ungefährdete Geschäftsbereiche

offene Geschäftsbereiche

gefährdete Geschäftsbereiche

Abb. 2-40: Geschäftsfeld-Ressourcen-Portfolio

einer Portfolio-Matrix verdichtet werden. Die Dimensionen sollen dabei einerseits als Maßstab für die zukünftigen Aussichten einer Technologie im Wettbewerb generell und andererseits zur Beschreibung der spezifischen Unternehmensposition bezüglich der betreffenden Technologie dienen.

Im Rahmen des Technologie-Portfolios wird die Technologie als strategischer Erfolgsfaktor betont, d.h. es werden Handlungsempfehlungen für die Forschungs- und Entwicklungsaktivitäten abgeleitet.

Es lassen sich verschiedene **Arten** von Technologie-Portfolio-Ansätzen unterscheiden. Bekannt geworden sind die Ansätze von *Arthur D. Little* und die Konzeption von *Pfeiffer u.a.* Der Ansatz von *Little* ermittelt u.a. den Lebenszyklus von Technologien und die unternehmensspezifische technologische Position im Vergleich zu Wettbewerbern. Technologiestrategien werden beeinflusst von der Wettbewerbsposition und der Lebenszyklusphase der Technologie.

Anders die Vorgehensweise von *Pfeiffer u.a.* Sie soll im Folgenden näher beschrieben werden ([Technologie-Portfolio] 85 ff.):

Das Technologie-Portfolio bildet die strategischen Positionen in einer zweidimensionalen 9-Felder-Matrix mit den Dimensionen «Technologieattraktivität» und «Technologie-Ressourcenstärke» ab. Die unternehmensexterne, von der Unternehmung weitgehend unbeeinflussbare **Technologieattraktivität** wird zur Potenzial- und bedarfsseitigen Charakterisierung der betrachteten Technologien verwendet und spiegelt - vereinfacht gesprochen - die Summe aller technisch-wirtschaftlichen Vorteile wider, die durch die Weiterentwicklung eines Technologiegebietes noch realisiert werden können. Die als strategischer Aktions-Parameter entscheidende, da beeinflussbare Größe, ist die **Technologie-Ressourcenstärke**, die die technische und wirtschaftliche Beherrschung eines Technologiegebietes im Vergleich zur Konkurrenz zum Ausdruck bringt. Dabei wird zwischen Produkt-Technologie und Verfahrens-Technologie unterschieden. *Pfeiffer u.a.* zerlegen die Ressourcenstärke in mehrere Einflussgrößen. Die beiden bestimmenden Komponenten sind die Finanzstärke und die Know How-Stärke.

Die **Positionierung** der betrachteten Technologien erfolgt analog zur Vorgehensweise traditioneller Markt-Portfolio-Methoden durch deren Einstufung anhand der gewählten Portfolio-Dimensionen. Im Gegensatz zu der traditionellen Markt-Portfolio-Betrachtung setzt die Technologie-Portfolio-Methode von *Pfeiffer u.a.* jedoch nicht an den Produktgruppen oder Produkten, sondern an der in ihnen enthaltenen Technologie an und erfasst einen **wesentlich längeren Zeithorizont**.

In Abb. 2-41 ist ein Technologie-Portfolio dargestellt. Es enthält auch eine Zusammenstellung jener Strategien, die sich aus der Position der Technologie im Portfolio ableiten lassen. Für die Diagonalfelder der Technologie-Portfolio-Matrix kann keine einheitliche Handlungsempfehlung abgegeben werden, da sie sowohl Merkmale von Investitions- als auch von Desinvestitionsfeldern aufweisen: «In diesen Feldern positionierte Technologien sind nochmals einer eingehenden Betrachtung zu unterziehen» (*Pfeiffer u.a.* [Technologie-Portfolio] 101).

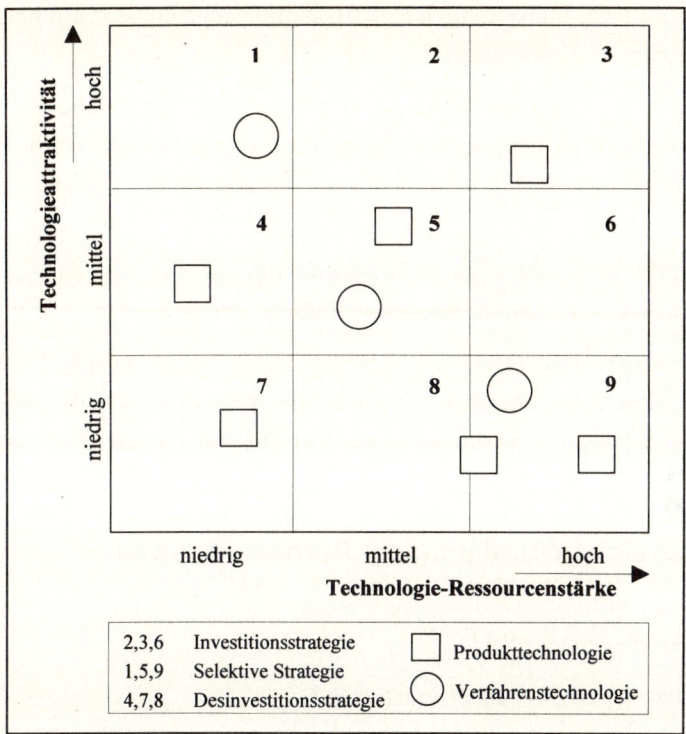

Abb. 2-41: Technologie-Portfolio nach *Pfeiffer* u.a.

4.6.5 Zielportfolio

Ein Zielportfolio (auch **Sollportfolio** genannt) stellt das in der Zukunft erwünschte Portfolio eines Unternehmens dar. In ihm wird das strategische Zielsystem abgebildet, das im Rahmen des Zielbildungsprozesses ermittelt worden ist.
Dabei muss das Zielportfolio inhaltlich und zeitlich konkretisiert werden. Dieser
Aufgabe kommt im Rahmen der strategischen Planung ein besonderes Gewicht
zu. Diese Einschätzung wird deutlich, wenn man sich vergegenwärtigt, dass strategische Planung häufig mit der Antwort auf die Frage gleichgesetzt wird: Wo
wollen wir in 5, 10 oder gar 20 Jahren stehen?

Bei der Erörterung der einzelnen Portfolio-Varianten sind bereits Ziele zum Ausdruck gebracht worden, so z.B. bei der BCG-Matrix die Sicherung des finanziellen Gleichgewichts (Ausgewogenheit des Cash Flow) und in der *McKinsey*-Matrix

die Steigerung des RoI. Beim Geschäftsfeld-Ressourcen-Portfolio wurde die Risikopräferenz in das Zielsystem integriert, beim Technologie-Portfolio steht das Wachstumsziel im Vordergrund.

Die im Zusammenhang mit der Diskussion der einzelnen Portfolio-Varianten beschriebenen **Normstrategien** setzen ebenfalls eine Zielorientierung voraus, denn Normen für strategisches Handeln lassen sich nur aus Zielen ableiten.

Vergleicht man nun das Zielportfolio mit der Status-quo-Projektion des Istportfolios, so dürfte sich i.d.R. eine **strategische Lücke** identifizieren lassen. Diese Lücke lässt sich durch Wahl geeigneter Strategien überwinden.

Diese Vorgehensweise macht deutlich, dass die Portfolio-Analyse für den Fall, dass ein Zielportfolio formuliert wird und Normstrategien zur Diskussion gestellt werden, vom Beschreibungsmodell zum **Entscheidungsmodell** weiterentwickelt wird.

4.6.6 Kritische Würdigung der Portfolio-Analyse

Bei der Frage nach der Leistungsfähigkeit der Portfolio-Analyse lassen sich zwei kritische Ansätze unterscheiden:

Die Detailkritik und die Fundamentalkritik.

(1) Die **Detailkritik** richtet sich auf Schwachstellen bei einzelnen Schritten der Portfolio-Analyse:

(a) Segmentierung

Die Segmentierung wird übereinstimmend als fundamentaler erster Arbeitsschritt angesehen, der wesentlich über die Qualität und Effizienz der strategischen Planung entscheidet. Sind bspw. die gebildeten Produktsegmente zu groß, kommt es bei den SGF durch die unausweichliche interne Heterogenität zur Bildung inhaltsleerer Durchschnittswerte. Sind sie zu klein, sind Interdependenzen zwischen den SGF unvermeidlich und ihre Anzahl wird schnell unübersichtlich.

Neben der Produkt- bereitet auch die Marktabgrenzung Schwierigkeiten. Eine geografisch oder funktional unzulängliche Marktabgrenzung führt zu Fehleinschätzungen des Marktanteils, und die daraus resultierende fehlerhafte Positionierung verursacht falsche Schlussfolgerungen. Dem Dilemma zu großer oder zu kleiner SGF versuchen viele Unternehmen zu entkommen, indem sie jedes SGF des Gesamtportfolios als Ausgangspunkt für ein feineres Portfolio auf niederer

Ebene benutzen. Mit solchen «Mehr-Ebenen-Portfolios» kann zwar das Problem der Nivellierung gemildert werden, die Interdependenzproblematik zwischen den großen SGF wie auch innerhalb solcher wird jedoch zusätzlich verschleiert.

Ein oder gar *das* Kernproblem der Segmentierung betrifft den Aspekt der Synergie. Zur autonomen Beurteilung sollen marktbezogene und innerbetriebliche Interdepenzen und Synergieeffekte zwischen den SGF ausgeschaltet werden. In der betrieblichen Praxis zielen Unternehmensstrategien aber häufig gerade auf die Erzielung solcher Synergieeffekte. Der Widerspruch ist nicht aufzulösen: Bei Beachtung von Synergieeffekten keine «theoriegetreue» Segmentierung, bei Missachtung Verzicht auf Wettbewerbsvorteile.

(b) Wahl der Dimensionen/Erfolgsfaktoren

Die Auswahl der Faktoren zur Charakterisierung der Umwelt und des Unternehmens stellt kein triviales Unterfangen dar. Es existiert keine universell gültige Liste, sondern es gibt nur unverbindliche Vorschläge.

Ein weiteres Problem besteht in der Ermittlung von Ursache-Wirkungs-Zusammenhängen zwischen Erfolg und Erfolgspotenzial. Das Zurechnungsproblem wird durch die Multidimensionalität der Zusammenhänge verschärft: Oft hat eine Ursache mehrere Wirkungen, eine Wirkung mehrere Ursachen.

In der Unternehmenspraxis wird die Suche nach Erfolgsfaktoren noch immer sehr stark von den Ergebnissen des PIMS-Programms gelenkt. Auf die Kritik an der PIMS-Studie sind wir bereits eingegangen (vgl. S. 121 f.).

(c) Gewichtung der Erfolgsfaktoren

Auf die Frage nach der richtigen Gewichtung der Erfolgsfaktoren innerhalb der beiden Dimensionen «Marktattraktivität» und «Wettbewerbsposition» kann es für die betriebliche Praxis keine verbindliche Antwort geben. Da davon ausgegangen werden muss, dass die einzelnen Erfolgsfaktoren bei verschiedenen SGF von unterschiedlicher Bedeutung sind, ist eine situative Gewichtung der Faktoren für jedes SGF angebracht. Selbst bei Kenntnis der korrekten Gewichtung der Faktoren besteht noch das Problem der Abhängigkeit zwischen den Variablen. Durch die gegenseitige Beeinflussung kann es zu Doppelbewertungen kommen. Das vielleicht größte Problem im Rahmen des Gewichtungsvorganges besteht in der Gefahr der Illusion einer scheinbaren Objektivität, die die eigentlichen Probleme verdeckt und einer Zahlengläubigkeit Vorschub leistet.

(d) Datenbeschaffung/Messung/Bewertung

Ein weiteres Problem besteht in der Beschaffung des erforderlichen Datenmaterials, insbesondere über die Marktsituation und die Konkurrenz.

Da die verschiedenen Erfolgsfaktoren unterschiedliche Ausprägungsdimensionen haben (Marktanteilsangabe: quantitativ; Eintrittsbarrieren: qualitativ), ist eine Vereinheitlichung auf einen gemeinsamen Maßstab notwendig. Die additive Zusammenfassung der gewichteten Bewertungen zum Dimensionswert setzt bei Punktbewertung ein in der Praxis kaum erfüllbares Kardinalskalenniveau voraus; i.d.R. kann bestenfalls Intervallskalenqualität erreicht werden. Mit einer kardinalen Messung wird folglich eine vermeintliche Messgenauigkeit vorgetäuscht.

Bei der Multifaktorenanalyse kommt es durch Reduktion der Erfolgsfaktoren zu einer Informationsverdichtung und damit zu einem Informationsverlust. Einzelwerte werden gegeneinander aufgerechnet, Extrembeurteilungen gehen verloren.

Das wohl wesentlichste Problem des Messvorgangs besteht in der Zuverlässigkeit der verwendeten Daten. Es wird immer schwieriger, exakte Informationen für die Gegenwart und v.a. für die Zukunft zu erhalten.

(2) Die **Fundamentalkritik** unterwirft den **Ansatz** der Portfolio-Analyse einer kritischen Würdigung:

(a) Theoriebestandteile

Die einzelnen Varianten von Portfolio-Analysen enthalten Theoriebestandteile in Form von Gesetzeshypothesen. So sind die Aussagen des PIMS-Programms über die Wirkungsweise strategischer Erfolgsfaktoren, das Konzept des Produktlebenszyklusses und jenes der Erfahrungskurve in den absatzmarktorientierten Konzepten der Marktwachstum-Marktanteil-Matrix, der Marktattraktivität-Wettbewerbsvorteil-Matrix und der Wettbewerbsposition-Marktlebenszyklus-Matrix enthalten. Diese Theoriebestandteile haben wir einer kritischen Analyse unterzogen. Die dabei zu Tage geförderten Vorbehalte gelten nun im selben Umfang für jene Portfolio-Varianten, die diese Theoriebestandteile integrieren.

(b) Dynamik

Als komparativ-statisches Verfahren strukturiert die Portfolio-Analyse den Planungszeitraum nicht in zeitlicher Hinsicht. Für eine vorausschauende Planung ist aber nicht nur von Bedeutung, ob überhaupt, sondern auch wann mit einer bestimmten Entwicklung zu rechnen ist.

(c) Strategiewahl

Das vorgegebene Verfahren der Strategiewahl ist zu schematisch: Es wird der Eindruck erweckt, als sei die Strategiefindung ein reines Methodenproblem. Dabei bedarf es zur Erarbeitung sinnvoller Strategien bei jedem einzelnen SGF eines intensiven und kreativen Nachdenkens und Abwägens. Strategiefindung ist kein allgemein gültiger, sondern ein singulärer Prozess, der die jeweils charakteristischen Bedingungen und Eigenarten zu berücksichtigen hat.

(d) Implementierung

Das Augenmerk der strategischen Planung richtet sich immer stärker auf den schwierigen Prozess der Implementierung entwickelter Strategien. Zur Umsetzung der Strategie ist von den Verfechtern der Normstrategien jedoch nur sehr wenig zu erfahren.

(e) Quersubventionierung

Parallel zur wachsenden Bedeutung der Shareholder Value-Orientierung gewinnen die Vorbehalte gegen die in der Portfolio-Betrachtung angelegte Quersubventionierung an Relevanz. Die Grundidee der Portfolio-Analyse besteht - wie dargelegt - darin, dass die einzelnen SGF nicht isoliert, sondern im Verbund zu sehen sind. Außerdem ist mit dem Portfolio-Management i.d.R. die Vorstellung vom ausgeglichenen Portfolio verbunden. Dies bedeutet in der Praxis häufig, dass erfolgreiche SGF «lahmende» SGF zu unterstützen haben. Diese Quersubventionierung verdeckt die Ineffizienz einzelner SGF. Der Ansatz des Shareholder Value verlangt jedoch, dass jedes SGF für sich effizient sein sollte.

(3) Fazit

Unter Würdigung der Detail- *und* der Fundamentalkritik ist festzustellen, dass der **Vorteil** der Portfolio-Analyse nicht so sehr im Ergebnis selbst, sondern im Prozess zu sehen ist, der mit der Wahrnehmung der einzelnen Schritte der Portfolio-Analyse durchzuführen ist: «The main purpose of the ... portfolio analysis is to help guide - but not substitute for - strategic thinking» (*Day* [Diagnosing] 38).

Die Portfolio-Analyse zwingt zu einer Systematisierung der Planungsaufgabe, sie legt die Probleme offen und regt Diskussionen an. Die **Systematisierung** besteht darin, dass eine Konzentration auf strategisch relevante Geschäftsfelder erfolgt, ebenso eine Konzentration auf Erfolgsfaktoren. Mit der Systematisierung und den ihr vorausgehenden Arbeiten legt die Portfolio-Analyse die Probleme offen und schafft so eine Grundlage für einen **Diskussionsprozess.** Die Abarbeitung der einzelnen methodischen Schritte sorgt dafür, dass wichtige Probleme nicht übersehen werden und die Kommunikation strukturiert wird. Die Portfolio-Matrix ist - überspitzt formuliert - nur ein Nebenprodukt dieses Prozesses: **Der Weg ist das Ziel.**

Ein nicht zu unterschätzender Vorteil der Portfolio-Analyse für die Praktiker ist außerdem in der relativ einfachen und daher schnell verständlichen **Visualisierung** der strategischen Situation zu sehen.

5 Strategiewahl

Leitgedanke: «Die Klage über die Schärfe des Wettbewerbs ist in Wirklichkeit meist nur eine Klage über den Mangel an Einfällen.»

Walther Rathenau

Beispiele für Unterschiede in den Strategien:

*In der globalen Automobilindustrie entstehen derzeit die Strukturen für den Wettbewerb nach der Jahrtausendwende und die deutschen Hersteller **Daimler Chrysler, VW** und **BMW** kämpfen um Spitzenpositionen.*

Zunächst haben die Konkurrenten mit beinahe klassischen Rezepten den Weg aus der Krise gemeistert: Konzentration auf die Kernkompetenzen (Reduktion des Diversifikationsgrades), Aufbau stabiler und globaler Beschaffungs-, Fertigungs- und Montagesysteme im Verbund mit Kooperationspartnern, Prozessoptimierung und Total Quality Management, Nutzung von Skaleneffekten durch das Baukastenprinzip und die Plattformstrategie in der Produktion sowie Differenzierung der Produktpalette für Nischenmärkte.

Zur Erreichung ihrer Ziele, das Kerngeschäft abzusichern und im globalen Markt eine führende Wettbewerbsposition zu erreichen, unterscheiden sich die Strategien jedoch:

Daimler Chrysler: *Daimler-Benz will durch die Fusion mit Chrysler in die Mittelklasse vordringen. Durch die neuen Konzernmarken Chrysler, Dodge, Jeep und Plymouth ergibt sich neben Größenvorteilen (economies of scale) auch die Chance, die Premiummarke Mercedes bei riskanten Neuentwicklungen (A-Klasse, Smart) zu «entlasten» und mit dem 'Stern' restriktiver umzugehen.*

VW *dringt von unten in die Top-Segmente vor: Der Kauf der Nobelmarken Rolls-Royce, Bentley und Lamborghini (durch Audi) soll das Massengeschäft mit den Marken VW, Seat und Skoda, das durch Billiganbieter in Osteuropa latent gefährdet ist, absichern.*

BMW *hingegen konzentriert sich auf ein klares Segmentmarketing bei begrenztem Volumen und eine Sanierungsstrategie bei Rover (inzwischen Verkauf).*

5.1 Aufgaben

Sind die Stärken und Schwächen eines Unternehmens identifiziert, so sind die Stärken gezielt zur Bewältigung der Chancen und Risiken aus der Unternehmensumwelt zu nutzen, um die strategischen Ziele zu verwirklichen. Dies geschieht durch die Wahl von Strategien. Entscheidungstheoretisch stellen Strategien Handlungsalternativen dar, deren Zielerträge die Alternativenwahl bestimmen.

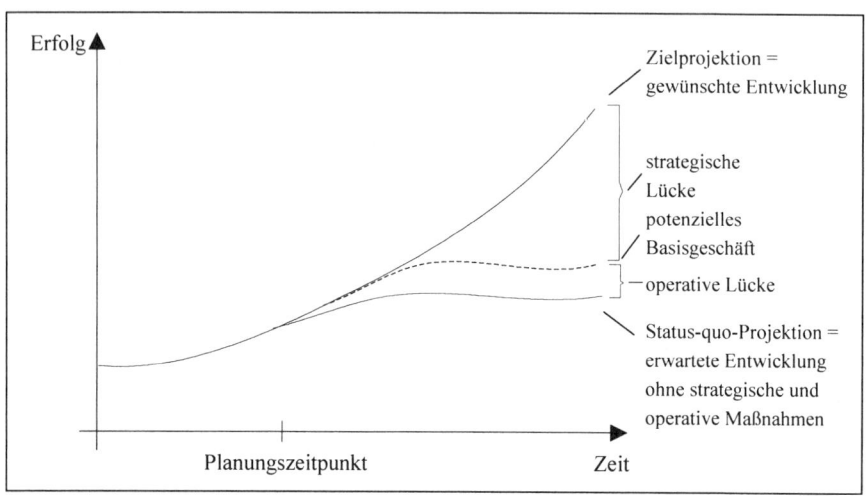

Abb. 2-42: Strategische und operative Lücke

In der Literatur zum Strategischen Management wird die Differenz zwischen der gewünschten langfristigen Entwicklung eines Unternehmens, also der Zielprojektion, und der Status-quo-Projektion (erwartete Entwicklung ohne Maßnahmen) als **Lücke** (gap) bezeichnet. In Abb. 2-42 wird die Entwicklung in Abhängigkeit von der Zeit durch den Erfolg gemessen. Es kann zwischen einer strategischen Lücke und einer operativen Lücke unterschieden werden. Die **Lückenanalyse (gap analysis)** hat nun die Aufgabe, im Rahmen einer Ursachenforschung solche Strategien zu entdecken, die geeignet sind, die strategische Lücke zu schließen. Die **strategische Lücke** ergibt sich als Differenz zwischen Zielprojektion und potenziellem Basisgeschäft.

Als **operative Lücke** wird in der Literatur (z.B. *Kreikebaum* [Unternehmensplanung] 136) die Differenz zwischen potenziellem Basisgeschäft und Status-quo-Projektion bezeichnet. Das potenzielle Basisgeschäft kommt ohne strategische

Maßnahmen zu Stande, nämlich durch Rationalisierung, Kostensenkung oder Mitarbeitermotivation.

5.2 Arten von Strategien

Strategien sind Maßnahmen zur Sicherung des langfristigen Erfolgs eines Unternehmens. Der Katalog von möglichen Maßnahmen ist recht vielfältig, dementsprechend umfangreich ist die Zahl der Strategiearten. Sie sind teilweise in der Praxis entstanden, teilweise am Schreibtisch von Wissenschaftlern entwickelt worden. Es ist nicht einfach, eine Systematik zu finden, die den Kriterien der Vollständigkeit und Überschneidungsfreiheit entspricht.

Der in der Geschichte des Strategischen Managements erste und damit klassische Versuch stammt von *Ansoff*. Er entwickelte bereits im Jahre 1965 eine Systematik von Wachstumsstrategien, die von den Fragen ausgeht, was angeboten werden soll (Produkt) und wem angeboten werden soll (Markt). Die Strategien werden **Produkt-Markt-Kombinationen** genannt (vgl. *Ansoff* [Management-Strategie] 132). Je nachdem, ob ein Unternehmen mit bereits vorhandenen oder neu zu entwickelnden Produkten bereits existierende oder neu zu schaffende Märkte bedient, liegen die Strategien der Marktdurchdringung, der Produktentwicklung, der Marktentwicklung und der Diversifikation vor (vgl. Abb. 2-43).

Produkt / Markt	gegenwärtig	neu
gegenwärtig	(1) Marktdurchdringung (market penetration)	(2) Produktentwicklung (product development)
neu	(3) Marktentwicklung (market development)	(4) Diversifikation (diversification)

Abb. 2-43: Produkt-Markt-Kombinationen nach *Ansoff*

Auf den *Ansoff'schen* Entwurf von Strategiearten folgten in Abhängigkeit von der jeweiligen Fragestellung weitere Klassifikationsversuche. Abb. 2-44 enthält eine **Systematik der wichtigsten Strategiearten**. Die Kriterien der Klassifikationen sind jeweils genannt.

I.	**Entwicklungsrichtung**
	1. Wachstumsstrategie
	2. Stabilisierungsstrategie
	3. Desinvestitionsstrategie
II.	**Produkt-Markt-Kombinationen** *(Ansoff)*
	1. Marktdurchdringungsstrategie
	2. Marktentwicklungsstrategie
	3. Produktentwicklungsstrategie
	4. Diversifikationsstrategie
III.	**Organisatorischer Geltungsbereich**
	1. Unternehmensstrategie (corporate strategy)
	2. Geschäftsbereichsstrategie (business strategy)
	3. Funktionsbereichsstrategie (functional strategy)
IV.	**Ansatzpunkte für Wettbewerbsvorteile** *(Porter)*
	1. Kostenführerstrategie (overall cost leadership)
	2. Differenzierungsstrategie (differentiation)
	3. Nischenstrategie (focus)
V.	**Geltungsbereich für Funktionen**
	1. Beschaffungsstrategie
	2. Produktionsstrategie
	3. Absatzstrategie
	4. Finanzierungsstrategie
	5. Personalstrategie
	6. Technologiestrategie
VI.	**Regionaler Geltungsbereich**
	1. Lokale Strategie
	2. Nationale Strategie
	3. Internationale Strategie
	4. Globale Strategie
VII.	**Grad der Eigenständigkeit**
	1. Autonomiestrategie
	2. Kooperationsstrategie
	3. Integrationsstrategie

Abb. 2-44: Arten von Strategien

Im Folgenden werden diese Strategien besprochen. Dabei gehen wir von einer Konzeption aus, die in Abb. 2-45 zum Ausdruck kommt: Es werden den drei verschiedenen Ebenen eines strategischen Planungssystems (vgl. S. 60 f.) die Unternehmensstrategien, die Geschäftsbereichsstrategien und die Funktionsbereichsstrategien mit ihren jeweiligen Ausprägungen zugeordnet.

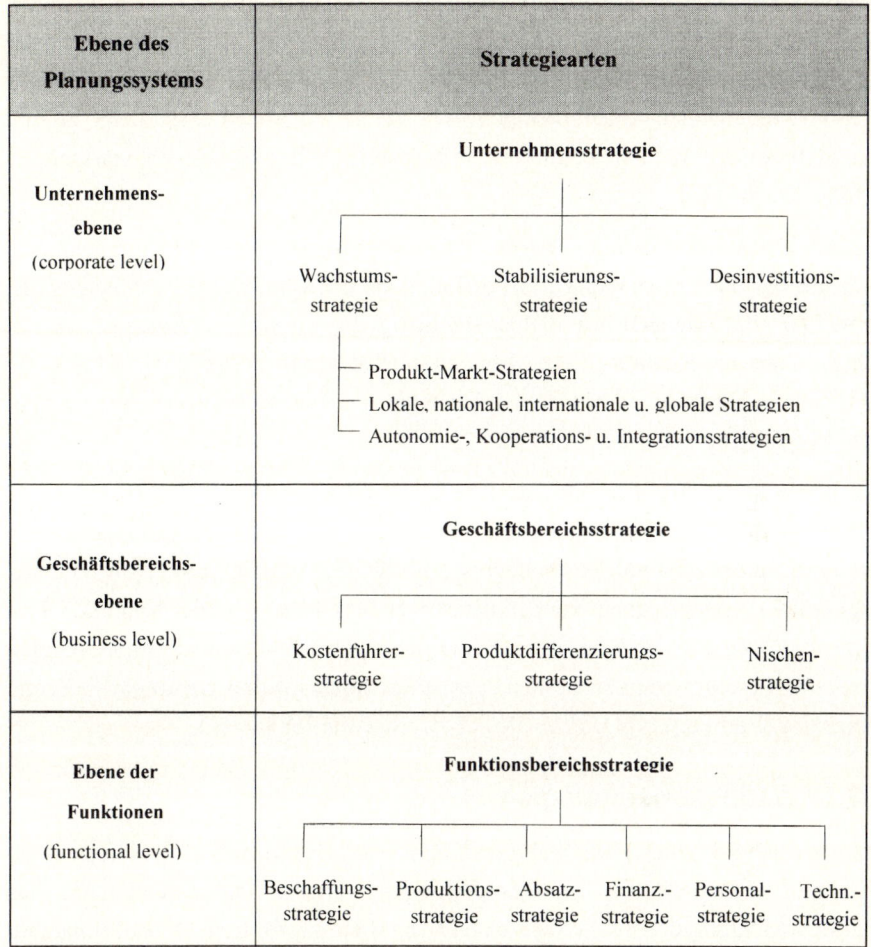

Abb. 2-45: Arten von Strategien nach den Ebenen des Planungssystems

5.3 Unternehmensstrategien

Wenn im Zusammenhang mit der Erörterung von Unternehmensstrategien vom «Unternehmen» die Rede ist, so ist darunter jene organisatorische Einheit zu verstehen, für die auf der obersten Hierarchieebene einer planenden Einheit eine Strategie entwickelt wird. Dies ist i.d.R. bei großen Unternehmen die Konzernspitze bzw. die Holding.

Die Strategien auf Unternehmensebene geben die **generelle Stoßrichtung** des gesamten Unternehmens an. Die Entwicklung kann grundsätzlich auf Wachstum,

Stabilisierung oder Desinvestition eingestellt sein. Je nachdem, welche der drei Positionen gewählt wird, werden Entscheidungen über die Zusammensetzung der Geschäftsfelder und deren Entwicklung durch Zuteilung von personellen, materiellen und finanziellen Ressourcen getroffen. In der Unternehmensstrategie kommt also zum Ausdruck, in welchen **Geschäftsfeldern**, d.h. auf welchen Märkten die Erfolge gesehen werden.

Auf die Ebene der Portfolio-Analyse übertragen, bezieht sich die Unternehmensstrategie auf die Entwicklung des Portfolios als Ganzem, die Geschäftsbereichsstrategien sind dagegen auf die Entwicklung der einzelnen Strategischen Geschäftsfelder im Rahmen dieser Entwicklungsstrategie ausgerichtet. Durch die Unternehmensstrategie wird also den Strategischen Geschäftsfeldern eine strategische Richtung vorgegeben.

Die generelle Stoßrichtung des gesamten Unternehmens nach außen findet ihre binnenorientierte Entsprechung in der Wahrnehmung von **Synergieeffekten**. Ob diese sich dabei etwa auf Kostendegressionseffekte, auf den Know How-Transfer oder auf den gemeinsamen Kundendienst beziehen, hängt von der Wahl der Strategie ab. *Porter* spricht dann, wenn Synergien zwischen verschiedenen Geschäftsbereichen bewusst genutzt werden, von einer **horizontalen Strategie** (z.B. gemeinsame Werbung) (vgl. *Porter* [Wettbewerbsvorteile] 466 ff.).

5.3.1 Wachstumsstrategien

Das Wachstum eines Unternehmens lässt sich nach *Ansoff* ([Management-Strategie] 132) über eine Marktdurchdringung, eine Produktentwicklung, eine Marktentwicklung und schließlich eine Diversifikation fördern. Diese Primärstrategien wiederum können über verschiedene Sekundärstrategien umgesetzt werden. So ist es möglich, dass sie sich auf lokale, nationale, internationale und globale Märkte ausrichten. Nach dem Grad der Eigenständigkeit lassen sich Autonomiestrategien, Kooperationsstrategien und Integrationsstrategien unterscheiden.

5.3.1.1 Produkt-Markt-Strategien

(1) Die Grundidee der **Marktdurchdringungsstrategie** besteht darin, auf den bisherigen Märkten mit den bisherigen Produkten ein Wachstum, insbesondere über eine Marktanteilssteigerung, herbeizuführen. Diese Strategie wird häufig in gesättigten Märkten (z.B. Waschmittel, Schokolade), aber auch in Wachstumsmärkten angewandt.

*Beispiel: Der **Mobilfunkmarkt in Deutschland** hat inzwischen die Form eines Oligopols angenommen: Im digitalen Bereich konkurrieren die Anbieter D1, D2, E-Plus und E2 um die Kunden. Bei zunehmend vergleichbaren Leistungsspektren findet der Wettbewerb zur Sicherung bzw. zum Ausbau von Marktanteilen immer mehr über den Faktor Preis statt.*

(2) Bei der **Marktentwicklungsstrategie** sucht ein Unternehmen nach neuen Märkten für die bestehenden Produkte.

*Beispiel: Der Weltkonzern **Nestlé** erzielt nur 2 % seines Umsatzes in seinem «Heimatmarkt» Schweiz, 80% seines Umsatzes macht Nestlé mit nur 15 % der Weltbevölkerung. In den Staaten der ehemaligen Sowjetunion sowie in China winken attraktive Märkte, z.B. für Baby- und Kindernahrungsmittel.*

(3) Bei der **Produktentwicklungsstrategie** wird über die Neuentwicklung von Produkten der bisherige Markt bedient.

*Beispiel: Der **Bertelsmann-Konzern** investiert durch die Lycos Bertelsmann GmbH 20 Mio. DM in den Aufbau von «Tripod Europa», einer Internet-Plattform, auf der die Anwender ohne großen Aufwand und technische Vorkenntnisse ihren eigenen Internet-Auftritt konfigurieren können. Tripod Europa ist ein Baustein in der Internet- und Portal-Strategie des Konzerns.*

Klassisches Beispiel für eine erfolgreiche Produktentwicklungsstrategie ist der Ersatz der Vinyl-Schallplatte durch die CD; aktuelle Beispiele sind die Entwicklung des Mobilfunks bzw. internetbasierter Online-Dienste oder der «Trinkwassersprudler», der aus Wasser «eine sprudelnde Erfrischung» macht.

(4) Bei der **Diversifikationsstrategie** sucht ein Unternehmen mit neuen Produkten neue Märkte:

(a) Eine **horizontale Diversifikation** liegt dann vor, wenn sich die Produkte auf derselben Wertschöpfungsstufe befinden. Ziel einer derartigen horizontalen Diversifikationsstrategie ist i.d.R. die Wahrnehmung der sog. **economies of**

scope (scope = Tätigkeitsbereich), d.h. eine Übertragung von Kernkompetenzen auf andere Bereiche.

Beispiele: Ein Anbieter von festnetzgebundener Sprachkommunikation bietet auch Datenkommunikation und Mobilfunk an; ein Produzent von Kohlekraftwerken erweitert seine Produktpalette um Kraftwerke auf Fotovoltaic-Basis.

(b) Bei einer **vertikalen Diversifikationsstrategie** wird entweder auf vorausgehende oder auf nachfolgende Wertschöpfungsstufen diversifiziert.

Beispiele für Vorwärtsintegration: Mit dem Joint Venture Pandesic (gemeinsam mit SAP) sowie dem Kauf von iCat, einem Hersteller von Software für virtuelle Shops, versucht Intel, weltgrößter Produzent von Prozessoren, in den stark wachsenden Electronic Commerce-Markt einzudringen. Ähnlich versucht IBM, dessen Margen im klassischen Bereich «Hardware» durch Preisverfall bedroht sind, durch Kooperationen mit Partnern aus der Musikbranche (Warner Music, Sony, EMI, Universal) in den attraktiven Zukunftsmarkt «music on demand» einzusteigen.

Beispiele für Rückwärtsintegration sind der Kauf eines Getränkeherstellers durch eine Restaurant-Kette, der Erwerb einer Getreidemühle durch einen Hersteller von tischfertigen Getreidespeisen (Cerealien) oder der Einstieg eines Automobilherstellers bei einem Zulieferer.

(c) Bei einer **konglomeraten Diversifikationsstrategie** liegen keinerlei Beziehungen zwischen den Märkten vor. Gelegentlich wird diese Strategie auch als Portfolio-Strategie bezeichnet. Sie liegt vor, wenn sich bspw. Philipp Morris *vom Tabak- zum Nahrungsmittel-Konzern entwickelt (Kauf von General Foods, Kraft, Jacobs Suchard).*

(d) Eine **Mischung** aus **horizontaler und konglomerater Diversifikation** stellen folgende Beispiele dar:

Mit dem Kauf mehrerer kleiner Telefongesellschaften in Deutschland, der Schweiz und Österreich partizipiert die Stolberger Zink AG am Wachstum des Telekommunikationsmarktes. Das ehemalige Bergbauunternehmen bietet damit auf der Basis eigener Vermittlungstechnik und gemieteter Leitungen anderer Carrier Festnetztelefonie und Datenübertragung an. Die Beteiligung der Metro AG an Debitel soll dem Handelskonzern zukünftige Chancen in Feldern wie Electronic Commerce, Business TV und On Demand-Services sichern.

5.3.1.2 Lokale, nationale, internationale und globale Strategien

Beispiel:

*Die Telekommunikationsbranche ist traditionell national geprägt mit trans- bzw. internationalem Transportverkehr. Mit der weltweiten Liberalisierung und damit Öffnung einstiger nationaler Monopolbereiche hat die Globalisierung des Telekommunikationsmarktes einen wesentlichen Schub erhalten. Neben dem aufkommenden Wettbewerb in den Heimatmärkten ergeben sich für die ehemaligen Monopolunternehmer internationale und globale Wettbewerbsmöglichkeiten. Die **Deutsche Telekom** will in Zukunft zu den dann schätzungsweise 3 bis 5 unabhängigen «Global Players» gehören. Die **globale Strategie** der Telekom weist Ende 1999 folgende Eckpfeiler auf: (1) Konzentration auf die Bereiche Internet/Online, Mobil, Netzzugang und Systemlösungen, (2) Erwerb von Mehrheitsbeteiligungen (anstatt lockerer Allianzen wie Global One) und (3) Strategische Steuerung der Beteiligungen (keine reinen Finanzbeteiligungen).*

Lokale Strategien sind orts- und regionalgebunden, **nationale** sind landesweit ausgerichtet, **internationale Strategien** sind grenzüberschreitend, **Globalisierungsstrategien** definieren den Markt schließlich weltweit (global player).

Produkt / Markt		gegenwärtig	neu
gegenwärtig	Inland	MD_1	PE_1
	Ausland	MD_2	PE_2
neu	Inland	ME_1	D_1
	Ausland	ME_2	D_2

Abb. 2-46: Internationale Strategien bei der *Ansoff*-Matrix nach *Perlitz* [Management] 40

Greifen wir zur Verdeutlichung der Relevanz des regionalen Geltungsbereichs die Internationalisierungsstrategien heraus. Zu diesem Zweck kann die *Ansoff*-Matrix dahingehend erweitert werden, dass die Märkte nicht nur in gegenwärtig oder neu, sondern auch in Inland und Ausland unterschieden werden (*Perlitz* [Management] 40).

(1) Die **Marktdurchdringung** auf Auslandsmärkten (MD_2) kann dazu beitragen, dass über die Umsatzausweitung eine bessere Auslastung von Kapazitäten statt-

findet, Skalenerträge wahrgenommen werden und man näher an den Kundenpräferenzen ist.

Beispiele: MAN stärkt seine Wettbewerbsposition in Osteuropa durch den Aufbau eigener Produktionskapazitäten bzw. die Kooperation mit Herstellern wie dem polnischen Lastwagenbauer Star.

Bosch expandierte 1996 durch den Kauf des Unternehmens Allied Signal in den US-amerikanischen Bremsenmarkt.

(2) Für die Realisierung der **Marktentwicklungstrategie** (ME$_2$) bieten sich Auslandsmärkte insofern an, als die bisherigen Erfahrungen mit einem Produkt nun auf einen neuen Markt übertragen werden können. Auf diese Art und Weise lassen sich ebenfalls die Vorteile des Erfahrungskurveneffektes wahrnehmen. Voraussetzung ist allerdings, dass die Kundenpräferenzen der verschiedenen Märkte homogen sind und sich deshalb die Produkte standardisieren lassen.

*Beispiele: Die **Benetton-Tochtergesellschaft Autogrill,** Betreiber von über 300 Autobahnraststätten in Italien, expandiert durch Kooperationen und Übernahmen seit Jahren in europäische Märkte. In Spanien und Frankreich hält Autogrill bereits Anteile von 30 bis 40 % am jeweils nationalen Autobahngastronomiemarkt. In Österreich und Deutschland kaufte Autogrill die insgesamt 21 «Wienerwald»-Restaurants an Autobahnen. Verhandlungen und Testbetriebe laufen unterdessen in den Niederlanden, in Belgien, Ungarn und Griechenland.*

*Der **deutsche Pharmamittelstand** expandiert zunehmend in den US-amerikanischen Markt, wo im Vergleich zum heimischen Markt (Gesundheitsreform) hohe Wachstumsraten zu verzeichnen sind. Nach Angaben des Bundesverbandes der Pharmazeutischen Industrie haben die deutschen Exporte in die USA im ersten Halbjahr 1998 um 107 % auf 2,7 Mrd. DM zugenommen.*

Außerdem eröffnet die Präsenz auf Auslandsmärkten die Chance, von den dortigen Kunden und Wettbewerbern zu lernen. «Go where the markets are» lautet die Devise. Diese Politik kann sogar so weit gehen, dass der Standort für die Fertigung in jene Länder verlegt wird, in denen die Hauptabnehmer angesiedelt sind (z.B. Standortentscheidung von Mercedes-Benz für die Herstellung der M-Klasse in den USA).

(3) Mit der **Produktentwicklungsstrategie** (PE$_2$) können auf Auslandsmärkten dieselben Vorteile wahrgenommen werden, die bislang im Inland durch diese Strategie erzielt worden sind. *So sind amerikanische Filmgesellschaften i.d.R.*

bestrebt, einen neuen Film unmittelbar nach der Premiere flächendeckend in die Kinos in Europa zu bringen. Im Jahre 2000 werden die großen Filmstudios in den USA -Disney, Universal, Columbia usw.- nach Schätzung bis zu 80 % ihres Umsatzes im Ausland erzielen.

(4) Im Rahmen der **Diversifikationsstrategie** (D$_2$) können Auslandsmärkte insbesondere zur Reduktion des Risikos verwendet werden. Sie wird häufig über die Akquisition ausländischer Unternehmen realisiert. Multis wie *ITT* und *Unilever* sind auf diese Weise als «multi domestic industries» entstanden. Häufig werden neue Produkte zunächst auf solchen ausländischen Märkten eingeführt, deren Nachfragerstruktur und -eigenschaften denen der primären Zielmärkte gleichen. Der Auslandsmarkt nimmt dann zusätzlich die Funktion des temporären Testmarktes wahr.

5.3.1.3 Autonomie-, Kooperations- und Integrationsstrategien

Leitgedanke: «Buy, cooperate, sell or close.»

Heinrich von Pierer, Vorsitzender des Vorstandes der Siemens AG, März 2000

Wachstum lässt sich mit unterschiedlichen **Graden der Eigenaktivität** herbeiführen durch

– Aktivierung eigener Potenziale,
– Kooperationen,
– Akquisitionen.

(1) Eine **Autonomiestrategie** liegt dann vor, wenn ein Unternehmen aus eigener Kraft wächst, also die Potenziale des eigenen Unternehmens aktiviert. Als Beispiele können Technologiestrategien genannt werden, die aus den Erfolgen eigener Forschung und Entwicklung hervorgehen (vgl. S. 542 ff.). Autonomiestrategien scheiden aus, wenn die Ressourcen im eigenen Hause dafür nicht in ausreichendem Maße zur Verfügung stehen. Hier bietet sich als einziger Ausweg die Aneignung von Ressourcen durch Kooperationen und/oder Akquisitionen an. Beide Strategien zeichnen sich gegenüber einem unternehmerischen Alleingang dadurch aus, dass sich die strategischen Ziele - vorausgesetzt, die Kooperation oder Akquisition ist erfolgreich - rasch realisieren lassen.

(2) Kooperationsstrategien zielen auf eine Zusammenarbeit zwischen zwei oder mehreren Unternehmen auf einem bestimmten Betätigungsfeld ab, um auf diese Weise einen **Synergieeffekt** für beide Partnerunternehmen herbeizuführen. Der Synergieeffekt kann in einer Risiko- und Kostenteilung sowie in einem Vorteil aus dem Lernen voneinander bestehen. So können horizontale und vertikale Kooperationen zu Stande kommen. Beispiele für eine horizontale Kooperation sind die strategische Allianz (z.B. Lufthansa mit anderen Fluggesellschaften für ein gemeinsames Code Sharing; Comdirect mit T-Online für ein gemeinsames Online-Banking), für eine vertikale Kooperation Rahmenverträge zwischen Kunden und Lieferanten (etwa zwischen der Automobilindustrie und deren Zulieferern).

Vor dem Hintergrund der durch das Internet forcierten Auflösung regionaler Märkte und Marktgrenzen sowie der gleichzeitig zunehmenden informations- und kommunikationstechnologischen Möglichkeiten der Zusammenarbeit von Unternehmen entlang einer Wertschöpfungskette gewinnen insbesondere vertikale Kooperationen an Bedeutung.

Kooperationsstrategien haben neben dem Vorzug des Zeitgewinns den Vorteil, dass eine Strategie gezielt eingesetzt werden kann, denn die Vereinbarungen mit dem Kooperationspartner können ex ante ausschließlich auf den Gegenstand der Strategie, etwa die Steigerung der Technologiekompetenz, ausgerichtet werden.

Beispiele: Im Forschungs- und Entwicklungsbereich dienen strategische Allianzen der gemeinsamen Nutzung von Forschungseinrichtungen (pooling). Im Beschaffungsbereich kann über den Partner ein Zugang zu Rohstoffen eröffnet werden. Im Produktionsbereich trägt die Zusammenlegung von Produktionen zu einer Nutzung von economies of scale und des Erfahrungskurveneffektes bei. Im Marketing kann eine bereits vorhandene Vertriebsorganisation genutzt werden. Für Mittelständler des deutschen Werkzeugmaschinenbaus stellt dies z.Z. die einzige Möglichkeit dar, um international präsent zu sein.

Wesentliche Probleme der Kooperationsstrategie sind vor allem auf dem Feld der Organisation einer unternehmensübergreifenden Zusammenarbeit zu sehen. Diese Problematik wird in Teil 5 behandelt (vgl. S. 417 ff.).

(3) Integrationsstrategien bestehen darin, dass Wachstum durch Unternehmenszusammenschlüsse (mergers and acquisitions) herbeigeführt wird. In der Regel geschieht dies durch eine **Akquisition**, also den Erwerb eines anderen Unternehmens. Dabei lassen sich über Akquisitionen sowohl eine Marktdurchdringung, eine Marktentwicklung, eine Produktentwicklung wie auch eine Diversifikation herbeiführen.

*Beispiele für **Akquisitionen/Fusionen** der jüngeren Zeit sind:*

- **Automobil und Zulieferer:** *Daimler-Benz/Chrysler; VW (Audi)/Bentley, Rolls-Royce, Lamborghini; Ford/Renault /Volvo; Mannesmann VDO/Philips Autosysteme.*

- **Banken und Versicherungen**: *Bankers Trust/Deutsche Bank; Schweizerischer Bankverein/Schweizerische Bankgesellschaft; Merita Pankki/Nordenbanken; Citicorp/Travellers Group; Allianz/AGF; Zürich Versicherung/B.A.T.; Allianz/PIMCO.*

- **Chemie/Pharma/Rohstoffe/Grundstoffe:** *Hoechst/Rhone-Poulenc; Sandoz/Ciba Geigy; Viag/Alusuisse Lonza; Hüls/Degussa; Krupp/Thyssen; Exxon/Mobil.*

- **Telekommunikation:** *MCI Worldcom/Sprint; Vodafone/Airtouch/Mannesmann; SBC/Ameritech; AOL/Netscape.*

- **Konsumgüter/Handel/Transport:** *Metro/Allkauf, Kriegbaum; Wal-Mart Stores/Wertkauf, Interspar; Preussag/Hapag Lloyd, TUI; Bertelsmann/Random House; Deutsche Post/Danzas.*

Die Beispiele zeigen, dass die Akquisitionsstrategie - ähnlich wie die Kooperationsstrategie - den **Vorteil** der raschen Wahrnehmung der **economies of scale** (Fixkostendressionseffekt) und der **economies of scope** (Verbundeffekt in Form des Erwerbs einer Kompetenz, die bisher nicht vorhanden war) eröffnet.

Die Akquisition hat jedoch gegenüber der Kooperation folgende **Nachteile:** Die Entscheidung lässt sich nur schwer revidieren (Mangel an Flexibilität), es ist ein hoher Kapitaleinsatz erforderlich, eine Risikoteilung findet nur begrenzt statt, es entsteht ein starker öffentlicher Aufmerksamkeitseffekt (insbesondere bei sog. feindlichen Übernahmen) und schließlich besteht die Gefahr eines Vetos nationaler oder internationaler Kartellbehörden. Ob diese Nachteile durch den Vorteil der Beherrschung des Partners aufgewogen werden, ist nur von Fall zu Fall zu klären.

5.3.2 Stabilisierungsstrategien

Stabilisierungsstrategien sind darauf ausgerichtet, die bisherige **Position zu sichern**. Es liegt also eine defensive Grundeinstellung vor. Auf das Portfolio übertragen heißt dies, dass lediglich ein finanzieller Ausgleich zwischen den Strategischen Geschäftsfeldern angestrebt wird. Während im Rahmen einer Wachstumsstrategie ein Unternehmen i.d.R. als Strategieführer agiert, handelt es nunmehr als Strategiefolger (auch als «Me-too-Strategie» bezeichnet). Vorteile einer Defensivstrategie können in der Begrenzung von Risiken, etwa im Bereich der Technologie, gesehen werden. Mit einer Politik des Abwartens bietet sich so die Chance, Bekanntes besser zu machen.

Stabilisierungsstrategien stellen häufig **Übergangsstrategien** in dem Sinne dar, dass Zeit gewonnen wird, um sich für eine endgültige Richtung zu entscheiden, nämlich für die Abschöpfung und den Marktaustritt oder die Sammlung von Kräften für eine neue Offensive.

Eine Stabilisierungsstrategie ist häufig bei solchen mittelständischen Unternehmen zu beobachten, die sich in ein großes Unternehmen einkaufen lassen. Der neuen Mutter fällt dann die Entscheidung zu, auf diesem Wege entweder durch Stilllegung Kapazitäten abzubauen oder dem akquirierten Unternehmen neue Wachstumsimpulse zu verleihen.

5.3.3 Desinvestitionsstrategien

Die Literatur hat sich bisher nur wenig mit dem Gegenteil des Wachstums, nämlich mit der Schrumpfung beschäftigt. Die Basis für eine derartige Grundeinstellung könnte in der entsprechenden Orientierung der Praxis ausgemacht werden. Dort dominieren Wachstum vor Schrumpfung, Investition vor Desinvestition. Erfolge werden prämiert, die Entdeckung potenzieller Misserfolge und die Konkretisierung von Misserfolgen (etwa in Form von Veräußerungsverlusten) werden dagegen mit negativen Sanktionen belegt. So ist Desinvestition häufig nur der letzte (erzwungene) Ausweg, also die Folge eines reaktiven Verhaltens gegenüber strategischen Gefährdungen, und nicht das Ergebnis eines systematischen und antizipativen Desinvestitionsmanagements.

Die **strategische Bedeutung** der Desinvestition ist in den letzten Jahren mit dem Aufkommen des Shareholder Value und der Beschränkung auf die Kernkompetenzen stärker in das Blickfeld von Theorie und Praxis gerückt. Der Shareholder Value-Ansatz verlangt eine separate Bewertung Strategischer Geschäftseinheiten und verbietet damit eine «Quersubventionierung». Dies bedeutet auch, dass eine optimale Allokation der Unternehmensressourcen für die Desinvestitionsentscheidung dieselben Bewertungs- und Kontrollmechanismen verlangt wie für die Investitionsentscheidung. Desinvestition wird damit nicht als Ausdruck des Versagens gewertet, sondern als Konsequenz einer strategischen Neubewertung eines Geschäftsbereichs.

(1) **Anlässe** für **Desinvestitionen** können u.a. sein:

- unzureichende Rendite,
- Angebot eines Käufers,
- Abbau von Kapazitäten,
- Verbesserung der Liquidität,
- Konzentration auf die Kernkompetenzen.

(2) Folgende **Desinvestitionsbarrieren** lassen sich unterscheiden:

- Veräußerungsverluste bei Investitionen, die an einen spezifischen Unternehmenszweck gebunden sind (z.B. eine Spezialmaschine, die sich nur «unter Wert» veräußern lässt).
- Kosten: Sozialpläne, Abfindungen für vertragliche Liefer-, Pacht-, Miet-, Garantie- und Service-Verpflichtungen.
- Steuern: bei Veräußerungen anfallende Ertragssteuern durch Aufdeckung stiller Reserven (vgl. Steuerreform).
- Verlust von Verbundvorteilen (z.B. gemeinsamer Vertrieb).
- Traditionelle Bindungen an ein Unternehmen («Familienerbe»).
- Imageverlust.
- Angst vor dem Stigma des Versagers.

(3) Zur Verwirklichung einer Desinvestition stehen folgende **Desinvestitionsformen** zur Verfügung (vgl. *Thissen* [Desinvestitionsmanagement]:

(a) **Management Buy-out**

Ein Management Buy-out liegt dann vor, wenn das bisherige Management eines Unternehmens das ganze Unternehmen oder einen Unternehmensteil übernimmt. Tritt die Belegschaft als Übernehmer auf, so liegt ein Employee Buy-out vor. Beim Leveraged Buy-out wird der Kaufpreis durch eine relativ hohe Fremdkapitalaufnahme finanziert, um den Leverage-Effekt, d.h. die Differenz zwischen Rendite und Fremdkapitalzins zu nutzen.

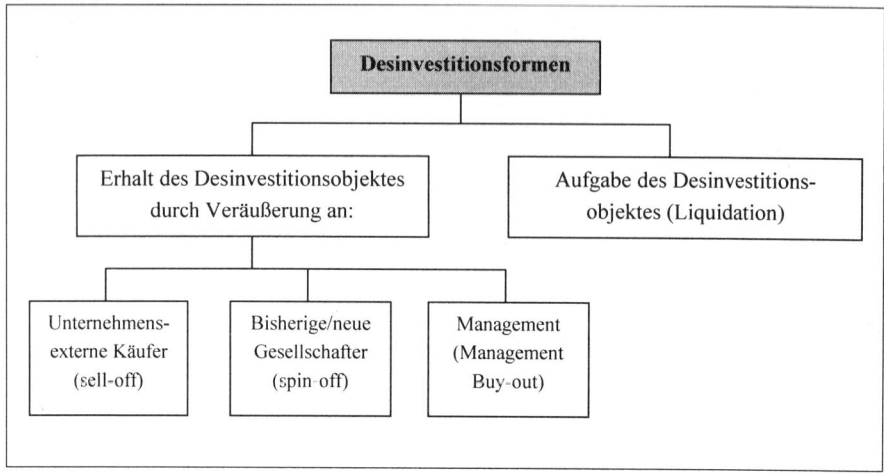

Abb. 2-47: Desinvestitionsformen

(b) **Spin-off**

Beim Spin-off wird ein Unternehmensteil aus dem Gesamtverband eines Unternehmens herausgelöst und rechtlich verselbständigt. Die Aktionäre sind dann an beiden Gesellschaften beteiligt.

Der Spin-off führt allerdings nur dann zu einer Desinvestition, wenn mit der Zerlegung die Voraussetzungen für Anteilsverkäufe der Altaktionäre und damit das Engagement neuer Eigentümer (Aktionäre) geschaffen werden.

(c) **Sell-off**

Wird eine Unternehmenseinheit an ein anderes Unternehmen veräußert, liegt ein Sell-off vor. Der Unterschied zum Spin-off und zum Buy-out besteht also darin, dass unternehmensexterne Käufer als neue Eigentümer auftreten. Stellen diese Käufer Manager nicht verbundener Unternehmen dar, so handelt es sich um ein Management Buy-in.

(d) **Liquidation**

Liquidation oder Stilllegung liegt dann vor, wenn die Unternehmenstätigkeit eingestellt wird.

5.4 Geschäftsbereichsstrategien

Die Strategien auf Unternehmensebene geben die generelle Stoßrichtung des gesamten Unternehmens an. Auf Geschäftsbereichsebene ist der Rahmen auszufüllen, der von der Unternehmensstrategie vorgegeben ist. *Grant* ([Strategy) 19 f.) drückt den Unterschied zwischen Unternehmensstrategie (corporate strategy) und Geschäftsbereichsstrategie (business strategy) wie folgt aus: «What business or businesses should we be in? and, within each business; How should we compete? The answer to the first question describes the corporate strategy of the company; the anwer to the second describes the primary themes of business... strategy.»

Die Geschäftsbereichsstrategie wiederum muss sich folgenden **Fragen** zuwenden:

- Wie soll die Marktgrenze gezogen werden?
- Mit welchen Mitteln soll der Wettbewerb ausgetragen werden?

Mehrere Möglichkeiten zur Beantwortung dieser Fragen bieten sich an. Geht man von der Konzeption *Porters* aus, so besteht zunächst die Option, den Markt branchenweit abzugrenzen oder auf ein Segment (eine Nische) zu begrenzen. Die zweite Frage zielt darauf ab, wie der Wettbewerb bei beiden Formen der Marktabgrenzung auszurichten ist, d.h. ob über die Kostenführerschaft oder die Differenzierung Wettbewerbsvorteile zu erzielen sind.

Es stehen also - nach *Porter* - im wesentlichen **drei Grundstrategien** (generic competition strategies) zur Verfügung *(Porter* [Wettbewerbsvorteile] 37 ff.):

- Kostenführerstrategie,
- Differenzierungsstrategie,
- Nischenstrategie.

Da diese Strategien auf eine vorteilhafte Position im Wettbewerb abzielen, werden sie auch als **Wettbewerbsstrategien** bezeichnet.

5.4.1 Kostenführerstrategie

Das **Ziel** der Kostenführerstrategie besteht darin, der preisgünstigste Wettbewerber auf dem Markt zu sein. Diese Strategie erfordert eine rigorose Politik der Kostensenkung. Dazu tragen bei:

- Ausnutzung des Erfahrungskurveneffektes in Verbindung mit dem Effekt der Fixkostendegression. Diese Effekte wiederum setzen eine aggressive Mengenpolitik und eine Standardisierung der Produkte voraus.
- Generelle Durchforstung der Kostenstruktur i.S. des Lean Production-Konzepts (vgl. S. 517 f.).

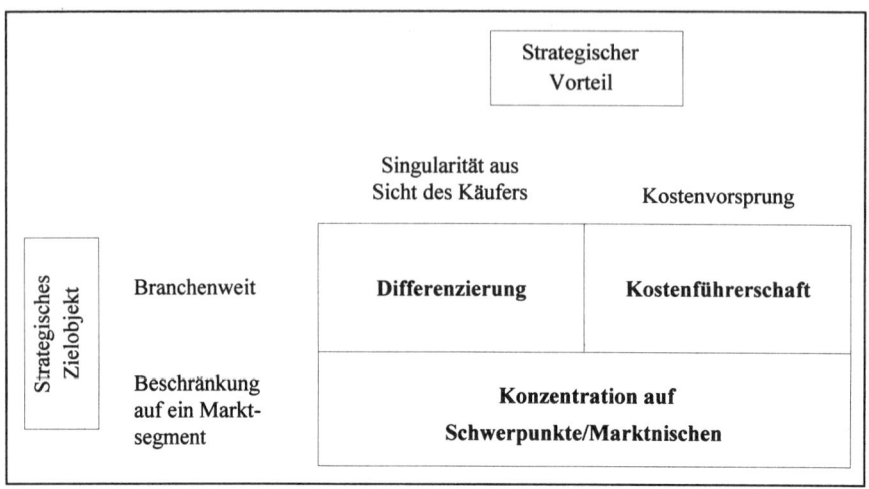

Abb. 2-48: Geschäftsbereichsstrategien nach *Porter*

Ein Beispiel für die erfolgreiche Durchführung einer internationalen Kostenführerstrategie sind die Unternehmen der japanischen Motorradindustrie, die auf dem Wege der Erstellung kostengünstiger Produktionsanlagen und Fertigung großer Stückzahlen in immer mehr Märkte eingedrungen sind und nach und nach britische, deutsche und US-amerikanische Wettbewerber zurückgedrängt haben.

Ähnlich erfolgreich waren zahllose Billiganbieter von Telekommunikations-Dienstleistungen im deutschen Markt (Mobilcom, TelDaFax u.a.). Von der Regulierungsbehörde festgelegte Einkaufspreise für Vorleistungen der Deutschen Telekom (Interconnection-Tarife) bescherten diesen Anbietern eine äußerst günstige und deterministische Kostenstruktur. Damit konnten diese Anbieter ohne weitere nennenswerte Investitionen und damit bei geringem unternehmerischem Risiko ihre Leistungen zu Niedrigpreisen anbieten. Inzwischen sind durch den Preiswettbewerb im Bereich der Sprachkommunikation die Margen dieser Anbieter stark zurückgegangen.

Weitere Beispiele für die Umsetzung der Kostenführerstrategie sind Aldi, Fielmann, McDonalds und Vobis.

5.4.2 Differenzierungsstrategie

Das **Ziel** der Differenzierungsstrategie besteht in der Herstellung und dem Angebot eines Produktes, das sich in Qualität und Service von den Konkurrenzprodukten deutlich abhebt. Dadurch soll die Preiselastizität der Nachfrage verringert werden. Es wird ein sog. monopolistischer Bereich geschaffen oder ein bereits vorhandener monopolistischer Bereich vergrößert. In Abb. 2- 49 ist eine doppelt geknickte Preisabsatzfunktion dargestellt. Im monopolistischen Bereich hat der Anbieter einen Preisspielraum nach oben; die Käufer wandern erst bei einer «übertriebenen» Preisdifferenzierung zum Wettbewerber ab.

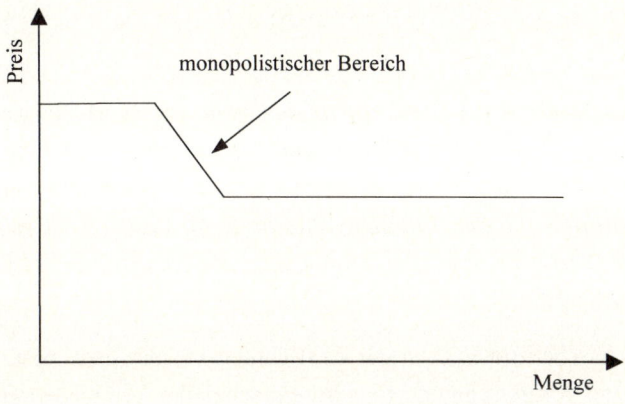

Abb. 2-49: Preisabsatzfunktion mit monopolistischem Bereich

Ansatzpunkte für die Umsetzung der Differenzierungsstrategie sind Maßnahmen auf folgenden Gebieten:

– Technische Ausstattung eines Produktes (z.B. Smart),
– Design (z.B. quadratische Form der Ritter Sport-Schokolade),
– Markenbildung (z.B. Adidas),
– Service (z.B. Allianz-Versicherung),
– Vertriebsnetz (z.B. Vorwerk-Staubsauger).

Die Kosten und damit der Preis sind bei dieser Strategie zwar nicht zu vernachlässigen, stellen aber nicht den entscheidenden strategischen Erfolgsfaktor dar. Ein i.d.R. hoher Preis soll durch Mehrleistung in Qualität und Service wettgemacht werden.

Zu den Eigenschaften einer der Differenzierungsstrategie im Unterschied zur Kostenführerstrategie adäquaten Unternehmenskultur vgl. S. 19.

5.4.3 Nischenstrategie

Beispiel: In der seit 1824 bestehenden Ergenzinger Ochsen-Brauerei werden nur zwei Bier-Sorten hergestellt. «Als kleines Privatunternehmen müssen wir uns einfach konzentrieren», steht für Franz Digeser fest. Das eine Standbein sei das Pils, das andere das Export-Bier, das vollmundig den traditionellen schwäbischen Bier-Erwartungen entspreche.

Den Ehrgeiz, mit der Meute der Großbrauereien mitzuheulen, hat Franz Digeser nicht. Er macht sein Bier ganz gezielt für die private Kundschaft. Die holt es sich im brauereieigenen Abholmarkt selber oder lässt sich direkt beliefern. In Gaststätten sind Ochsenbräu-Erzeugnisse deshalb selten, in Supermärkten gar nicht anzutreffen.

Zukunftssorgen plagen Franz Digeser dennoch nicht. Immer wieder werde ja darauf hingewiesen, wie wichtig es sei, dass man nur Nahrung zu sich nehme, deren Herkunft man kenne. Und bei den Erzeugnissen der Ochsen-Brauerei habe man von den Grundstoffen bis zur Abfüllung alles im Griff. Da könne er sich im wahrsten Sinne des Wortes auf die Mundpropaganda der Kunden verlassen (Südwest-Presse vom 6.8.1994).

Das **Ziel** der Nischenstrategie ist die Ausrichtung auf ein ganz bestimmtes und eng abgegrenztes Käufersegment. Es wird ein spezieller Teilmarkt mit einer Personengruppe von spezieller Bedürfnisstruktur bedient (*z.B. Pelikan-Kugelschreiber mit Preisen zwischen 50 und 2000 DM; Taschenuhren von Lange*). Die heute feststellbare Produktdifferenzierungstendenz kommt der Nischen-Strategie entgegen. Sie konzentriert sich auf Märkte, die von den Großen wegen der economies of scale vernachlässigt werden. So profitieren bspw. Programmkinos davon, dass die großen Filmproduzenten primär an der Produktion konfektionierter Massenware interessiert sind.

Die Strategietypen «Produktdifferenzierung» und «Kostenführerschaft» können mit der Nischenstrategie kombiniert werden. Dies bedeutet Differenzierung bzw. Kostenführerschaft in einem kleinen Segment. So konkurrieren auf dem Marktsegment «Computer-Zeitschriften» ca. 250 Publikationen um die Lesergunst, teilweise mit einer Ausrichtung auf spezielle Informationsbedürfnisse («Special-Interest-Publikationen»), teilweise mit niedrigen Preisen.

5.5 Funktionsbereichsstrategien

Geschäftsbereichsstrategien legen die allgemeine Richtung fest, mit der Wettbewerbsvorteile angestrebt werden können. Entscheidet sich ein Geschäftsbereich bspw. für eine Differenzierungsstrategie, so bedarf es einer Fülle konkreter Maßnahmen, um diese Strategie zu realisieren. Dieser Maßnahmenkatalog äußert sich in der Nutzung des einer Unternehmung zur Verfügung stehenden Potenzials. Strategische Potenziale stellen Speicher spezifischer Stärken dar, die es ermöglichen, die Unternehmen in einer sich wandelnden Umwelt erfolgreich zu positionieren und sich den langfristigen Unternehmenserfolg zu sichern (einen Überblick über die Leistungspotenziale gibt Abb. 2-50).

Die Entwicklung und Nutzung dieser Leistungspotenziale erfolgt durch folgende **Strategien:**

– Beschaffungsstrategien,
– Produktionsstrategien,
– Marketingstrategien,
– Finanzierungsstrategien,
– Personalstrategien,
– Technologiestrategien.

Die Merkmale dieser Strategien sind in Teil 7, der sich mit den Leistungspotenzialen befasst, ausführlich beschrieben.

Mit dem Einsatz der Funktionsbereichsstrategien ist der Prozess der Strategiewahl hierarchisch auf der untersten Ebene angelangt. Wir befinden uns damit an der **Schnittstelle** von **Strategiewahl** und **Strategieimplementierung.** Die Strategieimplementierung befasst sich mit der Umsetzung und Durchsetzung von Strategien. Sie wird ausführlich in Abschnitt 6 erörtert, denn die Erfahrung zeigt, dass die Probleme weniger auf dem Felde der Strategieformulierung als auf jenem der Strategieverwirklichung zu sehen sind.

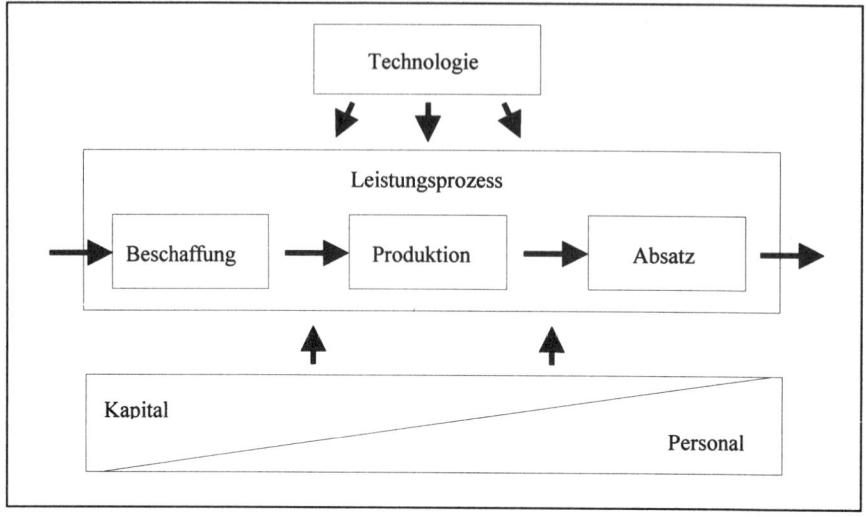

Abb. 2-50: Leistungspotenziale

5.6 Bewertung von Strategien

Sind die wählbaren Strategiearten bekannt, muss im Rahmen des Auswahlverfahrens eine Bewertung der Strategien stattfinden. Es handelt sich dabei um ein komplexes entscheidungstheoretisches Problem, da die Strategiewahl unter Bedingungen stattfindet, die sich nur wenig spezifizieren lassen. Die damit verbundene Unsicherheit mag auch erklären, warum einzelne Unternehmen einen häufigen (i.d.R. jedoch «teuren») Strategiewechsel praktizieren.

Für die strategische Planung ist es geradezu charakteristisch, dass sowohl die Zielsetzung als auch die Entscheidungssituation recht unscharf beschrieben sind. Hinzu kommt, dass sich die Wirkungen und damit der Erfolg einer einzelnen Strategie nur schwer isolieren lassen. Auf diese Umstände müssen die Lösungsverfahren Rücksicht nehmen.

Zwei Kategorien von **Lösungsverfahren** stehen zur Verfügung:

- Die typologische Vorgehensweise (Normstrategien) und
- der Einsatz von Planungsmodellen.

Kennzeichnend für die typologische Vorgehensweise ist, dass für bestimmte Typen von Situationen und Zielkonstellationen Strategien empfohlen werden, von denen man auf Grund der bisherigen Erfahrung glaubt, dass sie sowohl der Situation wie auch dem Ziel weitgehend entsprechen. Es handelt sich dabei um sog. Normstrategien.

Planungsmodelle dagegen liefern Techniken zur Abbildung des Entscheidungsproblems und Rechenverfahren für die Abwicklung der einzelnen Schritte des Lösungsprozesses.

Typologische Verfahren werden auch als qualitative Verfahren, Planungsmodelle als quantitative Verfahren bezeichnet.

5.6.1 Normstrategien

Die Erörterung der einzelnen Portfolio-Varianten hat gezeigt, dass sich für bestimmte strategische Konstellationen eines Unternehmens einzelne Strategien geradezu anbieten. So ist es nahe liegend, für ein Strategisches Geschäftsfeld, das sich im ausgehenden Produktlebenszyklus befindet, eine Marktaustrittsstrategie zu wählen, während sich für innovative Geschäftsfelder eine Investitionsstrategie aufdrängt.

Normstrategien haben zwar den **Vorzug,** dass sie i.d.R. eine grobe Richtung angeben, aber andererseits den **Nachteil,** dass sie bei näherer Betrachtung doch nicht allzu viel an umsetzbarer Erkenntnis vermitteln. Unter einer Strategie sind Maßnahmen zur Sicherung des langfristigen Erfolgs eines Unternehmens zu verstehen. Der Begriff «Strategie» umfasst daher weit mehr als eine bloße Vorgabe bezüglich der Mittelzuweisung. Normstrategien sind letztlich keine wirklichen Strategien. Der dem Erfolg zu Grunde liegende Sachzusammenhang wird nämlich nicht berücksichtigt. So wird bspw. in der BCG-Matrix suggeriert, dass mit der Erwirtschaftung von Cash Flow das Problem gelöst sei. Die entscheidende Frage lautet aber: «Wie erwirtschafte ich Cash Flow?»

Die Normstrategien basieren im Wesentlichen auf dem Funktionieren der Kette «Ausgabensteigerung $\Rightarrow$ Marktanteilserhöhung (Wettbewerbspositionsverbesserung) $\Rightarrow$ Ergebnisverbesserung». Es besteht aber wohl kein gesetzmäßiger Zusammenhang zwischen dem Unternehmensergebnis und dem Marktanteil bzw. der Wettbewerbsposition wie auch zwischen dem Ausgabenniveau und der Wettbewerbsposition. Denn nicht nur die Höhe, sondern auch die Zusammensetzung der Ausgaben dürften eine Rolle spielen. Ausgabensteigerungen sind eine i.d.R. notwendige, aber keinesfalls hinreichende Bedingung für eine Verbesserung der

Wettbewerbsposition (des Marktanteils), und eine Erhöhung des Marktanteils keine Gewähr für steigende Gewinne.

Das Ziel der Normstrategien ist bei vielen Portfolio-Varianten - wenngleich bei der BCG-Matrix noch stärker akzentuiert - ein ausgeglichener Cash Flow und damit die interne Finanzierung von Investitionen. Dieses «Oberziel» ist nur sinnvoll, wenn die externe Finanzierung institutionell oder materiell eng begrenzt ist, was i.d.R. jedoch nicht der Fall ist. Auch das Argument des Risikoausgleichs ist für wertorientierte Investoren wenig bedeutsam: Sie können ihr Wertpapierportefeuille selbst wesentlich leichter und breiter streuen als dies irgendeine Unternehmensführung mittels Diversifikation könnte. Trotz dieser Kritik stellen Normstrategien eine Entscheidungshilfe dar, da sie aus der Portfolio-Analyse hervorgehen und diese wiederum ein strukturiertes und damit systematisches Vorgehen bei der Strategiesuche impliziert.

5.6.2 Planungsmodelle

Planungsmodelle stellen im Gegensatz zur typologischen Vorgehensweise Techniken mit Lösungsverfahren zur Verfügung. Das **Lösungsverfahren** besteht darin, dass das Entscheidungsproblem im Modell abgebildet und mit Hilfe eines Lösungsalgorithmusses (bei den analytischen Modellen) oder durch ein strukturiertes Vorgehen (bei den heuristischen Verfahren) eine Strategiewahl getroffen wird. Abb. 2-51 enthält eine Klassifikation von Planungsmodellen.

1.	**Analytische Modelle**
	- Analytische Partialmodelle
	- Analytische Totalmodelle
2.	**Heuristische Modelle**
	- Heuristische Regeln
	- Dialogmodelle

Abb. 2-51: Planungsmodelle

5.6.2.1 Analytische Modelle

Analytische Modelle sind dadurch gekennzeichnet, dass sie die optimale Lösung eines Entscheidungsproblems durch einen Algorithmus, d.h. durch einen systematisierten Rechenvorgang, ermitteln. Sie werden daher auch als **Optimierungsmodelle** bezeichnet. Je nachdem, ob die Entscheidungssituation eines gesamten Unternehmens erfasst oder nur Einzelprobleme abgebildet werden, unterscheiden wir zwischen Totalmodellen und Partialmodellen.

(1) Partialmodelle

Die meistgenutzten Techniken zur Ermittlung eines strategischen Optimums sind die Methode des internen Zinsfußes, die Kapitalwertmethode und die Nutzwertanalyse. Der **interne Zinsfuß** ist derjenige (kritische) Zinssatz, der den Kapitalwert einer Strategie Null werden lässt. Nach diesem Entscheidungskriterium wird eine Strategie dann durchgeführt, wenn ihr interner Zinsfuß über einer geforderten Mindestredite liegt. Bei der Anwendung dieses Kriteriums treten allerdings methodische Probleme auf. So wird unterstellt, dass Differenzinvestitionen bei unterschiedlichen Anschaffungsauszahlungen und/oder Nutzungsdauern sowie unterschiedlichen zeitlichen Strukturen der Zahlungsströme zum internen Zinsfuß durchgeführt werden können. Dadurch können beim Vorteilhaftigkeitsvergleich andere Ergebnisse zustande kommen als bei der Kapitalwertmethode.

Die **Kapitalwertmethode** bildet Zahlungsströme ab, die aus Entscheidungen resultieren. Als Entscheidungskriterium dient der Barwert dieser Zahlungsströme. Der Barwert wiederum ist der auf einen bestimmten Zeitpunkt diskontierte Wert der Zahlungsreihen, die über mehrere Planungsperioden anfallen. Die für verschiedene Strategien ermittelten Kapitalwerte werden verglichen; die Alternative mit dem höchsten Kapitalwert wird dann ausgewählt. Eine ähnliche Vorgehensweise zur Ermittlung der optimalen Strategie wird dann gewählt, wenn als Zielkriterium der **Shareholder Value** zur Geltung kommt (vgl. S. 76 f.). Hier wird der Discounted Cash Flow als Entscheidungskriterium verwendet. Der Discounted Cash Flow stellt eine Kennzahl zur Evaluierung von Strategien dar und entspricht dem Kapitalwertkriterium. Prognostizierte Cash Flows werden mit den gewichteten Kapitalkosten als Mindestrenditeforderung der Eigen- und Fremdkapitalgeber diskontiert. Die Berücksichtigung des Residualwertes trägt der Tatsache Rechnung, dass sich Strategien u.U. erst langfristig in messbaren Größen niederschlagen.

Der Einsatz der Kapitalwertmethode im Rahmen der Strategiewahl stößt deshalb häufig an Grenzen, weil sich die künftigen Zahlungsströme einer Strategie nur schwer prognostizieren lassen.

Die **Nutzwertanalyse** bietet sich dann an, wenn im Gegensatz zur Kapitalwertmethode nicht von einem einzigen und darüber hinaus noch quantitativen Ziel bei einer Entscheidung auszugehen ist, sondern von mehreren Zielen, die z.T. qualitativer Natur sind. Die Maximierung des Nutzwertes liefert das Kriterium für die Wahl der Strategie. Zur Vorgehensweise bei der Nutzwertanalyse vgl. S. 435.

(2) Totalmodelle

Totalmodelle, auch als Gesamtunternehmensmodelle (corporate planning models) bezeichnet, bilden den Entscheidungsbereich des gesamten Unternehmens ab. Die beste Alternative wird mit Hilfe solcher Modelle i.d.R. über die Simulation gefunden. Mit Hilfe des **Simulationsmodells** werden die Wirkungen unterschiedlicher Strategien auf ein Ziel, etwa den Shareholder Value, analysiert und so Anhaltspunkte für die Strategiewahl gewonnen (vgl. *Berndt* [Marketing 3] 91 ff.).

5.6.2.2 Heuristische Modelle

Heuristische Modelle unterscheiden sich von den analytischen Verfahren dadurch, dass sie i.d.R. nicht die optimale Lösung eines Entscheidungsproblems liefern, sondern lediglich eine **Näherungslösung**.

(1) Heuristische Regeln

Sie stellen Verhaltensregeln dar, die bei ähnlichen Entscheidungsproblemen in der Vergangenheit zu befriedigenden Ergebnissen geführt haben. Solche heuristische Regeln liefert bspw. die PIMS-Studie. Mit Hilfe des «PAR-Report» kann ermittelt werden, welcher RoI durch eine bestimmte Strategie im Durchschnitt erzielt worden ist. Außerdem wird über die PIMS-Studie ein «Optimum Strategy Report» bereitgestellt, der auf Grund der empirischen Analysen eine Kombination von Strategien ermittelt, die eine Zielerfüllung in optimaler Weise in Aussicht stellt (vgl. S. 120).

Aktuelle **Beispiele** für die Anwendung einer heuristischen Regel sind:

- In einem stark wachsenden Markt (z.B. E-Commerce) ist eine Marktführerstrategie erfolgreich, da sie die Möglichkeit zur Setzung von Standards (first mover advantage) (z.B. Comdirect) bietet.
- Die Wahl der Kostenführerstrategie ist in einem Markt mit starker Kundenpräferenz (wie etwa bei Luxusreisen) weniger zu empfehlen als eine Differenzierungsstrategie.

(2) Dialogmodelle

Dialogmodelle stellen entscheidungsunterstützende Modelle dar, bei denen eine Kombination von modellierten Rechengängen und geistigen Komponenten des Entscheidungsträgers stattfindet. Zu nennen sind die Führungsinformationssysteme (FIS) und die Expertensysteme (ES).

Führungsinformationssysteme stellen empirisch gewonnene Daten in einer Datenbank und Berechnungsmethoden in einer Methodenbank zur Verfügung. Über den Einsatz beider Bausteine lassen sich «What if-Fragen» dergestalt beantworten, dass etwa die Zielwirksamkeit einer Strategie über die Discounted Cash Flow-Methode ermittelt und so Anhaltspunkte für die tatsächliche Strategieentscheidung gewonnen werden können.

Expertensysteme bieten gegenüber den FIS noch den zusätzlichen Vorteil, dass sie Wissen eines Experten beinhalten, das dem Anwender zur Verfügung gestellt werden kann. Ein derartiges Expertenwissen wird aus den Erfahrungen mit dem Einsatz von Strategien in der Vergangenheit gebildet. Zu den Führungsinformationssystemen und den Expertensystemen vgl. S. 335 f. und 336 ff.

6 Strategieimplementierung

6.1 Aufgaben

Fragen der Strategieimplementierung wurden im Vergleich zu jenen der Strategieformulierung in der Literatur lange recht stiefmütterlich behandelt. Die Beschäftigung mit strategischen Visionen gilt auch heute noch sowohl für Wissenschaftler wie auch für Praktiker als wesentlich vornehmere und anspruchsvollere Aufgabe als jene der «einfachen Umsetzung» einer Idee. Inzwischen ist allerdings eine gewisse Ernüchterung bei den «Strategen» eingetreten und mit ihr reifte die Erkenntnis, dass der Erfolg einer Strategie mit der Implementierung steht und fällt. Dieser Meinungsumschwung steht im Zusammenhang mit der Akzentverlagerung von der normativen zur deskriptiven Strategietheorie. Die normative Ausrichtung der Strategietheorie führt zu einem Verständnis der Implementierung als Vollzugsphase eines rationalen Planes, während die deskriptive Ausrichtung der Theorie die tatsächlichen Vollzugsprobleme zu Tage fördert.

Wie so oft in der Literatur zum Strategischen Management wird auch der **Begriff** der Implementierung recht unterschiedlich benutzt. Es ist daher eine grundlegende Definition erforderlich. Die Strategieimplementierung umfasst alle Aktivitäten, die zur Verwirklichung einer Strategie erforderlich sind. Zu ihnen rechnen nach unserer Systematik auch jene, die wir der dritten Ebene des strategischen Planungssystems, nämlich der Ebene der Funktionen (functional level), zugeteilt haben.

Die Strategieimplementierung umfasst drei Aufgaben:

– Die sachliche Aufgabe: Zerlegung einer Strategie in Einzelmaßnahmen.
– Die organisatorische Aufgabe: Ablauforganisation der Strategieimplementierung.
– Die personale Aufgabe: Schaffung persönlicher Voraussetzungen für die Implementierung.

Der erste Aspekt befasst sich mit der **Umsetzung,** der zweite und der dritte Aspekt beziehen sich auf die Umsetzung und auf die **Durchsetzung** einer Strategie (vgl. *Kolks* [Strategieimplementierung] 79 ff.). Beim ersten Aspekt steht die **Sachrationalität** im Vordergrund, bei den anderen Aspekten die **Verhaltensrationalität.**

Bei der Lösung beider Grundprobleme bieten sich wiederum zwei **Grundrichtungen** an:

– Implementierung einer Strategie durch Einsatz eigener Ressourcen und
– Implementierung einer Strategie durch Akquisition von Ressourcen.

Die Implementierung einer Strategie durch Unternehmenserwerb ist an einer anderen Stelle ausführlich erörtert worden, nämlich im Zusammenhang mit den Kooperations- und Integrationsstrategien (S. 171 ff.). Im Folgenden konzentrieren wir uns - der üblichen Auffassung in der Literatur entsprechend - auf die Implementierung einer Strategie durch den Einsatz eigener Ressourcen.

6.2 Spezifikation des strategischen Plans (sachlicher Aspekt)

> Leitgedanke: «If you can't measure it, you can't manage it.»

6.2.1 Business Plan

Eine Strategie stellt - so haben wir festgestellt - eine Maßnahme zur Sicherung des langfristigen Erfolgs eines Unternehmens dar. Diese Maßnahme ist i.d.R. recht vage gehalten und bedarf daher einer Konkretisierung. Wird bspw. eine Kostenführerstrategie gewählt, ist zu konkretisieren, in welchen Bereichen des Unternehmens und in welcher Form Kostensenkungspotenziale genutzt werden können. Die aus einer Strategie abzuleitenden spezifischen **Aktionsprogramme** sind auf alle Unternehmensbereiche auszurichten. In der Regel schlagen sich solche Programme im sog. **Business Plan** nieder, der aus Umsatzplänen, Produktionsplänen, Personalplänen, Finanzplänen usw. besteht. Aus den verabschiedeten Plänen wird dann das **Budget** bestimmt, das die Strategie in ausschließlich monetären Kategorien zum Ausdruck bringt. Spätestens an dieser Stelle des Implementierungsprozesses zeigt sich, ob eine Strategie überhaupt implementierungsfähig ist.

> **Budgetierung** ist die Umsetzung von Plänen in Geldeinheiten für die nächste Planperiode.

Die Spezifikation des strategischen Planes macht auch deutlich, dass die eigentlichen Probleme der strategischen Planung mit der Strategieimplementierung beginnen. Diese Problematik besteht nicht nur darin, aus einer Strategie in Form eines sachlogischen Deduktionsprozesses Einzelmaßnahmen abzuleiten, die insgesamt die Strategie ergeben, sondern vor allem in den mit dem Zerlegungsprozess verbundenen persönlichen Implementierungsbarrieren. Die mit der Spezifikation des strategischen Planes verknüpften aktiven und passiven Widerstände führen nicht selten zu einer sukzessiven Veränderung der Strategie: **«Paralysis by analysis»** ist das passende Stichwort. *Mintzberg* [Patterns] drückt dies so aus: Die realisierte Strategie ist nicht immer die intendierte und die intendierte ist nicht immer die realisierte Strategie.

6.2.2 Balanced Scorecard

Ein aktuelles Konzept zur Umsetzung einer Strategie stellt die sog. **Balanced Scorecard** von *Kaplan/Norton* dar. Im Jahre 1996 erschien deren Bestseller «Balanced Scorecard - Translating Strategy into Action» (deutsch 1997: Balanced Scorecard - Strategien erfolgreich umsetzen). Im Prinzip stellt die Balanced Scorecard ein über die Implementierung hinausgehendes Managementkonzept dar, ihr Schwerpunkt liegt jedoch in der Strategieimplementierung. Sie wird daher auch als Instrument zur Umsetzung von Strategien in das Tagesgeschäft verstanden: «Von der Vision zur Wirklichkeit» (vgl. Abb. 2-52).

Die strategische Unternehmensführung orientiert sich traditionell an finanziellen Kennzahlen (z.B. Return on Investment, Eigenkapitalrentabilität, vgl. S. 71). Diese Kennzahlen werden als eindimensional und vergangenheitsorientiert kritisiert. Sie würden außerdem zu einer kurzfristigen Betrachtung von Investitionsvorhaben verleiten. F u. E, Marktentwicklungen und Personalförderungsmaßnahmen schlagen sich kurzfristig negativ in der Erfolgsrechnung nieder. Die Balanced Scorecard ergänzt daher diese **finanzielle Perspektive** um drei weitere Perspektiven: Die **Kundenperspektive** rückt die Ziele des Unternehmens im Hinblick auf Kundenwünsche und Markterfordernisse in den Vordergrund (z.B. Steigerung der Lieferpünktlichkeit, der Kundenzufriedenheit). Die **Perspektive der internen Geschäftsprozesse** ist auf die innerbetriebliche Wertschöpfung ausgerichtet (z.B. Verringerung der Fehlerquote, Erhöhung der Lagerumschlagshäufigkeit). Schließlich erfasst die **Lern- und Entwicklungsperspektive** den Innovationsprozess (z.B. Senkung der Produktentwicklungszeit). Wesentlicher Bestandteil der Lern- und Entwicklungsperspektive ist die Ausbildung sowie die Motivation der Mitarbeiter.

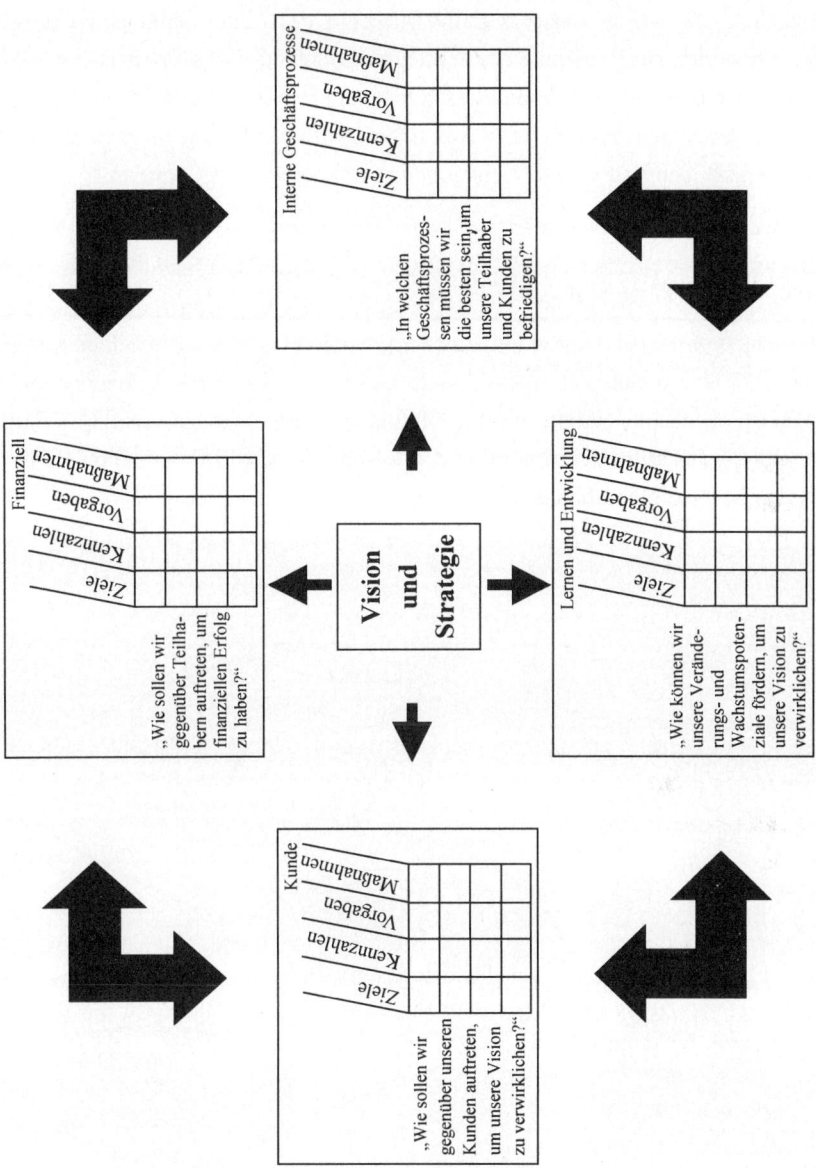

Abb. 2-52: Die Balanced Scorecard (Quelle: *Kaplan/Norton* [Scorecard] 9)

Für jede Perspektive werden nun Ziele, Kennzahlen, Vorgaben und Maßnahmen formuliert. Sie sollen insgesamt die Strategie des Unternehmens wiedergeben. Insofern stellen sie Bausteine der Strategieumsetzung dar, an denen sich die Mitarbeiter auf den verschiedenen Hierarchieebenen orientieren können. Sie vermitteln den einzelnen Mitarbeitern Aussagen darüber, wie sie zum Strategieerfolg beitragen können und welche Leistungen von ihnen erwartet werden.

Ein weiterer Schritt besteht in der Ermittlung von **Ursache-Wirkungs-Beziehungen** zwischen den Perspektiven und deren Kennzahlen. Eine zentrale Schwäche der Verwendung von Kennzahlen besteht häufig darin, dass die Zusammenhänge zwischen den einzelnen Kennzahlen zu wenig beachtet werden. In Abb. 2-53 ist ein Beispiel eines Ursache-Wirkungs-Netzwerkes beschrieben. Dieses Beispiel macht deutlich, welche Maßnahmen miteinander verknüpft sind, wie sie sich gegenseitig beeinflussen und wie schließlich die finanziellen Zielgrößen von den Maßnahmen abhängen.

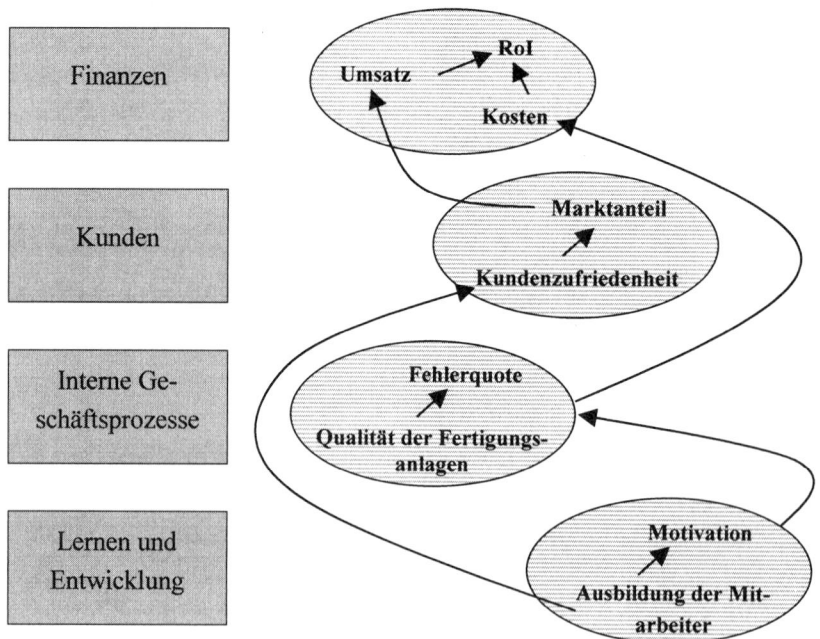

Abb. 2-53: Ursache-Wirkungsnetzwerk (in Anlehnung an *Horváth/Michel* ([Scorecard] 35))

Da die Erstellung der Balanced Scorecard und insbesondere die Identifizierung von Ursache-Wirkungs-Beziehungen in einem intensiven Kommunikationsprozess zwischen allen Unternehmensebenen stattfindet, lassen sich Erkenntnisse bei der Implementierung einer Strategie für die Strategieformulierung verwenden. So wird die häufig anzutreffende Problematik der Verwässerung einer Strategie von oben nach unten überwunden: «Die Scorecard schafft einen Rahmen, eine Sprache, um Mission und Strategie zu vermitteln» (*Kaplan/Norton* [Scorecard] 23). Die Balanced Scorecard ist daher ein geeignetes Instrument zur Implementierung einer wertorientierten Unternehmensführung. Allerdings sind die Schwierigkeiten bei der Umsetzung der Vision in Kennzahlen nicht zu unterschätzen.

6.3 Ablauforganisation der Implementierung (organisatorischer Aspekt)

Wenn der strategische Plan spezifiziert, d.h. in seine Teiloperationen zerlegt ist, muss als nächstes Problem die Ablauforganisation geregelt werden. Die Ablauforganisation der strategischen Planung ihrerseits hängt - wie generell die Ablauforganisation - sehr stark von der Aufbauorganisation ab.

Mit der **Aufbauorganisation** und ihrer Beziehung zur strategischen Planung werden wir uns in Teil 5, der ausschließlich der Organisation gewidmet ist, ausführlich beschäftigen. Bereits an dieser Stelle sei vermerkt, dass - wie auch schon im ersten Teil dargelegt - die Entstehungsgeschichte des Strategischen Managements sehr stark von der Diskussion über den Zusammenhang von Strategie und Struktur geprägt war: «Structure follows strategy» (vgl. S. 15).

Bei der Konkretisierung der **Ablauforganisation** sind zwei **Teilprobleme** zu lösen:

– Das Reihenfolgeproblem und
– das Koordinationsproblem.

6.3.1 Reihenfolgeproblem

Das Reihenfolgeproblem kann nicht isoliert auf die Strategieimplementierung bezogen werden. Es ist vielmehr ein Problem der Konstruktion des Phasenschemas der Planung überhaupt. Je nachdem, welches Leitbild für die Reihenfolge des Planungsablaufes gewählt wird, ist auch der Prozess der Implementierung zu strukturieren.

Für die Reihenfolge des Planungsprozesses existieren zwei gegensätzliche **Leitbilder:**

- Die synoptische Planung und
- die inkrementale Planung.

Bei der **synoptischen** Planung geht man grundsätzlich von der langfristigen Zielsetzung aus und arbeitet ganzheitlich, sukzessive und systematisch die zur Zielerfüllung erforderlichen Prozesse ab. Bei der Darstellung der Konzeption des strategischen Planungsprozesses (S. 52 ff.) sind wir von einem derartigen synoptischen Planungsschema ausgegangen. Es besteht aus den Kernprozessen der Zielbildung, der Strategiebildung und der Strategieimplementierung.

Bei der **inkrementalen** Planung findet die Lösung von Teilproblemen ohne vorheriges explizites Festlegen von Zielen statt. Die inkrementale Planung wird daher auch als Strategie der unzusammenhängenden Schritte, als Wissenschaft des «Durchwurstelns» (science of muddling through) oder als Stückwerkstechnologie (piecemeal engineering) bezeichnet. Hauptvertreter dieses Leitbildes ist *Lindblom.* Seine einschlägige Publikation lautet: «The Science of ‚Muddling Through'» (1959).

Quinn hat zum Ausdruck gebracht, dass die Bedingungen der strategischen Planung (nämlich große Unsicherheit) eine synoptisch ausgerichtete Planung gar nicht zulassen. Er plädiert daher für einen inkrementalen Planungsverlauf nach dem Prinzip des **logischen Inkrementalismus,** d.h. im Kern für eine **Kombination** beider Leitbilder. Seine entsprechende Publikation lautet: «Strategies for Change. Logical Incrementalism» (1980).

Die grundlegenden Unterschiede zwischen synoptischer und inkrementaler Planung können der Gegenüberstellung in Abb. 2-54 entnommen werden (in Anlehnung an *Picot/Lange* [Gestaltung] 573).

Die Gegenüberstellung macht deutlich, dass der Inkrementalismus die Gefahr einer Status-quo-Fortschreibung in sich birgt, also eine Grundeinstellung, die gerade den Anforderungen an eine strategische Planung zuwiderläuft. Andererseits reduziert eine inkrementale Vorgehensweise die Anforderungen an die Informationsbeschaffungs- und -verarbeitungskapazität und beachtet damit die Grenzen der Planbarkeit. Da sich nicht grundsätzlich, also losgelöst von der jeweiligen Situation, sagen lässt, ob der inkrementalen oder der synoptischen Planung der Vorzug zu geben ist, wird häufig versucht, beide Leitbilder zu kombinieren.

Charakteristika	Synoptische Planung	Inkrementale Planung
Planungsverhalten	Antizipativ u. zielorientiert	Eher reaktiv auf drängende Probleme
Zielorientierung	Spezifiziert, dominant, eher Extremierung	Unbestimmt, sekundär, eher Satisfizierung
Problemhorizont (zeitlich und sachlich)	Eher langfristig, umfassend	Eher kurzfristig, auf wichtige u. aktuelle Teilprobleme begrenzt
Berücksichtigte Alternativen	Grundsätzlich alle denkbaren	Begrenzte Anzahl
Alternativenbewertung	Eher analytisch, ganzheitlich	Eher intuitiv, politischer Aushandlungsprozess
Flexibilität der Planung	Ex ante-Flexibilität	Ex post-Flexibilität
Implementierungsaspekt	Kaum thematisiert, instrumentale Bedeutung der Implementation	Implementierungsorientiert

Abb. 2-54: Synoptische und inkrementale Planung

Wählt man nun den synoptischen Ansatz, so steht die Implementierung am Ende des Planungsprozesses nach den Phasen der Zielbildung, der Umwelt- und Unternehmensanalyse und vor der Kontrolle. Die Strategieimplementierung ihrerseits lässt sich in einzelne **Phasen** zerlegen:

- Spezifikation des strategischen Planes,
- Festlegung von Einzelmaßnahmen,
- Budgetierung,
- Anpassung der Aufbauorganisation,
- Regelung der Zuständigkeiten,
- Mitarbeiterschulung,
- Implementierungskontrolle.

Entscheidet man sich für die inkrementale Vorgehensweise, so werden zwar die Planungsprozesse wie auch die soeben aufgeführten Implementierungsphasen ebenfalls durchlaufen, die Reihenfolge und die Häufigkeit des Durchlaufs werden jedoch nicht von vornherein festgelegt. Letztlich wird die Zerlegung des Planungsprozesses in die Phasen der Strategiebildung und Strategieimplementierung aufgegeben. Damit findet eine enge **Verzahnung** von Strategieformulierung und Strategieimplementierung statt.

In der Literatur ist eine Reihe von Vorschlägen (i.S. einer normativen Strategie-theorie) für die Gestaltung der Ablauforganisation entwickelt worden. Zu nennen sind u.a. die Ablaufmodelle von *Ansoff* ([Management-Strategie] 208 f.), *Gilmo-re/Brandenburg* [Anatomy], *Hofer/Schendel* ([Strategy] 52 f.), *Vancil/Lorange* [Planning] und *Quinn* ([Strategies] 104) sowie das Planning-Programming-Bud-geting-System (PPBS). Diese Modelle unterscheiden sich jeweils hinsichtlich des Grades der Komplexität, der unterschiedlichen Nähe zur normativen und deskrip-tiven Strategietheorie, der synoptischen oder inkrementalen Ausrichtung, der Zahl der Rückkopplungen und der im Ablaufschema angesprochenen Funktionsberei-che.

In Abb. 2-6 (S. 62) ist die Ablauforganisation der strategischen Planung nach *Ho-fer/Schendel* dargestellt.

6.3.2 Koordinationsproblem

Mit der Planung ist i.d.R. eine Zerlegung des gesamten Aufgabenkomplexes in einzelne Planungsschritte und Planungsteilaufgaben verbunden. So findet eine Planung auf der Unternehmensebene, der Geschäftsbereichsebene und der Ebene der Funktionen statt. Immer dann, wenn Arbeitsteilung praktiziert wird, ist Koor-dination erforderlich. Dabei lassen sich die **Koordinationsaufgaben** in eine

– zeitliche,
– horizontale und
– vertikale Komponente zerlegen.

Die **zeitliche Koordination** regelt die Abstimmung der einzelnen aufeinander folgenden Planungsschritte. In Frage kommen dabei die rollende bzw. nicht-rol-lende Planung sowie die starre bzw. flexible Planung.

Bei der **horizontalen Koordination** geht es um die Abstimmung der einzelnen Planungsbereiche, z.B. Funktionsbereiche oder Strategische Geschäftseinheiten. Man bezeichnet sie daher auch als bereichsbezogene Koordination. Ein häufig gewähltes Verfahren der horizontalen Abstimmung ist die Planung vom Engpass-bereich aus. Dies bedeutet, dass jener Bereich, bei dem man am frühesten «an Grenzen stößt», zum Ausgangspunkt für die Planung der von diesem Bereich ab-hängigen anderen Planungsbereiche gemacht wird («Ausgleichsgesetz der Pla-nung» nach *Gutenberg).*

Bei der **vertikalen Koordination** geht es um die planungsstufenbezogene Koordination, d.h. um die Koordination der Planungsaktivitäten auf den einzelnen hierarchischen Ebenen des Unternehmens. **Drei Verfahren** der vertikalen Koordination werden unterschieden (vgl. Abb. 2-55):

– Top down-Koordination (retrograde Planung),
– Bottom up-Koordination (progressive Planung),
– Down up-Koordination (zirkuläre Planung bzw. Gegenstromverfahren).

Der Vorteil des Top down-Verfahrens besteht in der Zielkongruenz, der guten strategischen Orientierung und der Wahrnehmung von Synergieeffekten.

Die Vorteile des Bottom up-Verfahrens bestehen in der Realitätsnähe und der Motivationsförderung.

Das Down up-Verfahren versucht, die Vorteile des retrograden und des progressiven Verfahrens zu nutzen und die Nachteile zu vermeiden. Sein Prinzip besteht darin, dass zwar Oberziele vorgegeben werden, aber den Entscheidungsträgern in den unteren Bereichen Spielräume überlassen bleiben.

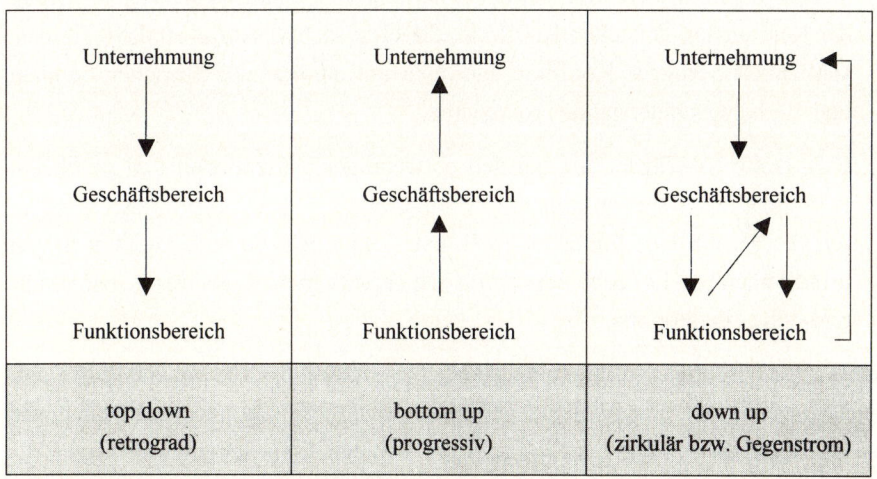

Abb. 2-55: Verfahren der vertikalen Koordination

6.4 Personale Voraussetzungen für die Implementierung (personaler Aspekt)

Die Spezifikation des strategischen Planes (sachlicher Aspekt) und die Gestaltung der Ablauforganisation (organisatorischer Aspekt) legen die Struktur der Implementierung fest. Mit der Lösung dieses Grundproblems untrennbar verbunden ist jedoch die Schaffung der personalen Voraussetzungen. Die Erfahrung zeigt, dass gerade hier die größten Schwierigkeiten zu erwarten sind, also weniger bei der Umsetzung einer Strategie als bei deren Durchsetzung: «The head thinks, the body acts».

Im Verlauf der Strategieumsetzung können **Konflikte** zwischen den Beteiligten der gleichen Hierarchieebene (horizontale Konflikte) als auch zwischen den Beteiligten auf unterschiedlichen hierarchischen Ebenen (vertikale Konflikte) auftreten, wie z.B. (vgl. *Kolks* [Strategieimplementierung] 120 ff.):

– **Zielkonflikte**, d.h. die Bereichsziele oder die persönlichen Ziele der mittleren Führungskräfte und der betroffenen Mitarbeiter weichen von den strategischen Zielen der Führungsspitze ab. Häufig haben solche Zielkonflikte ihre Ursache in der Unsicherheit über die Folgen, insbesondere über die persönlichen Konsequenzen einer Strategie. Nicht selten entsteht Angst um den Verlust des Arbeitsplatzes.

– **Verteilungskonflikte**, d.h. bei der Zuteilung, insbesondere der Neuverteilung der Ressourcen, entstehen Konflikte, die eher sachlicher Art sind, sowie persönlichkeitsbezogene Konflikte, die mehr auf emotionalen Ursachen beruhen und Verhaltenswiderstände provozieren.

– **Kulturelle Konflikte**, d.h. bei den notwendigen horizontalen und vertikalen Koordinationsprozessen können die kulturellen Werthaltungen einzelner Bereiche zu Konflikten führen, wie z.B. unterschiedliche Grundeinstellungen von «Kaufleuten» und «Technikern», von «Neuerern» und «Bewahrern», von «Führern» und «Geführten».

Da die genannten Konflikte ein erhebliches **Widerstandspotenzial** darstellen können, werden bei unzureichender Konfliktbewältigung Barrieren aufgebaut, die zu Verzögerungen führen oder letztlich die Strategie zum Scheitern bringen können. Deshalb ist im Rahmen der verhaltensorientierten Durchsetzungsaufgabe ein entsprechendes Konflikt-Management notwendig, mit dem Konflikte gelöst und auch die positiven Effekte der Konflikte genutzt werden können (vgl. *Kolks* [Strategieimplementierung] 121 f.; *Welge/Al-Laham* [Management] 536 ff.).

Die Erfahrung zeigt, dass der Einsatz **externer Berater** Implementierungsbarrieren abbauen kann. Sie gelten als unabhängige und vor allem als unbefangene Experten (keine Betriebsblindheit). In der Regel nehmen solche Berater im Rahmen des Implementierungsprozesses die Rolle des moderierenden Experten ein: Die einzelnen Implementierungsschritte werden unternehmensintern vollzogen, während der Moderator den Implementationsprozess begleitet und sich auf die kritischen Phasen konzentriert.

Insgesamt kann festgehalten werden, dass das Ausmaß von Konflikten und Widerständen und damit der Erfolg strategischer Entscheidungen von einer Vielzahl von Variablen abhängig ist. Neben den sachlichen Aspekten der Umsetzung einer Strategie müssen die verhaltensorientierten Aspekte der Strategiedurchsetzung zumindest eine gleichberechtigte Berücksichtigung erfahren. In der Literatur ist zur Lösung dieser Aufgaben eine Reihe von Modellen entwickelt worden (vgl. z.B. als Gegensatzpaar das spitzenorientierte Führungsmodell und das basisorientierte Partizipationsmodell). Sie versuchen auf unterschiedliche Art und Weise Antworten auf folgende Fragen zu geben: Wie fördert man strategisches Denken? Wie werden Implementierungswiderstände aufgeweicht? Wie können Mitarbeiter motiviert werden, eine gewählte Strategie zu befolgen? Wie entwickelt man ein strategiegerechtes Führungskräftepotenzial? Wie werden Konflikte gelöst? Wie können Strategien verständlich vermittelt werden? Einige Antworten auf diese Fragen werden im Zusammenhang mit der Erörterung des Wissensmanagements (S. 342 ff.) und der Unternehmenskultur (S. 479 f.) gegeben.

Die Fragen lassen sich insgesamt nicht allgemein gültig, sondern nur fallspezifisch beantworten. So sind bspw. die Implementierungsprobleme und deren Lösung wesentlich von der Bedeutung einer Strategie und vom Implementierungsspielraum abhängig *(Feucht* [Implementierung]). Eine kontinuierliche Implementierung eines geringfügigen Strategiewandels verlangt andere Maßnahmen als eine Crash-Implementierung mit rascher Umsetzung eines existenziellen Strategiewandels (Bedrohungssituation).

Abschließend lässt sich feststellen, dass sich eine Strategie nur dann erfolgreich implementieren lässt, wenn die Strategieimplementierung nicht als eine den Planungsprozess abschließende Phase begriffen wird, sondern als eine den Planungsprozess **permanent begleitende Aufgabe**. Die frühzeitige Einbindung der Betroffenen in den Strategieformulierungsprozess und die Bereitstellung von Implementierungsanreizen schaffen die Voraussetzung für eine erfolgreiche Implementierung, da auf diese Weise ein strategisches Denken von Anfang an gefördert wird.

7 Zusammenfassung

Die Strategische Planung stellt einen informationsverarbeitenden Prozess dar. Wir unterscheiden folgende **Teilprozesse**:

- Zielbildung,
- Umweltanalyse,
- Unternehmensanalyse,
- Strategiewahl,
- Strategieimplementierung.

Der Vollzug dieser Teilprozesse wird unterstützt durch die **Techniken** der strategischen Planung. Zu nennen sind u.a. Kennzahlensysteme für die Zielbildung, die Szenarioanalyse für die Umweltanalyse, die Wertkettenanalyse für die Unternehmensanalyse, die Portfolioanalyse für die Strategiewahl und die Balanced Scorecard für die Strategieimplementierung.

Die Abwicklung des Planungsprozesses und der Einsatz der Planungstechniken bedürfen einer Systematik, einer Ordnung. Dies ist die Aufgabe des strategischen **Planungssystems**. Es besteht aus folgenden Bestandteilen:

- Planungsträger,
- Planungsprozess,
- Planungstechniken,
- Planungsbereiche,
- Ablauforganisation der Planung,
- Planungsrechnung.

Mit der Planung untrennbar verbunden ist die Kontrolle. Sie wird im Folgenden erörtert.

Fragen zur Wiederholung

(1) Grundlagen der strategischen Planung

1. Charakterisieren Sie den Unterschied zwischen der strategischen und der operativen Planung anhand des Umweltbezugs und der hierarchischen Zuständigkeit. (1.1)

2. Inwiefern kann die strategische Planung als antizipativ und die operative Planung als reaktiv bezeichnet werden? (1.1)

3. Aus welchen Komponenten besteht der strategische Planungsprozess? (1.2)

4. Welche Aufgaben haben Planungstechniken? (1.3.1)

5. Warum schafft der Einsatz von Planungstechniken eine Voraussetzung für die Kontrolle des Planungsprozesses? (1.3.1)

6. Beschreiben Sie die Unterschiede zwischen den organisatorischen und den instrumentalen Funktionen einer Planungstechnik. (1.3.1)

7. Inwiefern ist die Portfolio-Analyse sowohl eine Technik der Umweltanalyse wie auch eine Technik der Unternehmensanalyse? (1.3.2 und 4.6)

8. Aus welchen Bestandteilen besteht ein strategisches Planungssystem? (1.4.1 und 1.4.2)

9. Beschreiben Sie den Unterschied zwischen der Planung auf der Unternehmensebene, der Geschäftsbereichsebene und der Ebene der Funktionen (1.4.2.1)

10. Identifizieren Sie im Schema der Ablauforganisation nach *Hofer/Schendel* (Abb. 2-6) die fünf Komponenten des strategischen Planungsprozesses. (1.4.2.2)

11. Welche Planungsbereiche lassen sich nach dem Kriterium des Planungsträgers unterscheiden? (1.4.2.4)

12. Welche Funktionen übernimmt ein Budget im Rahmen der Planung? (1.4.2.6)

(2) Strategische Ziele

1. Beschreiben Sie den Unterschied zwischen Visionen und Unternehmensleitbildern. (2.1)

2. Welche Unterschiede bestehen zwischen Effektivität und Effizienz? (2.1)

3. Elemente des Du-Pont-Kennzahlensystems sind die Kapitalumschlagshäufigkeit und die Umsatzrentabilität. In welchem Verhältnis stehen beide Komponenten zum RoI? (2.1)

4. Inwiefern üben strategische Ziele eine Koordinationsfunktion aus? (2.2)

5. Welchen Einfluss haben die Unternehmensverfassung bzw. das Organisationsmodell auf den Zielbildungsprozess? (2.3)

6. Welche Ziele verfolgen Nonprofit-Organisationen? (2.3)

7. Wie wird der Shareholder Value ermittelt? (2.4)

8. Welche Konsequenzen für die Vergütung von Managern ergeben sich aus dem Shareholder Value-Ansatz ? (2.4)

(3) Umweltanalyse

1. Beschreiben Sie den Unterschied zwischen dem Outside-in Approach und dem Inside-out Approach. (3.2)

2. Beschreiben Sie den Unterschied zwischen der aufgabenspezifischen Umwelt und der globalen Umwelt. (3.3.1)

3. Suchen Sie nach Beispielen für die Veränderung von Märkten. (3.3.2.2)

4. Was versteht man unter der Marktattraktivität? (3.3.2.3)

5. Suchen Sie nach Beispielen für degenerierende Branchen bzw. Produkte. (3.3.2.3.1)

6. Welche fünf Wettbewerbskräfte unterscheidet *Porter*? (3.3.2.3.2)

7. Was versteht man unter Markteintrittsbarrieren und was unter Marktaustrittsbarrieren? (3.3.2.3.2)

8. In welche Segmente kann man die weitere Unternehmensumwelt einteilen? (3.3.3.)

9. Welche Veränderungen im gesellschaftlichen Umfeld (Wertewandel) lassen sich z.Zt. feststellen und wie können diese Veränderungen gemessen werden? (3.3.3.1)

10. Was versteht man unter einem Stakeholder? (3.3.3.2)

11. Welche Aufgaben umfasst das Monitoring, Forecasting bzw. Assessment im Rahmen des Stakeholder-Ansatzes? (3.3.3.2)

(4) Unternehmensanalyse

1. Welche Aufgaben hat die Unternehmensanalyse? (4.1)

2. Aus welchen Elementen besteht die Wertkette nach *Porter*? (4.2.1)

3. Entwerfen Sie eine Systematik strategischer Erfolgsfaktoren. (4.2.2)

4. Welche Aufgabe hat die Konkurrentenanalyse im Rahmen der strategischen Analyse? (4.2.3)

5. Warum ist es so schwierig, den strategischen Erfolg zu messen? (4.3)

6. Nennen Sie Schlüsselfaktoren, die den RoI nach PIMS beeinflussen. (4.5.1)

7. Welcher Zusammenhang besteht zwischen dem Marktanteil und dem RoI nach PIMS? (4.5.1)

8. Stellen Sie den Produktlebenszyklus grafisch dar. (4.5.2)

9. Worin besteht der Unterschied zwischen dem Entstehungszyklus und dem Marktzyklus? (4.5.2)

10. Welche Bedeutung hat der Produktlebenszyklus für Prognosen? (4.5.2)

11. Wie kann man den Verlauf der Erfahrungskurve erklären? (4.5.3)

12. Welcher Zusammenhang besteht zwischen der Erfahrungskurve und der Preiserfahrungskurve? (4.5.3)

13. Was versteht man unter strategischen Geschäftsfeldern im Rahmen der Portfolio-Analyse? (4.6.3.1)

14. Beschreiben Sie den Unterschied zwischen der Punktpositionierung und der Bereichspositionierung im Rahmen der Portfolio-Analyse (4.6.3.2)

15. Welche Varianten von Portfolios lassen sich unterscheiden? (4.6.4)

16. Wie lässt sich die Marktattraktivität im Rahmen der *McKinsey*-Matrix ermitteln? (4.6.4.1.2)

17. Was versteht man unter der Technologieattraktivität und der Ressourcenstärke im Rahmen des Technologie-Portfolios nach *Pfeiffer u.a.*? (4.6.4.2.2)

18. Welche Erkenntnisse lassen sich aus der Portfolio-Analyse für die Strategiewahl gewinnen? (4.6.6)

(5) Strategiewahl

1. Beschreiben Sie den Unterschied zwischen der strategischen und der operativen Lücke. (5.1)

2. Welche Strategiearten lassen sich nach den Produkt-Markt-Kombinationen nach *Ansoff* ermitteln? (5.2)

3. Was versteht man unter einer Marktdurchdringungsstrategie? (5.3.1.1)

4. Welche Vorteile bietet eine Kooperationsstrategie gegenüber einer Integrationsstrategie? (5.3.1.3)

5. Welche Formen der Desinvestition lassen sich unterscheiden? (5.3.3)

6. Beschreiben Sie die Unterschiede zwischen den Geschäftsbereichsstrategien nach *Porter*. (5.4)

7. Beschreiben Sie den Unterschied zwischen analytischen Modellen und heuristischen Modellen zur Bewertung von Strategien. (5.6.2)

(6) Strategieimplementierung

1. Was versteht man unter «Umsetzung» und was unter «Durchsetzung» im Rahmen der Strategieimplementierung? (6.1)

2. Die Balanced Scorecard ergänzt die finanziellen Kriterien um drei weitere Aspekte. Um welche Aspekte handelt es sich und warum ist diese Erweiterung sinnvoll? (6.2.2)

3. Charakterisieren Sie die synoptische und die inkrementale Planung bezüglich der Flexibilität der Planung. (6.3.1)

4. Warum wird die inkrementale Planung auch als «Politik des sich Durchwurstelns» bezeichnet? (6.3.1)

5. Beschreiben Sie den Unterschied zwischen retrograder, progressiver und zirkulärer Planung. (6.3.2)

6. Welche Vorteile bietet der Einsatz externer Berater bei der Implementierung einer Strategie? (6.4)

Fragen zur Vertiefung

(1) Grundlagen der strategischen Planung

1. Strategien werden als Maßnahmen zur Sicherung des langfristigen Erfolgs eines Unternehmens definiert. Was heißt «langfristig» und was heißt «Erfolg» in diesem Zusammenhang?

2. Warum lässt sich keine Norm für die Reihenfolge der Abwicklung der einzelnen Komponenten des Planungsprozesses formulieren (vgl. Abb. 2-2)?

3. Inwiefern ist die Zielbildung die Voraussetzung für die strategische Kontrolle?

4. *Hofer/Schendel* unterscheiden drei Ebenen eines Planungssystems (vgl. Abb. 2-5). Diese Konzeption wirft eine Reihe von Koordinationsproblemen auf. Worauf beruhen diese Probleme und wie kann man sie lösen?

5. Was ist unter einem Unternehmen zu verstehen, wenn im Zusammenhang mit der Darstellung der drei Ebenen des strategischen Planungssystems (vgl. Abb. 2-5) von der «Unternehmensebene» die Rede ist?

(2) Strategische Ziele

1. Worin könnten die Gründe dafür gesehen werden, dass der RoI sehr häufig als strategisches Ziel formuliert wird? Welche Vorteile und welche Nachteile sind mit dieser Zielgröße verbunden?

2. Welchen Einfluss kann die Arbeitnehmervertretung im mitbestimmten Aufsichtsrat einer Aktiengesellschaft auf den Zielbildungsprozess nehmen?

3. Auf Grund welcher Überlegungen wird zur Ermittlung des Shareholder Value der Cash Flow diskontiert?

4. Bewerten Sie die Aussage eines leitenden Angestellten: «Die Visionen unseres Chefs sind sehr teuer».

5. Die Arbeitnehmervertreter im Aufsichtsrat der *Daimler Chrysler AG* haben sich gegen die wertbasierte Entlohnung des Managements nach dem Shareholder Value-Konzept ausgesprochen. Gibt es Gründe für diese Haltung und ist sie vernünftig?

6. Die Entlohnung von Managern durch sog. Stock Options belohnt auch Manager solcher Unternehmen, deren Aktienkurse weniger steigen als der DAX. Wie kann man dieses Problem lösen?

(3) Umweltanalyse

1. Inwiefern kann der Umwelt-Strategie-Struktur-Ansatz als Sonderfall des Situativen Ansatzes charakterisiert werden (vgl. auch Teil 5)?

2. Wie kann man begründen, dass Märkte die Tendenz haben, (geografisch) größer zu werden?

3. Ist es gerechtfertigt, die Konzeption der Branchenstrukturanalyse nach *Porter* für die Ermittlung der Marktattraktivität zu verwenden?

4. *Porters* Ansatz beruht auf dem Ansatz der Industrieökonomik (Industrial Organization-Ansatz). Kennzeichnen Sie die charakteristischen Merkmale der Industrieökonomik.

5. Die Pelzindustrie hat in den letzten Jahren beträchtliche Umsatzeinbußen hinnehmen müssen. Worin liegen die Ursachen und wie könnte ihnen begegnet werden?

6. Omnibushersteller trennen gewöhnlich in die Geschäftsfelder «Linienbusse» und «Reisebusse». Welche Überlegungen führen zu dieser Einteilung?

7. Nehmen Sie Stellung zu der These: Die Anwendung des Stakeholder-Ansatzes fördert das strategische Denken.

(4) Unternehmensanalyse

1. Wie kann man erklären, dass die Führungspotenziale (insbesondere Information, Organisation, Unternehmenskultur) als strategische Erfolgsfaktoren in den letzten Jahren an Bedeutung gewonnen haben?

2. Welche Gefahr besteht, wenn man den strategischen Erfolg anhand von Quartalsberichten aus dem Rechnungswesen misst?

3. Der PIMS-Studie wird vorgeworfen, dass sie keine Anhaltspunkte für die Strategiewahl liefert. Nehmen Sie Stellung zu dieser These.

4. Vergleichen Sie die Vorgehensweise des Benchmarking mit jener des PIMS-Programms.

5. Inwiefern ist die Konzeption des Produktlebenszyklus ein Theoriebaustein in den verschiedenen Varianten der Portfolio-Analyse?

6. Stellen Sie den Zusammenhang her zwischen den Aussagen der Erfahrungskurve und der BCG-Matrix.

7. Ist die Portfolio-Analyse ein Entscheidungsmodell?

8. Vergleichen Sie die Vorgehensweise eines Verfahrens der Investitionsrechnung (etwa der Kapitalwertmethode) mit jener der Portfolio-Analyse.

9. Entwickeln Sie ein Marktwachstum-Marktanteil-Portfolio für die *Mannesmann AG* anhand des Beispiels auf S. 46 f.

10. Länderportfolien dienen als Grundlage für die Formulierung von Internationalisierungsstrategien. Wie könnte ein solches Portfolio aussehen, bei dem auf einer Achse das Nachfragepotenzial und auf der anderen das Anlagerisiko abgetragen ist?

11. Warum führt eine Bereichspositionierung von strategischen Geschäftsfeldern im Rahmen der Portfolio-Analyse zu einer Sensibilisierung für künftige Entwicklungen?

12. Nehmen Sie Stellung zu der These: Die Portfolio-Analyse soll nicht das strategische Denken ersetzen, sondern lenken.

(5) Strategiewahl

1. Welche Schwierigkeiten entstehen bei der Abgrenzung der Strategie der Marktdurchdringung von der Strategie der Marktentwicklung nach *Ansoff*?

2. Wie können Sie sich erklären, dass sich die Literatur wesentlich intensiver mit Wachstumsstrategien als mit Schrumpfungsstrategien beschäftigt?

3. Welche Überlegungen könnten *BMW* veranlasst haben, den englischen Automobilbauer *Rover zu* kaufen und wieder zu verkaufen?

4. Welche Überlegungen stecken hinter der Allfinanzstrategie bei Banken?

5. Harrigan empfiehlt als Schrumpfungsstrategie u.a. eine Mischung aus Desinvestitions- und Investitionspolitik. Die profitablen Nischen werden gepflegt, während unrentable Segmente kampflos aufgegeben werden. Was halten Sie von dieser Strategieempfehlung?

6. Bietet die Nischenstrategie oder die Produktdifferenzierungsstrategie den besseren Schutz gegenüber potenziellen Wettbewerbern?

7. Wie ist zu erklären, dass inzwischen Integrations-/Fusionsstrategien den Kooperations-/Allianzstrategien bei der Globalisierung im Bereich der Telekommunikation vorgezogen werden?

8. Inwiefern lassen sich Dialogmodelle bei der Suche und Bewertung von Strategien einsetzen?

(6) Strategieimplementierung

1. Welche Gründe kann es dafür geben, dass sich Wissenschaft und Praxis bisher kaum mit Problemen der Strategieimplementierung beschäftigt haben?

2. Warum besteht bei der Strategieimplementierung die Gefahr der «paralysis by analysis?»

3. Nehmen Sie Stellung zu der These: Eine inkrementale Planung verhindert die frühzeitige Erkennung von Gefahren.

4. Inwiefern verlangt eine kontinuierliche Implementierung des geringfügigen Strategiewandels andere Maßnahmen als eine Crash-Implementierung mit rascher Umsetzung eines existenziellen Strategiewandels (Bedrohungssituation)?

5. In dem 1993 von *Tom Peters* publizierten Bestseller «Jenseits der Hierarchien» findet sich das Leitmotto «Don't plan it, do it.» Welche Botschaft steckt in diesem Satz? Was halten Sie von dieser Aussage?

6. Im Rahmen der Balanced Scorecard werden Kennzahlen für die Konkretisierung von Strategien eingesetzt. Ist dies ein richtiger Weg «von der Vision zur Wirklichkeit»?

Literaturempfehlungen

Lehrbücher zur strategischen Planung

Ansoff, H.I. u. *E.J. McDonnell*: Implanting Strategic Management. 2. A., New York u.a. 1990.

Hinterhuber, H.H.: Strategische Unternehmungsführung. Bd. 1: Strategisches Denken. Bd. 2: Strategisches Handeln. 6. A., Berlin, New York 1996/97.

Kreikebaum, H.: Strategische Unternehmensplanung. 6. A., Stuttgart u.a. 1997.

Porter, M.E.: Wettbewerbsstrategie. 10. A., Frankfurt/Main 1999.

Welge, M.K. u. *A. Al-Laham*: Strategisches Management. 2. A., Wiesbaden 1999.

Strategische Ziele

Hinterhuber, H.H.: Strategische Unternehmungsführung. Bd. I: Strategisches Denken. 6. A., Berlin, New York 1996.

Kupsch, P.: Unternehmungsziele. Stuttgart, New York 1979.

Rappaport, A.: Creating Shareholder Value. The New Standard for Business Performance. New York, London 1986.

Umweltanalyse

Freeman, E.R.: Strategic Management. A Stakeholder Approach. Boston 1984.

Porter, M.E.: Wettbewerbsvorteile. Spitzenleistungen erreichen und behaupten. 5. A., Frankfurt/Main 1999.

Unternehmensanalyse

Hinterhuber, H.H.: Strategische Unternehmungsführung. Bd. 1: Strategisches Denken. 6 A., Berlin, New York 1996

Porter, M.E.: Wettbewerbsvorteile. Spitzenleistungen erreichen und behaupten. 5. A., Frankfurt/Main 1999.

PIMS-Studie

Buzzell, R.D. u. *B.T. Gale*: Das PIMS-Programm. Strategien und Unternehmenserfolg. Wiesbaden 1989.

Produktlebenszyklus

Kreikebaum, H.: Strategische Unternehmensplanung. 6.A., Stuttgart u.a. 1997.

Erfahrungskurve

Bauer, H.H.: Das Erfahrungskurvenkonzept. In: Wirtschaftswissenschaftliches Studium, 15. Jg. (1986), H. 1, S. 1-10.

Henderson, B.D.: Die Erfahrungskurve in der Unternehmensstrategie. 2. A., Frankfurt/Main, New York 1984.

Portfolio-Analyse

Welge, M.K. u. *A. Al-Laham*: Strategisches Management. 2. A., Wiesbaden 1999.

Strategiewahl

Porter, M.E.: Wettbewerbsvorteile. Spitzenleistungen erreichen und behaupten. 5. A., Frankfurt/Main 1999.

Welge, M.K. u. *A. Al-Laham*: Strategisches Management. 2. A., Wiesbaden 1999.

Strategieimplementierung

Ansoff, H.I. u. *E.J. McDonnell*: Implanting Strategic Management. 2. A., New York u.a. 1990.

Feucht, H.: Implementierung von Technologiestrategien. Frankfurt/M. 1996.

Kaplan, R.S. u. *D.P. Norton*: Balanced Scorecard: Strategien erfolgreich umsetzen. Deutsche Ausgabe Stuttgart 1997.

Kolks, U.: Strategieimplementierung. Wiesbaden 1990.

Welge, M.K. u. *A. Al-Laham*: Strategisches Management. 2. A., Wiesbaden 1999.

Teil 3: Strategische Kontrolle

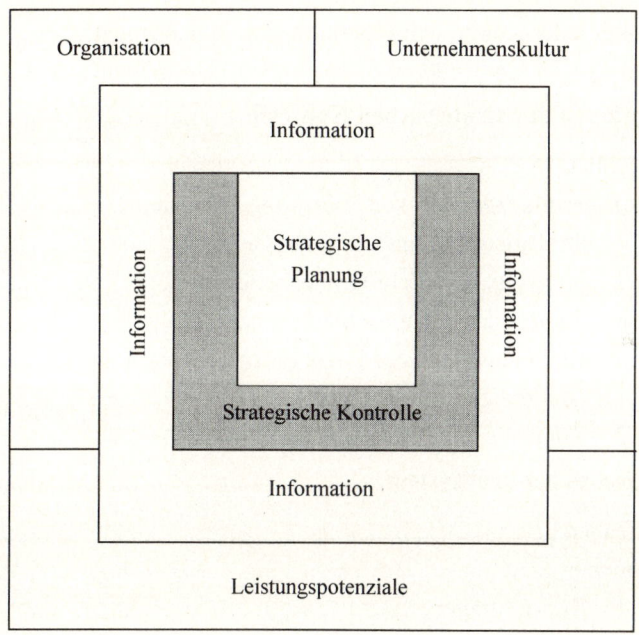

- Die strategische Kontrolle ist nach heutigem Verständnis nicht ein Soll-Ist-Vergleich in der Schlussphase des Managementprozesses.

- Die strategische Kontrolle stellt einen die Planung begleitenden kontinuierlichen Prozess dar. Sie besteht aus der strategischen Prämissenkontrolle, der strategischen Planfortschrittskontrolle und der Kontrolle der strategischen Potenziale.

- Im Rahmen eines strategischen Kontrollsystems müssen die Kontrollträger, der Kontrollprozess, die Kontrolltechniken, die Kontrollbereiche, die Ablauforganisation der Kontrolle und die Kontrollrechnung festgelegt werden.

Inhalt

Beispiel aus der Unternehmenspraxis:

*Die **Zusammenbrüche** zahlreicher Großunternehmen in Deutschland in den letzten Jahren **(Coop AG, Südmilch AG, Metallgesellschaft AG, Schneider AG, Holzmann AG)** provozierten dieselben Fragen:*

- *Wer hat bei der Kontrolle der Geschäftsführung versagt?*
- *Sind die verfügbaren Techniken zur Kontrolle der Geschäftsführung ausreichend?*
- *Reichen die rechtlichen Bestimmungen zur Gewährleistung einer wirksamen Kontrolle der Geschäftsführung aus?*

*Zur Verbesserung der Kontrolle von Unternehmen und ihren Leitungsorganen wurde eine Gesetzesinitiative auf den Weg gebracht, die inzwischen zum **Gesetz zur Kontrolle und Transparenz im Unternehmensbereich (KonTraG)** führte, welches seit dem 01. 05. 1998 in Kraft ist. Dieses Gesetz führte zu Änderungen im HGB und im AktG und gilt de facto zumindest auch für größere GmbHs. Die wesentlichen **Zielsetzungen** des KonTraG sind:*

- *Verbesserung der Überwachungsfunktion des Aufsichtsrats und Stärkung der Kontrolle durch die Hauptversammlung,*
- *Verbesserung der Qualität der Abschlussprüfung und der Zusammenarbeit von Abschlussprüfer und Aufsichtsrat,*
- *Anpassung der deutschen Gesetzesnormen an internationale Standards und damit auch Schließung der «Erwartungslücke» zwischen Prüfungsauftrag und Anforderungen der Kapitalmärkte (v.a. der internationalen Investoren),*
- *Kritische Prüfung des Beteiligungsbesitzes von Kreditinstituten.*

*Durch die **Regelungsinhalte** des KonTraG ergeben sich u.a. folgende **Änderungen**: Ergänzung des Lageberichts um zukünftige Risiken und Erweiterung der Prüfungspflicht des Wirtschaftsprüfers (WP), Beauftragung des WP durch den Aufsichtsrat und obligatorische Teilnahme des WP an den Aufsichtsratssitzungen zum Jahresabschluss, Verpflichtung des Managements zur Einführung eines Risiko-Managements (Früherkennungssystem), Begrenzung der Zahl der Aufsichtsratsmandate.*

1 Grundlagen der strategischen Kontrolle

Leitgedanke: «Vertrauen ist gut – Kontrolle ist besser
Kontrolle ist gut – Vertrauen ist billiger»

1.1 Begriff und Arten der Kontrolle

«Planung ohne Kontrolle ist sinnlos, Kontrolle ohne Planung unmöglich» (*Wild* [Unternehmungsplanung] 44). Dieser Satz macht deutlich, dass jede Planung einer Überprüfung bedarf, die Überprüfung aber nur möglich ist, wenn eine Vergleichsgröße formuliert worden ist. So können wir **definieren**:

> **Kontrolle** ist ein systematischer Prozess zur Ermittlung von Abweichungen zwischen Plangrößen und Vergleichsgrößen.

Je nachdem, was als Plangröße und was als Vergleichsgröße definiert wird, können wir folgende **Kontrollarten** unterscheiden (*Schweitzer* [Planung] 98):

Vergleichsgröße Plan- größe	Soll	Wird	Ist
Soll	Soll-Soll-Vergleich (Zielkontrolle)	Soll-Wird-Vergleich (Planfortschritts- kontrolle)	Soll-Ist-Vergleich (Ergebniskontrolle)
Wird	-	Wird-Wird-Vergleich (Prognosekontrolle)	Wird-Ist-Vergleich (Prämissenkontrolle)

Abb. 3-1: Kontrollarten

(1) Zielkontrolle (Soll-Soll-Vergleich):

Im Rahmen der Zielkontrolle werden die einzelnen Ziele im Hinblick darauf überprüft, ob sie untereinander verträglich sind oder ob sie in konkurrierender Beziehung zueinander stehen. Liegt Zielkonkurrenz vor, so ist nach Problemlösungen zu suchen.

(2) Planfortschrittskontrolle (Soll-Wird-Vergleich):

Bei der Planfortschrittskontrolle wird geprüft, ob der Plan erwartungsgemäß verwirklicht wird. Zu diesem Zweck werden Zwischenziele formuliert, die Anhaltspunkte dafür liefern, ob die realisierten Größen mit den prognostizierten Wird-Größen übereinstimmen. Falls Abweichungen erkennbar sind, lassen sich rechtzeitig Korrekturmaßnahmen ergreifen.

(3) Ergebniskontrolle (Soll-Ist-Vergleich):

Bei der Ergebniskontrolle wird eine geplante Größe (Soll) mit dem Ergebnis (Ist) verglichen. Abweichungen signalisieren, in welchem Umfang der Plan verfehlt wurde. Diese Art der Kontrolle liegt sehr häufig dem Verständnis von Kontrolle überhaupt zu Grunde.

(4) Prognosekontrolle (Wird-Wird-Vergleich):

Prognostizierte Größen werden im Hinblick darauf überprüft, ob sie untereinander verträglich sind.

(5) Prämissenkontrolle (Wird-Ist-Vergleich):

Bei jeglicher Art der Planung ist von Prämissen über Entwicklungen (Wird-Größen) auszugehen. Werden diese Wird-Größen mit dem tatsächlichen Ist verglichen, lässt sich feststellen, ob die Planannahmen zu korrigieren sind.

Im Folgenden ist nun zu fragen, welche Bedeutung diesen verschiedenen Kontrollarten in der Praxis zukommt. Das Ergebnis ist unterschiedlich, je nachdem, ob man die Bedeutung der Kontrolle im Rahmen des traditionellen Managementprozesses oder im Rahmen des Strategischen Managements zu würdigen hat.

1.2 Funktion der Kontrolle im traditionellen Management

Nach traditioneller Auffassung hat die Unternehmensführung folgende Managementfunktionen wahrzunehmen: Planung, Organisation, Personalführung, Kontrolle. Dieser Interpretation der Unternehmensführung liegt häufig die Vorstellung zu Grunde, dass die Planung die zentrale Managementfunktion darstellt und sich der übrigen Funktionen «bedient», um den Plan zu realisieren.

In diesem Sinne kann von einer **plandeterminierten Unternehmensführung** gesprochen werden. Die Planung als Prozess der Erkenntnis und Gestaltung der Zukunft gibt der Unternehmung Richtung und Struktur. Die anderen Managementfunktionen sind der Planung nachgeordnet und haben lediglich Instrumentalcharakter, d.h. sie stellen nur Mittel zur effizienten Planverwirklichung dar:

– **Organisation**

Die Organisation setzt die Rahmenbedingungen, in denen sich der Vollzug der Planung möglichst effizient realisieren lässt.

– **Personalführung**

Personalführung hat die Aufgabe, die Stellen im Unternehmen mit geeigneten Mitarbeitern zu besetzen und bei diesen eine zieladäquate (i.S. der Planung) Verhaltenssteuerung sicherzustellen. Beides soll eine möglichst reibungslose Planverwirklichung gewährleisten.

– **Kontrolle**

Kontrolle ist im Rahmen eines kybernetischen Regelkreismodells als reiner Soll-Ist-Vergleich zu sehen. Damit ist die Kontrolle primär als Ex post-Kontrolle ausgestaltet und hat die Aufgabe, die aus der Planung übernommenen Kontrollstandards zu überprüfen.

Mit dieser Sichtweise wird allein der Planung ein eigenständiges **Steuerungspotenzial** beigemessen, während alle anderen Managementfunktionen eine **Instrumentalaufgabe** ohne eigenständige Steuerungskapazität wahrnehmen.

Diese Perspektive einer plandeterminierten Unternehmensführung ist einer **kritischen Würdigung** zu unterziehen:

– Die Planung kann nicht alle Probleme der betrieblichen Steuerung antizipieren, da weder die Umwelt noch das System «Unternehmung» in ihrer Komplexität und ihrer Dynamik erfassbar und prognostizierbar sind. Anders formuliert: Nicht alles lässt sich rational im Voraus erfassen.

– Entscheidungen müssen trotz dieser Komplexität und Dynamik (Ambiguität der Entscheidungssituation) getroffen werden. Dies geht nur durch eine künstliche Vereinfachung des Entscheidungsproblems, also durch Ausblendung scheinbar irrelevanter bzw. konstanter Einflussfaktoren. Die damit verbundene Selektion birgt jedoch immer das Risiko der Ausblendung wesentlicher Aspekte und damit einer strategischen Überraschung in sich.

– Die Ex post-Kontrolle kann höchstens eine adaptive Steuerungsaufgabe wahrnehmen; sie kann jedoch weder zur Überprüfung der Richtigkeit der Planung noch zur Überprüfung des der Planung zugrundeliegenden Selektionsprozesses beitragen.

Aus diesen Gründen ist es erforderlich, einen neuen Bezugsrahmen für die Probleme der strategischen Unternehmensführung zu schaffen: das Strategische Management. Damit verbunden ist die Forderung, dass der Entwicklungsprozess des Verständnisses von Planung (von der Konzeption der kurzfristigen Planung über die langfristige Planung bis zum Strategischen Management) eine Entsprechung in der Weiterentwicklung der Kontrolle finden muss.

1.3 Funktion der Kontrolle im Strategischen Management

Im Rahmen des Strategischen Managements sind die Aufgaben der Planung, der Organisation, der Personalführung und der Kontrolle gleichermaßen von Wichtigkeit wie im klassischen Managementprozess. Die Ansprüche an diese Subsysteme haben sich jedoch grundlegend verändert. Die Steuerungsfunktion der Planung bleibt zwar bestehen, aber die Selektionsfunktion der Planung findet in der Betrachtung stärkeres Gewicht. Der strategischen Kontrolle wird die Funktion zugewiesen, das mit der Planung verbundene Selektionsrisiko zu kompensieren, das auf die Vereinfachung der Realität und die Reduktion von Komplexität durch die Planung zurückzuführen ist. Die strategische Kontrolle verliert also die Funktion des «Schlussgliedes» im Managementprozess und wird zu einer **eigenständigen, gewichtigen Managementfunktion** mit eigenem **Steuerungspotenzial.** Die strategische Kontrolle stellt eine kritisch absichernde Begleitung des Planungsprozesses dar. Damit soll sie in erster Linie Bedrohungen des bestehendes Kurses rechtzeitig aufdecken, die Notwendigkeit zu einer Veränderung des Kurses signalisieren und die Voraussetzungen für eine Kurskorrektur schaffen.

Wir definieren:

> **Strategische Kontrolle ist** ein systematischer Prozess, der parallel zur strategischen Planung verläuft und durch Ermittlung von Abweichungen zwischen Plangrößen und Vergleichsgrößen den Vollzug und die Richtigkeit der strategischen Planung überprüft.

Mit der Vollzugskontrolle findet die Überwachung der Planverwirklichung statt, mit der Kontrolle der Richtigkeit der strategischen Planung soll die grundsätzliche Richtung des eingeschlagenen strategischen Weges überprüft werden.

Um die Merkmale einer strategischen Kontrolle noch einmal klar herauszustellen, soll in Abb. 3-2 ein Vergleich zwischen der traditionellen Auffassung von Kontrolle und der strategischen Kontrolle im Rahmen des Strategischen Managements anhand einzelner Vergleichsmerkmale stattfinden (vgl. *Bea/Scheurer* [Kontroll-funktion] 2146):

Vergleichsmerkmale	Traditionelle Kontrolle	Strategische Kontrolle
Kontrollinhalte	Reiner Soll-Ist-Vergleich i. S. einer Endergebniskontrolle mit einer zusätzlichen Analyse der Abweichungsursachen	Vor der Endergebniskontrolle sind die Prämissenkontrolle, die Planfortschrittskontrolle sowie die Richtigkeit der Planung von Bedeutung
Kontrollgrößen	Es werden nur quantifizierbare Größen (sog. hard facts) kontrolliert (z.B. Einhaltung von Budgetvorgaben)	Neben quantifizierbaren Größen werden auch qualitative Größen (sog. soft facts) kontrolliert (z.B. Ausbildungsstand des Personals)
Kontrollausrichtung	Unternehmensintern ausgerichtete und punktuell fixierte Kontrolle (sog. gerichtete Kontrolle)	Sowohl auf die internen als auch auf die externen Erfolgsfaktoren der Unternehmung ausgerichtete Rundumkontrolle (sog. ungerichtete Kontrolle, «strategisches Radar»)
Kontrollzeitpunkt	Die Kontrolle erfolgt einmalig nach der Planumsetzung (Ex post-Kontrolle)	Die Kontrolle erfolgt in einem kontinuierlichen, die Planung begleitenden Prozess

Abb. 3-2: Vergleich von traditioneller Kontrolle und strategischer Kontrolle

Es sei noch darauf hingewiesen, dass zwischen der strategischen Kontrolle und einem strategischen Controlling zu unterscheiden ist. Da der Begriff **«Controlling»** nach wie vor recht unscharf ist, gilt dies naturgemäß auch für das strategische Controlling. Den meisten Controlling-Definitionen ist aber gemeinsam, dass das wesentliche Merkmal des Controlling in der **Koordination** verschiedener Führungssubsysteme gesehen wird. Wählt man eine derartige koordinationsorientierte Controlling-Konzeption, lässt sich das **strategische Controlling** als eigenständige Führungsaufgabe begreifen, die umfassender ist als die strategische Kontrolle. So gehört z.B. zum strategischen Controlling auch das unternehmensinterne Rechnungswesen mit der Kosten- und Erlösrechnung und der Investitionsrechnung (vgl. *Küpper* [Controlling]).

2 Konzeptionen der strategischen Kontrolle

2.1 Überblick

Die Beschäftigung mit der strategischen Kontrolle weist eine kaum 15 Jahre alte Geschichte auf und doch liegt bereits eine Reihe recht unterschiedlicher Konzeptionen vor. Zu allererst ist die Kontrollkonzeption von *Lorange* ([Strategic Control]) zu nennen. *Lorange* macht die Aufgaben der strategischen Kontrolle - in Anlehnung an jene der strategischen Planung - von der Beschaffenheit der Umweltsituation abhängig. So unterscheidet er ein «strategic momentum control» für eine kontinuierliche und eine «strategic leap control» für eine diskontinuierliche Umwelt. Während bei der ersten Kontrollart die Überwachung der Planungsprämissen und der Soll-Ist-Vergleich im Vordergrund stehen, dominiert bei der zweiten Kontrollart der Einsatz von Techniken des Diskontinuitätenmanagements wie etwa der Szenario-Analyse.

Kontrollkonzeption	Kontrollaufgaben	Kontrollarten
Lorange (1984)	Kontrolle der Lern- und Wandlungsfähigkeit eines Unternehmens	«strategic momentum control» bei kontinuierlicher Umweltentwicklung und «strategic leap control» bei diskontinuierlicher Umweltentwicklung
Zettelmeyer (1984)	Strategische Kontrolle als eigenständiges Führungssubsystem	Plankontrolle (Planinhaltskontrolle, Planrealisationskontrolle, Planergebniskontrolle), Planungssystemkontrolle, Verhaltenskontrolle
Schreyögg/Steinmann (1985)	Strategische Kontrolle als planungsbegleitender Prozess; Kompensation des durch die Planung verursachten Selektionsrisikos	Strategische Prämissenkontrolle, strategische Durchführungskontrolle, strategische Überwachung
Bea/Haas (2000)	Kontrolle der Planrealisation und der Entwicklungsfähigkeit der Unternehmung	Prämissenkontrolle, Planfortschrittskontrolle, Kontrolle der strategischen Potenziale

Abb. 3-3: Kontrollkonzeptionen

Die Kontrollvorstellung von *Lorange* wird durch die in Abb. 3-3 dargestellten Kontrollkonzeptionen weiterentwickelt. Die beiden neueren Kontrollkonzeptionen werden ausführlich erörtert. In ihnen sind die Kontrollkonzeptionen von *Lorange* und *Zettelmeyer* verarbeitet.

2.2 Die Kontrollkonzeption von *Schreyögg/Steinmann*

Betrachtet man die strategische Kontrolle als einen die Planung begleitenden Prozess, so bietet sich als Konzeption einer strategischen Kontrolle der von *Schreyögg/Steinmann* entwickelte Ansatz an.

Schreyögg/Steinmann ([Strategische Kontrolle] 391 ff.) unterscheiden nach den verschiedenen Selektionsstufen des strategischen Planungsprozesses folgende **Bausteine einer strategischen Kontrolle**:

- Strategische Prämissenkontrolle,
- strategische Durchführungskontrolle,
- strategische Überwachung.

In Abb. 3-4 ist die strategische Kontrollkonzeption nach *Schreyögg/Steinmann* schematisch dargestellt.

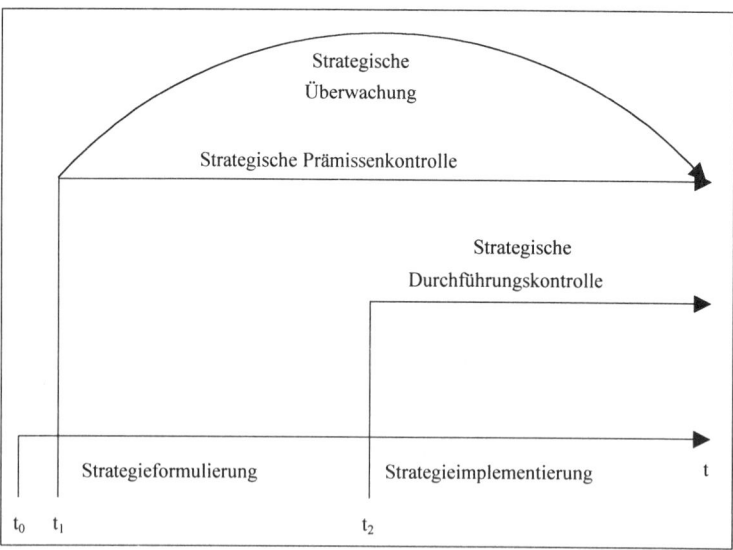

Abb. 3-4: Die Kontrollkonzeption nach *Schreyögg/Steinmann*

2.2.1 Strategische Prämissenkontrolle

Im Rahmen des strategischen Planungsprozesses werden sukzessive Prämissen gesetzt, um aus der äußerst komplexen Umwelt eine weniger komplexe, vielleicht sogar eine eindeutige Entscheidungssituation zu formulieren, auf deren Basis Strategien abgeleitet werden können. Solche Prämissensetzungen erstrecken sich i.d.R. auf Wechselkurse, Absatzzahlen, Lohnabschlüsse, technische Entwicklungen usw. Durch diese Vorgehensweise wird eine immer größere Zahl von Alternativen ausgeblendet. Die strategische Prämissenkontrolle hat in diesem Zusammenhang die Aufgabe, die explizit gemachten Prämissen laufend auf ihre Gültigkeit hin zu überprüfen. Die Prämissenkontrolle begleitet den strategischen Planungsprozess also durchgängig.

Beispiel: Ein Verlag geht bei der Planung seiner Titel davon aus, dass eine Verschiebung der Lesegewohnheiten von der Belletristik hin zu den Sachbüchern stattfindet. Auf einer Buchmesse lässt sich im Gespräch mit Buchhändlern und potenziellen Lesern eruieren, ob diese Prämisse (noch) gültig ist.

2.2.2 Strategische Durchführungskontrolle

Die strategische Durchführungskontrolle (**Planfortschrittskontrolle**) setzt mit der Implementierung der Strategie ein. Sie soll anhand von Störungen bei der Implementierung der Strategie oder bei Abweichungen von definierten strategischen **Zwischenzielen** (auch als «**milestones**» bezeichnet) feststellen, ob eine Gefährdung des gewählten strategischen Kurses vorliegt.

Die wichtigste Aufgabe der strategischen Durchführungskontrolle besteht in der Formulierung von sog. **Meilensteinen**. Der Schwierigkeitsgrad bei dieser Aufgabe hängt wesentlich von der Strategieart ab. Wird die Erhöhung des Marktanteils als Ziel formuliert, so lassen sich Zwischenziele relativ leicht fixieren. Wesentlich komplizierter ist jedoch das Problem bspw. bei Personalentwicklungsstrategien und Reorganisationsprojekten. Hier lassen sich Zwischenziele erst relativ spät und selten quantitativ definieren.

Beispiel: Die monatlichen Verkaufszahlen für die einzelnen Buchtitel liefern Hinweise für den Erfolg einer Strategie. Die strategische Durchführungskontrolle kann Signale für eine Verlagerung in der Schwerpunktsetzung des Sortiments liefern und damit Trendänderungen anzeigen.

2.2.3 Strategische Überwachung

Sowohl bei der Prämissenkontrolle als auch bei der strategischen Durchführungskontrolle sind die Kontrollobjekte klar definiert. Insoweit handelt es sich in beiden Fällen um eine gerichtete und damit selektive Kontrolle. Da aber im Rahmen der Prämissensetzung Teile des Entscheidungsfeldes ausgeblendet werden, muss zusätzlich eine **globale, ungerichtete Kontrolle** stattfinden, um diese Teile des Entscheidungsfeldes zu überwachen. Damit nimmt die strategische Überwachung (surveillance) eine **zweifache Kompensationsfunktion** wahr: Einmal gegenüber der grundsätzlichen Richtung der strategischen Planung, zum anderen auch gegenüber der Prämissenkontrolle und der Durchführungskontrolle. «Die Aufgabe dieser strategischen Überwachung liegt in einer kontinuierlichen, ungerichteten Beobachtung der externen und internen Umwelt auf bisher vernachlässigte oder unvorhergesehene Ereignisse, die eine Bedrohung für die gewählte strategische Orientierung der Unternehmung bedeuten könnten. Sie fungiert quasi als ein «**strategisches Radar**», das die Umwelt gewissermaßen flächendeckend auf strategiegefährdende Informationen hin überwacht» (*Hasselberg* [Strategische Kontrolle] 97).

Beispiel: Die Planung des Verkaufsprogramms eines Verlages und dessen Überprüfung im Rahmen der Prämissenkontrolle und Planfortschrittskontrolle bergen die Gefahr in sich, dass der Blick zu sehr auf den Plangegenstand, nämlich das Buch gerichtet wird. Die strategische Überwachung hat die Aufgabe zu überprüfen, ob nicht Bücher überhaupt gegenüber computergestützten Methoden der Wissensvermittlung (z.B. CD-ROM, Internet) an Terrain verlieren.

Schreyögg/Steinmann gehen davon aus, dass grundlegende strategische Entscheidungen immer damit verbunden sind, dass ein großer Teil von Alternativen ausgeklammert werden muss. Angesichts der äußerst schnellen Änderungen der Rahmenbedingungen können aber gerade diese Entscheidungsmöglichkeiten relevant werden. Sie weisen daher der **strategischen Überwachung die zentrale Rolle** in ihrem strategischen Kontrollkonzept zu.

2.3 Die Kontrollkonzeption des Strategischen Managements

2.3.1 Grundzüge

Die strategische Kontrolle hat die Aufgabe, den Vollzug und die Richtung der strategischen Planung zu überprüfen. Die Vollzugskontrolle umfasst die Prämissenkontrolle und die Planfortschrittskontrolle. Beide Elemente einer Kontrollkonzeption sind bereits beschrieben (vgl. S. 221).

Elemente der strategischen Kontrolle	Kontrollaufgaben
Prämissenkontrolle Planfortschrittskontrolle	Kontrolle der Planverwirklichung
Kontrolle der Potenziale	Kontrolle der Entwicklungsfähigkeit des Unternehmens

Abb. 3-5: Die Kontrollkonzeption des Strategischen Managements

Schreyögg/Steinmann haben die Prämissenkontrolle und die Planfortschrittskontrolle um die strategische Überwachung ergänzt. Ihr kommt die Aufgabe zu, die Richtung der Planung überhaupt in Frage zu stellen. Eventuell stellen sich während der Planrealisierung auf dem «Schirm des strategischen Radars» Erkenntnisse ein, die einen «Richtungswechsel» erforderlich machen. Die Voraussetzungen dafür, dass die Notwendigkeit eines Richtungswechsels überhaupt erkannt werden können, gründen im Wesentlichen in der Organisation eines Unternehmens, dem Informationssystem und der Unternehmenskultur.

Die Richtungsänderung selbst ist aber nur dann möglich, wenn das Unternehmen auf entsprechende Handlungspotenziale zurückgreifen kann. Zu nennen sind in diesem Zusammenhang vor allem die Technologie, das Personal und die Produktion. Aus all dem ergibt sich, dass die **Kontrolle der Potenziale** ein wesentliches weiteres Element einer strategischen Kontrollkonzeption darstellen muss. Während die Prämissenkontrolle und die Planfortschrittskontrolle am Plan selbst ausgerichtet sind, findet mit der Überwachung der Potenziale eine Kontrolle der **Entwicklungsfähigkeit** des Unternehmens statt. In einer Zeit, die durch eine starke Dynamik der Umweltbedingungen gekennzeichnet ist, verliert die Planung immer mehr an Zuverlässigkeit. Es ist daher der Schwerpunkt der Betrachtung auf die **Bedingungen der Entwicklung**, nämlich die Kompetenzen sowie Fähigkeiten, also die Potenziale zu legen. Sie stellen die Grundlage für die Entwicklungsfähigkeit eines Unternehmens dar. Ein Unternehmen ist dann entwicklungsfähig, wenn es in der Lage ist, Veränderungen in der Unternehmensumwelt wahrzunehmen und auf diese Veränderungen effektiv zu reagieren (zur Entwicklungsfähigkeit vgl. *Haas* [Entwicklungsfähigkeit]).

2.3.2 Kontrolle der Potenziale

Besteht die Aufgabe der strategischen Kontrolle in der Überwachung der Potenziale als Grundlage der Entwicklungsfähigkeit eines Unternehmens, stellt sich die schwierige Aufgabe der **Messung der Entwicklungfähigkeit**. Wir haben es hier mit dem schon mehrfach angesprochenen Problem zu tun, dass sich die sog. soft facts nur schwer quantifizieren lassen. Diese Erkenntnis darf aber nicht zu einem Verzicht auf die Problemlösung verleiten, es ist vielmehr nach Kriterien zu suchen, die eine second best-Lösung ermöglichen. In Abb. 3-6 sind die einzelnen Potenziale dargestellt, Merkmale dieser Potenziale aufgeführt und Verfahren zur Messung dieser Merkmale genannt.

Die Ansprüche an die **Messverfahren** sind sehr hoch gesteckt: Sie sollen sowohl Ausdruck der Entwicklungsfähigkeit eines Unternehmens sein und auch eine Verbindung herstellen zu finanziellen Kennzahlen. Ein Beispiel aus Abb. 3-6: Im Potenzial «Kapital» ist dann eine Entwicklungsfähigkeit eines Unternehmens begründet, wenn das Unternehmen ein gutes Standing am Kapitalmarkt aufweist, sich dieses Standing über die Kursentwicklung der eigenen Aktie im Verhältnis zum DAX ausdrückt und sich dieser Sachverhalt schließlich in Form messbarer Cash Flows im Rechnungswesen niederschlägt. Bei einigen Potenzialen ist der Zusammenhang zwischen Merkmalsausprägung und Beitrag zur Entwicklungsfähigkeit eines Unternehmens evident, so etwa bei der Technologie, der Unternehmenskultur und der Organisation. Allerdings ist hier die Messung des Beitrages zu finanziellen Zielgrößen mit großen Schwierigkeiten verbunden. Bei anderen Potenzialen wiederum ist der Zusammenhang zwischen Merkmalsausprägung und finanziellem Zielbeitrag leicht festzustellen, so etwa bei der Beschaffung (z.B. Qualität der Vorprodukte) und bei der Produktion (z.B. Kostenstruktur). Hier ist jedoch der Bezug zur Entwicklungsfähigkeit des Unternehmens nur über Umwege erkennbar (z.B. die Reduktion der Abhängigkeit von Lieferanten und die Verringerung der Fertigungstiefe schaffen Flexibilität und damit Anpassungsfähigkeit gegenüber Diskontinuitäten).

Potenziale	Merkmale	Verfahren der Messung
(1) Leistungspotenziale		
(a) Beschaffung	- Abhängigkeit von Liefe- ranten	ABC-Analyse
	- Qualität der Vorprodukte	Zahl der Mängel
(b) Produktion	- Fertigungstiefe	Wertschöpfungsquote
	- Kostenstruktur	Verhältnis von direkten zu indirekten Kosten
(c) Absatz	- Produktqualität	Zahl der Mängel
	- Altersaufbau der Produkte	Position der einzelnen Ge- schäftsfelder im Portfolio
(d) Personal	- Alter	Alterspyramide
	- Lernbereitschaft	Häufigkeit von Schulungen
	- Motivation	Personalfluktuation
(e) Kapital	- Standing am Kapitalmarkt	Kursentwicklung der eigenen Aktie im Verhältnis zum DAX
	- Verschuldungsgrad	Verhältnis von Eigenkapital zu Fremdkapital
(f) Technologie (Forschung und Entwicklung)	- Innovationsbereitschaft	Zahl der Neuentwicklungen
	- Forschungsaufwand	Verhältnis von Aufwand für Forschung und Entwicklung zum Gesamtaufwand
(2) Führungspotenziale		
(a) Planung	- Flexibilität	Fristigkeit der Pläne, Bereit- schaft zur Änderung der Pläne
	- Planungstechniken	Anspruchsniveau der Pla- nungstechniken
(b) Kontrolle	- Standardisierung der Kontrolle	Häufigkeit von Kontrollvor- gängen
	- Kontrolltechniken	Anspruchsniveau der Kon- trolltechniken
(c) Information	- Aktualität der Unterneh- mensrechnung	Kostenrechnungssystem
	- Aktualität der Umwelt- analyse	Früherkennungssysteme
(d) Organisation	- Grad der Dezentralisie- rung	Zahl von Hierarchieebenen
	- Kooperationsfähigkeit mit anderen Unternehmen	Zahl der Vereinbarungen mit anderen Unternehmen
(e) Unternehmenskultur	- Stärke der Unternehmens- kultur	Befragungen
	- Grad der Außenorientie- rung	Häufigkeit von Kontakten mit anderen Unternehmen

Abb. 3-6: Die Kontrolle der strategischen Potenziale

Mit ähnlichen Problemen sind wir im Zusammenhang mit der Darstellung der **Balanced Scorecard** konfrontiert worden (vgl. S. 190 ff.). Das Gemeinsame unseres Konzeptes mit der Balanced Scorecard besteht darin, dass die entscheidende Aufgabe der strategischen Kontrolle darin besteht, die **Entwicklungsfähigkeit des Unternehmens** einem kontinuierlichen Überwachungsprozess zu unterziehen. Dabei ist nicht zu verkennen, dass sich gerade die Entwicklungsperspektive nur schwer in Kennzahlen ausdrücken lässt. Auf der anderen Seite dürfen die Schwierigkeiten der Implementierung einer Kontrolle der strategischen Potenziale nicht dazu verleiten, auf die Suche nach Erfolgsmaßstäben für die Entwicklungsfähigkeit zu verzichten. Denn letztendlich wird der betriebliche Wertschöpfungsprozess immer einer Kontrolle unterzogen, nämlich extern durch den Güter- und Kapitalmarkt. Einem negativen Urteil durch eine derartige Marktkontrolle soll eben durch die unternehmensintern organisierte strategische Kontrolle frühzeitig der Boden entzogen werden.

3 Strategisches Kontrollsystem

3.1 Aufgaben

Strategische Kontrolle - so haben wir festgestellt - besteht aus einem Prozess, in dem verschiedene Kontrollaufgaben anfallen. Welche Kontrollaufgaben im Einzelnen wahrzunehmen sind, hängt von der Wahl der Kontrollkonzeption ab. Gehen wir von *Schreyögg/Steinmann* aus, so befasst sich die strategische Kontrolle mit der Prämissenkontrolle, der Planfortschrittskontrolle und der strategischen Überwachung. Wählen wir die Kontrollkonzeption des Strategischen Managements, so findet auch eine Überwachung der strategischen Potenziale statt. Die Wahrnehmung dieser Aufgaben wiederum bedarf einer Regelung, einer Ordnung, einer Gestaltung. Sie schlagen sich im strategischen Kontrollsystem nieder. Ein strategisches Kontrollsystem liefert eine Struktur und einen institutionellen Rahmen für die Kontrolle. **Bestandteile eines strategischen Kontrollsystems** sind in Anlehnung an das strategische Planungssystem folgende Elemente (vgl. S. 59 ff.):

- Kontrollträger,
- Kontrollprozess,
- Kontrolltechniken,
- Kontrollbereiche,
- Ablauforganisation der Kontrolle.

3.2 Elemente

3.2.1 Kontrollträger

Wenn wir i.S. der «agency theory» davon ausgehen, dass dem Eigentümer (den Gesellschaftern) das Recht der Kontrolle eines Unternehmens zusteht, ist die Frage zu klären, in welchem Umfang die Eigentümer die Kontrollfunktion selbst wahrnehmen oder auf andere Kontrollträger übertragen. Ist diese Frage entschieden, ist die Verteilung der Kontrollkompetenz innerhalb des Unternehmens festzulegen.

Zwei Fragen sind demzufolge im Zusammenhang mit der Bestimmung von Kontrollträgern von Wichtigkeit:

- Wie ist die Delegation von Kontrolle durch die Eigentümer auf Kontrollträger zu regeln?

– Welche Möglichkeiten der Zuteilung von Kontrollkompetenzen innerhalb eines Unternehmens stehen zur Verfügung?

(1) **Delegation von Kontrolle durch die Eigentümer.** Eigentümer, speziell Aktionäre, übertragen Entscheidungskompetenzen auf die Organe eines Unternehmens, d.h. den Vorstand und den Aufsichtsrat. Für die Eigentümer ist nun von Wichtigkeit, die Handlungen der Organe auf die Interessen der Eigentümer auszurichten. In diesem Zusammenhang wird heute vor allem die Kontrollfunktion des Aufsichtsrats bei AGs und eines evtl. Beirats bei GmbHs problematisiert. Insbesondere steht die Frage zur Diskussion, ob diese Gremien **richtig zusammengesetzt** sind. Diese Diskussion hat vor allem auf Grund der wachsenden Zahl von Unternehmenszusammenbrüchen an Dynamik gewonnen (vgl. *Bea/Scheurer* [Kontrollfunktion]). Derartige Gremien können und sollen auch auf Grund ihrer organisatorischen Einbindung in den Führungsprozess eines Unternehmens und ihrer personellen Zusammensetzung insbesondere Aufgaben der Prämissenkontrolle und der Kontrolle der Entwicklungsfähigkeit des Unternehmens, kaum jedoch solche auf dem Felde des traditionellen Soll-Ist-Vergleichs wahrnehmen (vgl. dazu das einleitende Praxisbeispiel S. 213).

(2) **Wahrnehmung der Kontrollfunktion innerhalb des Unternehmens.** Die Verteilung der Kontrollkompetenz ist mit der Festlegung der **Organisationsstruktur** weitgehend entschieden. Ein dezentral strukturiertes Unternehmen, das nach den Grundsätzen des Management by Objectives geführt wird, verlangt zwangsläufig ein dezentrales Kontrollsystem. Eine zentralistisch ausgerichtete Funktionale Organisation legt eine Zentralisierung der Kontrolle in der Unternehmensspitze nahe.

Klärungsbedürftig ist das Verhältnis von **Eigenkontrolle und Fremdkontrolle** innerhalb eines Unternehmens. Die Anwort scheint auf der Hand zu liegen: Fremdkontrolle sorgt für mehr Objektivität und Neutralität der Kontrolle. Diesem Argument verdanken verschiedene Institutionen der Fremdkontrolle ihre Existenz, wie etwa die interne Revision bei fast allen Unternehmen, die Pflichtprüfung durch Wirtschaftsprüfer bei Kapitalgesellschaften, das von unabhängigen Ratingagenturen durchgeführte Verfahren zur Bewertung von Unternehmen (Rating) und die Überwachung der öffentlichen Haushaltsführung durch Rechnungshöfe. Der Fremdkontrolle ist allerdings entgegenzuhalten, dass eine Kontrolle im modernen Verständnis eines planungsbegleitenden Führungssystems auf Grund der Problem- und Zeitnähe eher Argumente zu Gunsten einer Eigenkontrolle liefert: Der Planungsträger kennt die Planungsprämissen und die planungsbedingte Komplexitäts-reduktion naturgemäß am besten, sodass er auch die Suche nach Abweichungen zwischen Plan und Realität am besten steuern kann. Die Identität von Planungs-träger und Kontrollträger wäre demzufolge geradezu ideal. Diesen Idealzustand der internen Kontrollorganisation gewährleistet offensichtlich die Gruppenbildung in japanischen Unternehmen, die als innengesteuerte Organisationseinheit die formalisierte Kontrolle durch eine rigide soziale Kontrolle in der Gruppe ersetzt.

3.2.2 Kontrollprozess

Während die Kontrollaufbauorganisation den institutionellen Aspekt der Kontrolle darstellt, repräsentiert der Kontrollprozess den funktionalen Aspekt.

Parallel zur Planung lassen sich auch bei der Kontrolle verschiedene Teilprozesse unterscheiden. *Schweitzer* ([Planung] 102) zerlegt den Kontrollprozess in vier **Prozessphasen**:

- Vorgabe von Sollwerten,
- Ermittlung von Ist-Werten,
- Soll-Ist-Vergleich (Ermittlung der Soll-Ist-Abweichung),
- Abweichungsanalyse.

Diese Prozessphasen sind für die Durchführung der Prämissenkontrolle und der Planfortschrittskontrolle geeignet. Bei der Planfortschrittskontrolle ist dabei das Problem der Formulierung von Meilensteinen zu lösen. Die strategische Überwa-chung und die Kontrolle der Potenziale dagegen verbieten als ungerichtete Kon-trolle geradezu eine Festlegung von plandeterminierten Sollwerten, da ansonsten die sehr wichtige Radarfunktion nicht gewährleistet ist.

Grundsätzlich ist festzustellen, dass der Kontrollprozess i.S. einer modern ver-standenen Kontrollkonzeption kaum formalisierbar und standardisierbar ist, da die Kontrolle vor allem Sensibilität für die Wahrnehmung von Veränderungen ver-langt.

3.2.3 Kontrolltechniken

Kontrolltechniken stellen - genauso wie die Planungstechniken - Hilfsmittel zur Erleichterung und Verbesserung des Kontrollprozesses dar. Mit dem Entwurf von Kontrolltechniken werden gewissermaßen auf Vorrat Denkhilfen zur Verfügung gestellt, die je nach Phase des Kontrollprozesses in Anspruch genommen werden können. Die Wahrnehmung von Kontrolltechniken verbessert auch die Transparenz des Kontrollprozesses, weil die einzelnen Schritte der Kontrolle zu dokumentieren sind. Damit ist wiederum die Möglichkeit einer Kontrolle der Kontrolleure verbunden.

Beispiele für Kontrolltechniken sind Kennzahlenvergleiche, die Plankostenrechnung, das Target Costing und das Benchmarking.

Bei **Kennzahlenvergleichen** werden Sollwerte mit Istwerten verglichen. Kennzahlenvergleiche eignen sich besonders gut für die Planfortschrittskontrolle. Abb. 3-7 beschreibt die in der Praxis am häufigsten vorkommenden Kennzahlensysteme «Du Pont», «ZVEI» und «RL». Zum Aufbau des Du Pont-Kennzahlensystems vgl. auch S. 70 (vgl. auch die Kennzahlen S. 71).

Kennzahlensysteme	Merkmale	(Spitzen-) Kennzahlen
Du Pont (1919/1949)	• Rentabilitätsorientierung • formal- mathematische Kennzahlenverknüpfung	RoI = Umsatzrentabilität (G/U) * Kapitalumschlag (U/K)
ZVEI (1970)	• Ermittlung der Effizienz durch Wachstums- und Strukturanalyse • Formal-mathematische Kennzahlenverknüpfung	Analyse des Geschäftsvolumens, des Personals und des Erfolgs als Zeitraumbetrachtung im Rahmen der **Wachstumsanalyse** durch neun Kennzahlen. Strukturierung und Verdichtung von Daten aus dem betrieblichen Rechnungswesen durch die **Strukturanalyse.** Insgesamt ergibt sich ein Kennzahlensystem bestehend aus Ertragskraftkennzahlen und Risikokennzahlen mit der Eigenkapitalrentabilität als Spitzenkennzahl
RL (*Reichmann/ Lachnitt*, 1976)	• Erfolgs- und Liquiditätsorientierung • Weitgehender Verzicht auf formal- mathematische Kennzahlenverknüpfung • Allgemeiner Teil (laufende Planung und Kontrolle) und Sonderteil (firmen- und branchenspezifische Analyse)	**Erfolg:** Zusammengesetzt aus dem ordentlichen Betriebsergebnis (n. Steuern) und dem ordentl. Finanzergebnis resultierend aus Zinserträgen und Beteiligungen; **Liquidität:** Zur Bestandssicherung des Unternehmens (Liquide Mittel, Cash Flow, Working Capital)

Abb. 3-7: Kennzahlensysteme

Die **Plankostenrechnung** erlaubt einen Vergleich von geplanten Kosten und tatsächlich angefallenen Kosten. Die Analyse etwaiger Abweichungen liefert Anhaltspunkte für deren Ursachen. In der Plankostenrechnung werden vor allem Preisabweichungen, Verbrauchsabweichungen und Beschäftigungsabweichungen ermittelt.

Beim **Target Costing** wird die Fragestellung «Was *wird* das Produkt kosten?» ersetzt durch «Was *darf* das Produkt kosten?». Mit dem damit verbundenen Übergang von der Ist-Betrachtung zur Normbetrachtung werden Maßstäbe für die Beurteilung der tatsächlich angefallenen Kosten gefunden (vgl. S. 315). Die Norm ist vom Marktpreis vorgegeben. Die Kosten werden einem starken Kontrolldruck ausgesetzt, um einen Zielgewinn (target profit) realisieren zu können.

Benchmarking ist ein Verfahren, bei dem Produkte, Methoden oder Prozesse der eigenen Unternehmung mit denen des «best-practice»-Unternehmens verglichen werden. Ein Vergleich mit Unternehmen, die als leistungsstark gelten («von den Besten lernen»), liefert Anhaltspunkte für die Kontrolle und damit die Beurteilung der eigenen Position. Zum Teil findet Benchmarking innerhalb der Branchengrenzen statt, es werden aber auch branchenfremde Unternehmen einbezogen. Der Wahl des Analyseobjekts (häufig sind Prozesse der indirekten Leistungsbereiche, denen der Bezug zum Markt fehlt, Gegenstand des Benchmarking) folgt die Identifikation geeigneter Benchmarking-Partner und im Anschluss die eigentliche Analyse der Objekte, vorhandener Leistungsdiskrepanzen und möglicher Ursachen. Es schließt sich die Realisationsphase (Abbau der festgestellten Leistungsdifferenzen) in den einzelnen Unternehmen und in der Folge eine Überwachung i.S. eines kontinuierlichen Verbesserungsprozesses an (vgl. «Kaizen» S. 511).

In Abb. 3-8 sind verschiedene Objekte, Zielgrößen und Vergleichspartner des Benchmarking dargestellt.

Parameter	Ausprägung des Parameters			
Objekt	Produkte	Methoden		Prozesse
Zielgröße	Kosten	Qualität	Kunden-zufriedenheit	Zeit
Vergleichs-partner	Andere Geschäftsbereiche	Konkurrenten	Gleiche Branche	Andere Branche

Abb. 3-8: Benchmarking (nach *Horváth/Herter* ([Benchmarking] 7)

Im Bereich der Kostenanalyse ist Benchmarking eine geeignete Ergänzung zum Target Costing, wenngleich - analog bspw. zur PIMS-Studie - die Frage zu stellen ist, worin der quantifizierbare Wettbewerbsvorteil der einzelnen Unternehmung liegen wird, wenn sich alle am «best-practice»-Unternehmen orientieren. Außerdem ist nicht sichergestellt, dass der best practice-Unternehmer neue Trends erkennt und sie auch umsetzt.

Geht die Planung von **weichen Daten (soft facts)** aus, so hat sich die strategische Kontrolle diesen Bedingungen anzupassen.

*Beispiel: Geplant ist die Verbesserung der Innovationsfähigkeit. Das Ergebnis einer Abweichungsanalyse lässt sich in diesem Falle nicht quantifizieren, sondern allenfalls in Form einer **Argumentenbilanz** festhalten. Sie enthält eine Zusammenstellung jener Argumente, die als Ursachen für die Abweichung vermutet werden können. Damit werden Anhaltspunkte für die Auswahl der künftigen Beobachtungsbereiche abgeleitet.*

3.2.4 Kontrollbereiche

Entsprechend den beiden zentralen Aufgaben der strategischen Planung, nämlich der Umweltanalyse und der Unternehmensanalyse, lassen sich zunächst zwei große Bereiche der Kontrolle identifizieren: Die unternehmensexterne Kontrolle und die unternehmensinterne Kontrolle.

Die Umweltkontrolle bezieht sich auf die engere, aufgabenspezifische Unternehmensumgebung, insbesondere den Markt, und die weitere Unternehmensumwelt.

Bei der unternehmensinternen Kontrolle sind die Kontrollbereiche spiegelbildlich zu den Planungsbereichen zu definieren. Gehen wir von den drei **Ebenen eines strategischen Planungssystems** aus (vgl. S. 60), können folgende Kontrollen stattfinden:

– Unternehmenskontrolle,
– Geschäftsbereichskontrolle,
– Funktionsbereichskontrolle.

Auf der Ebene der **Funktionen** lassen sich u.a. folgende Kontrollbereiche unterscheiden:

– Beschaffungskontrolle,
– Fertigungskontrolle,
– Absatzkontrolle,

– Finanzkontrolle,
– Investitionskontrolle.

Auswahl und Betonung der Kontrollbereiche hängen von einer Vielzahl von Faktoren ab. Zu nennen sind u.a. die Aufbauorganisation und die Strategiewahl.

Die **Aufbauorganisation** beeinflusst die Kontrollorganisation und damit u.a. Entscheidungen zu Gunsten einer Zentralisation oder Dezentralisation der Kontrolle. Das Ergebnis dieser Entscheidung wiederum hat Einfluss auf die Schwerpunktsetzung zwischen der Unternehmenskontrolle, der Geschäftsbereichskontrolle und der Funktionsbereichskontrolle.

Strategien haben die Aufgabe, den langfristigen Erfolg eines Unternehmens zu sichern. Je nachdem, welche Stärken des Unternehmens identifiziert und welche Chancen in der Umwelt aufgespürt werden, lassen sich Entscheidungen zu Gunsten bestimmter Strategien treffen. Wird z.B. die Kostenführerstrategie gewählt, liegt der Schwerpunkt der Kontrolle der Kosten in den Bereichen Beschaffung und Fertigung. Es findet in diesen Kontrollbereichen ein hartes Kostenmanagement in Form einer strengen Ergebniskontrolle statt. Andere Schwerpunkte werden dagegen bei einer Differenzierungsstrategie gesetzt. Hier steht eher die Kontrolle von FuE sowie die Qualität im Bereich von Beschaffung und Produktion im Vordergrund.

3.2.5 Ablauforganisation der Kontrolle

Kontrolle im traditionellen Verständnis findet einmalig nach der Ergebnisrealisation statt. In diesem Fall ist die Kontrolle die letzte, abschließende Phase des Planungsprozesses.

Nach modernem Verständnis von strategischer Kontrolle finden Kontrollaktivitäten in einem kontinuierlichen, zur Planung und Realisation der Ergebnisse parallel laufenden Prozess statt. In diesem Falle ist die Ablauforganisation der Kontrolle an jene der Planung gekoppelt. Es findet ein permanentes Wechselspiel zwischen Planung und Kontrolle statt. Erkenntnisse im Rahmen der Prämissenkontrolle und der Planfortschrittskontrolle dienen der Planung und der Kontrolle als Anlass für Plankorrekturen. Frühinformationen im Rahmen der Kontrolle der Potenziale kompensieren die Selektionsfunktion der Planung und dienen damit auch der Kontrolle (zur Ablauforganisation der Planung vgl. S. 64 f.).

4 Probleme der Realisierung

Die Probleme der soeben skizzierten strategischen Kontrollkonzeption liegen - wie so oft - in deren **Implementierung**. Es stellt sich die Frage, wie sich die einzelnen Bestandteile eines strategischen Kontrollsystems realisieren lassen.

(1) Diese Aufgabe lässt sich bei der **Prämissenkontrolle** recht gut lösen, da ja die zu Beginn gesetzten Prämissen bekannt sind und insofern, von Messproblemen einmal abgesehen, mit den Ausprägungen der Realität verglichen werden können.

(2) Die Aufgabe der **Durchführungskontrolle** besteht darin, den langen Weg der Zielerreichung transparent und kontrollierbar zu machen. Es stellt sich aber die Frage, in welcher Form und wo Meilensteine zu setzen sind. Dies ist relativ einfach, wenn ein quantitatives strategisches Ziel, etwa ein bestimmter Marktanteil, formuliert worden ist. Wie lassen sich aber Zwischenziele für ein qualitatives Ziel, etwa die Erlangung der Technologieführerschaft in einem Markt, formulieren? Hier besteht die Gefahr, dass das qualitative Ziel in quantitativen Zwischengrößen nicht richtig zum Ausdruck gebracht wird (Gefahr der «**paralysis by analysis**», also der Operationalisierung) und zum anderen allzu früh messbare Erfolge erwartet werden (Gefahr der **Kurzfristigkeit**). Wenn es schon schwierig ist, den Erfolg der strategischen Planung überhaupt zu definieren und zu messen (vgl. S. 114 f.), um wieviel komplizierter muss es dann sein, Zwischenziele zu formulieren? Hier zeigt sich, dass die Erkenntnisdefizite der strategischen Planung deckungsgleich bei der strategischen Kontrolle wieder zum Vorschein kommen: Wird die Planungsaufgabe ungenau fixiert (etwa nur ein Zielkorridor festgelegt), lässt sich auch die Planerfüllung nicht präzise überwachen. Wesentlich für den Erfolg einer Kontrolle ist auch die Bereitschaft der betroffenen Personen, selbst Gegenstand der Kontrolle zu sein, also **Kontrolltoleranz** mitzubringen.

Es besteht weiterhin ein **Dilemma** zwischen der organisatorischen Etablierung der strategischen Kontrolle (Aufgabenabgrenzung, Aufgabenzuweisung, Stellenbildung) und der erwünschten Selbstkontrolle.

Schließlich besteht die Gefahr, dass durch die künstliche Trennung der Informationen nach ihrem Zweck (nur Bedrohungen gehören zur strategischen Kontrolle, Chancen dagegen nicht) eine auf **Konservierung** ausgerichtete Blickrichtung vermittelt wird.

(3) Die größten Implementierungsprobleme treten bei der **Kontrolle der strategischen Potenziale** auf. Unter dem Stichwort «**Performance Measurement**» sind

erfolgreiche Versuche gestartet worden, den strategischen Erfolg messbar zu machen. Allerdings sind die Ergebnisse der Forschung insofern unbefriedigend, als Maßzahlen aus dem Rechnungswesen dominieren. Diese Schwerpunktsetzung ist verständlich, denn Zahlen aus dem Rechnungswesen haben den Anschein der Objektivität und fehlenden Manipulierbarkeit. Im Rahmen der Konzeption der **Balanced Scorecard** wird überzeugend dargelegt, dass sich zwar jegliche strategische Aktivität irgendwann in Kennzahlen des Rechnungswesens niederschlägt, für eine rechtzeitige Gegensteuerung jedoch die Ursachen erfasst werden müssten. Die Ursachen sind häufig sog. soft facts, welche in den Bereichen der Organisation, des Personals, der Planung, der Unternehmenskultur und des Informationssystems zu suchen sind. Für diese Bereiche sind Kennzahlen zu entwickeln, um eine effiziente strategische Kontrolle durchführen zu können. Die Balanced Scorecard liefert hier geeignete Anhaltspunkte (vgl. S. 190 ff.).

5 Zusammenfassung

Die Funktion der Kontrolle im Strategischen Management besteht darin, durch Ermittlung von Abweichungen zwischen Plangrößen und Vergleichsgrößen den Vollzug und die Richtung der strategischen Planung zu überprüfen. Der **Prozess der strategischen Kontrolle** verläuft parallel zur strategischen Planung. Die strategische Kontrolle verliert damit die Funktion des Schlussgliedes im Managementprozess und wird zu einer eigenständigen Managementfunktion mit eigenen Steuerungsaufgaben.

Die **Konzeption der strategischen Kontrolle** nach *Schreyögg/Steinmann* besteht aus:

– der Prämissenkontrolle,
– der Durchführungskontrolle und
– der strategischen Überwachung.

Diese Kontrollaufgaben sind zu ergänzen um die Kontrolle der strategischen Potenziale. Sie stellen die Grundlage für die Entwicklungsfähigkeit eines Unternehmens dar. Es sind geeignete Messverfahren zu entwickeln.

Das strategische **Kontrollsystem** besteht aus folgenden Elementen:

– Kontrollträger,
– Kontrollprozess,
– Kontrolltechniken,
– Kontrollbereiche,
– Ablauforganisation der Kontrolle.

Die Hauptprobleme der beschriebenen Kontrollkonzeption liegen – wie so oft – in deren Implementierung.

Fragen zur Wiederholung

1. Nehmen Sie Stellung zu folgender Aussage: «Planung ohne Kontrolle ist sinnlos, Kontrolle ohne Planung unmöglich». (1.1)

2. Welche Plangrößen und welche Vergleichsgrößen können im Rahmen eines Kontrollvorgangs verwendet werden? (1.1)

3. Kann man eine Planfortschrittskontrolle als einen «Soll-Wird-Vergleich» bezeichnen? (1.1)

4. Was versteht man unter einer «plandeterminierten Unternehmensführung»? (1.2)

5. Was versteht man unter einer «strategischen Kontrolle»? (1.3)

6. Worin unterscheiden sich die traditionelle Kontrolle und die strategische Kontrolle im Hinblick auf den Kontrollzeitpunkt? (1.3)

7. Kann man die Begriffe «Controlling» und «Kontrolle» gleichsetzen? (1.3)

8. Warum müssen die Prämissen einer Planung einer Kontrolle unterzogen werden? (2.2.1)

9. Welche Probleme entstehen dann, wenn man Meilensteine im Rahmen einer strategischen Durchführungskontrolle formulieren will? (2.2.2 u. 4)

10. Warum wird die ungerichtete Kontrolle auch als «strategisches Radar» bezeichnet? (2.2.3)

11. Was versteht man unter der Kontrolle der Entwicklungsfähigkeit einer Unternehmung? (2.3)

12. Aus welchen Elementen besteht ein Kontrollsystem? (3.1)

13. Was spricht für die Zentralisation und was für die Dezentralisation der Kontrolle? (3.2. 1)

14. Was spricht für die Eigenkontrolle und was für die Fremdkontrolle? (3.2.1)

15. Welche Prozessphasen der Kontrolle lassen sich unterscheiden? (3.2.2)

16. Mit Hilfe welchen Techniken lässt sich ein Soll-Ist-Vergleich durchführen? (3.2.3)

17. Warum verlangt eine Kostenführerstrategie die Konzentration auf die Beschaffungskontrolle und die Fertigungskontrolle? (3.2.4)

18. Warum sind die Plankostenrechnung, das Target Costing und das Benchmarking Beispiele für Kontrolltechniken? (3.2.3)

19. Vergleichen Sie die Kennzahlensysteme «DuPont», «ZVEI» und «RL» im Hinblick auf ihren Aufbau und ihre Spitzenkennzahl. (3.2.3)

20. Warum steht das Ressortdenken einer effizienten Kontrolle im Wege? (4)

21. Warum werden bei der Kontrolle Zahlen aus dem Rechnungswesen als Vergleichsgrößen präferiert? (4)

Fragen zur Vertiefung

1. Suchen Sie nach Gründen für die Veränderung der Kontrollfunktion im Zusammenhang mit der Veränderung von Managementkonzeptionen.

2. Was halten Sie von dem Satz: «Vertrauen ist gut, Kontrolle ist besser»?

3. Welche Rolle spielt die strategische Kontrolle im Rahmen eines Konzepts des strategischen Controlling?

4. Wie kann durch die strategische Kontrolle eine Kompensation des durch die Planung verursachten Selektionsrisikos stattfinden?

5. Sehen Sie Zusammenhänge zwischen der Wahl des organisationstheoretischen Ansatzes (vgl. S. 366 ff.) und der Wahl einer Kontrollkonzeption?

6. Wie müsste der Aufsichtsrat einer Aktiengesellschaft zusammengesetzt sein, damit er die im Aktiengesetz vorgesehene Überwachungsfunktion effizient wahrnehmen kann?

7. Was spricht gegen die übliche Praxis, dass der in Pension gehende Vorstandsvorsitzende einer Aktiengesellschaft in den Aufsichtsrat wechselt?

8. Wie können die Gefahren der Kurzfristigkeit und der Operationalisierung bei der Planfortschrittskontrolle vermieden werden?

9. Welches Dilemma ist zu lösen, wenn die strategische Überwachung zu organisieren ist?

10. Warum braucht man neben der Kontrolle eines Unternehmens durch den Markt auch eine unternehmensinterne Kontrolle?

11. Erhöht nach Ihrer Meinung die Beteiligung von Arbeitnehmervertretern im Aufsichtsrat von mitbestimmten Kapitalgesellschaften die Kontrolleffizienz des Aufsichtsrates?

12. Nehmen Sie Stellung zu der These: «Die unternehmensinterne Kontrolle ist effizienter als die Kontrolle durch den Kapitalmarkt, da das Management einen Informationsvorsprung und einen Spezialisierungsvorteil hat».

13. Kreditinstitute sind bekanntlich häufig im Kontrollorgan «Aufsichtsrat» von Aktiengesellschaften vertreten. Dieser Umstand hat immer wieder Anlass zu Kritik gegeben. Eine Reform des Aktienrechts sieht folgende Neuregelung vor: «Kreditinstitute dürfen das Vollmachtstimmrecht nicht ausüben, wenn sie zugleich Stimmen aus einer Eigenbeteiligung von mehr als 5 % ausüben.» Welche Überlegungen könnten den Gesetzgeber zu dieser Neuregelung veranlasst haben?

14. Beschreiben Sie die Unterschiede in den Aufgaben der Kontrolle bei der Verwirklichung einer Kostenführerstrategie und einer Differenzierungsstrategie.

15. Wie lässt sich die Entwicklungsfähigkeit eines Unternehmens kontrollieren?

Literaturempfehlungen

Hasselberg, F.: Strategische Kontrolle im Rahmen strategischer Unternehmensführung. Frankfurt/Main u.a. 1989.

Kaplan, R.S. u. *Norton D.P.*: Balanced Scorecard, Strategien erfolgreich umsetzen. Stuttgart 1997.

Küpper, H.-U.: Controlling. 2. A., Stuttgart 1997.

Lorange, P., M.F. Scott Morton u. *S. Ghoshal*: Strategic Control Systems. St. Paul u.a. 1986.

Nuber, W.: Strategische Kontrolle. Wiesbaden 1995.

Schreyögg, G. u. *H. Steinmann*: Strategische Kontrolle. In: Zeitschrift für betriebswirtschaftliche Forschung, 37. Jg. (1985), S. 391-410.

Schreyögg, G. u. *H. Steinmann*: Zur organisatorischen Umsetzung der strategischen Kontrolle. In: Zeitschrift für betriebswirtschaftliche Forschung, 38. Jg. (1986), S. 747-764.

Schweitzer, M.: Planung und Steuerung. In: *Bea, F.X., E. Dichtl* u. *M. Schweitzer* (Hrsg.): Allgemeine Betriebswirtschaftslehre. Bd. II: Führung. 7. A., Stuttgart 1997, S. 21-131.

Zettelmeyer, B.: Strategisches Management und strategische Kontrolle. Darmstadt 1984.

Teil 4: Information

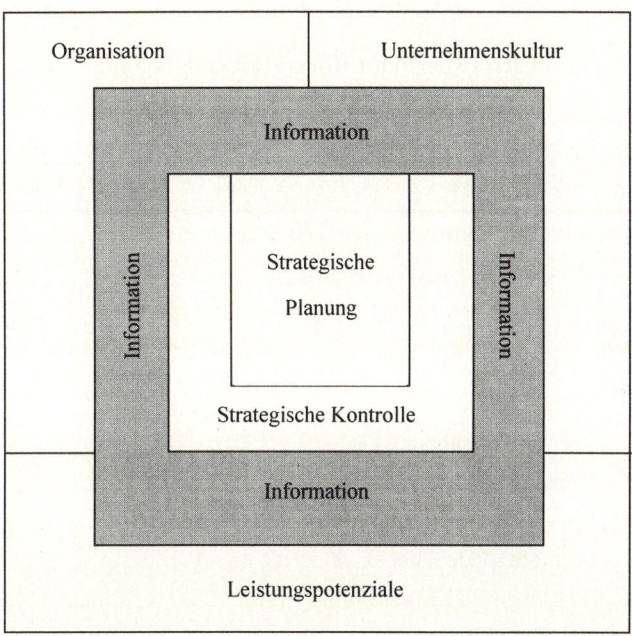

- Strategische Planung und strategische Kontrolle sind informationsverarbeitende Prozesse. Insbesondere Veränderungen der Unternehmensumwelt stellen große Anforderungen an das Management von Informationen.

- Das strategische Informationsmanagement besteht aus dem Management externer Informationen (Verfahren zur Erkennung relevanter Umweltveränderungen; Konzeption und Implementierung eines Diskontinuitätenmanagements) und dem Management interner Informationen (Anforderungen und Konzepte eines strategischen Informationsmanagements der Projekte, Potenziale und Prozesse).

- Durch computergestützte Informationssysteme werden Aktivitäten des strategischen Informationsmanagements unterstützt und integriert.

- Der Begriff «Wissensmanagement» löst den Begriff «Informationsmanagement» mehr und mehr ab.

Inhalt

Beispiele aus der Unternehmenspraxis:

Nach einer Studie der EU wird die Zahl der Internet-Nutzer in Europa von derzeit 30 auf ca. 100 Mio. im Jahr 2003 ansteigen. Die Umsätze im elektronischen Handel sollen dann zwischen 500 und 800 Mrd. Euro liegen, dies entspricht 6-8 % des zu erwartenden Bruttosozialprodukts in der EU. Gleichzeitig investieren Unternehmen weltweit immer größere Summen in die neuesten Informations- und Kommunikationstechnologien wie unternehmensweite Intranets, hoch-bitratige Datenautobahnen oder die Ausstattung des Außendienstes mit mobilen Kommunikationseinrichtungen.

*Wie diese **Informations- und Kommunikationstechnologien** und das **Internet** das strategische Umfeld, die Chancen und Risiken und letztendlich die strategische Positionierung von Unternehmungen verändern, zeigen die beiden folgenden Beispiele:*

*(1) Die **C. Hübner GmbH**, ein auf die Veredelung von Kunststoffoberflächen spezialisiertes Kleinunternehmen mit Sitz in Marktoberdorf, nutzt das Internet, um sich an weltweiten Ausschreibungen zu beteiligen und nach Partnern zu suchen, die nicht vorhandene Kompetenzen oder Kapazitäten für die Bewältigung komplexer Großaufträge beisteuern können. Über ein elektronisches Postfach kommuniziert das Unternehmen mit Kunden - darunter viele in den USA und Japan - oder mit Konstruktionsbüros, die per Internet umgehend computererstellte Zeichnungen liefern.*

*(2) Der **Online-oder Internet-Buchhandel** wird auch in Deutschland immer populärer (Umsatz 1998 ca. 50 Mio. DM, in 2002 ca. 1 Mrd. DM (geschätzt)). Immer mehr Verbraucher durchstöbern die «virtuellen Regale» in heimischer Atmosphäre, lesen Klappentexte, Buchkritiken, tauschen sich mit anderen Lesern aus und lassen sich das ausgewählte Buch zumeist kostenfrei nach Hause liefern. Als Antwort auf diese Entwicklung sowie den **Markteintritt** des Weltmarktführers amazon.com in den deutschen Markt durch den Kauf des bisherigen Marktführers im deutschen Online-Buchhandel, des ABC-Bücherdienstes, haben sich Anfang 1998 ca. 30 Verlage und 20 Buchhändler unter dem Namen **buch.de** zusammengeschlossen. Inzwischen ist das Unternehmen an der Börse notiert. Heute sind bei buch.de mehr als 800.000 Buchtitel sowie weitere Artikel wie bspw. CDs bestellbar. Im Vordergrund steht nach Angaben der AG der Dienstleistungsgedanke und die Kundenbetreuung. Buch.de kooperiert mit zahlreichen Partnern im In- und*

*Ausland und verfolgt das Ziel, amazon die weltweite **Marktführerschaft** im Internet-Buchhandel streitig zu machen. (http://www.buch.de)*

1 Strategische Bedeutung der Information

*Leitgedanke: «Nicht die Vergangenheit,
sondern die Zukunft bestimmt den Wert
einer Sache»*

Eugen Schmalenbach, 1919

Ziel strategischer Managementaktivitäten in Unternehmen ist die Sicherung des langfristigen Erfolgs und damit die Realisierung des strategischen Fit (vgl. S. 15 ff.). Die Gestaltung der Subsysteme und Potenziale der Unternehmung und ihre Abstimmung mit der Unternehmensumwelt erfordern die subtile Kenntnis sowohl interner wie externer Tatbestände und Entwicklungen. Die **Gewinnung geeigneter Informationen** wird so zu einer **Schlüsselfunktion** im Strategischen Management.

Die strategische Bedeutung der Information erschließt sich vor allem dann, wenn man den Informationsbedarf der «Kernbausteine» des Strategischen Managements, der strategischen Planung und der strategischen Kontrolle analysiert. Die Qualität von strategischer Planung und Kontrolle als informationsverarbeitende Prozesse und damit des Strategischen Managements hängt in entscheidendem Ausmaß von der Güte der verwendeten Informationen ab.

Der **Prozess der strategischen Planung** ist multioperational, multipersonal und multitemporal und durch Mehrfachdurchläufe und Periodizität gekennzeichnet (vgl. S. 53). Dieser Prozess, dessen Komponenten ihrerseits als mehr oder weniger differenzierte und strukturierte Teilprozesse aufgefasst werden können, verarbeitet als Input zahlreiche qualitativ unterschiedliche Informationen. Aus der Gegenüberstellung von Herausforderungen aus der Unternehmensumwelt und den Potenzialen der Unternehmung werden Wettbewerbsstrategien entwickelt, welche zum Ausdruck bringen, wie der langfristige Unternehmenserfolg gesichert werden soll.

Die **strategische Kontrolle** begleitet den Prozess der strategischen Planung und verarbeitet mit ihren verschiedenen Kontrollformen wiederum eine Fülle von Informationen (vgl. S. 219 ff.).

Der **Informationsbedarf** von strategischer Planung und Kontrolle besteht damit aus

- Informationen über die Unternehmensumwelt und die daraus resultierenden Anforderungen an die Unternehmung **(externe Informationen)** und aus
- Informationen über das Kompetenzprofil bzw. die Potenziale der Unternehmung **(interne Informationen).**

Der Informationsbedarf wird nur befriedigt, wenn bereitgestellte Daten einen Zweck erfüllen. Wir definieren:

Information ist Zuwachs an zweckorientierten Daten.

Für das Strategische Management ist folglich aus der schier unendlich großen Menge interner und externer Daten jeweils nur ein bestimmter Ausschnitt von Interesse. Diesen Ausschnitt, welcher durch die Relevanz für die Unternehmensführung (das Strategische Management) gekennzeichnet ist, wollen wir als Information bezeichnen. Wir können unter dieser Prämisse also auch definieren:

Information ist Zuwachs an führungsrelevanten Daten.

In der Literatur werden teilweise abweichende Begriffsfassungen gewählt:

Information ist der Gehalt einer Nachricht *(Gaugler* [Führungsaufgabe]),

Information ist effektives und potenzielles Wissen *(Wild* [Unternehmungsplanung]),

Information ist der Zuwachs an entscheidungsrelevantem Wissen (*Erichson/Hammann* [Informationen]).

Information ist ein strategischer Erfolgsfaktor und stellt in unserer Konzeption neben der strategischen Planung und Kontrolle, der Organisation und der Unternehmenskultur ein weiteres **Führungssubsystem** dar. Planung, Kontrolle, Organisation, Unternehmenskultur und Information sind die **Potenziale der Führungsebene**.

Die strategische Bedeutung der Information nimmt nicht nur auf dem Felde der Informationsbeschaffung für das Unternehmen, sondern auch auf jenem der Information über das Unternehmen zu. Da die Beziehungen zwischen dem Unternehmen und der Umwelt immer intensiver werden, steigt das Interesse der Umwelt an den Unternehmen. Dies gilt insbesondere für das Verhältnis von Unternehmen und Investoren. Vgl. dazu die Ausführungen zum Shareholder Value (S. 76 ff.) und zu den Investor Relations (S. 528 f.).

Verschiedene, z.T. interdependente Entwicklungen haben dazu beigetragen, dass die Bedeutung der Information stark zugenommen hat:

– **Erhöhte Relevanz der Umwelt**

Im Zuge der nicht zuletzt durch das Internet forcierten Globalisierung der Märkte agieren Unternehmen heute als Global Player auf dem (gesamten) Weltmarkt. Dadurch ist zunächst die Quantität der relevanten externen Informationen stark gewachsen. Die kulturelle, politische und technologische Heterogenität globaler Teilmärkte sowie der gestiegene Einfluss der Gesellschaft auf die Unternehmung haben auch die Vielfalt relevanter Informationen gefördert.

– **Wachsende Dynamik der Umwelt**

Die Geschwindigkeit, mit der sich die Veränderungen in den genannten Bereichen vollziehen, hat in den vergangenen Jahren erheblich zugenommen. Dies bedeutet, dass sich der Lebenszyklus von Informationen als der Zeitraum, in dem diese Führungsrelevanz besitzen, ständig verkürzt. Entscheidungen müssen immer mehr unter Zeitdruck getroffen werden.

– **Höhere Anforderungen an das Kompetenzprofil der Unternehmung**

Im Bemühen um den strategischen Fit müssen Unternehmen in der Lage sein, ein Kompetenzprofil zu entwickeln, welches den gewandelten Anforderungen ihrer Umwelt entspricht. Dies bedeutet in fast allen Fällen zum einen eine zahlenmäßige Zunahme der Erfolgsfaktoren und zum anderen eine Verschiebung der Bedeutung von den hard facts (z.B. Fertigung) zu den soft facts (z.B. Kultur).

Diese Entwicklungen führten letztlich dazu, dass dem Management von Informationen in Unternehmen eine strategische Bedeutung zukommt. Welche Anforderungen an ein **strategisches Informationsmanagement** zu stellen sind und wie diesen entsprochen werden kann, ist Gegenstand dieses vierten Teils. Dazu soll im folgenden zweiten Abschnitt eine Konzeption für ein strategisches Informationsmanagement entworfen werden. In den Abschnitten 3 und 4 werden wir die Informationsmanagementaktivitäten und die dabei einsetzbaren Instrumente und Methoden genauer untersuchen. Im fünften Abschnitt werden wir die Möglichkeiten der Computerunterstützung des strategischen Informationsmanagements beleuchten. Den Abschluss bildet eine Erörterung der strategischen Bedeutung des Wissensmanagements.

2 Konzeption eines strategischen Informationsmanagements

2.1 Grundzüge

Die Konzeption eines strategischen Informationsmanagements soll einen **Orientierungsrahmen** für die **Gestaltung der strategischen Informationsaktivitäten** liefern. Damit muss sie Aussagen machen über

– den Informationsbedarf und die Informationsbereiche sowie über
– die Aufgaben und Techniken der Informationsbeschaffung und -verarbeitung.

Die Entwicklung einer solchen Konzeption ist an den langfristigen Zielen von Unternehmen, also am Postulat des strategischen Fit und damit letztlich an den **Anforderungen aus der Unternehmensumwelt,** auszurichten. Die konkrete Ausgestaltung einer solchen Konzeption, ihre Implementierung in einem Unternehmen, muss darüber hinaus auf die jeweilige unternehmensspezifische Situation abgestimmt werden.

Entsprechend definieren wir strategisches Informationsmanagement wie folgt:

> **Strategisches Informationsmanagement** ist die Gesamtheit aller Aktivitäten der Informationsbedarfsanalyse, Informationsbeschaffung und Informationsverarbeitung sowie der dabei eingesetzten Instrumente zur Unterstützung des Strategischen Managements.

Der **strategische Fit** als **Leitlinie** des Strategischen Managements impliziert, dass das strategische Informationsmanagement sowohl aus der Unternehmensumwelt als auch aus dem eigenen Unternehmen Informationen beschaffen und verarbeiten muss. Eine einseitige Konzentration auf interne Informationen, bspw. aus Gründen der einfacheren Beschaffbarkeit, ist ebenso problematisch wie die ausschließliche Fokussierung auf externe Informationen.

Die Entwicklung einer solchen Konzeption folgt damit den beiden Fragen:

– Welche Informationen aus der Umwelt sind relevant?
– Welche Informationen über die eigene Unternehmung benötigt man?

Die erste Frage verweist auf das **Management externer Informationen,** die zweite auf das **Management interner Informationen.** Beide Bereiche lassen sich durch drei Aufgaben- oder Fragenkomplexe kennzeichnen:

- Welche Informationen sind zu beschaffen und zu verarbeiten, und welche Teilaufgaben fallen dabei an?

- Wie können diese Aufgaben organisiert werden?

- Welche Techniken stehen zur Unterstützung dieser Aufgaben zur Verfügung?

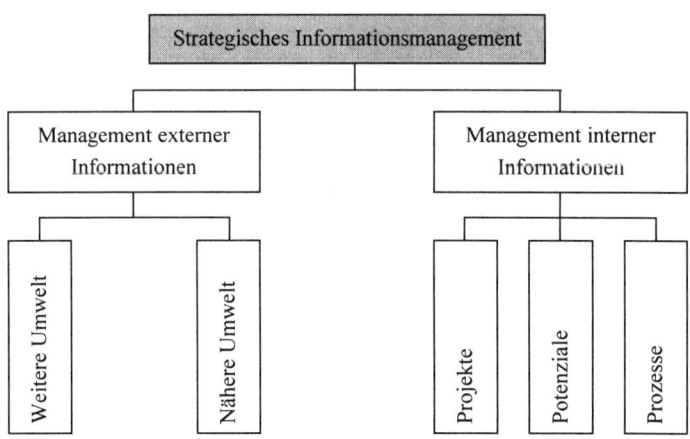

Abb. 4-1:   Konzeption eines strategischen Informationsmanagements

Mit dem **Management externer Informationen** werden wir uns in Abschnitt 3 beschäftigen. Wie bei der Erörterung der Umweltanalyse in Teil 2 bereits angedeutet, darf sich die Beschaffung externer Informationen nicht allein auf den Markt bzw. die nähere Umwelt beschränken, sondern muss sich auch auf die weitere Umwelt, also technologische, gesellschaftliche, politische, demographische und gesamtwirtschaftliche Entwicklungen ausdehnen. Dabei sind Aufgaben und Probleme im Zusammenhang mit der hohen Dynamik, Komplexität und Diskontinuität der Unternehmensumwelt in Verbindung mit dem langfristigen Charakter von strategischer Planung und Kontrolle zu meistern. Mit den klassischen Prognoseverfahren sowie der Szenario-Analyse und den Früherkennungskonzeptionen werden wir Methoden des Managements externer Informationen untersuchen und diese in ein Diskontinuitätenmanagement integrieren.

Unternehmen beantworten die Anforderungen ihrer Umwelt, indem sie Strategien wählen. Das **Management interner Informationen** hat demzufolge die Aufgabe, Informationen zur Formulierung strategischer Entscheidungen zu liefern. Strategien sind Maßnahmen zur Sicherung des langfristigen Erfolges eines Unternehmens. Da eine Strategie durch die Merkmale der Neuartigkeit, der Komplexität und einen definierten Anfang gekennzeichnet ist, kann sie auch als Projekt verstanden werden. Informationen für die Wahl einer Strategie lassen sich demzufolge aus **Projektrechnungen** ableiten. Sie bilden die mit einer Strategie verbundenen und zu erwartenden Zahlungsströme ab.

Die mit einer Strategie beabsichtigte Sicherung des langfristigen Unternehmenserfolges verlangt die Schaffung von Potenzialen. Diese stellen Speicher spezifischer Stärken eines Unternehmens dar. **Potenzialrechnungen** bilden das Ausmaß dieser spezifischen Stärken ab. Die einzelnen Aktivitäten zur Verwirklichung einer Strategie stellen Prozesse dar. **Prozessrechnungen** kommt die Aufgabe zu, über diese Prozesse zu informieren. Die Ausgestaltung einer Prozessrechnung ist dabei wesentlich abhängig von der Beschaffenheit der abzubildenden Prozesse.

Zusammenfassend lässt sich feststellen, dass ein Management interner Informationen aus **drei Elementen** besteht:

- Einer Projektrechnung zur Ermittlung der Vorteilhaftigkeit einer Strategie,
- einer Potenzialrechnung zur Erfassung der Fähigkeiten eines Unternehmens zur Verwirklichung einer Strategie und
- einer Prozessrechnung zur Abbildung der einzelnen Aktivitäten im Rahmen der Strategieimplementierung.

Bevor eine differenzierte Behandlung der Aufgaben und Verfahren des externen und des internen Informationsmanagements erfolgt, sollen zunächst allgemeine, d.h. beide Bereiche betreffende Aspekte von Informationsbedarf, Informationsbeschaffung und Informationsverarbeitung vertieft werden.

2.2 Informationsbedarf

Informationsbedarf ist der im Sinne des Zielsystems der Unternehmung erforderliche Zuwachs an führungsrelevanten Daten.

Informationen lassen sich nach folgenden **Kriterien** charakterisieren:

– **Relevanz**

Informationen können unterschiedliche Grade der Relevanz besitzen. Diese können nur vom Informationsnachfrager unter Bezugnahme auf sein Zielsystem bestimmt werden.

– **Differenziertheit**

Informationen können differenziert sein, d.h. über spezifische Teilaspekte informieren. Undifferenzierte Informationen betreffen globale Zusammenhänge, Details werden nicht berücksichtigt.

– **Operationalität und Präzision**

Informationen können präzise und operational (messbar) sein, sie können jedoch auch qualitativer Natur, also nicht exakt messbar sein.

– **Sicherheit**

Informationen können unterschiedliche Grade an Sicherheit aufweisen. Sie sind i.d.R. umso unsicherer, je weiter sie in die Zukunft hineinreichen.

– **Aktualität und Exklusivität**

Informationen können rechtzeitig eintreffen oder verspätet, wodurch ihr Wert für den Nachfrager erheblich gemindert wird. Informationen sind aus der Sicht des Nachfragers exklusiv, wenn sie nur ihm zur Verfügung stehen. Auch dies steigert den Wert der Information.

Bevor wir den Informationsbedarf von strategischer Planung und Kontrolle anhand dieser Merkmale analysieren, soll vorab noch eine wichtige, empirisch nachgewiesene **Problematik** angesprochen werden.

Im **Informationsverhalten** ist der Grund dafür zu sehen, dass die Informationsnachfrage, also das subjektive Informationsbedürfnis, und der (objektiv) relevante Informationsbedarf häufig nicht identisch sind. Ebenso lässt sich in der betrieblichen Praxis eine Diskrepanz zwischen Informationsbedarf und Informationsangebot feststellen, die ihre Ursache vor allem in der Nichtverfügbarkeit externer Informationen hat. Die folgende Abb. 4-2 verdeutlicht die Zusammenhänge zwischen **Informationsangebot, Informationsbedarf und Informationsnachfrage.**

Problematisch sind bspw. Informationen in Feld zwei. Sie sind «objektiv» wichtig, sind potenziell verfügbar, werden jedoch nicht nachgefragt und können so im Rahmen des Strategischen Managements nicht genutzt werden. Gründe hierfür können in der mangelhaften Sensibilität für bestimmte Informationen oder Informationsbereiche oder in einer Fehleinschätzung der eigenen Position in der Umwelt liegen. Der umgekehrte Fall liegt in Feld fünf vor. Hier werden vorhandene Informationen nachgefragt, obwohl dafür «objektiv» kein Bedarf besteht. Die

Auseinandersetzung mit einem solchen einfachen Schema kann für diesbezügliche Probleme sensibilisieren.

1. Erforderliche Informationen, die weder angeboten noch nachgefragt werden.
2. Erforderliche Informationen, die angeboten, aber vom Entscheidungsträger nicht nachgefragt werden.
3. Erforderliche Informationen, die vom Entscheidungsträger nachgefragt werden, aber nicht angeboten werden.
4. Vom Entscheidungsträger nachgefragte Informationen, die aber weder erforderlich sind, noch angeboten werden.

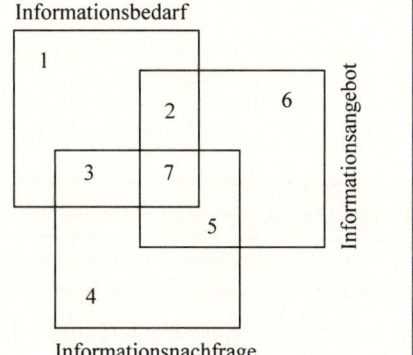

5. Vom Entscheidungsträger nachgefragte und auch angebotene Informationen, die aber nicht erforderlich sind.
6. Angebotene Informationen, die weder erforderlich sind, noch nachgefragt werden.
7. Erforderliche, nachgefragte und angebotene Informationen.

Abb. 4-2: Informationsbedarf, -angebot und -nachfrage (in Anlehnung an *Berthel* [Informationsbedarf] 875)

Die strategische Planung und Kontrolle haben einen Bedarf an externen, umweltbezogenen wie an internen, unternehmensbezogenen Informationen. Auf die dabei relevanten externen Informationsfelder und Möglichkeiten ihrer Strukturierung wurde im Zusammenhang mit der Umweltanalyse bereits eingegangen. Die Analyse interner Informationen orientiert sich an der Überlegung, dass Unternehmen auf Anforderungen ihrer Umwelt durch Strategien antworten. Die Ausführungen zur Unternehmensanalyse zeigen, welche Bereiche der Unternehmung strategierelevante Informationen liefern können. Der konkrete Informationsbedarf kann letztlich nur unter Berücksichtigung der situativen Gegebenheiten der Unternehmung (Ziele, Branche, Strategie etc.) bestimmt werden.

Im Folgenden wird auf den **spezifischen Charakter des Informationsbedarfs der strategischen Planung und Kontrolle** eingegangen. Strategische Planung und Kontrolle sind langfristig orientiert, Planungs- und Kontrollobjekt ist die Unternehmung als Ganzes in ihrer Umwelt. Ergebnisse des strategischen Planungsprozesses sind Strategien mit geringem Präzisions- und Differenziertheitsgrad. Die strategische Kontrolle begleitet den Prozess der Strategieentwicklung und -

implementierung. Hieraus ergeben sich spezifische Anforderungen an den Informationsbedarf. Diese können anhand der oben entwickelten **Kriterien** herausgearbeitet werden:

(1) Relevanz strategischer Informationen

Die Suchbereiche für relevante Informationen können nicht von vornherein eingegrenzt werden, sie verändern sich in dynamisch-turbulenter Umwelt schnell und teilweise unvorhersehbar. So können zunächst irrelevante Daten im Laufe der Strategieimplementierung sukzessive oder schlagartig zu strategisch relevanten Informationen werden. Die Institutionalisierung einer strategischen Überwachung im Rahmen der strategischen Kontrolle (vgl. S. 222 f.) ist eine Antwort auf diese Problematik. Im Kern bedeutet dies, dass Such- bzw. Beobachtungsbereiche nicht bereits mit Planungsbeginn eingeengt werden dürfen. Vielmehr ist eine generelle informationelle Offenheit anzustreben.

*Beispiel: Die Bereiche Elektronik und Computertechnologie schienen für die **Uhren-** und die **Schreibmaschinenbranche** lange Zeit keine Relevanz zu besitzen. Durch technologische Weiterentwicklungen änderte sich dies schlagartig. Unternehmen, welche diese Entwicklung auf Grund einseitig gerichteter Umweltanalysen nicht rechtzeitig erkannt hatten, sind vom Markt verschwunden.*

(2) Differenziertheit strategischer Informationen

Strategische Planung und Kontrolle beschäftigen sich mit globalen und aggregierten Größen. Die Unternehmung als Ganzes ist Gegenstand der Überlegungen. Nicht der Erfolg einzelner Projekte steht im Vordergrund, sondern die integrative, portfolioorientierte Perspektive.

Schließlich interessieren nicht disaggregierte Teilmärkte, sondern hochaggregierte Marktsegmente bzw. der Weltmarkt. Damit sind strategische Informationen eher undifferenziert und global.

*Beispiel: **Bayer** investierte in den Jahren 1998 und 1999 in allen weltwirtschaftlichen Regionen. Das Unternehmen ging dabei von folgender Prognose aus: «In Europa sehen wir Chancen für einen nachhaltigen Aufschwung. Auch in Asien wird sich nach unserer Einschätzung die Aufwärtsbewegung fortsetzen, wobei noch Unsicherheiten hinsichtlich des für uns wichtigen japanischen Markts bestehen. Mit einem moderaten konjunkturellen Aufschwung ist in Lateinamerika zu rechnen. Für Nordamerika halten wir trotz Zinssteigerungen und erhöhter Im-*

portpreise eine Fortsetzung der bislang auf hohem Niveau verlaufenden Konjunktur für wahrscheinlich.» (Geschäftsbericht zur Hauptversammlung am 28.4.2000)

(3) Operationalität und Präzision strategischer Informationen

Operative Planungsprozesse basieren vor allem auf quantitativen, also präzise messbaren Größen (z.B. Stückzahl im Rahmen der operativen Programmplanung). Strategien hingegen besitzen meist qualitativen Charakter. Aus der prinzipiellen Unabschließbarkeit des Bereichs relevanter Informationen sowie dem weiten Planungshorizont der strategischen Planung und dem damit verbundenen Phänomen der Unsicherheit der Informationen folgt, dass sich die strategische Planung auf qualitative und damit wenig präzise und wenig operationale Informationen stützen muss. Insbesondere Veränderungen in der weiteren Umwelt von Unternehmen, wie bspw. der Wandel von Werten in der Gesellschaft, lassen sich oft nicht quantifizieren und damit nur schwer erfassen. Aber auch die Unternehmensanalyse bezieht sich auf qualitative Größen, sog. soft facts, da über die interessierenden Potenziale z.T. nur wenige operationale Informationen vorliegen (vgl. Abschnitt 4.3 und Teil 7). Auch die strategische Kontrolle greift auf qualitative und wenig präzise Größen zu. Dies gilt insbesondere für die strategische Überwachung, aber auch für die Informationen, welche zur Kontrolle der gesetzten Meilensteine notwendig sind.

Beispiel: Die strategische Entscheidung von Energieversorgungsunternehmen wie **RWE, Veba oder Viag** *sowie von zahlreichen lokalen und regionalen Stadtwerken, in den Markt für Telekommunikation einzusteigen, beruht auf globalen Marktpotenzialschätzungen und Annahmen über die Bedeutung der Telekommunikation in der Zukunft. Die damit verbundenen Allokationsentscheidungen (Investitionen in Milliardenhöhe), die Gründung von Tochtergesellschaften und die Bildung von Konsortien und strategischen Allianzen beruhen somit auf weitgehend qualitativen und unpräzisen Informationen.*

(4) Sicherheit strategischer Informationen

Im Rahmen der strategischen Planung, die weit in die Zukunft hineinreicht, ist das Problem der Unsicherheit relevanter Informationen besonders gravierend. Traditionelle Prognosetechniken eignen sich nur dann, wenn eine Extrapolation der Vergangenheit möglich ist. Verfahren der Projektion finden deshalb verstärkt Anwendung (vgl. S. 274 ff.). Die strategische Kontrolle wird dieser Unsicherheit bspw. durch die regelmäßige Überprüfung gesetzter Prämissen gerecht. Neben operationalen Größen (z.b. Wechselkurse, Inflationsraten, Marktvolumina) sind auch qualitative Prämissen zu prüfen (z.b. Wertemuster der Nachfrager, rechtliche Veränderungen).

*Beispiel: Die Entscheidung der **Daimler Benz AG** Mitte der 80er Jahre, in den Markt für Luft- und Raumfahrttechnik einzusteigen, basierte auf Prognosen bzw. Projektionen bezüglich der weiteren Marktentwicklung auch auf dem militärischen Sektor und damit der global-politischen Entwicklung. Die unerwarteten Umwälzungen in der ehemaligen Sowjetunion und der Zerfall des Warschauer Paktes haben insbesondere im militärischen Bereich erhebliche Verluste gebracht. Die neue politische Situation war ein Grund für die inzwischen vorgenommene Neupositionierung des Konzerns: Rücknahme der Diversifikationsentscheidung und Konzentration auf die Kernaktivitäten «Automobilbau».*

(5) Aktualität und Exklusivität strategischer Informationen

Der Wert einer Information hängt u.a. vom Zeitpunkt ihrer Verfügbarkeit ab; dies gilt auch und besonders für strategische Informationen. Auf Grund des langfristigen Charakters von strategischer Planung und Kontrolle ergibt sich jedoch ein Dilemma: Je weiter die Informationen in die Zukunft hineinreichen, desto schwächer und damit schwieriger wahrzunehmen sind die Signale. Veraltete Informationen hingegen besitzen für weit reichende strategische Entscheidungen keine Relevanz. Bezüglich der Exklusivität strategischer Informationen kann ebenfalls eine Art Dilemma verzeichnet werden: Strategische Informationen müssen einen hohen Grad an Exklusivität besitzen, wenn sich durch ihre Nutzung Wettbewerbsvorteile ergeben sollen. Zahlreiche für die Strategieentwicklung relevante Informationsbereiche, allen voran die weitere Unternehmensumwelt, stehen aber prinzipiell allen Wettbewerbern offen.

*Beispiel: Beim Kampf um Marktanteile auf dem deutschen Telekommunikationsmarkt nach dem Fall des Netz- u. Sprachmonopols der Deutschen Telekom AG zum 1.1.98 verfügt die **Deutsche Telekom** nach wie vor über Vorteile im Bereich «technologisches Know How» (spezielle Form der Information), welches die Wettbewerber - sofern es sich nicht um ausländische TK-Unternehmen handelt - erst sukzessive aufbauen müssen. In dem Maße, wie dies erfolgt - z.B. durch Beteiligung an oder Übernahme von TK-Unternehmen, die Bildung strategischer Allianzen oder die Akquisition von Personal verliert das Know How der Deutschen Telekom an Exklusivität und damit seinen Wert als Wettbewerbsvorteil.*

2.3 Informationsbeschaffung

Informationsbeschaffung umfasst sämtliche Aktivitäten der Erkennung und Sammlung von Informationen.

Die Beschaffung strategisch relevanter Informationen hat grundsätzlich unter dem Gesichtspunkt der Wirtschaftlichkeit zu erfolgen. Eine dem Prinzip der Vorsicht folgende Beschaffung aller verfügbaren Informationen, unabhängig vom konkreten Bedarf, ist daher keine adäquate Strategie zur Schließung der Informationslücke. Sie würde zudem die Gefahr eines «information overload» in sich bergen. Ziel muss es deshalb sein, unter Beachtung ökonomischer Kriterien ein befriedigendes Informationsniveau zu realisieren. Dieses Prinzip gilt auch im Zeitalter neuer informations- und kommunikationstechnologischer Möglichkeiten wie dem Internet. Gerade bei der hier vorhandenen Datenmenge ist ein effektives und effizientes Auswählen der «richtigen» Informationen entscheidend.

Die Informationsbeschaffung im Strategischen Management kann grundsätzlich auf drei verschiedenen Wegen erfolgen, nämlich in Form eigener Aktivitäten («Eigenfertigung»), durch die Nutzung externer Institutionen («Fremdbezug») oder durch externe Unternehmensberater (Mix aus «Eigenfertigung» und «Fremdbezug»).

(1) Informationsbeschaffung durch externe Institutionen

Institutionen, welche strategisch relevante Informationen (über das Internet) bereitstellen, sind u.a. folgende (vgl. auch *Erichson/Hammann* [Informationen] 280 f.):

– Statistisches Bundesamt bzw. statistische Landesämter,
– Deutsche Bundesbank, Ministerien, Industrie- und Handelskammern,
– Wirtschaftsforschungsinstitute (z.B. Ifo-Institut in München, Institut für Weltwirtschaft in Kiel, Institut der deutschen Wirtschaft in Köln),
– Internationale Organisationen (EU, OECD, UNO, Weltbank),
– Online-Datenbanken (z.B. Statis-Bund und Genios).

Diese Informationen sind entweder den Mitgliedern oder allen potenziell Interessierten frei und kostenlos zugänglich. Daneben können Studien zur Deckung spezifischen Informationsbedarfs in Auftrag gegeben werden. Dies gilt auch für die zahlreichen **privaten Marktforschungsinstitute.**

Das in Teil 2 behandelte **PIMS-Programm** kann ebenfalls unter den Aspekt Informationsbeschaffung durch externe Institutionen subsumiert werden. Die teilnehmenden Unternehmen erhalten Informationen über «laws of the market place» sowie spezifische Informationen in Form von «reports» (vgl. S. 117 ff.).

(2) Informationsbeschaffung durch externe Unternehmensberater

Von großer Bedeutung für die Informationsbeschaffung sind externe Unternehmensberater. Zum einen verfügen Unternehmensberatungsgesellschaften auf Grund langjähriger Beratungserfahrung über einen entsprechenden «Fundus» an Wissen und können so bspw. bei der Entwicklung einer Wettbewerbsstrategie notwendige Informationen bereitstellen. Neben dieser «direkten» Funktion ist ein weiterer Aspekt von mindestens ebenso großer Bedeutung: Unternehmensberater besitzen, da sie von außen in das Unternehmen kommen und neutral sind, ein erhebliches Maß an Autorität. Auf diese Weise lassen sich unliebsame Entscheidungen verwirklichen, zu deren Durchsetzung das Management selbst nicht in der Lage ist. Unternehmensberater können alte Gewohnheiten und verkrustete Strukturen aufbrechen, die Sensibilität für Umweltveränderungen erhöhen und auf diese Weise, sozusagen als Katalysator, Informationsbeschaffungsaktivitäten in Gang bringen. Der Erfolgsdruck, unter dem Unternehmensberater arbeiten, kann jedoch auch negative Auswirkungen haben. Da am Ende einer Beratung stets sichtbare Ergebnisse vorhanden sein müssen, besteht die Gefahr der Bevorzugung kurzfristiger und der Vernachlässigung strategischer Ziele. Beim Einsatz externer Berater ist auch die Gefahr eines Informationsabflusses nach außen, bspw. zu Wettbewerbern, zu bedenken.

(3) Informationsbeschaffung durch das Unternehmen

Dem Informationsbedarf von strategischer Planung und Kontrolle entsprechend, wird für die Informationsbeschaffung durch das Unternehmen ein zweigeteiltes System entworfen:

– Regelmäßige, systematische und institutionalisierte Erhebung von Daten aus bestimmten, fixierten Beobachtungsfeldern,

– Ungerichtete Aufnahme relevanter Informationen durch Sensibilisierung aller Entscheidungsträger im Unternehmen.

(a) Die **regelmäßige, routinemäßige Beschaffung** strategischer Informationen kann auf Grund der spezifischen Merkmale strategischer Informationen, insbesondere der wechselnden Relevanz der Informationsfelder, nur einen begrenzten Teil des Informationsbedarfs decken. Das **Berichtswesen** sowie die **Marktforschung** sind Abteilungen, welche mit diesen Aufgaben betraut sind.

Als **Techniken** der regelmäßigen Erhebung stehen die **Analyse von Dokumenten** sowie die **Befragung** und die teilnehmende oder nicht-teilnehmende **Beobachtung** zur Verfügung (vgl. *Erichson/Hammann* [Informationen] 282 ff.). Relevante Dokumente können Geschäftsberichte von Wettbewerbern, Abnehmern oder Lieferanten sowie die Tages- oder Fachpresse sein, wobei eine Eingrenzung auf bestimmte Fachbereiche mit Vorsicht zu behandeln ist (vgl. das Beispiel zur Relevanz strategischer Informationen S. 254). Die Beobachtung kann bspw. die Werthaltungen potenzieller Abnehmer oder das Image der eigenen Unternehmung zum Gegenstand haben.

Sämtliche Informationsbeschaffungsaktivitäten können als Längs- oder als Querschnittsanalysen erfolgen. Bei der **Längsschnittsanalyse** wird der interessierende Gegenstand, also bspw. das ökologische Bewusstsein der Nachfrager und seine Auswirkungen auf das Nachfragerverhalten, über einen längeren Zeitraum hinweg untersucht. Damit werden Entwicklungsprozesse erkenn- und erklärbar. Der Grund, weshalb Längsschnittsanalysen sehr selten durchgeführt werden, ist in ihrem hohen Zeitbedarf und den sich dabei verändernden Untersuchungsgegenständen und Untersuchungszielen zu sehen. Die **Querschnittsanalyse,** d.h. die Erfassung von Informationen zu einem Zeitpunkt, ist in ihrer Aussagefähigkeit hingegen eingeschränkt, in der Praxis aber häufig anzutreffen. Als Gütekriterien der Informationsbeschaffung, insbesondere der Primärforschung, gelten Validität (Gültigkeit), Reliabilität (Zuverlässigkeit) und Praktikabilität (Durchführbarkeit) (vgl. *Erichson/Hammann* [Informationen] 287).

Fallstudien und **Unternehmensplanspiele** sind eine weitere Form der Informationsbeschaffung. Sie können, ähnlich wie externe Berater, die Perzeption der Organisationsmitglieder verändern, Sensibilität für Veränderungen erzeugen und so Informationsbedarf und Beschaffungsnotwendigkeiten offen legen.

(b) Die **ungerichtete Informationsbeschaffung** versucht, diejenigen Informationslücken, welche durch die regelmäßige und gerichtete Informationsbeschaffung entstehen, zu schließen. Diese Aufgabe resultiert zwingend aus der prinzipiellen Unbegrenztheit des strategischen Entscheidungsfeldes bzw. aus den Eigenschaften strategischer Informationen, insbesondere bzgl. der Merkmale «Relevanz» und «Sicherheit». Mit der **strategischen Überwachung** im Rahmen der strategischen

Kontrolle wurde bereits ein Konzept behandelt, das diesem Umstand Rechnung trägt (vgl. S. 222 f.). In Abschnitt 3 dieses Teils werden wir mit der **Szenario-Analyse** und den **Früherkennungssystemen** ausführlich Formen der ungerichteten Informationsbeschaffung und Techniken zu ihrer Unterstützung beleuchten.

Daneben sei noch eine Gruppe von **organisatorischen Konstruktionen** angesprochen, denen ebenfalls informationsbeschaffende oder besser -generierende Eigenschaften zukommen können. Diese lassen sich mit den Begriffen **Workshops, Managementseminare, Qualitätszirkel** oder **informale Organisation** umschreiben. Die Gruppenatmosphäre schafft ein Klima, das den offenen und freien Informationsaustausch über Abteilungs- oder Unternehmensgrenzen hinweg und damit die Verbreitung von Informationen in der Unternehmung fördert. Denselben Effekt haben informale organisatorische Strukturen, welche sich gerade durch Informationsströme bilden.

2.4 Informationsverarbeitung

Bevor die beschafften Informationen im Rahmen der strategischen Planung und Kontrolle genutzt werden können, ist in aller Regel ihre Verarbeitung notwendig (vgl. dazu auch *Erichson/Hammann* [Informationen] 290 ff.).

Die **Informationsverarbeitung** umfasst die Reduktion, Analyse, Abstimmung, Zusammenführung und Präsentation der beschafften Informationen.

---

(1) Reduktion

Durch die Reduktion der beschafften Informationen soll der Gefahr einer Überflutung des Entscheidungsträgers mit Informationen entgegengewirkt werden («information overload»). Das Informationsrohmaterial ist durch geeignete Verfahren zu komprimieren bzw. anwendungsgerecht bereitzustellen. Zwar können dabei Informationen auf niedriger Aggregationsebene verloren gehen, der Nutzen der Information für den Entscheidungsträger kann sich jedoch insgesamt erhöhen. Für unterschiedliche Entscheidungen sind auf den verschiedenen betrieblichen Ebenen die Informationen in jeweils adäquaten Aggregationsstufen bereitzustellen. Verfahren der Reduktion sind u.a. die Tabellierung (mit Bildung von Spalten- oder Zeilensummen bzw. Mittelwerten) sowie das Bilden von Maßzahlen. Bei den Maßzahlen unterscheidet man Verteilungsmaße (Lageparameter, Streuungsmaße,

Konzentrationsmaße) und Verhältniszahlen (Beziehungszahlen, Gliederungszahlen, Mess- und Indexzahlen).

Das **Problem der Reduktion** ist offensichtlich: Die oft wenig operationalen strategischen Informationen erhalten ihren Sinn vielfach nur in komplexen Zusammenhängen. Diese können jedoch nur selten von einer einzelnen Person erkannt werden. Der Konflikt zwischen der Vermeidung eines «information overload» und der prinzipiellen Unbegrenztheit des strategischen Entscheidungsfeldes kennzeichnet das **Dilemma des strategischen Informationsmanagements.**

(2) Analyse

Im Rahmen der Informationsanalyse sollen die beschafften Informationen auf mögliche Beziehungen zueinander untersucht werden. Man unterscheidet Verfahren der **Interdependenzanalyse** (Faktorenanalyse, Cluster-Analyse) und Verfahren der **Dependenzanalyse** (Varianzanalyse, Regressionsanalyse, Diskriminanzanalyse, Kontingenzanalyse; vgl. dazu *Erichson/Hammann* [Informationen] 293 ff.). Faktorenanalyse und Cluster-Analyse stellen zugleich Techniken zur Datenreduktion dar. Auf Grund des oft qualitativen und vernetzten Charakters strategischer Informationen ist die Anwendbarkeit dieser Verfahren im Rahmen des Strategischen Managements begrenzt. Die komplexen Beziehungen zwischen den Informationen drängen die Technikunterstützung in den Hintergrund.

Die **«Cross-Impact-Analyse»** stellt eine Gruppe von Verfahren dar, welche die Analyse der Beziehungen zwischen (meist zukünftigen) Ereignissen bezüglich der Richtung, der Stärke und der zeitlichen Komponente ihres Zusammenhangs zum Gegenstand hat. Die strategische Relevanz der Cross-Impact-Analyse resultiert aus ihrer grundsätzlichen Offenheit für alle Arten von Ereignissen, also auch für soziale, technologische oder politisch-rechtliche Entwicklungen, wie sie im Rahmen der Analyse der weiteren Umwelt von Bedeutung sind. Die Problematik ist in der Schätzung von Eintrittswahrscheinlichkeiten der Ereignisse, dem damit verbundenen Aspekt der Auswahl geeigneter Experten sowie dem hohen rechnerischen Aufwand zu sehen. Die Cross-Impact-Analyse wird bevorzugt im Rahmen der Szenario-Analyse eingesetzt (vgl. S. 274 ff.).

Eine weitere Möglichkeit, die Analyse von Informationsbeziehungen zu unterstützen, liegt in der Aufstellung von **Ursache-Wirkungs-Netzwerken.** Dabei werden unter einer ganzheitlich-vernetzten Perspektive relevante Umweltereignisse und ihre Verknüpfungen dargestellt. Die Ergänzung um Einflussrichtungen und -

intensitäten sowie eine partielle Dynamisierung des Modells erhöhen seine Aussagefähigkeit.

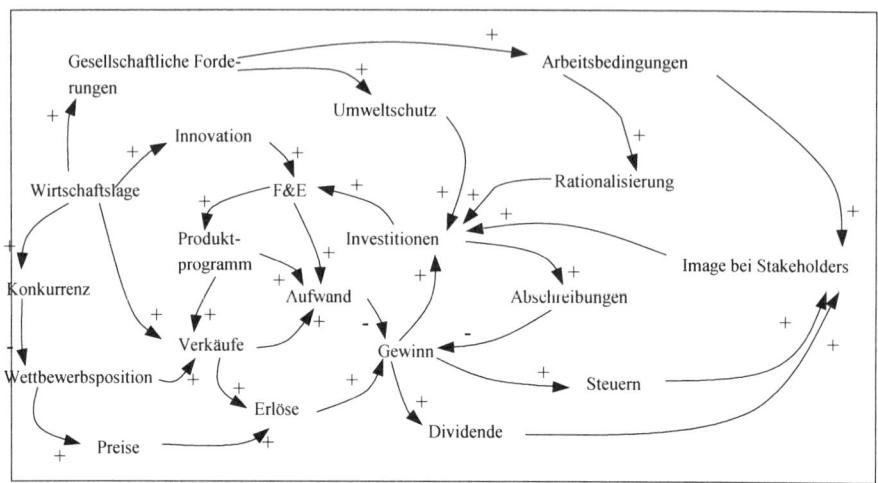

Abb. 4-3: Netzwerk eines Produktionsunternehmens (Quelle: *Probst/ Gomez* [Methodik] 916)

Die Erstellung eines derartigen Netzwerks strategischer Zusammenhänge erfordert die Zusammenarbeit von Organisationsmitgliedern aller Unternehmensbereiche und ggf. externen Beratern in Teams und Projektgruppen und fördert auf diese Weise nicht nur Kommunikation und Integration im Unternehmen, sondern auch ein «Hinausschauen über den eigenen Tellerrand». Die Stärke einer solchen Netzwerkanalyse liegt in ihrer sensibilisierenden, Umweltzusammenhänge bewusst machenden Eigenschaft für die Anwender.

(3) Abstimmung und Präsentation

Die Eignung der beschafften Informationen für die strategische Planung und Kontrolle hängt in entscheidendem Maße auch von deren Abstimmung und Präsentation ab. «Abstimmung» bedeutet das Prüfen der einzelnen Informationsbestände auf Verträglichkeit und Verlässlichkeit. Unter «Präsentation» sind alle Tätigkeiten der Bündelung und optischen Aufbereitung zusammengefasst. Abstimmung und Präsentation sind für die Akzeptanz der Informationen durch das Management und damit den Grad der Nutzung dieser Informationen von großer Bedeutung. Jedoch gilt auch hier, insbesondere für die Abstimmung, dass strategische Informationen diesen Vorgängen nur begrenzt zugänglich sind und die Gefahr eines Informationsverlustes dabei vergleichsweise hoch ist.

Inwieweit die dargestellte Konzeption eines strategischen Informationsmanagements computertechnisch unterstützbar ist, wird uns in Abschnitt 5 (S. 331 ff.) beschäftigen.

3 Management externer Informationen

3.1 Umweltveränderungen

Aufgabe des Managements externer Informationen ist die Beschaffung und Verarbeitung strategisch relevanter Informationen aus der Unternehmensumwelt (vgl. S. 86 ff.). Bei der Untersuchung dabei einsetzbarer Verfahren können wir auf folgende Vorarbeiten Bezug nehmen:

– **Relevante Umweltbereiche:** Sowohl die nähere Umwelt (Wettbewerbsumwelt, Markt) als auch die weitere Umwelt sind relevante Bereiche, wobei ihre Gewichtung von Unternehmen zu Unternehmen und im Zeitablauf Schwankungen unterliegt.

– **Qualität strategischer Informationen:** Strategische Informationen sind nur schwer operationalisierbar (qualitativ, soft facts), oft undifferenziert, langfristiger Natur und unsicher.

Für die Konzeption eines Managements externer Informationen von erheblicher Bedeutung ist der Aspekt der Veränderlichkeit strategischer Informationen. Zwei **Fragen** stehen im Vordergrund:

– Wie sind die Umweltveränderungen beschaffen?
– Wie soll diesen Umweltveränderungen begegnet werden?

Die erste Frage fordert eine intensive Auseinandersetzung mit möglichen Erscheinungsformen von Umweltveränderungen. Zur Beschreibung der Umwelt von Unternehmungen sind in der Literatur verschiedene Kriterien herangezogen worden. Bereits klassischen Charakter haben die Merkmalskategorien von *Khandwalla* (Turbulenz der Umwelt, Feindlichkeit der Umwelt, Diversität der Umwelt, technische Komplexität der Umwelt, Restriktivität der Umwelt), von *Miller/Friesen* (Dynamik der Umwelt, Feindlichkeit der Umwelt, Heterogenität der Umwelt) sowie die in Teil 2 bereits dargestellte Typologie nach *Mintzberg* (vgl. S. 87).

Obwohl branchenspezifische Unterschiede auftreten, ist die hochdynamische Unternehmensumwelt heute eher der Normalfall als die Ausnahme. Dabei ist zu beachten, dass sich Veränderungen nicht immer in gleicher Weise ankündigen bzw. vorhersagen lassen. Umweltveränderungen folgen also nicht einem starren Entwicklungsschema, sondern können in Art, Umfang und zeitlichem Auftreten erheblich variieren, woraus sich besondere Anforderungen an das betriebliche Informationsmanagement ergeben.

Als Anknüpfungspunkt für die Konzeption eines Managements externer Informationen kann die **Klassifikation von Umweltveränderungen** in Abb. 4-4 dienen.

Typ der Umweltverän-derung	Operativ ◄——————► Strategisch	
Grad der Vorhersehbarkeit	Sehr hoch ◄——————►	Nahezu un-möglich
Bedeutung für die Unternehmung	Weniger bedeutend ◄——————►	Existenziell
Bekanntheitsgrad der Umweltveränderung selbst	Nicht neuartig, wiederholtes Auftreten ◄——————►	Völlig neuar-tig, einmaliges Auftreten
Bekanntheitsgrad der Wirkungsweise auf die Unternehmung	Bekannt ◄——————►	Unbekannt
Bekanntheitsgrad des Reaktionsmusters der Unternehmung	Bekannt, erprobt ◄——————►	Unbekannt

Abb. 4-4: Typen von Umweltveränderungen

Diese Klassifikation führt zur Unterscheidung von zwei **Typen von Umweltveränderungen:** operative und strategische. Es ist darauf hinzuweisen, dass die Wirkungen derartiger Umweltveränderungen auf Unternehmen sowohl den Charakter von Chancen wie auch von Risiken haben können. Dies ist letztlich eine Frage des Kompetenzprofils der Unternehmung (vgl. *Bea/Haas* [Früherkennung]).

Strategische Umweltveränderungen, solche also, die in ihrer Art und Wirkungsweise völlig neuartig, nahezu nicht vorhersagbar und in ihrer Bedeutung für die Unternehmung sehr groß sind, werden im Folgenden als **Diskontinuität** bezeichnet. Sie können in allen Umweltbereichen auftreten.

Beispiel: Die Wiedervereinigung stellte für die deutsche Wirtschaft, insbesondere jedoch für Unternehmungen im ehemaligen Zonenrandgebiet sowie für ehemalige Staatsbetriebe der DDR, eine Diskontinuität dar (Wegfall der Zonenrandförderung, Standortänderung, Wegfall von Absatzmärkten etc.). Für Unternehmen, die enge geschäftliche Beziehungen mit der ehemaligen DDR unterhielten, hatte die Wiedervereinigung ebenfalls den Charakter einer Diskontinuität (Wegfall alter Märkte, strategische Neuorientierung etc.).

Durch das verstärkte Aufkommen von Diskontinuitäten hat sich in den vergangenen Jahren ein neuer Ast der Forschung auf dem Gebiet des Strategischen Managements herausgebildet, den man als **Management strategischer Überraschun-**

gen oder kurz als **Diskontinuitätenmanagement** bezeichnet. Eine solche Konzeption wird in Abschnitt 3.5 entworfen und stellt zugleich eine Antwort auf die oben formulierte zweite Frage dar, wie nämlich den Umweltveränderungen begegnet werden kann. Zuvor sollen jedoch Verfahren zur frühzeitigen Erkennung strategisch relevanter Umweltveränderungen dargestellt werden.

3.2 Prognoseverfahren

Leitgedanke: «Man kann das Leben nur rückwärts verstehen, doch leben muss man es vorwärts»

Sören Kirkegaard

Die erste Gruppe von Verfahren, welche im Rahmen des Managements externer Informationen eingesetzt werden, sind die (klassischen) Prognoseverfahren. Mit diesen Verfahren sollen Prognosen über zukünftige, strategisch relevante Umweltveränderungen erstellt werden.

> **Prognosen** sind Wahrscheinlichkeitsaussagen über zukünftige Ereignisse. Sie basieren auf Beobachtungen der Vergangenheit, einer Theorie zur Erklärung dieser Beobachtungen sowie der Annahme der Fortgeltung der Erklärungszusammenhänge in der Zukunft.

Aus dieser Definition ergeben sich folgende **Schlüsse** (vgl. auch *Brockhoff* [Prognosen] 653 ff.):

– Prognosen basieren auf Daten der Vergangenheit, einer Theorie sowie bestimmter Annahmen über die Zukunft. Dieser Prognosebegriff ist damit vom «intuitiven Tippen» (Prognosen im weiteren Sinn) abzugrenzen.

– Prognosen sind stets mit Unsicherheit behaftet.

– Prognosen müssen unter Angabe der gesetzten Prämissen begründbar sein.

– Prognosen stützen sich auf die Annahme der Stabilität der Prämissen und des Systemverhaltens in der Zukunft (Zeitstabilitätshypothese).

Die **Qualität der Prognoseergebnisse** ist damit von folgenden Faktoren abhängig:

– Grad der Extrapolierbarkeit der Vergangenheit (Gültigkeit der Zeitstabilitätshypothese),

- Güte (Allgemeinheit und Bestimmtheit) und Bestätigungsgrad der zugrunde-
  liegenden Theorie,
- Korrelation der Variablen,
- Exaktheit der Informationen aus der Vergangenheit und Länge des Beobach-
  tungszeitraums,
- Länge des Prognosezeitraums (Prognosehorizont).

Prognosen werden nach ihrem **Prognosehorizont** (Fristigkeit) unterschieden in

- kurzfristige Prognosen (≤ 1 Jahr),
- mittelfristige Prognosen (1 - 3 Jahre) und
- langfristige Prognosen (≥ 3 Jahre).

Der Prognosehorizont hängt stark vom Prognosegegenstand ab. Daher kann eine Zuordnung von Zeiträumen zu den Fristigkeiten nur in Abhängigkeit des Progno-segegenstandes erfolgen.

Nach der **Art der unabhängigen Variablen** unterscheidet man

- Wirkungsprognosen und
- Entwicklungsprognosen bzw. Lageprognosen.

Bei der Wirkungsprognose ist eine bestimmte ökonomische Größe die unabhängi-ge Variable (Bsp.: Absatzmenge x in Abhängigkeit vom Preis p), bei der Ent-wicklungsprognose bzw. Lageprognose ist es die Zeit (Bsp.: Absatzmenge x in Abhängigkeit von der Zeit t). Bei der Lageprognose wird die Ausprägung der ab-hängigen Variablen zu einem bestimmten Zeitpunkt betrachtet. Dagegen erfolgt bei der Entwicklungsprognose eine Betrachtung über einen bestimmten Zeitraum hinweg. Zur Erkennung strategischer Umweltveränderungen sind eher langfristige Entwicklungsprognosen von Bedeutung. Wirkungs- und Lageprognosen finden primär Einsatz im Rahmen der Suche und Bewertung alternativer Strategien.

Bei den **Prognoseverfahren** unterscheidet man nach der **Art der Variablenver-knüpfung**

- quantitative Prognoseverfahren (mathematische Variablenverknüpfung) und
- qualitative Prognoseverfahren (verbal-argumentative Variablenverknüpfung).

Nach der **Zahl der unabhängigen Variablen** werden

- univariate Prognoseverfahren (eine unabhängige Variable) und
- multivariate Prognoseverfahren (mehrere unabhängige Variablen)

unterschieden.

Im Folgenden wird ein Überblick über wichtige Prognoseverfahren im Rahmen des Managements externer Informationen und ihre Eignung zur Erkennung von Diskontinuitäten gegeben. (Eine ausführliche Darstellung von Prognoseverfahren findet sich bei *Brockhoff* [Prognosen] 669 ff.)

Nach der Art der Datenbasis **unterscheiden** wir:

- Prognosen auf der Basis von Befragungen,
- Prognosen auf der Basis von Indikatoren,
- Prognosen auf der Basis von Zeitreihen,
- Prognosen auf der Basis von Funktionen (Ökonometrische Prognose).

(1) Prognosen auf der Basis von Befragungen

Repräsentativbefragungen

Aus einer repräsentativen Grundgesamtheit von Personen wird eine Stichprobe gezogen, welche dann zu einem bestimmten Themenkomplex befragt wird. Die Fragen beziehen sich dabei i.d.R. auf das Verhalten der Befragten. So wird bspw. im Rahmen von Verbraucherbefragungen das Nachfrageverhalten in bestimmten Situationen ermittelt und zur Prognose von Absatzzahlen, welche dann Basis einer Absatzstrategie sein können, verwendet.

Zur Aufdeckung strategischer Umweltveränderungen können Repräsentativbefragungen bei entsprechender Interpretation als Input für die ab S. 274 ff. dargestellten Projektionsverfahren verwendet werden. Über die Ermittlung des Kaufverhaltens in verschiedenen hypothetischen Situationen können Rückschlüsse auf die Wertvorstellungen der Grundgesamtheit der Nachfrager, z.B. ihr ökologisches Bewusstsein, gezogen werden. Diese Wertvorstellungen und die abgeleiteten Verhaltensweisen können in Szenarien und Früherkennungssystemen Eingang finden. Probleme können sich beim Schluss von der Stichprobe auf die Grundgesamtheit ergeben. Ebenso ist nicht sichergestellt, dass das in Befragungen angegebene Verhalten mit dem späteren, tatsächlichen Verhalten übereinstimmt. Schließlich sollten Wirtschaftlichkeitsüberlegungen vor der Durchführung einer Repräsentativbefragung trotz der Unmöglichkeit einer exakten Ex ante-Evaluierung der Nutzenkomponente berücksichtigt werden.

Expertenbefragungen

Bei Expertenbefragungen wird das Fachwissen der Experten zur Prognose zukünftiger Entwicklungen herangezogen. Die Auswahl geeigneter Experten ergibt sich aus dem konkreten Prognoseproblem. Neben der einmaligen Expertenbefragung hat sich mit der Delphi-Methode ein Verfahren der mehrfachen Expertenbefragung in der Praxis etabliert. Eine Expertenbefragung nach der **Delphi-Methode** erfolgt nach folgendem Muster:

(1) Auswahl von Experten.

(2) Beantwortung eines Fragebogens durch die Experten unabhängig voneinander.

(3) Statistische Auswertung der Fragebögen.

(4) Bekanntgabe der Mittelwerte der Antworten und Begründung stark abweichender Antworten durch die jeweiligen Experten.

(5) Information aller Experten über Mittelwerte und Begründungen.

(6) Wiederholung der Schritte (2) bis (5) ungefähr zwei- bis dreimal.

Durch die Schaffung der dargestellten organisatorischen Voraussetzungen verbindet die Delphi-Methode die Nutzung des Wissens mehrerer Experten mit Rückkopplungsmöglichkeiten und schließt durch die Wahrung der Anonymität eine unerwünschte gegenseitige Beeinflussung der Experten aus. Der Erfolg dieser Methode hängt von mehreren Faktoren ab. Zunächst ist die Auswahl von geeigneten Experten entscheidend. Des Weiteren ist die Bereitschaft der Experten zur Teilnahme und ihre Fähigkeit, zukünftige Entwicklungen vorherzusehen und zu bewerten, zu nennen. Ein bestimmtes Maß an Umfeldsensibilität ist dazu nötig. Ein weiteres Problem besteht darin, dass sich in der Verfahrenspraxis die Expertenmeinungen häufig einem Mittelwert annähern, dieser aber mit der wahren Entwicklung nicht notwendigerweise identisch ist.

Ähnlich wie bei Repräsentativbefragungen können Ergebnisse von Expertenbefragungen im Rahmen der noch zu behandelnden Projektionsverfahren Verwendung finden. Dabei ist jedoch allgemein zu beachten, dass die Güte einer Projektion abhängig ist von der Qualität der eingesetzten Daten. Die Schwächen der Prognose beeinflussen in diesem Fall auch die Projektion.

(2) Prognosen auf der Basis von Indikatoren

Indikatoren sind als beobachtbare Größen Vorboten, die Hinweise für die Entwicklung der eigentlich interessierenden, jedoch noch nicht oder nur eingeschränkt beobachtbaren Größen in der Zukunft geben. Die Beobachtung bspw. der Einstellungen und Werthaltungen der Bevölkerung gegenüber bestimmten Sachverhalten im Zeitpunkt t (Y_t), z.B. im Bereich der Ökologie oder des Verhältnisses von Freizeit und Arbeit, kann Rückschlüsse auf zukünftige Abnehmerschichten und ihr Nachfrageverhalten (X_T*) zulassen:

$$X_T^* = f(Y_t)$$

Von zentraler Bedeutung ist es, dass die gewählten Indikatoren gute Frühinformationseigenschaften besitzen, d.h. den interessierenden Entwicklungen zeitlich vorauseilen. Nur so ist eine rechtzeitige Identifikation von Strukturbrüchen möglich. Das Erkennen von Diskontinuitäten mit Hilfe von Indikatoren wird in Früherkennungssystemen der zweiten Generation angestrebt. Auf S. 282 ff. wird auf Möglichkeiten und Probleme dieser Methode ausführlicher eingegangen. Einen Überblick über mögliche Indikatoren gibt Abb. 2-16, S. 102.

(3) Prognose auf der Basis von Zeitreihen

Verfahren der Zeitreihenanalyse erfassen Ausprägungen der interessierenden Variablen zu verschiedenen Zeitpunkten in der Vergangenheit und versuchen, mit Hilfe mathematischer Verfahren aus diesen Werten Prognosen zu erstellen.

In Abhängigkeit vom Verlauf der Variablenausprägungen in der Vergangenheit und unter Berücksichtigung des jeweils vertretbaren Prognoseaufwands sind folgende Verfahren anwendbar:

(a) Konstanter Datenverlauf in der Vergangenheit

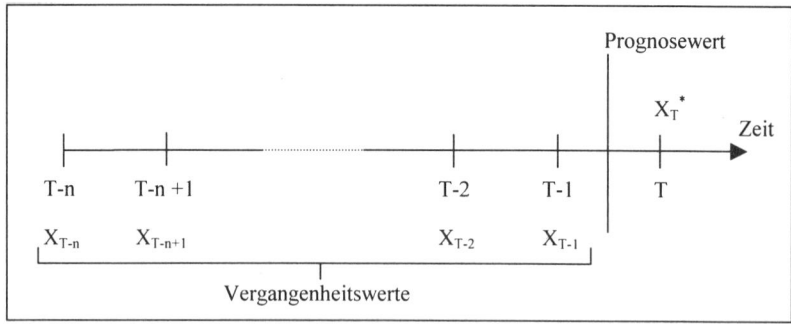

– Verfahren der Mittelwertbildung

Aus der Berechnung des einfachen arithmetischen Mittelwertes aus einer Reihe von Vergangenheitswerten kann direkt ein Prognosewert abgeleitet werden:

$$X_T^* = \frac{1}{n} \sum_{t=T-n}^{T-1} x_t$$

mit: X_T^* = Prognosewert für den Zeitpunkt T

x_t = Werte der Vorperioden

n = Anzahl der Vorperioden

– **Verfahren der gleitenden Durchschnitte**

Auswahl der letzten m jüngeren Werte

$$X_T^* = \frac{1}{m} \sum_{t=T-m}^{T-1} x_t$$

mit m = Umfang der zu betrachtenden Perioden, wobei m < n.

Alle Werte werden gleich gewichtet.

– **Verfahren der gewogenen gleitenden Durchschnitte**

Hierdurch können jüngere Werte mit einem größeren Gewicht versehen werden als ältere Werte, wodurch die Gleichgewichtung der Vergangenheitswerte aufgehoben und die Aktualität des Datenmaterials gewährleistet wird.

$$X_T^* = \frac{1}{m} \sum_{t=T-m}^{T-1} x_t \cdot g_t$$

g_t = Gewichtungsfaktor für Periode t, wobei

$$\sum_{t=T-m}^{T-1} g_t = 1$$

– **Exponenzielle Glättung 1. Ordnung**

Die exponenzielle Glättung 1. Ordnung kann als Weiterentwicklung des Verfahrens der gleitenden Mittelwertbildung bezeichnet werden. Zufallsbedingte Prognosefehler werden unter besonderer Berücksichtigung des Prognosefehlers der unmittelbaren Vorperiode ausgeschaltet und «jüngere» Vergangenheitsdaten werden höher gewichtet als «ältere». Der Prognosewert für die Periode T wird nach folgender Formel errechnet:

$$X_T^* = X_{T-1}^* + a\,(X_{T-1} - X_{T-1}^*)$$

mit: X_T^* = Prognosewert für den Zeitpunkt T

            X_{T-1}^* = Prognosewert der Vorperiode

            X_{T-1} = Wert der Vorperiode

            a   = Glättungsfaktor

Durch sukzessives Einsetzen von Prognosewerten der Vorperiode ergibt sich folgende allgemeine Form:

$$X_T^* = aX_{T-1} + a(1-a)X_{T-2} + a(1-a)^2 X_{T-3} + \ldots = a\sum_{t=0}^{T-1}(1-a)^t X_{T-1-t}$$

(b) Trendförmiger Datenverlauf in der Vergangenheit

Nahm die zu prognostizierende Größe in der Vergangenheit einen trendförmig steigenden oder fallenden Verlauf und schwankte sie dabei unregelmäßig innerhalb einer verträglichen Bandbreite, so können als Prognoseverfahren die **exponenzielle Glättung 2. Ordnung** und die **Trendextrapolation** eingesetzt werden. Erstere trägt der Tatsache Rechnung, dass der bei der exponenziellen Glättung 1. Ordnung errechnete Mittelwert um einen bestimmten Betrag niedriger (höher) ausfällt als der jüngste Wert. Dies wird mit Hilfe eines weiteren Glättungsfaktors «korrigiert».

Bei der **Trendextrapolation** wird versucht, den bisherigen Datenverlauf durch eine lineare Funktion anzunähern, deren Verlauf dann in die Zukunft fortgeschrieben wird. Die Trendgerade

$$X_T^* = a + b \cdot t$$

ist derart in die Punktwolke von Vergangenheitswerten zu legen, dass die Summe der quadrierten Abweichungen zwischen den tatsächlichen Zeitreihenwerten und den Werten der Trendgerade minimal ist (Methode der kleinsten Quadrate). Für alternative Zeitpunkte t sind dann Werte des Prognosegegenstandes errechenbar (vgl. Abb. 4-5).

Bei Verfahren der Zeitreihenanalyse wird die Bedeutung der Zeitstabilitätshypothese besonders deutlich. Da diese Verfahren in einem widersprüchlichen Verhältnis zu den Erfordernissen der Erkennung von Diskontinuitäten stehen, scheiden sie für diesen Zweck aus.

(c) Saisonal schwankender Datenverlauf in der Vergangenheit

Hierbei sind die genannten Verfahren insofern modifiziert anzuwenden, als nur die sich saisonal entsprechenden Vergangenheitswerte bei der Berechnung berücksichtigt werden. Daher sind geeignete Klassen von Vergangenheitswerten zu bilden.

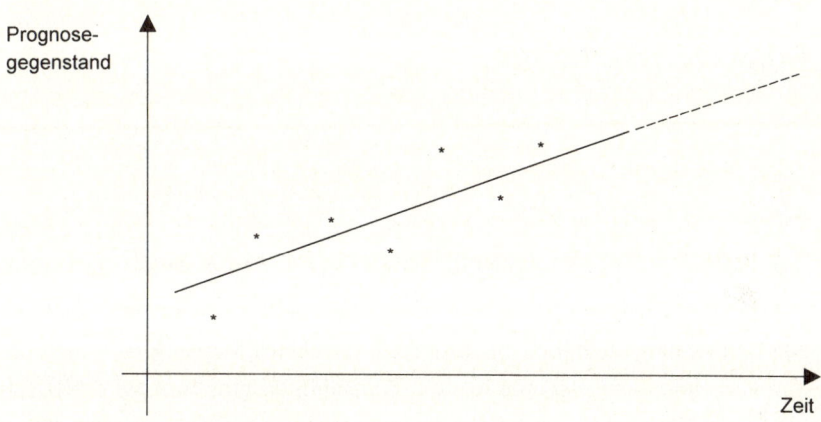

Abb. 4-5: Trendextrapolation

(4) Prognosen auf der Basis von Funktionen (Ökonometrische Prognose)

Die **Regressionsanalyse** ist das wichtigste Instrument zur Gewinnung funktionaler bzw. kausaler Zusammenhänge, wie sie bspw. in Form von Produktions- oder Kostenfunktionen bekannt sind. Dabei werden einfache und multiple Regressionsmodelle unterschieden. Ebenso wie bei den Zeitreihenanalysen wird auch hier eine Extrapolierbarkeit von in der Vergangenheit gültigen Zusammenhängen in die Zukunft unterstellt.

Die **Eignung** der dargestellten Prognoseverfahren im Rahmen des Managements externer Informationen hängt davon ab, inwieweit sie zur Erkennung von Veränderungen in der Unternehmensumwelt - auch von Diskontinuitäten - beitragen können. Zusammenfassend ist jedoch festzustellen, dass die dargestellten Prognoseverfahren allesamt **keine spezifische Eignung** zur Erkennung von Diskontinuitäten im Rahmen der strategischen Planung und Kontrolle besitzen. Der starke Vergangenheitsbezug der Inputdaten, der insbesondere bei den quantitativen Verfahren deutlich wird, sowie die **Annahme der Zeitstabilitätshypothese** stehen in geradezu antithetischem Verhältnis zu den Anforderungen der strategischen Früherkennung. Quantitative Prognoseverfahren wie die Zeitreihenanalyse und die ökonometrische Prognose besitzen darüber hinaus das Defizit, dass sie qualitative Informationen kaum verarbeiten können. Prognosen auf der Grundlage von Befragungen scheinen auf Grund ihrer Offenheit für ein breites Spektrum unterschiedlicher Informationen am ehesten geeignet, strategisch relevante Veränderungen frühzeitig anzuzeigen oder bezüglich dieser eine Sensibilisierung zu entwickeln.

3.3 Projektionsverfahren

> Leitgedanke: «Eine gute Methode, die Zukunft zu prognostizieren, besteht darin, die Zukunft zu gestalten.»

Kennzeichnend für Projektionsverfahren ist im Gegensatz zu den Prognoseverfahren eine **stärkere Loslösung von der Vergangenheit.** Es wird eine «vorausschauende Betrachtung» lediglich vor dem Hintergrund der Vergangenheit und des Status quo vorgenommen. Insbesondere die Zeitstabilitätshypothese wird hier fallen gelassen. Im Folgenden werden die grundlegenden Verfahren der Projektion dargestellt.

3.3.1 Szenario-Analyse

Die Szenario-Analyse wurde von *Kahn* in den 50er Jahren im Rahmen militärstrategischer Studien entwickelt. In die Unternehmensplanung fand die Szenario-Analyse in den 70er Jahren als Reaktion auf steigende Dynamik und Komplexität der Unternehmensumwelt Eingang. Die Ölkrise 1973 wird in diesem Zusammenhang als Schlüsselereignis gesehen, welches die Notwendigkeit des Einsatzes von Szenarien offen legte.

Zunächst werden die Begriffe «Szenario» und «Szenario-Analyse» sowie deren Leistungsmerkmale untersucht. Anschließend betrachten wir den Ablauf und die Einsatzmöglichkeiten der Szenario-Analyse.

Ein **Szenario** ist die Beschreibung der zukünftigen Entwicklung des Projektionsgegenstandes bei alternativen Rahmenbedingungen.

Aus dieser einfachen Definition geht bereits ein wesentliches Merkmal der Szenario-Analyse hervor: Im Gegensatz zu den dargestellten Prognoseverfahren versucht die Szenario-Analyse nicht, das eine, richtige und exakte Bild der Zukunft zu zeichnen, sondern will bewusst mehrere **alternative Zukunftsbilder** (Szenarien) entwerfen. Projektionsgegenstände können u.a. sein: Die Gesetzgebung, das Verhalten der Nachfrager und der Wettbewerber, technologische Veränderungen.

Eine umfassende Definition der Szenario-Analyse liefert *Oberkampf,* der jedoch von Szenario-Technik spricht *(Oberkampf* [Szenario-Technik] 7):

> Die **Szenario-Technik** ist eine integrierte, systematische und vorausschauende Betrachtung, bei der ausgehend von einer heutigen Situation, unter Zugrundelegung und Beachtung des zeitlichen Bezugs plausible Entwicklungen und Ereignisse, das Zustandekommen und der Rahmen zukünftiger Situationen aufgezeigt werden sollen.

Damit lassen sich folgende **Merkmale** der Szenario-Analyse herausarbeiten:

– **Langfristiger Planungs-** bzw. **Projektionshorizont.**

– Die Szenario-Analyse versucht keine Extrapolation der Vergangenheit in die Zukunft, sondern eine «vorausschauende Betrachtung» unter Berücksichtigung der Ziele und Wertvorstellungen der Akteure sowie möglicher Entwicklungen vor dem Hintergrund der Vergangenheit. Die Szenario-Analyse geht nicht von einer deterministischen, sondern von einer nur **beschränkt vorhersehbaren Zukunft** aus und kann so z.T. spekulative Entwicklungen in Form von **Störereignissen** berücksichtigen.

– Es werden mehrere Szenarien erstellt und damit die **Bandbreite möglicher Zukunftsentwicklungen** auf der Basis alternativer, aber konsistenter Annahmenbündel aufgezeigt.

– Die Szenario-Analyse entwirft nicht nur Zukunftsbilder, sondern zeigt auch die jeweiligen **Entwicklungspfade** von der Gegenwart in die Zukunft. Dadurch steigt die Akzeptanz ihrer Ergebnisse.

– Neben den quantitativen Größen und Einflüssen werden auch **qualitative Sachverhalte** unter Berücksichtigung von Interdependenzen erfasst.

Abb. 4-6 zeigt ein anschauliches Bild zur **Darstellung von Szenarien.** Der sich öffnende Trichter entsteht durch den abnehmenden Einfluss deterministischer Größen der Gegenwart, je weiter man sich von ihr entfernt. Das Feld möglicher Entwicklungen wird von Extremszenarien begrenzt. Auf der Schnittfläche des Trichters befinden sich alternative Projektionen der Zukunft, die Szenarien. Im Zentrum des Trichters befindet sich das Trendszenario, das dem Ergebnis einer Trendextrapolation entspricht. Das Szenario A zeigt hingegen eine andere, für plausibel gehaltene Entwicklung. Der Eintritt eines Störereignisses in t_1 führt bei Reaktion in t_2 zum Szenario A'.

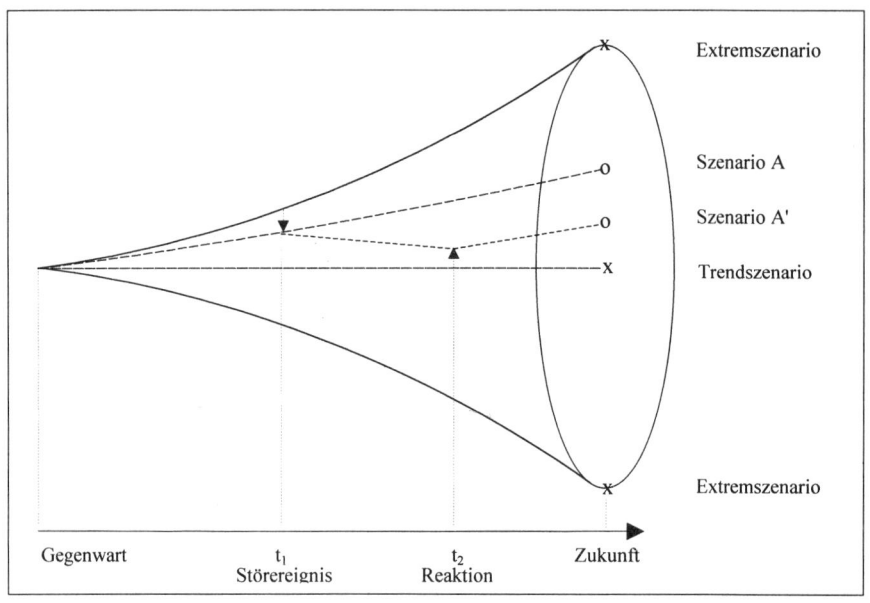

Abb. 4-6: Szenario-Analyse (in Anlehnung an *Geschka* [Szenariotechnik] 522)

Es wird deutlich, dass das Spektrum möglicher Zukunftsbilder (etwa des Umsatzes) nicht durch ein einziges Szenario, basierend auf einem Annahmenbündel, sondern nur durch mehrere Szenarien abgebildet werden kann. In der Literatur gehen die Meinungen über die optimale Zahl der zu entwickelnden Szenarien auseinander. Wir gehen davon aus, dass insgesamt drei bis fünf Szenarien zu entwerfen und einer anschließenden Diskussion und Auswertung zu unterziehen sind. Werden lediglich zwei Szenarien gebildet, so besteht die Gefahr, dass die Mitte als wahrscheinlichste Entwicklung angenommen wird, was nicht ohne weiteres gerechtfertigt ist. Das erwünschte Problembewusstsein wird dabei nicht gefördert.

Bei einer sehr großen Zahl von Szenarien wiederum steigt der Aufwand für die Erstellung stark an, während Übersichtlichkeit und Klarheit abnehmen.

Wie ist nun im Rahmen der Szenario-Analyse vorzugehen? Grundsätzlich sind die einzelnen Schritte in Abhängigkeit von Untersuchungsgegenstand und -ziel situativ festzulegen. Dennoch kann man, abstrahierend von den jeweiligen Gegebenheiten, ein allgemeines Vorgehensmuster für die Szenario-Analyse entwickeln. Die verschiedenen, in der Literatur dargestellten Ansätze unterscheiden sich meist nur in ihrer inhaltlichen Akzentuierung oder formalen Darstellung. Eine Übersicht hierzu findet sich bei (*Geschka* ([Szenariotechnik] 524 ff.).

Die Szenario-Analyse lässt sich grob in die **Phasen** «Analyse», «Projektion» und «Auswertung» zerlegen:

(1) Analyse
– Abgrenzung des Untersuchungsgegenstandes (z.B. Unternehmung, Geschäftsbereich, Technologie) sowie
– Identifikation und Strukturierung relevanter Umweltsegmente (z.B. gesamtwirtschaftliche, technologische, politische Umwelt).

(2) Projektion
– Festlegung von Indikatoren zur Beschreibung der Umweltsegmente (z.B. Wachstum des Sozialprodukts, Entwicklung der Wechselkurse für die gesamtwirtschaftliche Umwelt),
– Ermittlung von Ist-Werten und Trends für diese Indikatoren (z.B. Hochrechnung der Arbeitslosenzahl auf der Basis spezifischer Annahmen),
– Bildung konsistenter Annahmenbündel für alternative Entwicklungen sog. kritischer Indikatoren. Dies sind solche, für die eine einwertige Entwicklungsprognose auf Grund der besonders hohen Unsicherheit nicht sinnvoll erscheint.
– Erstellung von Szenarien über mehrere zeitliche Stufen durch Aggregation der Annahmenbündel der kritischen mit den Trends der unkritischen Indikatoren. I.d.R. werden drei bis fünf Szenarien gewonnen.
– Analyse der Wirkung hypothetischer Störereignisse auf die Szenarien. Ggf. werden bisherige Szenarien modifiziert oder weitere hinzugefügt.

(3) Auswertung

- Analyse der Konsequenzen der ermittelten Szenarien und Konfrontation mit dem Kompetenzprofil der Unternehmung (Identifikation von Stärken und Schwächen),
- Generierung von Reaktionsstrategien,
- Konzipierung von Maßnahmen zur Überwindung identifizierter Defizite bzw. zur Bewahrung identifizierter Stärken.

Die Szenario-Analyse erfordert den Einsatz diverser **Techniken** in den einzelnen Phasen ihrer Durchführung. Die Vorhersage der Entwicklung von Einflussgrößen bspw. kann durch die Delphi-Methode oder unter Einbezug quantitativer Prognoseverfahren erfolgen. Dabei werden jedoch die Schwächen dieser Verfahren, im strategischen Kontext vor allem die der quantitativen Prognoseverfahren, in die Szenario-Analyse «eingeschleust». Die Analyse der Beziehungen der **Einflussgrößen untereinander** oder der Wirkung von Störereignissen kann durch die Cross-Impact-Analyse unterstützt werden. Kreativitätstechniken wie Brainstorming, Brainwriting oder Synektik können bei der Identifikation von Störereignissen zum Einsatz kommen. Zur Technikunterstützung der Szenario-Analyse vgl. ausführlich *Götze* ([Szenario-Technik] 142 ff.).

Das dargestellte Vorgehensschema ist, wie bereits erwähnt, an die jeweiligen situativen Bedingungen anzupassen. Dies kann durch Schwerpunktsetzung innerhalb der einzelnen Phasen geschehen, aber auch durch den Einsatz spezifischer Techniken. Die Szenario-Analyse gibt insofern einen **Rahmen** vor, den es mit Techniken der Strukturierung, der Prognose und der Entscheidung auszufüllen gilt. Sie hat den Charakter einer **Meta-Problemlösungstechnik**, die sich in Abhängigkeit von der jeweiligen konkreten methodischen Ausgestaltung flexibel an unterschiedliche Problemstellungen anpassen lässt (vgl. *Kötzle* [Geschäftseinheiten] 249 ff.).

Das **Einsatzgebiet** der Szenario-Analyse ist entsprechend weit. Als Analyse- und Projektionstechnik im Rahmen des Managements externer Informationen dient sie dem rechtzeitigen Erkennen von

- Entwicklungen der weiteren Umwelt,
- Entwicklungen der näheren Umwelt und von speziellen Problembereichen und
- Entwicklungen der Unternehmung bzw. von Unternehmensbereichen unter Berücksichtigung der externen Entwicklungen.

Darauf aufbauend können neue Strategien entwickelt und formuliert werden. Ebenso können bestehende Strategien auf ihre Eignung zur **Erfüllung** gegenwärtiger und/oder zukünftiger Erfordernisse hin überprüft und ggf. modifiziert, ergänzt oder ersetzt werden. Schließlich kann die Szenario-Analyse in interdependenter Beziehung zu Früherkennungssystemen gesehen werden. Zum einen kann die Szenario-Analyse Frühinformationen, bspw. als Störereignisse, verarbeiten und so zu «besseren» Szenarien gelangen. Zum anderen gibt die Durchführung einer Szenario-Analyse Anstöße zur Erkennung von relevanten Entwicklungen in der Umwelt, indem sie Erkenntnisse über Interdependenzen zwischen Umweltbereichen und Indikatoren ermittelt (vgl. *Bea/Haas* [Früherkennung]).

Um zu einer abschließenden Bewertung der Szenario-Analyse zu gelangen, müssen auch einige **Schwächen** des Verfahrens angesprochen werden:

— Ein Dilemma entsteht bei der Abgrenzung der relevanten Umwelt. Einerseits muss zur Reduktion der vorhandenen Komplexität eine Abgrenzung erfolgen, andererseits werden dadurch Bereiche ausgeblendet, deren Relevanz u.U. erst zu einem späteren Zeitpunkt sichtbar wird.

— Die Qualität einer Szenario-Analyse hängt entscheidend ab von
  • der fachlichen Qualifikation der beteiligten Personen,
  • der Fähigkeit dieser Personen zu ganzheitlich-vernetztem und kreativem Denken,
  • der Bereitschaft der Mitarbeiter zur aktiven Teilnahme und
  • der Qualität der eingesetzten Techniken.
— Akzeptanzprobleme werden sich in der Praxis ergeben, wenn die Entscheidungsträger, i.d.R. das Top-Management, nicht selbst an der Durchführung der Szenario-Analyse beteiligt sind.

Gerade dieser letzte Punkt ist für den Erfolg des Verfahrens von größter Bedeutung und deshalb bei der Umsetzung unbedingt zu beachten. Die Beteiligung der Entscheidungsträger an der Szenario-Analyse ist aber noch aus einem weiteren Grund unverzichtbar. Der Nutzen, den die Szenario-Analyse stiften kann, ist nicht allein im Vorhersagen von Entwicklungen und der Ableitung und Überprüfung von Strategien zu sehen. Vielmehr noch kann sie die **Sensibilisierung des Managements** für die Entwicklungen in der Umwelt und deren Bedeutung für die Unternehmung fördern. Szenario-Analysen schulen das Denken in Alternativen und in Zusammenhängen. Die Sensibilisierung erfolgt durch die systematische Auseinandersetzung mit der Umwelt, der eigenen Unternehmung, den Interdependenzen und den permanent vorhandenen Unsicherheiten.

Zur **organisatorischen Umsetzung** ist deshalb eine Stabslösung ungeeignet. Werden Szenarien ausschließlich in Stäben entwickelt oder von externen Beratern vorgelegt, so bleibt der angesprochene Sensibilisierungseffekt aus. In Abhängigkeit von der jeweiligen Situation sind demnach Formen der Zusammenarbeit zwischen Planungsbereich und Management zu entwickeln, welche eine möglichst weit gehende Partizipation des Managements an der Szenario-Analyse ermöglichen. Eine Stabsabteilung kann dabei koordinierende und methodisch unterstützende Aufgaben wahrnehmen.

Die Szenario-Analyse hat sich als **robuste Rahmenmethodik** zur Analyse und Projektion zukünftiger Entwicklungen erwiesen. Sie besitzt gegenüber den traditionellen Prognoseverfahren eine Reihe entscheidender Vorteile. Bei entsprechender Implementierung ist sie in der Lage, Diskontinuitäten aufzudecken und die notwendige Umweltsensibilisierung des Managements zu fördern.

3.3.2 Früherkennungssysteme

Die Entwicklung von Früherkennungssystemen ist eine Reaktion auf das verstärkte Auftreten von Überraschungen mit strategischer Bedeutung (= Diskontinuitäten).

Ein **Früherkennungssystem** ist eine spezielle Form eines Informationssystems, dessen Ziel die möglichst frühzeitige Erkennung, Diagnose und Weitergabe von führungsrelevantem Wissen ist.

In den Anfängen der Forschung auf diesem Gebiet, also zu Beginn der 70er Jahre, wurde ausschließlich von **Frühwarnsystemen (FWS)** gesprochen. Das Erkennen von Bedrohungen und das Vermeiden von Krisen standen im Vordergrund. In den letzten Jahren setzte sich zunehmend die Erkenntnis durch, dass das Erkennen von Chancen neben den Bedrohungen und Risiken in einer dynamischen und komplexen Umwelt ebenso zum Ziel eines solchen Informationssystems gemacht werden muss. Da viele Umweltveränderungen ex ante gar nicht als eindeutig positiv oder negativ eingestuft werden können, sondern sich erst durch die «Spiegelung» am Kompetenzprofil der Unternehmung bewerten lassen, ist dieses Vorgehen geradezu notwendig.

Wir wollen deshalb im Folgenden den die Perspektive einseitig einengenden Begriff des Frühwarnsystemes nur dort gebrauchen, wo dieser auch in der Literatur verwendet wurde. Allgemein wollen wir von **Früherkennungssystemen (FES)** sprechen. An Stelle von FES findet man häufig auch den Terminus «Frühaufklärungssystem».

Die Entwicklung und der Einsatz eines solchen FES, das die zur Festigung bzw. Verbesserung der eigenen Marktposition notwendigen Informationen rechtzeitig bereitstellt, sind entscheidende Managementaufgaben. Ansatzpunkt für die rechtzeitige Informationsbereitstellung ist der Zeitraum zwischen dem Auftreten einer neuartigen Umweltveränderung (Diskontinuität) und dem Zeitpunkt, an dem diese normalerweise entdeckt wird. Gelingt es, diesen Zeitraum durch die Vorverlagerung des Beobachtungszeitpunktes zu verkürzen, so bleibt der Unternehmung mehr Zeit für Wahl und Implementierung geeigneter Strategien und Maßnahmen. Diese Zusammenhänge verdeutlicht folgende Abbildung (vgl. *Mössner* [Planung] 99 f.):

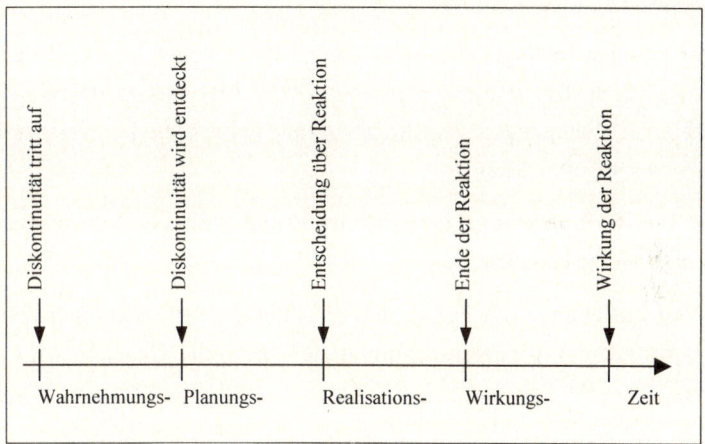

Abb. 4-7: Zeitmanagement in dynamisch-komplexer Umwelt

Die Entwicklung auf dem Gebiet der Früherkennungssysteme lässt sich aus heutiger Sicht in drei Phasen zerlegen. Man spricht von FES der 1., 2. und 3. Generation. Die **drei Generationen von FES** spiegeln die Entwicklung von der kurzfristigen Planung über die strategische Planung bis zum Strategischen Management wider (vgl. S. 11 ff.).

(1) FES der 1. Generation

Zu Beginn der 70er Jahre tauchte erstmals der Begriff «Frühwarnsystem» auf. Dabei handelte es sich um Systeme, die auf den Komponenten des **traditionellen Rechnungswesens** (Kostenrechnung, Jahresabschluss) aufbauten. Mit Hilfe von **Kennzahlensystemen** wurde versucht, Abweichungen zwischen Plan-Größen und realisierten Ist-Größen sowie hochgerechneten (extrapolierten) Wird-Größen zu erfassen und als Steuerungsinformationen zu nutzen. Beispiele für solche Kennzahlen sind Größen wie Gewinn, Kosten, Umsatz, Liquidität, Rentabilität, Cash Flow etc. Die Entwicklung im Bereich der EDV hat den Aufbau umfangreicher Kennzahlensysteme und eine Verschmelzung von Rechnungswesen und Planung bzw. Kontrolle zur Planungs- und Kontrollrechnung gefördert.

Die Systeme der 1. Generation weisen folgende **Schwächen** auf:

– **Vergangenheitsorientierung**: Eine Erkennung von Diskontinuitäten auf der Basis vergangenheitsbezogener bzw. hochgerechneter Daten aus dem Rechnungswesen ist nicht möglich.

– **Symptomorientierung**: Die erfassten Größen stellen nicht Ursachen von Veränderungen dar, sondern Symptome bzw. Ergebnisse. Beispiel: Ein diagnostizierter Rückgang des Auftragsbestandes gibt keine Hinweise auf die Ursachen dieser Entwicklung.

– **Hard fact-Orientierung**: Eine Einbeziehung strategisch bedeutsamer soft facts unterbleibt vollständig.

– **Risikoorientierung**: Der Fokus liegt einseitig auf der Erkennung von Risiken und Bedrohungen, die Wahrnehmung sich bietender Chancen wird vernachlässigt.

Aus diesen Gründen sind die Systeme der 1. Generation den Anforderungen eines Managements strategischer Überraschungen nicht gewachsen (vgl. auch die Beschaffenheit strategischer Informationen, S. 254 ff.).

(2) FES der 2. Generation

Die Defizite der Systeme der 1. Generation führten zu verstärkten Aktivitäten auf diesem Gebiet und schließlich zur Entwicklung der FES der 2. Generation.

Leitidee war, dass Umweltveränderungen zu einem Zeitpunkt, an dem sie für die Unternehmung noch nicht als Chance oder Risiko unmittelbar spürbar sind, dennoch bereits in irgendeiner Form oder an irgendeiner Stelle feststellbar sein können. Mit Hilfe von **Indikatoren** wurde versucht, solche Umweltveränderungen zu erkennen. Indikatoren wurden dabei als Größen verstanden, welche Hinweise für Zukunftsentwicklungen liefern (vgl. dazu die indikatorgestützte Prognose auf S. 270).

Folgende **Hauptaufgaben** stehen bei der Konzeption eines derartigen FES an (in Anlehnung an *Hahn/Krystek* [Frühwarnsysteme] 80 ff.):

(1) Definition und Abgrenzung von Beobachtungsfeldern.
(2) Identifikation von Indikatoren mit guten Frühwarneigenschaften, sog. vorauseilenden Indikatoren («leading indicators»).
(3) Ermittlung von Soll-Werten und Toleranzbereichen für die Indikatoren.
(4) Erhebung der Indikatoren-Ausprägungen.
(5) Auswertung und Verarbeitung der Ergebnisse auf der Grundlage bestehender Zusammenhänge.

Im Gegensatz zur 1. Generation findet bei den FES der 2. Generation eine systematische, ständige und gerichtete Suche nach relevanten internen und externen Entwicklungen statt. Dabei wird bei entsprechender Indikatorenauswahl prinzipiell auch eine Erfassung qualitativer Faktoren möglich. Die exakte Terminierung des Eintretens einer Diskontinuität ist der Entdeckung an sich untergeordnet.

Ein derartiges FES kann als **betriebliches System** auf die konkreten Bedürfnisse einer Unternehmung zugeschnitten werden. Als **überbetriebliches System** kann es für eine in Bezug auf bestimmte Kriterien relativ homogene Gruppe von Unternehmungen, z.B. eine Branche, konzipiert werden.

Abb. 4-8 zeigt eine mögliche Zusammenstellung von Beobachtungsfeldern und zugehörigen Indikatoren für ein betriebliches FES.

Schwierigkeiten beim Aufbau eines derartigen FES bereitet die Auswahl von Beobachtungsfeldern und Indikatoren. Die Beobachtungsfelder müssen die relevanten Bereiche abdecken, die Indikatoren müssen in der Lage sein, Chancen und Risiken rechtzeitig zu signalisieren. Es gilt, Indikatoren mit guten Frühwarneigenschaften zu finden. Bei der Festlegung der Toleranzbereiche ergeben sich ebenfalls Probleme. Abweichungen werden häufig erst in Verbindung mit bestimmten Ausprägungen anderer Indikatorwerte bedeutsam oder kritisch, sodass eine Ex ante-Festlegung von Toleranzbereichen nicht sinnvoll erscheint. Hinzu kommen Messprobleme bei qualitativen Größen.

Beobachtungsfeld		Indikatoren (Auswahl)
Weitere Umwelt	Gesamtwirtschaft	Sozialprodukt, Geldwert, Zahlungsbilanz, Wechselkurse, Ifo-Indikator
	Bevölkerung	Geburtenrate, Alterstruktur, Mobilität
	Technologie	Produkt- und Prozessinnovationen
	Politik	Parteiengefüge, Regierungswechsel, Gesetzesinitiativen, Internationales Abkommen
	Gesellschaft	Wertewandel
Nähere Umwelt	Marktpotenzial	Zahl u. Auftragsvolumen der Abnehmer
	Marktstruktur	Position der Produkte im Produktlebenszyklus
		Nachfrageverhalten der Abnehmer
		Marketingpolitik (Preise, Konditionen, etc.) und Wettbewerbsstrategie der Konkurrenten
		Preise, Konditionen und Verhandlungsstärke der Lieferanten
Unternehmen	Leistungsprozess	Stückkosten, Fehlerquoten, Reklamationen
	Kapital	Rentabilität, Cash Flow, Reserven
	Personal	Weiterbildungsangebot und –nachfrage
	Technologie	Länge der Entstehungszyklen, Automatisierungsgrad
	Organisation	Delegationsgrad, Flexibilität
	Unternehmenskultur	Fluktuation der Mitarbeiter, Außenkontakte
	Information	Informationsfluss bzw. –menge
		Internetzugang

Abb. 4-8: Beobachtungsfelder und Indikatoren in der Industrie

Neben diesen **methodischen Problemen** bestehen zwei **fundamentale Schwachpunkte:**

– Trotz der prinzipiellen Möglichkeit der Berücksichtigung qualitativer Einflussgrößen (sog. soft facts) **dominieren** bei der praktischen Umsetzung zumeist **quantitative Größen.** Die «hard fact-Gläubigkeit» wird durch die systembedingte Fixierung von Soll-Werten und Toleranzbereichen noch gefördert.

– Der zweite und zugleich größte Schwachpunkt ist die **Gerichtetheit** der FES der 2. Generation. Durch die Konzentration auf Beobachtungsfelder und Indikatoren werden bestimmte Bereiche der Umwelt ausgeblendet. Das Vorgehen ist vergleichbar mit der Verwendung eines Teleobjektivs in der Fotografie: Der selektierte Bereich wird genau beobachtet, Details und Veränderungen werden sichtbar. Bereiche, die außerhalb des Blickwinkels des Objektivs (der Beobachtungsfelder) liegen, werden hingegen von der Beobachtung ausgeschlossen. Da in einer dynamisch-komplexen Umwelt Bereiche, die heute noch bedeutungslos scheinen, plötzlich wichtig werden können, ist ein gerichtetes Vorgehen, wenngleich es als Methode zur Reduktion der Komplexität sinnvoll erscheint, stets kritisch zu beurteilen. Die Gefahr, unternehmensbedrohliche Risiken oder strategische Chancen zu übersehen, ist bei einem solchen System groß.

Die FES der 2. Generation werden damit den Anforderungen an ein Management externer Informationen, insbesondere der Eignung zur rechtzeitigen Entdeckung von Diskontinuitäten, nur bedingt gerecht. Als Antwort auf die zentrale Schwäche der Konzepte dieser Generation, ihre Gerichtetheit, wurde eine 3. Generation von Früherkennungssystemen entwickelt.

(3) FES der 3. Generation

Ziel der Ansätze der 3. Generation ist eine verstärkte **strategische Orientierung,** der Ausbau zum strategischen FES.

Die Systeme sollen ungerichtet sein und bereits erste Anzeichen u.U. relevanter Entwicklungen anzeigen. Man löst sich deshalb von den indikatorgestützten Systemen und versucht eine Art **«strategisches Radar»** zu entwickeln. Mit Hilfe eines derartigen Radars soll die gesamte Umwelt der Unternehmung und die Unternehmung selbst permanent auf Anzeichen für Veränderungen hin überwacht werden. Primär geht es um die Aufnahme sog. **Schwacher Signale,** Informationen vorwiegend qualitativer Natur, die relevante Veränderungen frühestmöglich anzeigen sollen.

Das Mitte der 70er Jahre von *Ansoff* entwickelte **Konzept der Schwachen Signale** ist bis heute die zentrale Arbeit und Grundlage für weiter gehende Forschungen auf diesem Gebiet. Das Konzept der Schwachen Signale ist weitgehend identisch mit dem, was unter FES der 3. Generation verstanden wird. Zur historischen Entwicklung der FES vgl. *Krystek/Müller-Stewens* [Frühaufklärung].

Auf Grund seiner großen Bedeutung wird dem Konzept der Schwachen Signale der folgende Abschnitt gewidmet. Abb. 4-9 soll die Idee, welche mit dieser 3. Generation verfolgt wird, nämlich die frühzeitige Erkennung von Ursachen diskontinuierlicher Entwicklungen (z.B. Modetrends), verdeutlichen.

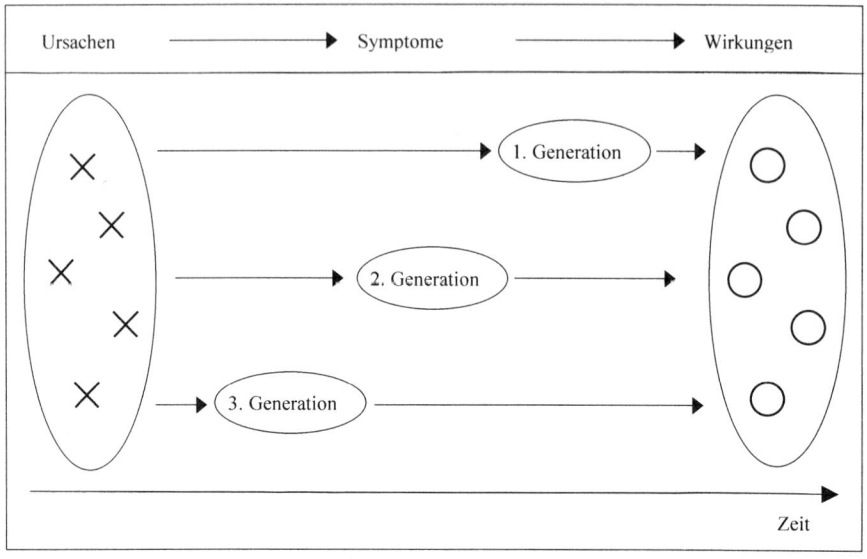

Abb. 4-9: Früherkennungskompetenz von FES-Generationen

3.4 Konzept der Schwachen Signale

Leitgedanke: «Begreife die Vergangenheit und Du lernst die Zukunft»

Arabisches Sprichwort

3.4.1 Grundlegende Thesen

Vor dem Hintergrund einer dynamisch-turbulenten Umwelt und dem verstärkten Auftreten von Diskontinuitäten einerseits und einer wachsenden Unzufriedenheit mit den bestehenden FES-Konzeptionen der 1. und 2. Generation andererseits entwickelte *Ansoff* Mitte der 70er Jahre das Konzept der «weak signals» (vgl. *Ansoff* [Schwache Signale]).

Zur Sicherung des Erfolges einer Unternehmung muss in einer dynamisch-komplexen Umwelt die kurzfristige, meist unter extremem Zeitdruck stattfindende **«Ad-hoc-Reaktion»** auf eine Diskontinuität der langfristigen **«strategischen Aktion»** weichen. Die Möglichkeit eines rechtzeitigen Reagierens, das damit sukzessive zu einem Agieren wird, hängt nach *Ansoff* von folgenden beiden Variablen ab:

– **Umweltdynamik** (Geschwindigkeit, mit der Umweltveränderungen (Chancen/Risiken) auftreten),

– **Unternehmensreagibilität** (Reaktionsgeschwindigkeit der Unternehmungen auf Umweltveränderungen).

Zu diesen Variablen stellt *Ansoff* zwei für sein Konzept tragende **Thesen** auf:

(1) Die Umweltdynamik hat sich erhöht.

Damit ist die Zeitspanne zwischen der Identifikation einer Diskontinuität und ihrem Wirken auf die Unternehmung kleiner geworden.

(2) Die Unternehmensreagibilität hat sich verschlechtert.

Der Zeitraum, welche eine Unternehmung benötigt, um auf wahrgenommene Diskontinuitäten zu antworten, hat zugenommen.

These 1 lässt sich u.a. durch folgende Punkte begründen:

– Globalisierung der Märkte und Internationalisierung der Marktbeziehungen,

- Technologische Fortschritte, vor allem im Bereich der Informations- und Kommunikationstechnologie (globale Vernetzung),
- Aufgeschlossenheit und Mobilität der Gesellschaft bzw. Wertewandel verkürzen die Marktzyklen von Produkten und verändern die Märkte (Nachfragermärkte).

These 2 kann vor allem mit strukturellen, die Flexibilität der Unternehmungen reduzierenden Gründen gestützt werden:

- Mis-Fit von Struktur und Strategie: Den Diversifikations- oder Internationalisierungsstrategien stehen z.T. traditionelle Organisationskonzepte gegenüber.
- Technologische Komplexität von Produkten und Verfahren verlängert die Entstehungszyklen der Produkte. Hinzu kommen oft langwierige Genehmigungsverfahren (etwa bei Bauprojekten).
- Zunehmender Einfluss externer Bereiche auf die Unternehmenspolitik (Politik, Gewerkschaften, Verbände, Bürgerinitiativen etc.) verlängert die Entscheidungswege.

Während die erste These allgemein akzeptiert wird, war These zwei seit jeher umstritten. Gerade die 80er Jahre waren durch **Flexibilisierungsbestrebungen** der Unternehmungen gekennzeichnet. Als flexibilitätssteigernde Entwicklungen können flexible Fertigungs- und Montagesysteme im Bereich der Produktion, Fortschritte auf dem Gebiet der Informations- und Kommunikationstechnologie sowie neue Formen der Organisation (Divisionale Organisation, Holding-Konzepte oder Prozessorganisation) genannt werden.

3.4.2 Aussagen und Konzeption

Aus den beiden genannten Thesen leitet *Ansoff* folgende **Erkenntnisse** und Handlungsimperative ab:

- Diskontinuitäten kündigen sich durch Schwache Signale an.
- Schwache Signale müssen erkannt und verarbeitet werden.
- Angepasste strategische Reaktionen auf Schwache Signale sind möglich und sinnvoll.

(1) Diskontinuitäten kündigen sich durch Schwache Signale an

Ansoff geht davon aus, dass Diskontinuitäten nicht plötzlich auftreten, sondern Ergebnisse von Entwicklungen sind, also eine Vorgeschichte haben. Die Indikatoren der FES der 2. Generation haben also Vorläufer, die bereits frühzeitig Hinweise auf eine bevorstehende Diskontinuität liefern. Derartige Anzeichen und Hinweise werden als **Schwache Signale (weak signals)** bezeichnet. Schwache Signale liegen meist nicht in Form von Zahlen vor, sondern sind i.d.R. qualitativer Natur. Bspw. kann es sich dabei um Meinungen und Stellungnahmen bestimmter Persönlichkeiten, Experten oder Organisationen handeln oder um Verhaltensweisen spezifischer Gruppen in artverwandten Bereichen.

*Beispiel: Die Beobachtung eines **Wertewandels** in Richtung ökologisches Bewusstsein sowie, daraus abgeleitet, eine Abkehr von der Wegwerfmentalität, können Signale sein, die einen Wandel der Einstellung der Nachfrager gegenüber dem Produkt «Auto» anzeigen. Etwa könnte die Automobilindustrie daraus den Schluss ziehen, dass das Auto in Zukunft nicht mehr als «Prestigeobjekt» und «liebstes Kind der Deutschen» angesehen wird, sondern als reiner Gebrauchsgegenstand, ja vielleicht sogar als «notwendiges Übel». Daraus wären z.B. entsprechende Schlüsse für die Wahl der Geschäftsfelder zu ziehen bzw. für die Produkt- und Programmgestaltung innerhalb der Geschäftsfelder. Bei der Entwicklung und Produktion des Swatch-Autos Smart von **Mercedes-Benz** dürften derartige Überlegungen eine Rolle gespielt haben.*

(2) Schwache Signale müssen erkannt und verarbeitet werden

Gelingt es, Schwache Signale zu erkennen und zu verarbeiten, so wird die Wahrnehmungszeit verkürzt und damit Zeit für ein gezieltes Agieren an Stelle eines Reagierens unter erhöhtem Zeitdruck gewonnen (vgl. Abb. 4-7).

Das **Erkennen** Schwacher Signale geschieht durch ein ungerichtetes Abtasten des Umfeldes der Unternehmung. Ziel ist es, aus der Fülle von Signalen gerade diejenigen herauszufiltern, die strategisch relevante Umweltveränderungen anzeigen könnten. Diese Basisaktivität wird als **Scanning** bezeichnet. Für die Umsetzung des Scanning bietet sich der Stakeholder-Ansatz an. Er ist geeignet, das Suchfeld für die strategische Früherkennung weit und gezielt genug abzugrenzen (vgl. *Goebel* [Stakeholderansatz]).

Wahrgenommene Schwache Signale sind anschließend zu **verarbeiten**. Im Rahmen einer tiefergehenden Analyse soll festgestellt werden, ob das Signal tatsächlich Relevanz für die Unternehmung besitzt. Trifft dies zu, so ist weiter zu untersuchen, welche Veränderungen es impliziert, wann diese zu erwarten sind und wie diese auf die Unternehmung wirken könnten. Diese zweite Basisaktivität wird **Monitoring** genannt.

Zur **Erklärung** der Wirkungsweise einer Diskontinuität, die durch ein Schwaches Signal angekündigt wird, können Diffusionsfunktionen, allgemeine Muster für das Verbreiten von Ideen und auslösenden Ereignissen in der Gesellschaft, als theoretische Basis dienen *(Krampe/Müller* [Diffusionsfunktionen], *Battelle* [Radar]). Die Erkenntnisse empirischer Forschungen der strategischen Planung (PIMS, Produktlebenszyklusanalyse, (Preis-) Erfahrungskurvenkonzept) können ebenfalls zur Erklärung möglicher Entwicklungen eingesetzt werden.

Die wahrgenommenen Signale haben nicht alle den gleichen Ungewissheitsgrad. Dieser ist umso höher, je frühzeitiger das Signal beobachtet wird. Im Zeitablauf nimmt dieser Ungewissheitsgrad kontinuierlich ab. *Ansoff* unterscheidet entsprechend dem Informationsgehalt der Signale zunächst **fünf Grade der Ungewissheit:**

Ungewissheitsgrade / Informationsgehalt	(1) Anzeichen der Bedrohung oder Chance	(2) Ursache der Bedrohung oder Chance	(3) konkrete Bedrohung oder Chance	(4) konkrete Reaktion	(5) konkretes Ergebnis der Reaktion
Überzeugung, dass Diskontinuität bevorsteht	Ja	Ja	Ja	Ja	Ja
Bereich oder Organisation als Ursache der Diskontinuität ist bekannt	Nein	Ja	Ja	Ja	Ja
Art der Wirkung und Zeitpunkt der Bedrohung sind bekannt	Nein	Nein	Ja	Ja	Ja
Reaktion festgelegt: Zeitpunkt, Handlung, Programme, Budgets	Nein	Nein	Nein	Ja	Ja
Wirkung auf den Gewinn und Folgen der Reaktion sind errechenbar	Nein	Nein	Nein	Nein	Ja

Abb. 4-10: Ungewissheitsgrade bei Diskontinuitäten (nach *Ansoff* [Schwache Signale] 241)

(3) Angepasste strategische Reaktionen auf Schwache Signale sind möglich und sinnvoll

Inwieweit ein FES zum Erfolg der Unternehmung beitragen kann, hängt entscheidend davon ab, ob es gelingt, auf die wahrgenommenen und interpretierten Signale mit Hilfe geeigneter Strategien adäquat zu reagieren.

Ansoff unterscheidet Strategien der Wahrnehmung, Strategien zur Steigerung der Flexibilität der Unternehmung und Strategien der gezielten Reaktion auf Chancen und Risiken. Je nachdem, ob die Reaktion nach innen oder nach außen gerichtet ist, unterscheidet *Ansoff* **sechs alternative Reaktionstrategien:**

Reaktionsstrategien / Reaktionsbereich	Direkte Reaktion	Flexibilität	Wahrnehmung
Reaktionen nach außen	Unternehmensexternes Handeln	Externe Flexibilität	Umweltwahrnehmung
Reaktionen nach innen	Unternehmensinterne Bereitschaft	Interne Flexibilität	Selbstwahrnehmung

Abb. 4-11: Alternative Reaktionsstrategien (nach *Ansoff* [Schwache Signale] 243)

Diese Strategietypen haben den Charakter globaler Basisstrategien. Ihre Implementierung erfordert eine Konkretisierung. Die Übersicht in Abb. 4-12 beschreibt Maßnahmen zur Umsetzung dieser Basisstrategien.

Bei der Auswahl eines Strategietyps orientiert sich *Ansoff* an den verfügbaren Informationen resp. am Ungewissheitsgrad (vgl. Abb. 4-10). In diesem Vorgehen ist eine fundamentale Abkehr von der bis dahin gültigen Planungspraxis zu sehen. Es wird nicht von einem bestimmten Strategieansatz ausgegangen und die dafür notwendige Information beschafft, sondern in Abhängigkeit von einem bestimmten Informationsstand werden die Reaktionsstrategien bestimmt. Die **Strategie** (Reaktion) ist also eine **Funktion** der **verfügbaren Information.** *Ansoff* trifft schließlich die in Abb. 4-13 beschriebene Zuordnung von Reaktionsstrategien zu bestimmten Graden der Ungewissheit. Die schraffierte Fläche zeigt, in welchem Umfang eine Reaktionsstrategie bei den verschiedenen Graden der Ungewissheit Gültigkeit hat.

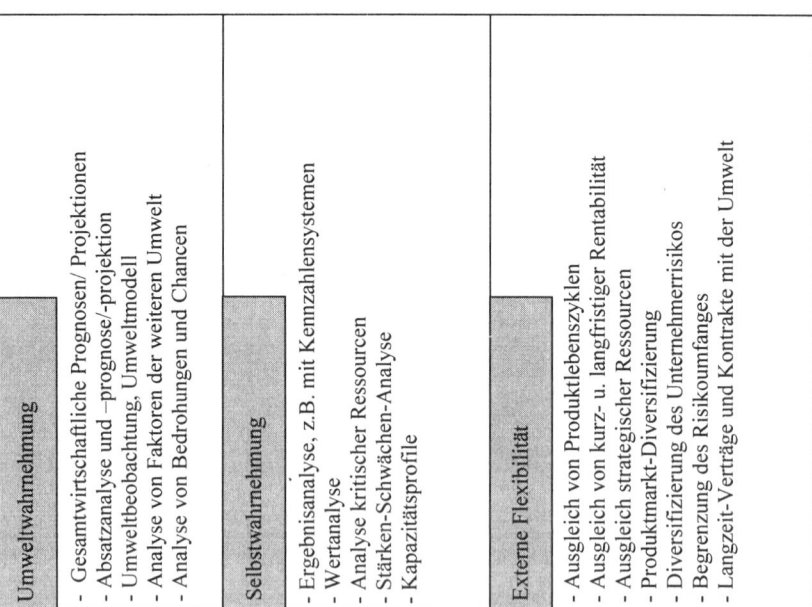

Abb. 4-12: Maßnahmen zur Umsetzung der Reaktionsstrategien (in Anlehnung an *Ansoff* [Schwache Signale] 243 ff.)

Ungewissheitsgrade / Reaktionsstrategie	(1) Anzeichen der Bedrohung oder Chance	(2) Ursache der Bedrohung oder Chance	(3) konkrete Bedrohung oder Chance	(4) konkrete Reaktion	(5) konkretes Ergebnis der Reaktion
Umweltwahrnehmung, Selbstwahrnehmung					
Interne Flexibilität					
Externe Flexibilität					
Unternehmensinterne Bereitschaft					
Unternehmensexternes Handeln					

Abb. 4-13: Reaktionsstrategien bei unterschiedlichen Graden der Ungewissheit (nach *Ansoff* [Schwache Signale] 248)

3.4.3 Bewertung

Das Konzept der Schwachen Signale stellt bis heute den am weitestgehenden Ansatz auf dem Gebiet der Früherkennung dar: Mehr als die Wahrnehmung und Interpretation Schwacher Signale scheint nicht möglich zu sein. Fortschritte sind indes bei der methodischen Unterstützung und der organisatorischen Umsetzung des Konzepts möglich. Eine ausführliche Erörterung der Stärken und Schwächen sowie der Einsatzmöglichkeit in der betrieblichen Praxis erfolgt im Rahmen der Konzeption eines Diskontinuitätenmanagements im nächsten Abschnitt. Einige **Probleme** des Konzepts der Schwachen Signale seien an dieser Stelle dennoch genannt:

–   Eine allgemeine Beantwortung der **Frage, was denn nun Schwache Signale genau sind,** ist nicht möglich. Allenfalls eine globale Charakterisierung durch Eigenschaften wie «vage» oder «unbestimmt» scheint realistisch. Entsprechend unpräzise bleiben auch die Handlungsanweisungen bezüglich der Wahrnehmung Schwacher Signale. Letztlich sind diese nur von der jeweiligen Unternehmung selbst in ihrer spezifischen Umweltsituation zu bestimmen. Eine Vorabbenennung Schwacher Signale würde einem Rückschritt in Richtung FES der 2. Generation gleichkommen, denn sie würde zwangsläufig zu einem Katalog von Indikatoren führen.

– Die Effizienz eines derartigen FES hängt entscheidend von der **Umfeld-Sensibilität, der Kreativität** und der **Motivation** der Mitarbeiter ab. Defizite in diesen Bereichen führen dazu, dass auch ein FES auf der Basis Schwacher Signale grundsätzlich nicht alle Diskontinuitäten rechtzeitig erkennen kann.

Im nächsten Abschnitt soll die Konzeption eines Diskontinuitätenmanagements unter besonderer Berücksichtigung der damit verbundenen Implementierungsprobleme erarbeitet werden.

3.5 Diskontinuitätenmanagement

3.5.1 Ziele

Diskontinuitäten wurden als Umweltveränderungen gekennzeichnet, die in ihrer Art und Wirkungsweise völlig neuartig und nahezu nicht vorhersagbar, zugleich aber von großer Bedeutung für die Unternehmung sind.

Das **Diskontinuitätenmanagement** zielt auf die rechtzeitige Erkennung, Verarbeitung und Bewältigung von Diskontinuitäten.

In der angelsächsischen Literatur wird das Diskontinuitätenmanagement als «Strategic Issue Management» bezeichnet.

Aus **funktionaler Sicht** umfasst das Diskontinuitätenmanagement alle Aktivitäten zur Entdeckung, Interpretation und Bewältigung von Diskontinuitäten. Aus **institutioneller Sicht** bezeichnet Diskontinuitätenmanagement den Personenkreis innerhalb einer Unternehmung, der mit diesen Aufgaben betraut ist.

Der Aufgabenkomplex «Erkennen, Verarbeiten und Bewältigen von Diskontinuitäten» kann gedanklich in zwei unterschiedliche Vorgehenskonzepte gegliedert werden:

(1) Ex post-Bereitschaft

Bei der Ex post-Bereitschaft werden die Aktivitäten auf die Generierung eines generellen Reaktionspotenzials zur Bewältigung bereits eingetretener Diskontinuitäten ausgerichtet. Die Bestrebungen, Veränderungen möglichst früh zu erkennen, treten in den Hintergrund. Das Eintreten einer Diskontinuität wird also zunächst abgewartet, dann wird versucht, mit Hilfe des geschaffenen Reaktionspotenzials zu reagieren.

(2) Ex ante-Bereitschaft

Die Ex ante-Bereitschaft setzt bereits früher an. Ziel ist das möglichst frühzeitige Erkennen von diskontinuierlichen Entwicklungen mit Hilfe geeigneter Instrumente. In einem zweiten Schritt sollen Techniken entwickelt werden, um den erkannten Veränderungen adäquat zu begegnen.

Während bei der **Ex post-Bereitschaft** die **Reaktion** im Vordergrund steht, strebt die **Ex ante-Bereitschaft** eine **Verknüpfung** von frühzeitigem **Erkennen und Bewältigen** der Diskontinuität an.

Die beiden Konzepte bilden die **Grundpfeiler** eines **effizienten Diskontinuitätenmanagements.** Die Ex ante-Bereitschaft schafft bei rechtzeitigem Erkennen von Veränderungen Handlungsspielräume, Aktion tritt an die Stelle von Reaktion. Da aber die Ex ante-Bereitschaft keine Garantie für die rechtzeitige Erkennung aller relevanten Diskontinuitäten geben kann, sollte eine Unternehmung auch der Ex post-Bereitschaft entsprechende Aufmerksamkeit widmen (vgl. *Ansoff* [Schwache Signale] 235). Die beiden Konzepte widersprechen sich nicht. In der Unternehmenspraxis können beide Aktivitätsfelder nicht voneinander getrennt werden, es lassen sich lediglich unterschiedliche **Schwerpunkte** setzen.

Im Folgenden wollen wir Formen der instrumentellen Unterstützung von Ex ante- und Ex post-Bereitschaft untersuchen (vgl. Abb. 4-14).

3.5.2 Instrumente

(1) Instrumente der Ex post-Bereitschaft

Im Rahmen der Ex post-Bereitschaft wird die **Flexibilität** zum obersten Postulat. Die Steigerung der Flexibilität darf auf Grund der Unvorhersehbarkeit zukünftiger Entwicklungen nicht auf einzelne Funktionen oder Bereiche begrenzt sein, sondern muss auf der Potenzialebene ansetzen. Sowohl die strategischen Potenziale

296 • Management externer Informationen

der Leistungsebene (Technologie, Personal, Kapital und Leistungsprozess) wie auch jene der Führungsebene (Planung, Kontrolle, Organisation, Unternehmenskultur, Information) müssen flexibel gestaltet werden. Auch das Teilsystem «Information» selbst ist also flexibel zu gestalten. Vorschläge und Maßnahmen zur Flexibilisierung der einzelnen Potenziale finden sich in den jeweiligen Teilen dieses Buches.

Zur Unterstützung der Ex post-Bereitschaft kann die Installation einer «**Feuerwehr**» im Unternehmen dienen. Dabei handelt es sich um ein Team, dessen Aufgabe es ist, nach festgestellter Diskontinuität eine Analyse der Situation durchzuführen und Lösungsvorschläge (Reaktionsstrategien bzw. Ad hoc-Maßnahmen) auszuarbeiten. Diese Arbeit erfolgt i.d.R. unter extremem Zeitdruck. An die Team-Mitglieder sind daher Anforderungen wie erhöhte Belastbarkeit, Flexibilität, Kreativität und Bereitschaft zu inkrementalem Vorgehen zu stellen. Ein derartiges Team kann auf Dauer eingerichtet sein oder bei Bedarf aus vorselektierten Mitarbeitern aktiviert werden. Die interdisziplinäre Zusammensetzung und die Ergänzung um externe Berater bei bestimmten Problemen sind weitere Kennzeichen einer derartigen «Feuerwehr».

Beispiel: Große Unternehmen verfügen häufig über permanent institutionalisierte «Feuerwehr-Teams». Der Bereich «Inhouse-Consulting» der **Siemens AG** *bspw. nimmt neben der strategischen Beratung der Konzerngesellschaften auch eine Feuerwehrfunktion wahr. Je nach Problemlage werden Teams zusammengestellt, die in den bedrohten Bereichen Ursachen analysieren und Lösungen implementieren sollen.*

(2) Instrumente der Ex ante-Bereitschaft

Die **erste Komponente** der Ex ante-Bereitschaft, das **Erkennen** von Diskontinuitäten, kann vor allem durch **Projektionsverfahren** unterstützt werden, da Prognoseverfahren nicht oder nur sehr eingeschränkt zur Erkennung von Diskontinuitäten geeignet sind (vgl. S. 274 ff.). Besondere Eignung weisen dabei die Szenario-Analyse und das Konzept der Schwachen Signale auf.

Bei der Wahl des Instrumentariums handelt es sich aber nicht um eine «Entweder-Oder-Entscheidung», sondern um die optimale Kombination der einzelnen Verfahren. Ziel ist die Herstellung eines **Methodenverbundes,** mit dem eine hohe Wahrscheinlichkeit der Erkennung relevanter Umweltveränderungen erreicht wird. Im Rahmen der Szenario-Analyse erkannte Beziehungen zwischen einzelnen

Indikatoren können die Aufmerksamkeit bei der Früherkennung auf neue Beobachtungsfelder lenken bzw. die Sensibilität gegenüber bestimmten Entwicklungen steigern. Umgekehrt kann die Szenario-Analyse Frühinformationen als Störereignisse verarbeiten und so zu «besseren» Szenarien gelangen (vgl. S. 274 ff. und *Bea/Haas* [Früherkennung]).

Die **zweite Komponente** der Ex ante-Bereitschaft, das **Handhaben** der Diskontinuitäten, fordert den Aufbau eines **Handlungs-** oder **Reaktionspotenzials**. Dieses bildet die Schnittmenge von Ex ante-Bereitschaft und Ex post-Bereitschaft. Die Ex post-Bereitschaft greift auf dieses Potenzial vor dem Hintergrund der Ad hoc-Reaktion und des Feuerwehrprinzips zu. Die Ex ante-Bereitschaft baut auf der frühzeitigen Erkennung auf, Aktion/Reaktion sind Funktionen des Informationsgrades und bedienen sich ebenfalls des genannten Potenzials.

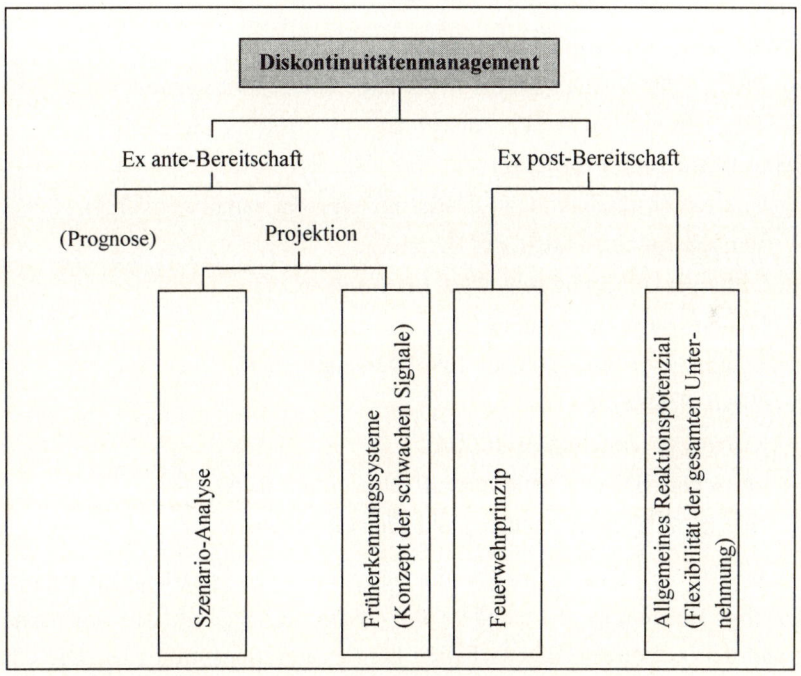

Abb. 4-14: Instrumente des Diskontinuitätenmanagements

3.5.3 Implementierung

(1) Implementierungsprobleme

Die praktische Umsetzung der Früherkennung und die Handhabung von Diskontinuitäten schaffen in Unternehmen häufig Probleme. Ein Grund hierfür besteht darin, dass Diskontinuitätenmanagement oft als eine Aufgabe verstanden wird, die an eine abgegrenzte organisatorische Einheit, bspw. einen Stab, oder an eine Unternehmensberatung delegiert werden kann. An verschiedenen Stellen wurde jedoch bereits darauf hingewiesen, dass das Diskontinuitätenmanagement eine Aufgabe darstellt, an der sämtliche Organisationsmitglieder einer Unternehmung, insbesondere aber das Top-Management selbst, beteiligt sein müssen.

Die meistgenannten Probleme bei der Umsetzung eines Diskontinuitätenmanagements sollen stichwortartig genannt werden:

– **Systembezogene Probleme**
  - Methodenprobleme (bei der Erfassung Schwacher Signale),
  - Theorieprobleme (bei der Interpretation Schwacher Signale).
– **Organisatorische Probleme**
  - Unklare Zuständigkeiten («Dafür bin ich nicht verantwortlich.»),
  - Versickerungseffekte in der Hierarchie,
  - Lethargie auf Grund schlechter Erfahrungen,
  - Fehlen von Anreizsystemen,
  - Begrenzte Institutionalisier- bzw. Delegierbarkeit.
– **Personale Probleme**
  - Mangel an Umfeld-Sensibilität,
  - Ausschließliche Orientierung an Zahlen (hard facts),
  - Überheblichkeit gegenüber drohenden Gefahren.

Die im System des Diskontinuitätenmanagements selbst begründeten Probleme erhalten ihre Bedeutung insbesondere im Zusammenhang mit den organisatorischen und den personalen Eigenschaften der Organisationsmitglieder. Die Überwindung der Implementierungsprobleme kann deshalb weniger durch methodisch-instrumentelle Unterstützung als vielmehr durch die Schaffung geeigneter Rahmenbedingungen erfolgen.

(2) Ansatzpunkte zur Überwindung der Implementierungsprobleme

Diskontinuitätenmanagement ist mit Blick auf die genannten Problembereiche erst in zweiter Linie eine Frage der Methodik und der Instrumente. In erster Linie ist es eine Frage von **Unternehmenskultur** und **-struktur.** Strukturelle und kulturelle Rahmenbedingungen scheinen geeignet, die angesprochenen Probleme zumindest teilweise beheben oder abschwächen zu helfen. Die erfolgreiche Implementierung des Diskontinuitätenmanagements besteht demzufolge aus organisatorischen und kulturverändernden Maßnahmen. Ein Patentrezept oder Ablaufprogramme der Implementierung gibt es daher nicht.

Auf die Probleme der Organisationsgestaltung wird in Teil 5, auf die der Kulturgestaltung in Teil 6 ausführlich eingegangen. An dieser Stelle wollen wir uns deshalb auf die Formulierung von «Soll-Konzepten» beschränken.

– **Entwicklung einer «Informations-Kultur»**

Eine **Informations-Kultur** ist eine wichtige Voraussetzung für die Überwindung der psychologischen Barrieren. Sie weist u.a. folgende **Merkmale** auf:

* Sensibilität für die Bedeutung der Umwelt (globales, vernetztes Denken),
* hohes Informationsbewusstsein (Informationen, insbesondere über Umweltveränderungen, können von strategischer Bedeutung sein),
* Kommunikationsbereitschaft (Verbesserung des organisationsinternen Informationsflusses),
* Kreativität (Denken in Alternativen, Querdenker sind erwünscht),
* Innovationsfreude (neue Ideen sind eine Bringschuld).

– **Schaffung geeigneter organisatorischer Voraussetzungen**

Wahrnehmung und Verarbeitung von Schwachen Signalen sind abhängig von zwei Komponenten:

* Dem Können und
* dem Wollen.

Das **Können** wird u.a. positiv beeinflusst durch die Marktnähe der Unternehmung. Die Divisionale Organisation ist daher für ein Diskontinuitätenmanagement besser geeignet als funktionale Strukturen. Das **Wollen**, also die Bereitschaft zur aktiven Unterstützung eines Diskontinuitätenmanagements, wird in dem Maße gefördert, wie unternehmerisches Handeln bzw. Eigeninitiative in eine Unternehmung eingebracht werden. Die Delegation von Entscheidungsbefugnissen ist in diesem Zusammenhang ein geeignetes Mittel. Die Profit Center-Organisation bietet zum einen die erforderliche Nähe zum Markt und verbessert damit die Sensibilität für die Umwelt. Sie fördert zum anderen auch die Bereitschaft zur Implementierung eines Diskontinuitätenmanagements, da die organisatorischen Einheiten von den Folgen einer Krise unmittelbar betroffen sind. Da auch das Holding-Konzept weitgehend selbstständige und flexible Einheiten hervorbringt, scheint es gute Voraussetzungen für ein Diskontinuitätenmanagement zu bieten.

Die dargestellten Ansatzpunkte müssen konkretisiert und der spezifischen Situation der anwendenden Unternehmung angepasst werden. Der **Implementierungserfolg** hängt letztlich von dieser Konkretisierung durch die Unternehmung selbst ab und kann - wie oben erwähnt - nicht durch eine Patentlösung erkauft werden.

Beispiel: Eine partielle Institutionalisierung des Managements externer Informationen (der strategischen Früherkennung) erfolgt derzeit durch die Entstehung des Berufsbildes «information broker». In Großunternehmen kommt dem «information broker» einerseits die Aufgabe zu, auf Anforderung externe Informationen für bestimmte Aufgaben und Projekte zu sammeln und andererseits vorhandene Informationen entsprechenden Entscheidungsträgern oder Projekten zuzuführen. Neue Medien und Technologien wie das Internet unterstützen die Aufgabe des «information broker». Zugleich tritt aber das Problem der Identifikation und Selektion «relevanter» Informationen bzw. Schwacher Signale zunehmend in den Vordergrund, stellt das Internet doch Daten in unbegrenzter Menge zur Verfügung. Hier wird der Weiterentwicklung intelligenter Suchmaschinen zur Vermeidung der Überflutung mit Daten noch große Bedeutung zukommen.

Eine andere Form der Institutionalisierung stellt das «Lagezentrum» der Daimler Chrysler AG dar. Dabei handelt es sich um eine im unmittelbaren Umfeld des Vorstandsvorsitzenden angesiedelte Abteilung, in der neben konzerninternen Informationen externe Informationen aus der Wettbewerbs- und der weiteren Umwelt informationstechnisch unterstützt zusammengeführt und systematisch ausgewertet werden. Auf diese Weise kann bei strategischen Entscheidungen auf eine breite, jeweils aktuelle Basis an Informationen zurückgegriffen werden.

4 Management interner Informationen

4.1 Anforderungen an eine strategische Unternehmensrechnung

Wettbewerbsstrategien bringen zum Ausdruck, wie eine Unternehmung ihre Stärken und Schwächen einsetzen will, um den Anforderungen aus ihrer Umwelt, den Chancen und Risiken, erfolgreich zu begegnen. Das strategische Informationsmanagement darf deshalb keine einseitige Fokussierung auf externe Informationen vornehmen, sondern muss ebenso Informationen über interne, die Stärken und Schwächen der Unternehmung betreffende Faktoren und Entwicklungen liefern. In Abschnitt 2.1 haben wir die Grundzüge eines strategischen Managements interner Informationen (kurz ausgedrückt: einer **strategischen Unternehmensrechnung**) entworfen (vgl. Abb. 4-1):

Strategien sind Maßnahmen zur Sicherung des langfristigen Erfolges eines Unternehmens. Da eine Strategie eine neuartige Aufgabe darstellt, kann sie auch als Projekt definiert werden. Informationen über die Wahl einer Strategie lassen sich demzufolge aus **Projektrechnungen** gewinnen. Sie bilden die mit einer Strategie verbundenen Zahlungsvorgänge ab.

Potenziale wie etwa Personal und Kapital stellen als Speicher spezifischer Fähigkeiten die Grundlage von Strategien dar. Die **Potenzialrechnung** muss somit Informationen über diese Potenziale liefern. Dabei interessiert neben der Quantität vor allem die Qualität der Potenziale. Die strategische Ausrichtung des potenzialorientierten Informationsmanagements bedeutet, dass neben der Erfassung des aktuellen Potenzialbestands auch Projektionen über den Entwicklungsgrad der Potenziale zu erstellen sind. Die strategische Ausrichtung erfordert auch, dass neben operationalen Größen vor allem qualitative Informationen in die Analyse einbezogen werden.

Die einzelnen Aktivitäten zur Verwirklichung einer Strategie stellen Prozesse dar. Zu ihnen zählt nicht nur der Leistungsprozess (Beschaffung, Produktion, Absatz), sondern auch der sog. indirekte Leistungsbereich, wie Forschung und Entwicklung oder Verwaltung. Die Potenzialrechnung muss deshalb um eine **Prozessrechnung** ergänzt werden. Die strategische Orientierung des prozessorientierten Informationsmanagements erfordert ebenfalls den Einbezug qualitativer Größen und die Berücksichtigung der Entwicklungsmöglichkeiten der Prozesse und der durch sie verursachten Kosten und Erlöse.

Eine strategische Unternehmensrechnung muss folgenden **Anforderungen** genügen:

(1) Informationsorientierung

Das Informationsmanagement ist konsequent am Informationsbedarf bzw. an der Informationsnachfrage der Nutzer, im Wesentlichen der Unternehmensführung, auszurichten.

Neben dieser generellen Informationsorientierung ist die Forderung nach Bezugnahme auf den spezifischen Informationsbedarf des Strategischen Managements, insbesondere von strategischer Planung und Kontrolle, zu erheben. In diesem Zusammenhang sind vor allem die wechselnde, vorab nicht festlegbare Relevanz strategischer Informationsfelder sowie die Globalität, der qualitative Charakter und die Unsicherheit strategischer Informationen hervorzuheben. Das Management interner Informationen darf deshalb nicht nur operationale, vergangenheitsorientierte und sichere Informationen bereitstellen. Diese Leitlinien wirken sich auch auf die Einsetzbarkeit der Computerunterstützung im Rahmen des Managements interner Informationen aus (vgl. S. 331 ff.).

(2) Strategieorientierung

Die Entscheidung für eine bestimmte Strategie (z.B. Kostenführerschaft oder Differenzierung) führt zu einem spezifischen Informationsbedarf für Folgeentscheidungen innerhalb dieser Strategie. So erfordert die Strategie der Kostenführerschaft eine exaktere Planung und Kontrolle der Kosten, während die Differenzierungsstrategie eine stärkere Einbeziehung der Erlösseite nahe legt (vgl. *Ewert/Wagenhofer* [Unternehmensrechnung] 269 ff.). Zu klären ist in diesem Zusammenhang, ob für alternative Strategien jeweils spezielle Informationssysteme entwickelt und institutionalisiert werden sollen oder ob eine einheitliche, auswertungsneutrale Grundrechnung durch jeweils spezielle, strategieorientierte Auswertungsmodule ergänzt werden kann (Baukastensystem; vgl. das System der relativen Einzelkostenrechnung von *Riebel).*

(3) Markt- und Kundenorientierung

Mit diesem Postulat wird die Einbeziehung externer, insbesondere marktbezogenen Informationen in die interne Unternehmensrechnung gefordert. Im Rahmen einer Differenzierungsstrategie ist bspw. die frühzeitige Berücksichtigung von prognostizierten Absatzpreisen und damit der Erlöskomponente in der strategischen Kostenrechnung (Kalkulation) eine wichtige Voraussetzung für die Produktgestaltung und letztlich die Sortimentspolitik. Dasselbe gilt auf der Beschaffungsseite für die Berücksichtigung von Einsatzgüterpreisen und damit die Politik gegenüber den Lieferanten bzw. die Bestimmung der eigenen Fertigungstiefe. Bezüglich der Wettbewerbssituation ermöglicht erst ein Vergleich der eigenen Kostenposition mit jener von Wettbewerbern die Identifikation von Stärken und Schwächen. Für alle drei genannten Bereiche - Abnehmer, Lieferanten und Wettbewerber - bietet sich die Wertkette als geeignetes Analyseinstrument an (vgl. S. 107 f.). Mit ihr können bspw. der relative Beitrag einzelner Aktivitäten zur Schaffung bzw. Steigerung des Abnehmernutzens erkannt und auf dieser Grundlage Strategien und Maßnahmen entwickelt oder überprüft werden.

4.2 Projektrechnung

Definieren wir eine Strategie als Projekt, so lässt sich die Vorteilhaftigkeit einer Strategie mit Hilfe einer Projektrechnung ermitteln. Eine Projektrechnung ist vom methodischen Ansatz her eine dynamische Investitionsrechnung, da ex ante Zahlungsströme erfasst und auf den Zeitpunkt der Strategiewahl diskontiert werden. Die Gestaltung der Projektrechnung hängt ab von der Zielsetzung des Entscheidungsträgers und von der Beschaffenheit des Entscheidungsobjektes, also der Strategie (vgl. *Bea* [Unternehmensrechnung]).

(1) Für die Ausgestaltung des strategischen **Zielsystems** bieten sich zwei - weitgehend konträre - Grundpositionen an: Die Stakeholderorientierung und die Shareholderorientierung (vgl. Abb. 4-15). Einen Prototyp für eine stakeholderorientierte Projektrechnung stellt die Wertschöpfungsrechnung dar. Mit ihrer Hilfe werden im Ergebnis die durch ein Projekt zu erzielenden Einkommen aller am Zustandekommen des Projektes Beteiligten ermittelt. Die Wertschöpfung umfasst also den Gewinn, die Arbeitsentgelte und die Zinsen. Die Shareholderorientierung verlangt demgegenüber eine Cash Flow-Berechnung, da der Informationsbedarf der Kapitaleigner und damit der diskontierte Cash Flow als Zielgröße in den Vordergrund

gerückt werden. Aus der Cash Flow-Rechnung abgeleitete Kennzahlen dienen der Strategieevaluierung. Generell einsetzbar ist die Nutzwertanalyse.

Projektrechnung	Zielbezug
Wertschöpfungsrechnung	Stakeholderorientierung
Nutzwertanalyse	
Kennzahlensysteme	
Cash Flow-Rechnung	Shareholderorientierung

Abb. 4-15: Ansätze einer Projektrechnung

Als Beispiel dafür, dass die Orientierung an der Wertschöpfung zu anderen strategischen Entscheidungen führt als die Cash Flow-Rechnung, kann die Desinvestitionsstrategie dienen. Nach Shareholder Value-Gesichtspunkten kann eine Desinvestition zielfördernd sein, aus Sicht der Arbeitnehmer dagegen wegen des Verlustes von Arbeitsplätzen im Widerspruch zum stakeholderorientierten Zielsystem stehen.

(2) Der **Katalog von Strategien**, die einer Unternehmung zur Verfügung stehen, ist recht umfangreich und variantenreich. So lassen sich etwa nach der Entwicklungsrichtung Wachstumsstrategien, Stabilisierungsstrategien und Desinvestitionsstrategien unterscheiden, nach dem organisatorischen Geltungsbereich Unternehmensstrategien, Geschäftsbereichsstrategien und Funktionsbereichsstrategien. Auf der Geschäftsbereichsebene wiederum ist nach *Porter* ([Wettbewerbsvorteile] 37 ff.) zu unterscheiden in Kostenführerstrategie, Differenzierungsstrategie und Nischenstrategie. Schließlich kann nach dem Grad der Eigenständigkeit zwischen Autonomiestrategien, Kooperationsstrategien und Integrationsstrategien unterschieden werden.

Der Informationsbedarf wird wesentlich von der Beschaffenheit des Strategiewahlproblems beeinflusst. Steht etwa das Unternehmen vor der Frage, ob eine Differenzierungs- oder eine Kostenführerstrategie zu wählen ist, so sind die Schwerpunkte des Informationsbedarfs im einen Falle auf die Kundenpräferenzen und damit auf die Erlösgestaltung sowie die Differenzierungskosten auszurichten, im anderen Falle auf die Maßnahmen eines konsequenten Kostenmanagements (vgl. *Ewert/Wagenhofer* [Unternehmensrechnung] 269 ff.). Geht es um die Entscheidung zwischen einer Integrationsstrategie und einer Kooperationsstrategie, so interessieren die Informationen über Transaktionskosten und Koordinationskosten i.S. des Transaktionskostenansatzes (vgl. S. 375 ff.).

4.3 Potenzialrechnung

Unternehmen wählen Strategien auf der Grundlage ihrer Potenziale. Die Entwicklung von Potenzialen ist insbesondere unter dem Aspekt einer turbulenten, sich diskontinuierlich entwickelnden Umwelt eine Kernaufgabe des Strategischen Managements. Der Potenzialrechnung kommt die **Aufgabe** zu, über den Stand und die Entwicklungsmöglichkeiten dieser Potenziale zu informieren. Diese Informationen bilden zusammen mit den externen Informationen die Basis für ihre zielorientierte Gestaltung.

Die Notwendigkeit einer langfristigen Ausrichtung der Potenzialrechnung ergibt sich unmittelbar aus dem Potenzialbegriff («Speicher spezifischer Stärken und Schwächen»; vgl. ausführlich Teil 7, 503 ff.). Die Langfristigkeit und die notwendige inhaltliche Unbestimmtheit der Potenziale für die Zukunft lassen einen Verzicht auf eine ausgeprägte Exaktheit der potenzialorientierten Informationen zu.

Komponenten der Potenzialrechnung	
Personal	Planung
Technologie	Kontrolle
Kapital	Information
	Organisation
	Unternehmenskultur
◄──►	
«Accounting»	«Surveillance/Monitoring»

Abb. 4-16: Komponenten der Potenzialrechnung

Da wir neben den Leistungspotenzialen (vgl. Teil 7) vor allem die Bedeutung der Potenziale Information, Organisation und Kultur hervorgehoben haben, wird klar, dass Potenzialrechnungen vor allem qualitative Informationen verarbeiten und bereitstellen müssen. Während bei den Leistungspotenzialen ein weit gefasster Begriff des **Accounting** noch zutreffend ist, haben die Informationsaktivitäten bzgl. der Führungspotenziale primär den Charakter des **Monitoring** (vgl. Abb. 4-16).

Im Folgenden wollen wir darstellen, welche Konzepte oder **Verfahren der Potenzialrechnung** bereits existieren bzw. welche Anforderungen an solche Konzepte im Einzelnen zu stellen wären. Dabei wollen wir den Leistungsprozess selbst, der ohne Zweifel auch ein Potenzial im strategischen Sinne darstellt (vgl. Teil 7), ausklammern. Hier scheinen prozessorientierte Konzepte, wie sie im folgenden Abschnitt behandelt werden, aussagekräftiger (vgl. S. 309 ff.).

(1) Der **personalorientierten Potenzialrechnung** kommt die Aufgabe zu, Informationen über die Ressource «Personal» bereitzustellen. Der Wert dieser Information ist in den letzten Jahren beträchtlich gewachsen, da das Personal im Rahmen des Strategischen Managements erheblich an Bedeutung gewonnen hat.

Wir unterscheiden **zwei Ansätze** einer personalorientierten Potenzialrechnung:

- Die Humanvermögensrechnung (Human Resource Accounting) und
- die Strategische Humanpotenzialrechnung.

(a) **Humanvermögensrechnung (Human Resource Accounting)**: Die strikte Sachgüter- und Zahlungsorientierung des traditionellen Rechnungswesens ist neben einer Reihe historischer, juristischer und ethischer Gründe die zentrale Ursache dafür, dass bis heute das Humanpotenzial einer Unternehmung sowohl im internen als auch im externen Rechnungswesen nicht bzw. nur rudimentär berücksichtigt wird. Kritiker dieser als Defizit empfundenen Informationslücke klassischer Rechnungskonzepte entwickelten vor allem in den 70er Jahren unter dem Oberbegriff des Human Resource Accounting eine Reihe von Modellen, die zumindest im internen Rechnungswesen eine adäquate Berücksichtigung des betrieblichen Personalvermögens ermöglichen soll. Bei den direkten Verfahren der Humanvermögensrechnung wird dabei versucht, über die unmittelbare Zuordnung von Zahlungsreihen zu Personen oder Personengruppen spezifische entscheidungsrelevante Ertragswerte zu ermitteln. Die mit dieser Methode verbundenen Zuordnungs- und Unsicherheitsprobleme sollen bei den indirekten Verfahren durch den Rückgriff auf Surrogatgrößen wie Anschaffungs-, Wiederbeschaffungs-, Fluktuations- und Opportunitätskosten überwunden werden. Beide Vorgehensweisen konnten sich jedoch mangels Praktikabilität in der unternehmerischen Praxis nicht durchsetzen.

(b) **Strategische Humanpotenzialrechnung**: Kernmodul einer strategischen Humanpotenzialrechnung ist die Potenzialkontenrechnung. Sie basiert auf den in zyklischen Beurteilungsgesprächen ermittelten Ausprägungen von Leistungspotenzialkriterien einzelner Mitarbeiter. Die Kriterien setzen an den Determinanten «Leistungsfähigkeit» und «Leistungsbereitschaft» an und werden unter Strategie-Fit-Gesichtspunkten ausgewählt. Mittels eines ordinal skalierten Benefit-Punkte-Systems lassen sich Ausprägungen einzelner Kriterien ermitteln, die in mehrstufig aggregierbaren Mitarbeiterpotenzialkonten zusammengefasst werden. In Abb. 4-17 ist die Grundstruktur eines Führungskräftepotenzialkontos am Beispiel einer Internationalisierungsstrategie dargestellt (vgl. *Bea* [Unternehmensrechnung] 406).

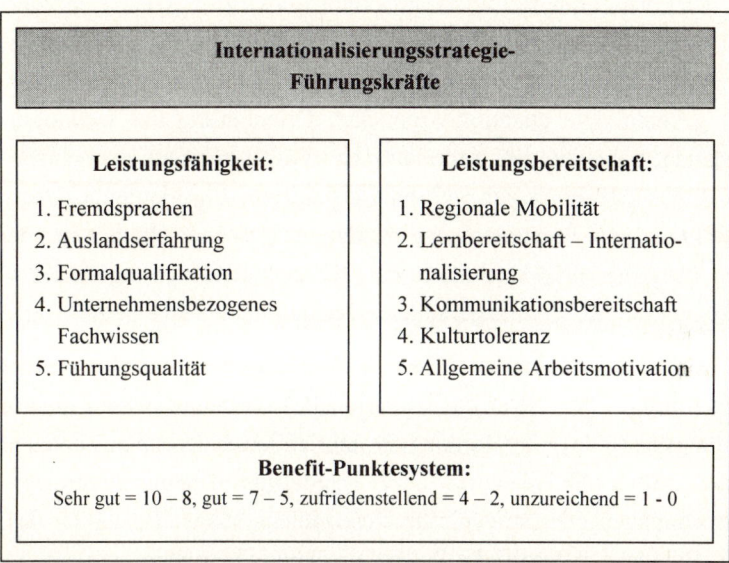

Internationalisierungsstrategie-
Führungskräfte

Leistungsfähigkeit:
1. Fremdsprachen
2. Auslandserfahrung
3. Formalqualifikation
4. Unternehmensbezogenes
   Fachwissen
5. Führungsqualität

Leistungsbereitschaft:
1. Regionale Mobilität
2. Lernbereitschaft – Internationalisierung
3. Kommunikationsbereitschaft
4. Kulturtoleranz
5. Allgemeine Arbeitsmotivation

Benefit-Punktesystem:
Sehr gut = 10 – 8, gut = 7 – 5, zufriedenstellend = 4 – 2, unzureichend = 1 - 0

Abb. 4-17: Grundstruktur eines Führungskräftepotenzialkontos

Die Entwicklung eines Führungskräftepotenzialkontos nach der Vorgehensweise der Abb. 4-17 fordert sicherlich zur Kritik heraus. Umstritten ist stets die Auswahl der Kriterien, die für eine Internationalisierungsstrategie relevant sind. Genauso problematisch ist die Zumessung von Benefit-Punkten. Diese Kritik darf allerdings nicht zur Vermeidung solcher Potenzialrechnungen führen, sondern sollte eher eine Aufforderung zu deren Verbesserung darstellen, denn die mit einer Potenzialrechnung verbundenen Probleme lassen sich nicht durch die Vermeidung einer Potenzialrechnung aus der Welt schaffen.

(2) Die **technologieorientierte Potenzialrechnung** muss Informationen über die technologische Kompetenz der Unternehmung heute und in Zukunft bereitstellen. Informationsobjekte sind dabei die bei der Leistungserstellung eingesetzten **Verfahrenstechnologien** sowie die in den Leistungen selbst enthaltenen **Produkttechnologien.** Auch hier kann versucht werden, analog zur Humanvermögensrechnung, auf direkte oder indirekte Weise, den monetären Wert der Technologien im Einzelnen oder in der Summe zu ermitteln. Auf der Grundlage dieser Informa-

tionen können Entscheidungen im Technologiemanagement, bspw. bezüglich der Gestaltung eines ausgeglichen Technologieportfolios, getroffen werden (vgl. Teil 7). Hinsichtlich der Prognose- und Zurechnungsprobleme gilt auch hier das oben Gesagte. Im Rahmen der strategischen Kontrolle der Technologieaktivitäten interessieren der Entwicklungsaufwand, benötigte Entwicklungszeiten und der Zielerreichungsgrad bei Entwicklungsprojekten. Jedoch ist auf Grund der kreativitätshemmenden Wirkung von Kontrollmaßnahmen gerade im FuE-Bereich äußerste Vorsicht geboten. Die quantitativ-monetäre Orientierung des technologieorientierten Managements interner Informationen ist auf jeden Fall zu ergänzen um ein mehr qualitativ ausgerichtetes Informationskonzept. Eine laufende Überprüfung der im Rahmen von Technologieentscheidungen gesetzten Prämissen oder Informationen über die nicht quantifizierbare Grundlagenforschung liefert wichtige Informationen für ein zukunftsgerichtetes Technologiemanagement.

(3) Am weitesten fortgeschritten sind die Konzepte der **kapitalorientierten Potenzialrechnung.** Hier bietet das (traditionelle) Rechnungswesen eine Vielzahl von zahlungsbestands- oder zahlungsstromorientierten Rechnungskonzepten. Instrumente sind u.a. die Bilanz mit GuV, Kapitalflussrechnungen, strategische Investionsrechnungen oder strategische Kennzahlensysteme. Bezüglich des Potenzials «Kapital» ist der Begriff der Potenzialrechnung besonders treffend.

(4) Weit schwieriger gestaltet sich die Potenzialrechnung bezüglich der **Führungspotenziale «Planung», «Kontrolle», «Organisation», «Unternehmenskultur»** und **«Information».** Hier werden Informationen über die strategische Organisationsentwicklung, über Qualität und Veränderungen der Unternehmenskultur, über das strategische Informationssystem sowie das Planungs- und Kontrollsystem selbst benötigt. Eine **Quantifizierung** dieser Informationen bereitet erhebliche Schwierigkeiten. Ebenso ist eine **Formalisierung** der Informationsbeschaffung hier nur sehr begrenzt möglich, kreative Formen der Informationsbeschaffung sind vielmehr gefragt. Die informationelle Versorgung der Unternehmensführung über die Unternehmenskultur erfolgt vor allem durch «aktive Teilnahme», durch Kommunikation mit Organisationsmitgliedern aller Ebenen und die bewusste Wahrnehmung kultureller Tatbestände und Veränderungen. Die Überwachung der Organisationsentwicklung, des Intra-System- bzw. des Intra-Struktur-Fit, kann ebenso wie die Überwachung der strategischen Informationssysteme selbst durch Kommunikation in hierarchieübergreifenden Teams erfolgen. Stäbe und Experten können hier fachliche Hilfestellungen leisten. Wichtige Funktionen lassen sich in diesem Zusammenhang wiederum durch unabhängi-

ge externe Berater als Informationsbeschaffer, aber auch als Motor sich anschließender Veränderungsprozesse wahrnehmen.

Abschließend kann festgestellt werden, dass bislang allenfalls Ansätze einer Potenzialrechnung vorliegen. Die zentrale Rolle von Potenzialen im Strategischen Management legt jedoch **verstärkte Bemühungen** bei der Entwicklung solcher Konzepte nahe.

4.4 Prozessrechnung

In Prozessen findet eine Transformation von Input in Output, die Marktleistung der Unternehmung, statt. Dabei fallen Kosten an und Erlöse werden möglich. Auf Grund ihrer grundsätzlichen Bedeutung für die Bereitstellung von Informationen und der zahlreichen Innovationen speziell auf dem Gebiet des strategischen Informationsmanagements wollen wir uns in diesem Abschnitt mit der **strategischen Kosten- und Erlösrechnung** befassen. Die Darstellung der Neu- bzw. Weiterentwicklungen im Bereich der Kosten- und Erlösrechnung mit strategischer Orientierung wird zeigen, dass es sich dabei nicht um alternative Konzepte zu traditionellen Kosten- und Erlösrechnungssystemen handelt, sondern um aufbauende oder ergänzende Ansätze mit jeweils spezifischer Ziel- bzw. Schwerpunktsetzung. In den nächsten Abschnitten sollen folgende **Konzepte** der **strategischen Kosten- und Erlösrechnung** behandelt werden:

- Strategische Kostenanalyse auf Wertkettenbasis (4.4.1)
- Target Costing (4.4.2)
- Prozesskostenrechnung (4.4.3)
- Lebenszyklusorientierte Kosten- und Erlösrechnung (4.4.4)

Diese Konzepte werden dargestellt und hinsichtlich ihrer Relevanz für strategische Entscheidungen untersucht. Zuvor wollen wir, ergänzend zu den Anforderungen an das Management interner Informationen (vgl. S. 301 ff.), ein **differenziertes Anforderungsprofil** an eine strategisch orientierte Kosten- und Erlösrechnung entwickeln.

Die **Kosten- und Erlösrechnung** ist ein Informationsinstrument, welches der Abbildung, der Planung und Steuerung sowie der Kontrolle des Unternehmungsprozesses dient. **Kosten- und Erlösrechnungssysteme** sind damit Informations- bzw. Entscheidungsunterstützungssysteme. Der Entscheidungsbezug bzw. die Entscheidungsorientierung der Kostenrechnung ist in den letzten Jahren in starkem Maße gefordert und in Kostenrechnungssysteme integriert worden (vgl. dazu *Riebel* [Deckungsbeitragsrechnung], *Schweitzer/Küpper* [Systeme] 1 ff.).

Dabei werden an die Kostenerfassung i.d.R. folgende Anforderungen gestellt: Isomorphie von realen Gegebenheiten und ermittelten Kostengrößen bei intersubjektiver Überprüfbarkeit der ermittelten Kosten, Vollständigkeit, Genauigkeit (Richtigkeit), Flexibilität und Aktualität der Kostenerfassung bei Beachtung des Prinzips der Wirtschaftlichkeit (vgl. *Schweitzer/Küpper* [Systeme] 85 ff.).

Veränderungen in der Unternehmensumwelt haben entsprechende Reaktionen der Unternehmen hervorgerufen. So wurden insbesondere **Anpassungen** im Bereich ihrer Subsysteme vorgenommen. Beispielhaft seien folgende Reaktionen genannt: Divisionalisierung der Struktur, internes und externes Unternehmenswachstum, Intensivierung von Kooperationsaktivitäten, Verstärkung der Forschungs- und Entwicklungsanstrengungen, Heterogenisierung und Individualisierung des Leistungsangebots, Flexibilisierung und Automatisierung interner Prozesse und Strukturen sowie der Einsatz neuer und integrierter Fertigungstechnologien. Entsprechend haben sich das unternehmerische Entscheidungsfeld und die Entscheidungsprobleme verändert.

Diese z.T. fundamentalen Änderungen haben Einfluss auf den Informationsbedarf der Entscheidungsträger und damit die **Anforderungen** an das Informationssystem «Kosten- und Erlösrechnung» (vgl. analog dazu die Entwicklung im Bereich der computergestützten Informationssysteme S. 331 ff.). Bezüglich der oben formulierten Prinzipien der Kostenrechnung (der Kostenerfassung) nehmen Flexibilität und Genauigkeit sowie intersubjektive Überprüfbarkeit (Transparenz) im Lichte von Divisionalisierung, Dezentralisierung und Kooperationsintensivierung und damit steigender Anwendungsbreite von Kosteninformationen an Bedeutung zu (vgl. *Lackes* [Herausforderungen] 328 f.).

Schweitzer/Friedl ([Entwicklungen] 11 ff.) formulieren explizit folgende **Merkmale** von neueren, fortschrittlichen Konzepten der Kosten- und Erlösrechnung:

– **Differenzierung nach Bezugsgrößen**
  (als Reaktion auf den stark angestiegenen Gemeinkostenblock),
– **Bezugnahme auf die Planungshierarchie**
  (Differenzierung des Kostenrechnungssystems für strategische und operative Entscheidungen),
– **Anhebung der EDV-Durchdringung**
  (und Integration in das umfassende Informationssystem der Unternehmung).

Ähnlich entwickelt *Lackes* folgende **Anforderungen** an die Kostenrechnung ([Herausforderungen] 329 ff.):

- **Aufbau und Realisierung** eines fortschrittlichen Kosteninformationssystems:
  - Wahrung der Auswertungsvielfalt,
  - Systemflexibilität gegenüber betrieblichen Veränderungen,
  - Verwendung moderner Hard- und Software,
  - Integration und Abstimmung mit anderen Planungs- und Dispositionssystemen.

- **Informationsaufgabe** eines fortschrittlichen Kosteninformations-Systems:
  - Verbesserung der Informationsbreite und –qualität,
  - Verbesserung der Benutzerschnittstelle und der Nutzerakzeptanz,
  - Bereitstellung von konstruktionsflexiblen Kostendaten für den CAD-Produktentwurf und die Variantenfertigung,

- **Kontrollaufgaben** eines fortschrittlichen Kosteninformationssystems:
  - Unterstützung von Fixkostenkontrollen,
  - Bereitstellung vollständiger, prozessnaher Kontrollkonzepte.

Diese Anforderungen sind hinsichtlich des Informationsbedarfs strategischer Entscheidungen zu modifizieren, d.h. mit den unter 4.1 formulierten Anforderungen an das Management interner Informationen zu integrieren. Daraus ergeben sich folgende **Postulate:**

- Auch eine strategisch orientierte Kosten- und Erlösrechnung muss sich generell an den genannten Prinzipien der Erfassung ausrichten, wenngleich bei ihr **Flexibilität und Aktualität** wichtiger sind als Genauigkeit (vgl. auch *Ewert/Wagenhofer* [Unternehmensrechnung] 272 ff.).

- Auf Grund der langfristigen Orientierung strategischer Entscheidungen sind **tendenziell alle Kosten (entscheidungs-)relevant.** Die neueren Entwicklungen auf dem Gebiet der strategisch orientierten Kosten- und Erlösrechnung sind deshalb allesamt als Vollkostenansätze oder vollkostennahe Ansätze konzipiert.

- Die strategisch orientierte Kosten- und Erlösrechnung muss Informationen bereitstellen, welche es ermöglichen, den **relativen Anteil einzelner Prozesse (Aktivitäten) am Kundennutzen** zu ermitteln. Nur so kann eine marktorientierte Steuerung interner Prozesse erfolgen. Dies kann letztlich nur durch eine frühzeitige Einbeziehung externer Information, zumindest in Form von Erlösen, realisiert werden (vgl. die Forderung nach Marktorientierung S. 303).

– Die langfristige Orientierung der strategischen Planung und die zunehmende Komplexität der Produkte (Leistungen) implizieren, dass bei der Kosten- und Erlöserfassung sowie der Kostenverrechnung der gesamte Produktlebenszyklus eines Produktes, also auch der Entstehungszyklus, zu Grunde gelegt wird. Die strategische Kosten- und Erlösrechnung soll **produktlebenszyklusorientierte Informationen** liefern.

– Die langfristige Wettbewerbsposition einer Unternehmung wird nicht in erster Linie vom Erfolg eines einzelnen Produkts bestimmt, sondern von der Zusammensetzung des Portfolios. Die strategisch orientierte Kosten- und Erlösrechnung soll demzufolge weniger über isolierte Produkte informieren, als vielmehr eine integrierte, **portfolioorientierte Sichtweise** einnehmen. Insbesondere die Erlösrechnung muss deshalb Verbundeffekte zwischen einzelnen Produkten berücksichtigen.

4.4.1 Strategische Kostenanalyse auf Wertkettenbasis

Das Wertkettenkonzept von *Porter* wurde bereits in Teil 2 dieses Buches behandelt. Hier soll seine konkrete Anwendung für die strategische Kostenanalyse dargestellt werden. Die **Wertkette** liefert dabei das **Grundgerüst** der **strategischen Kostenanalyse** (*Porter* [Wettbewerbsvorteile] 94). Die Idee einer wertkettenbasierten Kostenanalyse gründet auf der Tatsache, dass es letztlich die einzelnen Wertaktivitäten sind, welche einerseits Abnehmernutzen schaffen und andererseits Kosten verursachen und damit letztendlich die Wettbewerbsposition der Unternehmung determinieren. Daneben ermöglicht die Wertkette auch die Berücksichtigung relevanter Verknüpfungen zwischen den Aktivitäten innerhalb der eigenen Wertkette, zwischen verschiedenen Wertketten der eigenen (divisionalisierten) Unternehmung sowie zwischen der eigenen Wertkette und denen von Lieferanten und Abnehmern. Sie ist damit prinzipiell prozessorientiert. Die strategische Kostenanalyse auf der Basis der Wertkette erfolgt in folgenden Schritten (vgl. *Porter* [Wettbewerbsvorteile] 97 ff. und ähnlich *Ewert/Wagenhofer* [Unternehmensrechnung] 281 ff.):

(1) Abgrenzung relevanter Aktivitäten

Die Abgrenzung der einzelnen Wertaktivitäten wird je nach Situation variieren, wobei diese durch die Größe und die Struktur der Unternehmung, ihre Branchenzugehörigkeit oder den konkreten Analysezweck definiert sein kann. Grundsätzlich sind bei der Abgrenzung von Aktivitäten (Prozessen) folgende **Prinzipien** zu berücksichtigen:

– Kostenverhalten: Differenzierte Behandlung (Abgrenzung) von Aktivitäten nach Kostenantriebskräften (zeigt Einflussmöglichkeiten),

– Kostenanteil: Fokussierung auf Aktivitäten mit nennenswertem Anteil an den Gesamtkosten (ermöglicht Konzentration der Kräfte nach Wirtschaftlichkeitsüberlegungen),

– Kostenentwicklung: Differenzierte Behandlung (Abgrenzung) von Aktivitäten mit hohem Kostenwachstum auch bei aktuell geringem absolutem Volumen (weist auf künftigen Handlungsbedarf hin, eventuell Fremdbezug statt Eigenfertigung),

– Konkurrenzrelation: Differenzierte Behandlung (Abgrenzung) von Aktivitäten, bei denen die Konkurrenz überlegen ist (Quelle für Wettbewerbsvorteile: Kostenvorsprung oder Differenzierung).

(2) Zuordnung von Kosten zu Aktivitäten

Da es sich bei strategischen Entscheidungen um langfristige Entscheidungen handelt, sind den Aktivitäten die vollen Kosten zuzurechnen. (Aktivitäts-) Einzelkosten wie Löhne oder Betriebsmittel sind den entsprechenden Aktivitäten direkt zuzuordnen, (Aktivitäts-) Gemeinkosten wie bestimmte Gehälter oder Anlagen sind, soweit möglich, anteilig jenen Aktivitäten zuzurechnen, die sie verursachen. *Porter* weist darauf hin, dass bei der Zuordnung von Kosten nur durchschnittliche Anforderungen an die Präzision zu stellen sind, die ggf. dann, wenn sich eine bestimmte Aktivität als besonders kostenrelevant erweisen sollte, nachträglich erhöht werden kann *(Porter* [Wettbewerbsvorteile] 99 ff.).

(3) Zuordnung von Nutzen zu Aktivitäten

Aktivitäten stiften Nutzen. Seine Erfassung ist wichtig, da nicht selten Aktivitäten zur Diskussion stehen und eine Entscheidung über die Beibehaltung einer Aktivität oder deren Eliminierung in Abhängigkeit vom Verhältnis von Nutzen und Kosten getroffen wird. Die Probleme der Zuordnung und der Bemessung des Nutzens sind allerdings nicht zu übersehen.

(4) Ermittlung der Kostenantriebskräfte (cost drivers) für die Aktivitäten

Kostenantriebskräfte stellen Ansatzpunkte für gestalterische, also Kosten senkende Maßnahmen dar. Ziel eines strategischen Kostenmanagements ist es ja gerade, auf die «cost drivers» und damit auf die Kostenstruktur Einfluss zu nehmen. *Porter* ([Wettbewerbsvorteile] 106 ff.) nennt und kategorisiert folgende **Kostenantriebskräfte:**

- Größenbedingte Kostendegressionen und -progressionen (economies und diseconomies of scale),
- Lernvorgänge,
- Struktur der Kapazitätsauslastung,
- Verknüpfungen innerhalb der eigenen Wertkette,
- Vertikale Verknüpfungen mit Wertketten von Lieferanten und Abnehmern bzw. Vertriebskanälen,
- Verflechtungen zwischen den Wertketten der eigenen (divisionalisierten) Unternehmung,
- Grad der vertikalen Integration: Leistungstiefe,
- Zeitpunkt (Timing) von Strategien, z.B. Marktein- oder –austritt,
- weitere unternehmenspolitische Entscheidungen über Art des Leistungsprogramms, Wahl von Produkt- und Prozesstechnologie, personalwirtschaftliche Grundsätze etc.,
- Standort,
- Rahmenbedingungen der näheren und weiteren Umwelt (rechtliche Vorschriften, steuerliche Aspekte, politische Entwicklungen).

Zwischen den Kostenantriebskräften bestehen vielfältige, teilweise sich verstärkende, teilweise sich neutralisierende **Beziehungen,** und meist sind es mehrere Kostenantriebskräfte zugleich, welche die Kostenentwicklung einzelner Aktivitäten bestimmen. Die eigentliche Identifikation der Kostenantriebskräfte im konkreten Fall ist eine Aufgabe, die nur begrenzt einer methodischen Unterstützung zugänglich ist. Neben einem intuitiven Vorgehen und der Nutzung langjähriger Erfahrungen bezüglich des Kostenverhaltens schlägt *Porter* den Einbezug (interner) Spezialisten sowie die Analyse des Kostenverhaltens von Wettbewerbern - möglich im Rahmen des Benchmarking - vor ([Wettbewerbsvorteile] 142 f.).

Eine Analyse der Kostenantriebskräfte und ihres Einflusses auf die Wertaktivitäten, kurz die wertkettenbasierte strategische Kostenanalyse, kann folgende **Er-**

kenntnisse liefern (vgl. dazu auch *Ewert/Wagenhofer* [Unternehmensrechnung] 281 ff.):

- Ermittlung kritischer Kostenantriebskräfte und damit geeigneter Größen der Kostenstrukturgestaltung.

- Identifikation von Aktivitäten mit günstigem bzw. ungünstigem Verhältnis von Werterhöhung (Schaffung von Kundennutzen) und Kosten. Daraus ergeben sich Möglichkeiten der Differenzierung bzw. der Kostensenkung.

- Ansatzpunkte für die Umgestaltung der eigenen Wertkette (Änderung der Leistungstiefe, Anpassung der Organisationsstruktur, Wechsel von Technologie, Rohstoffen oder Vertriebskanälen).

- Identifikation von Quellen von Wettbewerbsvorteilen (Kostenvorsprung oder Differenzierung) durch die Analyse des Kostenverhaltens von Konkurrenten bezüglich ausgewählter Wertaktivitäten.

- Berücksichtigung von Verknüpfungen zwischen sämtlichen Aktivitäten und damit Überwindung der isolierten und statischen Betrachtung von Objekten, Kosten und Kosteneinflussgrößen.

4.4.2 Target Costing

4.4.2.1 Begriff, Zielsetzung und Anwendungsbereiche

Target Costing (auch als «Zielkostenrechnung» bezeichnet) wird seit den 70er Jahren in japanischen Unternehmen praktiziert. Seit einigen Jahren hat es auch Eingang in die angelsächsische und deutschsprachige Literatur und allmählich auch in die deutschen Unternehmen gefunden.

Die Bandbreite der Definitionen von Target Costing und die Zahl der damit verknüpften Begriffe sind groß. Die Spannweite der Begriffsauffassungen reicht vom «Instrument» bzw. «Verfahren der Kostenrechnung» über einen «Ansatz» bzw. ein «Konzept des Kostenmanagements» bis hin zur «Kostenmanagement-Philosophie».

Beispielhaft sei die Definition von *Horváth/Niemand/Wolbold* ([Target Costing] 4) genannt:

> **Target Costing** ist ein umfassendes Bündel von Kostenplanungs-, Kostenkontroll- und Kostenmanagementinstrumenten, die schon in den frühen Phasen der Produkt- und Prozessgestaltung zum Einsatz kommen, um die Kostenstrukturen frühzeitig im Hinblick auf die Marktanforderungen gestalten zu können.

Mit **Target Costing** wird **versucht**,

– eine stärkere Marktorientierung der Unternehmung von Beginn der Produktentwicklung an zu realisieren,

– diese Marktorientierung mit einem Kostenmanagement zu unterstützen und

– das produkt- und prozessorientierte Kostenmanagement in den weiteren Phasen des Produktlebenszyklusses zu unterstützen.

> Die Fragestellung «Was **wird** das Produkt kosten?» wird ersetzt durch «Was **darf** das Produkt kosten?»

Die Antwort auf diese Frage liefert der Markt. Damit werden im frühen Stadium der Produktentwicklung sowie der anschließenden (Produktions-) Prozessgestaltung dem Markt nicht mehr allein technisch-qualitative Informationen über Nutzeranforderungen zur Produktgestaltung entnommen, sondern auch wertmäßige, preisliche Informationen. Da sich diese möglichen Absatzpreise im Target Costing zu einer zentralen Steuerungsgröße für die Produkt- und Prozessgestaltung entwickeln, erfolgt eine erheblich intensivere Ausrichtung sämtlicher damit verbundener (Wert-) Aktivitäten am Markt. Vereinfacht erfährt der Prozess der Produktentstehung folgende Modifikationen:

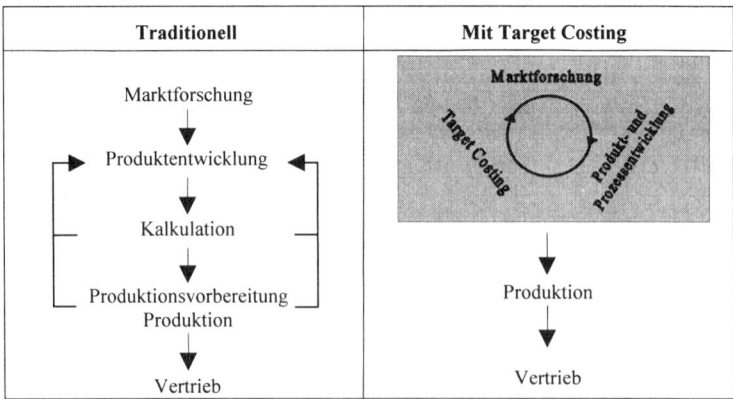

Abb. 4-18: Prozess der Produktentstehung

Die Notwendigkeit, das Kostenmanagement auf die Phasen der Produktentwick-lung und (Produktions-) Prozessgestaltung auszudehnen, ergibt sich aus der Tatsa-che, dass erhebliche Anteile der gesamten Lebenszykluskosten eines Produktes, *Horváth/Niemand/Wolbold* nennen 80 bis 85 Prozent ([Target Costing] 23), be-reits durch Entscheidungen in frühen Lebenszyklusphasen festgelegt werden (vgl. Abb. 4-19).

Durch den frühzeitigen Einbezug der Kosten in die Produkt- und Prozessgestal-tung wird der Gefahr nicht marktfähiger, weil zu teurer Entwicklungen und damit der Illusion, Kosten könnten über den Preis «irgendwie erwirtschaftet» werden, entgegen gewirkt. Daneben erhofft man sich von Target Costing eine Reduktion der Entwicklungszeiten, also eine Verkürzung der Entstehungszyklen, da auf nachträgliche, kostenreduzierende Produktveränderungen verzichtet werden kann.

Neben dem Hauptanwendungsbereich «Produktentwicklung» kann das Target Costing ferner eingesetzt werden, um Effizienzsteigerungen in den sog. indirekten Leistungsbereichen zu unterstützen (im Verbund mit der Prozesskostenrechnung) und um Kostensenkungen bei bereits realisierten und am Markt eingeführten Pro-dukten zu ermöglichen (vgl. *Horváth/Niemand/Wolbold* [Target Costing] 5).

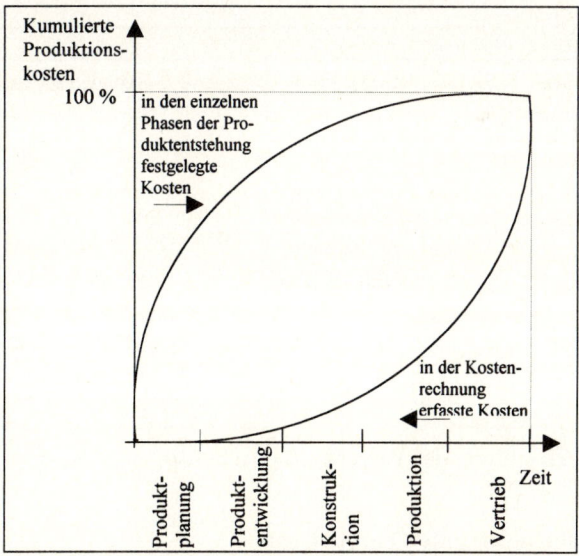

Abb. 4-19: Kostenfestlegung und -erfassung (vgl. *Ewert/Wagenhofer* [Unter-nehmensrechnung] 312)

4.4.2.2 Verfahren

Das Verfahren des Target Costing lässt sich in die Phasen «Ermittlung», «Operationalisierung» und «Realisierung» der Target Costs zerlegen.

(1) Ermittlung der Target Costs

Target Costs (Zielkosten) lassen sich grundsätzlich auf fünf verschiedene Arten ermitteln (vgl. dazu *Scherrer* [Kostenrechnung] 132 ff.). Am weitesten verbreitet ist die Vorgehensweise des «Market into Company». Dabei wird von dem am Markt (voraussichtlich) erzielbaren Absatzpreis (oder Umsatz) ausgegangen und davon der (erwünschte) Stückgewinn (Zielgewinn) subtrahiert. Die Differenz wird als die vom Markt akzeptierten (Stück-) Kosten, die sog. «Allowable Costs», bezeichnet. Die eigentlichen Target Costs ergeben sich dann aus der Gegenüberstellung der «Allowable Costs» mit den Standardkosten, auch «Drifting Costs» genannt. Diese stellen die Kosten unter den derzeit im Unternehmen angewandten Technologien und Verfahren dar. Die Drifting Costs sind i.d.R. wesentlich höher als die Allowable Costs. Je nach Marktsituation und vermuteten Einsparmöglichkeiten werden die Target Costs mehr oder weniger weit von den Allowable Costs entfernt liegen.

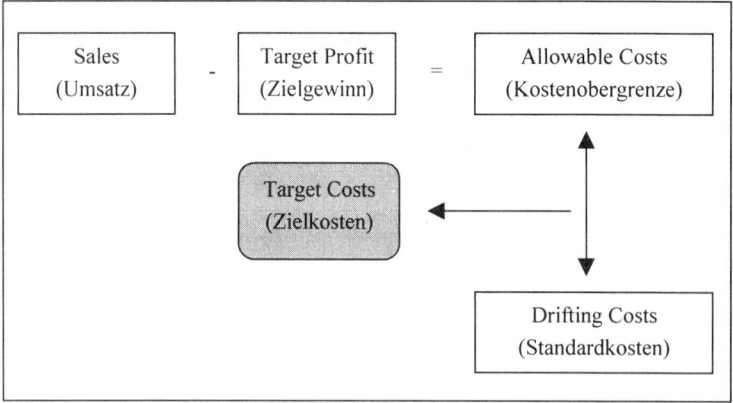

Abb. 4-20: Ermittlung der Target Costs nach *Sakurai* ([Use])

(2) Operationalisierung der Target Costs

Um Anknüpfungspunkte für Maßnahmen der Kostengestaltung zu finden, ist ein «Herunterbrechen» dieser für das Gesamtprodukt definierten Zielkosten auf Funktionskosten, Komponentenkosten und ggf. Teilekosten notwendig. Diese Dekomposition oder **Disaggregation** kann wie folgt durchgeführt werden (vgl. *Horváth/Niemand/Wolbold* [Target Costing] 13 ff.):

– Ermittlung, Gewichtung und Strukturierung der vom Markt geforderten Leistungsmerkmale bzw. Funktionen,
– Ermittlung des Beitrags der Produktkomponenten zur Erfüllung der Funktionen und damit ihrer relativen Bedeutung,
– Gegenüberstellung von relativer Bedeutung der Produktkomponenten und ihres Kostenanteils und daraus Ermittlung des sog. Zielkostenindexes als Maßzahl für die Abweichung von Marktbedeutung und Kostenanteil,
– Visualisierung der Ergebnisse in einem sog. Zielkostenkontrolldiagramm.

(3) Realisierung der Target Costs

Die ermittelten Zielkostenindizes geben Auskunft über mögliche Ansatzpunkte für Maßnahmen der Kostengestaltung, um die angestrebten Target Costs zu erreichen. Liegt bspw. der relative Kostenanteil einer Produktkomponente deutlich über ihrer relativen Marktbedeutung, so heißt das nichts anderes, als dass diese Komponente zu teuer ist und Maßnahmen zur Kostensenkung ergriffen werden müssen. Diese können sich auf der Basis der Kenntnis der Wertkette und bestehender interner und externer Verknüpfungen auf sämtliche beteiligten Wertaktivitäten beziehen. Sie betreffen generell den Produktentwurf bzw. die Prozessplanung, zu denken ist bspw. an die Veränderung physischer Eigenschaften des Produktes, die Substitution von Einsatzgütern (z.B. auch Arbeit durch Kapital), die Modifikation der Produktionsstruktur oder auch die Veränderung der eigenen Fertigungstiefe und damit der Stellung der eigenen Wertkette in der vertikalen Wertschöpfungskette.

Zur Unterstützung dieser Phase des Target Costing steht eine Reihe von Instrumenten zur Verfügung. Als umfassende Konzepte, welche u.a. der Verbesserung der Produktqualität (der Leistungen) bzw. der Senkung der Kosten dienen sollen, sind Lean Production, Kaizen oder Total Quality Management zu nennen (vgl. Teil 7). Spezielle **Instrumente** zur Identifikation und Nutzung von Kostensenkungspotenzialen sind

– die Wertanalyse (value analysis),
– die Prozesskostenrechnung und
– das Benchmarking.

Eine Übersicht über (weitere) geeignete Verfahren findet sich bei *Horváth/Niemand/Wolbold* [Target Costing] 13 ff.

– **Wertanalyse**

In der Wertanalyse werden ein Produkt bzw. seine Komponenten als eine Gesamtheit von Funktionen betrachtet. Dabei wird der Frage nachgegangen, ob diese oder einzelne Funktionen kostengünstiger zu realisieren sind, als dies im Ausgangsstadium der Fall ist. Kennzeichen der Wertanalyse sind

- die systematische Analyse des Objekts hinsichtlich seiner Funktionserfüllung und Kostensenkungsmöglichkeiten,
- die interdisziplinäre Zusammensetzung des Wertanalyseteams sowie
- das Vorgehen nach einem universell verwendbaren, sechsstufigen Arbeitsplan.

Die bereits in den 50er Jahren entwickelte Wertanalyse bildet damit eine ideale Ergänzung zum Target Costing.

– **Prozesskostenrechnung**

Die Prozesskostenrechnung, deren primäres Anliegen die Verbesserung der Kostentransparenz der indirekten Leistungsbereiche ist, kann das Target Costing in mehrerlei Hinsicht ergänzen und unterstützen. So kann sie z.B. über Kostenwirkungen von Produkt- oder Prozessalternativen in den indirekten Leistungsbereichen informieren oder durch die Bestimmung prozessorientierter Kostentreiber sowohl bei der Ermittlung der «Drifting Costs» als auch bei der Analyse von Kostensenkungspotenzialen die Genauigkeit der Ergebnisse wesentlich verbessern. Dies gilt umso mehr, je höher der Anteil der indirekten Leistungsbereiche an der Wertschöpfung ist (vgl. S. 321 ff.).

– **Benchmarking**

Benchmarking ist ein Verfahren, bei dem Produkte, Verfahren und Prozesse der eigenen Unternehmung mit denen des «Best practice»-Unternehmens verglichen werden (vgl. S. 231). Im Bereich der Kostenanalyse ist Benchmarking eine geeignete Ergänzung zum Target Costing, wenngleich, analog bspw. zur PIMS-Studie, die Frage zu stellen ist, worin der quantifizierbare Wettbewerbsvorteil der einzelnen Unternehmung liegen wird, wenn sich alle am «Best practice»-Unternehmen orientieren.

Die **Durchführung** des Target Costing kann auf Grund seines funktionsübergreifenden Charakters nicht an einen einzelnen Funktionsbereich oder einen Stab delegiert werden. Geeignet ist die (fallspezifische) Einrichtung interdisziplinärer bzw. multifunktionaler Projektteams, in denen die jeweils betroffenen Funktions- bzw. Produktbereiche vertreten sind. Grundsätzlich am besten geeignet scheint eine Produkt-Verrichtungs- (Funktions-) Matrix, in der Produktmanager «entlang der Produktlinie» die jeweiligen Funktionsvertreter koordinieren können.

4.4.3 Prozesskostenrechnung

4.4.3.1 Begriff, Zielsetzung und Entwicklung

Die Prozesskostenrechnung (Activity Based Costing) ist eine Kostenrechnungsmethode, deren Einsatzgebiete vor allem die **indirekten Leistungsbereiche** wie FuE, Konstruktion, Produktionsvorbereitung (Planung, Steuerung, Kontrolle), Qualitätssicherung, Einkauf, Logistik und Vertrieb darstellen. Die Umweltveränderungen und die Anpassungsmaßnahmen der Unternehmen haben die Bedeutung gerade dieser Unternehmensbereiche erheblich ansteigen lassen. Komplexere, kundenspezifische Problemlösungen, steigende Variantenzahl, wachsender Dienstleistungsanteil (Beratung, Kundendienst, Service), umfangreiche Forschungs- und Entwicklungsanstrengungen, verstärkte und integrierte Qualitätssicherungsaktivitäten (Total Quality Management, Lean Management, Kaizen) führen zu einem erheblich höheren Anteil dieser Dienstleitungsbereiche an der Wertkette bzw. der betrieblichen Wertschöpfung. Mit dieser Entwicklung ist ein starker **Anstieg der Gemeinkosten** an den Gesamtkosten der Unternehmung verbunden. Dieser führt zu hohen Gemeinkostenzuschlagssätzen bei geringeren Einzelkosten und damit zu einer Verstärkung der ohnehin vorhandenen **Mängel der Zuschlagskalkulation**. Dies wiederum kann Fehlentscheidungen bspw. bei der Preispolitik oder im Bereich von Programmentscheidungen zur Folge haben.

Der wachsende Anteil der Gemeinkosten und die damit verbundenen Rechnungsprobleme sowie das gewandelte Bewusstsein, dass hinter diesen Gemeinkosten (in den indirekten Leistungsbereichen) elementare werterhöhende Aktivitäten stehen (vgl. *Ewert/Wagenhofer* [Unternehmensrechnung] 294 ff.), haben zur Entwicklung des Rechnungskonzepts «Prozesskostenrechnung» geführt (vgl. *Scherrer* [Kostenrechnung] 120 ff.).

> Die **Prozesskostenrechnung** rechnet dem Kostenträger die Gemeinkosten der indirekten Leistungsbereiche nicht durch Zuschläge auf die Einzelkosten, sondern entsprechend den bei der Herstellung des Kostenträgers erforderlichen Prozessen zu.

Als oberstes **Ziel** der Prozesskostenrechnung kann die Erhöhung der (Kosten-) Transparenz in den indirekten Leistungsbereichen genannt werden. Daraus lassen sich weitere Ziele wie die Unterstützung des Gemeinkostenmanagements und der strategischen Kalkulation (Programmpolitik), die Ermittlung abteilungsübergreifender Kostentreiber, das Aufzeigen von Kapazitätsauslastungsgraden oder das Sicherstellen eines effizienten Ressourcenverbrauchs ableiten.

Die prozessorientierte Sichtweise dieses Rechnungskonzepts deckt sich mit dem **wertkettenbasierten Kostenmanagement**, das in Grundzügen in Abschnitt 4.4.1 erläutert und als Grundgerüst oder Bezugsrahmen einer strategisch orientierten Kostenrechnung gekennzeichnet wurde, wie folgt (vgl. *Ewert/Wagenhofer* [Unternehmensrechnung] 295 f.):

– Einteilung des Unternehmensgeschehens in Prozesse und Identifikation von Kostentreibern (Kostenantriebskräften) für die Kosten der Aktivitäten (Prozesse),

– durch die Zusammenfassung von (Teil-) Prozessen bzw. Aktivitäten zu teilweise unternehmensüberspannenden Hauptprozessen können Verknüpfungen innerhalb der Wertkette erkannt und berücksichtigt werden.

Schließlich lassen sich **zwei Ansätze** der Prozesskostenrechnung unterscheiden: Das Activity-Based Costing nach *Cooper, Johnson* und *Kaplan* sowie der Ansatz von *Horváth* ([Controlling] 532 ff.), der im Folgenden im Mittelpunkt unseres Interesses steht.

4.4.3.2 Verfahren

(1) Ermittlung der Prozesse

Ausgehend von der bestehenden bzw. modifizierten Kostenstellengliederung werden in den indirekten Leistungsbereichen je Kostenstelle sämtliche dort ablaufenden Prozesse (Aktivitäten) mengen- und/oder wertmäßig erfasst. Von Interesse für die Prozesskostenrechnung sind vor allem repetitive Prozesse mit geringem Entscheidungsspielraum. Dieser erste Schritt erfordert eine differenzierte Kenntnis der Aufgaben und Abläufe in einer Kostenstelle bzw. in einem Unternehmensbereich. Unter Einbezug von erfahrenen Kostenstellenleitern wird daher i.d.R. eine umfassende Tätigkeitsanalyse durchgeführt. In einer Vetriebskostenstelle könnten z.B. die Prozesse «Kommissionierung», «Verpackung», «Erstellung von Versandpapieren» und «Leitung der Kostenstelle» ermittelt werden. Eine prozessorientierte Organisation (vgl. S. 402 ff.) erleichtert diese Aufgabe.

(2) Zuordnung von Kosten zu den Prozessen

Diese Zuordnung kann analytisch erfolgen, d.h. auf der Basis einer eingehenden Analyse sämtlicher anfallender Kostenarten, oder aber durch Verteilung nach einer festgelegten Mengen- oder Wertstruktur (z.B. Schlüsselung nach eingesetzten Mannjahren oder angefallenen Personalkosten). Für besonders wichtige bzw. kostenintensive Prozesse ist das analytische Vorgehen trotz seines hohen Aufwands auf jeden Fall vorzuziehen.

(3) Ermittlung der Prozesskostentreiber

Zunächst erfolgt eine Trennung der identifizierten Prozesse in nicht vom Leistungsvolumen der Kostenstelle abhängige Prozesse (**leistungsmengenneutrale Prozesse (LNP)**) und in solche, die sich in Bezug auf das Leistungsvolumen variabel verhalten (**leistungsmengeninduzierte Prozesse (LIP)**). Für die LIP sind anschließend die Kostentreiber zu ermitteln; i.d.R. werden mengenorientierte Kostentreiber gewählt. Eine Zusammenstellung von Kostentreibern nach Bezugsgrößen findet sich bei *Coenenberg/Fischer* [Prozesskostenrechnung] 27 f. Für die Aktivität «Versandpapiere erstellen» wäre die Zahl der Lieferaufträge ein geeigneter Kostentreiber. Für LNP (wie z.B. die Leitung der Kostenstelle im obigen Beispiel) kann es natürlich keine Kostentreiber geben. *Coenenberg/Fischer* ([Prozesskostenrechnung] 26) formulieren einfache Ableitbarkeit aus den verfügbaren Informationsquellen, Proportionalität zur Ressourcenbeanspruchung und Durchschaubarkeit bzw. Verständlichkeit als Anforderungen an die Kostentreiber.

(4) Ermittlung von Prozesskostensätzen

Ein Prozesskostensatz gibt als Quotient aus Prozesskosten und (jeweiliger/geplanter) Prozessmenge die Kosten für die einmalige Durchführung eines Prozesses an. Die Kosten der LNP können proportional zum Verhältnis der Prozesskosten auf die Prozesskostensätze der LIP umgelegt werden, sodass für jeden LIP ein Prozesskostensatz, ein Umlagesatz und ein Gesamtprozesskostensatz ermittelt werden können. Mit Hilfe der Prozesskostensätze ist es möglich, die Prozesskosten verursachungsgerecht, d.h. in Abhängigkeit der Inanspruchnahme von Ressourcen, zu verrechnen.

(5) Zusammenfassung der (Teil-) Prozesse zu Hauptprozessen

Um die indirekten Leistungsbereiche planbar zu machen, erfolgt die Aggregation bestimmter (Teil-) Prozesse zu kostenstellenübergreifenden Hauptprozessen. Werden nur Prozesse mit identischen Kostentreibern zusammengefasst, so entsteht kein Informationsverlust. Ansonsten müssen Annahmen über das Verhältnis der Kostentreiber untereinander gebildet werden (vgl. *Ewert/Wagenhofer* [Unternehmensrechnung] 297 f.). Hauptprozesse könnten z.B. die Qualitätssicherung, die Auftragsabwicklung oder die Steuerung der Fertigung sein.

4.4.3.3 Anwendungen im strategischen Kostenmanagement

Mit Hilfe der Prozesskostensätze kann eine **verursachungsgerechte Zuordnung** der **Gemeinkosten** (der indirekten Leistungsbereiche) auf die Produkte erfolgen. Dabei können überhöhte Einzelkostenzuschlagssätze bzw. eine nicht verursachungsgerechte Proportionalisierung von Gemeinkosten vermieden werden. Die Unterstützung des Gemeinkostenmanagements durch die Prozesskostenrechnung bzw. die Erhöhung der Kostentransparenz in den indirekten Leistungsbereichen bilden die Grundlage für die Unterstützung zahlreicher Entscheidungen mit strategischer Bedeutung. Dazu zählen die Preispolitik, die (langfristige) Programmplanung sowie Entscheidungen über die Produktionstiefe (Eigenfertigung vs. Fremdbezug).

Im Folgenden werden einige **Anwendungsfelder** der Prozesskostenrechnung aufgezeigt (vgl. auch *Coenenberg/Fischer* [Prozesskostenrechnung] 32 f.):

– **Produktkomplexität**

Komplexe Produkte zeichnen sich vor allem dadurch aus, dass ihre Herstellung zahlreiche heterogene Aktivitäten in direkten und vor allem in indirekten Leistungsbereichen erfordert und dadurch hohe Gemeinkosten verursacht. In einem Unternehmen, das Produkte unterschiedlicher Komplexität herstellt, führt die Zuschlagskalkulation dazu, dass einfachen Produkten tendenziell zu hohe, komplexen Produkten jedoch tendenziell zu geringe Gemeinkosten zugeschlagen werden. Der Spielraum für preispolitische Entscheidungen wird dadurch in unzulässiger Weise eingeschränkt.

– **Variantenzahl**

Werden in einem Unternehmen zahlreiche Produkte und Produktvarianten hergestellt, so entsteht bei der Zuschlagskalkulation das Problem, dass die durch die unterschiedlichen Aktivitäten und Prozesse verursachten Gemeinkosten über die (identischen) Einzelkosten der Varianten diesen nicht verursachungsgerecht zugerechnet werden.

– **Mengenaspekte**

- Gemeinkosten, die unabhängig von der Menge der gefertigten oder gelieferten Produkte anfallen, bspw. Kosten der Erstellung von Lieferpapieren, führen bei der traditionellen Zuschlagskalkulation dazu, dass Großaufträgen im Vergleich zu Aufträgen mit geringer Stückzahl tendenziell zu hohe Gemeinkosten zugeschlagen werden, da die Höhe der jeweiligen (Auftrags-) Einzelkosten als Zuschlagsbasis gilt.
- Eine falsche Zurechnung von Gemeinkosten in der Zuschlagskalkulation erfolgt auch dann, wenn Gemeinkosten, wie bspw. Bestell-, Lager- oder Transportkosten, in erster Linie von der Menge der Produkte und nicht von ihrem Wert abhängen und sich damit nicht proportional zu ihren Einzelkosten verhalten.

In allen genannten Fällen führt die Zuschlagskalkulation, die mit der wertorientierten Zuschlagsbasis «Einzelkosten» arbeitet, zu einer sachlich nicht gerechtfertigten Zurechnung der Gemeinkosten. Dieser Effekt wird bei einem wachsenden Anteil der Gemeinkosten an den Gesamtkosten zunehmend problematisch. Mit Hilfe von Prozesskostensätzen können die Gemeinkosten transparent gemacht und aufgeschlüsselt werden. Es ist damit auch eine Zurechnung der Gemeinkosten auf die sie verursachenden Prozesse und Aktivitäten möglich.

Auf die Möglichkeiten der Kombination von Target Costing und Prozesskostenrechnung wurde bereits hingewiesen (vgl. S. 320).

Zusammenfassend handelt es sich bei der Prozesskostenrechnung um ein Rechnungskonzept, welches auf einer (bestehenden) Kostenstellengliederung aufbaut und dessen Anwendungsfeld v.a. die indirekten Leistungsbereiche sind. Sie ist eine Antwort auf umweltinduzierte Entwicklungen im Bereich der Kostenstruktur von Unternehmen, insbesondere auf das Ansteigen des Gemeinkostenblocks. Ihre **Stärken** liegen vor allem in der Strukturierung der Gemeinkostenbereiche bzw. der dort entstandenen Kosten sowie der Ermittlung von Kostentreibern. Durch die Erhöhung der Transparenz in diesem Bereich ist die Prozesskostenrechnung in der

Lage, einen Beitrag zur Unterstützung strategischer Entscheidungen zu leisten. **Schwachpunkte** kann man in der u.U. nicht verursachungsgerechten Umlage der Kosten leistungsmengenneutraler Prozesse oder dem Vollkostencharakter der Prozesskostenrechnung sehen, wenn die Ausgangsthese, strategisch gesehen seien alle Kosten entscheidungsrelevant, nicht akzeptiert wird.

4.4.4 Lebenszyklusorientierte Kosten- und Erlösrechnung

Bei der lebenszyklusorientierten Kosten- und Erlösrechnung (LKER) handelt es sich eher um einen **Ansatz**, eine **Perspektive** der **Kosten- und Leistungsanalyse,** denn um ein ausgebautes Rechnungskonzept oder eine konkrete Methode. Der LKER liegt eine den gesamten Produktlebenszyklus umfassende und damit die übliche Periodeneinteilung überwindende Sichtweise von Kosten und Kostenantriebskräften zu Grunde. **Ziel** der LKER ist die vollständige Erfassung sämtlicher während des Produktlebenszyklus anfallender Kosten und Erlöse und ihre verursachungsgerechte Zuordnung auf das Produkt. Dies lässt einen Vergleich mit Investitionsrechnungsverfahren zu, bei denen sämtliche während der Lebens- bzw. Nutzungsdauer einer Investition anfallenden Ein- und Auszahlungen berücksichtigt werden.

Die Entstehung der lebenszyklusorientierten Kosten- und Erlösperspektive geht auf Verschiebungen in der Struktur der Produktlebenszyklen bzw. der Proportionen der einzelnen Phasen zurück. Im Wesentlichen lassen sich folgende **Tendenzen** feststellen:

– Verkürzung des Produktlebenszyklus insgesamt,

– relative Verkürzung des Marktzyklus im Vergleich zum Entstehungszyklus.

Kostenrechnerisch bedeutet dies einen Anstieg desjenigen Kostenanteils, der in traditionellen Kostenrechnungssystemen den Produkten (Kostenträgern) nicht oder als Gemeinkostenblock i.d.R. nicht verursachungsgerecht zugerechnet wird (vgl. *Ewert/Wagenhofer* [Unternehmensrechnung] 321 ff.).

In der Entstehungsphase eines Produkts fallen sog. Vorlaufkosten an, denen u.U. Vorlauferlöse gegenüberstehen. Ebenso können sich in der Marktphase zusätzlich zu den laufenden Kosten und Erlösen bestimmte begleitende Kosten und Erlöse ergeben. Auch nach dem Ende des Marktzyklus können Folgekosten sowie -erlöse auftreten. Abb. 4-21 gibt einen Überblick über Lebenszykluskosten- und -erlöskategorien.

Kosten	Erlöse
Vorlaufkosten	**Vorlauferlöse**
- Forschung und Entwicklung - Marktforschung - Produktionsplanung- und –organisation - Lieferantenauswahl - Vertriebsplanung und –organisation	- Subventionen - Steuererleichterungen - Verkaufserlöse für FuE-Projekte
Produktionsbegleitende Kosten	**Produktionsbegleitende Erlöse**
- Laufende Kosten (Produktion, Vertrieb, etc.) - Einmalige Kosten (Einführung, «relaunch»)	- Laufende Erlöse aus dem Verkauf der Produkte
Folgekosten	**Folgeerlöse**
- Kosten aus Wartung und Reparatur - Kosten aus Produkthaftung und Entsorgung	- Wartungs- u. Reparaturerlöse - Lizenzerlöse - Erlöse aus dem Verkauf von Produktions- anlagen

Abb. 4-21: Kosten und Erlöse im Lebenszyklus

Ewert/Wagenhofer ([Unternehmensrechnung] 322 ff.) bemängeln nun zurecht, dass in der herkömmlichen Kosten- und Erlösrechnung diese Vorlauf- und Folge-kosten entweder den Produkten gar nicht zugerechnet und als Periodengemeinkosten angesetzt oder aber über Zuschlagssätze (auch Prozesskostensätze) den Produkten der laufenden Periode, nicht aber den diese Kosten verursachenden Produkten zugerechnet werden. Die Vorlaufkosten müssten den zukünftigen Produkten, die Folgekosten bereits abgesetzten Produkten angelastet werden. Dies ist besonders dann wichtig, wenn die Vorlaufkosten, wie bspw. im Hightech-Bereich, die eigentlichen Produktions- und Vertriebskosten bei weitem übersteigen. In Abb. 4-22 ist ein Kosten- und Erlösverlauf dargestellt, der die Vorlaufkosten (im Entstehungszyklus) und die produktionsbegleitenden Kosten und Erlöse (im Marktzyklus) abbildet.

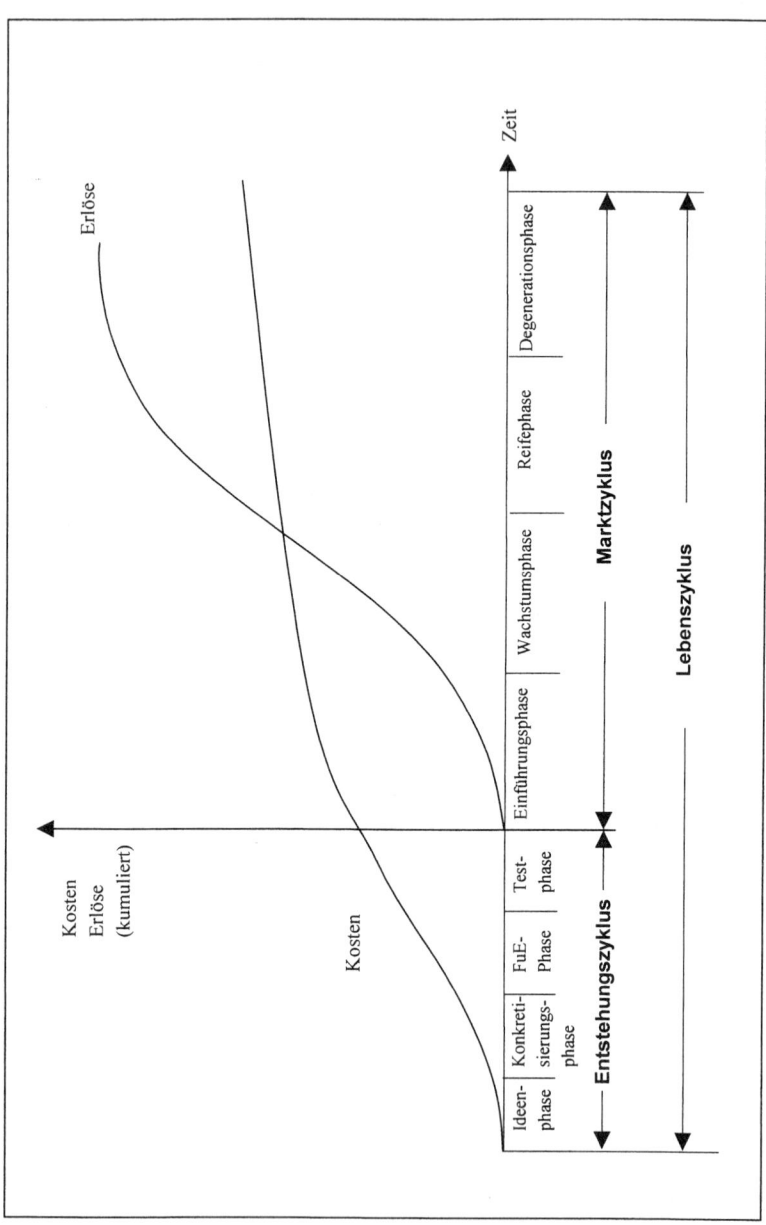

Abb. 4-22: Lebenszykluskosten und -erlöse (kumuliert)

Bei der Verrechnung der Vorlaufkosten treten u.a. folgende Fragen auf: «Wie lassen sich aktuell anfallende Ideenfindungs-, FuE- oder Konstruktionskosten auf eventuell in der Zukunft produzierte Produkte der Unternehmung verteilen?» oder «Wie können Vorlaufkosten, die nicht eindeutig produktspezifischer Art sind, verursachungsgerecht zugeordnet werden?». *Ewert/Wagenhofer* ([Unternehmensrechnung] 324 f.) schlagen in diesem Zusammenhang eine «Aktivierung» der Vorlaufkosten vor, um eine spätere Verrechnung zu ermöglichen, und eine «Passivierung» der Folgekosten als Vorsorgemaßnahme für mögliche, erwartete Nachleistungskosten. Zu den Problemen einer solchen umfassenden periodenübergreifenden Verrechnung siehe ebenfalls a.a.0. und differenziert bei *Reichmann/Fröhling* ([Produktlebenszyklusorientierte Planungs- und Kontrollrechnungen] 290 ff.).

Die lebenszyklusorientierte Sichtweise der Kosten und Erlöse kann **Informationen** für folgende **strategische Entscheidungen** liefern (vgl. *Ewert/Wagenhofer* [Unternehmensrechnung] 322 f.):

– Erkenntnisse, die aus einer Beobachtung sämtlicher Kosten während der Lebenszyklen verschiedener Produkte gewonnen werden, können ex post unter bestimmten Prämissen auf andere Produkte übertragen werden. Daraus lassen sich nützliche Informationen für die Preispolitik, den Einsatz von Werbung oder die Zusammenstellung des Produktprogramms gewinnen.

– Auf der Grundlage der Faustregel, dass eine Geldeinheit Kostenerhöhung in der Produktentstehungsphase eine Kostenersparnis von bis zu acht bis zehn Geldeinheiten in der Produktions- und Vertriebsphase ermöglicht, kann die LKER eine Verschiebung von Kosten innerhalb der Lebensphasen, also z.B. von der Produktions- in die FuE-Phase informatorisch unterstützen. Ähnlich kann es sinnvoll sein, Kosten, welche in der Marktphase beim Abnehmer entstehen (Energieverbrauch, Wartung, Reparatur, Entsorgung), durch Produktmodifikationen in die Entstehungs- bzw. Produktionsphase vorzuverlagern und sich damit einen Wettbewerbsvorteil zu verschaffen (höherer Preis durch bessere Qualität).

– Eine lebenszyklusorientierte Betrachtung der Produktkosten kann, eine Lösung der oben angesprochenen praktischen und theoretischen Probleme vorausgesetzt, die Ermittlung von Drifting Costs und Target Costs im Rahmen des Target Costing unterstützen helfen und damit letztlich auch auf diesem Wege eine bessere Preis- und Sortimentspolitik ermöglichen. Beide Konzepte tragen der Tatsache Rechnung, dass vor allem in den frühen Phasen eines Produktlebenszyklus die Weichen für spätere Kostenentwicklungen gestellt werden und bemühen sich entsprechend um eine Verbesserung der Transparenz und Berücksichtigung kostenwirksamer Maßnahmen eben in diesen Phasen (auf die enge Verbindung von Target Costing und LKER weisen *Rückle/Klein* hin [Product-Life-Cycle-Cost-Management] 342 ff.). Ähnlich wie das Target Costing fordert die LKER die Unternehmensführung auf, eine langfristige Perspektive einzunehmen.

Durch den expliziten Einbezug von Erlösen wird die lebenszyklusorientierte Rechnung einer wesentlichen Anforderung an die Konzepte einer strategieorientierten Unternehmensrechnung gerecht. Auch die langfristige Orientierung scheint bei diesem Konzept gewährleistet. Andererseits treten zu den angedeuteten kostentheoretischen und praktischen Problemen, die sich beim Versuch einer periodenübergreifenden, lebenszyklusweiten Zurechnung von Kosten ergeben, die grundsätzlichen theoretischen Defizite des Produktlebenszykluskonzepts hinzu (vgl. Teil 2, S. 126 f.).

Eine wesentliche **Kritik** muss sich gegen die **isolierte Sichtweise** einzelner Produkte richten. Sie entspricht nicht dem Postulat der Portfolioorientierung (vgl. S. 312). Bei den Anstrengungen um die Weiterentwicklung prozessorientierter strategischer Informationssysteme ist deshalb der integrativen Perspektive ein größeres Gewicht beizumessen. Die Informationssysteme müssten neben produktspezifischen Informationen vor allem die **Verbundeffekte** zwischen den Produkten und Produktgruppen im Laufe der einzelnen Produktlebenszyklen berücksichtigen. Unter der Nebenbedingung einer «Balance von Kosten und Erlösen aller Produkte innerhalb einzelner Perioden» könnte eine Orientierung an der Zielgröße «Barwert zukünftiger Erlöse und Kosten über die einzelnen Produktlebenszyklen» erfolgen. Dabei wären auch die Vorlauf- und Folgekosten bzw. -erlöse einzubeziehen.

Von diesen Gedanken sowie den oben formulierten Anforderungen an das Management interner Informationen (vgl. S. 301 ff.) und an prozessorientierte Informationssysteme (vgl. S. 309 ff.) können Impulse für die dringend gebotene **Weiterentwicklung** eines strategisch orientierten Managements interner Informationen ausgehen. Neben konzeptionellen Problemen werden dabei jedoch vor allem methodische Hürden zu nehmen sein.

5 Computergestützte Informationssysteme

Die Computerunterstützung operativer Aktivitäten wird in Unternehmen seit Jahrzehnten mit Erfolg praktiziert. Mit Beginn der 60er Jahre wurden erste Anstrengungen zur Unterstützung des Strategischen Managements unternommen. Die Erfolge blieben jedoch meistens hinter den Erwartungen zurück. Die Gründe hierfür sind vor allem in den spezifischen Merkmalen strategischer Informationen zu suchen (vgl. S. 254 ff.). Welche Konzepte der Computerunterstützung des Strategischen Managements bisher entwickelt wurden und wie ihre Eignung im Strategischen Management zu beurteilen ist, wollen wir in diesem fünften Abschnitt behandeln. Zunächst sollen Begriff und Aufbau computergestützter Informationssysteme erörtert werden.

5.1 Begriff und Aufbau

Ein **Informationssystem** besteht aus Menschen und Maschinen, die Informationen erzeugen und/oder benutzen und die durch Kommunikationsbeziehungen miteinander verbunden sind. Man spricht deshalb auch von einem Mensch-Maschine-System:

> Ein **Informationssystem** ist die Gesamtheit von
>
> – Menschen (Benutzern),
> – Maschinen (Hard- und Software) sowie
> – deren Informations- und Kommunikationsbeziehungen.

Aufgabe eines Informationssystems ist die Unterstützung von Planungs- und Kontrollprozessen durch eine adäquate Bereitstellung relevanter Informationen. Bei **betrieblichen Informationssystemen** können operative und strategische Systeme unterschieden werden. Informationssysteme werden häufig in Pyramidenform dargestellt (vgl. ähnlich *Picot/Maier* [Informationssysteme] 933).

Strategische Informationssysteme, sie werden auch als Führungsinformationssysteme (FIS) bezeichnet (vgl. *Groffmann* [Führungsinformationssystem] 23 ff.), haben die Unterstützung des Strategischen Managements mit relevanten Informationen zum Ziel. Dabei bauen solche Systeme auch auf Informationen der operativen Systeme auf (vgl. Abb. 4-23). Die Abbildung verdeutlicht jedoch, dass strategische Informationssysteme in der Lage sein müssen, zunehmend **externe** und **qualitative Informationen** zu verarbeiten.

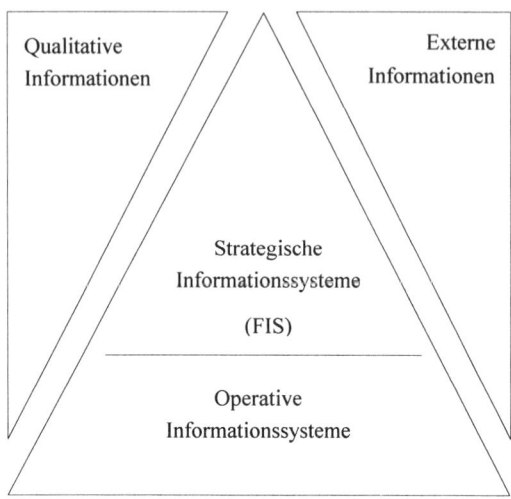

Abb. 4-23: Pyramide operativer und strategischer Informationssysteme

Die Entwicklung strategisch orientierter Informationsysteme soll im Folgenden kurz skizziert werden. Wir unterscheiden dabei folgende **Entwicklungsstufen computerunterstützter Informationssysteme:**

- Management-Informationssysteme (MIS),
- Decision-Support-Systems (DSS),
- Führungsinformationssysteme (FIS),
- Expertensysteme (ES).

5.2 Entwicklungsstufen

5.2.1 Management-Informationssysteme (MIS)

Die MIS sind Mitte der 60er Jahre auf Grundlage der Erkenntnis, dass Information ein strategischer Erfolgsfaktor ist, in den USA entstanden. Ziel war eine Ausdehnung der Computerunterstützung auf den Bereich der strategischen Unternehmensplanung.

Ein **Management-Informationssystem** ist ein die gesamte Unternehmung umfassendes (unternehmensweites) und auf vollständige Abdeckung der Managementaufgaben ausgerichtetes computergestütztes Informationssystem.

Dem Management sollte der schnelle Zugriff auf Daten aller Bereiche und Hierarchiestufen ermöglicht werden. Als **hochintegriertes Totalsystem** sollte es sämtliche Informationen in aggregierter Form – per Knopfdruck – bereitstellen und zumindest partiell den Menschen bei der Führung ersetzen.

Zentrale technische Komponente eines MIS war die Datenbasis. In Datenbanken gespeicherte Daten bildeten den Kern des Informationssystems. Modell- und Methodenbanken als weitere Teilmodule beschränkten sich weitgehend auf quantitativ-definitorische Zusammenhänge.

Heute wird die «**MIS-Idee**» als **gescheitert** angesehen. Folgende **Gründe** seien an dieser Stelle genannt:

– Die Systeme waren daten- und nicht informationsorientiert,
  d.h., die Entscheidungsträger wurden nicht mit Wissen versorgt, sondern flächendeckend mit Daten überhäuft («information overload»).
– Die Versorgung des Managements mit strategisch relevanten Daten (z.B. soft facts) war hingegen mangelhaft.
– Die Datenbereitstellung war nicht anwenderfreundlich. Der Grund ist darin zu sehen, dass die Konzeption von MIS vorwiegend durch EDV-Spezialisten vorgenommen wurde und dadurch die Abstimmung mit dem Management fehlte (Technikorientierung statt Bedarfsorientierung).
– Z.T. fehlten technische Voraussetzungen im Bereich der Hardware (Speicherkapazitäten, Verarbeitungsgeschwindigkeiten, Zentralrechnerkonfigurationen) und der Software (Datenbanken, Programmiersprachen).
– Die Abstimmung des jeweiligen MIS mit der Organisation der Unternehmung war mangelhaft.

Abschließend kann man sagen, dass die MIS der 60er Jahre zu wenig auf den spezifischen Informationsbedarf des Strategischen Managements zugeschnitten waren und deshalb nur unzureichende Akzeptanz fanden.

5.2.2 Decision-Support-Systems (DSS)

DSS ist der Oberbegriff für computergestützte Informationssysteme, die gezielt unterschiedliche Entscheidungstypen auf unterschiedlichen Ebenen der Unternehmungen unterstützen sollen. Dabei verfolgt man nicht mehr den Gedanken hochintegrierter Totalsysteme, die den Menschen ersetzen sollen (aber nicht können), sondern jenen der **teilintegrierten Partialsysteme**, die den Menschen bei seinen Entscheidungen unterstützen sollen: «The key point for a DSS is to support or enhance the managers decisionmaking ability» *(Keen/Scott Morton* [Decision Support Systems] 58). Nach *Keen/Scott Morton* ([Decision Support Systems] 1) definieren wir DSS wie folgt:

> Ein **Decision-Support-System** ist ein computerbasiertes Instrument zur Unterstützung von Managern bei wohl- und teilstrukturierten Aufgaben.

Es sollen also nicht nur wohlstrukturierte Entscheidungsprobleme, sondern auch teilstrukturierte Entscheidungen unterstützt werden.

Für die **Teilphasen** des Managementprozesses

– Problemerkennung und -analyse,
– Generierung von Lösungsalternativen,
– Wahl einer Lösungsalternative und
– Kontrolle

lassen sich unterschiedliche **partielle DSS** einsetzen. DSS können auf Optimierungsmodellen oder auf Simulationsmodellen basieren. Sie können Funktionen zur benutzer- oder systemgeführten Alternativengenerierung und zum Alternativenvergleich enthalten, ebenso wie Methoden für Wirtschaftlichkeitsberechnungen und Sensitivitätsanalysen.

Ein DSS besteht aus den **Bausteinen**

– Datenbanken (zentral oder dezentral, intern oder extern),
– Modellbanken (Abbildung der Entscheidungssituation),
– Methodenbanken (Verfahren zur Entscheidungsunterstützung) und
– Ablaufsteuerung (Verknüpfung der Bausteine und Kommunikation mit dem Anwender).

Als Mensch-Maschine-Systeme versuchen DSS, eine **optimale Arbeitsteilung** zwischen Benutzer und Computertechnik herzustellen, da man erkannt hat, dass der Mensch bestimmte Aufgaben im Managementprozess besser erfüllen kann als die technische Komponente eines Informationssystems.

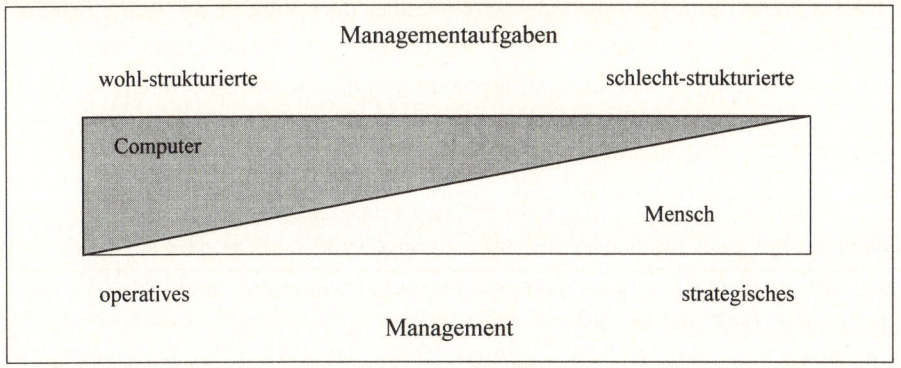

Abb. 4-24: Arbeitsteilung zwischen Mensch und Computer im Management-prozess

Eine Unterstützung schlecht-strukturierter Managementprobleme ist jedoch auch mit DSS nur begrenzt möglich, da die dabei interessierenden Informationen (z.B. soft facts) nur schwer durch computergestützte Systeme abbildbar sind, und die menschliche Intuition durch Computer nicht ersetzbar ist. Der Schwerpunkt der DSS liegt also bei Sachbearbeitungsaufgaben, weniger bei Führungsaufgaben.

5.2.3 Führungsinformationssysteme (FIS)

Führungsinformationssysteme (FIS), für die in der Literatur auch die Bezeichnung Executive-Information-Systems (EIS) verwendet wird, können wie folgt definiert werden:

> Ein **Führungsinformationssystem** ist ein computergestütztes Informationssystem zur integrativen informationellen Unterstützung von Managementaufgaben.

Ein FIS unterscheidet sich von einem DSS vor allem in folgenden Punkten:

(1) Integrative Unterstützung des Managements

Im Gegensatz zu den DSS, die wie oben beschrieben als Teilkomponenten spezifische Entscheidungssituationen unterstützen, verfolgen FIS - ähnlich wie die MIS der 60er Jahre - die Idee des integrierten Gesamtsystems (keine Insellösung). Es wird aber nicht, wie bei den MIS, die Übernahme von Entscheidungen durch die technischen Systemkomponenten, sondern eine effiziente **Arbeitsteilung** zwischen diesen und dem Benutzer angestrebt (vgl. Abb. 4-24). Die Komponenten eines FIS können dabei u.a. durch Electronic Mail-, Electronic Conferencing-, Telefax- oder Sprachverarbeitungssysteme, aber auch durch partielle DSS unterstützt werden. Technische Fortschritte bei Hard- und Software, Dialogbetrieb zwischen technischen Systemkomponenten und Benutzer sowie einheitliche, menügesteuerte Benutzeroberflächen ermöglichen heute die Realisierung solcher Systeme.

(2) Anwenderorientierung

Die FIS sind nicht auf bestimmte Entscheidungen angelegt, sondern auf bestimmte Entscheidungsträger. Die Fähigkeiten und der Informationsbedarf des Managers bestimmen die Konstruktion des Systems.

Entscheidend für den Erfolg eines FIS ist neben der Benutzerfreundlichkeit und der Modell- und Methodenunterstützung vor allem aber die Beschaffenheit der Datenbasis, auf die der Benutzer zugreifen kann. Neben relativ leicht verfügbaren internen Daten müssen solche über die relevante Umwelt bereitgestellt werden. Neben quantitativen sind auch qualitative Informationen zu verarbeiten bzw. bereitzustellen.

5.2.4 Expertensysteme (ES)

Nach *Zahn* [Informationstechnologie] 273) können Expertensysteme wie folgt definiert werden:

> Ein **Expertensystem** ist ein wissensbasiertes Informationssystem, das bereichsspezifisches Expertenwissen beinhaltet und einem Anwender in einer benutzernahen und erklärenden Form zur Verfügung stellt.

ES stellen, ähnlich wie neuronale Netze, eine Erweiterung herkömmlicher Informationssysteme wie der DSS oder FIS um Erkenntnisse aus dem Forschungsgebiet der **Künstlichen Intelligenz** (KI) dar. Die Fähigkeit von Experten, Probleme zu lösen, wird in ihnen abgebildet. Der Einsatz von ES soll vor allem die Effizienz der Lösung schlecht-strukturierter Managementaufgaben erhöhen.

Ein ES besteht nach *Zahn* ([Informationstechnologie] 274) aus folgenden Komponenten:

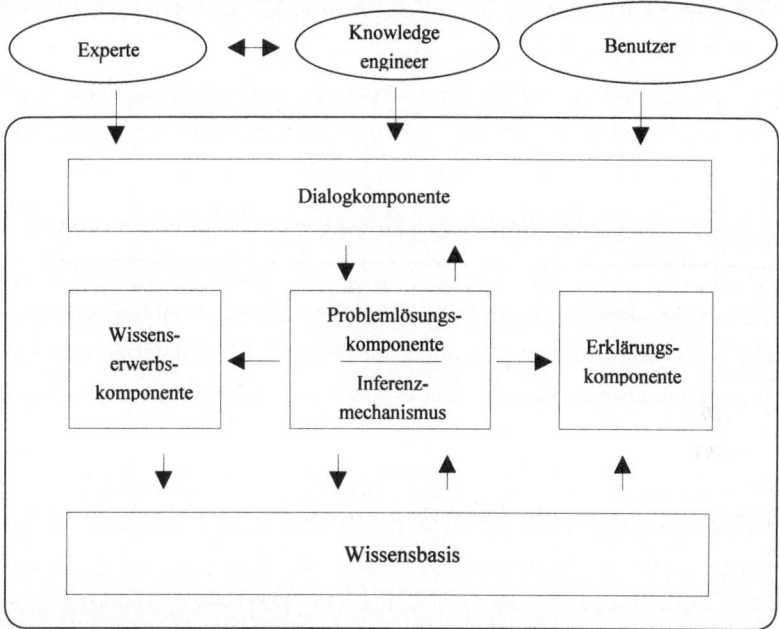

Abb. 4-25: ES-Architektur

Die **Trennung** von **Wissensbasis** und **Problemlösungskomponente** ist ein zentrales Kennzeichen der ES. Die Wissensbasis wird durch Experten und «Knowledge engineers» gebildet und kann laufend über die **Wissenserwerbskomponente** ergänzt und aktualisiert werden.

Die **Problemlösungskomponente** greift auf Daten und Regeln der Wissensbasis zu, verarbeitet diese zu Lösungsvorschlägen und Schlussfolgerungen und kann die Wissensbasis bei Bestätigung durch den Benutzer um neue Regeln und Daten ergänzen.

Die **Erklärungskomponente** zeigt und erläutert dem Anwender in jeder Phase des Lösungsprozesses die dahinter stehende Logik und macht den Prozess damit transparent und nachvollziehbar.

Über die **Dialogkomponente** (Benutzeroberfläche) kommunizieren Anwender und ES miteinander.

Beispiele für zumindest ansatzweise realisierte **Anwendungsmöglichkeiten** von ES sind:

- Vergleich von Kennzahlen der eigenen Unternehmung mit Durchschnittswerten der Branche sowie anschließende Interpretation,
- Ableitung portfoliogestützter Normstrategien und Erkennung von Chancen und Risiken (wobei der Benutzer interaktiv Ausprägungen der entsprechenden Variablen eingibt, die für die Erstellung des Portfolios von Bedeutung sind).

Beim Einsatz von ES im Bereich der Management-Unterstützung ergeben sich folgende **Probleme**:

- Ein ES geht stets von einem gegebenen Zielsystem aus. Dieses wird aber im Rahmen der strategischen Planung erst erarbeitet und (laufend) modifiziert.
- Bei der strategischen Planung gibt es kaum Gesetzmäßigkeiten wie bspw. im Bereich der Medizin oder der Physik.
- Die Erstellung und Pflege (Aktualisierung) der Wissensbasis ist aufwändig.
- Die Kosten für Hard- und Software sind hoch.

Aus heutiger Sicht, die durch einen geringen Anwendungsgrad von ES im Strategischen Management geprägt ist, lässt sich schwer abschätzen, welches Unterstützungspotenzial ES für die Unternehmensführung bieten und ob sie sich als Informationssystem für das Management durchsetzen werden.

Abb. 4-26 zeigt noch einmal zusammenfassend die Positionierung der ES und der übrigen Entwicklungsstufen computergestützter Informationssysteme anhand der beiden Kriterien «Zusammenarbeit (Arbeitsteilung) zwischen Mensch und Computer» und «Systemumfang»:

Systemumfang Zusammenarbeit Computer/Mensch	Totalsystem	Partialsystem
Ersatz **(des Menschen)**	MIS	ES
Unterstützung **(des Menschen)**	FIS	DSS

Abb. 4-26: Umfang und Intention computergestützter Informationssysteme

*Beispiel: Die Produktfamilie des weltweit **führenden Anbieters betriebswirtschaftlicher Standardsoftware SAP** kann als aktuelles Beispiel für ein integriertes betriebliches Informationssystem herangezogen werden, das Elemente aus allen Entwicklungsstufen computergestützter Informationssysteme enthält. Herzstück des SAP-Konzepts ist das **System SAP R/3**, das zur ganzheitlichen Planung, Abwicklung, Steuerung und Kontrolle aller miteinander verbundenen Geschäftsprozesse eines Unternehmens eingesetzt wird. Im Zentrum der R3-Leistungspalette stehen Softwareanwendungen für Rechnungswesen und Controlling, Produktion und Materialwirtschaft, Qualitätsmanagement und Instandhaltung, Vertrieb, Personalwirtschaft und Projektmanagement. Unabhängig von geographischen und organisatorischen Grenzziehungen kann im Idealfall jeder Mitarbeiter zu jeder Zeit die erforderlichen Informationen und Unterlagen dem System entnehmen, das außerdem die Möglichkeit des Rückgriffs auf spezifisches Expertenwissen in Form von Best Business Practices bietet. SAP R/3 ist des Weiteren um vier zusätzliche Anwendungsfelder ergänzbar:*

- *Die **Internet-Module** bieten Lösungen für die Bereiche E-Commerce (Business to Business und Online Store) sowie Employee-Self-Service.*

- *Die **Customer Relationship Management-Software** unterstützt alle Betriebsprozesse, die Geschäftspartner und Kunden betreffen.*

- *Die **Business Intelligence-Lösung** führt das gesamte in Informationsteilsystemen hinterlegte Unternehmenswissen (quantitative R3-Basisinformationen und analytische und kontextbezogene Informationen weiterer Applikationen) unter einem Dach, z.B. dem strategischen Führungstool „SAP Strategic Enterprise Management", zusammen.*

- *Das **Supply Chain-Management-Paket** stellt Lösungen für die Planung, Optimierung, Ausführung und Leistungsmessung in der Logistikkette bereit.*

5.3 Bewertung

Die bei den einzelnen Entwicklungstufen vorgebrachte Detailkritik soll abschließend um einige, computergestützte Informationssysteme im allgemeinen betreffende, **fundamentale Aspekte** ergänzt werden:

(1) Nachteile

– **Zahlengläubigkeit:** Die Computerunterstützung begünstigt die Verwendung von hard facts gegenüber soft facts, da diese für die computertechnische Verarbeitung weit besser geeignet sind. Dadurch kann die Gefahr der Überschätzung von hard facts erhöht bzw. die Sensibilität für soft facts gemindert werden.

– **Informationsverlust:** Computergestützte Informationssysteme versorgen die Unternehmensführung i.d.R. mit aggregierten Informationen. Diese Aggregation birgt stets die Gefahr in sich, dass Informationen verloren gehen bzw. die im strategischen Kontext besonders vielfältigen, komplexen und wichtigen Beziehungen zwischen Informationen verfälscht werden.

– **Standardisierung:** Computergestützte Informationssysteme standardisieren und determinieren die Form der Informationsbereitstellung und formalisieren den Informationsfluss. Informelle, situationsspezifische, für die spontane Entscheidung wichtige Kommunikationsbeziehungen werden dadurch verdrängt. Es findet also eine Verengung der Perspektive statt.

(2) Vorteile

– **Maschinelle Verarbeitung:** Durch den Computereinsatz im Strategischen Management ist es möglich, die Führungsspitze durch die maschinelle Verarbeitung vor allem quantitativer Informationen und ihre aggregierte und visuell hochwertige Bereitstellung zu unterstützen. Der Gefahr einer «Überflutung» mit Daten kann so entgegengewirkt werden.

– **Entlastung des Managements:** Computergestützte Informationssysteme können partielle, wohlstrukturierte, auf quantitativen Informationen beruhende Managementaufgaben übernehmen. Dadurch findet eine Entlastung des Managements von Routineaufgaben statt.

– **Verbesserung der Organisation:** Computergestützte Informationssysteme erhöhen die Transparenz der Informationsaktivitäten und erfüllen damit eine gewisse Strukturierungs-, Systematisierungs- und Checklistenfunktion. Damit wird zugleich die Basis für eine Überwachung der Informationsaktivitäten gelegt. Die Computerunterstützung ermöglicht auch die informationelle Integration funktionaler, objektbezogener oder regionaler Teilbereiche der Unternehmung. Damit einher geht die Möglichkeit der Verbreiterung von Leitungsspannen und damit zum Abbau von Hierarchien.

Entscheidend ist jedoch, dass durch den Einsatz computergestützter Informationssysteme das **spontane, intuitive Element des strategischen Informationsmanagements** und die Sensitivität und Wahrnehmungsfähigkeit der Organisationsmitglieder bezüglich Schwacher Signale nicht verloren gehen dürfen.

Durch den globalen Siegeszug des **Internet** dürften auch die unternehmensinternen Informationssysteme vor einem grundlegenden Wandel stehen. Die Transformation von Technologie, Software, Standards und Protokollen des Internet bzw. des World Wide Web auf die Verhältnisse von Unternehmen (bzw. allgemein von geschlossenen Benutzergruppen) lässt sog. Intranets entstehen. **Intranets** ermöglichen heute schon den schnellen Zugriff auf Daten jeder Art und das Realtime-Kommunizieren ohne regionale Grenzen. Sie stellen damit die wesentliche technische Voraussetzung zur Umsetzung virtueller Unternehmens- bzw. Organisationskonzepte dar. Bedingung für die Schaffung echter Wettbewerbsvorteile durch unternehmensinterne Netzwerke ist jedoch auch, dass der Mensch das Arbeiten in solchen Netzwerken erlernt.

6 Wissensmanagement

Leitgedanke: «Wenn Siemens
wüßte, was Siemens alles weiß.»

6.1 Begriff

Der Begriff «Wissensmanagement» (knowledge management) findet immer mehr Beachtung und scheint den Begriff "Informationsmanagement" zunehmend zu ersetzen. Dabei ist die Bedeutung des Wissens in der Managementpraxis und in der Managementlehre keine Entdeckung der heutigen Zeit. Der Verdacht liegt nahe, dass es sich um eine Modeerscheinung handelt, die Altbekanntes in einem neuen Begriff effektvoll präsentiert. In der Tat: Wissensvorsprung war schon immer ein beachtlicher Wettbewerbsvorteil, die Vermittlung von Wissen schon immer eine wichtige Aufgabe im Unternehmen. Neu ist jedoch die systematische und konzentrierte Beschäftigung mit dem Produktionsfaktor und Wettbewerbsfaktor «Wissen», speziell mit dem Management von Wissen. Wissen wird zur ökonomischen Kategorie.

> **Wissensmanagement** ist die zielorientierte Gestaltung des Wissensprozesses in Unternehmen. Der Wissensprozess umfasst die Wissensgenerierung, den Wissenstransfer, die Wissenspeicherung und die Wissensnutzung.

6.2 Vom Informationsmanagement zum Wissensmanagement

Der traditionellen Interpretation der Unternehmensführung liegt die Vorstellung zu Grunde, dass die Planung die zentrale Managementfunktion darstellt und sich der übrigen Funktionen «bedient», um den Plan zu realisieren. In diesem Sinne kann von einer **plandeterminierten Unternehmensführung** gesprochen werden. Die Planung als Prozess der Erkenntnis und Gestaltung der Zukunft gibt der Unternehmung Richtung und Struktur. Die Informationswirtschaft hat **Instrumental-charakter**, d.h. sie stellt Informationen zur effizienten Planverwirklichung zur Verfügung. Auf dieser Grundlage sind die Aktivitäten zur Entscheidungsorientierung der Unternehmensrechnung und der Entscheidungsunterstützung durch die Informationstechnologie zu verstehen. Aus dem Bereich der Unternehmensrechnung sind die strategisch orientierte Kosten- und Erlösrechnung (vgl. S. 309 ff.)

und aus dem Bereich der Informationstechnologie die Decision-Support-Systems (vgl. S. 334 f.) zu nennen.

Wissen wird im Gegensatz zur Information als eigenständige Ressource verstanden. An die Stelle der Unterstützungsfunktion der Information tritt die Wettbewerbsfunktion des Wissens.

Mit dieser Akzentverlagerung verbunden ist die Tendenz, dass Wissen nicht als eine exklusive Ressource von wenigen verstanden wird, sondern dass vielmehr die Unternehmensleitung auf Wissen zurückgreift, über das sie selbst nicht verfügt. Wissen ist dezentralisiert. An die Stelle des Managementinformationssystems tritt die **organisationale Wissensbasis**, der informierte Unternehmer wird ersetzt durch die **intelligente Unternehmung** (vgl. *Willke* [Wissensmanagement]).

Was hat die große Resonanz für das Wissensmanagement begünstigt? **Vier Faktoren** sind zu nennen:

(1) Die Bedeutung des Wissens im Rahmen des Resource-based View of Strategy

Im Wettstreit zwischen dem Market-based View of Strategy und dem Resource-based View of Strategy gewinnt die Ressourcenorientierung zunehmend an Bedeutung (zur Darstellung beider Ansätze vgl. S. 24 ff.). Ein wesentlicher Grund kann darin gesehen werden, dass die Wettbewerbsvorteile am Markt durch konsequenten Einsatz moderner Managementkonzepte wie Lean Production, kontinuierliche Verbesserungsprozesse und Wertkettenmanagement weitgehend ausgereizt und durch Benchmarking egalisiert worden sind. Wenn alle dasselbe immer besser machen, bleibt für eine Wettbewerbsdifferenzierung am Markt wenig übrig.

Der ressourcenorientierte Ansatz legt den Focus der Wettbewerbsorientierung auf unternehmensinterne Potenziale. Er geht davon aus, dass sich ein nachhaltiger Erfolg durch Schaffung von einzigartigen und nicht imitierbaren und schwer substituierbaren Ressourcen und deren Kombination zu Kernkompetenzen erzielen lässt. Einzigartige Ressourcen wiederum stellen Kernkompetenzen dar. Wissen ist eine derartige Ressource, die heute gerne neben Arbeit, Boden und Kapital als «vierter Produktionsfaktor» gewürdigt wird.

(2) Wettbewerb durch intelligente Produkte und Dienstleistungen

Wissen ist nicht nur ein Produktionsfaktor, sondern auch das Ergebnis von Pro-Produktionsprozessen. Produkte und Dienstleistungen enthalten heute ein beachtliches Maß an Intelligenz. Sie äußert sich darin, dass ohne direktes menschliches Zutun effiziente Problemlösungen zu Stande kommen. Als Beispiel mag ein PKW angeführt werden, der heute mit Regelsystemen ausgestattet ist, die den menschlichen Eingriff ersetzen (z.B. ABS), menschliches Handeln korrigieren (z.B. Stabilisierungssysteme) und ergänzen (z.B. Navigationssysteme). Besonders deutlich wird die Wissensintensität der Produkte und Dienstleistungen bei den sog. intelligenten Lösungen, wie etwa im Finanzdienstleistungsbereich und in der Medizin. Abb. 4-27 verdeutlicht, wie sich die Produkte und Dienstleistungen durch die Zunahme der Wissensintensität zu intelligenten Lösungen entwickelt haben (vgl. *Willke* [Wissensmanagement]).

Während bei der Erzeugung materieller Produkte die sachlichen Produktionsfaktoren wie Material, Rohstoffe und Maschinen dominieren, bei den klassischen Dienstleistungen (z.B. Wartung von Haushaltsgeräten, Service in Freizeit und Urlaub) der Faktor «Arbeit» von Wichtigkeit ist, dominiert bei den intelligenten Produkten und Dienstleistungen die Ressource «Wissen» (in diesem Zusammenhang auch als «intellektuelles Kapital» bezeichnet).

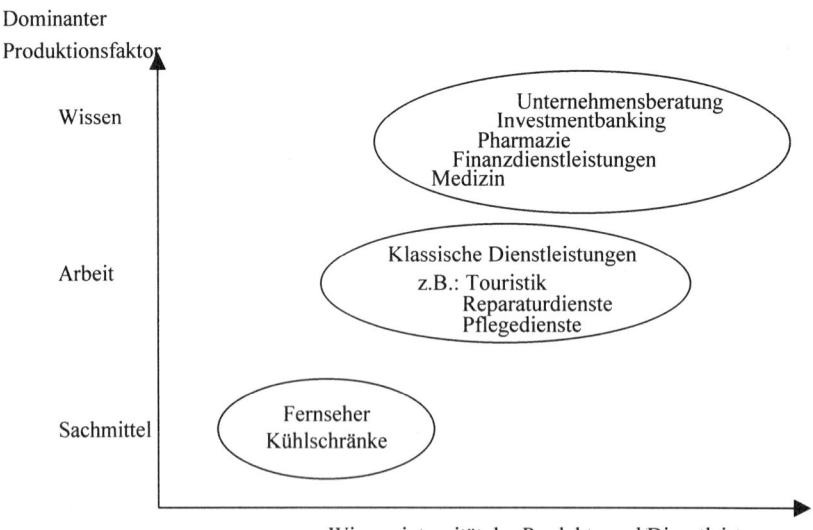

Abb. 4-27: Der Weg zu den intelligenten Produkten

(3) Fortschritte in der IuK-Technologie

Das Wissensmanagement hat eine wesentliche Unterstützung durch die neueren Entwicklungen der Informations- und Kommunikationstechnologie erfahren. Wissen lässt sich leichter speichern (z.B. in Datenbanken, Modellbanken) und transferieren (z.B. über Internet und Intranet, Video-Conferencing). Auch sind die Transaktionskosten für den Wissenstransfer gesunken. Diese Entwicklungen begünstigen die Optimierung der Wissensallokation in den Unternehmen. Damit verbunden wiederum ist eine Förderung der Wissensproduktion, da Wissen weniger eine Angelegenheit von Spezialisten, sondern generell verfügbar ist und zur Fortentwicklung genutzt werden kann.

Von den Vertretern der IuK-Technologie sind beachtliche Beiträge zum Wissensmanagement geliefert worden. Zu nennen sind u.a. die zur Problemlösungshilfe entwickelten Expertensysteme.

(4) Trends in der Organisation

Die Abkehr von den traditionellen Gestaltungsparametern der Organisation, wie der hierarchischen Ausrichtung der Leitungsbeziehungen, der tayloristischen Spezialisierung und der funktionalen Aufgabengliederung hin zur Prozessorganisation, der Teamorientierung, der Selbstorganisation, der unternehmensübergreifenden Kooperation und der Lernenden Organisation, haben optimale Voraussetzungen für das Wissensmanagement geschaffen (vgl. *Bea/Göbel* [Organisation] 347 ff.).

6.3 Gestaltung des Wissensprozesses

Wissensmanagement haben wir definiert als die zielorientierte Gestaltung des Wissensprozesses im Unternehmen. Wir können **vier Teilprozesse** des Wissensprozesses unterscheiden (vgl. *Nonaka/Takeuchi* [knowledge-creating]):

- Wissensgenerierung,
- Wissenstransfer,
- Wissensspeicherung,
- Wissensnutzung.

(1) Wissensgenerierung

Die traditionelle Form der Wissensgenerierung erfolgt im Rahmen der betrieblichen Fort- und Weiterbildung. Aktuell ist die Einrichtung sog. Coporate Universities (vgl. z.B. bei Daimler-Chrysler). Zur Förderung der Wissensgenerierung bietet sich vor allem die Institutionalisierung einer Lernenden Organisation an. Diese wiederum verlangt die Verwirklichung einer Reihe neuer Organisationsmodelle, wie der Prozessorganisation, der Teamorganisation, der Selbstorganisation und von Kooperationsmodellen. Die Prozessorganisation begünstigt das organisationale Lernen, indem sie ein Denken in Zusammenhängen fördert sowie die Integration von Denken und Handeln herbeiführt. Bei der Teamorganisation wird das Lernen durch Kooperation und Kommunikation gefördert, d.h. Wissen wird ausgetauscht und damit der Organisation zur Verfügung gestellt. Im Rahmen der Selbstorganisation wird der Erwerb von Fähigkeiten systematisch gefördert. Unternehmensübergreifende Kooperationsmodelle öffnen den Blick für neue Perspektiven und regen zur Reflexion des vorhandenen Wissens an.

(2) Wissenstransfer

Die Aufgabe des Wissenstransfers besteht in der Übertragung von Wissen, über das Individuen und Gruppen verfügen, auf andere Individuen bzw. Gruppen. Personalorientierte Maßnahmen zielen auf die Überwindung von Hemmungen und Egoismen bei der Weitergabe von Wissen ab. Sie müssen aber auch eine Bereitschaft zur Wissensaufnahme beim Adressaten fördern, denn der Wissenstransfer kann nur auf der Basis eines interaktiven Kommunikationsprozesses zum Erfolg führen. In struktureller Hinsicht bieten sich die bereits für die Wissensgenerierung bevorzugten Team- und Kooperationsmodelle an. In Joint Ventures und strategischen Allianzen findet systematisch ein Wissensaustausch zwischen den Partnern statt. Teammodelle sind geeignet, die funktionalen und hierarchischen Barrieren für den Wissensaustausch zu überwinden.

(3) Wissensspeicherung

Die Bewahrung von Wissen hat zum einen eine technologische und zum anderen eine verhaltensorientierte Dimension. Die heutige Medientechnik ist in besonderem Maße geeignet, Wissen zu speichern, sowohl in gedruckter als auch in elektronischer Form. Zu erwähnen sind in diesem Zusammenhang Datenbanken, Methodenbanken, Modellbanken, Expertensysteme. Ein besonders geeignetes Speichermedium ist jedoch der **Mitarbeiter**. Seine Speicherkapazität überstcigt jene künstlicher Systeme – weniger im Hinblick auf die Quantität, als auf die Art des zu speichernden Wissens. Die Bereitschaft zur Wissensspeicherung wird gefördert durch eine Grundeinstellung, die sich insbesondere in einer starken Unternehmenskultur ausdrückt.

Zur Wissensspeicherung gehört auch die Wissensbewahrung, also die Verhinderung von Wissensverlust. Er ist insbesondere dann zu verzeichnen, wenn das Wissen einer Gruppe oder eines Individuums durch Auflösung der Gruppe (etwa im Rahmen der Projektorganisation) oder Abwanderung des Mitarbeiters verloren geht.

(4) Wissensnutzung

In der konsequenten Verwendung des vorhandenen Wissens besteht nach einem empirischen Befund der Unternehmensberatungsgesellschaft *Roland Berger* & Partner ein großer Nachholbedarf. Dieses Defizit äußert sich nach *Roland Berger* in folgenden Sachverhalten:

1. Unternehmen bilden ihre Mitarbeiter gründlich aus, aber lassen sie ihr Wissen nicht anwenden.
2. Unternehmen haben für jede Frage einen Experten, aber die wenigstens wissen, wie man ihn findet.
3. Unternehmen engagieren nur die hellsten Köpfe, aber verlieren sie nach drei Jahren an die Konkurrenz.
4. Unternehmen wissen alles über ihre Konkurrenten, aber nur wenig über sich selbst.
5. Unternehmen fordern ihre Mitarbeiter zur Wissensteilung auf, aber die Unternehmensspitze behält ihre Geheimnisse für sich.

Die Beseitigung dieses Defizits ist nur mit einem konsequenten Wissensmanagement möglich (vgl. *Bea* [Wissensmanagement]).

7 Zusammenfassung

Information ist ein strategischer Erfolgsfaktor. Verschiedene Entwicklungen haben dazu beigetragen, dass die Bedeutung der Information stark zugenommen hat: Die erhöhte Relevanz der Umwelt, die wachsende Dynamik der Umwelt und die höheren Anforderungen an das Kompetenzprofil der Unternehmung.

Wir unterscheiden ein Management externer Informationen und ein Management interner Informationen. Das **Management externer Informationen** befasst sich mit der weiteren und der näheren Umwelt. Dabei kommen Prognoseverfahren und Projektionsverfahren zum Einsatz. Es stehen folgende Prognosetechniken zur Verfügung: Prognose auf der Basis von Befragungen, auf der Basis von Indikatoren, auf der Basis von Zeitreihen und auf der Basis von Funktionen. Unter den Projektionsverfahren sind von besonderer Bedeutung die Szenarioanalyse und die Früherkennungssysteme, insbesondere das Konzept der Schwachen Signale.

Das **Management interner Informationen** befasst sich mit Projekten, Potenzialen und Prozessen. Zum Einsatz kommen Projektrechnungen, Potenzialrechnungen und Prozessrechnungen. Zu den Prozessrechnungen zählen insbesondere das Target Costing, die Prozesskostenrechnung und die lebenszyklusorientierte Kosten- und Erlösrechnung.

Computergestützte Informationssysteme unterstützen das strategische Informationsmanagement. Zu nennen sind Management-Informationssysteme (MIS), Decision Support Systems (DSS), Führungsinformationssysteme (FIS) und Expertensysteme (ES).

Der Begriff Informationsmanagement wird zunehmend ersetzt durch den Begriff «**Wissensmanagement**». Es werden vier Teilprozesse des Wissensprozesses unterschieden: Wissensgenerierung, Wissenstransfer, Wissensspeicherung und Wissensnutzung.

Fragen zur Wiederholung

(1) Strategische Bedeutung der Information

1. Was versteht man unter «Information»? (1)

2. Weshalb hat die Bedeutung des Potenzials «Information» für die Unternehmen zugenommen? (1)

(2) Konzeption eines strategischen Informationssystems

1. Was versteht man unter strategischem Informationsmanagement und welche Aufgabenfelder können unterschieden werden? (2.1)

2. Mit Hilfe welcher Kriterien können Informationen allgemein gekennzeichnet werden? (2.2)

3. Grenzen Sie die Begriffe «Informationsbedarf», «Informationsangebot» und «Informationsnachfrage» voneinander ab.(2.2)

4. Kennzeichnen Sie den Informationsbedarf von Planung und Kontrolle anhand geeigneter Kriterien. (2.2)

5. Welche Probleme treten bei der Abgrenzung der relevanten Informationsbereiche auf? (2.2)

6. Welche Formen der Informationsbeschaffung stehen Unternehmen allgemein zur Verfügung? (2.3)

7. Worin bestehen die Stärken externer Unternehmensberater?(2.3)

8. Welches sind die verschiedenen Schritte der Informationsverarbeitung? (2.4)

9. Inwiefern können die Cross-Impact-Analyse und die Netzwerkanalyse bei der Informationsverarbeitung eingesetzt werden? (2.4)

(3) Management externer Informationen

1. Welche Merkmale können zur Kennzeichnung von Umweltveränderungen dienen? (3.1)

2. Was versteht man unter operativen bzw. strategischen Umweltveränderungen und was unter Diskontinuitäten? (3.1)

3. Worin liegen die fundamentalen Unterschiede von Prognose und Projektionsverfahren? (3.2 und 3.3)

4. Weshalb sind Prognoseverfahren im Rahmen der strategischen Früherkennung nur eingeschränkt geeignet? Welche Verfahren sind bedingt einsetzbar? (3.2)

5. Kennzeichnen Sie die Szenario-Analyse und stellen Sie ihren phasenartigen Ablauf dar. (3.3.1)

6. Worin liegen die Vorteile der Szenario-Analyse gegenüber herkömmlichen Prognoseverfahren? Inwiefern ist es gerechtfertigt, von einer «robusten Rahmenmethodik» zu sprechen? (3.3.1)

7. Welches sind die Leitgedanken der verschiedenen Entwicklungsphasen von Früherkennungssystemen? (3.3.2)

8. Worin besteht das Grundproblem der indikatorgestützten FES? (3.3.2)

9. Inwieweit stellt das Konzept der Schwachen Signale von *Ansoff* eine Erweiterung der anderen Ansätze auf dem Gebiet der Früherkennung dar? (3.3.2 und 3.4)

10. Welche sind die grundlegenden Hypothesen in *Ansoffs* Konzept und wie können sie begründet werden? (3.4.1)

11. Wie hängen Verhalten und Informationsgrad in *Ansoffs* Konzept voneinander ab? (3.4.2 und 3.4.3)

12. Welche Ziele verfolgt das Diskontinuitätenmanagement? Welche Instrumente können im Rahmen des Diskontinuitätenmanagements zum Einsatz kommen? (3.5.1 und 3.5.2)

13. Welche Implementierungsprobleme treten beim Diskontinuitätenmanagement auf und wie kann ihnen begegnet werden? (3.5.3)

(4) Management interner Informationen

1. Welche Anforderungen sind an das Strategische Management interner Informationen zu stellen? (4.1)

2. Kennzeichnen Sie die Projektrechnung als Instrument des Managements interner Informationen (4.2)

3. Welche Konzepte einer Potenzialrechnung liegen vor? Wie ist ihre Leistungsfähigkeit zu beurteilen? (4.3)

4. Inwieweit hat sich das Umfeld der Kosten- und Erlösrechnung verändert? Welche Anforderungen sind daraus an eine moderne Kosten- und Erlösrechnung zu stellen? (4.4)

5. Welche Anforderungen sind explizit an eine strategisch orientierte Kosten- und Erlösrechnung als Informationssystem zu stellen? (4.4)

6. Erläutern Sie die wertkettenbasierte Kostenanalyse als Grundgerüst einer strategisch orientierten Kosten- und Erlösrechnung. (4.4.1)

7. Welche Erkenntnisse können durch die wertkettenbasierte Kostenanalyse gewonnen werden? (4.4.1)

8. Welche Ziele verfolgt das Target Costing? (4.4.2.1)

9. Erläutern Sie den Prozess des Target Costing. Welche Instrumente sind dabei einsetzbar? (4.4.2.2)

10. Erläutern Sie die Verbindung von Target Costing und Prozesskostenrechnung bzw. Target Costing und der lebenszyklusorientierten Kosten- und Erlösrechnung. (4.4.2.2)

11. Was versteht man unter Benchmarking? (4.4.2.2)

12. Welche Ziele verfolgt die Prozesskostenrechnung? (4.4.3.1)

13. Inwieweit entspricht die Prozesskostenrechnung dem Grundgerüst des wertkettenbasierten Kostenmanagements? (4.4.3.1)

14. Erläutern Sie den Ablauf der Prozesskostenrechnung. (4.4.3.2)

15. Welchem Zweck dient die Ermittlung von Prozesskostensätzen? (4.4.3.2)

16. Legen Sie dar, welche Defizite der traditionellen Zuschlagskalkulation durch die Prozesskostenrechnung behoben werden können. (4.4.3.3)

17. Welche Umweltveränderungen haben speziell zur Entwicklung einer lebenszyklusorientierten Kosten- und Erlösrechnung geführt? (4.4.4)

18. Welches Ziel verfolgt die lebenszyklusorientierte Kosten- und Erlösrechnung allgemein und welche strategischen Entscheidungen können durch sie unterstützt werden? (4.4.4)

19. Inwieweit erfüllt die lebenszyklusorientierte Kosten- und Erlösrechnung die Anforderungen an eine strategisch orientierte Kosten- und Erlösrechnung? (4.4.4)

(5) Computergestützte Informationssysteme

1. Wie sind computergestützte Informationssysteme grundsätzlich aufgebaut, welche Subsysteme werden unterschieden und was versteht man unter dem hierarchischen Aufbau von Informationssystemen? (5.1)

2. Welche Entwicklungsstufen computergestützter Informationssysteme lassen sich unterscheiden? Nennen Sie die wesentlichen Merkmale der einzelnen Stufen. (5.2.1)

3. Kennzeichnen Sie die potenzielle «Arbeitsteilung» von Mensch und Computer im Strategischen Management. (5.2.2 und 5.2.4)

4. Wodurch unterscheiden sich Expertensysteme von den übrigen Entwicklungsstufen computergestützter Informationssysteme? (5.2)

5. Wie ist das Leistungspotenzial der Computerunterstützung im Strategischen Management zu beurteilen? Welche Gefahren resultieren aus dem Einsatz computergestützter Informationssysteme, welche Vorteile lassen sich realisieren? (5.3)

(6) Wissensmanagement

1. Beschreiben Sie den Unterschied zwischen Wissensmanagement und Informationsmanagement (6.2)

2. Welche Entwicklungen haben die zunehmende Bedeutung des Wissensmanagements begünstigt? (6.2)

Fragen zur Vertiefung

1. Wie kann die Entscheidung über die Informationsbeschaffung auf der Grundlage eines ökonomischen Kalküls erfolgen? Wie kann ein solcher Kalkül aussehen?

2. Mit welchen Maßen könnten Umweltveränderungen gemessen werden? Welche Messprobleme treten auf?

3. Welche Formen der Zusammenarbeit zwischen Top-Management, Planungsstäben und externen Beratern sind im Rahmen der strategischen Früherkennung bzw. der Durchführung von Szenario-Analysen denkbar? Welche Bedeutung könnten Teamkonzepte (vgl. Teil 5) in diesem Zusammenhang erlangen?

4. Wie kann ein umfassendes Diskontinuitätenmanagement in bestehende betriebliche Strukturen «eingebaut» werden? Welche Anforderungen stellt es an die Struktur und die Kultur der Unternehmung?

5. Untersuchen Sie die Beziehungen zwischen Diskontinuitätenmanagement, Wissensmanagement, Lernender Organisation und Prozessorganisation.

6. Welche Nutzungsmöglichkeiten könnten sich aus elektronischen Online-Diensten bzw. dem Internet für die betriebliche Früherkennung ergeben?

7. Entwickeln Sie weitere Konzepte für ein potenzialorientiertes Management interner Informationen. Nehmen Sie dabei insbesondere Bezug auf die Potenziale «Organisation», «Unternehmenskultur» und «Information».

8. Welche Probleme bringt die Forderung nach strategieorientierten Kosten- und Erlösrechnungssystemen mit?

9. Vergleichen Sie die dargestellten strategisch orientierten Rechnungsansätze mit traditionellen Rechnungssystemen. In welchem Verhältnis stehen neuere und traditionelle Ansätze zueinander?

10. Überprüfen Sie, inwieweit das System der Relativen Einzelkostenrechnung nach *Riebel* den Anforderungen an eine strategisch orientierte Kostenrechnung genügt.

11. Entwickeln Sie das Konzept der lebenszyklusorientierten Kosten- und Erlösrechnung im Hinblick auf die Portfolioorientierung weiter.

12. Nehmen Sie Stellung zu der These: «Der Vorteil der Prozesskostenrechnung liegt nicht so sehr in der richtigen Erfassung der Kosten, sondern in der Bereitstellung von Informationen für die Reorganisation der betrieblichen Prozesse.»

13. Zeigen Sie, wie mit Hilfe der Nutzwertanalyse der «Nutzen» strategischer, computergestützter Informationssysteme bewertet werden könnte.

14. Was versteht man unter einer Wissensgesellschaft?

15. Welcher Zusammenhang besteht zwischen dem Wissensmanagement und dem Resource-based View?

16. § 91 Abs. 2 des deutschen Aktiengesetzes lautet: «Der Vorstand hat geeignete Maßnahmen zu treffen, insbesondere ein Überwachungssystem einzurichten, damit den Fortbestand der Gesellschaft gefährdende Entwicklungen früh erkannt werden.» Wie könnte ein derartiges Überwachungssystem aussehen?

Literaturempfehlungen

Informationsmanagement allgemein

Erichson, B. u. *P. Hammann*: Grundlagen der Beschaffung und Aufbereitung von Informationen. In: *Bea, F.X., E. Dichtl* u. *M. Schweitzer* (Hrsg.): Allgemeine Betriebswirtschaftslehre. Bd. II: Führung. 7. A., Stuttgart, Jena 1997, S. 234-299.

Gaugler, E.: Information als Führungsaufgabe. In: Handwörterbuch der Führung, Stuttgart 1987, Sp. 1127-1137.

Küpper, H.-U.: Controlling. 2. A., Stuttgart 1997

Management externer Informationen

Ansoff, H.I.: Die Bewältigung von Überraschungen und Diskontinuitäten durch die Unternehmensführung. Strategische Reaktion auf Schwache Signale. In: *Steinmann, H.* (Hrsg.): Planung und Kontrolle. München 1981, S. 233-264.

Bea, F.X. u. *J. Haas*: Möglichkeiten und Grenzen der Früherkennung von Unternehmenskrisen. In: Wirtschaftswissenschaftliches Studium, 23. Jg. (1994), H. 10, S. 486-491.

Brockhoff, K.: Prognosen. In: *Bea, F.X., E. Dichtl* u. *M. Schweitzer* (Hrsg.): Allgemeine Betriebswirtschaftslehre. Bd. II: Führung. 7. A., Stuttgart, Jena 1997, S. 653-696.

Geschka, H.: Die Szenariotechnik in der strategischen Unternehmensplanung. In: *Hahn, D.* u. *B. Taylor* (Hrsg.): Strategische Unternehmungsplanung - Strategische Unternehmungsführung. 8. A., Heidelberg 1999, S. 518-545.

Krystek, U. u. *G. Müller-Stewens*: Strategische Frühaufklärung. In: *Hahn, D.* u. *B. Taylor* (Hrsg.): Strategische Unternehmungsplanung - Strategische Unternehmungsführung. 8. A., Heidelberg 1999, S. 497-517.

Management interner Informationen

Dellmann, K. u. *K.P. Franz* (Hrsg.): Neuere Entwicklungen im Kostenmanagement. Bern u.a. 1994.

Eisele, W.: Technik des betrieblichen Rechnungswesens. 6. A., München 1999.

Ewert, R. u. *A. Wagenhofer*: Interne Unternehmensrechnung. 4. A., Berlin u.a. 2000.

Horváth, P. (Hrsg.): Target Costing. Marktorientierte Zielkosten in der deutschen Praxis. Stuttgart 1993.

Schweitzer, M. u. *H.-U. Küpper*: Systeme der Kosten- und Erlösrechnung. 7. A., München 1998.

Computergestützte Informationssysteme

Hansen, H.R.: Wirtschaftsinformatik 1. 7. A., Stuttgart 1997.

Kraege, T.: Informationssysteme für die Konzernführung. Wiesbaden 1998.

Zahn, E.: Informationstechnologie und Informationsmanagement. In: *Bea, F.X., E. Dichtl* u. *M. Schweitzer* (Hrsg.): Allgemeine Betriebswirtschaftslehre. Bd. II: Führung. 7. A., Stuttgart 1997, S. 300-357.

Wissensmanagement

Bea, F.X.: Wissensmanagement. In: Wirtschaftswissenschaftliches Studium, 29. Jg. (2000) H. 7. S. 362-367.

Nonaka, J. u. *H. Takeuchi*: The knowlege-creating company. New York/Oxford 1994.

Willke, H.: Systemisches Wissensmanagement. 2. A., Stuttgart 2000.

Teil 5: Organisation

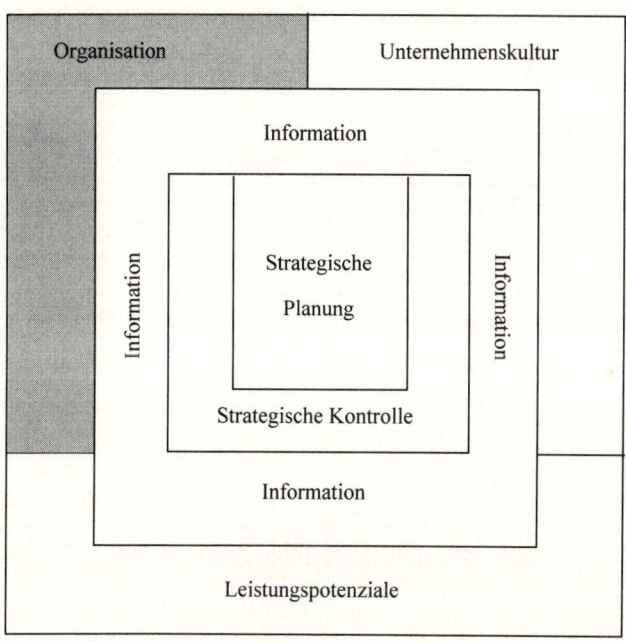

- Die Organisation ist Bestandteil des Strategischen Managements und dient der Erreichung und Sicherung strategischer Unternehmensziele.

- Aus Umfeldveränderungen erwachsen neue Anforderungen an die Organisation. Sie haben in den letzten Jahren die Entwicklung einer Reihe neuer Organisationsmodelle nach sich gezogen. Mit Hilfe organisationstheoretischer Ansätze kann diese Entwicklung erklärt werden.

- Anpassungen der Organisation an veränderte Rahmenbedingungen (Reorganisationen) können als Projekte aufgefasst und mit den Instrumenten des Projektmanagements bewältigt werden. Die Möglichkeiten rationaler Organisationsgestaltung sind jedoch begrenzt.

Inhalt

Beispiel aus der Unternehmenspraxis:

*Die **strategische Neuorientierung** einer Unternehmung gelingt nicht allein durch die Wahl einer neuen Strategie. Sie verlangt auch eine Abstimmung der neuen Strategie mit den übrigen Bausteinen des Strategischen Managements, insbesondere mit der Struktur und der Kultur. Dem System-Umwelt-Fit muss der Intra-System-Fit folgen.*

McKinsey hat ermittelt, dass sich die Struktur (im Vergleich zu den übrigen Elementen des «7-S-Modells» (vgl. S. 16) relativ schnell verändern lässt. Für die Umstrukturierung ist ein durchschnittlicher Zeitraum von drei bis fünf Jahren, für die Veränderung der Unternehmenskultur sind i.d.R. fünf bis 15 Jahre zu veranschlagen. Damit ist teilweise zu erklären, warum Unternehmungen, nachdem eine neue Strategie gewählt ist, zuerst die Neugestaltung der Struktur in Angriff nehmen.

*Am Beispiel der **Daimler-Benz/Daimler-Chrysler AG** kann gezeigt werden, wie **Strukturveränderungen** mit **Strategieveränderungen** einhergehen:*

*Traditionell stellte Daimler-Benz PKW und Nutzfahrzeuge für den Inlandsmarkt her. Die **funktionale Struktur** sicherte lange Zeit die Wahrnehmung von Größenvorteilen, funktionalen Synergien und einer ausgeprägten Produkt- und damit verbunden Qualitätsorientierung (vgl. Abb. 5-8).*

*Die funktionale Struktur wich 1987 im Zuge der strategischen Neuorientierung hin zu einem «integrierten Technologiekonzern» und der damit einhergehenden Internationalisierung und konglomeraten Diversifizierung einer **divisionalen Struktur** mit ausgeprägten Zentralabteilungen. Mit der Einrichtung der funktionalen Zentralabteilungen (Finanzen und Betriebswirtschaft, Forschung und Technik, Materialwirtschaft, Personal und Vertrieb) für die Divisionen Nutzfahrzeuge, Personenkraftwagen, AEG, Dornier und MTU, entstand eine **Mischform** (Verbund von funktionaler Organisation und Spartenorganisation).*

*Die zunehmende Dynamik des Wettbewerbsumfeldes und der Erwerb weiterer Unternehmungen (MBB, Fokker) einerseits sowie ein hoher Koordinationsaufwand bzw. ein erhebliches Konfliktpotenzial aus der bestehenden Mischform andererseits begünstigten die Entscheidung, die Struktur wieder zu verändern. So wurde die Dezentralisierung durch den Übergang zur **Holding-Struktur** verstärkt, mit dem Ziel, sowohl die Flexibilität wie auch die Markt- bzw. Kundennähe zu steigern.*

Auch im Zuge der strategischen Neuorientierung des Konzerns, im Übergang von der Diversifikationsstrategie zur **Konzentration auf das Kerngeschäft**, *wurde die Holding-Struktur grundsätzlich beibehalten. Gerade hier erweist sie sich als flexible Form der Strukturierung, die das Aufnehmen und Abgeben von Geschäften (Gesellschaften) erleichtert. Die zukünftige Struktur des Automobil-Riesen lässt sich nur schwer vorhersagen, könnte sich aber wie folgt darstellen:*

Daimler-Chrysler AG			
PKW	**NFZ**	**Aerospace** **(DASA)**	**Rail Systems**
– Mercedes-Benz	– Mercedes-Benz	– Airbus	– Adtranz
– Chrysler	– Freightliner	– Eurocopter	
– Jeep	– Sterling	– MTU	
– Doge	– Setra		
– Plymouth			
– smart			

1 Strategische Bedeutung der Organisation

Organisation ist wie die strategische Planung und Kontrolle, Unternehmenskultur und Information ein Führungssubsystem. Sie zählt zu den Potenzialen der Führungsebene (Führungspotenziale), denen die Potenziale der Leistungsebene (Leistungspotenziale) gegenüberstehen (vgl. Teil 7).

Die **strategische Relevanz** der Organisation wird sichtbar, wenn die Beziehungen zu den übrigen Elementen des Strategischen Managements beleuchtet werden. Da es sich bei der Organisation um ein ausgesprochen vielschichtiges Phänomen handelt, ist zuvor jedoch eine Klärung dieses Phänomens bzw. des Begriffs «Organisation» notwendig.

(1) Begriffe und Perspektiven der Organisation

Der Begriff «Organisation», der seine Wurzeln im Griechischen hat (organon = Werkzeug), weist sowohl in der Umgangssprache wie auch im wissenschaftlichen Sprachgebrauch eine kaum überschaubare Vielfalt auf.

Organisationsbegriffe sind wertgeladen und daher ein Spiegel der Zeit ihres Entstehens. Sie sind nicht richtig oder falsch, sondern zweckmäßig oder unzweckmäßig.

Organisationsbegriffe:

Organisation ist integrative Strukturierung von Ganzheiten bzw. Gebilden. Organisation ist dabei eher ein technisches Problem (Aufgabenanalyse, -synthese und -verteilung), verhaltensspezifische Aspekte bleiben unberücksichtigt *(Kosiol* [Aktionszentrum] 66).

Organisation ist ein Instrument zur Strukturierung sozio-technischer Systeme zur Erfüllung von Zielen *(Grochla* [Grundlagen] 1).

Organisation ist zielorientierte ganzheitliche Strukturierung *(Bleicher* [Organisation].

Organisationsbegriffe sind das Ergebnis unterschiedlicher Perspektiven, die man bei der Beschäftigung mit einer Organisation wählen kann. Wir unterscheiden drei grundlegende **Perspektiven**:

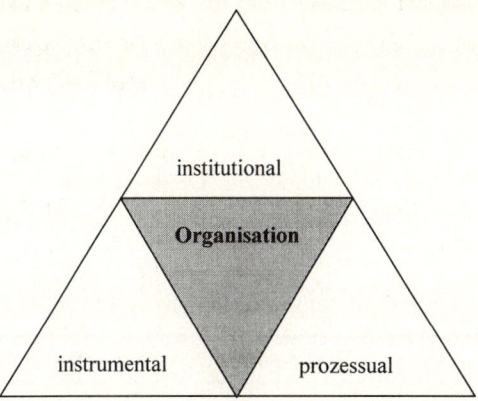

Abb. 5-1: Perspektiven der Organisation

Die **institutionale Perspektive** und der zugehörige institutionale Organisations-begriff kennzeichnen die Organisation als eine Institution (bspw. eine Behörde, eine Kirche oder wie in unserem Fall ein Unternehmen). Die Unternehmung **ist eine Organisation**. Organisationen werden dann als kollektive, soziale und strukturierte Denk- und Handlungsmuster bzw. -systeme interpretiert. Fragen der Führung und personale Aspekte stehen dabei im Vordergrund.

Bei der **instrumentalen Perspektive** wird die Organisation als ein Instrument zur Steuerung und Koordination von Handlungen oder allgemein als Führungsinstru-ment interpretiert. Die Unternehmung **hat eine Organisation**. Im Mittelpunkt des Interesses stehen die Gestaltungsparameter der Organisation wie Spezialisierung, Delegation, Koordination und Konfiguration unter der Zielsetzung organisatori-scher Effizienz.

Die **prozessuale Perspektive** bezieht sich auf den Prozess, die Tätigkeit des Or-ganisierens, durch die eine Struktur entsteht. Organisation i.S. einer Strukturierung umfasst dann die Gesamtheit aller geplanten und zielorientierten Maßnahmen der Organisationsgestaltung.

In unserer Konzeption vom Strategischen Management, in der **Organisation** als ein **Potenzial** verstanden wird, legen wir tendenziell eine instrumentale Perspekti-ve zu Grunde. Jedoch betonen wir zugleich, dass Organisation nicht, wie häufig bei Anwendung der instrumentalen Perspektive, als untergeordnetes Instrument, sondern als **gleichwertiges Element** neben den anderen Subsystemen des Strate-gischen Managements zu begreifen ist.

(2) Die Bedeutung der Organisation im Strategischen Management

Das in Teil 1 skizzierte Fit-Konzept betont die strategische Bedeutung der Organisation durch das Postulat der Stimmigkeit zwischen den Elementen des Strategischen Managements (Intra-System-Fit).

Augenfällig ist die enge Beziehung von **Organisation** und **Strategie**. Als erster hat *Chandler* (geb. 1918) den Zusammenhang von Strategie und Organisation entdeckt und thesenartig in dem Satz zum Ausdruck gebracht: «Structure follows strategy». Die Beziehung zwischen Organisation und Strategie lässt sich im Rahmen des sog. **situativen Ansatzes** konsequent in das Strategische Management einordnen. Mit diesem Ansatz beschäftigen wir uns auf S. 366 ff.

Strategien dienen dem Aufbau und der Sicherung langfristiger Erfolgspotenziale der Unternehmung. Somit ist die Entwicklung der Organisation selbst Gegenstand des Strategischen Managements. Andererseits bildet die Organisation den strukturellen Rahmen, in dem sich Strategieentwicklung und -implementierung vollziehen. Auf ähnliche Weise wie die Strategie beeinflusst die Organisation auch die Möglichkeiten der Informationsbeschaffung und -verarbeitung innerhalb der Unternehmung und so die Entwicklung und die Nutzung der **Information**. Die Erkenntnis, dass neben formalen Regelungen und sog. hard facts auch informale Regelungen bzw. soft facts den Erfolg einer Unternehmung maßgeblich mitbestimmen (vgl. *Peters/Waterman* [Excellence]), lenkt die Aufmerksamkeit auf die **Unternehmenskultur.** Organisation im instrumentalen Sinne stellt auch hier eine Art Rahmen dar, der die Entwicklung von Werten und Normen innerhalb der Unternehmung beeinflusst. Schließlich wird auch die Schaffung und Nutzung der **Leistungspotenziale** (Beschaffung, Produktion, Absatz, Kapital, Personal, Technologie) durch die organisatorische Realität in der Unternehmung geprägt. Die Personalentwicklung bspw. muss sich an den organisatorischen Gegebenheiten ausrichten (z.B. Führungskräftebedarf), umgekehrt erfordern bestimmte Verfahrenstechnologien spezifische organisatorische Lösungen (z.B. Fließfertigung oder Fertigungsinseln mit Gruppenarbeit).

Insgesamt ist festzustellen, dass die Bedeutung der Organisation im Rahmen des Strategischen Managements in den letzten Jahren beträchtlich gewachsen ist. Der Grund für diese Schwerpunktverlagerung zu Gunsten der Organisation ist in der zunehmenden Dynamik der Umwelt zu sehen. Je schwieriger sich die Problemlösung ex ante, also durch die Planung, darbietet, umso mehr bedarf es der Schaffung eines Potenzials für Reaktionen ex post. Dieses **Reaktionspotenzial** ist in einer adäquaten Gestaltung der Organisation zu sehen. Sie äußert sich in den modernen Organisationsmodellen wie der Prozessorganisation, der Teamorganisation sowie den Kooperationsmodellen. Diese werden ab S. 402 ff. dargestellt.

Die Feststellung einer grundsätzlichen Bedeutung der Organisation für den strategischen Erfolg darf allerdings nicht darüber hinwegtäuschen, dass sich der Nachweis eines Zusammenhanges im Einzelfall quantitativ nur schwer belegen lässt. Diese Thematik ist eingebettet in die Gesamtproblematik der Messung des strategischen Erfolgs (vgl. dazu S. 114 f.).

2 Organisationstheoretische Ansätze

Organisationstheorien liefern empirisch gehaltvolle und mit genereller Gültigkeit ausgestattete Aussagen über Organisationen in der Wenn-Dann-Form. Sie stellen damit Erklärungen zur Verfügung. Erklärungen wiederum bilden die Basis für die Bewertung und Gestaltung organisatorischer Alternativen.

Für die Grundausrichtung der organisationstheoretischen Forschung steht heute eine Reihe recht heterogener **organisationstheoretischer Ansätze** zur Verfügung. Zu nennen sind u.a. der Bürokratieansatz nach *Max Weber*, der tayloristische Ansatz, der Human-Relations-Ansatz sowie der strukturtechnische Ansatz (vgl. *Bea/Göbel* [Organisation] 44 ff.).

Wir stellen im Folgenden jene Ansätze ausführlich dar, welche die Einbeziehung der Organisation in das Strategische Management konsequent ermöglichen:

- Situativer Ansatz,
- institutionenökonomischer Ansatz,
- Selbstorganisationsansatz.

2.1 Situativer Ansatz

Der situative Ansatz, der Ende der 50er Jahre in die Organisationsforschung Eingang fand und diese maßgeblich geprägt hat, stellt eine **Antithese zur traditionellen Organisationslehre,** insbesondere zum tayloristischen Ansatz und zum strukturtechnischen Ansatz dar, die von einem «one best way of organizing» ausgehen. Als wichtige Vertreter sind *Woodward, Burns und Stalker,* die *Aston-Gruppe* um *Pugh, Lawrence* und *Lorsch* sowie im deutschsprachigen Raum *Kieser* und *Kubicek* zu nennen.

(1) Grundaussagen des situativen Ansatzes:

- In bestimmten Situationen kommen bestimmte Organisationen vor. Unterschiede zwischen realen Organisationsformen sind also auf Unterschiede der Situation zurückzuführen, in der sich die jeweiligen Organisationen befinden. Ein derartiger Zusammenhang wird in der Statistik als Kontingenz bezeichnet, daher wird gelegentlich auch der Begriff «**Kontingenzansatz**» gewählt.
- Es gibt nicht **die** optimale Organisation, sondern in Abhängigkeit von der Situation unterschiedlich effiziente Organisationsformen.

Abb. 5-2 zeigt das **Grundmodell** des situativen Ansatzes:

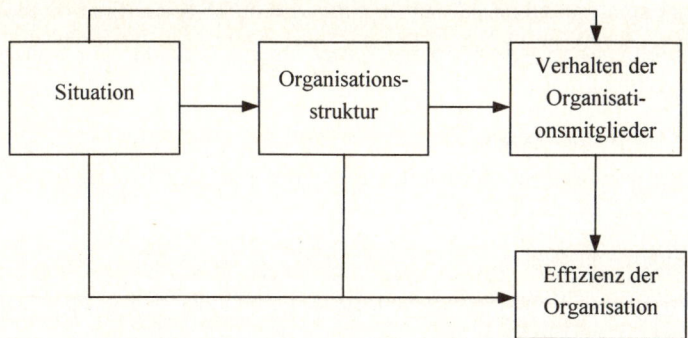

Abb. 5-2: Grundmodell des situativen Ansatzes (Quelle: *Kieser/Kubicek* [Organisation] 61)

Mit dem situativen Ansatz hat sich die Organisationsforschung zu einer **empirischen Disziplin** entwickelt. Ihr Ziel ist die Beschreibung (deskriptives Ziel) und die Erklärung (theoretisches Ziel) der Beziehungen zwischen Situation, Struktur, Verhalten und Effizienz der Organisation. Das methodische Werkzeug der Organisationsforschung muss folgende **Aufgaben** bewältigen:

1. Auswahl der Variablen zur Beschreibung von Situation, Struktur, Verhalten und Effizienz.

2. Operationalisierung der Variablen:
   – Abbildung der Variablen durch messbare Größen
   – Beachtung der Gütekriterien für die Messverfahren:
     • Validität (Gültigkeit),
     • Reliabilität (Zuverlässigkeit),
     • Praktikabilität (Durchführbarkeit).

3. Datenerhebung:
   – Primärerhebung: Neue Daten werden erhoben, etwa durch Befragung und Beobachtung.
   – Sekundärerhebung: Bereits vorhandene Daten werden ausgewertet.
   – Querschnittsanalysen: Das interessierende Merkmal wird zu einem bestimmten Zeitpunkt bei mehreren Untersuchungsobjekten analysiert.
   – Längsschnittsanalysen: Das interessierende Merkmal wird über einen längeren Zeitraum hinweg bei einem Untersuchungsobjekt beobachtet. Damit lassen sich Entwicklungsprozesse erkennen.

4. Datenreduktion:

- Clusteranalyse: Die Zahl der Objekte wird durch Klassifikation reduziert.
- Faktorenanalyse: Die Merkmale eines Objektes werden auf wenige Faktoren reduziert.

5. Analyse von Beziehungen:

- Regressionsanalyse: Messung der Stärke und der Richtung des Zusammenhangs von Variablen.

6. Befundinterpretation:

- Detailkritik: Die einzelnen Schritte des methodischen Vorgehens werden kritisch analysiert und interpretiert.
- Fundamentalkritik: Die Leistungsfähigkeit des Ansatzes insgesamt wird kritisch beleuchtet.

Die Hauptkritik am situativen Ansatz besteht im **Vorwurf der Theorielosigkeit**. Dieses Argument knüpft an der Tatsache an, dass der situative Ansatz in letzter Konsequenz zu singulären Aussagen führt und so letztlich nur noch geringen Erklärungscharakter besitzt. Allgemeine Gestaltungsempfehlungen sind dann kaum mehr möglich. Auf der anderen Seite wird bei generellen Aussagen (allgemein gültigen Prinzipien) die Steigerung des Allgemeinheitsgrades häufig durch eine Reduktion des Bestimmtheitsgrades erkauft. Typologische Aussagen stellen einen sinnvollen «Kompromiss» dar.

Ansatz	situativer	typologischer	traditioneller
Arten von Aussagen	singulär	typologisch	generell
Allgemeinheitsgrad der Aussagen	gering	mittel	hoch
Bestimmtheitsgrad der Aussagen	hoch	mittel	gering

Abb. 5-3:   Singuläre, typologische, generelle Aussagen

Typologische Aussagen stehen zwischen den singulären und den generellen Aussagen. Sie stellen generelle Aussagen für Typen von Konstellationen, also gewissermaßen eine **Theorie mit geringerer Reichweite** dar. Die Aussagen für den einzelnen Fall als Bestandteil eines Typs weisen dabei gewisse Unschärfen auf, da Varianzen innerhalb eines Typs zwangsläufig sind. Typologische Aussagen lassen sich – wie die Literatur zeigt – im Rahmen des situativen Ansatzes in vielfältiger

Weise gewinnen. Ein klassisches Beispiel sind die fünf Konfigurationstypen von *Mintzberg* [Structuring].

(2) Der strategische Fit

Die pragmatische Ausrichtung des situativen Ansatzes im Rahmen des Strategischen Managements führt zur Vorstellung vom Fit zwischen Umwelt, Strategie und Struktur. Er ist die Voraussetzung für die Effizienz und die Effektivität der Organisation.

Chandler (geb. 1918) beschäftigte sich als erster mit dem Zusammenhang zwischen Strategie und Struktur (vgl. *Chandler* [Chapters]). Im Rahmen einer Längsschnittsanalyse untersuchte er strukturelle Änderungen großer Unternehmungen in den USA im Zusammenhang mit Änderungen der Strategien. Die **Ergebnisse** können thesenartig zusammengefasst werden:

- Die Struktur einer Unternehmung folgt ihrer Wachstumsstrategie.
- Es lässt sich eine stufenartige Folge von Wachstumsstrategie und Strukturanpassungen feststellen.
- Die Struktur ist reaktiv, sie ändert sich erst, wenn ihre Ineffizienz sie dazu zwingt.

Diese Untersuchung, die rein deskriptiver Natur war und einen strengen Determinismus «**structure follows strategy**» postuliert, löste verschiedene Folgeuntersuchungen in den USA und Europa aus. Dabei wurde z.T. auch eine umgekehrte Abhängigkeit «**strategy follows structure**» festgestellt (vgl. (2) in Abb. 5-4).

Rumelt ([Strategy]) kommt 1974 für die USA zu einer Bestätigung von *Chandler*, gleichzeitig aber zu der Erkenntnis «**structure also follows fashion**». Normativen Charakter erhält diese Studie dadurch, dass *Rumelt* fordert, einen **Fit** zwischen Strategie und Struktur anzustreben (vgl. (3) in Abb. 5-4).

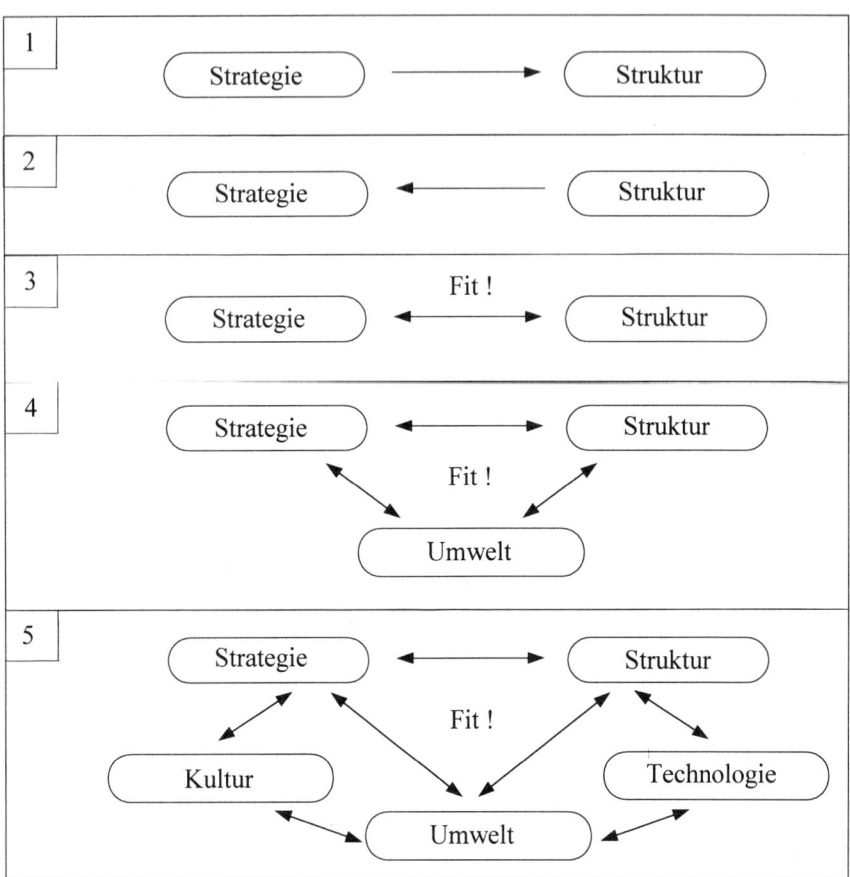

Abb. 5-4: Entwicklung von Fit-Ansätzen im Strategischen Management

Ein fundamentaler Mangel der oben genannten Untersuchungen war die lediglich auf Strategie und Struktur gerichtete enge Sichtweise. Nachfolgende Arbeiten in den 70er Jahren überwanden diese Schwäche. Dabei rückte zunächst die Umwelt der Unternehmung in den Mittelpunkt der Betrachtungen. *Ansoff* ([Management]) konzentrierte sich auf die Beziehung zwischen Strategie und Umwelt, während *Mintzberg* ([Structuring]) die Beziehungen zwischen der Struktur und der Umwelt betonte (vgl. (4) in Abb. 5-4). Die Erkenntnis, dass neben der **internen Abstimmung** zwischen Strategie und Struktur eine **externe Abstimmung** mit der Umwelt stattfinden muss, setzte sich durch.

In nachfolgenden Untersuchungen fand die Tendenz zur Erfassung der Realität durch immer mehr Variablen eine Fortsetzung. So wurde z. B. der Einfluss der **Technologie** auf Strategie und Struktur untersucht *(Woodward* [Technology],

Khandwalla [Competition], *Aiken* und *Hage* [Alientation] oder *Kieser* [Fertigungstechnologie]).

In jüngerer Zeit wird verstärkt die Bedeutung der **Unternehmenskultur** diskutiert (vgl. *Hofstede* [Kultur]). Dabei wird stets darauf hingewiesen, dass die einzelnen Elemente (Strategie, Struktur, Kultur, ...) zusammenpassen müssen (vgl. (5) in Abb. 5-4): «Strategy and structure follow culture - and culture follows strategy and structure.» *Porter* ([Wettbewerbsvorteile] 53) fordert, dass Unternehmenskultur und Unternehmensorganisation zur Normstrategie passen müssen.

Diese Tendenz in der Forschung findet auch im **«7-S-Modell»** von *McKinsey* ihren Ausdruck: Die Unternehmung wird als System aufgefasst. Im Mittelpunkt des Interesses stehen die Beziehungen zwischen den Subsystemen der Unternehmung. Dabei werden neben den hard facts auch soft facts berücksichtigt (vgl. Abb. 1-3, S. 16).

(3) Der Umwelt-Strategie-Struktur-Ansatz

Der **Umwelt-Strategie-Struktur-Ansatz** stellt eine **Spezifikation des situativen Ansatzes** dar. Er versucht, Veränderungen von Organisationen (Strukturen) über Veränderungen der (relevanten) Umwelt und der daraus resultierenden Strategieänderungen zu erklären. Damit stellt er kein Gegenprogramm zum Transaktionskostenansatz dar, denn auch dort wird die Organisation in Abhängigkeit bestimmter Bedingungen gesehen. Berücksichtigt der Transaktionskostenansatz jedoch ausschließlich organisationsabhängige Transaktionskosten als Bedingungen, so geht die Umwelt-Strategie-Struktur-Beziehung davon aus, dass eine Organisation in Abhängigkeit sämtlicher Situationsvariablen gesehen werden muss.

Der Umwelt-Strategie-Struktur-Ansatz wurde vor allem durch die Untersuchung *Chandlers* und diverse Folgeuntersuchungen bekannt. *Chandler* erkannte, wie Umweltveränderungen über die Strategie der Diversifikation zu einer starken Verbreitung der divisionalisierten Struktur führten. Den Erfolg der Divisionalen Organisation begründet *Chandler* damit, dass Führungskräfte von operativen Aufgaben befreit würden und mehr Zeit für strategische Aufgaben (strategische Planung und Kontrolle) hätten.

Übrigens konnte auch *Williamson* mit Hilfe des Transaktionskostenansatzes die Divisionalisierung (bei *Williamson* «M-Form») als Reaktion auf die Diversifizierungsstrategie erklären. Durch die Ableitung komparativer Kostendifferenzen alternativer organisatorischer Konzepte erkannte er Koordinationskostenvorteile der

Divisionalen Organisation gegenüber der Funktionalen Organisation bei diversifiziertem Produktionsprogramm *(Williamson* [Markets]).

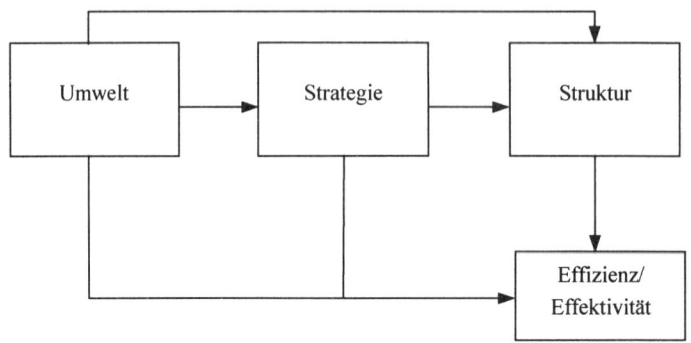

Abb. 5-5: Umwelt-Strategie-Struktur-Ansatz

Im Folgenden wollen wir kurz aufzeigen, wie mit Hilfe der Umwelt-Strategie-Struktur-Beziehung grundsätzlich die Existenz bzw. die Entstehung **neuer Organisationsmodelle** erklärt werden kann:

- **Umwelt-Veränderungen**

  In Teil 4 wurden bereits Typen von Umwelt-Veränderungen entwickelt (vgl. S. 265 f.). Hier sollen praxisrelevante Umwelt-Veränderungen im Mittelpunkt stehen. Eine vollständige Auflistung aller relevanten Umwelt-Veränderungen ist nicht möglich, zumal ihre Relevanz branchen- bzw. unternehmensspezifisch ist. Exemplarisch können genannt werden:

  – Technologische Entwicklungen (Innovationen bei Informations-, Kommunikations-, Prozess- oder Produkttechnologien),

  – Kürzer werdende Marktzyklen bei zunehmender Entwicklungszeit,

  – Marktsättigungstendenzen und Differenzierung der Nachfrage,

  – Globalisierung der Märkte,

  – Veränderung politischer Rahmenbedingungen (Deregulierung der Märkte, politische Integration),

  – Wertewandel.

- **Strategien**

  Die Umwelt-Veränderungen haben dazu geführt, dass die Anforderungen an Unternehmungen (und damit an ihre Strategien) einem quantitativen und qualitativen Wandel unterliegen. Diese Anforderungen schlagen sich in einer **Schwerpunktverlagerung** zu Gunsten folgender **strategischer Erfolgsfaktoren** nieder:

– Flexibiliät,
– Innovationskraft und Lernfähigkeit,
– Finanzkraft,
– Schaffung von Synergien (economies of scope),
– Marktnähe (Kundenorientierung),
– Kooperationsfähigkeit und –bereitschaft,
– Offenheit und Transparenz.

- **Neue Organisationsmodelle**

  Als Teilsystem des Strategischen Managements muss die Organisation der Veränderung von Erfolgsfaktoren Rechnung tragen. Neue Organisationsmodelle, die diesen Erfordernissen entsprechen, sind u.a. die Prozessorganisation, die Teamorganisation, die Lernende Organisation und die Kooperationsmodelle. Sie werden ausführlich auf S. 402 ff. dargestellt.

2.2 Institutionenökonomischer Ansatz

Der institutionenökonomische Ansatz betrachtet die Unternehmung als eine Institution: Die Unternehmung **ist** eine Organisation. «Organisation» wird dabei als ein System von Regeln interpretiert, das Ordnung erzeugt.

Der institutionenökonomische Ansatz besteht aus **drei Teilansätzen**:

1. Property-Rights-Ansatz (Theorie der Verfügungsrechte)
2. Principal-Agent-Ansatz (Agency-Theorie)
3. Transaktionskostenansatz

---

(1) Property-Rights-Ansatz

Wichtigste Vertreter dieses Ansatzes sind *Alchian* ([Economics] 1961) und *Demsetz* ([Theory] 1967). Der Property-Rights-Ansatz rückt die Frage nach den Verfügungsrechten in den Mittelpunkt. Von besonderem Interesse sind dabei die mit der Verteilung der Verfügungsrechte verbundenen Anreizwirkungen.

Verfügungsrechte sind:

- Recht der Nutzung eines Gutes (usus),
- Recht der Veränderung von Form und Substanz eines Gutes (abusus),
- Recht auf Nutzung der Erträge aus einem Gut (usus fructus) und
- Recht auf Übertragung des Gutes an Dritte.

Überträgt der Eigentümer eines Unternehmens Rechte auf die Unternehmenslei-tung, insbesondere die Disposition über das Unternehmen, entsteht ein **Anreiz-problem**. Es konkretisiert sich in der Frage, wie sich eine Unternehmensleitung verhält, die nicht über ihr eigenes Unternehmen verfügt. Um ein eigentümerkon-formes Verhalten sicherzustellen, müssen Regelungen in der **Unternehmensver-fassung** getroffen werden. Gehen wir von einer AG aus, so sind die Kontroll-rechte des Aufsichtsrats gegenüber dem Vorstand und der Aktionäre gegenüber dem Aufsichtsrat und dem Vorstand zu regeln. Auf diese Problematik sind wir im Zusammenhang mit der Erörterung der strategischen Kontrolle eingegangen (vgl. S. 227 ff.). Der Property-Rights-Ansatz wird hinsichtlich der Lösung des Kon-trollproblems in einer Organisation ergänzt durch den sog. Principal-Agent-Ansatz.

(2) Principal-Agent-Ansatz

Wichtige Vertreter des Principal-Agent-Ansatzes sind *Jensen* und *Meckling* (Theory of the Firm, 1976). Im Mittelpunkt der Betrachtung steht das Verhältnis zwischen Principal und Agent. Principal ist der Auftraggeber, Agent ist der Auf-tragnehmer. Principal-Agent-Beziehungen bestehen bspw. zwischen Aktionären und der Unternehmensleitung. Zum Problem wird diese Beziehung dann, wenn davon auszugehen ist, dass das Management nicht i.S. der Aktionäre handelt. Die-se Divergenz kann sich u.a. auf die Risikoneigung, die Gewinnverwendung und die Strategiewahl beziehen. Das Management ist insofern in einer relativ starken Position, als es einen Informationsvorsprung besitzt. Zur **Problemlösung** stehen folgende Maßnahmen zur Verfügung:

- Einwirkungsrechte der Anteilseigner,
- Informationsrechte der Anteilseigner,
- Vergütungssysteme für Manager.

Die Einwirkungsrechte und die Informationsrechte der Anteilseigner sind in der **Unternehmensverfassung** zu bestimmen. So sind im deutschen Aktiengesetz die Berichtspflichten des Vorstandes geregelt, ebenso die Einwirkungsrechte in Form der Zustimmung zu Geschäften des Vorstands durch den Aufsichtsrat sowie bei der Bestellung und Abberufung von Vorstandsmitgliedern. Ein anreizkompatibles Vergütungssystem für die Unternehmensleitung könnte in der Gewährung von sog. Stock Options bestehen. Diese Thematik wird vor allem im Zusammenhang mit der Ausrichtung des Managements am Shareholder Value diskutiert (vgl. S. 76 ff.).

Voraussetzung für einen effizienten Einsatz der genannten Problemlösungen ist eine Aufbauorganisation, die zu einer klar ersichtlichen Abgrenzung der Verant-wortungsbereiche und damit zu Transparenz als Voraussetzung für Kontrolle führt.

(3) Transaktionskostenansatz

Hauptvertreter des Transaktionskostenansatzes sind *Coase* (The Nature of the Firm, 1937) und *Williamson* (Markets and Hierarchies, 1983). *Coase* (Nobel-preisträger 1991) formulierte die Idee, dass es die Kosten des Preismechanismus seien, die Unternehmen entstehen ließen. Diesen Gedanken baute *Williamson* in den 70er Jahren zum Transaktionskostenansatz aus. Sein Buch mit dem Titel «Markets and Hierachies» bringt zum Ausdruck, dass es um den Gegensatz von **Markt** und **Hierarchie** geht.

Der Transaktionskostenansatz ist stark **interdisziplinär** ausgerichtet, werden in ihm doch Erkenntnisse der Organisationstheorie, der neoklassischen Mikroöko-nomik (Marginalanalyse) und des Vertragsrechts kombiniert. Seine **Grundidee** ist es, das Zustandekommen von institutionellen Organisationsformen mit Hilfe der bei der Koordination wirtschaftlicher Aktivitäten entstehenden Kosten zu erklären. Zunächst sollen die wichtigsten Begriffe des Ansatzes in der in Deutschland ver-breiteten Interpretation kurz erläutert werden.

Unter einer **Transaktion** versteht man die Übertragung von Verfügungsrechten (Property Rights) mit Hilfe eines Vertrages, wobei insbesondere der Prozess der Klärung und Vereinbarung der Transaktion und weniger die physische Übertra-gung des Gutes im Vordergrund stehen.

Der Begriff **Transaktionskosten** hat sich erst Mitte der siebziger Jahre eingebür-gert, nachdem *Coase* schon 1937 den Begriff «marketing costs» als Summe aller Kosten der Nutzung des Preismechanismus des Marktes geprägt hatte. Damit stellte er sich in Opposition zur neoklassischen Mikroökonomik, welche voll-kommene Markttransparenz unterstellte und folglich die Existenz von «marketing costs» verneinte *(Coase* [Nature] 390 ff.). Präzise Aussagen über Art und Herkunft der «marketing costs» machte *Coase* allerdings nicht.

Die Transaktionskosten sind Kosten für die Inanspruchnahme des Marktes. Sie umfassen im Wesentlichen (vgl. *Picot* [Transaktionskostenansatz] 270):

- **Anbahnungs- bzw. Informationskosten:** Kosten der Identifikation von Marktpartnern und deren Konditionen.
- **Vereinbarungskosten:** Kosten der Verhandlung, Einigung und Formulierung von Vertragsinhalten.
- **Kontrollkosten:** Kosten der Überwachung der Einhaltung von Vertragsinhalten (Termine, Mengen, Preise, Qualitäten).
- **Anpassungskosten:** Kosten der Anpassung der Vertragsinhalte an neue Bedingungen.

Transaktionskosten sind in dieser Interpretation **Kosten der «Benutzung des Marktmechanismus»,** die zu den Produktionskosten hinzugerechnet werden müssen. Diese Transaktionskosten werden mit den Koordinationskosten verglichen. **Koordinationskosten** sind Kosten der Koordination durch Hierarchie, also durch die Organisation eines Unternehmens.

In der Transaktionskostentheorie wird folglich ein **marginalanalytischer Vergleich** zwischen den (internen) Koordinationskosten und den (externen) Transaktionskosten gezogen, wobei davon ausgegangen wird, dass die jeweiligen Produktionskosten gleich sind. Sind die Transaktionskosten höher als die Koordinationskosten, findet die Produktion innerhalb des Unternehmens statt. Im umgekehrten Fall bietet sich eine Auslagerung von Funktionen an.

Seit neuem wird untersucht, welche Faktoren bei einer marktlichen Koordination zu hohen Transaktionskosten und damit zum Versagen des Marktmechanismus führen. Bei einem solchen **Marktversagen** bleiben dann nur die Alternativen, entweder Leistungen intern, d.h. über die Hierarchie, oder durch eine Mischform zwischen Markt und Hierarchie, d.h. die Kooperation, zu erstellen. Dabei wird von folgendem - in Abb. 5-6 dargestellten - «**erweiterten Markt-Hierarchie-Paradigma**» ausgegangen.

Dieses Schema beschreibt die Wirkung des Zusammentreffens bestimmter menschlicher **Verhaltensannahmen** (beschränkte Rationalität, Opportunismus) und **Umweltfaktoren** (Spezifität, Unsicherheit, Komplexität). Die **Transakti-**

onsatmosphäre und die **Transaktionshäufigkeit** besitzen nur indirekten Einfluss auf die Informationsverkeilung, respektive das Marktversagen.

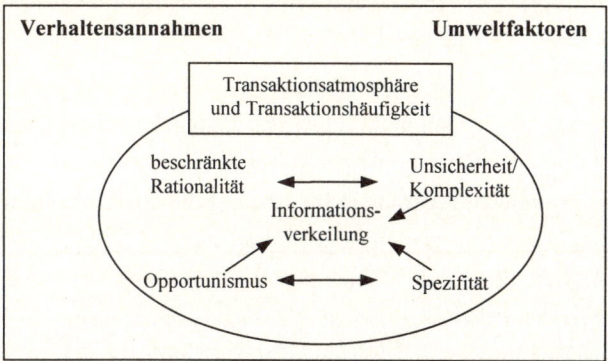

Abb. 5-6: Erweitertes Markt-Hierarchie-Paradigma (Quelle: *Williamson* ([Markets] 40)

Während die **beschränkte Rationalität** (auf die Arbeiten des Nobelpreisträgers *Herbert A. Simon* zurückgehend) die neoklassische Annahme des allwissenden homo oeconomicus aufgibt und damit unvollständige Verträge zulässt, bedeutet die Annahme des **opportunistischen Verhaltens,** dass sich Menschen egoistisch verhalten und gegen den Geist oder die Paragraphen eines Vertrages verstoßen können.

Wichtigster Umweltfaktor ist die **Spezifität**, d.h. die Ausrichtung von Produktionsfaktoren auf bestimmte Verwendungszwecke. Vier Arten lassen sich unterscheiden: Spezifität von Standorten, Sachkapital, Humankapital und abnehmerspezifische Sachwerte (vgl. *Williamson* [Institutionen] 62). Bei Spezifität entsteht die Möglichkeit zu opportunistischem Verhalten eines der beiden Partner, da beide aufeinander angewiesen sind («small-number-Verhandlungssituation») und eine Quasirente entsteht, nämlich die Differenz des Wertes der Faktorverwendung in der vereinbarten Transaktion zur zweitbesten Verwendung außerhalb dieser Transaktion. Eine hohe Spezifität, kombiniert mit menschlichem Opportunismus, führt - so eine Hauptaussage des Transaktionskostenansatzes - tendenziell zu einer Koordination über Hierarchie, da sie die billigere Abwicklungsform von Austauschbeziehungen darstellt.

Neben der Spezifität gibt es noch die Umweltfaktoren **«Komplexität»** und **«Unsicherheit»,** die beide in Verbindung mit dem Faktor «begrenzte Rationalität» ebenfalls zu Marktversagen führen können. Beides vermindert die Beschreibbarkeit einer Transaktion und eröffnet damit Opportunismusgefahren. Als Beispiel soll der Kauf eines Vorproduktes betrachtet werden. So ist es schwierig, dieses zu beschreiben, wenn es komplex ist und noch schwieriger ist es, Lieferbedingungen festzulegen, wenn nicht genau bekannt ist, wieviele Zulieferteile in der Zukunft gebraucht werden.

Andere Faktoren, die jedoch nicht diese ausschlaggebende Bedeutung haben, sind die Transaktionshäufigkeit, die Transaktionsatmosphäre und die Informationsverkeilung. Die **Transaktionsatmosphäre** umfasst die sozialen und technologischen Rahmenbedingungen wie gemeinsame Werte und das Vertragsrecht. Die **Transaktionshäufigkeit** drückt den Grad der Wiederholung von Transaktionen aus. Von **Informationsverkeilung** spricht *Williamson* dann, wenn ein Vertragspartner die asymmetrische Information zu seinem Vorteil nutzen kann.

Je nachdem, welche Bedingungen vorliegen, bieten sich entsprechende **Koordinationsformen** an, nämlich der Markt, die Hierarchie oder Zwischenformen von Markt und Hierarchie, wie Lieferverträge, Franchising und Kooperationen.

Neben der Untersuchung der Organisationsform wird auch das **Vertragsrecht** mit einbezogen. Dabei lehnt sich *Williamson* an die Vertragsrechtslehre *Ian R. Macneils* an, der klassische Verträge (Kontrolle über den Gerichtsweg), neoklassische Verträge (Kontrolle über dritte Parteien und andere Anpassungsmaßnahmen) und relationale Verträge unterscheidet. Die Charakteristika der relationalen Verträge werden dann sowohl auf die Hierarchie wie auch auf eine langfristige Zusammenarbeit bei grundsätzlicher Wirkung des Preises (Marktmechanismus) bezogen.

Insgesamt ist zu sagen, dass der Transaktionskostenansatz seine Forschungsrichtung insofern geändert hat, als heute weniger die Transaktionskosten und Fragen ihrer Quantifizierung, sondern mehr die praktische **Anwendbarkeit** im Vordergrund stehen. Gerade für die Entscheidung über Formen der vertikalen und horizontalen Kooperation, über Outsourcing, Reduktion oder Ausdehnung der Fertigungstiefe, also insgesamt zur Ermittlung der **Grenzen einer Unternehmung** wird ihm große Bedeutung beigemessen. Wir gehen auf diesen Anwendungsbezug im Zusammenhang mit der Erörterung der unternehmensübergreifenden Kooperationsmodelle ein (vgl. S. 417 ff.).

2.3 Selbstorganisationsansatz

Vertreter des Selbstorganisationsansatzes sind u.a. *Probst* (Selbst-Organisation, 1987) und *Göbel* (Theorie und Gestaltung der Selbstorganisation, 1998). Selbstorganisation bzw. die darunter subsumierbaren Ansätze und Varianten befassen sich vor allem mit den unbeabsichtigten **«Nebenwirkungen» organisatorischen Gestaltens.** Damit thematisieren diese Ansätze einen Gegenstand, der in anderen Ansätzen entweder negiert oder aber nur am Rande behandelt wurde und vollziehen damit eine **radikale Umorientierung der Organisationsforschung.**

Die Erfahrung, dass die tatsächlich realisierte Organisation (Ordnung) sozialer Gebilde nicht der geplanten entspricht, wird der **Existenz selbstorganisierender Phänomene und Prozesse** zugeschrieben. Sie könnte auch erklären, weshalb die Identifikation allgemein gültiger bzw. typologischer Aussagen in der betriebswirtschaftlichen Organisationsforschung bislang weitestgehend erfolglos geblieben ist.

Wie bei jungen Forschungsgebieten üblich, weist auch die Selbstorganisationsforschung kein einheitliches Bild auf. Verschiedene **Richtungen** der Forschung bzw. verschiedene **Erscheinungsformen von Selbstorganisation** können unterschieden werden (vgl. *Göbel* [Selbstorganisation]):

- **Individual- bzw. Mikroebene**

  - Selbstorganisation kann einmal als **Gestaltung** der **betrieblichen Mikroorganisation** interpretiert werden (vgl. *Jung* [Mikroorganisation]). Durch Fremdorganisation geschaffene Einheiten organisieren sich in ihrem Inneren bzw. untereinander selbst durch die Nutzung vorhandener bzw. gestalteter Handlungsspielräume. Diese Form von Selbstorganisation beschäftigt sich mit einem «weißen Fleck» der Organisationsforschung, steht aber nicht im Widerspruch zu traditionellen Ansätzen.

  - Selbstorganisation kann auch den Bereich der **informalen Organisation** bezeichnen. Ziel ist dann die Erklärung der Entstehung informaler Strukturen, Einheiten und Beziehungen (bewusst oder unbewusst/spontan), die Beurteilung ihrer Effizienz (gewünscht oder störend) und die Identifikation von Möglichkeiten ihrer Gestaltung durch den Organisator (direkt gestaltbar oder nur indirekt beeinflussbar). Auch diese Richtung stellt bestehende organisationstheoretische Ansätze nur bedingt in Frage.

  - Selbstorganisation kann auf der Individualebene schließlich auch als **Interpretation der Organisationswirklichkeit** aufgefasst werden. Selbstorganisation kann als «Wahrnehmungsfilter», der sich zwischen Individuum und organisatorische Wirklichkeit schiebt und die Realität «subjektiviert», interpretiert werden. Radikalere Perspektiven negieren die Existenz einer objektiven organisatorischen Wirklichkeit vollständig. Die Wirklichkeit wird «selbst organisiert», sie ist stets Ergebnis subjektiv individueller Projektion.

- **System- bzw. Makroebene**

In dieser Erscheinungsform von Selbstorganisation erhält das System als Ganzes eine eigene Identität und organisiert sich selbst: «Selbstorganisierende Systeme steuern und gestalten sich aus sich selbst heraus» *(Probst* [Selbstorganisation] 2259). Die Ordnung des Systems ist Ergebnis selbstorganisierender, evolutorischer Prozesse und damit im Ergebnis nicht vorhersagbar. Derartige **selbstorganisierende soziale Systeme** lassen sich durch **vier Merkmale** kennzeichnen *(Probst* [Selbstorganisation] 2259 ff., [Entwicklung] 245 ff., [Organisation] 482 ff.):

- **Autonomie:** Sie ist gegeben, wenn das System selbstbestimmt ist, also nicht von außen gelenkt und gesteuert wird.

- **Komplexität:** Die Ordnung des Systems entsteht aus der Interaktion der Systemelemente, zwischen denen veränderliche Beziehungen existieren.

- **Selbstreferenz:** Selbstorganisierende Systeme sind operationell geschlossen, d.h. dass jede Verhaltensweise auf sich selbst zurückwirkt und Ausgangspunkt zukünftigen Verhaltens wird. Gestaltung ist daher vom System nicht trennbar.

- **Redundanz:** Ordnung entsteht durch die Mitwirkung aller Systemmitglieder, jedes Mitglied ist Gestalter. Die über das System heterarchisch bzw. gleichmäßig verteilten Fähigkeiten der Mitglieder werden bei der Ordnungsbildung genutzt.

Wenn sich Organisationen bzw. Unternehmungen selbst organisieren, lenken und steuern, wie dies der Selbstorganisationsansatz insbesondere auf der Makroebene postuliert, so stellt sich die Frage nach der **Rolle des Organisators** bzw. **des Managements** schlechthin.

Management und Organisationsgestaltung müssen dann der begrenzten Gestaltbarkeit sozialer Systeme Rechnung tragen. Rationale Planung, Steuerung und Kontrolle sowie die Gestaltung von Detailorganisation werden durch **evolutorisches Management,** das die **Gestaltung** und **Pflege selbstorganisationsförderli-**

cher Rahmenbedingungen zum Gegenstand hat, ersetzt. Vgl. dazu die Darstellung des evolutionstheoretischen Ansatzes S. 29 ff.

Anwendungsbereiche des Selbstorganisationsansatzes sind grundsätzlich in jenen Feldern des Strategischen Managements zu sehen, in denen fremdbestimmte Organisation durch Elemente der Selbstorganisation ersetzt wird. Zu nennen sind u.a. die Prozessorganisation und die Lernende Organisation. Bei der Prozessorganisation werden zusammenhängende Aufgabenkomplexe auf Teams übertragen, die sich selbst organisieren. Das Organisationsmodell der Lernenden Organisation beruht auf den Grundsätzen der Selbstorganisation und der Selbstkontrolle. Beide Organisationsmodelle sind ausführlich ab S. 402 ff. und 412 ff. dargestellt.

3   Traditionelle Organisationsmodelle

Spezialisierung, Delegation und **Koordination** sind die Gestaltungsparameter der Aufbauorganisation. Das Handlungsprogramm der Unternehmung wird im Rahmen der **Spezialisierung** in Teilaufgaben zerlegt und dann zu Aufgabenkomplexen zusammengefasst. Da in einer Unternehmung i.d.R. mehrere Personen agieren, werden Kompetenzen verteilt, also Aufgaben **delegiert**. Die Notwendigkeit zur **Koordination** ergibt sich unmittelbar aus der Spezialisierung und der Delegation. Hierfür steht eine Reihe von Koordinationsinstrumenten, so z.B. die persönliche Weisung oder die Selbstabstimmung (vgl. *Bea/Göbel* [Organisation] 264 ff.), zur Verfügung.

Je nach Wahl der Gestaltungsalternativen im Rahmen von Spezialisierung, Delegation und Koordination entstehen unterschiedliche Organisationsmodelle.

> **Organisationsmodelle** stellen das Ordnungsmuster der Spezialisierung, der Delegation und der Koordination dar.

Statt des Begriffs «Organisationsmodell» werden auch folgende Begriffe verwendet: Organisationskonzept, Organisationsform, Konfigurationstyp. Wir verwenden diese Begriffe synonym.

Ein **eindimensionales Organisationsmodell** liegt vor, wenn auf der obersten Hierarchiestufe die Spezialisierung nach einem einzigen wesentlichen Kriterium erfolgt. Bei **mehrdimensionalen Organisationsmodellen** werden zwei oder mehrere Gliederungsprinzipien gleichzeitig und gleichgewichtet angewandt. Organisationsmodelle können sich auf die gesamte Unternehmung beziehen oder lediglich Teilbereiche der Unternehmung umfassen.

Im folgenden Abschnitt sollen verschiedene, in der Praxis angewandte und etablierte, also klassische **Organisationsmodelle**, dargestellt werden:

– Funktionale Organisation,
– Divisionale Organisation,
– Matrix-Organisation.

Wir werden die strukturbildenden Eigenschaften der wesentlichen Grundformen dieser Organisationsmodelle herausarbeiten und ihre **strategische Bedeutung** erörtern. Im nächsten Abschnitt werden die modernen Organisationsmodelle vorgestellt und ihre strategische Relevanz diskutiert.

3.1 Funktionale Organisation

3.1.1 Grundmodell

Die Funktionale Organisation knüpft bei der Spezialisierung am Realgüterstrom in der Unternehmung an und führt als **Einliniensystem** zu einer Gliederung (auf der obersten Hierarchieebene) nach Funktionen (Beschaffung, Produktion, Absatz, Forschung und Entwicklung). Häufig wird auch von einer **verrichtungsorientierten Organisation** oder einfach von der **Verrichtungsorganisation** gesprochen.

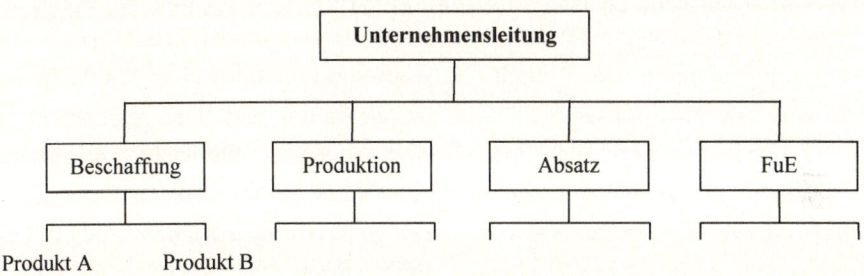

Abb. 5-7: Grundmodell der Funktionalen Organisation

Auf den nachfolgenden Hierarchieebenen können jeweils unterschiedliche Gliederungsprinzipien zur Anwendung kommen (Objekt, Verrichtung, Region).

3.1.2 Strategische Bedeutung

Eine Bewertung dieses Organisationsmodells kann nur im konkreten Einzelfall, also unter Berücksichtigung situativer Bedingungen erfolgen. Die strategische Bedeutung der Funktionalen Organisation soll jedoch im Folgenden kurz skizziert werden:

Durch die **starke Programmierung, Standardisierung und Formalisierung** als Folge des Verrichtungsprinzips eignet sich die Funktionale Organisation gut für einfache, der Programmierung, Standardisierung und Formalisierung zugängliche (Produktions-)Aufgaben. Sie ist geradezu ideal für eine Einproduktstrategie. Während die Anpassungsfähigkeit an quantitative Marktveränderungen relativ hoch ist, wird die Anpassungsfähigkeit an qualitative Umweltveränderungen als gering eingeschätzt. Insbesondere die **Innovationskraft** der Funktionalen Organisation wird durch die hohe Programmierungs-, Standardisierungs- und Formalisierungsneigung in Verbindung mit einer ausgeprägten Segmentierung der einzelnen Funktionen und dem damit einhergehenden hohen Spezialisierungsgrad **stark**

eingeschränkt. Ein weiterer Nachteil des Verrichtungsprinzips sind die **begrenzten Möglichkeiten der unternehmerischen Personalentwicklung,** da bei den meisten Funktionen der Bezug zum Markt fehlt.

Das **Einliniensystem** der Funktionalen Organisation hat den Vorteil klarer Instanzenwege, Verantwortungs- und Kompetenzbereiche. Dem stehen lange Instanzen- und Informationswege gegenüber, was zu einer **Überlastung der Führungsspitze** vor allem mit operativen Fragestellungen führt. Dadurch wird die strategische Führung der Unternehmung vernachlässigt. Man spricht vom sog. **Kamineffekt,** welcher die Notwendigkeit der Bildung umfangreicher Stäbe mit sich bringt. Sie entlasten die Führungsspitze und sollen zur Koordination der Teilsysteme beitragen. Probleme ergeben sich durch die **Konzentration faktischer Macht in den Stäben.** Zwar fehlt diesen i.d.R. die Entscheidungs- und Weisungskompetenz, jedoch bereiten sie durch ihre Spezialkenntnisse nahezu alle wichtigen Entscheidungen im Unternehmen vor. Motivationsprobleme in den Stäben auf Grund fehlender formaler Kompetenz sowie eine **geringe Marktorientierung** gehen mit der Verlagerung der faktischen Macht in die Stäbe einher.

Beispiel: Organisationsmodell der Daimler-Benz AG bis 1987

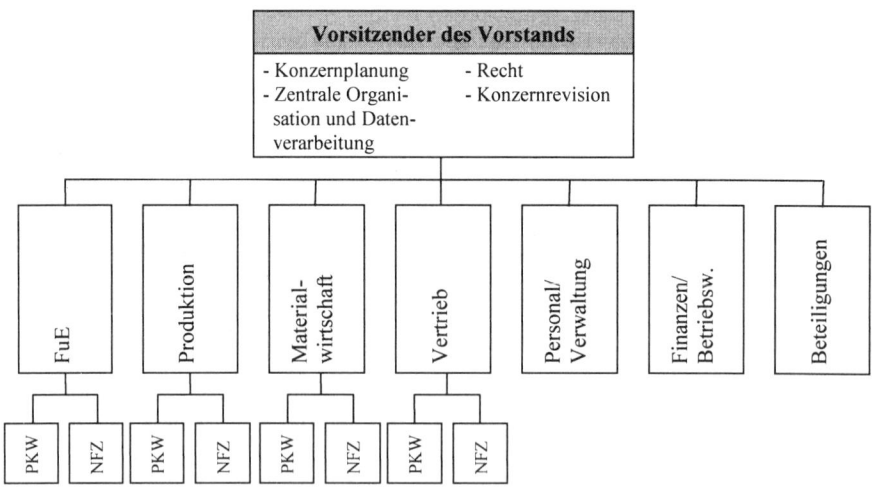

Abb. 5-8: Funktionale Organisation der Daimler-Benz AG bis 1987

Die Funktionale Organisation eignet sich somit bei **überschaubarer Unternehmensgröße, relativ stabiler Umwelt** und **homogenem Produktionsprogramm,** insbesondere für die Einproduktfertigung. Bei wachsender Unternehmensgröße behindert sie zunehmend die strategische Führung. In dynamischer Umwelt fehlen ihr die notwendige Anpassungsfähigkeit an qualitative Umweltveränderungen und die nötige Innovationskraft. Lange Zeit war die Funktionale Organisation vor allem in Europa das in der Praxis dominante Organisationsmodell. Umweltveränderungen offenbarten aber zunehmend die Defizite der Funktionalen Organisation. Dennoch ist bei kleinen und mittleren Unternehmen die Funktionale Organisation auch heute noch sehr verbreitet.

3.2 Divisionale Organisation

3.2.1 Grundmodell

Die Divisionale Organisation knüpft am Produktionsprogramm der Unternehmung an und führt (auf der obersten Hierarchieebene) zu einer Gliederung nach Objekten (Sparten). Objekte sind i.d.R. Produkte oder Produktgruppen, können aber auch Kunden oder Kundengruppen sein. Die Divisionale Organisation wird daher auch als **Objektorganisation**, **Spartenorganisation** oder **Geschäftsbereichsorganisation** bezeichnet. Die Koordination der verschiedenen Sparten erfordert die Bildung sog. **Zentralabteilungen.** Sie orientieren sich meist an Funktionen, nehmen Aufgaben für alle Sparten wahr (Synergieeffekt) und haben Stabscharakter mit begrenzten Weisungsbefugnissen gegenüber den Sparten. Hierdurch entsteht eine **Mischgliederung.** Die Divisionale Organisation rückt damit je nach Umfang der Entscheidungs- und Weisungsbefugnisse der Zentralabteilungen in unterschiedliche Nähe zur Matrix-Organisation (vgl. S. 399 ff).

Wie bei der Funktionalen Organisation können auch hier auf den folgenden Hierarchieebenen unterschiedliche Gliederungsprinzipien (Verrichtung, Objekt, Region) zum Einsatz kommen (vgl. Abb. 5-9).

3.2.2 Strategische Bedeutung

Die Bildung von Sparten, die zunächst jeweils über eigene Funktionen wie Beschaffung, Produktion oder Absatz verfügen, eröffnet die Möglichkeit, innerhalb der Sparten und in Abhängigkeit von der Situation **unterschiedliche Strukturierungskonzepte** zu verfolgen. Damit gelingt bspw. eine bessere Anpassung an die jeweilige marktliche Situation bzw. an die Wertketten der Marktpartner. Entsprechendes gilt - wenn auch mit Einschränkungen - für die Gestaltung der Unternehmenskulturen in den Sparten. Bei geeigneter Abgrenzung der Sparten bieten sich gute Möglichkeiten des **Risikoausgleichs** zwischen den Sparten.

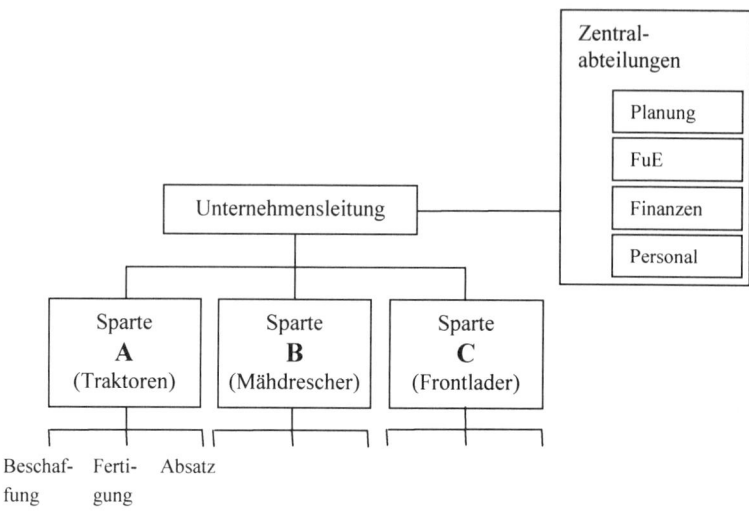

Abb. 5-9: Grundmodell der Divisionalen Organisation am Beispiel eines Landmaschinenherstellers

Die weit reichende **Autonomie** der Sparten fördert **Motivation** und **unternehmerisches Verhalten** in den Sparten (**entrepreneurship**) und bietet gute Möglichkeiten der **unternehmerischen Personalentwicklung.** Die Sparten können als **Profit-** oder **Investment-Center** mit entsprechender Ergebnisverantwortung geführt werden. Eine Steuerung der Bereiche über Kennzahlen durch die Unternehmensleitung wird möglich. Die negative Komponente der Spartenautonomie ist in der Tendenz zum **Spartenegoismus** zu sehen. Die Entscheidungen in den Sparten können in Verbindung mit der Ergebnisverantwortung zu suboptimalen Resultaten für die Gesamtunternehmung führen.

Der hohe Autonomiegrad der Sparten ist ein wesentlicher Grund für die Notwendigkeit der Bildung zumeist **funktionsorientierter Zentralabteilungen.** Neben bestimmten Beratungs- und Servicefunktionen kommt den Zentralabteilungen vor allem eine **Harmonisierungsfunktion** zu. So sollen Doppelarbeiten in den Sparten vermieden (z.B. im Bereich Forschung und Entwicklung) und Synergien zwischen den Sparten sowie unternehmensweite Standards geschaffen werden. Durch die Bildung von Zentralabteilungen entsteht ein zweiter Schwerpunkt in der Organisationsstruktur und streng genommen ein zweidimensionales Organisationsmodell. Es bestehen parallel **zwei Machtzentren:** Der strategisch orientierte Bereich Unternehmensleitung/Zentralabteilungen und die eher operativ orientierten Sparten. Dem Vorteil der Entlastung der Unternehmensleitung von operativen Aufgaben und damit der Konzentration auf die strategische Führung steht der Nachteil der schwierigen Integration strategischer und operativer Aufgaben gegenüber. Man spricht von einer **«Bruchstelle»** zwischen Unternehmensleitung (Zentralabteilungen) auf der einen und Sparten auf der anderen Seite.

Die **Integration** beider Bereiche ist das **Grundproblem** der Divisionalen Organisation. Personelle Verflechtungen, die Schaffung übergreifender fachlicher Weisungsbeziehungen sowie die Anwendung des Gegenstromverfahrens in der strategischen Planung (vgl. S. 197) können dieses Problem reduzieren. Ein weiteres Merkmal ist eine **horizontale** und **vertikale Mischgliederung** in der Divisionalen Organisation durch den hohen Interaktionsgrad zwischen Zentralabteilungen und Sparten einerseits und zwischen den Sparten andererseits. Die Abgrenzbarkeit der Bereiche, insbesondere bezüglich der Ergebnisverantwortung und -kontrolle, wird dadurch erschwert.

Die Divisionale Organisation hat mit fortschreitender Diversifizierung der Unternehmen einerseits und qualitativen Veränderungen der Umwelt andererseits Einzug in die Organisationspraxis gehalten und insbesondere bei mittleren und großen Unternehmen weitgehend die Funktionale Organisation abgelöst.

Werden als Objekte die Regionen an Stelle der Produkte, Produktgruppen oder Kundengruppen gewählt, liegt eine **Regionale Organisation** vor. Analog zur Divisionalen Organisation sind hier der hohe Autonomiegrad der Regionalbereiche mit der Notwendigkeit der Bildung von Zentralabteilungen sowie die Möglichkeit der Implementierung unterschiedlicher Strukturierungskonzepte und Kulturen zu nennen. Hinzu kommen Probleme, aber auch Chancen bei der Entwicklung eines überregional qualifizierten und mobilen Stammes an Führungskräften.

Die hier besprochenen Sparten oder Regionen sind nicht zu verwechseln mit den **strategischen Geschäftseinheiten (SGE).** Diese wurden bereits in Teil 2 als organisatorische Einheiten, an die der Prozess der Formulierung und Ausführung spezifischer Strategien von der Unternehmensleitung delegiert wird, gekennzeichnet und sind als Ganzes Gegenstand unternehmerischer Entscheidungen (vgl. S. 139 ff.). Die SGE bilden die «strategische Sekundärorganisation», welche die bisher behandelte «operative Primärorganisation» überlagert. Eine SGE kann mit einer Sparte identisch sein, sie kann sich aber auch aus mehreren Sparten zusammensetzen. Ebenso ist es denkbar, dass eine Sparte mehrere SGEs umfasst. Durch diese Vorgehensweise - man spricht vom Konzept der **Dualen Organisation** (vgl. Abb. 5-10) - wird in der Praxis versucht, der Dualität der Aufgabenstellung (strategische und operative Aufgaben) besser gerecht zu werden.

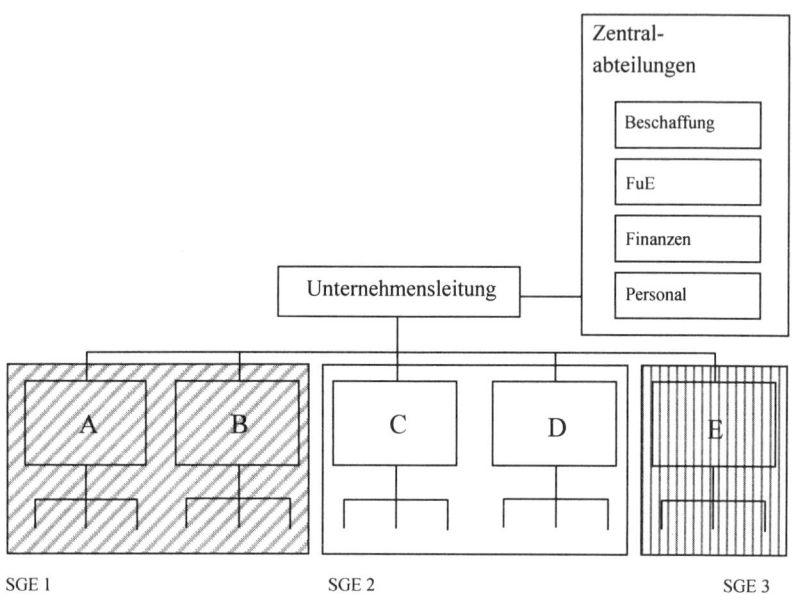

Abb. 5-10: Duale Organisation bei der Divisionalen Organisation

3.2.3 Die Holding

Holdingkonzepte haben in den letzten Jahren in der Praxis eine erhebliche Verbreitung gefunden. Insbesondere diversifizierte Unternehmungen, die eine gewachsene Spartenorganisation besitzen, vollziehen die Umstrukturierung der Divisionalen Organisation zur Holding: Aus Sparten werden rechtlich selbstständige Einheiten gebildet, die unter einer einheitlichen Leitung stehen.

Wir wollen zunächst Begriff und Arten von Holding-Strukturen kennzeichnen, bevor wir das Konzept der Management-Holding auf Grund seiner großen Bedeutung in der Praxis genauer untersuchen.

3.2.3.1 Begriff und Arten

> Eine **Holding** ist ein Unternehmen, das Beteiligungen an mehreren rechtlich selbstständigen Unternehmen hält («to hold») und dabei selbst nicht am Markt auftritt, also keine operative Tätigkeit wahrnimmt.

An Stelle des Begriffs Holding wird auch von Holding-Obergesellschaft oder Holding-Dachgesellschaft gesprochen. Holding-Gesellschaften oder Beteiligungsgesellschaften sind dann diejenigen Gesellschaften, an denen die Holding beteiligt ist.

> Die **Holding-Struktur** bezeichnet den gesamten Komplex aus Holding und Holding-Gesellschaften unter besonderer Berücksichtigung aller formalen und informalen aufbau- und ablauforganisatorischen Regelungen und Beziehungen innerhalb dieses Komplexes.

Die Holding-Struktur umfasst damit, ähnlich wie der Konzern, sowohl die Oberoder Dachgesellschaft (Holding) als auch die Beteiligungsgesellschaften. Im Gegensatz zur Holding-Struktur ist der **Konzern** ein rechtlicher Begriff, der in § 18 AktG definiert ist. Danach sind zwei Merkmale konstituierend:

- Der Konzern umfasst mehrere rechtlich selbstständige Unternehmen und
- die Unternehmen sind unter einheitlicher Leitung zusammengefasst.

Da sowohl beim Konzern als auch bei der Holding-Struktur rechtlich selbstständige Unternehmen bestehen, ist die **Leitungsintensität** das geeignete Abgrenzungskriterium. Bei ausreichend hoher Leitungsintensität ist die Holding-Struktur (faktisch) ein Konzern.

Das zentrale Kriterium zur Klassifikation von Holding-Strukturen ist die **Leitungsintensität** der **Holdingaktivitäten.** Danach lassen sich unterscheiden:

- Finanz-Holding-Struktur und
- Management-Holding-Struktur.

(1) Finanz-Holding-Struktur

In der Finanz-Holding-Struktur nimmt die Holding-Obergesellschaft, die **Finanz-Holding,** keine strategischen Führungsaufgaben bezüglich der Holding-Gesellschaften wahr. Diese sind jeweils selbst für die strategische Orientierung und Steuerung zuständig. Die Aufgabe der Finanz-Holding besteht danach im reinen

Halten von Anteilen der Holding-Gesellschaften. Dennoch besitzt die Finanz-Holding eine **gesamtunternehmerische Perspektive,** wodurch sie sich von reinen Kapitalbeteiligungsgesellschaften wie Kapitalanlagegesellschaften, Unternehmensbeteiligungsgesellschaften oder Übernahmegesellschaften unterscheidet. Diese gesamtunternehmerische Perspektive kann sich in der Zusammensetzung der Holding-Gesellschaften (Synergieperspektive) oder in der Wahrnehmung ergänzender Verwaltungs- oder Kontrolltätigkeiten durch die Finanz-Holding ausdrücken.

(2) Management-Holding-Struktur

In der Management-Holding-Struktur, für die auch die Termini «konzern-» oder «geschäftsführende» Holding-Struktur bzw. «Führungs-» oder «Strategie-» Holding-Struktur gebraucht werden, übernimmt die Holding-Obergesellschaft, die **Management-Holding**, die Leitung der gesamten Holding-Struktur, die strategisch-koordinierende Führung aller Holding-Gesellschaften.

Während in der Management-Holding-Struktur das Konzern-Kriterium «einheitliche Leitung» eindeutig erfüllt ist, ist dies bei der Finanz-Holding-Struktur nur im Einzelfall zu entscheiden. Die Grenzen zwischen Management-Holding und Finanz-Holding sind überdies fließend.

Nach dem Kriterium «**hierarchische Einordnung**» kann unterschieden werden zwischen

- einstufiger Holding-Struktur und
- mehrstufiger Holding-Struktur.

Besteht die 2. Ebene der Holding-Struktur nur aus Einzelgesellschaften, so liegt eine **einstufige Holding-Struktur** vor. Befinden sich aber auf der zweiten Ebene an Stelle von Einzelgesellschaften wieder eine oder mehrere Holding-Gesellschaften, so spricht man von einer **mehrstufigen Holding-Struktur.** Die Holding-Obergesellschaft einer mehrstufigen Holding-Struktur wird dann auch als Dach-Holding bezeichnet, die Holding-Obergesellschaften auf unteren Ebenen als Zwischen-Holding-Gesellschaften.

Nach dem Kriterium «**regionale**» bzw. «**nationale**» **Zugehörigkeit** unterscheidet man

- nationale Holding-Struktur und
- internationale Holding-Struktur.

Bei der **nationalen Holding-Struktur** haben alle Gesellschaften ihren Sitz im Inland. Bei der **internationalen Holding-Struktur** hat zumindest die Holding-Leitung ihren Sitz im Ausland, meistens sind die Holding-Gesellschaften selbst zusätzlich noch auf mehrere Länder verteilt. Bevorzugte steuerliche Behandlung oder bessere Finanzierungsmöglichkeiten sind bei der internationalen Holding-Struktur häufig Anlässe für die Wahl eines bestimmten Staates als Standort für die Holding-Obergesellschaft.

3.2.3.2 Management-Holding

(1) Begriff und Merkmale

Die Management-Holding-Struktur hat in den letzten Jahren auch in Deutschland stark an Bedeutung gewonnen. Von der Einführung einer derartigen Struktur verspricht man sich in der Praxis eine Reihe von Vorteilen (vgl. S. 395 ff.).

> Bei der **Management-Holding-Struktur** übernimmt die Holding die Aufgabe der strategischen Führung der einzelnen Holding-Gesellschaften.

Von der **Finanz-Holding-Struktur** grenzt sie sich durch die Wahrnehmung der strategischen Führungsaufgaben durch die Holding-Leitung ab, vom traditionellen **Stammhauskonzern** durch fehlende operative und marktliche Aktivitäten der Konzern- bzw. Holding-Leitung.

Entsprechend der Definition wird die Management-Holding-Struktur auch als eine **spezielle Form** der **Spartenorganisation** bezeichnet, gekennzeichnet dadurch, dass die Sparten rechtlich verselbstständigt sind, und damit eine **Identität von Rechts- und Organisationsstruktur** vorliegt (vgl. *Bühner* [Management-Holding (1987)] 41 und [Management-Holding (1992)] 133). Von dieser rechtlichen Selbstständigkeit werden positive Wirkungen auf die oben genannten strategischen Erfolgsfaktoren (insbes. Flexibilität und Innovationskraft) erwartet (vgl. S. 373).

Als kennzeichnendes Merkmal der Management-Holding-Struktur wird auch die Trennung von Strategie und Operation genannt (vgl. *Bühner* a.a.O.). Diese Trennung ist jedoch sowohl formal als auch inhaltlich problematisch. Formal deshalb, weil die einzelnen Holding-Gesellschaften zumindest «divisionsstrategische» Führungsaufgaben selbst wahrnehmen. Inhaltlich ist eine Trennung auf Grund der Koordinationserfordernisse ebenfalls bedenklich.

Der eigentliche Charakter der Management-Holding-Struktur liegt jedoch in der **Vereinigung von zentralen Elementen** durch die strategische Führung der Holding-Leitung **mit dezentralen Elementen** infolge der Autonomie der Holding-Gesellschaften. Je nach konkreter Ausgestaltung der Management-Holding-Struktur kann eine optimale Gewichtung zentraler bzw. dezentraler Elemente erfolgen (vgl. *Keller* [Unternehmungsführung] 258 ff.). Welche Vorteile dadurch in Bezug auf strategische Erfolgsfaktoren entstehen können, wird ab S. 395 ff. beschrieben.

Mit Hilfe des **Umwelt-Strategie-Struktur-Ansatzes** kann die Welle der Umstrukturierungen zur Holding-Struktur recht gut erklärt werden. Die Holding-Struktur stellt eine adäquate Antwort auf die bei der Darstellung des Umwelt-Strategie-Struktur-Ansatzes explizierten **Erfolgsfaktoren** dar (vgl. S. 373). Durch die Vereinigung dezentraler und zentraler Elemente in der Holding-Struktur und die Möglichkeiten der situativen Gestaltung des Zentralisations- bzw. Dezentralisationsgrades kann die Holding-Struktur dem breiten Anforderungsprofil entsprechen.

Bei der Beurteilung der Holding-Struktur werden wir auf die einzelnen strategischen Erfolgsfaktoren eingehen (vgl. S. 395 ff.).

Auf dem Weg zur Management-Holding-Struktur sind gesellschaftsrechtliche und organisatorische Aufgaben zu bewältigen. Ein universelles Vorgehensmuster ist dabei nicht anwendbar. Der Entstehungsvorgang einer Management-Holding-Struktur ist abhängig von der organisatorischen und rechtlichen Ausgangssituation der Unternehmung. Dabei kann es sich um eine Einheitsunternehmung bzw. einen Stammhauskonzern mit gewachsener Spartenorganisation handeln oder bereits um eine Finanz-Holding-Struktur.

Beispiel: Holding-Struktur des Siemens-Konzerns 2000

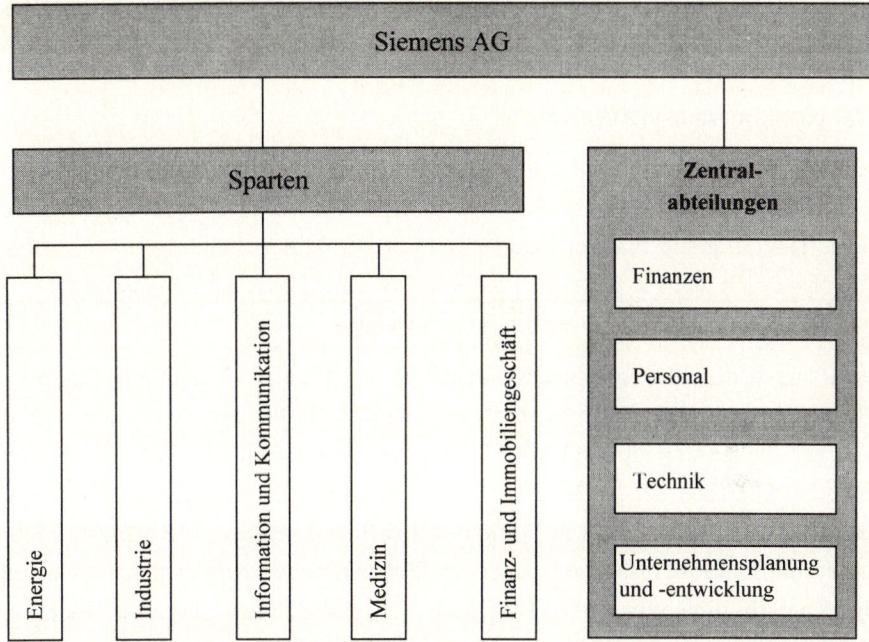

Abb. 5-11: Holding-Struktur des Siemens-Konzerns 2000

Ausgehend von der gewachsenen Spartenorganisation im Einheitsunternehmen oder im Stammhauskonzern können folgende **Wege** zur Management-Holding-Struktur beschritten werden:

- **Rechtliche Verselbstständigung (Ausgliederung) operativer Unternehmensbereiche (Sparten):** Übertragung von Aktiva an bestehende oder neu zu gründende Tochtergesellschaften. Die ausgliedernde Unternehmensleitung wird zur Holding.

- **Ausgründung der Unternehmensleitung zur Holding:** Übertragung des Vermögens auf die neu zu gründende Holding. Übernahme der Geschäftsführung durch die Holding, ggf. durch Änderung von Beteiligungsverhältnissen.

Beide grundsätzlichen Vorgehensweisen werden in der betrieblichen Praxis auch kombiniert angewandt. Ergänzt werden sie i.d.R. durch eine vorausgehende interne Strukturänderung (Entflechtung, Umschichtung, Spaltung, Zusammenlegung) und durch Veräußerung bestehender Teilbereiche bzw. Erwerb neuer Unternehmen.

Besteht bereits eine Finanz-Holding-Struktur, so kann der Übergang zur Management-Holding-Struktur durch die Übernahme der strategischen Führung und Verantwortung durch die Finanz-Holding realisiert werden.

(2) Koordinationsinstrumente

Aufgabe der Management-Holding ist die strategische Führung der gesamten Holding-Struktur. Im Bereich der **strategischen Planung** ist sie für die Entwicklung einer Strategie für die gesamte Holding-Struktur zuständig. Zur Schaffung von Synergien und zur optimalen Ressourcen-Nutzung ist eine intensive Abstimmung mit allen Holding-Gesellschaften notwendig.

Im Rahmen der **strategischen Kontrolle** stehen ebenfalls Koordinationsaspekte im Vordergrund. Darüber hinaus trägt die Holding selbst eine besondere Verantwortung für die strategische Überwachung und die **strategische Früherkennung.** Weitere Aufgaben der Holding sind die Gestaltung einer geeigneten **Unternehmenskultur, die konzernweite Führungskräfteentwicklung,** die **effiziente Ressourcenallokation,** insbesondere bei den Finanzmitteln, sowie branchenspezifisch die **Koordination von FuE-Aktivitäten.** Es wird deutlich, dass der Koordinationsaspekt bei allen Aufgaben der Management-Holding zentrale Bedeutung hat.

Drei konzern- bzw. holdingspezifische **Koordinationsinstrumente** haben sich herausgebildet:

– **Koordination durch Unternehmensverträge**
  Durch den Abschluss eines **Beherrschungsvertrages** erhält die Holding eine weit gehende Leitungs- und Weisungsbefugnis gegenüber den abhängigen Gesellschaften. Die Weisungen haben auch dann Gültigkeit, wenn sie eine einzelne Holding-Gesellschaft benachteiligen, insgesamt aber dem Vorteil der gesamten Holding-Struktur dienen (§ 308 Abs. 1 AktG). Oft wird in Verbindung mit dem Beherrschungsvertrag oder isoliert davon ein **Gewinnabführungsvertrag** abgeschlossen, durch den sich die abhängige Gesellschaft verpflichtet, ihren gesamten Gewinn an die Holding abzuführen (§ 291 Abs. 1 AktG). Dadurch kommt es zusätzlich zu einer steuerlichen Organschaft.

– **Koordination durch Finanzhoheit**
  Die Allokation der Finanzmittel und damit die Ausübung der Finanzhoheit ist eine der Aufgaben der Management-Holding. Dadurch erhält sie auch die materielle Möglichkeit, eigene Ziele gegenüber den Einzelinteressen der Holding-Gesellschaften durchzusetzen.

– **Koordination durch Personalunion**

Die personenidentische Besetzung von Aufsichts- und Geschäftsführungsorganen von Holding und Holding-Gesellschaften unterstützt ebenfalls die Abstimmung von Zielen und Aktivitäten innerhalb der Holding-Struktur. So können bspw. Vorstandsmitglieder der Holding zentrale Funktionen in den abhängigen Gesellschaften übernehmen. Die gesellschaftsrechtliche Unbedenklichkeit derartiger Verflechtungen ist jedoch teilweise umstritten und bedarf noch einer juristischen Klärung.

Die Einsetzbarkeit der Koordinationsinstrumente und damit die potenzielle Führungsintensität sowie der Grad der Abhängigkeit der Holding-Gesellschaften von der Holding hängen entscheidend von der rechtlichen Ausgestaltung der Regelungen zwischen diesen Gesellschaften ab (vgl. *Keller* [Unternehmungsführung] 157 ff.).

3.2.3.3 Strategische Bedeutung

Die Management-Holding-Struktur ist als Antwort auf das veränderte Unternehmensumfeld zu verstehen. Ihre Zweckmäßigkeit bzw. ihre organisatorische Effizienz ist - wenn überhaupt - nur über Indikatoren bestimmbar. Darüber hinaus ist das jeweilige Organisationskonzept in Abhängigkeit von den situativen Bedingungen zu beurteilen. Auf Grund dieser Erkenntnisse ist eine generelle Bewertung der Management-Holding-Struktur nicht zulässig. Abstrahierend von den jeweils herrschenden realen Gegebenheiten wollen wir jedoch das **Verhalten** der Struktur bezüglich der festgestellten strategischen Erfolgsfaktoren untersuchen.

Den zentralen Erfolgsfaktoren kann aus organisatorischer Sicht durch eine **Vereinigung dezentraler** und **zentraler Elemente** in der Organisationsstruktur entsprochen werden. Das **Charakteristikum der Management-Holding-Struktur** besteht nun darin, dass das jeweils optimale Verhältnis von Zentralisation und Dezentralisation durch die situative Gestaltung der Struktur realisierbar ist. Wesentliche Gestaltungselemente sind dabei die oben beschriebenen Koordinationsinstrumente in Verbindung mit der Rechtsformkonstellation.

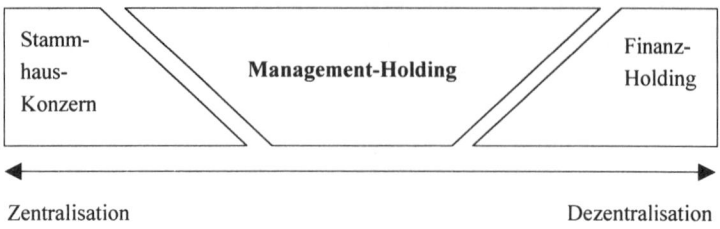

Zentralisation   Dezentralisation

Abb. 5-12: Management-Holding zwischen Zentralisation und Dezentralisation

Neben dieser grundsätzlichen Anpassungsfähigkeit der Struktur an die jeweilige Situation ist das Verhalten bezüglich der strategischen Erfolgsfaktoren (vgl. S. 373) wie folgt zu beurteilen (vgl. dazu auch *Bühner* [Management-Holding (1987)] 44 ff.):

(1) Stärken der Management-Holding durch Dezentralisation

- **Flexibilität**

  Marktnähe und Ergebnisverantwortung fördern die Anpassungsfähigkeit an Veränderungen im Wettbewerbsumfeld. Darüber hinaus ist, ähnlich wie bei der herkömmlichen Spartenorganisation, eine bessere Anpassung der eigenen Wertschöpfungskette an jene der Marktpartner, insbesondere der Abnehmer möglich (vgl. dazu *Porter* [Wettbewerbsvorteile] 61 ff.). Besondere Bedeutung hat die Flexibilität bezüglich der Aufnahme neuer bzw. dem Ausscheiden bestehender Teilbereiche. Käufe und Verkäufe von Teilbereichen sind bei rechtlich selbstständigen Sparten leichter und schneller durchführbar als bei einer herkömmlichen Spartenorganisation.

- **Marktnähe (Kundenorientierung)**

  Die rechtliche Verselbständigung von Teilbereichen stärkt das unternehmerische Handeln in den Sparten bzw. Beteiligungsgesellschaften. Kleinere Einheiten können besser Veränderungen am Markt wahrnehmen und individueller auf Veränderungen wie z.B. Nachfragedifferenzierungen reagieren.

- **Kooperationsfähigkeit und -bereitschaft**

  Die Bedeutung von Kooperationen ist durch die Veränderungen in der Umwelt gestiegen (vgl. dazu ausführlich S. 417 ff.). Die rechtliche Selbstständigkeit der Divisionen fördert das Zustandekommen von Kooperationen. Ähnlich wie beim Kauf oder Verkauf von Unternehmensteilen können Entscheidungen schneller getroffen werden. Potenzielle Kooperationspartner können besser identifiziert, Vorverhandlungen effizienter geführt werden. Für den Kooperationspartner ist der Ansprechpartner leichter erkennbar und in seiner Größe überschaubar. Gleichzeitig steht den Holding-Gesellschaften die Finanzkraft der Holding bzw. der gesamten Holding-Struktur zur Verfügung.

- **Offenheit und Transparenz**

Die Management-Holding-Struktur ermöglicht die eindeutige Zuordnung des Erfolges zu den einzelnen Holding-Gesellschaften. Die Verpflichtung zur Aufstellung eines Jahresabschlusses gesondert für jede Holding-Gesellschaft verbessert darüber hinaus die Bewertungsmöglichkeiten der Gesellschaft (des Geschäfts) durch die Kapitalgeber. Handelt es sich bei der Holding-Gesellschaft um eine Kapitalgesellschaft, so treten Publizitätserfordernisse hinzu. Die erhöhte Transparenz kann die Finanzierungsmöglichkeiten der Gesellschaften sowohl über die Reduktion von Gläubigerrisiken wie durch eine verbesserte Information der Anteilseigner steigern.

- **Innovationskraft**

Die Innovationskraft, ein Erfolgsfaktor, der in dynamischer Umwelt bei wachsender Bedeutung von Technologie im produzierenden Gewerbe wie im Dienstleistungsbereich an Bedeutung gewonnen hat, hängt entscheidend von den Faktoren Motivation, Kreativität und Know How ab.

Die Management-Holding fördert diese Faktoren durch

- Stärkung von Eigeninitiative und Verantwortung auf Grund der rechtlichen Selbstständigkeit der Holding-Gesellschaften und damit verbundener Rechnungslegungs- und Publizitätserfordernisse (vgl. «Intrapreneurship» S. 410),
- Reduktion der Hierarchieebenen,
- Reduktion der Spezialisierung im Bereich FuE,
- Austausch von Know How.

- **Finanzkraft**

Durch die Schaffung eines Unternehmensverbundes entsteht ein interner Kapitalmarkt, der die Finanzierung umfangreicher Investitionsvorhaben erleichtert. Die Stärke «Finanzkraft» kann auch unter dem Aspekt «Stärken durch Zentralisation» behandelt werden.

(2) Stärken der Management-Holding durch Zentralisation

• Koordination und Integration

Die Abstimmung aller Aktivitäten innerhalb der Holding-Struktur kann eine höhere Gesamteffizienz bei gleichzeitiger Risikoreduktion ermöglichen. Je nach rechtlicher Gestaltung der Management-Holding-Struktur und den dadurch einsetzbaren Koordinationsinstrumenten verfügt die Management-Holding über mehr oder weniger ausgeprägte Möglichkeiten, Koordination und Integration umzusetzen. Typische Integrationsbereiche sind das Finanzmanagement (Allokation der Finanzmittel), das Technologiemanagement (Koordination von Grundlagenforschung und Technologieplanung) sowie das Kulturmanagement. Bei der Gestaltung der Holding-Kultur ist jedoch zwischen den Vor- und Nachteilen der Schaffung einer einheitlichen Kultur und der Möglichkeit der Beibehaltung unterschiedlicher Kulturen in den Holding-Gesellschaften abzuwägen. Gleichzeitig sind die grundsätzlichen Grenzen der Unternehmenskulturgestaltung zu beachten (vgl. Teil 6).

• Synergien

Die rechtliche Verselbstständigung von Sparten, förderlich für Flexibilität, Kooperationsfähigkeit, Innovationskraft und Transparenz, wirkt sich zunächst kontraproduktiv auf die Schaffung von Synergien aus. Um vorhandene Synergiepotenziale dennoch nutzen zu können, empfiehlt es sich für die Management-Holding-Struktur, über die üblichen Koordinationsinstrumente hinaus spezielle **Synergieteams** einzurichten. Diese können insbesondere produkt- und verfahrenstechnische sowie beschaffungs- und vertriebsspezifische Synergien zwischen den Holding-Gesellschaften realisieren helfen.

(3) Schwächen der Management-Holding

- Die problematische Kompetenzabgrenzung zwischen der Management-Holding und den Holding-Gesellschaften kann zu Motivationsproblemen führen.

- Beherrschungsverträge fordern einen eventuellen Verlustausgleich zwischen den Gesellschaften. Eine Subventionierung defizitärer Holding-Gesellschaften durch andere kann der Gesamteffizienz schaden.

- Die rechtliche Verselbstständigung der Sparten erhöht die Distanz zur «strategischen Spitze» und kann damit das Verständnis der Holdingleitung für die Probleme der Holding-Gesellschaften reduzieren.

– Die Schaffung operativer Synergien zwischen den Holding-Gesellschaften kann zu Kostensteigerungen führen.

– Das Koordinationsinstrument «Personelle Verflechtung» kann gesellschafts-rechtliche Probleme hervorrufen.

– Im Vergleich mit Kooperationen sind Holding-Strukturen durch eine höhere, die strategische Flexibilität reduzierende Bindungsintensität gekennzeichnet (vgl. S. 422 ff.).

– Die Probleme und Kosten der Reorganisation sind u.U. höher als der sich ggf. erst langfristig einstellende, i.d.R. schwer quantifizierbare Nutzen.

3.3 Matrixorganisation

3.3.1 Grundmodell

Die Matrixorganisation ist ein **mehrdimensionales Organisationsmodell.** Wer-den auf der obersten Hierarchieebene zwei Gliederungsprinzipien gleichzeitig und weitgehend gleichgewichtet verfolgt, so liegt eine **Matrixorganisation** vor. In den Schnittpunkten der Dimensionen können Aufgaben stehen oder organisatorische Einheiten. Im Falle von organisatorischen Einheiten sieht das Grundmodell der Matrix-Organisation wie in Abb. 5-13 dargestellt aus.

Je nachdem, welche Dimensionen in der Matrix berücksichtigt werden, lassen sich folgende **Modelle der Matrixorganisation** unterscheiden:

– Verrichtungsmatrix in sich,
– Verrichtungs-Objektmatrix,
– Verrichtungs-Regionalmatrix,
– Objekt-Regionalmatrix.

Objekte können Produkte und Produktgruppen, aber auch Projekte sein.

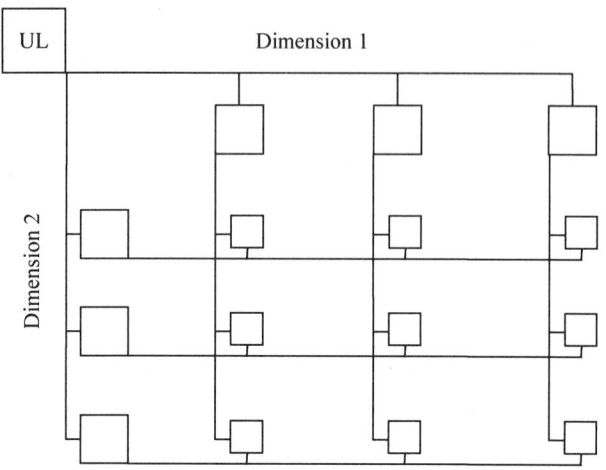

Abb. 5-13: Grundmodell der Matrixorganisation

3.3.2 Strategische Bedeutung

Die Matrix-Organisation stellt den Versuch dar, die Vorteile der Dezentralisation mit jenen der Koordination zu verbinden. Die Vorteile der Dezentralisierung bestehen im Teamgeist, der Nähe zum Markt, der Schnelligkeit des Entscheidungsprozesses und der schnellen Umsetzung. Koordinationsvorteile äußern sich im Synergieeffekt über mehrere Geschäftsfelder, Produkte und Märkte hinweg (vgl. *Thompson* [Management] 602). Die Schnittstellenprobleme zwischen verschiedenen Funktionen sowie zwischen Planung und Ausführung werden auf diese Weise überwunden.

Diese Vorteile werden erkauft durch die **problematische Kompetenzabgrenzung** zwischen den Dimensionen auf Grund der **Mehrfachunterstellung** der organisatorischen Einheiten und der damit verbundenen **Institutionalisierung von Konflikten** in den Schnittpunkten der Matrix-Struktur. Die bewusste Schaffung von Konflikten stellt allerdings die **Grundidee** mehrdimensionaler Organisationsmodelle dar. Dadurch sollen kreative und qualitativ hochwertige Problemlösungen gefördert werden. Derartige Konflikte bringen aber neben der produktiv-kreativen Komponente i.d.R. auch eine kontraproduktive Komponente (Machtkämpfe, Entscheidungsverzögerung, Abschiebung von Verantwortung) mit sich. Damit diese die positiven Effekte nicht überkompensieren, bedarf es einer sorgfältigen Strukturierung, einer entsprechenden Unternehmenskultur («Matrix-Kultur»), eines partizipativ-kooperativen Führungsstiles und entsprechender persönlicher und fachlicher Qualifikationen der Mitarbeiter.

Die Matrixorganisation eignet sich hauptsächlich für solche Unternehmen, bei denen funktionsübergreifende Aufgaben in Form von **Projekten** wahrgenommen werden. Der Projektorganisation kommt in diesem Zusammenhang insofern eine zukunftsweisende Bedeutung zu, als der strategische Wandel in Unternehmen i.d.R. durch Projekte gefördert wird. Dieses Konzept wird daher als **«management by projects»** bezeichnet. Solche Projekte können im Bereich der FuE, der Akquisition anderer Unternehmen und der Reorganisation angesiedelt sein. In Abb. 5-14 ist das Modell einer **Projektorganisation** dargestellt.

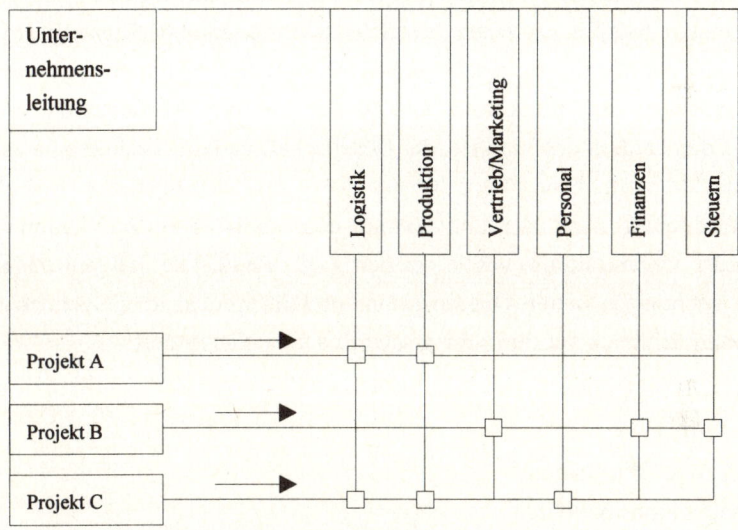

Abb. 5-14: Modell einer Projektorganisation

4 Neue Organisationsmodelle

Leitgedanke: «In keiner außer in der allereinfachsten Art von Organisation ist es vorstellbar, dass alle Einzelheiten aller Tätigkeiten von einem einzigen Geist geleitet werden. Gewiss ist es noch niemandem gelungen, alle Tätigkeiten, die in einer komplexen Gesellschaft stattfinden, bewusst anzuordnen.»

F.A. von Hayek

Seit *Chandler* wissen wir, dass die Struktur eines Unternehmens der Strategie folgt. Die Strategie wird im Wesentlichen beeinflusst von den Umweltbedingungen, in die ein Unternehmen eingebettet ist. Veränderte Rahmenbedingungen können zu einem Mis-Fit zwischen bestehender Struktur und Situation (System-Umwelt-Fit) und damit zu organisatorischen Ineffizienzen führen (vgl. dazu den Umwelt-Strategie-Struktur-Ansatz S. 371 ff.). Umweltveränderungen sind vor allem auf den Feldern des Marktes, der Gesellschaft und der Technologie zu identifizieren. Die betriebliche Praxis hat auf diese Veränderungen der strategischen Rahmenbedingungen mit der Entwicklung neuer bzw. der Modifikation bereits bestehender Organisationsmodelle reagiert (vgl. *Bea/Göbel* [Organisation] 347 ff.). Die wichtigsten **neuen Organisationsmodelle** werden im Folgenden vorgestellt und im Hinblick auf ihre strategische Bedeutung analysiert:

– Prozessorganisation,
– Teammodelle,
– Lernende Organisation,
– Kooperationsmodelle.

4.1 Prozessorganisation

4.1.1 Begriff

In den letzten Jahren wurden zahlreiche Konzepte zur Effizienzsteigerung entwickelt: Wertkettenansatz, KANBAN, Total Quality Management, Business Reengineering, Benchmarking, Lean Production und Prozesskostenrechnung sind die entsprechenden Schlagworte. Es fällt auf, dass den genannten Managementkonzepten ein gemeinsamer Ansatz zu Grunde liegt: die **prozessorientierte Betrachtungsweise**. Diese Perspektive zeichnet auch die Prozessorganisation aus.

Die **Grundidee** der **Prozessorganisation** besteht darin, dass Prozesse Gegenstand der Strukturierung von Unternehmen sind. Es werden somit organisatorische Einheiten mit Prozessverantwortung geschaffen.

Die Aufbauorganisation wird dadurch an der **Ablauforganisation** ausgerichtet und nicht umgekehrt (vgl. *Gaitanides* [Prozessorganisation] 64 ff.). Mit dieser Neuausrichtung soll eine Abkehr vom klassischen **Hierarchieprinzip** und Funktionalprinzip und damit eine Reduktion der Schnittstellenproblematik als Folge der tayloristischen Arbeitsteilung eingeleitet werden (vgl. auch *Peters* [Hierarchien]). In Abb. 5-15 wird zum Ausdruck gebracht, dass an die Stelle der vertikalen Hierarchieorientierung die Betonung einer horizontalen Verkettung der Teilprozesse tritt.

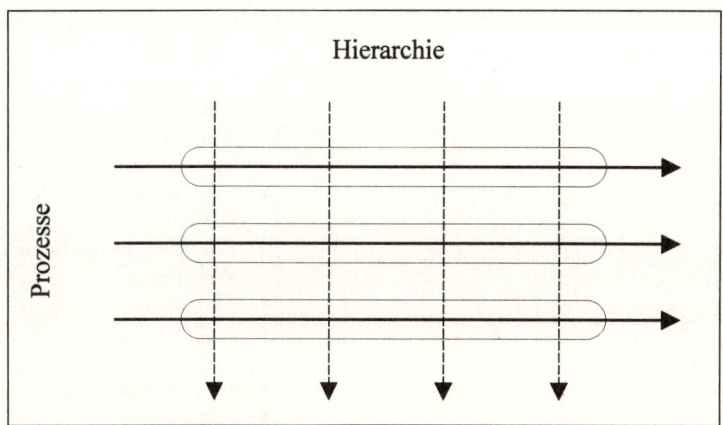

Abb. 5-15: Prozessorganisation

Mit der Klärung des Begriffs der Prozessorganisation automatisch gekoppelt ist eine Abgrenzung des Prozessbegriffes. Damit verbunden ist die Frage, was unter einem Gesamtprozess und was unter Teilprozessen zu verstehen ist (vgl. *Bea/Schnaitmann* [Prozesse]). Da Begriffe weder richtig noch falsch, sondern nur zweckmäßig oder unzweckmäßig sind, ist die Antwort auf diese Frage von den Absichten abhängig, die mit einer Prozessorganisation verfolgt werden. Das folgende Beispiel zeigt, wie man den unternehmerischen Gesamtprozess zerlegen kann.

Beispiel: Prozessorganisation der Deutschen Telekom AG

*Die wachsenden Anforderungen des globalen Wettbewerbs haben bei der Deutschen Telekom zu einem völlig neuen organisatorischen Konzept geführt. Unter dem Akronym TEMPO wird seit 1996 eine Prozessorganisation implementiert. Dabei verfolgt man das Ziel der durchgängigen Optimierung der Wertschöpfung zur Sicherstellung erstklassiger Leistungs- und Unterstützungsprozesse für die Kundenbedienung. Die Grundidee ist, durchgängige Markt-Markt-Prozesse zu identifizieren und zu optimieren. Hierzu wurde die gesamte **Wertschöpfungskette** des Unternehmens in **14 Kernprozesse** zerlegt:*

Kernprozesstyp	Kernprozesse
Führungsprozesse	• Strategie und Planung • Operatives Führen
Leistungsprozesse	• Produkt- und Innovationsmanagement • Kundensegmentmanagement • Preis- und Regulierungsmanagement • Unternehmenskommunikation • Planung und Aufbau der Produktionsinfrastruktur • Betrieb der Produktionsinfrastruktur • Akquisition und Bereitstellung • Service • Markterschließung
Unterstützungsprozesse	• Personalmanagement • Berichtswesen • Ressourcenmanagement (Finanzen, Immobilien, Informationstechnik)

*Zur systematischen Führung und Verbesserung dieser Kernprozesse wurden Prozessverantwortliche und Prozessmanager benannt. Über ein Monitoring der Kernprozesse wird ihre **kontinuierliche Anpassung** an sich verändernde Bedingungen und eine **stetige Verbesserung der Leistungsparameter** der einzelnen Prozesse sichergestellt.*

4.1.2 Business Reengineering

Eine radikale Neuausrichtung der Organisation an den Unternehmensprozessen erfolgt im Rahmen des sog. Business Reengineering. Für die Organisationsgestaltung im Rahmen des Business Reengineering werden unterschiedliche Vorgehensmodelle empfohlen (vgl. u.a. *Hammer/Champy* [Business Reengineering], *Gaitanides* [Prozessorganisation]). Wir gehen von folgenden **Phasen** aus:

(1) **Selektion:** Auswahl und Abgrenzung wichtiger Prozesse. In die Auswahl müssen solche Prozesse fallen, die durch intensiven Ressourcenverbrauch oder hohen Anteil am Kundennutzen gekennzeichnet sind (siehe Beispiel der Deutschen Telekom S. 404).

(2) **Analyse:** Ermittlung der Ist-Situation durch Analyse der Prozessstruktur, Zerlegung der Haupt- in Teilprozesse sowie Ermittlung der Prozessverantwortlichen, des Ressourcenverbrauchs und der Prozessdauer je Teilprozess.

(3) **Synthese:** Entwicklung der Soll-Prozessstruktur auf der Basis der strategischen Zielsetzung der Unternehmung.

(4) **Implementierung:** Umsetzung der Soll-Prozessstruktur durch Abbau von Hierarchieebenen, Spaltung, Auflösung oder Neuordnung von Abteilungen sowie Übertragung von Prozessverantwortung an Singular- oder Pluralinstanzen.

(5) **Transformation** und **Surveillance:** Überwachung und ggf. Modifikationen der Reengineering-Maßnahmen und -Ergebnisse. Übertragung der Vorgehensweise und der Ergebnisse auf andere Bereiche.

Der Erfolg eines Reengineering-Projekts ist v.a. von folgenden **Voraussetzungen** abhängig:

– **Strategische Orientierung:** Die Prozessoptimierung muss unter Berücksichtigung der strategischen Zielsetzung und damit der Quellen potenzieller Wettbewerbsvorteile (z.B. Differenzierung, Kosten, Zeit) erfolgen.

– **Unterstützung durch das Top-Management:** Die Implementierung der z.T. fundamentalen Veränderungen innerhalb des Unternehmens bedarf der Unterstützung durch die Unternehmensleitung.

– **Unternehmensweite Akzeptanz:** Die ebenfalls für die Implementierung notwendige Akzeptanz der neuen Soll-Prozessstruktur kann durch die Beteiligung aller Betroffenen an sämtlichen Projektphasen erreicht werden. Auf diese Weise lässt sich zugleich das vorhandene Wissen aller Mitarbeiter nutzen.

4.1.3 Strategische Bedeutung

Die Vorteile der Prozessorganisation werden heute stark propagiert. Zu nennen sind in diesem Zusammenhang *Hammer/Champy*, die ihren Managementbestseller «Business Reengineering» (1994) mit folgenden Sätzen einleiten: «200 Jahre lang folgten die Menschen bei der Gründung und beim Aufbau von Unternehmen der brillianten Entdeckung von *Adam Smith*, dass industrielle Arbeit in ihre einfachsten und grundlegendsten Aufgaben zerlegt werden sollte. Im postindustriellen Zeitalter, an dessen Schwelle wir uns heute befinden, wird hinter der Gründung und Gestaltung von Unternehmen der Gedanke stehen, diese Aufgaben wieder zu kohärenten Unternehmensprozessen zusammenzuführen. Im Buch werden wir zeigen, wie die heutigen Unternehmen eine wahrhafte Renaissance einleiten können.»

Folgende **strategische Vorteile** sind damit gemeint:

(1) Prozessbeschleunigung

Leistungs- und Informationsprozesse werden stellen- und abteilungsübergreifend nach den Anforderungen des Ablaufes strukturiert. Dadurch ist eine Prozessbeschleunigung möglich, d.h. eine durchgängige Strukturierung vom Auftragseingang bis zur Auslieferung. Da die Zeit ein wichtiger Kostenfaktor ist, kommt der Sicherstellung des Fließprinzips erhöhte Bedeutung zu.

(2) Übernahme von Gesamtverantwortung

Verantwortung und Kompetenz werden nach dem Subsidiaritätsprinzip möglichst auf die Prozessausführenden übertragen. Dadurch werden Freiräume für Selbstorganisation und Selbstkontrolle geschaffen. Die Koordination zwischen den Prozessen erfolgt nach Möglichkeit ebenfalls durch Selbstabstimmung. Dieses Grundprinzip folgt der Erkenntnis, dass Mitarbeiter heute im Unternehmen nur etwa 20 % ihrer Fähigkeiten zur Verfügung stellen können und wollen («innere Kündigung»). Der Taylorismus hingegen verhindert die Übernahme von Prozessverantwortung, da er Denken und Handeln, Entscheiden und Ausführen arbeitsteilig trennt.

(3) Reduktion der Schnittstellenproblematik

Jede Schnittstelle stellt einen Bruch im Prozessverlauf dar. Damit wächst die Gefahr von Fehlern und auch der Mangel an Bereitschaft, die Verantwortung für

Fehler zu übernehmen. Die Prozessorganisation führt zur Verringerung der Interdependenzen dadurch, dass Aufgabenkomplexe zusammengefasst werden. Auf diese Art und Weise lassen sich die Vorteile des «job enlargement» wahrnehmen.

(4) Kundenorientierung

Mit der Prozessorganisation werden die Grenzen der Unternehmung aufgeweicht und sowohl Lieferanten als auch externe Kunden stärker als Teil eines überbetrieblichen Gesamtprozesses integriert. Damit verbunden ist das gegenseitige Kennenlernen, was einen vermehrten und qualitativ besseren Informationsaustausch zur Folge haben dürfte. Dies gilt bspw. für die Zusammenarbeit der Automobilindustrie mit ihren Zulieferern. Im Vordergrund steht hier die Einbeziehung der Zulieferer in den Wertschöpfungsprozess. Kundenorientierung beginnt also bereits bei jenen Leistungen, die von anderen Unternehmen bezogen werden.

4.2 Teammodelle

4.2.1 Begriff

Das gemeinsame Kennzeichen der in zahlreichen Varianten vorliegenden Teammodelle ist die Übertragung von **Kompetenzen** (Entscheidungsbefugnissen) an **Gruppen** an Stelle von Einzelpersonen. Der Begriff «Team» soll wie folgt definiert werden:

> Ein **Team** ist eine auf Dauer oder vorübergehend zusammengehörige, zahlenmäßig überschaubare Gruppe von Personen, die sich durch eine gemeinsame Zielsetzung, relative hohe, grundsätzlich aber begrenzte Autonomie und eine spezifische Arbeitsform (Teamwork) auszeichnet.

Die **Merkmale** des Teams im Einzelnen:

- Die **Lebensdauer** von Teams ist i.d.R. abhängig vom Fortbestand bzw. der Dauerhaftigkeit des Aufgabenspektrums, welches dem Team übertragen wurde. Teams können so für einen unbefristeten Zeitraum eingerichtet werden, wenn es sich um dauerhafte oder wiederkehrende Aufgabenstellungen handelt. Geht es um einmalige Aufgaben (z.B. Projekte), so wird sich das Team mit Erfüllung des (Sach-) Ziels auflösen.

- Die **Mitgliederzahl** von Teams darf eine bestimmte Obergrenze nicht überschreiten. In der Literatur werden dafür Zahlen von 10 bis 30 Personen genannt. Die Notwendigkeit der Begrenzung der Mitgliederzahl ergibt sich aus der Arbeitsform von Teams.

- Teams werden zur Erfüllung spezifischer **Zielsetzungen** gebildet. Die Teammitglieder verfolgen somit ein gemeinsames Ziel. Insofern wird der Grad der Arbeitsteilung, wie er die Funktionale Organisation charakterisiert, reduziert. Der Spezialisierung einzelner Mitglieder und ihrer Orientierung an spezifischen Unterzielen steht jedoch die Teamorganisation nicht entgegen.

- Die Schaffung von **Autonomie** bzw. eines **Autonomiebereichs** ist das zentrale, konstitutive Merkmal aller Teamkonzepte. Im Rahmen der Zielsetzung kann das Team eigenverantwortlich entscheiden und handeln. Der Autonomiegrad kann durch Ressourcenzuteilung oder Berichtspflichten eingeschränkt werden.

- **Teamwork** ist die dominierende Arbeitsform in Teams. Das diese Form kennzeichnende Koordinationsinstrument ist die Selbstabstimmung oder Selbstkoordination. Die hierarchische Binnenstruktur von Teams ist allenfalls schwach ausgeprägt, die Leistungsfähigkeit des Teamworks ist abhängig von Determinanten wie Kohäsion, Affektstruktur, Aufgabenintegration und Mitverantwortung. Zur Koordination nach außen werden in Teams häufig Vertreter gewählt, die jedoch meist keine besonderen Entscheidungs- oder Weisungsbefugnisse nach innen oder außen besitzen.

4.2.2 Formen

Formen von Teammodellen:
- Das System überlappender Gruppen nach *Likert,*
- Projektgruppen,
- Teilautonome Gruppen,
- Qualitätszirkel.

(1) Das System überlappender Gruppen nach Likert

Das *Likert*sche Organisationsmodell besteht aus einer Vielzahl sich überlappender Gruppen oder Teams. Die Überlappungen können vertikaler und horizontaler Art sein und werden durch Personen, die in beiden Gruppen Mitglied sind (linking pins), institutionalisiert. Diesen **«linking pins»** kommt die Aufgabe der Koordination der Teams zu. Entscheidungen werden zum einen als Entscheidungen in der Gruppe und zum anderen auf hierarchisch möglichst niedriger Stufe der Gesamtstruktur getroffen. Falls eine Gruppenentscheidung nicht zu Stande kommt, kann der Teamleiter (vertikaler linking pin) eine verbindliche Entscheidung treffen. Abb. 5-16 zeigt das **«linking pin model»** als Netzwerk horizontal und vertikal vermaschter Teams.

Die **Funktionsfähigkeit** dieses Konzepts hängt entscheidend von den persönlichen Eigenschaften und Wertvorstellungen der Mitglieder sowie den zwischenmenschlichen Beziehungen in der Unternehmung ab. Das Vorhandensein einer bestimmten **Unternehmenskultur** (offen, kommunikations- und mitarbeiterorientiert) und - daraus abgeleitet - die Wahl eines geeigneten **Führungsstils** (kooperativ-partizipativ) sind Voraussetzungen für eine erfolgreiche Umsetzung des Konzepts. Das gesamte Unternehmen ist durch eine hierarchische Teamstruktur gekennzeichnet, innerhalb der Teams ist die Hierarchie jedoch eher schwach ausgeprägt. Wenngleich wir das Konzept von *Likert* als Alternative zu den traditionellen Organisationsmodellen auffassen, so hält es doch die hierarchische Struktur, bspw. der Funktionalen Organisation, aufrecht. Darin und in der damit verbundenen Rolle der vertikalen linking pins als Teamleiter ist letztlich auch der **Hauptkritikpunkt** an *Likerts* Konzept zu sehen (vgl. *Staehle* [Management] 761 f.).

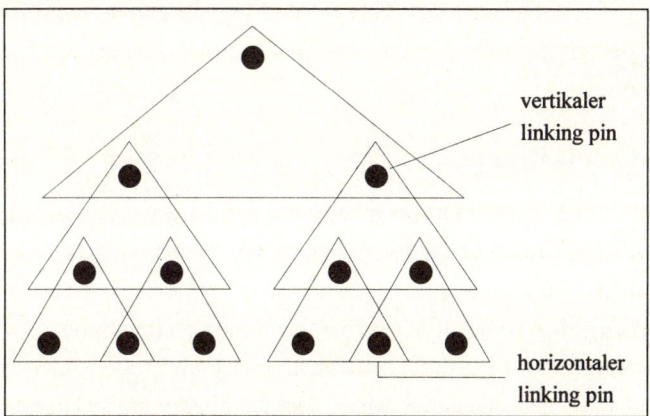

Abb. 5-16: Modell überlappender Gruppen nach *Likert*

(2) Projektgruppen

Temporäre Teams entstehen, um eine konkrete Aufgabe, ein spezifisches Problem zu lösen. Mit der Erfüllung der Aufgabe lösen sich solche Teams auf. Zu unterscheiden sind einmal Teams, die in zeitlichen Abständen regelmäßig oder unregelmäßig zusammentreten, deren Mitglieder somit grundsätzlich in ihrer bisherigen organisatorischen Position verbleiben. Zu ihnen zählen die **Projektteams** in der **Stabs-** bzw. in der **Matrix-Projektorganisation** sowie themenspezifische **workshops**. Daneben gibt es Projektgruppen, bei denen die Teammitglieder aus ihrer bisherigen organisatorischen Position herausgelöst werden und bis zur Auflösung des Teams diesem «vollzeit» zur Verfügung stehen. Zu diesen Varianten zählen wir die Projektgruppen bei der **Reinen Projektorganisation** und sog. **task forces** (zeitlich befristete Gremien mit themenspezifischem Bezug).

Ebenfalls dieser Gruppe zuzuordnen sind die sog. **venture teams.** Es handelt sich hier um weitgehend autonome Einheiten, welche vor allem im Zusammenhang mit der Förderung der Innovationskraft von Unternehmungen etabliert werden. Die interdisziplinär zusammengesetzten, auf freiwilliger Teilnahme basierenden Teams werden aus der bestehenden Struktur herausgelöst und mit weitestreichender Autonomie versehen. Durch den hohen Autonomiegrad und ggf. die Gestaltung entsprechender Anreize soll innovatives, selbstverantwortliches und «unternehmerisches» Verhalten insbesondere in Großunternehmen initiiert werden. Diese Zielsetzung verfolgt auch das Konzept des sog. **Intrapreneurship.** Durch die Schaffung kleiner flexibler Einheiten soll «Unternehmertum im Unternehmen» gefördert werden.

(3) Teilautonome Gruppen

Das Konzept teilautonomer Gruppen hat vor allem Eingang in die Fertigungs- und Montagebereiche von Unternehmungen gefunden. Neben «job enlargement», «job enrichment» und «job rotation» ist es ein Ergebnis der Bestrebungen um eine **Humanisierung der Arbeit** (Arbeitsbereicherung). Teilautonome Gruppen nehmen einen abgegrenzten Aufgabenbereich, meist also eine Fertigungsaufgabe, selbstständig bzw. selbststeuernd wahr. Ihre Mitglieder stehen dem Team «vollzeit» zur Verfügung. Die Autonomie bezieht sich i.d.R. auf die interne Aufgabenverteilung bzw. die interne Führungsstruktur sowie eingeschränkt auf Mengen- und Zeitaspekte der Fertigung. Neben den Humanisierungsbestrebungen stehen - ähnlich wie bei den vorherigen Teamkonzepten - Motivations- und Flexibilitätsziele im Vordergrund der Implementierung. In letzter Zeit hat dieses Konzept unter den Schlagworten **(teil-)autonome Fertigungsinseln, flexible Fertigungssysteme, flexible Fertigungszellen** ein verstärktes Interesse erfahren (vgl. *Bea/Göbel* [Organisation] 302 f.).

(4) Qualitätszirkel

Qualitätszirkel stellen eine spezifische Form teilautonomer Gruppen dar und sind Bestandteile von Total Quality- bzw. Lean Management-Konzepten. Ihre Mitglieder treffen sich meist in regelmäßigen Zeitabständen, um Fragen und Probleme der Qualitätssteigerung in ihrem Arbeitsbereich zu untersuchen und Lösungsansätze zu erarbeiten. Eng verwandt mit dieser Variante ist das **Lernstatt-Konzept,** bei dem jedoch die Vermittlung fach- und unternehmensspezifischen Wissens sowie die Integration von Mitarbeitern in die Unternehmung durch gemeinsames Lernen im Vordergrund stehen.

4.2.3 Strategische Bedeutung

Die Idee der Delegation von Kompetenzen an Gruppen ist keineswegs neu und hat vor allem durch die *Hawthorne-Experimente* in den 30er Jahren sowie die Studien des *Tavistock Institute for Human Relations* in den 50er Jahren Verbreitung und wissenschaftliche Fundierung erfahren. Jedoch hat sie in den letzten Jahren sowohl in der Wissenschaft als auch in der Unternehmenspraxis wieder verstärkte Resonanz gefunden. Die große Zahl neuartiger Teamkonzepte und ihre hohe Implementierungsdichte in der Praxis sind Indikatoren dieser Entwicklung.

Organisationstheoretische Ansätze können zur Erklärung des großen Interesses an Teamkonzepten, insbesondere seitens der Unternehmenspraxis, wie folgt beitragen:

Der **Selbstorganisationsansatz** stellt die Notwendigkeit und die Vorteilhaftigkeit selbstorganisierender Prozesse heraus. Die Schaffung von Freiräumen, bspw. in Teams, ermöglicht derartige Prozesse der Selbstkoordination und -steuerung. Dadurch werden Kräfte freigesetzt (Motivation, «Unternehmertum»), die zu einer erhöhten Anpassungsfähigkeit des Teams selbst und damit indirekt auch der Gesamtunternehmung in dynamisch-turbulenter Umwelt führen.

Der **Umwelt-Strategie-Struktur-Ansatz** knüpft bei der Erklärung an Veränderungen der Umwelt und, daraus resultierend, der Strategie an. Flexibilität und Innovationskraft haben als strategische Erfolgsfaktoren an Bedeutung gewonnen. Teamkonzepten wird nun gerade eine erhöhte Flexibilität und ein hohes innovatives Potenzial zugetraut. *Von Hayek* ([Recht] 72) drückt dies so aus: Je komplexer die Umwelt, desto mehr muss der Manager wissen, «dass die Individuen, die kooperieren sollen, von Wissen Gebrauch machen, das er selber nicht besitzt.»

4.3 Lernende Organisation

> *Leitgedanke: «Wir sind fehlbar und neigen zu Fehlern, aber wir können aus unseren Fehlern lernen.»*
>
> *K.R. Popper*

4.3.1 Begriff

Nur in einer stabilen und einfachen Umwelt lässt sich mit Hilfe fester Pläne die Zukunft eines Unternehmens rational gestalten. Das Beziehungsgeflecht der Unternehmung mit ihrer Umwelt ist heute jedoch vielfach gekennzeichnet durch

– zahlreiche heterogene und mehrdimensionale Relationen zwischen
– zahlreichen heterogenen Elementen,
– die jeweils häufigen und fundamentalen Veränderungen unterliegen.

Die Komplexität der Unternehmens-Umwelt-Beziehungen verlangt von der Unternehmung einerseits die Fähigkeit, sich kurzfristig an Veränderungen anpassen zu können und andererseits gestaltend auf dieses Beziehungsgeflecht einzuwirken. Verfügt eine Unternehmung grundsätzlich über beide Fähigkeiten, so sprechen wir von einer **entwicklungsfähigen Unternehmung.**

Voraussetzungen für diese Kompetenz sind ein stetiges und möglichst umfassendes Informiertsein über den Status und die Veränderungen in diesem Beziehungsgeflecht und damit ein Denken in Folgewirkungen (Ursache-Wirkungs-Zusammenhängen). Diesen Anforderungen vermag ein durch Arbeitsteilung deformiertes Denkschema nicht zu entsprechen. Die defensive Einstellung des «Geht mich nichts an!» ist zu ersetzen durch die offensive Einstellung des «Was können wir tun?». Die Entwicklungsfähigkeit fordert, dass aus einer Unternehmung eine lernende Organisation wird.

Organisationales Lernen ist der Prozess der Schaffung und stetigen Weiterentwicklung der organisationalen Wissensbasis, auf deren Grundlage Anpassungs- und Entwicklungsstrategien generiert werden können.

Senge hat in seinem im Jahre 1990 erschienenen Bestseller «The fifth Discipline. The Art and Practice of the Learning Organization» das Lernen in Organisationen, insbesondere den Prozess des organisationalen Lernens analysiert.

4.3.2 Prozess des organisationalen Lernens

Der Prozess des organisationalen Lernens soll im Folgenden anhand der Merkmale Ziel, Träger, Dauer, Auslöser, Struktur und Inhalt des organisationalen Lernens gekennzeichnet werden:

(1) Ziel

Sachziel des organisationalen Lernens ist die Weiterentwicklung der organisationalen Wissensbasis. Veraltetes Wissen ist kontinuierlich durch aktuelles zu ersetzen. Metaziel des organisationalen Lernens ist die Aufrechterhaltung bzw. Verbesserung der Lernfähigkeit der Organisation selbst.

(2) Träger

Organisationales Lernen ist einerseits individuelles Lernen im organisationalen Kontext. Träger des organisationalen Lernens sind dann die Organisationsmitglieder selbst. Zum anderen tritt organisationales Lernen als kollektives Phänomen der Speicherung von Wissen in organisationalen Subsystemen wie der Kultur (Werte, Normen, Artefakte), der Struktur (Programme, Handbücher) oder der Strategie (strategische Ziele und Verhaltensweisen) auf. Auch diese organisationalen Speichersysteme können als Träger des Lernens aufgefasst werden.

(3) Dauer

Organisationales Lernen ist ein kontinuierlicher, organisationsweiter, temporal integrierter Prozess.

(4) Auslöser

Organisationales Lernen wird stets ausgelöst durch wahrgenommene Diskrepanzen zwischen der aktuellen Wissensbasis und relevanten Umweltveränderungen.

(5) Struktur

Der Prozess des organisationalen Lernens lässt sich in verschiedene Phasen gliedern (vgl. u.a. *March/Olsen* [Ambiguity] und *Pawlowsky* [Lernen]). Auf die verschiedenen Phasenmodelle lassen sich jedoch all jene Kritikpunkte übertragen, die bereits zum Phasenschema der Planung referiert wurden (vgl. S. 52 f.). Im Grundsatz kann man aber davon ausgehen, dass Wahrnehmung, Reflexion und Reorientierung die zentralen Module organisationaler Lernprozesse darstellen.

(6) Inhalt

Stellt man die Frage nach dem Prozessinhalt («Was wird gelernt?»), so lassen sich nach *Argyris/Schön* ([Learning]) **drei Arten des Lernens** unterscheiden:

- **Single-Loop-Learning (Adaptives Lernen)**

  Eine Organisation muss dafür sorgen, dass die Verhaltensweisen den Veränderungen der Unternehmensumwelt angepasst werden. Die Ziele und Grundannahmen werden dabei nicht in Frage gestellt, es wird lediglich eine Korrektur auf der Ebene der Handlungen und des Verhaltens vorgenommen. Dabei werden die Erfahrungen aus den Handlungsergebnissen verwertet.

  Beispiel: Wenn der Umsatz zurückgeht, bietet sich die Erhöhung der Werbeaktivitäten an.

- **Double-Loop-Learning (Strategisches Lernen)**

  Nicht nur die Verhaltensweisen, sondern auch die Denkweisen werden hierbei überprüft und verändert. Dies erfordert von allen Organisationsmitgliedern die Bereitschaft, individuelle wie organisationale Zielsetzungen und Werthaltungen offen zu legen, zu hinterfragen und ggf. zu modifizieren. *Hedberg* ([Unlearn]) hat die mit der Ablösung vorhandener Handlungstheorien verbundenen Probleme mit der Metapher des «Verlernens» (Unlearn) umschrieben.

  Beispiel: Es wird festgestellt, dass der Einsatz der Werbung wenig Sinn macht, da sich das Produkt am Ende des Produktlebenszyklusses befindet.

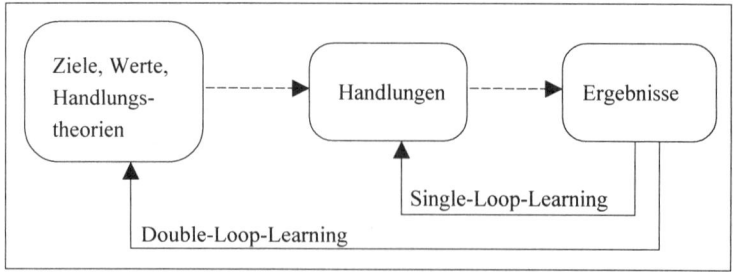

Abb. 5-17: Single- und Double-Loop-Learning nach *Argyris/Schön*

– **Deutero-Learning (Metalernen)**

Argyris/Schön haben den beiden genannten Lernarten eine weitere hinzugefügt. Eine Organisation muss ihre Fähigkeit zur Ausführung von Single- und
Double-Loop-Prozessen verbessern: Das Lernen selbst wird zum Gegenstand
des Lernens (**«lernen, wie man lernt»**). Lerninhalte, Lernprozesse und Lern-
ergebnisse werden einer kritischen Überprüfung unterzogen. Eine Hauptauf-
gabe besteht dabei in der Überwindung sog. **defensive routines,** Verhaltens-
mustern, die aus Aversion gegenüber Veränderungen aufgebaut werden und
zur Ignorierung von Fehlern und zur Vermeidung von Diskussionen über Verhaltensweisen führen (vgl. *Argyris* [Defenses]). Deutero-Learning kann damit
auch treffend als **Metalernen** bezeichnet werden.

*Beispiel: Es wird gefragt, wie es dazu kommen konnte, dass man einer Fehl-
einschätzung unterlegen ist.*

Da es sich beim Single-Loop-Learning um ein Anpassung von Verhaltensweisen,
beim Double-Loop-Learning um ein Modifizieren von Zielen und Werthaltung
und beim Deutero-Learning um eine Reflexion des Lernprozesses selbst handelt,
ist es nahe liegend, von **Ebenen des organisationalen Lernens** zu sprechen.
Probst/Büchel haben diese Lernarten auch als Anpassungs-, Veränderungs- und
Prozesslernen bezeichnet *(Probst/Büchel* [Lernen] 35 ff.).

In dynamischer und komplexer Umwelt stellt das bloße Verändern von erfolglosen
Aktionen und Verhaltensweisen (Single-Loop-Learning) keine adäquate Strategie
der Entwicklung dar. Ziele und Werthaltungen müssen selbst kontinuierlich hin-
terfragt werden (Double-Loop-Learning) und dieser Prozess selbst wiederum stetig überwacht und verbessert werden (Deutero-Learning).

4.3.3 Strategische Bedeutung

Kaplan/Norton haben im Rahmen ihrer **Balanced Scorecard** neben der finanziellen Perspektive, der Kundenperspektive und der Perspektive der internen Geschäftsprozesse eine **Lern- und Entwicklungsperspektive** als Element der strategischen Unternehmensführung hervorgehoben (vgl. S. 190). Greift man diesen
Gedanken auf, besteht die Aufgabe des Managements darin, das Lernen in Unternehmen zu fördern. Die Wahrnehmung dieser Gestaltungsaufgabe wiederum setzt
voraus, dass Erkenntnisse über die Zusammenhänge von Ursachen und Lernwir-
kungen in Form einer Theorie des organisationalen Lernens vorliegen. Solche Zu-

sammenhänge sind zu vermuten zwischen dem Lernen auf der einen Seite und der Struktur, der Kultur und der Strategie eines Unternehmens auf der anderen Seite.

(1) Gestaltung einer lernfördernden Struktur

Dezentralisierung bzw. **Polyzentrierung** im Rahmen einer Organisation schaffen die Voraussetzungen für das selbstständige Erkennen von Zusammenhängen. Damit gekoppelt ist eine Verwertung von Wissen im Unternehmen. Eine mit der Dezentralisierung i.d.R. verbundene **Marktorientierung** trägt dazu bei, dass Anschauungsmaterial für das Lernen bereitgestellt wird.

Teamarbeit stützt das gegenseitige Kennenlernen, was einen vermehrten und qualitativ besseren Informationsaustausch zur Folge haben dürfte. Die multifunktionale Zusammensetzung der Teams kombiniert verschiedene Erfahrungen. Der Horizont wird erweitert und die Angemessenheit des eigenen Denkens und Verhaltens unmittelbar im Lichte anderer Kontexte geprüft.

Kooperationen mit anderen Unternehmen fördern den Austausch und die gemeinsame Entwicklung von Wissen. Zu nennen sind strategische Allianzen, strategische Netzwerke und virtuelle Unternehmen (vgl. S. 423 ff. und 429 ff.).

(2) Gestaltung einer lernfördernden Kultur

Eine Kultur, die **innovationsorientiert** ist, begünstigt die Bereitschaft, etwas Neues zu wagen. Fehler werden nicht als Anlass für Sanktionen, sondern als Quelle besserer Erkenntnis gewertet. Eine **offene, aussenorientierte** Unternehmenskultur fördert die Wahrnehmung von Umweltveränderungen und erleichtert die Konfrontation interner Werthaltungen mit andersartigen externen Grundüberzeugungen. Die Erarbeitung einer derartigen Grundeinstellung lässt sich über **Weiterbildungsmaßnahmen** und die Einrichtung sog. **Assessment Center** begünstigen. Jedoch stehen der zielorientierten Gestaltung der Unternehmenskultur nicht unerhebliche Barrieren entgegen (vgl. S. 485 ff.).

(3) Gestaltung einer lernfördernden Strategie

Strategien, die **dezentral** erarbeitet werden und im Klima einer offensiven Grundeinstellung reifen, begünstigen die Bereitschaft zum Lernen. Lernfördernd ist ohne Zweifel auch die **Integration** von **Strategieformulierung, Strategieimplementierung** und **Strategiekontrolle.** Mit der damit verbundenen ganzheitlichen Betrachtung lassen sich größere Zusammenhänge durchdringen und somit Bedingungen für ein Lernen aus Erfahrung durch das Zuordnen von Folgen zu Handlungen schaffen.

Das noch junge Forschungsgebiet des organisationalen Lernens verspricht, wichtige Erkenntnisse hinsichtlich der Anpassungs- und Entwicklungsfähigkeit von Unternehmen in einer komplexen Welt zu liefern. Die Förderung der lernbereiten Organisation durch die Setzung allgemeiner Rahmenbedingungen und genereller Verhaltensregeln ersetzt mehr und mehr die Ausarbeitung langfristiger, jedoch in diskontinuierlicher Umwelt oft unzutreffender Pläne. Um zu vermeiden, dass mit dem organisationalen Lernen an die Stelle der Ungewissheit und des Dilemmas der Planung ein neuer, lediglich vager Begriff tritt, kommt der Entwicklung einer **Theorie des organisationalen Lernens** in und von Organisationen eine wichtige Bedeutung zu. Eine solche Theorie müsste empirisch fundierte Aussagen über die Zusammenhänge von Einflussfaktoren auf das Lernen einerseits und Wirkungen des Lernens andererseits liefern. Nur auf ihrer Grundlage können letztlich gezielte und fundierte Gestaltungsempfehlungen generiert werden (vgl. *Haas* [Entwicklungsfähigkeit]).

4.4 Kooperationsmodelle

Jürgen Strube, Vorsitzender des Vorstands der **BASF AG** im Rahmen der Hauptversammlung am 19. Mai 1998:

*«Starke Marktstellungen lassen sich auch durch **Kooperationen** aufbauen. Das zeigen unsere beiden neuen Gemeinschaftsunternehmen Targor und Elenac auf dem Gebiet der Polyolefine. Beide neu gegründeten Gesellschaften haben zu den europäischen Marktführern aufgeschlossen. Gemeinschaftsunternehmen sind auch ein wichtiges Instrument, um in neue Märkte oder neue Technologien einzusteigen. Die Kooperation mit Merck und Cerestar bei der Produktion von Vitamin C oder mit DuPont auf dem Gebiet der Faservorprodukte belegen das. Auch große kapitalintensive Investitionen können in **Gemeinschaftsunternehmen** effizient realisiert werden. Als Beispiele nenne ich die Kooperationen in China und Malaysia zum Aufbau der Verbundstandorte in Nanjing und Kuantan. Ein besonderer Vorteil von Gemeinschaftsunternehmen wird bei der Vereinbarung mit Fina zum gemeinsamen Bau eines Crackers in Nordamerika deutlich. Hier werden wir mit einem Rohölveredler zusammenarbeiten. Der neue Cracker wird damit optimal in die Stoffströme einer Raffinerie eingeklinkt werden und Kostenvorteile erreichen. Zugleich wird er über Pipelines im Verbund mit unseren Standorten Geismar und*

*Freeport stehen. Damit verwirklichen wir das bewährte **BASF-Verbundkonzept** in einer neuen Dimension.»*

4.4.1 Begriff

Die bislang vorgestellten Organisationskonzepte hatten eines gemein: Sie alle bezogen sich auf *ein* Unternehmen bzw. im Fall der Management-Holding-Struktur auf eine Gruppe von Unternehmen unter einheitlicher strategischer Leitung. Dabei wurde implizit vorausgesetzt, dass die **Abgrenzung** des **Unternehmens** von seiner **Umwelt** problemlos möglich sei. Dies bedeutet, dass an einer bestimmten Stelle im Beziehungsgeflecht zwischen Unternehmung und den sie umgebenden Akteuren eine Grenze zu ziehen ist. Alle Beziehungen und Strukturen innerhalb dieser Grenze werden dann dem Komplex «Unternehmen» zugerechnet, alle Beziehungen und Strukturen außerhalb dieser Grenze dagegen der Umwelt. Eine derartige Grenzziehung konnte als problemlos angesehen werden, solange zwischen der rechtlichen Einheit Unternehmung und ihrer Umwelt, insbesondere den anderen Unternehmungen, lediglich marktliche Beziehungen auf Basis des Preismechanismus bestanden.

In den letzten Jahren kommt es jedoch in zunehmendem Maße zu Formen der Zusammenarbeit zwischen Unternehmen, bei denen neben der rein marktlichen Abstimmung auch Koordinationsinstrumente zur Anwendung kommen, die bislang lediglich unternehmensintern eingesetzt wurden. Die Anwendung derartiger, ein Mindestmaß an gegenseitigem Vertrauen voraussetzenden Koordinationsinstrumente ermöglicht eine **kooperative Beziehung zwischen Unternehmen,** die über den reinen Austausch von Gütern hinausgeht. Auf Grund derartiger Unternehmenskooperationen kann es zu einer Divergenz zwischen rechtlicher und faktischer Unternehmensgrenze kommen bzw. kann eine exakte und eindeutige Bestimmung der faktischen Unternehmensgrenze praktisch unmöglich werden. *Robertson* ([Control] 85) verdeutlicht den Unterschied zwischen den klassischen Unternehmensgrenzen und jenen im Zeitalter der Kooperationen bildhaft. Während er das klassische Unternehmen mit einer «mittelalterlichen Zitadelle mit Wassergraben und Wehrmauern» vergleicht, zeichnet er für ein System von miteinander durch Kooperationen verbundenen Unternehmen das Bild eines «Eimers voll Buttermilch, in dem geronnene Butterklumpen (die Unternehmen) schwimmen».

Unter einer **Kooperation** versteht man die Zusammenarbeit zwischen mehreren Unternehmen, bei der die wirtschaftliche Selbstständigkeit lediglich in den von der Kooperation betroffenen Bereichen für die Dauer der Kooperation eingeschränkt wird, die rechtliche Selbstständigkeit der Kooperationspartner jedoch vollständig erhalten bleibt.

Insofern unterscheidet sich die Kooperation fundamental von den beiden Gestaltungsformen der **Akquisition:** Bei der **Fusion** geben die Partner sowohl ihre rechtliche wie auch ihre wirtschaftliche Autonomie auf, bei der **Konzernbildung** bleibt die rechtliche Selbstständigkeit zwar gewahrt, die wirtschaftliche wird jedoch unternehmensweit aufgegeben.

Im Rahmen des Versuchs einer Bestimmung der Unternehmensgrenzen sind horizontale und vertikale Beziehungen zwischen den Unternehmen zu unterscheiden:

Horizontale Kooperationen beziehen sich auf die Zusammenarbeit zwischen Unternehmen, die sich auf derselben Markt- bzw. Wertschöpfungsstufe befinden und somit häufig in einem Konkurrenzverhältnis zueinander stehen. Als Formen der horizontalen Kooperation kommen in Frage: die strategische Allianz und das Joint Venture. Beispiele für die strategische Allianz sind die Zusammenarbeit mehrerer Luftfahrtgesellschaften innerhalb der Star Alliance (Lufthansa, United Airlines, Air Canada u.a.), für ein Joint Venture die gemeinsame Entwicklung von Speicher-Chips und anderen mikroelektronischen Systemen durch das Forschungskonsortium Sematech (IBM, Motorola, Hewlett-Packard, AMD und Intel; vgl. auch Teil 7, S. 545 f.).

Vertikale Kooperationen beziehen sich auf die Zusammenarbeit von Unternehmen, die in einem Zulieferer-Abnehmer-Verhältnis zueinander stehen. Beispiele finden sich in der Automobilindustrie zwischen Herstellern wie BMW, VW oder Toyota auf der einen und Zulieferern wie Delphi Automotive Systems, ITT Automotive, Recaro, VDO oder Bosch auf der anderen Seite. Eine besonders intensive Zusammenarbeit findet man bei der Herstellung des Smart, wo sich auf dem Produktionsgelände mehrere Zulieferer niedergelassen haben. Oftmals werden solche Kooperationen durch eine einseitige oder gegenseitige Kapitalbeteiligung auf eine langfristige Basis gestellt. So beteiligt sich Volvo mit 10 % an der Deutz AG, die in Zukunft den Großteil der Dieselmotoren für Volvo produzieren wird. Die Kooperation zwischen IBM als PC-Hersteller und der Comtech GmbH sowie der

Vobis AG als Vertriebskanäle ist ebenfalls der Gruppe der vertikalen Kooperationen zuzuordnen.

Die strategische Bedeutung horizontaler und vertikaler Unternehmenskooperationen, die wichtigsten Formen sowie die dabei möglicherweise auftretenden Probleme werden im Folgenden dargestellt.

4.4.2 Horizontale Kooperationsmodelle

4.4.2.1 Strategische Bedeutung

Kooperationen zwischen Unternehmen der gleichen Marktstufe sind in den letzten Jahren immer mehr in den Mittelpunkt des Interesses getreten. Während die Zusammenarbeit eines kleinen und innovativen Unternehmens, das i.d.R. technologisches Know How in eine Kooperation einbringt, mit einem großen Unternehmen, welches im Rahmen der Zusammenarbeit meist Produktions- und Vertriebskapazitäten oder auch finanzielle Mittel zur Verfügung stellt, schon seit längerem zu beobachten ist, wächst nun auch in zunehmendem Maße die Bedeutung von Kooperationen zwischen Großunternehmen.

Diese Entwicklung lässt sich wiederum durch den **Transaktionskostenansatz** und den **Umwelt-Strategie-Struktur-Ansatz** erklären. Im Zusammenhang mit ersterem ist bspw. auf Veränderungen im Bereich der Informations- und Kommunikationstechnologie und hier insbesondere auf die Entwicklung des Internet hinzuweisen. Sie erhöhen einerseits die Markttransparenz und senken andererseits die Kosten einer marktlichen Koordination. Dadurch werden Kooperationen als organisatorische Form der Zusammenarbeit gegenüber unternehmensinternen Alternativen begünstigt. Derartige Veränderungen können allerdings auch in den Umwelt-Strategie-Struktur-Ansatz integriert werden, der als dominantes Erklärungsmuster für die Existenz horizontaler Unternehmenskooperationen angesehen werden kann, wohingegen sich der Transaktionskostenansatz als klassisches theoretisches Konzept für die Erklärung vertikaler Kooperationen etabliert hat.

Wie bereits dargelegt, leitet der **Umwelt-Strategie-Struktur-Ansatz** Änderungen der Organisationsstruktur und damit auch Verschiebungen der Unternehmensgrenzen aus Veränderungen der (relevanten) Umwelt und der resultierenden Strategien ab. Um das verstärkte Aufkommen horizontaler Kooperationen zu erklären, muss daher bei Anwendung dieses Ansatzes zunächst auf diejenigen Umweltfaktoren eingegangen werden, denen ein Einfluss auf die Struktur des Unternehmens und seine Abgrenzung zur Umwelt zugesprochen wird.

Eine erste Umweltveränderung ist in den sich stetig verkürzenden **Produktlebenszyklen** zu sehen. Durch ein sich veränderndes Nachfragerverhalten, insbesondere aber durch den immer schnelleren technologischen Fortschritt, verkürzen sich die Abstände zwischen zwei Produktgenerationen stetig, während der notwendige Entwicklungsaufwand gleichzeitig zunimmt. Zweitens ist auf der Nachfragerseite, zumindest in den Triademärkten, eine immer stärkere Angleichung der Kundenwünsche festzustellen, was vor allem durch die intensive informationstechnische Vernetzung dieser Länder zu erklären ist. Man spricht auch von der **Globalisierung** der **Nachfrage,** die dazu führt, dass der **Weltmarkt** für immer mehr Produkte zum relevanten Markt wird. Drittens kommt es auf Grund der rasanten technologischen Entwicklung in vielen Bereichen zu einer **Veränderung** bzw. **Auflösung** von **Branchengrenzen.** Beispielhaft seien hier das Verschmelzen von Computer- und Telekommunikationsindustrie, der Einfluss der Elektronik auf den Automobil- und Maschinenbau sowie die Bedeutung der Telekommunikation für das Bankgeschäft (Online-Banking) angeführt.

Alle drei genannten Entwicklungen haben gemein, dass ein Unternehmen über eine ständig wachsende Palette von Ressourcen (personelle, materielle, finanzielle) verfügen muss, um im weltweiten Wettbewerb bestehen zu können. Generell ist aber zu registrieren, dass immer weniger Unternehmen, auch Großunternehmen, in der Lage sind, die notwendigen Ressourcen aus eigener Kraft zu generieren. Die Notwendigkeit eines **Zugriffs** auf **externe Ressourcen** drängt sich auf.

4.4.2.2 Kooperation versus Akquisition

Im Zusammenhang mit diesen Entwicklungen ist auch die Welle von Akquisitionen zu sehen, die wir heute erleben. Ziele sind vor allem der rasche Zugriff auf Know How und Produktionskapazitäten, die Erzielung von «economies of scale» und die Realisierung von Synergieeffekten (economies of scope). Aber auch die Kooperationen zwischen Unternehmen haben ihre Bedeutung nicht verloren.

Im Lichte der genannten Umweltveränderungen bzw. der resultierenden Erfolgsfaktoren sollen Akquisition und Kooperation daher im Folgenden einer kurzen vergleichenden Analyse unterzogen werden:

(1) Angesichts immer stärkerer Diskontinuitäten im Wettbewerbsumfeld ist die größere **Flexibilität** der Kooperation ein wesentlicher Vorteil. Dies gilt so-

wohl für die Beendigung einer Kooperation, die auf Grund der unangetasteten Selbstständigkeit aller Partner weit weniger problematisch ist als bei der Akquisition, als auch für die Schaffung, da die Akquisition sowohl aus formal-rechtlicher Sicht als auch auf Grund des höheren Kapitaleinsatzes und des damit verbundenen Risikos eine längere Vorlaufzeit benötigt. Die Kooperation wird daher auch als Form der Zusammenarbeit mit **geringer Bindungsintensität** bezeichnet.

(2) Als weiterer Vorteil der Kooperation ist ihre **gezielte Einsetzbarkeit** zu sehen. So ist bei der Akquisition häufig nur ein relativ kleiner Anteil der übernommenen Ressourcen für das übernehmende Unternehmen von Interesse, während alle anderen übernommenen Bereiche lediglich zu einer Kapitalbindung ohne zusätzliche Nutzenstiftung führen. So muss Vodafone Airtouch bei der Übernahme von Mannesmann neben der interessanten «Telekommunikationssparte» auch andere Bereiche übernehmen (z.B. «automotive» und «engineering»), die in keiner Weise in das Portfolio des Konzerns passen. Häufig ist bei Fusionen festzustellen, dass sich die Fusionspartner zunächst von einigen Geschäften trennen, die nicht mehr in das zukünftige Portfolio passen, bevor sie zu einem Unternehmen verschmelzen. So trennte sich bspw. Thyssen vor der Fusion mit Krupp von ihrer Tochter Thyssen Haniel Logistic.

(3) Durch die Beibehaltung der rechtlichen Selbstständigkeit ist die Kooperation **weniger öffentlichkeitswirksam** als die Akquisition und auch unter **wettbewerbsrechtlichen Aspekten** mit geringeren Problemen behaftet.

(4) Ein weiteres Problem der Akquisition ist in der möglichen **demotivierenden Wirkung** der Übernahme bei den Mitarbeitern des übernommenen Unternehmens zu sehen. Dies dürfte insbesondere dann der Fall sein, wenn es sich um eine feindliche Übernahme, ein sog. «unfriendly/hostile takeover», handelt. Selbst bei freiwilliger Übernahme kann es zu derartigen Schwierigkeiten kommen, deren Ursache in einer **Inkompatibilität** der **Unternehmenskulturen** zu suchen ist (vgl. Teil 6). So sind bspw. beim Zusammenprall eines team-orientierten Unternehmens mit ausgeprägter Entscheidungsdelegation mit einem stark zentralistisch und hierarchisch ausgerichteten Unternehmen Schwierigkeiten beim nunmehr gemeinsamen Unternehmensprozess unumgänglich. Die Übernahme der Nixdorf Computer AG durch die Siemens AG ist hierfür ein gutes Beispiel.

Auf Grund der nur punktuellen und i.d.R. auch zeitlich begrenzten Zusammenarbeit besteht dagegen bei Kooperationen die Notwendigkeit einer vollständigen Kompatibilität der Unternehmensstrukturen und -kulturen in weitaus geringerem Umfang, wenngleich diese Problematik auch hier nicht gänzlich zu vernachlässigen ist.

(5) Auf der anderen Seite ist allerdings zu betonen, dass eine Kooperation durch die geringere Bindungsintensität auch mit einer größeren **Unsicherheit** behaftet ist als die Akquisition. Da der Kooperationspartner allein auf Grund der Tatsache, dass eine Kooperation mit ihm fachlich möglich bzw. sinnvoll ist, als potenzieller Konkurrent des eigenen Unternehmens anzusehen ist, gleichzeitig aber seine Selbstständigkeit beibehält, besteht immer die latente Gefahr, dass der Partner die im Rahmen der Kooperation erworbenen Kenntnisse nach Beendigung derselben gegen diesen verwendet und dessen Wettbewerbsposition untergräbt. Eine Konsequenz hieraus kann sein, dass die Unternehmen aus Angst vor dem Partner für den Erfolg der Kooperation wichtiges, aber aus ihrer Sicht zu sensibles Know How zurückhalten und damit den Erfolg derselben schon ex ante gefährden. Die oben als Vorteil bezeichnete Flexibilität kann somit auch einen Grund für das Scheitern einer Kooperation darstellen.

Damit ist deutlich, dass Kooperationen gegenüber der Akquisition wichtige Vorteile, aber eben auch Nachteile aufweisen. Allerdings muss konstatiert werden, dass die Vorteile der Kooperation im Lichte der beschriebenen Umweltveränderungen an Gewicht gewonnen haben.

4.4.2.3 Formen

Wie bereits angedeutet, umfasst der Begriff der horizontalen Kooperation ein breites Spektrum von Erscheinungsformen. Eine Strukturierung kann dabei nach verschiedenen Kriterien erfolgen. Nach dem **rechtlichen Status der Kooperation** können **zwei Grundformen** horizontaler Kooperationen unterschieden werden,

– das Joint Venture und
– die strategische Allianz.

(1) Joint Venture

Eine horizontale Kooperation wird als Joint Venture bezeichnet, wenn die Partnerunternehmen zur Durchführung der Kooperationsziele gemeinsam eine **rechtlich selbstständige Gesellschaft** gründen. Wenngleich Joint Ventures auch als Form der vertikalen Kooperation vorkommen, so werden sie bevorzugt auf horizontaler Ebene eingesetzt. In der Regel hält jeder Partner einen gleich großen Anteil an diesem Gemeinschaftsunternehmen; bei zwei Partnern spricht man dann von einem «50:50 - Joint Venture». Abweichungen hiervon können zweierlei Ursachen haben. Zum einen kann eine gleichmäßige Beteiligung zu langwierigen Abstimmungs- und Entscheidungsprozessen führen, so dass sich die Partner entschließen, eine asymmetrische Beteiligung vorzunehmen und folglich die Leitung des Joint Ventures dem Mehrheitsgesellschafter zu übertragen, wobei entsprechende Schutzklauseln für den Minderheitsgesellschafter festzulegen sind.

Zum anderen stellt die Gründung eines Joint Ventures oft die einzige Möglichkeit für den **Zugang zu neuen Märkten** dar. Viele Entwicklungsländer bestehen jedoch bei der Gründung eines Joint Ventures im eigenen Land mit einem Unternehmen aus einem Industrieland auf einer Mehrheitsbeteiligung des einheimischen Unternehmens.

Durch die Gründung einer rechtlich selbstständigen Einheit und die Kapitalbeteiligungen der Partnerunternehmen an dieser handelt es sich bei einem Joint Venture um die **intensivste Form einer Kooperation,** die v.a. bei längerfristigen oder zeitlich unbegrenzten Partnerschaften zur Anwendung kommt, bspw. bei der gemeinschaftlichen Entwicklung und Herstellung neuer Produkte oder dem gemeinsamen Vertrieb. Hier spielt vor allem der Aspekt der **Risikoreduktion durch Teilung** eine wichtige Rolle.

Die **Flexibilität** der Partner ist bei einem Joint Venture vergleichsweise gering, was - wie im Rahmen der Akquisition gezeigt- insofern von Vorteil sein kann, als die Partner weniger Bedenken haben, ihr Know How in die Kooperation einzubringen. In dynamischen Märkten und auch in Unternehmensfunktionen, bei denen es relativ häufig zu Modifikationen der Unternehmensziele kommt, wie bspw. bei der Forschung und Entwicklung, erscheint die recht schwerfällige Kooperationsform des Joint Ventures jedoch nur sehr bedingt geeignet. Angesichts einer zunehmenden Dynamisierung des weltweiten Wettbewerbs mag dies eine Erklärung dafür sein, dass Joint Ventures im Verhältnis zu anderen, flexibleren Kooperationsformen an Bedeutung verlieren.

(2) Strategische Allianz

Der zweite Grundtyp horizontaler Kooperationen umfasst alle Formen, bei denen es nicht zur Gründung einer rechtlich selbstständigen Einheit kommt. Innerhalb dieser Gruppe lässt sich im Hinblick auf das Kriterium der Intensität wiederum ein **breites Spektrum von Ausprägungen** unterscheiden. Die Palette reicht dabei von stillschweigender Abstimmung über mündliche Absprachen (wie z.B. «Frühstückskartelle»), deren Zweck die Beeinflussung des Marktes durch Wettbewerbsbeschränkungen ist, bis hin zu vertraglichen, präzisen schriftlichen Vereinbarungen mit dem Ziel, die Wettbewerbsposition in spezifischen gemeinsamen Geschäftsfeldern zu verbessern. Letztere sind in den vergangenen Jahren immer stärker in den Blickpunkt des Interesses gerückt. Unglücklicherweise ist es bislang nicht zur Herausbildung eines einheitlichen Begriffsapparates gekommen. So finden für derartige vertragliche Vereinbarungen die Begriffe «Koalition», «Kooperation i.e.S.» (im Gegensatz zum Oberbegriff der Kooperation, der alle Formen betrieblicher Zusammenarbeit umfasst), «Partnerschaft», «cooperative agreement», «Allianz» und insbesondere der Begriff der **strategischen Allianz** Anwendung. «Strategisch» impliziert dabei eigentlich eine Langfristigkeit und eine große Bedeutung der Zusammenarbeit für die beteiligten Unternehmen. Als Modewort - nicht zuletzt in den Medien - wird die strategische Allianz häufig aber auch als Oberbegriff für sämtliche Formen unternehmerischer Zusammenarbeit horizontaler, vertikaler oder gar konglomerater Natur verwendet.

Strategische Allianzen i.S. einer horizontalen, vertraglichen Vereinbarung zwischen zwei oder mehreren Unternehmen ohne Gründung einer rechtlich selbstständigen Einheit können die unterschiedlichsten Unternehmensbereiche betreffen. Dabei ist zu unterscheiden zwischen einer

- gemeinschaftlichen Aufgabenerfüllung und einer
- Funktionsspezialisierung.

Bei der **gemeinschaftlichen Aufgabenerfüllung** fassen die Unternehmen ihre Ressourcen innerhalb eines bestimmten Bereiches zusammen, um durch die Bündelung mit Hilfe von Synergieeffekten bessere Ergebnisse zu erzielen als bei getrenntem Vorgehen. Beispiele finden sich in der **Luftfahrt** (Star Alliance (Lufthansa, United Airlines, Air Canada, Thai Airways International, Varig, SAS sowie weitere Partner) und One World (British Airways, American Airlines, Canadian Airlines, Qantas, Cathay Pacific)) oder im Bereich Internet und Banking mit der Allianz von Comdirect und T-Online.

Bei der **Funktionsspezialisierung** teilen die Unternehmen die zu leistenden Aufgaben eines Geschäftsfelds unter sich auf. Dies kann dergestalt geschehen, dass ganze Funktionsbereiche in den Verantwortungsbereich eines der beteiligten Unternehmen übergeben werden, oder aber, dass innerhalb eines Funktionsbereichs (z.B. FuE) eine Spezialisierung der Unternehmen erfolgt. Da sich ein Unternehmen bei der Funktionsaufteilung gänzlich aus einzelnen Bereichen seiner Wertkette zurückzieht, ist die Abhängigkeit von den Partnern hierbei stärker als bei der gemeinschaftlichen Aufgabenerfüllung. Wichtig ist bei derartigen Formen der Partnerschaft, dass ein Unternehmen den Zugriff auf externe Ressourcen nicht als bequemen Ausweg aus seiner Ressourcenknappheit auffasst, sondern vielmehr als Chance begreift, das vom Partner eingebrachte Know How zu adaptieren und so über den Umweg der Kooperation die eigene Ressourcenbasis zu erweitern und damit die zukünftige Wettbewerbsposition zu verbessern.

Ein wesentlicher Aspekt horizontaler vertraglicher Vereinbarungen ist der **dualistische Charakter der Zusammenarbeit**. Er ist darauf zurückzuführen, dass die Unternehmen einerseits Partner, andererseits aber zumindest Teilkonkurrenten sind. Da die Erfolgsaussichten einer Kooperation umso geringer sind, je weniger die Partner sich gegenseitig vertrauen (im Falle des Misstrauens werden zu wenig kritische, aber notwendige eigene Ressourcen eingebracht und Informationen ausgetauscht), befinden sich die Partner (Konkurrenten) in einem **Dilemma.** Eine Strukturierung erfährt dieses Dilemma im Rahmen der **Spieltheorie** und insbesondere durch die Anwendung des sog. Gefangendilemmas auf die Unternehmenskooperation (vgl. *Schrader* [Informationstransfer] und *Axelrod* [Evolution]). Über das richtige Verhalten in einer derartigen Situation besteht auch in der fachspezifischen Literatur keine Einigkeit. Es kann jedoch davon ausgegangen werden, dass sowohl ein gegenüber dem Partner zu vertrauensseliges als auch ein stark von Misstrauen und Egoismus geprägtes Verhalten für die Erreichung der gleichsam in die Kooperation ausgelagerten Unternehmensziele wenig förderlich ist. Die Fähigkeit, eine Kooperation durch geschicktes eigenes Verhalten bzw. Management zum Erfolg zu führen, wird inzwischen sogar als eigenständiger Wettbewerbsvorteil bezeichnet.

Als **Fazit** bzgl. der horizontalen Unternehmenskooperationen bleibt festzuhalten, dass derartige Partnerschaften angesichts der beschriebenen Veränderungen von Umwelt und Wettbewerb mit Sicherheit eine wichtige Alternative in der Bandbreite der dem Unternehmen zur Verfügung stehenden Strategien und Strukturformen darstellen, dass gleichzeitig aber auch die ihnen innewohnenden Probleme und Gefahren nicht außer acht gelassen werden dürfen.

4.4.3 Vertikale Kooperationsmodelle

4.4.3.1 Strategische Bedeutung

Ein wichtiger Auslöser für das Interesse an vertikalen Kooperationskonzepten waren die Ergebnisse einer Studie des *Massachusetts Institute of Technologie (MIT)* über die globale Automobilindustrie. In dieser Untersuchung wird darauf hingewiesen, dass die **japanische Automobilindustrie** bei sehr viel geringerer Fertigungstiefe und einer gänzlich anderen Art der Zusammenarbeit zwischen den Herstellerunternehmen und ihren Lieferanten ungleich effizienter als amerikanische und europäische Konkurrenten produziert. Vertikale Kooperationskonzepte in Verbindung mit den Methoden der Lean Production stellten einen wesentlichen Erfolgsfaktor der Japaner dar (vgl. S. 517 ff.).

Mit Hilfe des **Transaktionskostenansatzes** kann die Vorteilhaftigkeit vertikaler Kooperationen erklärt werden (vgl. auch *Backhaus/Meyer* [Netzwerke] 331 f.). Aus diesem Ansatz heraus entwickelte sich die Sichtweise, dass es zwischen den Extremformen der marktlichen Koordination über den Preismechanismus und der hierarchischen Koordination auch noch Zwischenformen geben müsse. Bei diesen sollen - so die Transaktionskostentheoretiker - beide grundlegenden Koordinationsformen in unterschiedlicher Intensität kombiniert werden, so dass sich ein Kontinuum zwischen Markt und Hierarchie ergibt. Diese Formen zwischen Markt und Hierarchie wurden dann zusammenfassend als Kooperation bezeichnet. Ein Verdienst des Transaktionskostenansatzes ist die Sensibilisierung für die Frage, in welchen Situationen spezifische Transaktionsformen kostengünstig bzw. effizient durchgeführt werden können (vgl. S. 375 ff.). Dabei stellte sich heraus, dass auf bestimmte Aspekte wie Faktorspezifität, Unsicherheit oder Komplexität von Transaktionen besonders zu achten ist. Bei starker Ausprägung dieser Faktoren sind tendenziell kooperative und hierarchische Formen der Koordination gegenüber der Marktlösung vorzuziehen. Da von den Vertretern des Transaktionskostenansatzes auch Schwächen der hierarchischen Koordination identifiziert werden, spricht vieles für die Vorteilhaftigkeit kooperativer Koordination.

Die Frage liegt nahe, warum vertikale Kooperationsformen gerade in letzter Zeit große Beachtung gefunden haben. Umweltveränderungen wie informations- und kommunikationstechnologische Entwicklungen und Verbesserungen der Verkehrsinfrastruktur haben zu einer Verringerung von Transaktionskosten und damit zu einer Erleichterung kooperativer vertikaler Koordination geführt. An dieser Stelle wird die Verbindung von Transaktionskostenansatz und Umwelt-Strategie-Struktur-Ansatz offensichtlich.

Eine ausschließlich auf dem **Umwelt-Strategie-Struktur-Ansatz** basierende Argumentation würde die Verbreitung und Vorteilhaftigkeit vertikaler Kooperationen wiederum über ihre Adäquanz bezüglich aktueller Erfolgsfaktoren (bspw. hohe Flexibilität bei zunehmender Umweltturbulenz) erklären.

Vertikale Kooperationsformen betreffen immer die **Zusammenarbeit** von **Unternehmungen unterschiedlicher Wertschöpfungsstufen.** Ihr Hauptcharakteristikum ist, dass sie auf eine langfristige Zusammenarbeit angelegt sind. Diese kann explizit, also vertraglich geregelt sein, oder sich implizit - im Laufe der Zeit - entwickeln. So ist davon auszugehen, dass viele der in der deutschen Automobilindustrie lange Zeit üblichen Einjahresverträge faktisch langfristige Vereinbarungen waren, da sich diese Verträge jedes Jahr quasi-automatisch verlängerten. Erst in neuerer Zeit werden im Kontext von Lean Production bzw. modular sourcing (vgl. S. 517 ff. bzw. 509 ff.) und der damit verbundenen Änderung der Beziehungsgefüge verstärkt langfristige Verträge abgeschlossen. Daneben etablieren sich derzeit – unter Nutzung der durch das Internet geschaffenen Transparenz – aber auch auf kurze Dauer angelegte vertikale Kooperationen. Sie können gewissermaßen als virtuelle Kooperationen oder Netzwerke bezeichnet werden.

Ähnlich wie bei horizontalen spielt auch bei vertikalen Kooperationen das **Vertrauen** eine wichtige Rolle. Dieses ist notwendig, damit einer der beiden Partner spezifische Investitionen, wie z.B. den Kauf einer Spezialmaschine, die nur für ein bestimmtes Produkt einsetzbar ist, vornimmt. Er wird Letzteres nur dann riskieren, wenn er sich darauf verlassen kann, dass der Partner nicht im Anschluss hieran den Preis drückt oder gar zu einem anderen Lieferanten wechselt. Die besondere Bedeutung spezifischer Investitionen wird auch im Transaktionskostenansatz betont.

Vertikale Kooperationen sind zudem eine Voraussetzung für die Anwendung des **Just-In-Time-Prinzips** (vgl. S. 509), bei dem gegenseitiges Vertrauen, spezifische Investitionen (Beispiel: Das Werk eines Zulieferers wird in der Nähe des Herstellerwerkes angesiedelt) und intensive Kommunikation nötig sind.

Insgesamt gesehen entwickelt sich das Verhältnis zwischen Zulieferunternehmen und Hersteller immer stärker in eine kooperative Richtung, da dies als eine gute Methode erscheint, trotz einer geringen Fertigungstiefe viele Vorteile der Eigenproduktion weiterhin nutzen zu können. Dass es dann aber nicht mehr so einfach ist, die Grenzen der Unternehmung exakt zu ziehen, wurde schon angedeutet.

4.4.3.2 Formen

Zwei Formen der vertikalen Kooperation werden erörtert:

- Das strategisches Netzwerk und
- das virtuelles Unternehmen

(1) Strategisches Netzwerk

Strategische Netzwerke sind langfristige, institutionelle Arrangements der Prozessoptimierung entlang der Wertschöpfungskette, bei denen ein führendes Unternehmen die Rolle des Koordinators einer relativ großen Zahl rechtlich selbstständiger, wirtschaftlich aber tendenziell abhängiger Zulieferer übernimmt.

Netzwerkarrangements können sowohl horizontaler als auch vertikaler und konglomerater Natur sein; der Begriff des strategischen Netzwerkes wird jedoch primär vertikal verstanden. Innerhalb eines solchen Netzwerkes werden dann sowohl **marktliche** (Preis) als auch **hierarchische Koordinationsinstrumente** (Pläne, Programme, direkte Weisungen) eingesetzt. Die beteiligten Unternehmen lassen sich treffend als **Wertschöpfungspartner** bezeichnen. Klassische Beispiele sind die Zulieferer-Hersteller-Netzwerke in der Automobilindustrie (vgl. *Gierke* [Zulieferer-Hersteller-Netzwerke]).

Bei Netzwerken sind die **Grenzen der Unternehmen** im Allgemeinen nur noch schwer ersichtlich, da die faktische Autorität einzelner Unternehmen über die rechtlichen Grenzen deutlich hinausgeht. Diese «fließenden Unternehmensgrenzen» können zu großen Problemen für die Wettbewerbsaufsicht oder die Interessenvertretung der Arbeitnehmer führen, da z.B. der Betriebsrat in einem abhängigen Unternehmen eines Netzwerkes faktisch seine Mitwirkungsmöglichkeiten verliert.

Gängige Formen der vertikalen Zusammenarbeit sind **Franchise-Konzepte** und das japanische **Keiretsu**. Beim **Franchising** gewährt ein Franchisegeber unter seinem Zeichen Lizenzen zur Führung eines Betriebes, die Franchisenehmer sind eingebunden in ein einheitliches Marketing-Konzept sowie Produkt- und Dienstleistungsspektrum. Beispiele für diese ursprünglich in den USA entstandene Kooperationsform finden sich u.a. in den Bereichen Lebensmittel, Touristik, Computerhandel oder Bau- und Heimwerkermarkt. Bekannte Unternehmen sind McDonalds, OBI oder die italienische Restaurantkette Autogrill. Im Kooperationsverbund der Firma Benetton wird die Steuerungsfunktion besonders deutlich: Benetton ist ein Unternehmen mit relativ wenigen eigenen Mitarbeitern, vertreibt jedoch über mehrere Tausend Franchise-Unternehmen seine Kleidungskollektion weltweit. Darüber hinaus übernimmt Benetton selbst nur einen sehr geringen Anteil der Poduktionsschritte, sondern beschränkt sich weitgehend auf die **Steuerung, Koordination** und **Kontrolle des Wertschöpfungsprozesses** (vgl. *Sydow* [Netzwerke] 32 ff.).

Ein **Keiretsu** besteht aus einer Vielzahl vertikal miteinander verbundener Unternehmen, zwischen denen teilweise **Kapital- und Personalverflechtungen** bestehen. Es existiert ein **Mutterunternehmen**, das die **strategische Richtung** vorgibt, die an der Wertschöpfung beteiligten Unternehmen kontrolliert und den Wettbewerb im Inneren des Netzwerkes auf produktive Bereiche lenkt (z.B. auf die Suche nach Innovationen). Die personelle, finanzielle und technologische Redundanz innerhalb derartiger Netzwerke erhöht ihre Flexibilität bei diskontinuierlichen Umweltentwicklungen.

(2) Virtuelles Unternehmen

Ein virtuelles Unternehmen ist ein zeitlich begrenztes und kooperierendes Netzwerk rechtlich selbstständiger Unternehmen, die ihre jeweiligen **Kernkompetenzen** in die gemeinsame Organisation einbringen. Die Institutionalisierung zentraler Funktionen unterbleibt, da die vertikale Unternehmung nur auf Zeit eingerichtet ist. Die kooperierenden Unternehmen bedienen sich zur Abstimmung jener Spielregeln, die auf dem Markt gelten und greifen auf modernste informations- bzw. kommunikationstechnologische Infrastrukturen zurück.

In virtuellen Unternehmen werden **Projekte** bearbeitet. Für jedes neue Projekt werden neue organisatorische Strukturen gebildet. Insofern unterscheidet sich die virtuelle Unternehmung vom strategischen Netzwerk und dem Joint Venture, die auf einer stabileren Situation aufbauen.

Die strategische Bedeutung der virtuellen Unternehmung ist in der hohen Flexibilität sowie in der optimalen Nutzung von Ressourcen der beteiligten Unternehmen zu sehen. Jedes an der virtuellen Organisation beteiligte Unternehmen kann sich auf seine Kernkompetenz spezialisieren (vgl. *Reiß/Beck* [Kernkompetenzen]).

5 Reorganisation

5.1 Gründe für die Reorganisation

Eine Organisation muss angepasst (= reorganisiert) werden, wenn sie der spezifischen Umweltsituation nicht mehr gerecht wird. Dieser Schluss ergibt sich unmittelbar aus dem Grundmodell des situativen Ansatzes. Ein solcher «Mis-Fit» zwischen Situation und Organisation kann einmal aus Veränderungen im Umfeld der Unternehmung und zum anderen aus internen Veränderungen des Unternehmens resultieren. Daneben ist der Fall denkbar, dass sich die Organisation selbst ungeplant und sukzessive wandelt und dadurch zu einer bestimmten (statischen) Situation nicht mehr passt.

Gründe im Umfeld der Organisation

Neben der generellen Dynamik, Komplexität und damit Unsicherheit von Umweltveränderungen kann eine Reihe spezifischer Veränderungen Reorganisationen auslösen:

Relevante Veränderungen können sich im **näheren Umfeld,** also innerhalb der Branche bzw. auf den Märkten der Unternehmung vollziehen. Beispiele für derartige Veränderungen sind:

– Änderung bestehender Marktstrukturen durch
  • Unternehmenszusammenschlüsse von Marktpartnern und
  • Globalisierung der Märkte und Marktbeziehungen,
– Veränderungen im Nachfrage- und Angebotsverhalten der Marktpartner,
– Entstehen neuer Produkte und Produktionsverfahren durch technologische Entwicklungen,
– Strategieänderungen bei Wettbewerbern.

Im **weiteren Umfeld** der Unternehmung können folgende Entwicklungen organisatorische Relevanz besitzen:

– Politische Veränderungen (z.B. Wandel in Osteuropa, europäischer Einigungsprozess),
– Technologische Veränderungen (z.B. Informations- und Kommunikationstechnologie),
– Gesellschaftliche Veränderungen (z.B. Ökologisches Bewusstsein),

– Rechtliche bzw. gesamtwirtschaftliche Veränderungen (z.B. Wettbewerbs- oder Steuerrecht).

Gründe innerhalb der Unternehmung

Veränderungen innerhalb der Unternehmung können ebenfalls Reorganisationen auslösen. Viele dieser Veränderungen sind ihrerseits bereits Reaktionen auf Umfeldveränderungen:

– Strategieänderungen («structure follows strategy»),
– Wandel der Unternehmenskultur,
– Veränderungen der Leistungspotenziale wie z.B.
  • personelle Änderungen (z.B. Generationenwechsel),
  • Änderung der Kapitalausstattung oder
  • Änderungen der Produkt- oder Verfahrenstechnologie,
– Unternehmenszusammenschlüsse.

Wir wollen **Reorganisation** wie folgt definieren:

Reorganisation ist das bewusste und geplante Ändern der internen Struktur bzw. der Aufgabenverteilung zwischen Unternehmung und Umwelt zur (Wieder-) Herstellung des Fit zwischen der Unternehmung und ihrer Umwelt bzw. zwischen der Organisation und den anderen Elementen des Strategischen Managements.

Damit gehen wir implizit von der **«Theorie» des geplanten organisatorischen Wandels** aus, wovon der inkrementale, ungeplante, informale oder evolutorische Wandel von Organisationen abzugrenzen ist (vgl. dazu S. 438 f.).

5.2 Reorganisation als Projekt

Die Reorganisation ist eine Aufgabe, die sich weitgehend mit den Merkmalen eines Projekts deckt.

Ein **Projekt** weist folgende Merkmale auf: Zielvorgabe, Zeitliche Begrenzung, Einmaligkeit, Neuartigkeit und Komplexität.

Das Ziel einer Reorganisation ist in Form der Steigerung der organisatorischen Effizienz vorgegeben. Die zeitliche Befristung ist eng mit der Zielvorgabe verbunden: Ist die gewünschte Effizienz realisiert, ist das Projekt «Reorganisation» abgeschlossen. Reorganisationen werden selten durchgeführt, die Aufgabe ist daher einmalig und zumindest im Kontext neuartig. Der Grad der Komplexität ist bei einer Reorganisation deshalb i.d.R. sehr hoch, weil die Auswirkungen beträchtlich sind und daher eine große Betroffenheit auslösen.

Für die Lösung einer Projektaufgabe hat sich das Vorgehen in Phasen, sog. **Projekt-Phasen**, bewährt. Wir wollen die Phasen der Projekt-Planung, der Projekt-Realisation und der Projekt-Kontrolle unterscheiden. Eine Übersicht über alternative Phasenschemata gibt *Saynisch* ([Grundlagen] 103). Bezüglich der Abgrenzungs- und Strukturierungsprobleme gelten die Ausführungen zu den Phasen der strategische Planung analog (vgl. S. 52 f.).

5.2.1 Projektplanung: Konzeption der Organisationsstruktur

(1) Zielbildung

Zunächst ist auf der Basis der (vorgegebenen) Unternehmensziele das Ziel «organisatorische Effizienz» zu konkretisieren. Eine Organisation kann dann als effizient bezeichnet werden, wenn sie sich durch folgende Merkmale auszeichnet: Effiziente Ressourcennutzung, motivierte und zufriedene Mitarbeiter, gelungene Koordination, Flexibilität, Synergie und Marktnähe (vgl. *Bea/Göbel* [Organisation] 15 ff.).

(2) Alternativensuche

Aufgabe dieser Phase ist das Erarbeiten alternativer Lösungen, also alternativer organisatorischer Konzepte. Dabei kann zunächst auf eine Auswahl möglicher Basisvarianten (z.B. Funktionale und Divisionale Organisation) zurückgegriffen werden, die grundsätzlich auf ihre Eignung hin untersucht werden. Im Rahmen einer weiteren Analyse erfolgt dann eine Anpassung dieser Konzepte an die jeweilige Situation, wobei weitere Detailalternativen entwickelt werden können. Irrelevante Alternativen werden eliminiert.

(3) Alternativenbewertung und –auswahl

Die Bewertung von Organisationsstrukturen ist eine schwierige Aufgabe, da es einerseits häufig nicht gelingt, organisatorische Ziele ausreichend zu operationalisieren und andererseits die Zielbeiträge von Organisationsstrukturen nur schwer zu erfassen oder gar zu quantifizieren sind. Unter Berücksichtigung der jeweiligen Situation bietet die **Nutzwertanalyse** dennoch ein brauchbares Instrument zur

Bewertung alternativer Organisationsstrukturen. Die folgende Abbildung zeigt den Ablauf einer Organisationsbewertung mit Hilfe der Nutzwertanalyse:

1	**Formulierung des Zielsystems** Operationalisierung des Ziels «Organisatorische Effizienz»
2	**Vorauswahl der Alternativen** Eliminierung von Alternativen (Organisationsstrukturen), die von Beginn an nicht in Frage kommen.
3	**Ermittlung der Zielertragsmatrix** Vergabe quantitativer oder qualitativer Zielerträge je Alternative (Organisationsstrukur) und Ziel (Kriterium)
4	**Ermittlung der Zielwertmatrix** Gewichtung der Ziele (Kriterien) und Ermittlung der Nutzwerte: Bewertung der Zielerträge mit Hilfe von Nutzenfunktionen, die das Präferenzsystem des Entscheidungsträgers widerspiegeln
5	**Durchführung der Wertsynthese** Berechnung des Gesamtnutzens je Alternative
6	**Durchführung von Sensitivitätsanalysen** Variation von Zielerträgen und/oder Kriteriengewichten

Abb. 5-18: Organisationsbewertung mit der Nutzwertanalyse

Die Berücksichtigung situativer Elemente ist bei der Auswahl der Ziele und ihrer Gewichtung möglich. Zwar kann die Nutzwertanalyse die fundamentalen Quantifizierungsdefizite nicht lösen, jedoch trägt sie durch das strukturierte Vorgehen erheblich dazu bei, dass die Entscheidungsträger diese Defizite erkennen und die Möglichkeit erhalten, derartige «Grauzonen» genauer zu analysieren.

An die Bewertung schließt sich die **Auswahl** einer Organisationsstruktur an.

5.2.2 Projektrealisation: Implementierung der Organisationsstruktur

Das **Grundproblem** der Implementierung einer neuen Organisationsstruktur besteht in der **Überwindung auftretender Widerstände** (zu den Grundproblemen der (Strategie-) Implementierung vgl. auch S. 188 ff.). Gründe für derartige Widerstände sind:

– Grundsätzliche Aversion des Menschen gegen Veränderungen,
– spezielle Aversion gegen organisatorische Veränderungen,
– problematische Messung der Defizite einer bestehenden bzw. des Erfolgs (Nutzens) einer neuen Organisation.

Diese Widerstände begünstigen die Tendenz, die bisherige Organisation zu konservieren und «alles beim Alten zu lassen». Es bedarf also nicht selten eines großen Leidensdrucks. Dies mag *ein* Grund dafür sein, dass in der Praxis häufiger die Struktur der Strategie folgt als umgekehrt.

Neben der frühzeitigen Antizipation auftretender Widerstände und ihrer Berücksichtigung bei der Bewertung alternativer Organisationsstrukturen werden folgende **Strategien zur Überwindung von Widerständen** bei der Reorganisation genannt:

(1) Machtstrategie

Die Machtstrategie, d.h. das Durchsetzen der Reorganisation ohne Abstimmung mit den betroffenen Mitarbeitern, ggf. unter Ausnutzung disziplinarischer Möglichkeiten und der Inkaufnahme des Ausscheidens von Mitarbeitern, lässt sich am ehesten in kleinen Unternehmen mit autoritärem Führungsstil und schwacher Position von Betriebsrat und Gewerkschaft durchführen. Befindet sich ein Unternehmen in einer Krisensituation, bietet sich die Machtstrategie als nahe liegende Lösung an.

(2) Partizipationsstrategie

Sie versucht, die Mitarbeiter frühzeitig an der Reorganisation zu beteiligen. So können einerseits Mitarbeiterinteressen besser berücksichtigt und andererseits die allgemeine Akzeptanz der Reorganisation bei den Mitarbeitern erhöht werden. Die Akzeptanz wird zusätzlich unterstützt durch das Engagement externer (und damit «objektiver») Unternehmensberater.

(3) Kombination von Macht- und Partizipationsstrategie

Der Versuch, Elemente der Machtstrategie mit Elementen der Partizipationsstrategie zu verbinden, ist die in der Praxis wohl am häufigsten anzutreffende Vorgehensweise. In den verschiedenen Stadien der Implementierung wird situativ partizipativen bzw. autoritären Elementen der Vorzug gegeben.

5.2.3 Projektkontrolle: Überwachung der Reorganisation

Der Prozess der Organisationsgestaltung ist mit der Implementierung der Organisationsstruktur nicht abgeschlossen. Neben einer simultanen Kontrolle des Reorganisationsprozesses selbst sind in der Phase der «Organisationsnutzung» folgende «Überwachungsleistungen» notwendig:

(1) Verhältnis formaler zu faktischer Organisationsstruktur

Die Existenz bestehender Freiräume in Organisationen führt in Verbindung mit der menschlichen Eigenschaft zur Ausnutzung und Ausdehnung von Freiräumen dazu, dass im Laufe der Zeit eine mehr oder weniger große Diskrepanz zwischen der formalen, d.h. durch die Reorganisation festgeschriebenen Organisationsstruktur, und der faktischen, d.h. tatsächlichen Organisationsstruktur, entstehen wird. Dieses Phänomen, das wir im Zusammenhang mit der Selbstorganisation bereits kennen gelernt haben, ist nicht von vornherein negativ zu bewerten, jedoch scheint ihm gegenüber eine gewisse Sensibilität geboten.

(2) Verhältnis «Organisationstruktur - Situation»

Die Überwachung des Verhältnisses zwischen der Organisationsstruktur und der sich wandelnden Situation (interne und externe Bedingungen) ist die wichtigste Aufgabe zur Sicherung der organisatorischen Effizienz. Dazu bedarf es einer stetigen Überwachung aller relevanten Einflussfaktoren auf die Organisationsstruktur (vgl. dazu auch die Ausführungen zur strategischen Überwachung S. 222, zur Früherkennung S. 280 ff. sowie zum Umwelt-Strategie-Struktur-Ansatz S. 371 ff.). Somit werden sukzessive Anpassungen der Organisation an neue Bedingungen ermöglicht und der Zeitpunkt einer notwendigen, neuerlichen Reorganisation wird rechtzeitig erkannt.

5.3 Grenzen rationaler Organisationsgestaltung

Der Erfolg der Reorganisation wird im dargestellten Konzept vor allem determiniert durch

- die Qualität/Eignung der Organisationsziele,
- das systematische Vorgehen (Phasenschema) sowie
- den adäquaten Einsatz von Techniken (z.B. Nutzwertanalyse).

Diese Gestaltungsmethodik ist Ausdruck einer rationalen und mechanistischen Denkhaltung. Insofern richtet sich die **fundamentale Kritik** insbesondere der Vertreter des Selbstorganisationsansatzes und des evolutionären Managements an einer solchen Methodik in der Hauptsache dagegen, dass sie dem komplexen, selbstorganisierenden und evolutionären Charakter von Unternehmungen nicht gerecht wird.

U.a. wird **im Detail kritisiert** (vgl. auch *Gomez/Zimmermann* [Unternehmensorganisation] 200 ff.):

- Organisationsziele können erst im Laufe der Gestaltung erkannt werden und sind grundsätzlich schwer operationalisierbar.

- Analytisches Vorgehen, insbesondere bei der Problemanalyse und der Alternativensuche, behindert eine Gesamtsicht der Organisation (z.B. zwischen einzelnen organisatorischen Bereichen oder zwischen Organisation und anderen Subsystemen wie der Unternehmenskultur) und wird damit ihrer Komplexität und Vernetztheit nicht gerecht.

- Die Bewertung von Organisationsalternativen kann sich wiederum nur an dem bereits oben als problematisch dargestellten Zielsystem und nicht am «organisatorischen Optimum» orientieren.

Dieser durchaus berechtigten Kritik ist entgegenzuhalten, dass auch der Organisationsgestalter «evolutionärer Prägung» auf komplexitätsreduzierende Maßnahmen grundsätzlich nicht verzichten kann. Darüber hinaus ergibt sich ein recht diffuses Bild vom Aufgabenspektrum eines solchen Organisators als «Kultivierer eines selbstorganisationsförderlichen Klimas». Selbstorganisationsansätze bieten jedoch wertvolle Einsichten in die Schwachstellen einer rational-mechanistischen Organisationsgestaltung und liefern damit wertvolle Ansatzpunkte für ihre kritische Reflexion und Modifikation (vgl. u.a. *Gomez/Zimmermann* [Unternehmensorganisation] 206 ff., *Probst* [Organisation] 213 ff. und *Göbel* [Organisationstheorie]).

Des Weiteren ist zu beachten, dass vor dem Hintergrund hoher externer Komplexität und Dynamik eine permanente organisatorisch-strukturelle Wandlungs- und Entwicklungsfähigkeit zu fordern ist. Neben der punktuell-konsekutiven Reorganisation - wie sie hier beschrieben wurde - ist das Augenmerk dann auf die Gestaltung einer kontinuierlichen Änderungs- bzw. Transformationsfähigkeit und -bereitschaft zu richten. Dies ist der Ansatzpunkt des sog. **Change Management**. Die Weiterentwicklung der Organisation wird hier als «tägliches Brot» und nicht als einmaliges Projekt angesehen. Zu den Formen des geplanten und des ungeplanten Wandels von Organisationen vgl. *Bea/Göbel* ([Organisation] 415).

6 Zusammenfassung

Die Bedeutung der Organisation im Rahmen des Strategischen Managements ist in den letzten Jahren beträchtlich gewachsen. Der Grund für diese Schwerpunktverlagerung zu Gunsten der Organisation ist in der zunehmenden Dynamik der Umwelt zu sehen. Je schwieriger sich die Problemlösung ex ante darbietet, umso mehr bedarf es der Schaffung eines Potenzials für Reaktionen ex post. Dieses Potenzial ist in einer strategisch orientierten Gestaltung der Organisation zu sehen.

Klassische Formen der Organisationsgestaltung äußern sich in den traditionellen Organisationsmodellen der Funktionalen Organisation, der Divisionalen Organisation und der Matrixorganisation.

Moderne Organisationsmodelle stellen die Prozessorganisation, Teammodelle, die lernende Organisation und Kooperationsmodelle dar.

Basis für die Bewertung und Gestaltung organisatorischer Alternativen sind die **organisationstheoretischen Ansätze**. Von Bedeutung sind der situative Ansatz, der institutionenökonomische Ansatz und der Selbstorganisationsansatz.

Eine Organisation muss angepasst werden, wenn sie der spezifischen Umweltsituation nicht mehr gerecht wird. Gründe für eine **Reorganisation** können im Umfeld der Organisation oder innerhalb der Unternehmung gesehen werden. Die Reorganisation kann als Projekt verstanden werden. Für die Lösung einer Projektaufgabe hat sich das Vorgehen in Phasen, sog. Projektphasen, bewährt.

Neben der bewussten Änderung einer Organisation im Rahmen eines Reorganisationsprojektes sind die ungeplanten Veränderungen von Organisationen zu beachten und zu kanalisieren.

Fragen zur Wiederholung

(1) Strategische Bedeutung der Organisation

1. Welche grundlegenden Perspektiven der Organisation können unterschieden werden und welche Organisationsbegriffe lassen sich diesen Perspektiven zuordnen? (1)

2. Woraus resultiert die strategische Bedeutung von Organisation und welche Position nimmt Organisation in der Konzeption des Strategischen Management ein? (1)

(2) Organisationstheoretische Ansätze

1. Welche organisationstheoretischen Ansätze können unterschieden werden? Welches sind jeweils ihre zentralen Perspektiven bzw. Intentionen? (2)

2. Welche Grundaussagen macht der situative Ansatz? Inwieweit ist es gerechtfertigt, den situativen Ansatz als Antithese oder Gegenbewegung zum tayloristischen Ansatz zu begreifen? (2.1)

3. Wie hat der situative Ansatz die Organisationsforschung verändert? (2.1.)

4. Worin bestehen Gemeinsamkeiten und Unterschiede von situativem Ansatz und Umwelt-Strategie-Struktur-Ansatz? (2.1)

5. Wie versuchen der Transaktionskostenansatz bzw. der Umwelt-Strategie-Struktur-Ansatz das Entstehen bzw. den Wandel von Organisationskonzepten zu erklären? (2.1 und 2.2)

6. Kennzeichnen Sie den Transaktionskostenansatz. (2.2)

7. Wie kann man mit Hilfe des Transaktionskostenansatzes Outsourcing erklären? (2.2)

8. Welche Richtungen oder Strömungen sind beim Selbstorganisationsansatz unterscheidbar? (2.3)

(3) Traditionelle Organisationsmodelle

1. Welches sind die Gestaltungsparameter der Aufbauorganisation ? (3)

2. Was ist ein Organisationsmodell und welche Arten werden unterschieden? (3)

3. Warum führt die Funktionale Organisation zu einer Überlastung der Führungsspitze? (3.1.2)

4. Welche Rolle spielen Zentralabteilungen im Rahmen der Divisionalen Organisation? (3.2)

5. Welcher Zusammenhang besteht zwischen einem Profit-Center und einer Sparte? (3.2)

6. Was ist unter einer Holding zu verstehen? Wie ist das Verhältnis der Begriffe «Holding» und «Konzern» zueinander? (3.2.3.1)

7. Welche Koordinationsinstrumente können in einer Holding eingesetzt werden? (3.2.3.2)

8. Welche Stärken und Schwächen sprechen für und welche gegen die Management-Holding-Struktur? Argumentieren Sie auch unter Zuhilfenahme organisationstheoretischer Ansätze. (3.2.3.3)

9. Was versteht man unter «Management by Projects»? (3.3.2)

(4) Neue Organisationsmodelle

1. Was versteht man unter einer Prozessorganisation? (4.1.1)

2. Warum führt die Prozessorganisation zu einer Reduktion der Schnittstellenproblematik? (4.1.3)

3. Was ist unter einem Team zu verstehen und welche Formen von Teammodellen können unterschieden werden? (4.2.1 und 4.2.2)

4. Welche Vorteile werden Teammodellen zugeschrieben? Argumentieren Sie unter Zuhilfenahme organisationstheoretischer Ansätze. (4.2.3)

5. Was versteht man unter organisationalem Lernen? Wodurch unterscheidet es sich vom individuellen Lernen? (4.3)

6. Wie lässt sich der Prozess des organisationalen Lernens genauer kennzeichnen? (4.3.2)

7. Welche Arten des organisationalen Lernens können unterschieden werden und welche Arten besitzen in dynamisch komplexer Umwelt besondere Relevanz? (4.3.2)

8. Wie kann man organisationales Lernen fördern? (4.3.3)

9. Welcher Zusammenhang besteht zwischen Kooperationsmodellen und der Grenzziehung zwischen Unternehmung und Unternehmensumwelt? (4.4.1)

10. Wie ist die starke Verbreitung horizontaler bzw. vertikaler Kooperationsmodelle in der Unternehmenspraxis zu erklären? Argumentieren Sie unter Zuhilfenahme organisationstheoretischer Ansätze. (4.4.2 und 4.4.3)

11. Was spricht für die Kooperation im Verhältnis zur Akquisition? (4.4.2.2)

12. Welche Formen horizontaler bzw. vertikaler Kooperation sind unterscheidbar? (4.4.2 und 4.4.3)

(5) Reorganisation

1. Was ist unter Reorganisation zu verstehen und welche Gründe können eine Reorganisation notwendig machen? (5.1)

2. Inwiefern lässt sich die Reorganisation als Projekt kennzeichnen? (5.2)

3. In welche Phasen lässt sich die Reorganisation zerlegen und welche Teilaufgaben sind im Einzelnen zu erfüllen? (5.2)

4. Worin sind die Grenzen einer rationalen Organisationsgestaltung zu sehen? (5.3)

Fragen zur Vertiefung

1. Zeigen Sie, wie sich die einzelnen organisationstheoretischen Ansätze (historisch) aus den jeweiligen Vorläufern und ihren Defiziten entwickelten.

2. Worin bestehen die Chancen bzw. die Gefahren interdisziplinärer Forschung, wie sie im Rahmen des systemorientierten Ansatzes und des Selbstorganisationsansatzes der Organisationstheorie praktiziert wird?

3. Anhand von welchen Maßgrößen können Organisationsstrukturen operationalisiert werden?

4. Wie kann das Ziel «Organisatorische Effizienz» konkretisiert und operationalisiert werden? Welche Zwischen- und Unterziele (Kriterien) sind denkbar?

5. Welche Beziehung besteht zwischen dem situativen Ansatz, dem Transaktionskostenansatz und dem Umwelt-Strategie-Struktur-Ansatz? Wie beurteilen Sie den jeweiligen theoretischen Gehalt dieser Ansätze?

6. Welchen Zweck verfolgt das «7-S-Modell»?.

7. Welche Beziehungen bestehen zwischen dem situativen Ansatz und der Konzeption von *Mintzberg*?

8. Wie kann das Diskontinuitätenmanagement (vgl. Teil 4) in einer (Management-) Holding-Struktur konzipiert und implementiert werden?

9. Welche Gemeinsamkeiten besitzen die neueren Organisationsmodelle (Teamkonzepte, Prozessorganisation, Lernende Organisation, Holding-Strukturen und Kooperationen) bezüglich ausgewählter Erfolgsfaktoren wie Flexibilität, Innovationskraft und Marktnähe?

10. Inwiefern kann durch Prozessorientierung organisationales Lernen gefördert werden?

11. Welche (methodischen) Gemeinsamkeiten haben Organisationsgestaltung und Unternehmenskulturgestaltung?

12. Was spricht für und was gegen eine Zentralabteilung «Organisation»? Kann die Überwachung der Organisationsentwicklung institutionalisiert werden?

13. Welche Grundannahmen liegen einem evolutionären Management zu Grunde und wie könnte Organisationsgestaltung im Rahmen eines evolutionären Managements aussehen?

14. Welcher Zusammenhang lässt sich zwischen der «Lernenden Organisation» und der Forderung nach einer kontinuierlichen Wandlungs- bzw. Entwicklungsfähigkeit der Organisation herstellen?

Literaturempfehlungen

Lehrbücher zur Organisation

Bleicher, K.: Organisation. Strategien - Strukturen - Kulturen. 2. A., Wiesbaden 1991.

Bea, F.X. u. *E. Göbel*: Organisation. Stuttgart 1999.

Frese, E.: Grundlagen der Organisation. Konzepte, Prinzipien, Strukturen. 7. A., Wiesbaden 1998.

Gomez, P. u. *T. Zimmermann*: Unternehmensorganisation. Profile, Dynamik, Methodik. 2. A., Frankfurt/Main, New York 1993.

Krüger, W.: Organisation der Unternehmung. 3. A., Stuttgart 1994.

Mintzberg, H.: The Structuring of Organizations. Englewood Cliffs 1979.

Probst, G.J.B.: Organisation. Strukturen, Lenkungsinstrumente, Entwicklungsperspektiven. Landsberg/Lech 1992.

Schreyögg, G.: Organisation. 3. A., Wiesbaden 1999.

Organisationstheoretische Ansätze

Bea, F.X. u. *E. Göbel*: Organisation. Stuttgart 1999.

Göbel, E.: Organisationstheorie. In: Das Wirtschaftsstudium, 2 1. Jg. (1992), H. 2, S. 117-122.

Kieser, A. u. *H. Kubicek*: Organisation. 3. A., Berlin, New York 1992.

Kieser, A. (Hrsg.): Organisationstheorien. 3. A., Stuttgart u.a. 1999.

Transaktionskostenansatz

Picot, A.: Transaktionskostenansatz in der Organisationstheorie: Stand der Diskussion und Aussagewert. In: Die Betriebswirtschaft, 42. Jg. (1982), S.267-284.

Williamson, O.E.: Die ökonomischen Institutionen des Kapitalismus, Tübingen 1990.

Organisationsmodelle

Bea, F.X. u. *E. Göbel*: Organisation. Stuttgart 1999.

Teamorganisation

Staehle, W.H.: Management. Eine verhaltenswissenschaftliche Perspektive. 8. A., München 1999.

Prozessorganisation und Lernende Organisation

Argyris, C. u. *A.D. Schön*: Organizational Learning. A Theory of Action Perspective. Reading (Mass.) 1978.

Gaitanides, M.: Prozessorganisation. München 1983.

Probst, G.J.B. u. *B. Büchel*: Organisationales Lernen. Wiesbaden 1994.

Senge, P.M.: The fifth Discipline. The Art and Practice of the Learning Organization. New York 1990.

Kooperationen

Sydow, J.: Strategische Netzwerke. Evolution und Organisation. Wiesbaden 1993.

Reorganisation

Schanz, G.: Organisationsgestaltung. Management von Arbeitsteilung und Koordination. 2. A., München 1994.

Teil 6: Unternehmenskultur

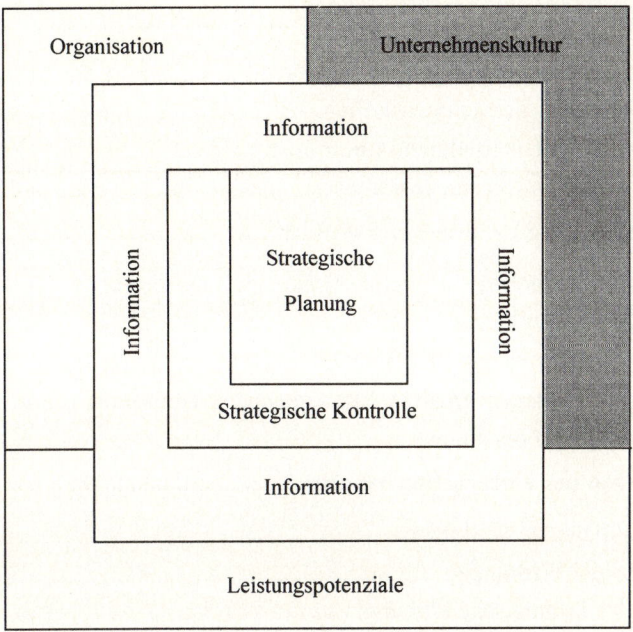

- Unternehmenskultur ist ein im Kern unsichtbares und ungreifbares menschengeschaffenes Phänomen, das sich in Sozialisations- und Lernprozessen entwickelt.

- Die Unternehmenskultur ist Teil eines dynamischen und komplexen Beziehungsgefüges. Sie wird von zahlreichen Faktoren beeinflusst und hat ihrerseits maßgeblichen Einfluss auf die Strategie und die Struktur.

- Die Gestaltung der Unternehmenskultur muss i.S. des Fit-Gedankens in Abstimmung mit den übrigen Subsystemen des Strategischen Managements erfolgen. Die Unternehmenskultur ist allerdings nur begrenzt beeinflussbar.

Inhalt

Beispiele aus der Unternehmenspraxis:

*(1) Nach der Liberalisierung des Telekommunikationsmarktes steht die Deutsche Telekom heute im globalen Wettbewerb. Gegenüber seinen Stock- und Stakeholdern ist der Konzern zur Erreichung seiner Ziele verpflichtet. Eine wesentliche Voraussetzung für die Erreichung der Ziele ist, die durch Jahrzehnte des Monopols geprägte tendenziell bürokratische, binnen- und spitzenorientierte Unternehmenskultur zu einer Kultur weiterzuentwickeln, die den Ansprüchen des globalen Wettbewerbs entspricht. Die **Unternehmensgrundsätze** der Deutschen Telekom sind dabei ein Instrument zur Sicherstellung eines gesteuerten **Kulturwandels:***

- Unser Auftrag:
  Wir fördern technologischen Fortschritt für mehr Lebensqualität in einer offenen Informationsgesellschaft.
- Unsere Stärke:
  Wir überzeugen unsere Kunden durch innovative Lösungen und individuellen Service.
- Unsere Leistung:
  Wir leisten als markt- und wettbewerbsorientiertes Unternehmen einen wesentlichen Beitrag zur gesellschaftlichen und ökonomischen Entwicklung.
- Unser Anspruch:
  Wir setzen uns im nationalen und globalen Wettbewerb mit unserer Innovations- und Leistungskraft als führender Anbieter durch.
- Unsere Verantwortung:
  Wir alle tragen Verantwortung für den Erfolg unseres Unternehmens.
- Unser Versprechen:
  Wir nutzen alle Chancen und Potenziale zur kontinuierlichen Wertsteigerung der Deutschen Telekom.

(Unternehmensgrundsätze der Deutschen Telekom AG)

*(2) Die **Nixdorf Computer AG** galt als Unternehmung mit ausgesprochenen Stärken in den Bereichen Forschung und Entwicklung («Erfinder des PC») und Vertrieb. Diese Stärken gediehen auf dem Boden einer Unternehmenskultur, die Kreativität und Innovationsfreude förderte und die dafür nötigen Strukturen (bzw. «Nicht-Strukturen») im Laufe der Zeit hervorbrachte. Eine derartige Kul-*

turprägung, die für die genannten Bereiche förderlich war, übertrug sich auf Grund ihrer großen Bedeutung für das Unternehmen auch auf andere Funktionsbereiche und Subsysteme. Dort führte sie jedoch zu Strukturdefiziten und Problemen bei der Produktivität und dem Kostenbewusstsein. In einer Phase steigenden Wettbewerbsdrucks (neue Wettbewerber, sinkende Hardware-Preise) wirkte sich diese einseitige Unternehmenskulturprägung negativ auf den Unternehmenserfolg aus.

1 Strategische Bedeutung der Unternehmenskultur

Das Phänomen «Kultur» hat in den letzten Jahren verstärkt Eingang in die Betriebswirtschaftslehre und speziell in die Lehre vom Strategischen Management gefunden. Nachdem kulturelle Aspekte Jahrzehnte nicht oder nur am Rande Beachtung fanden, ist die Zahl von Veröffentlichungen zu diesem Themenkomplex mit Beginn der 80er Jahre sprunghaft angestiegen.

Es stellen sich somit **zwei Fragen:**

- Worin liegen die Gründe für das zunehmende Interesse von Wissenschaft und Unternehmenspraxis an Fragen der Unternehmenskultur?
- Was rechtfertigt die Berücksichtigung kultureller Aspekte im Rahmen der Betriebswirtschaftslehre und insbesondere des Strategischen Managements?

(1) Gründe für das zunehmende Interesse an der Unternehmenskultur

(a) Ein Grund für das wachsende Interesse an der Kultur im Unternehmen ist in der kritischen Überprüfung der dem Wirtschaften in Unternehmungen zu Grunde liegenden **Werthaltungen** auf dem Boden einer allgemeinen Sinn- und Orientierungskrise der Betriebswirtschaftslehre zu sehen (vgl. *Heinen/Fank* [Unternehmenskultur] 1 ff.). Zahlreiche Diskussionen über Wertprobleme in den Wirtschaftswissenschaften und entsprechende Veröffentlichungen zum Thema «Wirtschaften und Ethik» sind Indikatoren dieser Entwicklung.

(b) Ein weiterer Grund ist im großen Erfolg japanischer Unternehmen in den USA und - etwas verzögert - in Europa in den 80er und 90er Jahren zu sehen. Es wird in diesem Zusammenhang von einem **«Japan-Schock»** gesprochen. Vereinfacht kann man auch sagen: Was für die Entwicklung von Früherkennungssystemen der «Ölpreis-Schock», war für die Unternehmenskultur der «Japan-Schock». Niedrigere Lohn- und Lohnnebenkosten sowie eine Industriepolitik, deren Ziel die Integration der japanischen Wirtschaft und die Schaffung der dazu notwendigen Strukturen war, sind Ansätze, welche die Überlegenheit japanischer Unternehmen nur z.T. erklären konnten. Zunehmend rückten vielmehr kulturelle Aspekte ins Blickfeld. Wichtige Veröffentlichungen, wenngleich mit teilweise populärwissenschaftlichem Charakter, sind: «Theory Z» (*Ouchi,* 1981), «The Art of Japanese Management» (*Pascale/Athos,* 1981), «In Search of Excellence» (*Peters/Waterman,* 1982), «Corporate Cultures» (*Deal/Kennedy,* 1982), «Organizational Culture and Leadership» (*Schein*, 1985).

Alle diese Autoren kommen zu der Erkenntnis, dass neben den Organisations-strukturen ein entscheidender Faktor für den Erfolg einer Unternehmung in der sie umgebenden Kultur bzw. in ihrer eigenen Unternehmenskultur zu sehen ist. Sie füllt die Struktur «mit Leben».

(c) Die zunehmenden **Internationalisierungsbestrebungen** von Unternehmen und die damit zusammenhängende **Globalisierung** der Märkte führen dazu, dass tagtäglich unterschiedliche kulturelle Prägungen aufeinander treffen. Lieferanten, Nachfrager, Wettbewerber sowie staatliche Stellen entstammen mitunter höchst ungleichen Kulturen. Die Gründung eigener Tochtergesellschaften oder eines Joint Venture im Ausland führt ebenso zur Begegnung verschiedenartiger Kultu-ren wie der Abschluss von Kooperationen oder die Bildung strategischer Allian-zen. Kultur und Unternehmenskultur werden so zu wichtigen Faktoren im Unter-nehmensalltag. Erfolg im internationalen Wettbewerb hängt, wie diese Beispiele zeigen, auch von der Kenntnis und der Berücksichtigung der kulturellen Hetero-genität des Umfeldes ab.

(d) Ein weiterer Grund für die Hinwendung zu Fragen der Kultur bzw. zu quali-tativen Faktoren allgemein findet sich im **methodischen Bereich.** Es ist inzwi-schen eine gewisse Ernüchterung bezüglich der Problemlösungsfähigkeit quanti-tativer Methoden in der Betriebswirtschaftslehre und eine Rückbesinnung auch auf **qualitative, weiche Größen** und entsprechende Methoden eingetreten. Hinzu kommt der Übergang von einer isolierten und reduktionistischen zu einer inte-grierten und ganzheitlichen Sichtweise. Diese legt die Beachtung kultureller Aspekte nahe. Dabei darf allerdings nicht übersehen werden, dass mit dem Be-griff «Kultur» ein theoretisch wenig fundiertes Terrain beschritten wird. Nach wie vor besteht ein beträchtlicher Erklärungsbedarf.

(2) Ansatzpunkte für die Berücksichtigung der Unternehmenskultur im Strategischen Management

Ob allein das gestiegene Interesse an Fragen der Kultur schon ihre Einbeziehung in die Betriebswirtschaftslehre rechtfertigt, ist zweifelhaft. Entscheidend hierfür ist vielmehr, ob die Berücksichtigung kultureller Phänomene zu einem Erkennt-nisfortschritt in der betriebswirtschaftlichen Theorie einerseits und der unter-nehmerischen Praxis andererseits führt. Es wird im Folgenden zu klären sein, inwieweit die Einbeziehung kultureller Aspekte den **deskriptiven, theoretischen** und **pragmatischen Zielen** der Wissenschaft vom Strategischen Management dienen kann oder ob man damit lediglich einer kurzweiligen Modeerscheinung folgt:

– Kann durch die Berücksichtigung kultureller Aspekte ein der Realität näher kommendes Bild von Unternehmen, ihren Umweltbeziehungen und ihren internen Prozessen gezeichnet werden (**deskriptives Wissenschaftsziel)?**
– Werden durch den Einbezug kultureller Phänomene die Reichweite und Erklärungskraft theoretischer Aussagen im Strategischen Management verbessert (**theoretisches Wissenschaftsziel**)?
– Kann die Effizienz betriebswirtschaftlicher und insbesondere strategischer Entscheidungen durch die Berücksichtigung kultureller Aspekte erhöht und dadurch die Wettbewerbsfähigkeit von Unternehmen verbessert werden (**pragmatisches Wissenschaftsziel**)?

Wir werden im folgenden Abschnitt zunächst eine systematische Annäherung an das Phänomen «Unternehmenskultur» vollziehen, um eine möglichst genaue Kenntnis von diesem Gegenstand zu erlangen. In den Abschnitten drei und vier ist zu zeigen, welche Bereiche und Faktoren auf den Charakter und die Entwicklung von Unternehmenskultur Einfluss nehmen und wie Unternehmenskultur selbst innerhalb der Unternehmung wirkt. Im abschließenden fünften Abschnitt werden wir uns der Frage zuwenden, ob und ggf. wie Unternehmenskultur zielorientiert gestaltet werden kann.

2 Das Phänomen Unternehmenskultur

Bevor wir uns mit den oben skizzierten Fragen und Problemfeldern der Unternehmenskultur beschäftigen, sind zunächst die Grundlagen des Phänomens «Kultur» zu behandeln. Anschließend wollen wir die gewonnenen Erkenntnisse auf den Kulturträger «Unternehmung» übertragen und dort vertiefen.

2.1 Begriff und Kennzeichen der Kultur

Das Phänomen «Kultur» ist traditionell Gegenstand von Anthropologie, Soziologie und Psychologie. Diese Wissenschaften haben eine Reihe von Begriffsfassungen hervorgebracht, die sich teilweise in Abhängigkeit von der Forschungsrichtung in ihrer inhaltlichen Akzentuierung und ihrem Geltungsbereich unterscheiden:

Kultur ist ein Muster von gemeinsamen Wert- und Normenvorstellungen, die über bestimmte Denk- und Verhaltensweisen die Entscheidungen und Handlungen der Organisationsmitglieder prägen (*Heinen/Fank* [Unternehmenskultur]).

Kultur ist die im Laufe der Zeit erworbene kollektive Programmierung, die Mitglieder einer Gruppe von anderen unterscheidet. Kultur wirkt als normative Klammer integrierend *(Scholz* [Strategisches Management]).

Culture is a pattern of shared basic assumptions – invented, discovered, or developed by a given group as it learns to cope with its problems of external adaptation and internal integration - that has worked well enough to be considered valid and, therefore, to be taught to new members of the group as the correct way to perceive, think, and feel in relation to those problems (*Schein* [Organizational Culture]).

Kultur kann zunächst als Unterscheidungs- und Abgrenzungskriterium für soziale Gruppen aufgefasst werden, wobei Werte und Normen sowie die daraus abgeleiteten Denk- und Handlungsweisen die eigentlichen Kriterien der Unterscheidung und Abgrenzung sind. Die in den Kulturbegriffen angesprochenen sozialen Gruppen können Volksgruppen, Völker oder Völkergemeinschaften sein. Darüber hinaus ist der Kulturbegriff auch übertragbar auf Institutionen aller Art wie politische Parteien, Regierungen, Verbände, Vereine, Schulen, Krankenhäuser oder Unternehmungen. Entsprechend können wir **Gruppenkulturen,**

Organisationskulturen (Unternehmenskulturen), **Branchenkulturen** und **Gesellschaftskulturen** unterscheiden (vgl. Abb. 6-2). Der Kulturbegriff kann, in Abwandlung der gegebenen Definition, an Stelle von Gruppen auch für Individuen benutzt werden. Es ist dann von **Individual-** oder **Privatkultur** die Rede.

Kultur wird häufig durch Attribute wie «unsichtbar», «ungreifbar» oder «komplex» beschrieben. Deshalb spricht man gerne, so auch hier, von einem **Phänomen.**

Bleicher ([Organisation 11] 175 f) kennzeichnet die Kultur einer sozialen Gruppe durch folgende **Eigenschaften:**

–   Kultur ist **menschengeschaffen**: Sie ist ein Produkt kollektiven gesellschaftlichen Denkens und Handelns einzelner Menschen.

–   Kultur ist **überindividuell:** Sie ist ein soziales Phänomen, das die einzelne Person überdauert.

–   Kultur ist **verhaltenssteuernd:** Sie drückt sich in (nichtformalisierten) Regeln, Normen und Verhaltenskodices aus (shared basic assumptions).

–   Kultur strebt nach **innerer Konsistenz und Integration:** Sie ist jenes Instrument, mit dem eine Gesellschaft die Anpassung an Umweltveränderungen bewerkstelligt. Gleichzeitig stellt sie jedem einzelnen Individuum bewährte Methoden zur Lösung der Probleme des täglichen Überlebens und zur Befriedigung biologischer und sozialer Grundbedürfnisse zur Verfügung.

–   Kulturen sind **anpassungsfähig** und unterliegen Veränderungsprozessen, die im Falle der Kultur-Evolution (im Gegensatz zur Kultur-Revolution) graduell und allmählich ablaufen.

–   Kultur wird **erlernt.**

Diese Eigenschaften kennzeichnen das Wesen der Kultur allgemein. Zur Unterscheidung verschiedenartiger Kulturen können die Kriterien «Art» und «Stärke» der Kultur herangezogen werden.

(a) **Stärke** bezeichnet das Maß, in dem das Normen- und Wertesystem von der Gesamtheit der Kulturmitglieder geteilt und akzeptiert wird. Eine starke Kultur ist gegenüber äußeren Einflüssen resistenter als eine schwache. In den Abschnitten drei und vier werden wir explizit auf diesen Aspekt zurückkommen.

(b) Bezüglich der **Art** von Kultur sind, je nachdem, welche Elemente oder Kombinationen von Elementen die Kultur kennzeichnen, verschiedene Ausprägungen zu finden. So können Kulturen bspw. eher **individualistisch** oder eher **kollekti-**

vistisch ausgeprägt sein. In individualistisch orientierten Gesellschaften (dazu werden die USA und die meisten westeuropäischen Länder gezählt) stehen das Wohl des Einzelnen und damit auch die Anforderungen an ihn im Vordergrund, wohingegen in kollektivistischen Gesellschaften oder Kulturen (z.B. in Japan) die Bindung des Einzelnen an die Gemeinschaft (Familie, Unternehmung etc.) wesentlich stärker ausgeprägt ist. Kollektive Entscheidungen und Verantwortung dominieren dort gegenüber einer individuellen Grundeinstellung.

2.2 Begriff der Unternehmenskultur

Wir wollen uns nun, nachdem im vorangegangenen Abschnitt eine erste Annäherung an das Phänomen «Kultur» erfolgt ist, den kulturellen Aspekten der Institution «Unternehmung» zuwenden. In Anlehnung an die oben dargestellten Kulturbegriffe wollen wir Unternehmenskultur wie folgt definieren:

> **Unternehmenskultur** ist die Gesamtheit von im Laufe der Zeit in einer Unternehmung entstandenen und akzeptierten Werten und Normen, die über bestimmte Wahrnehmungs-, Denk- und Verhaltensmuster das Entscheiden und Handeln der Mitglieder der Unternehmung prägen.

Unternehmenskultur kann auch als ein Bündel von emotional gewonnenen, verhaltensbeeinflussenden Wertvorstellungen verstanden werden. *Scholz* ([Strategisches Management] 88) spricht vom impliziten Bewusstsein eines Unternehmens, das sich aus dem Verhalten der Organisationsmitglieder ergibt und das umgekehrt die formalen sowie die informalen Verhaltensweisen der Individuen steuert. *Scott-Morgan* ([Spielregeln]) spricht in diesem Zusammenhang von «den heimlichen Spielregeln, der Macht der ungeschriebenen Gesetze in Unternehmen».

Ähnlich wie beim Organisationsbegriff werden auch hier bezüglich des Verhältnisses von Unternehmung und Kultur zwei grundsätzlich unterschiedliche Ansichten vertreten:

Instrumenteller Unternehmenskulturbegriff

Nach ihm ist die Unternehmenskultur als Instrument der Unternehmensführung zu verstehen. In diesem Fall **hat** die Unternehmung eine Kultur, ähnlich wie sie über ein Planungs- und Kontrollsystem oder über bestimmte Technologien verfügt.

Institutionaler Unternehmenskulturbegriff

Er fasst die Unternehmung als soziales Gebilde mit akzeptierten und gelebten Werten und Normen auf. In diesem Fall **ist** die Unternehmung eine Kultur (vgl. *Schreyögg* [Organisationskultur] 1525).

Verwandt aber nicht zu verwechseln mit dem Begriff «Unternehmenskultur» sind die Begriffe «Betriebsklima» und «Corporate Identity». Im Gegensatz zur Unternehmenskultur beschreibt das **Betriebsklima** den Grad der Übereinstimmung zwischen den Erwartungen und Bedürfnissen der Organisationsmitglieder und der Arbeitsatmosphäre in der Unternehmung (vgl. *Bleicher* [Unternehmungskultur] 224 f.). Dabei resultieren die Erwartungen und Bedürfnisse aus der kulturellen Prägung der Individuen bzw. der Unternehmung.

> **Corporate Identity** bezeichnet das einheitliche Erscheinungsbild der Unternehmung nach außen, die Repräsentanz der Unternehmung.

Auch hier besteht eine Beziehung zum Begriff der Unternehmenskultur. Corporate Identity ist als Teil des nach außen sichtbaren Symbolsystems einer Unternehmenskultur aufzufassen. Unternehmenskultur selbst ist jedoch weit mehr als nur symbolische Repräsentation. Auf die Bedeutung von Symbolen innerhalb des Phänomens «Unternehmenskultur» werden wir im folgenden Abschnitt genauer eingehen.

2.3   Ebenen der Unternehmenskultur

Bei genauerem Hinsehen wird durch den verwendeten Unternehmenskulturbegriff vor allem das Normen- und Wertesystem der Unternehmung beschrieben und in seiner Wirkung gekennzeichnet. Dieses **Normen- und Wertesystem** begreifen wir als den **Kern der Unternehmenskultur.** Wie aber verhält es sich mit ihren sichtbaren Elementen?

Wenngleich wir wissen, dass Unternehmenskultur ein unsichtbares und ungreifbares Phänomen ist, so kennen wir doch eine Reihe von Indikatoren, anhand derer ihre Beschreibung und Beurteilung möglich erscheint. Diese Indikatoren oder Artefakte bezeichnen wir als **Symbolsystem** einer Unternehmenskultur.

Elemente eines derartigen Symbolsystems der Unternehmenskultur können sein:

- **Riten** und **Rituale** (Feiern, Jubiläen, Beförderungen, Verabschiedungen, Entlassungen),
- **Mythen** und **Geschichten** (Pioniere, Gründer, Erfolge und Krisen der Vergangenheit),
- **Corporate Identity** (Architektur, Fuhrpark, Druckerzeugnisse, Messestand, Kleidung, Logo),
- **Wahrgenommene Atmosphäre und Leistungen** (Sprache, Pünktlichkeit, Zuverlässigkeit, Besucherempfang, Prämien).

Das **Symbolsystem** bildet die oberste Ebene in einem Schichtenmodell der Unternehmenskultur. Als Oberfläche der Unternehmenskultur stellt es den einzigen praktischen Anknüpfungspunkt für ihre Beschreibung und Bewertung und damit ihre Gestaltung dar. Auf die Bedeutung des Symbolsystems werden wir bei der Behandlung der Aspekte «Wirkungen» und «Gestaltung» einer Unternehmenskultur noch genauer eingehen.

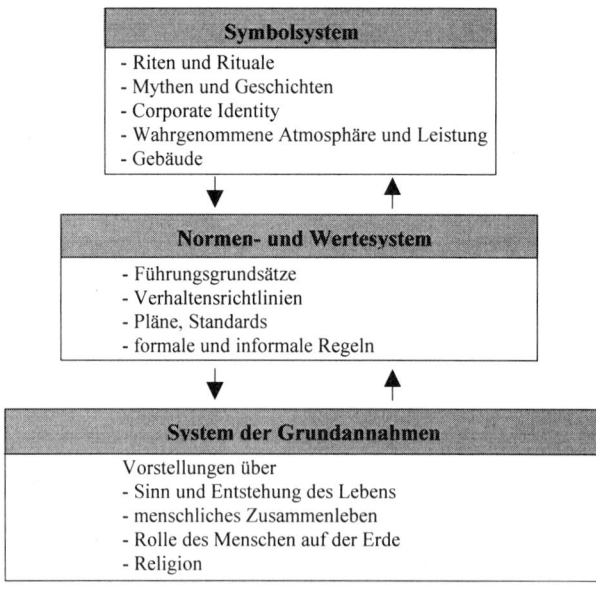

Abb. 6-1: Unternehmenskulturebenen (*Schein* [Organizational Culture] 14)

Das **Normen- und Wertesystem** ist zwar der Kern einer Unternehmenskultur, ihre Wurzeln liegen jedoch tiefer. Die Basis einer Unternehmenskultur ist in einem **System von Grundannahmen** zu sehen, das von den Mitgliedern der Unternehmung vorbehaltlos und ohne weitere Hinterfragung und Überprüfung geteilt wird. Die Grundannahmen sind unsichtbar, werden nur selten bewusst wahrgenommen und stellen die Grundlage für das Denken und Handeln dar. Diese Grund- oder Basisannahmen können auch als «Weltbild» *(Schreyögg* [Organisationskultur] 1528) bezeichnet werden. Sie bilden die unterste Ebene der Unternehmenskultur.

Abb. 6-1 zeigt das bekannte **Schichtenmodell der Unternehmenskultur** nach *Edgar Schein.* Es stellt eine wesentliche Hilfe zur gedanklichen Durchdringung des Phänomens «Unternehmenskultur» dar.

Dieses Schichtenmodell lässt sich auf alle Kulturbereiche anwenden. Man findet diese drei Ebenen bei der Gesellschaftskultur ebenso wie bspw. bei der Individualkultur. Abb. 6-2 zeigt die verschiedenen dargestellten Aspekte (Merkmale, Bereiche und Ebenen) von Kultur bzw. Unternehmenskultur im Zusammenhang:

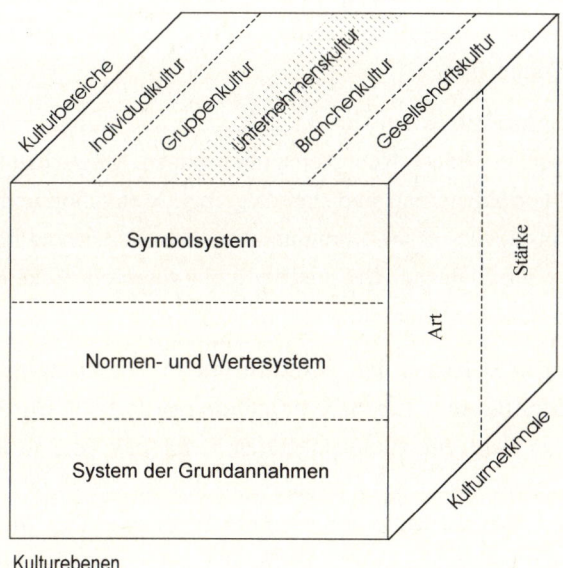

Abb. 6-2: Merkmale, Bereiche und Ebenen von Kultur bzw. Unternehmenskultur

Bisher haben wir vereinfachend eine homogene Unternehmenskultur i.S. einer **Einheitskultur** unterstellt. Eine derartige Vorstellung entspricht nur selten den realen Gegebenheiten. Unternehmenskulturen setzen sich i.d.R. aus verschiedenartigen **Teil-** oder **Subkulturen** zusammen. Die Geltungsbereiche derartiger Subkulturen sind häufig identisch mit den Grenzen spezifischer Teilsysteme oder

-bereiche der Unternehmung (z.B. FuE). Dabei können regionale, funktionale, hierarchische oder interessenspezifische Aspekte einzelne Teilsysteme entwickeln, die dann eigene Subkulturen herausbilden. Es muss sich also nicht um formal-organisatorische und damit leicht zu identifizierende Teilsysteme handeln. Die Gesamtheit aller Subkulturen sowie die zwischen diesen bestehenden Beziehungen bilden dann die Unternehmenskultur.

Das Verhältnis von Subkulturen untereinander wird deutlich, wenn man auf die von *Burns/Stalker* geprägte Unterscheidung zwischen organischen und mechanistischen Organisationsstrukturen zurückgreift (vgl. *Bleicher* [Unternehmenskultur] 232):

Mechanistische Subkulturen entstehen in Teilsystemen mit vorwiegend standardisierten, formalisierten und weitgehend programmierbaren Arbeitsabläufen. Die Identifikation mit der Aufgabe tritt in den Hintergrund. Mechanistische Subkulturen findet man demzufolge häufig in Produktionsbereichen oder im Rechnungswesen/Controlling.

Organische Subkulturen entwickeln sich, wenn die Aufgaben komplexer werden und einen relativ hohen Neuigkeitsgrad besitzen. Möglichkeiten der Standardisierung und Formalisierung sind stark begrenzt, Motivation und Kreativität, die Arbeit in Teams sowie offene Kommunikationsstrukturen und hohe Umfeldsensibilität sind kennzeichnend. Organische Subkulturen entwickeln sich häufig in den Bereichen FuE oder Marketing.

Die **Beziehungen zwischen den Subkulturen** können **komplementär, indifferent** oder **konfliktär** sein. Ergänzen und fördern sich die Werte und Normen der Subkulturen, so liegt ein komplementäres Verhältnis vor, widersprechen und bekämpfen sie sich, so ist das Verhältnis konfliktär. Indifferenz herrscht, wenn sich Werte und Normen weder fördern noch behindern. Das Aufeinandertreffen mechanistischer und organischer Subkulturen kann bspw. erhebliche Spannungen und Probleme und damit Ineffizienz verursachen. Dominiert die mechanistische Subkultur in der Unternehmung, so wird die Innovationsfähigkeit in den FuE-Bereichen leiden, dominiert die organische Subkultur, wird die Effizienz der Produktion zurückgehen (vgl. dazu das einleitende Beispiel *«Nixdorf»)*.

Die Existenz unterschiedlicher Subkulturen in der Unternehmung hat, wie gezeigt, durchaus Berechtigung. Unterschiedliche Funktionen, Hierarchieebenen oder Regionen können unterschiedliche subkulturelle Prägungen erfordern oder entwickeln. Die Abstimmung bzw. **Harmonisierung** der Subkulturen untereinander - was nicht Vereinheitlichung, sondern Herstellung eines **Intra-Kultur-Fit** bedeutet - ist damit eine wichtige Aufgabe im Strategischen Management (vgl. Teil 1, S. 15 ff.).

2.4 Typen der Unternehmenskultur

Will man eine Unternehmenskultur beschreiben und erfassen, so wird man sich an den sichtbaren Symbolen der Unternehmenskultur orientieren. Die Ausprägungen derartiger Symbole bedürfen jedoch in aller Regel der **Interpretation.** Hieraus ergeben sich Probleme, nicht zuletzt dadurch, dass der Beobachtende und Interpretierende selbst eine bestimmte kulturelle Prägung besitzt (Ethnozentrismus).

Eine grundsätzliche Eigenschaft jeder Unternehmenskultur ist ihre **Intensität** oder **Stärke.** Eine starke Unternehmenskultur kann unterstellt werden, wenn das Normen- und Wertesystem unternehmensweit einen nachhaltigen Einfluss auf das tägliche Denken und Handeln in der Unternehmung hat, also bspw. durch die Erzeugung eines Basiskonsenses gemeinsame Wahrnehmungs-, Denk- und Handlungsprozesse ermöglicht. Da wir davon ausgehen, dass sich die Unternehmenskultur aus einer Reihe von Subkulturen zusammensetzt, bedeutet dies zugleich, dass bestimmte Anforderungen an die Subkulturkonstellation zu stellen sind. Nicht die Identität von Subkulturen i.S. von Gleichheit, sondern die Form des **Intra-Kultur-Fit** sind für die Stärke der (Gesamt-) Unternehmenskultur entscheidend.

Neben der Stärke gibt die **Art** der Unternehmenskultur Hinweise auf ihre **qualitative Beschaffenheit.** Die Ausprägung einer Unternehmenskultur kann u.a. anhand der in Abb. 6-3 genannten acht Merkmale beschrieben werden. Bei aller Überzeugungskraft derartiger Beschreibungen muss man sich der starken Vereinfachung und damit Distanz zur Realität bewusst sein.

Ebenfalls zur Vereinfachung der Realität wurden **Typen der Unternehmenskultur** entwickelt. Dabei wurden stets mehrere Kulturmerkmale zugleich herangezogen. Auch solche Typologien dienen primär einem deskriptiven Wissenschaftsziel und reduzieren die Komplexität durch die Konzentration auf einige wenige Merkmale. Darin liegen gleichzeitig Wert und Gefahr von Typologien begründet.

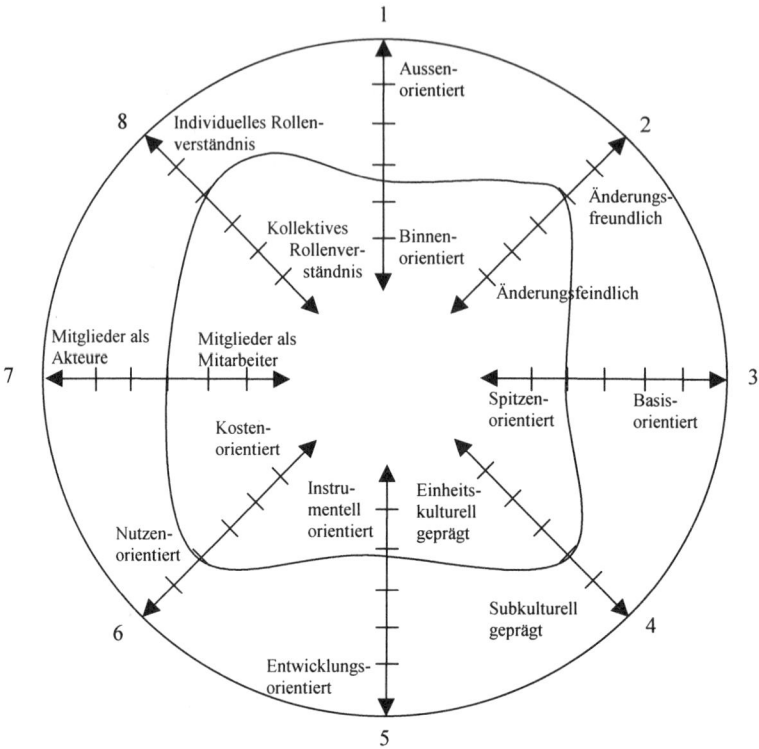

Abb. 6-3: Merkmale der Unternehmenskultur (nach *Bleicher* [Unternehmungskultur] 235 ff.)

Die wohl populärste Typologie von Unternehmenskulturen haben *Deal/Kennedy* (1982) vorgelegt. Sie gehen von zwei Kriterien aus:

– **Risikobereitschaft** (bei Entscheidungen) und

– **Geschwindigkeit des Feedback** aus dem Markt über den Erfolg einer Maßnahme.

Aus der Kombination dieser beiden Elemente mit den Ausprägungen hoch/niedrig (Risikobereitschaft) und schnell/langsam (Feedback) resultieren **vier Kulturtypen**:

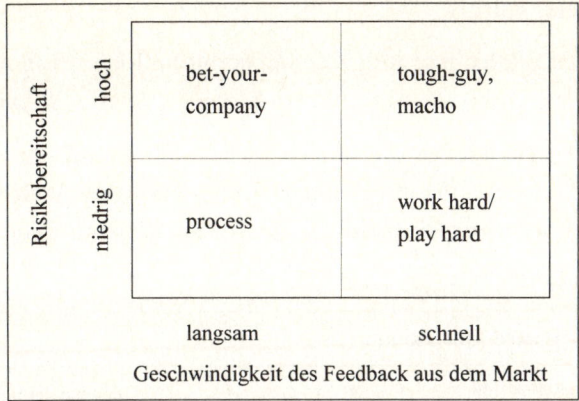

Abb. 6-4: Kulturtypen nach *Deal/Kennedy* ([Corporate Cultures] 107 ff.)

Deal/Kennedy kennzeichnen diese vier Typen wie folgt:

(1) The tough-guy, macho culture

Die Mitarbeiter sind Individualisten mit hoher Risikobereitschaft. Sie erwarten ein schnelles Feedback zu ihren Aktionen. *Beispiele: Unternehmensberatungen, Finanzdienstleister, Broker, Marketing- und Werbeagenturen.*

(2) The work hard/play hard culture

Die Mitarbeiter leisten harte, aber attraktive Arbeit. Das Risiko ist relativ gering und es wird ein rasches Feedback erwartet. *Beispiele: Telekommunikationsunternehmen, Computer- und Softwarehersteller, (Automobil-)Handel.*

(3) The bet-your-company culture

Die Unternehmungen und ihre Mitarbeiter gehen mit sehr großen Investitionen sehr hohe Risiken ein. Ein Feedback erfolgt erst nach Jahren. *Beispiele: Anlagenbau, Forschungs- und Entwicklungsabteilungen und –institute.*

(4) The process culture

Die Mitarbeiter erfüllen ihre Aufgaben mit geringem Risiko. Ein schnelles Feedback wird nicht erwartet. *Beispiele: Versicherungen, Banken, Bilanzabteilungen.*

Eine **weitere Typologie** hat *Bleicher* entwickelt. Sie ist mehrdimensional angelegt und beruht auf den in Abb. 6-3 genannten Merkmalen. Welche Kulturtypen *Bleicher* im Einzelnen aus diesen Dimensionen gewinnt, zeigt die folgende Übersicht:

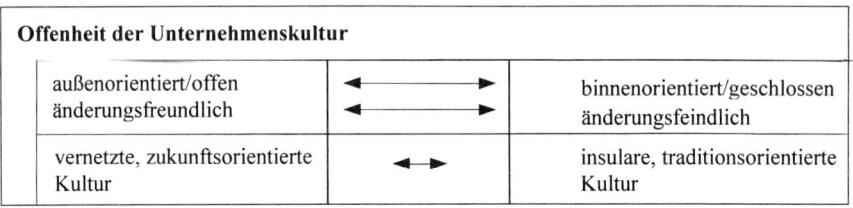

Offenheit der Unternehmenskultur

| außenorientiert/offen änderungsfreundlich | ←———→ ←———→ | binnenorientiert/geschlossen änderungsfeindlich |
| vernetzte, zukunftsorientierte Kultur | ←→ | insulare, traditionsorientierte Kultur |

Differenziertheit der Unternehmenskultur

| basisorientiert subkulturell geprägt | ←———→ ←———→ | spitzenorientiert einheitskulturell geprägt |
| Subkulturen | ←→ | Einheitskultur |

Kulturprägende Rolle der Führung

| entwicklungsorientiert nutzenorientiert | ←———→ ←———→ | instrumentell orientiert kostenorientiert |
| unternehmerische Führungskultur | ←→ | Technokratie |

Kulturprägende Rolle der Mitarbeiter

| Akteursrolle individ. Rollenverständnis | ←———→ ←———→ | Mitgliedschaftsrolle kollekt. Rollenverständnis |
| Individualkultur | ←→ | Teamkultur |

Abb. 6-5: Kulturtypen in Anlehnung an *Bleicher* ([Unternehmungskultur] 235 ff.)

3 Einflüsse auf die Unternehmenskultur

3.1 Einflussbereiche

Was macht eine Unternehmenskultur zu dem, was sie ist? Welche Elemente haben prägenden Einfluss auf die Unternehmenskultur (determinieren sie) und wie sehen die Mechanismen dieser Prägung aus?

Die Beantwortung dieser Fragen führt zur Entwicklung einer **Theorie der Unternehmenskultur.** Erst auf der Grundlage solchen Wissens ist eine zielorientierte Gestaltung der Unternehmenskultur möglich. Eine derartige Theorie liegt jedoch nur in **Fragmenten** vor. Dies liegt vor allem an der **Komplexität** des Beziehungsgeflechts von Unternehmenskultur und ihren Einflussfaktoren einerseits sowie ihren Wirkungen auf dritte Größen andererseits. Entsprechend komplex ist auch der Prozess, in dem die Unternehmenskultur selbst entsteht, und entsprechend vielschichtig sind die Wirkungen der Unternehmenskultur. Hinzu kommt, dass die Unternehmenskultur beeinflussende und von der Unternehmenskultur beeinflusste Größen teilweise identisch sind, das Beziehungsgeflecht also durch **interdependente Beziehungen** gekennzeichnet ist. Diese Erkenntnisse sind nicht weiter verwunderlich, sind doch bereits bei der Beschreibung des Unternehmenskulturphänomens erhebliche Schwierigkeiten aufgetreten.

Um dennoch einen Einblick in die Entstehung und Entwicklung einer Unternehmenskultur zu gewinnen, wollen wir einzelne, besonders augenfällige Einflussgrößen und -wirkungen schlaglichtartig erhellen. Wir müssen uns dabei aber bewusst sein, dass ohne empirische Prüfung solche Aussagen durchaus spekulativen Charakter besitzen können.

Zunächst geht es um die Frage der **Determinanten** der Unternehmenskultur (vgl. Abb. 6-6). Abb. 6-2 können wir entnehmen, dass die Unternehmenskultur in eine **Branchenkultur** bzw. in eine **Gesellschaftskultur** eingebettet ist. Es ist plausibel anzunehmen, dass diese Kulturbereiche, die unter dem Begriff **«Umkultur»** zusammengefasst werden können, über die zahlreichen Beziehungen, welche zwischen einer Unternehmung und ihrer Umwelt existieren, einen bestimmten Einfluss auf die Entwicklung der Unternehmenskultur haben.

Aus der Beschreibung der Eigenschaften von Kulturen (vgl. S. 455) wissen wir, dass Kultur zwar ein überindividuelles, dennoch aber ein menschengeschaffenes und soziales Phänomen ist. Wenngleich damit gesagt ist, dass eine Unternehmenskultur weit mehr als die bloße Summe der Individualkulturen ihrer Mitarbeiter darstellt, so impliziert dies zugleich, dass das einzelne **Individuum** und seine kulturelle Prägung die Unternehmenskultur wesentlich mitbestimmen. Dem Individuum kommt auch insofern eine **Sonderstellung** zu, als angenommen werden kann, dass viele der anderen Determinanten indirekt über die Individualkulturen der Mitarbeiter auf die Unternehmenskultur wirken.

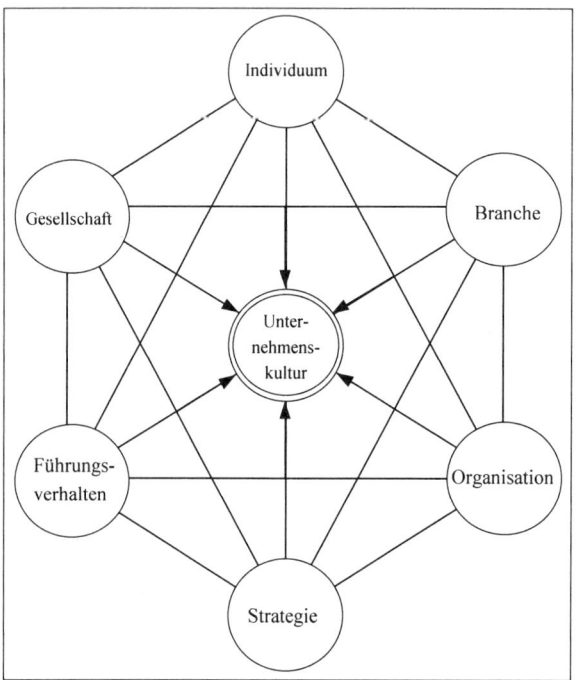

Abb. 6-6:   Einflussfaktoren der Unternehmenskultur

Als letzte Determinantengruppe wollen wir unternehmensinterne Faktoren behandeln. Dabei scheinen die **Strategie,** die **Organisation** (im strukturellen Sinn) und das **Führungsverhalten** als Einflussgrößen plausibel. Die Forderung nach einem Intra-System-Fit aller Subsysteme legt die Annahme eines Einflusses dieser Faktoren auf die Unternehmenskultur nahe.

3.1.1 Individuum

Wir haben gesehen, dass es sinnvoll ist, in Abwandlung des auf soziale Gruppen bezogenen Kulturbegriffs, auch von der kulturellen Prägung von Personen zu sprechen. Wie bei einer Personenmehrheit manifestiert sich die Individualkultur in den drei Ebenen «System der Grundannahmen», «Normen- und Wertesystem» sowie «Symbolsystem».

Das **Sozialisationskonzept** vermittelt einen Eindruck davon, wie die individual-kulturelle Prägung entsteht. Unternehmenskultur wird nicht bewusst gelernt, sondern in einem Sozialisationsprozess vermittelt. **Sozialisation** wird dabei als **Lernprozess** des Hineinwachsens in ein soziales Beziehungsgefüge verstanden, wobei verschiedene Phasen dieses Prozesses unterschieden werden. Wir wollen hier - etwas vereinfachend - von **zwei Phasen** der Sozialisation ausgehen:

Die **primäre Sozialisation** findet im Kindesalter eines Menschen statt und ist durch folgende Merkmale gekennzeichnet (vgl. *Giddens* [Sociology] 60):

- Das Lernen erfolgt zunächst fast ausschließlich über die affektive Beziehung zu einem bestimmten Sozialisationspartner (häufig ein Elternteil).
- Die Stabilität und teilweise Zwanghaftigkeit dieser Beziehung führt zu einer Identifikation mit den vorgelebten Werten und Normen und so zu ihrer Internalisierung.
- Im fortschreitenden Kindesalter nimmt die Zahl der Sozialisationspartner allmählich zu (z.B. Freunde), was zu einer Modifikation und Festigung der internalisierten Werte führt.
- Die Phase der primären Sozialisation endet, wenn eine eigene Identität gewonnen wurde, die Gesellschaft und die eigene Position darin erkannt sind, und ein sich selbst bewusster, wissensfähiger Mensch entstanden ist.

Die **sekundäre Sozialisation** schließt sich an die primäre an und dauert das ganze Leben über fort. Eine exakte Grenzziehung zwischen primärer und sekundärer Sozialisation ist nicht möglich. Die zentralen Unterschiede zwischen beiden Phasen bestehen darin, dass jetzt die affektive Komponente gegenüber der (rational-) kognitiven an Bedeutung verliert, die Zahl der Sozialisationspartner erheblich zunimmt (z.B. Schule und Lehrer, Kirche, Politik, Kollegen und Vorgesetzte am Arbeitsplatz) und eine relativ große Freiheit bezüglich der Wahl der Sozialisationspartner besteht. Der Mensch kann hier also über die Annahme und Internalisierung von Werten in gewissem Umfang selbst entscheiden, er kann bestimmte Rollen übernehmen oder ablehnen. Da die primär sozialisierten Werte tief im Individuum verankert sind, sozusagen seine Identität bilden, stellen sie eine inhaltliche Restriktion für sekundär zu erlernende Normen und Werte dar.

Die Mitarbeiter einer Unternehmung treten mit ihrer durch primäre und sekundäre Sozialisation entstandenen Individualkultur in die Unternehmung ein. Dabei treffen Individualkultur und bestehende Unternehmenskultur bzw. kulturelle Erwartungen an die jeweilige Rolle des anderen aufeinander. Der Ausgang dieses sekundären Sozialisationsprozesses ist sowohl für die Individualkultur als auch für die Unternehmenskultur offen. **Bestehende Werte** werden **ersetzt, ausgetauscht** oder **bestätigt,** wobei neben der inhaltlichen Komponente auch die Art der Präsentation auf der Symbolebene und die Stärke der Verankerung der Werte eine Rolle für die entstehende Unternehmenskultur spielen. Durch den Zu- und Abgang von Mitarbeitern (Individualkulturen) ist die Unternehmenskultur selbst ständig in Bewegung. Sie kann relativ homogen oder auch heterogen, d.h. in viele unterschiedliche Subkulturen zersplittert sein.

Die Möglichkeiten der **Gestaltung** des Entstehungs- und Entwicklungsprozesses der Unternehmenskultur über die Individuen beziehen sich also vor allem auf die Beeinflussung der sekundär sozialisierten Werte der Organisationsmitglieder, da die primär sozialisierten Werte kaum bzw. nur in Extremsituationen veränderbar sind. Daneben kann durch die Zusammensetzung von Teams oder Abteilungen begrenzt Einfluss auf die Entstehung der Subkulturkonstellation genommen werden.

3.1.2 Gesellschaft und Branche

Der Einfluss der **Gesellschaftskultur** auf die Unternehmenskultur über die Individualkulturen der Mitarbeiter ist offensichtlich. So nehmen Mitarbeiter außerhalb der Unternehmung (in der Gesellschaft) zahlreiche verschiedenartige Funktionen oder Rollen wahr, die kulturelle Austauschprozesse ermöglichen.

Daneben stellt die Gesellschaft auf der Grundlage ihrer Kultur bestimmte **Erwartungen** an Unternehmen, bspw. bezüglich ihres Wettbewerbsverhaltens gegenüber Marktpartnern, ihrer ökologischen Verantwortung oder ihres Verhaltens gegenüber ihren Mitarbeitern. Diesen Erwartungen muss eine strategisch denkende und erfolgsorientiert handelnde Unternehmung gerecht werden. Findet ein gesellschaftlicher Wertewandel statt, so entsteht ein Zwang zur Anpassung für die Unternehmung.

Augenfällig wird die Bedeutung der Gesellschaftskultur, wenn im Rahmen einer **Internationalisierungsstrategie** bspw. eine Niederlassung in einem anderen Kulturkreis gegründet wird. Im Heimatland erfolgreiche **Führungsstile** treffen dort häufig auf Widerstände und lassen sich nicht anwenden. So wurde bspw. festgestellt, dass das in den USA und West-Europa weit verbreitete Konzept des «Management by Objectives» in ostasiatischen Kulturen weit weniger praktiziert wird. Die kollektivistische Orientierung der japanischen Kultur kann vermutlich als Grund dafür angesehen werden, dass der Kooperationsgedanke in Japan eine weit wichtigere wirtschaftliche Bedeutung erlangt hat (in Form der netzartigen Unternehmensverbindung «Keiretsu»), als dies bspw. in Europa oder den USA der Fall ist. Die Verbreitung von Allianzen und strategischen Netzwerken setzte in westlichen Kulturen später, eher als Reaktion auf den Erfolg dieser japanischen Strategie ein.

Der Einfluss der **Religion** auf die Gesellschaftskultur und dadurch auf die Unternehmenskultur spielt hierbei eine gewichtige Rolle. Der Unterschied von kollektivistischer (in Japan) und individualistischer Kulturprägung (in Europa und USA) kann in erheblichem Umfang auf Unterschiede zwischen buddhistischer und hinduistischer Religion einerseits und dem christlichen Glauben andererseits zurückgeführt werden.

Häufig existiert neben der Gesellschaftskultur auch eine **spezifische Branchenkultur.** Diese wird bspw. durch bestimmte strategische Verhaltensweisen der Wettbewerber oder ein fachlich bedingtes, brancheneinheitliches Berufs- und Bildungssystem geprägt (z.B. Ärzte und Apotheker). Über die marktlichen Beziehungen zu Absatz- und Angebotsmärkten besteht die Möglichkeit, branchenübliche Werte und Normen zu übernehmen oder zu verändern und damit die eigene Unternehmenskultur zu beeinflussen.

3.1.3 Führungsverhalten, Strategie und Organisation

Über das Symbolsystem der Unternehmenskultur hat das Führungsverhalten Einfluss auf die Unternehmenskultur. Die Wahl eines spezifischen **Führungsstils** (z.B. autoritär oder partizipativ) beeinflusst die sekundären Sozialisationsprozesse und damit die Gestalt der resultierenden Unternehmenskultur. Ebenso kann die Präferierung bestimmter **Koordinationsmechanismen** (z.B. Selbstabstimmung an Stelle persönlicher Weisung) oder die Gestaltung des betrieblichen **Anreizsystems** Werthaltungen in der Unternehmung beeinflussen. Umgekehrt wird natürlich auch das Führungsverhalten selbst durch die Existenz einer bestimmten Unternehmenskultur ganz erheblich tangiert. Die Interdependenz von Unternehmenskultur und Führungsverhalten drückt *Schein* ([Organizational Culture] 2) wie folgt aus: «Culture and leadership ... are two sides of the same coin, and neither can really be understood by itself».

Die **Strategien,** welche die Unternehmung verfolgt bzw. in der Vergangenheit verfolgt hat, und der mit ihnen verknüpfte Erfolg bzw. Misserfolg prägen sich ebenfalls in das kulturelle Bewusstsein der Unternehmung ein. Führt die Unternehmung einen Verdrängungswettbewerb erfolgreich durch, so wird diese Vorgehensweise auch die Unternehmenskultur und die Individualkulturen beeinflussen. Verdrängung und Egoismus können zu Merkmalen des zwischenmenschlichen, sozialen Umgangs innerhalb der Unternehmung werden. Auf den umgekehrten Einfluss der Unternehmenskultur auf die Strategie werden wir auf S. 474 ff. ausführlich eingehen.

Die Interdependenz von Strategie und Organisation einerseits und Strategie und Kultur andererseits impliziert eine solche Beziehung auch für das Verhältnis von **Organisation** und Kultur. Eine spezifische Aufbauorganisation und die damit verbundene Existenz bzw. Dominanz spezifischer Informations-, Kommunikations- und Koordinationsbeziehungen determinieren in gewissem Umfang die Entwicklung der Unternehmenskultur. Eine Matrixorganisation wird mit dem ihr innewohnenden Konfliktpotenzial eine andere Unternehmenskultur hervorbringen als eine hierarchisch ausgerichtete und zentralisierte Funktionale Organisation. Die Matrixorganisation stellt höhere Anforderungen an die Bereitschaft der Mitarbeiter, Konflikte zu akzeptieren und durch ihre Lösung kreative Entwicklungen hervorzubringen, als dies die Funktionale Organisation vermag. Dort werden Konflikte eher als negativ und - auf Grund der hierarchischen Strukturierung - häufiger als bedrohlich empfunden. Die Interdependenz der Beziehung wird wiederum dadurch deutlich, dass die Wahl einer Struktur entscheidend von den innerhalb der Unternehmung vorherrschenden Werten, also der Unternehmenskultur, abhängt (vgl. S. 483 f.).

3.2 Empirische Forschung

Die vorangegangenen Aussagen sind nur z.T. empirisch fundiert und haben deshalb oft den Charakter von Plausibilitätsüberlegungen. Umfangreiche empirische Forschung kann zur Entwicklung einer **Theorie der Unternehmenskultur** beitragen. Die Defizite auf diesem Gebiet sind jedoch nicht zufälliger Art, sondern lassen sich mit den spezifischen Eigenschaften des Phänomens «Kultur» erklären.

Die unzureichenden Möglichkeiten der **Operationalisierung** von Kultur, die mit der Vagheit des Kulturbegriffs und der prinzipiellen Ungreifbarkeit von Kultur zusammenhängen, bereiten die größten Probleme. Es fehlt daher bis heute weitgehend an empirisch bestätigten Hypothesen, die bspw. den (quantitativen) Anteil der Unternehmenskultur am Erfolg einer Unternehmung erklären können. Vielmehr hat Kultur eine Art Lückenbüßerfunktion. Als «Variable X» soll sie diejenige Varianz erklären, die durch andere Faktoren ungeklärt geblieben ist (vgl. *Hofstede* [Kultur]).

Eine Operationalisierung von Kultur kann nur über beobachtbare Tatsachen, also die Indikatoren und Symbole, erfolgen. Diese können sich in Worten (verbal) und/oder Taten (nicht-verbal) niederschlagen. Das Verhalten kann vom Erhebenden stimuliert sein oder natürlich zu Stande kommen. *Hofstede* unterscheidet danach vier **Operationalisierungsstrategien:**

Beobachtung Einflussgrad	Worte	Taten
stimuliert	- Interviews - Fragebogen - Projektive Tests	- Laborexperimente - Feldexperimente
natürlich	Inhaltsanalyse von: - Reden - Gesprächen - Dokumenten	- Direkte Beobachtung - Verwendung von verfügbarem beschreibendem und statistischem Material

Abb. 6-7: Vorgehensweisen zur Erfassung und Operationalisierung von Kultur (Quelle: *Hofstede* [Kultur] 1174)

Ein weiteres Problem der empirischen Forschung zur Unternehmenskultur ist in der Tatsache zu sehen, dass der Forscher selbst eine kulturelle Prägung besitzt, die ihm selbst nur begrenzt bewusst ist, und die deshalb wie ein Filter seine Wahrnehmung beeinflusst. Diese Prägung ist zwar bei jeder empirischen Arbeit im Spiel, wirkt sich jedoch bei der Erfassung und Interpretation kultureller Phänomene zwangsläufig besonders stark aus.

Im Zusammenhang mit der Gestaltung von Unternehmenskultur werden wir noch einmal auf die Erfassung unternehmenskultureller Phänomene zurückkommen (vgl. S. 487 ff.).

4 Wirkungen der Unternehmenskultur

Zunächst wollen wir auf grundlegende, allgemeine Wirkungen der Unternehmenskultur eingehen. Anschließend soll der spezifische Einfluss der Unternehmenskultur auf die übrigen Subsysteme des Strategischen Managements untersucht werden. Die Defizite in der Theorie der Unternehmenskultur betreffen auch unser Wissen über die genauen Wirkungen der Unternehmenskultur. Deshalb sind wir - ähnlich wie oben - z.T. auf Plausibilitätsüberlegungen angewiesen.

4.1 Grundlegende Wirkungen

Positive Wirkungen	Negative Wirkungen
Koordination (gemeinsames Orientierungsmuster)	Selbstüberschätzung
Integration (Wir-Gefühl)	Reduktion von Umweltsensibilität
Motivation (Engagement für das Unternehmen)	Wahrnehmungsfilterung
Repräsentation (positives Erscheinungsbild eines Unternehmens)	Behinderung von
	− strategischer Neuorientierung
	− struktureller Anpassung
	− Innovation
	− organisationalem Lernen

Abb. 6-8: Grundlegende Wirkungen der Unternehmenskultur

Die Unternehmenskultur erzeugt eine

- Koordinationswirkung,
- Integrationswirkung,
- Motivationswirkung und eine
- Repräsentationswirkung.

Es ist mit positiven und negativen Effekten zu rechnen.

(1) **Koordinationswirkung:** Unternehmenskultur erzeugt ein einheitliches, unternehmensweit akzeptiertes Orientierungsmuster. Dadurch wird die Abstimmung zwischen den Organisationsmitgliedern vereinfacht, sie stellt sich gleichermaßen von selbst ein. Unsicherheit des Einzelnen bezüglich des Verhaltens anderer wird reduziert, seine Erwartungen werden stabilisiert.

(2) **Integrationswirkung:** Unternehmenskultur vermittelt dem einzelnen Mitarbeiter Solidarität und damit eine Rollensicherheit. Der Zusammenhalt des Gesamtsytems wird gefördert: «Das Unternehmen sind wir.»

(3) **Motivationswirkung:** Eng verknüpft mit der Integrationswirkung ist die Motivationswirkung. Die kulturelle Integration gibt dem Einzelnen ein Zugehörigkeitsgefühl zu einer sozialen Gruppe (Abteilung, Gruppe, Unternehmung) und kann die Erkennung von Sinnzusammenhängen fördern. Von beidem geht eine positive motivationale Wirkung aus, die sich bspw. in geringeren Fehlzeiten, abnehmender Fluktuation oder zunehmender Innovationskraft niederschlagen kann.

(4) **Repräsentationswirkung:** Schließlich kann eine Unternehmenskultur die Außenwirkung einer Unternehmung (Corporate Identity) verstärken. Dies wird unterstützt durch Symbole wie das Firmenlogo und die Architektur des Gebäudes. Durch die Verbesserung des Erscheinungsbildes eines Unternehmens werden positive Erwartungen der Umwelt geweckt. Auswirkungen auf den Absatzerfolg und die Rekrutierung von Personal können die Folge sein.

Den genannten vier positiven Wirkungen stehen mitunter auch **negative Wirkungen** gegenüber. Eine starke Unternehmenskultur und das damit verbundene «Wir-Gefühl» können zu **Selbstüberschätzung** und **mangelnder Sensibilität** für Anforderungen und Veränderungen der Umwelt führen: «Success breeds failure». Das eigene Normen- und Wertesystem schiebt sich unbemerkt zwischen Unternehmung und Umwelt und behindert als **Wahrnehmungsfilter** das rechtzeitige Erkennen relevanter Umweltveränderungen, bspw. durch die Aufnahme Schwacher Signale (vgl. S. 287 ff.). Zu starkes Vertrauen in die eigenen Fähigkeiten kann zur Unterschätzung der Dynamik im Bereich technologischer Entwicklungen führen und damit **innovationshemmend** wirken. Somit kann eine starke Unternehmenskultur in Abhängigkeit ihrer inhaltlichen Ausprägung **strategische Neuorientierung** und **Strukturanpassungen hemmen.** Schließlich kann eine starke, unternehmensweit homogene Kultur die **Lernfähigkeit** der Unternehmung, insbesondere das Double-Loop- und das Deutero-Loop-Learning, behindern (vgl. S. 414 f.).

4.2 Spezielle Wirkungen

Die Herbeiführung eines **strategischen Fit** ist zentrales Anliegen des Strategischen Managements (vgl. Teil 1). Im Folgenden soll die Bedeutung der Unternehmenskultur im Rahmen dieses Fit-Konzepts beleuchtet werden. Da im Zusammenhang mit Subkulturen bereits über den Intra-Kultur-Fit gesprochen wurde, werden wir uns deshalb vor allem mit der Ebene des **Intra-System-Fit** beschäftigen und die Wirkungen der Unternehmenskultur auf die Subsysteme

- strategische Planung,
- strategische Kontrolle,
- Information und
- Organisation

untersuchen.

4.2.1 Strategische Planung

Im Folgenden wollen wir die Wirkung der Unternehmenskultur auf folgende ausgewählte Komponenten des strategischen Planungsprozesses analysieren:

- Strategische Zielbildung,
- Strategiewahl und
- Strategieimplementierung.

Dabei sollen die Wirkungen der Unternehmenskultur auf die **Prozesse** der Zielbildung, der Strategiewahl und der Strategieimplementierung sowie auf das **Ergebnis** dieser Prozesse getrennt untersucht werden.

(1) Strategische Zielbildung

Das auf dem System der Grundannahmen basierende Normen- und Wertesystem einer Unternehmung bringt Präferenzen zum Ausdruck und hat somit maßgeblichen Einfluss auf Entstehung und Gestalt des Zielsystems der Unternehmung (vgl. das einleitende Beispiel *«Deutsche Telekom»*).

Prozess der Zielbildung

Der Zielbildungsprozess, also die Art des Entstehens des Zielsystems der Unternehmung, ist eng mit der Unternehmenskultur verbunden. Strategische Ziele können innerhalb eines kleinen elitären Kreises entwickelt und anschließend **«von oben» vorgegeben** werden. Sie können jedoch auch innerhalb eines multipersonalen, multioperationalen und multitemporalen Prozesses unter **Einbeziehung sämtlicher hierarchischer Ebenen** gewonnen werden. In der unternehmerischen Realität dürften Art und Ausmaß der Einbeziehung unterer Hierarchieebenen situationsspezifisch auf einem Kontinuum zwischen den beiden beschriebenen Extremen zu finden sein. Wo genau sich ein Unternehmen auf diesem

Kontinuum positioniert, ist auch eine Frage seiner Kultur. Eine offene, basisorientierte, den Mitarbeiter als Mitglied und nicht als Ausführungsorgan berücksichtigende Unternehmenskultur wird tendenziell eine weit gehende Beteiligung aller Hierarchieebenen an der Entwicklung strategischer Ziele bewirken. In einer spitzenorientierten, den Mitarbeitern misstrauisch gegenübertretenden Unternehmenskultur hingegen dürften strategische Ziele unter Ausschluss der Basis entstehen. Geheimhaltung und Misstrauen verhindern die Nutzung von Know How und Kreativität im Unternehmen.

Da unterstellt werden kann, dass **Organisationsmitglieder eigene Ziele** sowie Ziele für die Gruppe bzw. die Unternehmung in den Zielbildungsprozess einbringen, spielen die kulturellen (Vor-) Prägungen aller an diesem Prozess beteiligten Individuen, ihre Individualkultur, eine gewichtige Rolle. Im Falle der Zielvorgabe durch das Top-Management wird das Zielsystem von der Kultur der Führungsgruppe geprägt sein. Akzeptanz und damit Implementierbarkeit des Zielsystems hängen dann entscheidend davon ab, inwieweit es der Führung gelingt, ihr Wertesystem unternehmensweit zu verankern. Werden die strategischen Ziele nicht «von oben» vorgegeben, ist eine höhere Akzeptanz des Zielsystems zu erwarten, wenngleich der Aufwand eines derartigen Zielbildungsprozesses sehr hoch sein dürfte und Konflikte ggf. in die Zielbildungsphase vorverlagert werden.

Zielsystem

Zwischen der **Gestalt des Zielsystems** (Arten-, Höhen-, Sicherheits- und Zeitpräferenz) und der Unternehmenskultur besteht nicht nur auf operativer Ebene, sondern auch und gerade auf strategischer Ebene ein Zusammenhang. Auf Grund ihrer spezifischen Eigenschaften (vgl. S. 67 ff.) sind strategische Ziele in besonderer Weise von der Unternehmenskultur abhängig. Sie können als Spiegel des Werte- und Normensystems der Unternehmenskultur aufgefasst werden.

*Beispiel: Der Erfolg von **Hewlett-Packard** wird zu einem erheblichen Teil auf eine auf die Erfordernisse des Wettbewerbsumfeldes zugeschnittene Unternehmenskultur, ein fest und aktiv gelebtes „ set of deeply held beliefs" zurückgeführt. Kern dieses Wertesystems sind die als **„The HP-Way"** bekannt gewordenen Unternehmensgrundsätze:*

- *Wir haben Vertrauen in unsere Mitarbeiter sowie Achtung und Respekt vor ihrer Persönlichkeit.*

- *Wir legen besonderen Wert auf das hohe Niveau unserer Leistungen und Beiträge.*
- *Wir legen unserem Tun kompromisslose Integrität zu Grunde.*
- *Wir erreichen unsere Unternehmensziele im Team.*
- *Wir fordern und fördern Flexibilität und Innovation.*

Diese Normen bilden die Grundlage für die Entwicklung der obersten Unternehmensziele von Hewlett Packard.

(2) Strategiewahl

Der Prozess der Entscheidung für eine Strategie und das Ergebnis dieses Wahlaktes sind ebenfalls von der Unternehmenskultur beeinflusst.

Prozess der Strategiewahl

Die Unternehmenskultur nimmt Einfluss auf die Wahl bestimmter **Analyse- und Bewertungsverfahren** im Rahmen des strategischen Planungsprozesses. Ob strategische Entscheidungen unter Einbezug quantitativer Bewertungsverfahren getroffen werden oder ob sie sich als subjektiv-intuitive Entscheidungen vollziehen, ist im Wesentlichen eine Frage der Unternehmenskultur.

Die Unternehmenskultur beeinflusst im Prozess der Entscheidung auch die Wahl der **Koordinationsmechanismen.** Die durch eine starke Unternehmenskultur bereitgestellten Orientierungsmuster ermöglichen bspw. einen hohen Grad an Selbstabstimmung und reduzieren somit den Bedarf an formal-struktureller Koordination. Der kulturelle Einfluss der kollektivistisch geprägten Gesellschaftskulturen fernöstlicher Länder auf die Koordination ist offensichtlich: Der von *Ouchi* beschriebene **Clanmechanismus,** die Koordination durch eine starke, homogene Unternehmenskultur, ist in Japan weit häufiger anzutreffen als in der abendländischen Welt. Bestimmte Entscheidungen können dann ohne konkrete vorherige Absprache getroffen werden. Es wird auch vermieden, dass Entscheidungprozesse zu reinen Macht- und Verteilungskämpfen entarten. Auf die Gefahren einer starken Unternehmenskultur wurde jedoch bereits hingewiesen (vgl. Abb. 6-8, S. 472). In diesem Zusammenhang wird auch immer wieder angeführt, dass die auf Konsens ausgerichtete japanische Unternehmenskultur weniger zur heutigen Wettbewerbswirtschaft passe, die von schnellen Entscheidungen lebt.

Eine Gefahr für den **Fit** von **Strategie** und **Unternehmenskultur** besteht, wenn eine «unternehmenskulturfremde» Führung strategische Entscheidungen trifft, wie dies vor allem nach der Akquisition einer Unternehmung häufig der Fall ist. Eine Strategie wird «von oben», eigentlich «von außen», vorgegeben bzw. aufgezwungen. Dabei werden unternehmenskulturelle Faktoren oft nicht berücksichtigt bzw. die Möglichkeiten der Gestaltung und Veränderungen der Unternehmenskultur überschätzt. Ähnliche Wirkungen resultieren, wenn bei einer strategischen Neuorientierung kulturelle Aspekte zu wenig berücksichtigt werden.

Beispiel: Eine Unternehmung produzierte jahrelang einfache, qualitativ niederwertige Güter in hoher Stückzahl und war mit einer Strategie der Kostenführerschaft erfolgreich. Veränderungen im Nachfrageverhalten der Kunden, veränderte Rohstoffpreise sowie neue Umweltschutzauflagen führen zu einer strategischen Neuorientierung. An Stelle der Massengüter soll in Zukunft hochwertige Spitzentechnologie für Nachfrager mit speziellen Anforderungen produziert werden (Differenzierungs- bzw. Nischenstrategie). Die entsprechenden Investitionen in Sachanlagen und Know How werden getätigt. Auch nach einiger Zeit bleibt der Erfolg jedoch aus. Die für die Produktion von Spitzentechnologie und Qualität notwendige Unternehmenskultur ist nicht vorhanden. Mitarbeiter, die jahrelang Billigprodukte hergestellt haben, sind nur schwer in der Lage, auf einmal Qualität vor Quantität zu sehen. Dies trifft nicht nur auf die ausführenden Mitarbeiter in der Produktion zu, sondern auf sämtliche Funktionsbereiche und insbesondere auf alle Ebenen der Führung in der Unternehmung.

Im umgekehrten Fall, dem Übergang von der Differenzierungs- bzw. Nischenstrategie zur Strategie der Kostenführerschaft, sind ebenfalls kulturell bedingte Probleme zu erwarten. Diese werden sich darin äußern, dass es zunächst nicht gelingt, das angestrebte Kostenniveau zu realisieren. Unzufriedenheit bei den Mitarbeitern und infolgedessen eine steigende Fluktuationsrate können die Folge sein.

In beiden Fällen wäre eine schnelle Anpassung der Unternehmenskultur an die Anforderungen der neuen Strategie wünschenswert. Da die Unternehmenskultur jedoch stark in der Vergangenheit verwurzelt ist und in einem langjährigen, evolutionären Prozess entsteht, stößt ein Kulturmanagement, das schnelle Kulturänderungen anstrebt, schnell an seine Grenzen. Bei der Wahl einer Strategie ist deshalb die Unternehmenskultur als Restriktion zu beachten, die nur mittel- bis langfristig gestaltbar ist.

Beispiel: Vor tief greifenden kulturellen Veränderungsprozessen dürften all jene Unternehmen weltweit stehen, deren Monopolstellungen im Zuge regulatorischer

Veränderungen wegfallen. Dies bedeutet i.d.R. die Auseinandersetzung mit Chancen und Risiken:

- *Kampf um Wettbewerbsvorteile mit neuen (nationalen und internationalen) Wettbewerbern (Preis, Qualität, Zeit)*
- *Markteintrittschancen in neue regionale / internationale Märkte*
- *Diversifikation in neue Geschäftsfelder*

Dies trifft auf die deutschen Energieversorger wie VIAG, RWE, VEBA und regionale Stadtwerke wie BeWag oder EnBW in besonderem Maße zu, da mit dem Einstieg in die Telekommunikationsmärkte kulturelle Werte wie Innovations- und Änderungsfreundlichkeit, Kundenorientierung, Risikofreudigkeit und unternehmerisches Denken und Handeln immer wichtiger werden. Da Telekommunikationsmärkte globale Märkte sind, kommen Werte wie Offenheit, Umweltorientierung und interkulturelles Verständnis hinzu.

Ergebnis der Strategiewahl

Wie der Prozess, so ist auch das **Ergebnis der Strategiewahl** kulturdeterminiert. Welche Alternativen im Rahmen einer Vorauswahl überhaupt erkannt werden und einer ersten Plausibilitäts- und Realisierbarkeitsprüfung standhalten, hängt wiederum von dem durch die Unternehmenskultur vorgegebenen Orientierungsmuster ab. Die Entscheidung für eine strategische Alternative orientiert sich nur selten ausschließlich an quantitativen, eindeutig messbaren Größen. **Globales** und **vernetztes Denken, Risikobereitschaft** oder **soziale Kompetenz** sind Faktoren, welche den subjektiv wahrgenommenen Alternativenraum determinieren. Im Folgenden wollen wir anhand ausgewählter Strategien einige Zusammenhänge zwischen Unternehmenskultur und Strategie aufzeigen:

Die Entscheidung für eine **Wachstumsstrategie** und die damit verbundene Bereitschaft zur Übernahme von Risiken sind weitgehend kulturgeprägt. Selbst wenn, wie das PIMS-Programm ermittelt, Größe und Marktanteil positiv auf den Erfolg der Unternehmung wirken, so ist die Frage, wie ein Unternehmen letztlich **Erfolg** definiert, stets abhängig von seinem Normen- und Wertesystem, also seiner Kultur. An Stelle der Maximierung von Cash Flow und RoI könnte das Unternehmen auch eine Satisfizierung bei diesen Zielgrößen anstreben und primär soziale oder ökologische Ziele verfolgen. Ähnlich wertbeladen ist die Entscheidung für eine **Internationalisierungsstrategie** und bspw. gegen eine nationale Nischenstrategie. Das im System der Grundannahmen verankerte Weltbild und die damit verknüpfte Offenheit gegenüber der Umwelt und speziell anderen Kulturen determinieren u.a. diese Entscheidung.

Beispiel: International tätige Unternehmungen treffen an den einzelnen Standorten auf unterschiedliche kulturelle Umfeldbedingungen, denen gegenüber sie sich zielgerecht verhalten müssen. Die Annäherung an die kulturellen Bedingungen des Gastlandes ist meist erfolgreicher als die Durchsetzung der kulturellen Normen und Werte der Muttergesellschaft. Unterhält die Unternehmung Niederlassungen in anderen Ländern (Gesellschaftskulturen), so entstehen regional geprägte Subkulturen, die wiederum in Konflikt mit anderen Subkulturen der Unternehmung geraten können.

Die auf Grundannahmen beruhende Risikobereitschaft wirkt sich auf die Wahl zwischen **offensiver** und **defensiver Grundhaltung** aus. Das risikofreudige Unternehmen wird bei dem Versuch, neue Märkte zu erschließen, hohe Investitionen für Forschung und Entwicklung oder die Überwindung von Markteintrittsbarrieren nicht scheuen und auch bereit sein, Anfangsverluste hinzunehmen. Im umgekehrten Fall werden die Verteidigung vorhandener Marktsegmente und evtl. der Rückzug in Nischen das strategische Handeln dominieren. Ähnliche kulturelle Aspekte können in der von *Miles/Snow* entwickelten **Typologie strategischer Grundhaltungen** (Defender, Reactor, Analyzer, Prospector) identifiziert werden.

Auf Grund des evolutionären Charakters der Unternehmenskultur kann bezüglich des Verhältnisses von Unternehmenskultur und Strategie tendenziell die Beziehung **«strategy follows culture»** unterstellt werden.

(3) Strategieimplementierung

Die Strategieimplementierung umfasst einen sachlichen Aspekt der Umsetzung sowie organisatorische und personale Aspekte der Durchsetzung (vgl. S. 188 ff.).

Die **Durchsetzung** einer Strategie ist im Wesentlichen eine **ablauforganisatorische Aufgabe**, die sich im Rahmen einer gegebenen Aufbauorganisation vollzieht. Die Unternehmenskultur determiniert die Wahl zwischen synoptischem oder inkrementalem Vorgehen bei der Planung und damit die Gestalt der Implementierung. Dominieren Werte wie langfristige Orientierung sowie Streben nach Sicherheit die Unternehmenskultur, wird die Implementierung im Rahmen eines synoptischen Planungsansatzes als letzte Phase des Planungsprozesses ausschließlich instrumentellen, vollziehenden Charakter besitzen. Werden hingegen

Kurzfristigkeit, Satisfizierung und Intuition präferiert, so wird der Planungsansatz eher inkremental und die Implementierung parallel mit der Planung verlaufen.

Der **personale Aspekt** der **Durchsetzung** ist vor allem durch das Auftreten und Bewältigen von Konflikten der durch die Strategieimplementierung betroffenen Organisationsmitglieder gekennzeichnet:

Ziel- und **Verteilungskonflikte** resultieren einerseits aus den in den Individualkulturen festgelegten Wertemustern bezüglich Sicherheit, Status und Hierarchie. Ein ausgeprägtes Sicherheitsbedürfnis oder das Festhalten an Besitzständen können zu Verhaltenswiderständen gegenüber neuen Verfahren oder Strukturen führen. Die anderen Quellen solcher implementierungshemmender Konflikte sind die Prozesse der Zielbildung und Strategiewahl selbst. Der Grad und die Form der Mitarbeiterbeteiligung können die Identifikation mit und die Unterstützung von Veränderungen sowohl hemmen als auch fördern.

Kulturelle Konflikte können in direkter Weise - bspw. durch eine heterogene Subkulturkonstellation - die Implementierung behindern. Die für die Implementierung notwendige Koordination wird erschwert, der für die Implementierung erforderliche Zeitrahmen vergrößert. Eine starke und homogene Einheitskultur ist der Durchsetzung von Strategien und Veränderungen hingegen zuträglich, da sie einen einheitlichen Orientierungsrahmen und unternehmensweit identische Koordinationsinstrumente liefert.

Die Wirkung der Unternehmenskultur auf den **sachlichen Aspekt der Umsetzung** soll anhand einer Internationalisierungsstrategie deutlich gemacht werden. **Internationalisierung** kann einerseits durch Akquisition, andererseits durch Kooperation umgesetzt werden. Es ist auch eine Frage der Werthaltung der Unternehmen bzw. ihrer Führungsspitzen, ob mit der **Akquisition** eine Lösung mit hoher Bindungsintensität, umfangreichen Steuerungsmöglichkeiten und geringem Wissenstransfer nach außen gewählt wird oder ob die **Kooperation** mit den Vorteilen der geringen Bindungsintensität und der Risikostreuung, aber dem Nachteil des hohen Wissenstransfers nach außen, präferiert wird. Auf operativer Ebene werden sich bei beiden Varianten die Unternehmenskulturen der Partner in der Verhandlungsstrategie, im sozialen Umgang miteinander und schließlich in Form und Inhalt des Vertragswerks niederschlagen. Zum Zusammenhang von Strategiewahl und Unternehmenskultur vgl. auch Abb. 1-5, S. 19.

4.2.2 Strategische Kontrolle

Die Unternehmenskultur beeinflusst zunächst die **Gestalt des strategischen Kontrollprozesses,** insbes. die Gewichtung der Bausteine der strategischen Kontrolle.

Eine stark von Erfolgen der Vergangenheit geprägte, durch ein intensives «Wir-Gefühl» gekennzeichnete «Vertrauenskultur» wird zunächst dazu führen, dass die **strategische Kontrolle generell vernachlässigt** wird.

Eine Unternehmenskultur, in der quantitativen Größen weit mehr Bedeutung beigemessen wird als qualitativen, wird im Bereich der strategischen Kontrolle tendenziell den **Schwerpunkt** auf die **strategische Prämissen-** und **Durchführungskontrolle** legen und die **strategische Überwachung,** welche durch die Wahrnehmung und Verarbeitung schwacher bzw. qualitativer Informationen gekennzeichnet ist, **vernachlässigen**.

Daneben hat die Unternehmenskultur auch Einfluss auf die **Effizienz** der eingesetzten Kontrollarten. Der Erfolg einer Prämissenkontrolle hängt bspw. vom Grad der Außenorientierung der Unternehmung und dem Denken über die eigene Stärke ab. Wird die Bedeutung des Umfeldes unterschätzt und die eigene Stärke überschätzt, so wird man der Prämissenkontrolle weniger Beachtung und einer eventuellen Kritik weniger Glauben schenken. Bei der strategischen Überwachung ist wiederum die **Filterwirkung** der Unternehmenskultur relevant. Da die strategische Überwachung als ungerichtete Kontrollart die Defizite der übrigen strategischen Kontrollarten kompensieren soll, wird ihr Erfolg bei einer starken, innenorientierten und von überhöhter Selbsteinschätzung geprägten Unternehmenskultur ausbleiben.

Ebenso lassen sich Wirkungen der Unternehmenskultur auf die **Gestalt des strategischen Kontrollsystems** erkennen.

Die Beantwortung bspw. der Frage, ob strategische Kontrolle ausschließlich Aufgabe des Top-Managements oder aber aller Organisationsmitglieder auf allen Hierarchieebenen ist, hängt von der Werthaltung der Unternehmung (des Top-Managements) gegenüber den Mitarbeitern ab. Die **dezentrale, organische Organisationslösung** der strategischen Kontrolle, wie sie von *Schreyögg/Steinmann* ([Organisatorische Umsetzung]) vorgeschlagen wird, basiert auf der Delegation von Kompetenzen und der Gewährung individueller Freiräume. Sie setzt so ein erhebliches Maß an Vertrauen in die fachlichen und persönlichen Qualifikationen der Mitarbeiter und ihre Bereitschaft zu unternehmerischem Handeln voraus.

Die Wahl der **Kontrolltechniken** (eher quantitative oder eher qualitative) ist ebenfalls von der Unternehmenskultur abhängig. Wird ausschließlich den hard facts Vertrauen geschenkt, so wird dem Konzept der Schwachen Signale wenig Bedeutung beigemessen werden. Damit hängt auch zusammen, ob und inwieweit eine strategische **Kontrollrechnung** installiert wird.

4.2.3 Information

Die Vielzahl der Beziehungen innerhalb des Systems «Unternehmung» und vor allem zwischen der Unternehmung und ihrem relevanten Umfeld führt zu einem explosionsartigen Anwachsen der Zahl strategisch relevanter und damit zu beschaffender Informationen. Zur Komplexität dieses Beziehungsgefüges kommt eine hohe und steigende Dynamik des Umfeldes mit zunehmend diskontinuierlichen Tendenzen hinzu. Die rechtzeitige **Wahrnehmung** und korrekte Interpretation strategisch relevanter Entwicklungen, insbesondere im Umfeld der Unternehmung, also das Management externer Informationen, wird somit zu einer Kernaufgabe des Strategischen Managements (vgl. Teil 4).

Welchen Einfluss aber hat die Unternehmenskultur auf die Fähigkeit einer Unternehmung, strategisch relevante Umfeldinformationen, und dazu gehören auch und zunehmend qualitative und schwache Signale, wahrzunehmen und adäquat zu verarbeiten?

In diesem Zusammenhang ist die bereits angesprochene **Filterfunktion** der Unternehmenskultur von besonderer Bedeutung. Die Unternehmenskultur wirkt wie ein Filter, der die Menge und die Qualität der wahrgenommenen und als relevant erachteten Signale verarbeitet. Das **Perzeptionsvermögen (Umfeldsensibilität)** innerhalb der Unternehmung wird entscheidend vom Normen- und Wertesystem der Unternehmung beeinflusst. Eine stark nach innen orientierte Unternehmenskultur wird tendenziell weniger Umfeldveränderungen wahrnehmen als eine Unternehmenskultur, die durch das Wissen um die Bedeutung des Umfeldes und die Beziehungen mit diesem geprägt ist. Dem einerseits positiven Aspekt der Filterfunktion, nämlich der Reduktion von Umfeldkomplexität, steht die Gefahr gegenüber, wichtige Entwicklungen im Umfeld der Unternehmung nicht oder zu spät zu erkennen.

Die Unternehmenskultur hat auch maßgeblichen Einfluss auf die **Interpretation** der wahrgenommenen Signale aus dem Umfeld. Sie liefert ein **Orientierungs- muster,** das nicht nur als Filter die Wahrnehmung, sondern auch als Wertesys- tem die Verarbeitung der Informationen steuert. Ein Signal, welches in der Un- ternehmenskultur A als wichtig, ggf. bedrohlich und deshalb als höchst beach- tenswert eingestuft wird, kann ceteris paribus in Unternehmenskultur B als nicht relevant eingeschätzt und deshalb vernachlässigt werden.

Die Qualität einer bestimmten Unternehmenskultur ist somit für die Institutiona- lisierung und den Erfolg eines betrieblichen **Diskontinuitätenmanagements,** seine organisatorische Gestaltung und für die Wahl der dabei eingesetzten Tech- niken von elementarer Bedeutung.

Im Grundsatz gilt das Gesagte auch für Signale über Entwicklungen und Verän- derungen innerhalb des Systems «Unternehmung» selbst, also das **Management interner Informationen.** So wird in einer binnenorientierten Unternehmenskul- tur diesen Aufgaben mehr Bedeutung beigemessen als in einer außenorientierten.

4.2.4 Organisation

Das Verhältnis von Unternehmenskultur und Organisation ist sehr eng und inter- dependent. Die Organisation legt die Struktur einer Unternehmung fest, die Kul- tur füllt die Struktur mit Leben. Aber auch die Organisation nimmt Einfluss auf die Unternehmenskultur. Am Beispiel der Matrixorganisation haben wir gezeigt, wie eine solche Struktur die Entwicklung bestimmter kultureller Standards för- dern kann (vgl. S. 399 ff.).

Umgekehrt bringen verschiedenartige Unternehmenskulturen langfristig unter- schiedliche Organisationsstrukturen hervor bzw. stehen der Etablierung be- stimmter Organisationsformen im Wege. So wird sich die Entwicklung einer **Teamorganisation** im Rahmen einer spitzenorientierten, zentralistischen, die Mitarbeiter als Vollzugspersonen betrachtenden Unternehmenskultur kaum durchsetzen. Hier wird es bereits am Willen zur nötigen Dezentralisierung, Dele- gation und Segmentierung und damit zur Bereitschaft, die Unternehmenskultur als Koordinationsinstrument zu akzeptieren, fehlen.

Die Unternehmenskultur beeinflusst auch die Intensität der **Kooperationsbereit- schaft** einer Unternehmung. Wir haben oben bereits am Beispiel von Japan die Wirkungen unterschiedlicher Gesellschaftskulturen auf den Kooperationsgedan- ken angesprochen. Ähnlich verhält es sich mit unterschiedlichen Unternehmenskulturen. Die Entscheidung zwischen Akquisition und Kooperation, die Wahl von Kooperationsform und Kooperationspartner sowie die vertragliche Festlegung der Kooperationsinhalte sind Entscheidungen, welche durch die Wertemuster einer Unternehmung mitgeprägt werden.

Das Verhältnis von Organisation und Unternehmenskultur ist weniger problematisch, als zunächst anzunehmen ist. So schafft eine Unternehmenskultur im Laufe der Zeit Strukturen, welche das Verhalten der Organisationsmitglieder beeinflussen und dadurch wiederum auf die Unternehmenskultur wirken. Es erfolgt eine weitestgehende **Selbstabstimmung** zwischen **Unternehmenskultur** und **Struktur.** Auf Grund einer gewissen, im Vergangenheitsbezug begründeten Trägheit von Kultur spricht manches für eine Beziehung **«structure follows culture».** Eine empirische Bestätigung steht hierfür jedoch noch aus (vgl. *Bea/Göbel* [Organisation] 410 ff.).

5 Gestaltung der Unternehmenskultur

5.1 Grundfragen der Gestaltung

Bezüglich der Gestaltung bzw. Gestaltbarkeit von Unternehmenskultur stellen sich **zwei Grundfragen:**

– Inwieweit ist die Gestaltung der Unternehmenskultur überhaupt **notwendig**?
– In welchem Umfang und mit welchen Methoden ist die Gestaltung der Unternehmenskultur **möglich?**

(1) Die **Notwendigkeit** des Kulturmanagements ergibt sich zwingend aus dem Fit-Ansatz des Strategischen Management. Die Forderung nach einer Abstimmung der Subsysteme des Strategischen Management bedeutet, dass auf die Entwicklung und den Zustand der Unternehmenskultur Einfluss genommen werden muss.

Besondere Situationen, wie Unternehmensübernahmen, die Gründung von Auslandstochtergesellschaften oder die Vereinbarung strategischer Allianzen erfordern zudem eine Koordination der aufeinander treffenden Unternehmenskulturen, wiederum im Rahmen der vorhandenen Möglichkeiten.

(2) Wie **umfangreich** sind diese **Möglichkeiten?**

In Abschnitt 2 haben wir uns eingehend mit den Merkmalen von Kultur und Unternehmenskultur befasst. Unternehmenskultur haben wir dabei gekennzeichnet als

– menschengeschaffenes, überindividuelles, soziales, weitgehend unsichtbares und unbewusstes Phänomen, das
– Teil eines komplexen und dynamischen Beziehungsgeflechts ist und sich in
– evolutionsähnlichen Sozialisations- und Lernprozessen selbst entwickelt.

Die Gestaltung der Unternehmenskultur muss sich an diesen Eigenschaften orientieren. Dabei müssen auch die **theoretischen Defizite** bzgl. der Einflüsse auf die Unternehmenskultur und der Wirkung der Unternehmenskultur berücksichtigt werden.

> Die **Gestaltung der Unternehmenskultur** umfasst die Gesamtheit aller Aktivitäten, welche der zielgerichteten Entwicklung der Unternehmenskultur dienen.

Wir unterscheiden **zwei Ansätze** des Kulturmanagements: Den

- evolutionären Ansatz und den
- revolutionären Ansatz.

(1) **Evolutionärer Ansatz:** Die Unternehmenskulturgestaltung ist nicht mechanistisch-positivistisch ausgerichtet, sondern muss dem evolutionären Charakter der Unternehmenskultur Rechnung tragen. Die Rolle des Kulturmanagements entspricht in diesem Fall mehr jener des Gärtners als der des Handwerkers. Der evolutionäre Charakter der Unternehmenskultur schließt auch den Versuch aus, die Gestaltung der Unternehmenskultur in klar abgrenzbare Handlungsbereiche zu zerlegen und diese einem festen Phasenschema zuzuordnen. Solche Schemata werden den Anforderungen der Unternehmenskultur nur ungenügend gerecht. So liegen bspw. weder operationale Ziele noch entsprechende Kontroll- oder Steuerungsgrößen vor. Dennoch lassen sich auch bei der Gestaltung der Unternehmenskultur bestimmte, bei jeder gestalterischen Tätigkeit relevante Aufgabenfelder oder Bausteine abgrenzen.

(2) **Revolutionärer Ansatz:** Im Gegensatz dazu versteht man unter Kultur-Revolution die kurz- bis mittelfristige bzw. schlagartige Veränderung der Unternehmenskultur durch gezielte Maßnahmen (Kehrtwende). Insbesondere aus dem Bereich der Unternehmensberatung wurden hierzu zahlreiche Vorschläge, meist in Form von Maßnahmenkatalogen, gemacht und publiziert. Die Möglichkeiten der Kulturrevolution durch kurz- bis mittelfristig angelegte Maßnahmen wurden häufig überschätzt. Übersehen wurde dabei oft der Widerspruch zwischen dem langfristigen, evolutorischen Charakter der Entwicklung von Unternehmenskulturen und dem Wesen kurz- bis mittelfristig orientierter Maßnahmen.

Beispiel: Die Grenzen der Gestaltbarkeit von Unternehmenskulturen werden häufig sichtbar, wenn besondere Ereignisse einen schnellen kulturellen Wandel erforderlich machen. Ein solcher Wandel ist bei den Nachfolgeunternehmen der Deutschen Bundespost, Post AG, Postbank AG und Deutsche Telekom AG ebenso erforderlich wie beim Eintritt der Energieversorgungsunternehmen in den liberalisierten globalen Telekommunikationsmarkt.

Besonders sichtbar wird der Bedarf an kultureller Veränderung, wenn Unternehmen unterschiedlicher Kulturen zusammenarbeiten wollen. Je intensiver und breiter die Zusammenarbeit und je höher die Bindungsintensität sein sollen, desto kritischer wird die „Kulturharmonisierung" für den Erfolg der gemeinsamen Aktivitäten. Zahlreiche Fusionen und Kooperationen sind an kulturellen Unterschieden der Beteiligten bereits gescheitert. Erfolge stellten sich häufig erst nach vielen Jahren ein, wie das Beispiel Siemens-Nixdorf zeigt. Die zwischen Daimler-Benz und Mitsubishi zu Beginn der 80er Jahre geplante breit angelegte Kooperation wurde nach anfänglicher Euphorie auf ein bescheidenes Maß zurückgeführt, als die Unterschiedlichkeit der beiden Unternehmenskulturen sichtbar wurde.

*Beim „Mega-Merger" zwischen **Daimler-Benz** und **Chrysler** versuchte man, solche Fehleinschätzungen von Beginn an zu vermeiden. So wurde bereits im Vorfeld des Mergers eine sehr detaillierte Analyse der Kulturprofile vorgenommen. Zahlreiche sog. «Integrationsteams» arbeiten am Zusammenwachsen beider Konzerne - dabei auch Teams für den Bereich Unternehmenskultur.*

Dem Bereich der Kulturrevolution zuzuordnen sind bspw. Versuche, das bestehende Werte- und Normensystem einer Einzelperson oder einer sozialen Gruppe durch die Erzeugung einer **Extremsituation** zu verändern. Der schlagartige Austausch von Führungskräften wäre ein Beispiel hierfür. Mit Blick auf die Phasen der Sozialisierung erhofft man sich von der Herbeiführung solcher Situationen die Infragestellung und ggf. den Austausch primär sozialisierter Werte im Zuge der sekundären Sozialisation. Zu bedenken ist dabei jedoch, dass das **Ergebnis** solcher Maßnahmen auf Grund der Komplexität und des evolutionären Charakters der Unternehmenskulturentwicklung letztlich **nicht vorhersehbar** ist.

5.2   Aufgabenfelder der Gestaltung

5.2.1   Sollkultur

Die Herstellung des **strategischen Fit** ist oberste Leitlinie für die Ableitung von Zielen des Kulturmanagements. Ausgangspunkt der Unternehmenskulturgestaltung ist damit die Bewusstmachung von Bedeutung und Wirkung der Unternehmenskultur in Verbindung mit dem Zielsystem der Unternehmung und der Gestaltung weiterer Subsysteme. Die **Zielbildung** als Teilaufgabe der Gestaltung der Unternehmenskultur ist damit zu **integrieren** in eine **Gesamtplanung der strategischen Unternehmensentwicklung.**

Das **Zielsystem** der Unternehmenskulturgestaltung wird ausschließlich **qualitative Ziele** enthalten, die nur wenig operational und detailliert sind. Die exakte Festlegung eines Soll-Kulturprofils und bspw. die Beantwortung der Frage, ob eher die Strategie der Kultur oder umgekehrt die Kultur der Strategie anzupassen ist, können nur **situativ** erfolgen.

Beispiele für Ziele der Unternehmenskulturgestaltung können sein:

- Steigerung der Identifikation der Mitarbeiter mit der Unternehmung und ihrem Zielsystem,
- Abbau von Misstrauen innerhalb der Unternehmung,
- Lösung von Konflikten in der Subkulturkonstellation der Unternehmung,
- Überwindung kultureller Widersprüche zweier, im Rahmen von Akquisition oder Kooperation aufeinander treffender Partner.

Die Festlegung einer Sollkultur kann i.d.R. nur auf der Grundlage der Kenntnis der Istkultur erfolgen. Diese Kenntnis wird durch den Baustein **Diagnose** gewonnen. Es wird deutlich, weshalb es nicht zweckmäßig ist, von einem Phasenschema der Unternehmenskulturgestaltung zu sprechen. Zwischen den einzelnen Aufgabenfeldern bestehen vielfältige, teilweise interdependente Beziehungen.

5.2.2 Istkultur

Neben der Existenz eines Zielsystems benötigt jede Gestaltung i.S. einer bewussten Einflussnahme eine vorherige Diagnose.

Die Diagnose dient primär der Feststellung des Istzustandes der Unternehmenskultur. Ansatzpunkt für diese Aufgabe ist, wie oben bereits mehrfach angedeutet, das **Symbolsystem** der Unternehmenskultur als sichtbare, wenngleich interpretationsbedürftige Kulturoberfläche (vgl. Abb. 6-1). Ergänzt werden sollte die reine **Querschnittsanalyse** der Istkultur um eine Analyse der Entwicklung der Unternehmenskultur in der Vergangenheit. Eine derartige **Längsschnittsanalyse** könnte sich einerseits wiederum an den Symbolen oder Artefakten der Unternehmenskultur selbst orientieren, zum anderen aber auch auf den Bereich der Unternehmenskulturdeterminanten (z.B. Gesellschaft, Branche, Strategie und Struktur) ausgedehnt werden.

Die Vielfalt existierender Unternehmenskulturtypen und Subkulturkonstellationen stellt den Diagnostizierenden jedoch vor ein **Dilemma**. Einerseits benötigt er zur Komplexitätsreduktion ein standardisiertes Erhebungsschema, andererseits birgt dieses die Gefahr in sich, systemspezifische Unternehmenskulturprägungen zu übersehen. Ein weiteres Problem bei der Diagnose ist in der oben bereits beschriebenen ethnozentristischen Prägung des Diagnostizierenden zu sehen.

Scholz ([Strategisches Management] 91) schlägt vor, im Rahmen der Diagnose die Unternehmenskultur als «doppelt skalierte Variable» aufzufassen, «und zwar als

– eine zumindest ordinal skalierte Variable für die **Stärke** der Unternehmenskultur und
– eine nominal skalierte Variable für die **Art** der Unternehmenskultur.»

Als **Instrumente** zur Erfassung der Symbole der Unternehmenskultur als Indikatoren ihrer Eigenschaften bzw. der Unternehmenskulturdeterminanten im Rahmen einer historischen Längsschnittsanalyse können die in Abb. 6-7 (S. 471) dargestellten Vorgehensweisen eingesetzt werden.

Die **Dokumentenanalyse** kann sich bspw. auf offizielle Unternehmensbroschüren, Geschäftsberichte, Websites bzw. Internetseiten und Pressemitteilungen, auf Organigramme und Stellenbeschreibungen, Pläne und Programme stützen. Im Rahmen der **Beobachtungen** können Architektur und aktueller Zustand der Gebäude, Maschinen und Anlagen, das wahrgenommene Betriebsklima oder das Erscheinungsbild des «schwarzen Brettes» Aufschlüsse über die Unternehmenskultur geben. **Befragungen** können mittels Fragebogen schriftlich oder im direkten Gespräch mündlich bzw. schriftlich-mündlich kombiniert erfolgen.

Im Rahmen eines durch unser Institut begleiteten Beratungsprojekts wird zur Diagnose der Istkultur ein **mehrstufiges Verfahren** angewendet:

In einer ersten Stufe wird eine **Befragung aller Organisationsmitglieder** (Vollerhebung) durchgeführt. Die Beteiligung der Basis an der Unternehmenskulturgestaltung soll einerseits eine Sensibilisierung für die bestehende Kulturproblematik erzeugen, um etwaigen Widerständen gegen Veränderungsmaßnahmen vorzubeugen. Andererseits ist sie bereits Ausdruck einer Vorstellung der künftigen Sollkultur. Durch die Befragung werden die Einstellungen der Mitarbeiter zu kulturrelevanten Bereichen wie Identifikation mit dem Unternehmen, Zusammenarbeit, Kommunikation, Entwicklungsmöglichkeiten, Lohn- und Gehaltssystem oder Management erfasst. **Die Antworten werden auf Gesamtunternehmensebene und** bereichsspezifisch statistisch ausgewertet (Ermittlung von Mittelwerten, Standardabweichungen und Verteilungsfunktionen relativer Häufigkeiten).

In einer zweiten Stufe wird ein **Diagnose- und Interpretationsworkshop** mit Organisationsmitgliedern veranstaltet, die auf Grund ihrer Herkunft, ihrer Position im Unternehmen und ihrer Motivation ein weiteres Vordringen zum Kern der Unternehmenskultur erwarten lassen. In Diskussionsrunden wird versucht, die dem Denken und Handeln in der Unternehmung tatsächlich zugrundeliegenden Regeln, das Normen- und Wertesystem der Unternehmenskultur, zu ergründen.

Schließlich wird eine **Befragung des Top-Managements** durchgeführt. Ziel ist es festzustellen, inwieweit das bereits vorhandene Potenzial des Managements, insbesondere die Bandbreite der Führungsstile, Spielräume für Kulturveränderungsmaßnahmen bietet.

Die Befragungsergebnisse werden durch Eindrücke ergänzt, die im Rahmen eines **Firmenrundgangs** gewonnen werden (Atmosphäre, Architektur etc.).

Sämtliche Diagnoseschritte werden durch **externe Unternehmensberater** initiiert und begleitet. Ähnlich wie bei der Institutionalisierung eines Diskontinuitätenmanagements (vgl. Teil 4) oder der Organisationsgestaltung (vgl. Teil 5) sind ihr Know How, mehr aber noch ihre Neutralität und Unvoreingenommenheit entscheidende Voraussetzungen für den Erfolg des Kulturmanagements. Wichtig ist jedoch, dass die Unternehmenskulturgestaltung nicht von außen oktroyiert, sondern durch die Organisationsmitglieder selbst erarbeitet wird.

5.2.3 Realisation

Realisation kann sich manifestieren in der

- Entwicklung einer neuen Unternehmenskultur, der
- Erhaltung einer bestehenden Unternehmenskultur oder der
- Veränderung einer bestehenden Unternehmenskultur.

Realisation als **Entwicklung** einer neuen Unternehmenskultur kommt bei der Gründung einer Unternehmung in Betracht. Hier besteht nicht das Problem, eine bestehende, gefestigte Unternehmenskultur abbauen zu müssen, wenngleich auch hier die kulturelle Vorprägung der Mitarbeiter, insbesondere aber der Unternehmensgründer, zu berücksichtigen ist.

Abgesehen von diesem Spezialfall werden jedoch in Abhängigkeit der Kultur-
ziele sowie der Ergebnisse der Unternehmenskulturdiagnose entweder die **Erhaltung** der bestehenden Unternehmenskultur oder ihre **Veränderung** Gegenstand
der Realisation sein.

In den beiden Bereichen «Erhaltung» und «Veränderung» spielt das Symbolsystem der Unternehmenskultur als Vermittlungsinstrument eine große Rolle.
Wichtig ist jedoch, sich dabei des Kerns der Unternehmenskultur, des Normen-
und Wertesystems, sowie des evolutionären Charakters der Unternehmenskulturentwicklung bewusst zu sein. Zu beachten sind ebenso Interdependenzen zwischen Elementen und Ebenen der Unternehmenskultur. Veränderungen an einem
Ort können unvorhergesehene Konsequenzen an einem anderen nach sich ziehen.
Neben dem Intra-System-Fit ist somit auch der Intra-Kultur-Fit zu beachten.

Bleicher ([Umbruch] 105) schlägt folgenden Katalog rahmengebender kulturver-
ändernder **Maßnahmen** vor:

- **Sinnvermittelnde Maßnahmen**
  (zur Verdeutlichung der «Mission» der Unternehmung),

- **Unterstützende Maßnahmen**
  (z.B. Vorgabe bzw. Entwicklung eines Unternehmensleitbildes),

- **Durchführung gemeinsamer Projekte**
  (Überlagerung der formalen Organisationsstruktur durch zeitlich befristete
  interdisziplinäre Organisationsformen),

- **Rotation von Subkulturträgern**
  (zur Förderung der internen Kenntnis und Akzeptanz der subkulturellen
  Struktur),

- **Maßnahmen der Personalentwicklung**
  (z.B. Personalauswahl oder interdisziplinäre Lerngruppenzusammensetzung),

- **Ausrichtung von Anreizsystemen**
  (subsystemische und unternehmensweite Orientierung).

Neben diesen eher als direkt zu bezeichnenden Maßnahmen könnte auch eine
Einflussnahme über die Führungssubsysteme «Strategie» und «Organisation» als
Determinanten der Unternehmenskultur in Erwägung gezogen werden. Zu be-
denken ist jedoch einerseits, dass Organisation und Strategie nicht isoliert in den
Dienst der Unternehmenskulturgestaltung gestellt werden können. Zum anderen

lässt sich das Ergebnis einer solchen indirekten Gestaltung auf Grund der nur begrenzten Kenntnis der Interdependenzen von Unternehmenskultur, Strategie und Organisation nicht besser vorhersehen als das einer direkten Maßnahme.

Zusammenfassend ist zur Gestaltung der Unternehmenskultur folgendes festzuhalten:

Die Gestaltung der Unternehmenskultur hat stets im Rahmen eines Gesamtplans der strategischen Unternehmensentwicklung zu erfolgen. Ansonsten wirken Maßnahmen des Kulturmanagements künstlich «aufgesetzt».

Die spezifischen Eigenschaften des Phänomens «Unternehmenskultur» und das damit verbundene Defizit im Bereich der Theorie der Unternehmenskultur führen dazu, dass die Ergebnisse der Unternehmenskulturgestaltung grundsätzlich nur begrenzt prognostizierbar sind.

Die kurzfristige, mechanistische Kultur-Revolution steht somit in antithetischem Verhältnis zum Wesen der Unternehmenskultur und ist deshalb skeptisch zu beurteilen bzw. dürfte nur in Ausnahmefällen (z.B. Existenzgefährdung) durchführbar sein.

Eine langfristig orientierte Gestaltung der Unternehmenskultur i.S. einer Kultur-Evolution wird dem dynamischen Charakter der Unternehmenskultur besser gerecht.

6 Zusammenfassung

Das Phänomen «Unternehmenskultur» hat in den letzten Jahren verstärkt Eingang in die Betriebswirtschaftslehre und speziell in die Lehre vom Strategischen Management gefunden. Ein Hauptgrund für das zunehmende Interesse an der Unternehmenskultur ist im sog. Japan-Schock zu sehen. Vereinfacht kann man auch sagen: Was für die Entwicklung von Früherkennungssystemen der Ölpreisschock, war für die Unternehmenskultur der Japan-Schock.

Unternehmenskultur ist die Gesamtheit von im Laufe der Zeit in einer Unternehmung entstandenen und akzeptierten Werten und Normen, die über bestimmte **Wahrnehmungs-, Denk- und Verhaltensmuster** das Entscheiden und Handeln der Mitglieder der Unternehmung prägen. Nach *Schein* unterscheiden wir drei Ebenen der Unternehmenskultur: Das Symbolsystem, das Normen- und Wertesystem sowie das System der Grundannahmen.

Die Unternehmenskultur wird von einer Vielzahl von **Einflüssen** geprägt. Zu nennen sind die Individualkultur der Mitarbeiter, Gesellschaft und Branche, Führungsverhalten, Strategie und Organisation. Die Unternehmenskultur erzeugt eine **Koordinationswirkung**, **Integrationswirkung**, **Motivationswirkung** und eine **Repräsentationswirkung**.

Die **Gestaltung der Unternehmenskultur** umfasst die Gesamtheit aller Aktivitäten, welche der zielgerichteten Entwicklung der Unternehmenskultur dienen. Wir unterscheiden zwei Ansätze des Kulturmanagements: Den evolutionären Ansatz und den revolutionären Ansatz. Die grundsätzliche Aufgabe der Kulturgestaltung besteht darin, die Ist-Kultur mit einer Soll-Kultur in Übereinstimmung zu bringen.

Beim **evolutionären Ansatz** entspricht die Rolle des Kulturmanagers eher jener des Gärtners als der des Handwerkers.

Im Gegensatz dazu versteht man unter «**Kultur-Revolution**» die schlagartige Veränderung der Unternehmenskultur durch gezielte Maßnahmen (Kehrtwende). Eine langfristig orientierte Gestaltung der Unternehmenskultur i.S. einer Kultur-Evolution wird dem dynamischen Charakter der Unternehmenskultur besser gerecht.

Fragen zur Wiederholung

(1) Strategische Bedeutung und Begriff der Unternehmenskultur

1. Welche Entwicklungen sind für das gestiegene Interesse an kulturellen Aspekten und Fragen in der Betriebswirtschaftslehre bzw. im Strategischen Management verantwortlich? (1)

2. Unter welchen Bedingungen ist die Berücksichtigung kultureller Aspekte in der Betriebswirtschaftslehre zu rechtfertigen? (1)

3. Mit Hilfe welcher Eigenschaften lässt sich Kultur kennzeichnen? (2.1)

4. Wie lassen sich die Begriffe «Unternehmenskultur», «Betriebsklima» und «Corporate Identity» voneinander abgrenzen? (2.2)

5. Welche Ebenen der Unternehmenskultur kann man unterscheiden? (2.3)

6. Was versteht man unter einer Subkultur und welche Arten von Subkulturen lassen sich unterscheiden? (2.3)

7. Mit Hilfe welcher Merkmale lassen sich Unternehmenskulturen kennzeichnen? (2.4)

8. Worin bestehen Bedeutung und Probleme von Typologien? (2.4)

9. Kennzeichnen Sie die Unternehmenskulturtypologie von *Deal/Kennedy* bzw. von *Bleicher*. (2.4)

(2) Einflüsse auf die Unternehmenskultur

1. Worin liegt die Bedeutung einer Theorie der Unternehmenskultur? Welche Gründe können für das weit gehende Fehlen einer solchen Theorie geltend gemacht werden? (3.1)

2. Welche Faktoren beeinflussen die Entstehung und Entwicklung von Unternehmenskulturen? Inwieweit kommt dem Einflussbereich «Individuum» bzw. «Individualkultur» dabei eine Sonderstellung zu? (3.1)

3. Welche Phasen der Sozialisation werden unterschieden und wodurch sind sie gekennzeichnet? (3.1.1)

4. Wie wirken Gesellschafts- und Branchenkultur auf Unternehmenskulturen? (3.1.2)

5. Wie wirken Führungsverhalten, Strategie und Organisation auf Unternehmenskulturen? (3.1.3)

6. Worin besteht die Aufgabe der empirischen Forschung im Bereich der Unternehmenskulturen? (3.2)

7. Welchen spezifischen Problemen steht die empirische (Unternehmens-) Kulturforschung gegenüber? (3.2)

(3) Wirkungen und Gestaltung der Unternehmenskultur

1. Welche generellen Wirkungen werden der Unternehmenskultur zugeschrieben und welche Gefahren bestehen insbesondere im Zusammenhang mit starken Unternehmenskulturen? (4.1)

2. Beschreiben Sie die Wirkungen der Unternehmenskultur auf die Subsysteme

   - strategische Planung,
   - strategische Kontrolle,
   - Information und
   - Organisation (4.2).

3. Worin besteht das Grundproblem der Unternehmenskulturgestaltung? Weshalb gibt es kein einheitliches Vorgehensschema? (5.1)

4. Grenzen Sie Kulturevolution und –revolution voneinander ab. Welcher Zusammenhang besteht zwischen Gestaltungsmöglichkeiten und theoretischer Basis? (5.1)

5. Welche Aufgabenfelder der Unternehmenskulturgestaltung lassen sich unterscheiden und worin bestehen ihre Aufgaben im Einzelnen? (5.2)

6. Welche Instrumente können zur Erfassung einer Unternehmenskultur im Rahmen der Diagnose eingesetzt werden? (5.2.2 und 3.2)

Fragen zur Vertiefung

1. Welche Schwierigkeiten ergeben sich bei der Messung des Einflusses kultureller Elemente auf den Unternehmenserfolg?

2. Wie kann empirische Forschung zur Entwicklung einer Theorie der Unternehmenskultur beitragen? Welche Probleme ergeben sich bei der Forschung?

3. Welche Bedeutung hat das situative Denken im Rahmen der Kulturforschung?

4. Welche Unternehmenskulturmerkmale setzt ein erfolgreiches Diskontinuitätenmanagement voraus?

5. Welche Möglichkeiten der Unternehmenskulturgestaltung bestehen im Rahmen alternativer Organisationskonzepte?

6. Arbeiten Sie Gemeinsamkeiten und Unterschiede zwischen der Gestaltung einer Unternehmenskultur und der Implementierung eines Informationssystems heraus.

7. Analysieren Sie Vor- und Nachteile des Einsatzes externer Berater im Rahmen der Unternehmenskulturgestaltung.

Literaturempfehlungen

Lerngrundlagen zur Unternehmenskultur

Schein, E.H.: Organizational Culture and Leadership. San Francisco u.a. 1985; deutsch: Unternehmenskultur: Ein Handbuch für Führungskräfte. Frankfurt 1995.

Scholz, Ch.: Strategisches Management – Ein integrativer Ansatz. Berlin, New York 1987.

Schreyögg, G.: Organisation. 3.A., Wiesbaden 1999.

Schreyögg, G.: Organisationskultur. In: Handwörterbuch der Organisation, 3. A., Stuttgart 1992, Sp. 1525-1537.

Klassiker zur Unternehmenskultur

Deal, T.E. u. A.A. Kennedy: [Corporate Cultures]. The Rites and Rituals of Corporate Life. Reading (Mass.) 1982; deutsch: Unternehmenserfolg durch Unternehmenskultur. Bern 1987.

Ouchi, W.G.: Theory Z: How American Business Can Meet the Japanese Challenge. Reading (Mass.) 1981.

Pascale, R.T. u. A.G. Athos: The Art of Japanese Management. New York 1981.

Peters, T.J. u. R.H. Waterman: In Search of Excellence. New York 1982.

Kritik am Konzept der Unternehmenskultur

Wicher, H.: Unternehmenskultur. In: WISU Heft 4, 1994, S. 329-341.

Teil 7: Leistungspotenziale

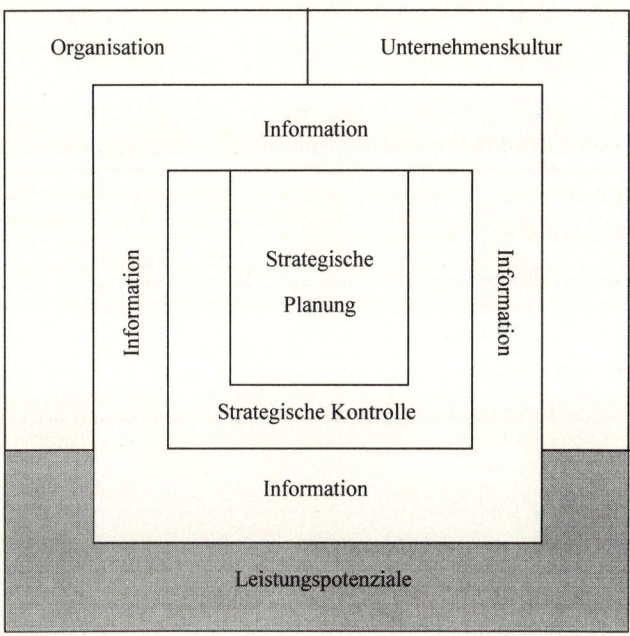

- Potenziale als Speicher spezifischer Stärken sind die Basis des Unternehmenserfolgs. Beschaffung, Produktion und Absatz sowie Kapital, Personal und Technologie sind als Leistungspotenziale die Grundlage für die Wertschöpfung der Unternehmung.

- Entwicklung, Koordination und Integration dieser Leistungspotenziale bedürfen geeigneter Führungspotenziale (Planung, Kontrolle, Information, Organisation und Unternehmenskultur).

- Leistungspotenziale stellen somit Gestaltungsobjekte des Strategischen Managements und Rahmenbedingungen strategischer Handlungsfähigkeit zugleich dar.

Inhalt

Beispiele aus der Unternehmenspraxis:

*(1) Potenzial «**Leistungsprozess**»: Unter dem sog. «**Lopez-Effekt**» versteht man heute die zu Beginn der 80er Jahre durch Ignacio Lopez bei **Volkswagen** eingeführten beschaffungsstrategischen Konzepte und ihre Folgen: Ausübung von Marktmacht über Preis- und Qualitätsdruck auf die Abnehmer und Konzentration auf wenige «Systemlieferanten». So ist bspw. nach Angaben der **Ford-Werke** die Zahl der Zulieferer beim Ford Focus gegenüber dessen Vorgängermodell Escort von 740 auf rund 200 gesunken. Ein Effekt dieser Politik sind Konzentrationstendenzen und das gleichzeitige Verschwinden zahlreicher unabhängiger, v.a. mittelständischer Zulieferer vom Markt (in den Jahren 1996 bis 1998 gab es in diesem Sektor ca. 100 Übernahmen in Deutschland).*

*(2) Potenzial «**Kapital**»: Um eine Idee zur marktfähigen Innovation zu entwickeln, ist häufig Kapital in einem Umfang notwendig, das dort, wo Ideen häufig entstehen, nämlich in Garagen, Bastelstuben und jungen Unternehmen, nicht vorhanden ist. Große kapitalstarke Unternehmen unterstützen zunehmend diese Jungunternehmer durch die Bereitstellung von **Venture-Capital** und notwendigem Management-Know How. Die **Deutsche Telekom** hat als erster Groß-Konzern in Deutschland hierzu eine eigene Venture-Capital-Gesellschaft gegründet. Als 100%ige Tochter finanziert die **T-Venture** (T-Telematik Venture Holding GmbH) innovative Dienstleistungs- und High Tech-Unternehmen mit Wachstumspotenzial auf den zusammenwachsenden Märkten der Telekommunikations- und Informationstechnik. Neben Minderheitsbeteiligungen in der Entstehungs- bzw. frühen Wachstums- und Expansionsphase (start-up / early stage) werden auch Management-Unterstützung und ggf. die Integration in die Auftrags- und Vermarktungsmöglichkeiten des Konzerns zur Verfügung gestellt.*

*(3) Potenzial «**Personal**»: Die **ABB Deutschland** ist in den Bereichen Stromerzeugung, Stromübertragung und -verteilung, Industrie und Gebäudetechnik aktiv. Da die ABB-Kunden zumeist selbst auf globalen Märkten tätig sind, gewinnt **internationales Personalmanagement** für ABB eine strategische Bedeutung: «Unsere Wachstums- und Ertragsziele können wir nur mit hoch qualifizierten und hoch motivierten Mitarbeiterinnen und Mitarbeitern erreichen, die die Spielregeln des globalen Wettbewerbs kennen. Dazu haben wir eine Vielzahl aufeinander abgestimmter Qualifizierungsprogramme eingeleitet. Hauptelemente unseres internationalen Personalmanagements sind projektbezogene Entsendungen ins Aus-*

land, die längerfristige Platzierung von Mitarbeitern der deutschen ABB in ausländischen ABB-Gesellschaften sowie die Besetzung von Schlüsselpositionen der internationalen ABB aus Deutschland heraus. Wichtig ist darüber hinaus die gezielte Schulung von Zusatzqualifikationen wie Sozialkompetenz oder Teamfähigkeit.» (ABB Deutschland, Geschäftsbericht 1997)

(4) Potenzial «Technologie»: Fortschritte im Bereich der Mikroelektronik führten Mitte der 70er Jahre dazu, dass ihre Anwendungsbasis verbreitert wurde. So fand sie z.B. Eingang in die Uhrenindustrie. Die deutsche Uhrenindustrie, welche dieses Anwendungspotenzial zu spät erkannt oder falsch eingeschätzt hatte, sah sich schon bald völlig veränderten Markt- und Wettbewerbsstrukturen gegenüber. Sie befand sich in Konkurrenz mit Unternehmen der Mikroelektronik- und Computerbranche. Diese Unternehmen hatten einen technologischen Vorsprung und häufig auch erheblich umfangreichere finanzielle Möglichkeiten zur Durchsetzung spezifischer Wettbewerbsstrategien. Die deutsche Uhrenindustrie verlor nicht nur auf dem Weltmarkt, sondern auch auf dem heimischen Markt erhebliche Marktanteile. Die Krise überlebten nur jene wenigen Hersteller, die eine konsequente Nischenstrategie verfolgten und sukzessive den Übergang auf die neue Technologie schafften.

Weitere Beispiele von «Technologie-Diskontinuitäten» finden sich im Ausstieg aus der Atomstromerzeugung sowie in den Forschungen auf dem Gebiet «Power-Line»:

Der «Atomausstieg» hätte fundamentale Auswirkungen auf die Nutzung fossiler Energiespeicher (Kohle, Erdgas) sowie die Entwicklung der Nutzung regenerierbarer Energiequellen (Wind, Wasser, Licht) und damit die Aktivitäten der etablierten Energieversorgungsunternehmen.

Unter dem Titel «Powerline-Technologie» erforschen Energieversorgungsunternehmen die Möglichkeiten der Nutzung ihrer Stromnetze zur Sprach- und Datenübertragung. Bislang verhindern technische Barrieren (Störquellen, elektromagnetische Unverträglichkeiten und Schwankungen im Spannungskegel) die Nutzung dieser Netze für Telekommunikationsdienstleistungen. Werden diese Probleme beseitigt, wäre die Markteintrittsbarriere «Netze» überwunden und der Wettbewerbsvorteil «Exklusivität des Kundenzugangs» («letzte Meile») der Deutschen Telekom gemindert.

1 Strategische Bedeutung der Potenziale

Ziel des Strategischen Managements ist es, den langfristigen Erfolg eines Unternehmens sicherzustellen. Für das Strategische Management bedeutet dies die Herbeiführung und Sicherung des **strategischen Fit,** und zwar

- innerhalb der Bausteine des Strategischen Managements (Intra-Strategie-Fit, Intra-Struktur-Fit etc.),
- zwischen den Bausteinen des Strategischen Managements (Intra-System-Fit) sowie
- zwischen der Unternehmung und ihrer Umwelt (System-Umwelt-Fit).

Der Erfolg einer Unternehmung hängt entscheidend davon ab, inwieweit es gelingt, den strategischen Fit in langfristige Stärken der Unternehmung und diese schließlich in finanziell messbaren Erfolg umzusetzen.

Die Quelle für die Stärken eines Unternehmens sind deren Potenziale. Dies ist die Kernaussage des **ressourcenorientierten Ansatzes** (Resource-based View) (vgl. S. 26 ff.). Nach *Prahalad/Hamel* [Core Competence] wissen wir, dass sich der Wettbewerb nur noch vordergründig über Endprodukte abspielt. Der eigentliche Wettbewerb zwischen den Unternehmen findet auf der Ebene der Potenziale, Ressourcen und Kernkompetenzen statt.

In der Produktionstheorie bezeichnet der Begriff des Potenzialfaktors ein Gut, das bei der Herstellung und Verwertung von Produkten oder Dienstleistungen mehrfach genutzt werden kann. Es findet bei ihm kein sofortiger, sondern nur ein über einen langen Zeitraum verteilter Werteverzehr statt. Man spricht deshalb auch von Gebrauchsgütern im Gegensatz zu Verbrauchsgütern. Potenzialfaktoren speichern also Nutzleistungen. Diesen engen, weitgehend auf die Produktionswirtschaft beschränkten Potenzialbegriff wollen wir hier nicht zugrundelegen. Jedoch soll auf die **Speicherfunktion** produktionswirtschaftlicher Potenzialfaktoren zurückgegriffen werden.

> **Strategische Potenziale** stellen Speicher spezifischer Stärken dar, die es ermöglichen, die Unternehmung in einer veränderlichen Umwelt erfolgreich zu positionieren und somit den langfristigen Unternehmenserfolg zu sichern.

Gälweiler sprach 1974 als erster von «Erfolgspotenzialen». Der Begriff «Ressource» hat im Englischen eine breite Bedeutung. Er bezeichnet vor allem die Mittel,

Fertigkeiten, Fähigkeiten eines Unternehmens. Der Bezug zu den Kernkompetenzen ist damit hergestellt.

> Eine **Kernkompetenz** ist ein Bündel von spezifischen Fähigkeiten. Sie stellen (zusammen mit anderen Kernkompetenzen) die Grundlage für die Kernprodukte und die darauf aufbauenden Endprodukte eines Unternehmens dar. Kernkompetenzen zeichnen sich durch schwierige Erzeugbarkeit, Imitierbarkeit und Substituierbarkeit aus.

Die Potenziale eines Unternehmens lassen sich in **zwei Gruppen** unterteilen:

– Leistungspotenziale und
– Führungspotenziale.

(1) Leistungspotenziale

Zu den Leistungspotenzialen zählen

– Beschaffung,
– Produktion,
– Absatz,
– Kapital,
– Personal und
– Technologie.

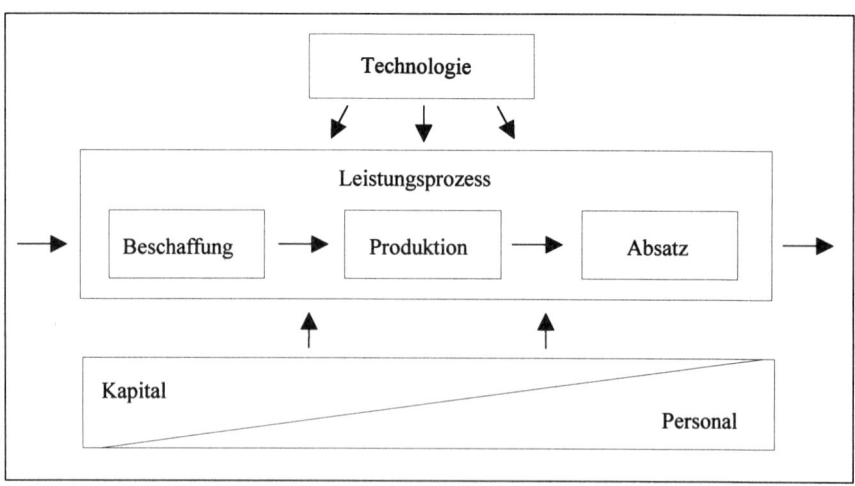

Abb. 7-1: Leistungspotenziale

Die Leistungspotenziale tragen unmittelbar zur Wertschöpfung und mittelbar zum Unternehmenserfolg bei. Im Zentrum der Leistungspotenziale steht der **Leistungsprozess** mit seinen Komponenten Beschaffung, Produktion und Absatz. **Technologie** ist das Potenzial zur Veränderung von Elementen und Verfahren im Leistungsprozess sowie der Endprodukte des Leistungsprozesses. Grundlage der Initiierung und Aufrechterhaltung des Leistungsprozesses sind die Potenziale **Kapital** und **Personal.**

Kernkompetenzen, welche auf Fähigkeiten im Leistungsprozess oder auf besonderen technologischen Kenntnissen basieren, können als **operative Kernkompetenzen** oder auch als **Basiskernkompetenzen** bezeichnet werden. Das Potenzial «Kapital» scheint nur bedingt als Kernkompetenz interpretierbar, es ist eher eine Voraussetzung für die genannten Basiskernkompetenzen. Auch das Potenzial «Personal» kann nicht unbedingt als Basiskernkompetenz angesehen werden, es ist letztlich vielmehr Träger sämtlicher Kernkompetenzen und nimmt somit eine **Sonderrolle** ein.

(2) Führungspotenziale

In den Teilen zwei bis sechs wurden **Planung, Kontrolle, Information, Organisation** und **Unternehmenskultur** als Führungssubsysteme ausführlich behandelt und als Elemente bzw. Bausteine eines Strategischen Managements gekennzeichnet. Im Sinne der Potenzialdefinition stellen diese Elemente ebenfalls Potenziale dar. Sie können als Führungspotenziale bezeichnet werden.

Das Verhältnis zwischen den Leistungspotenzialen und den Führungspotenzialen ist durch zahlreiche **Interdependenzen** gekennzeichnet: Im Begriffsapparat der Kernkompetenzen kann die **Führungskompetenz** gleichsam als Kompetenz zur Erlangung der operativen Kompetenzen verstanden werden. Sie stellt die Voraussetzung für die Entwicklung, Pflege und Nutzung operativer Kernkompetenzen dar, ist somit auf einer übergeordneten Ebene angesiedelt und kann daher auch als **Metakernkompetenz** bezeichnet werden. Dass auch diese Metakernkompetenz auf Personen als Träger angewiesen ist, unterstreicht die Sonderrolle des Potenzials «Personal».

Soll der Wert dieser unterschiedlichen Formen von Kernkompetenzen abgeschätzt werden, so ist noch einmal auf die Merkmale einer Kompetenz - schwierige Erzeugbarkeit, Imitierbarkeit und Substituierbarkeit - einzugehen. Diese Anforderungen sind bei der Metakernkompetenz «Führung» in außerordentlich hohem

Maße erfüllt, so dass diese als besonders dauerhaft und angesichts der Umwelt-dynamik langfristig auch als besonders wertvolle Kernkompetenz angesehen wer-den kann. Allerdings ist zu beachten, dass diese Kernkompetenz ihren Wert nicht für sich alleine entfalten kann, sondern gewissermaßen als «**Übertragungsrie-men**» immer einer (oder mehrerer) operativer Kernkompetenzen bedarf. Die Me-takernkompetenz «Führung» ist ja nichts anderes als die Fähigkeit, die operativen Kernkompetenzen und damit die Leistungspotenziale optimal zu entwickeln und zu nutzen.

Dieser Zusammenhang verdeutlicht damit auch die Bedeutung der Leistungspo-tenziale. Im Folgenden wollen wir daher aufzeigen, welche Bedeutung den einzel-nen Leistungspotenzialen für den Unternehmenserfolg zukommt, und wie das Strategische Management diese Leistungspotenziale gestalten kann. Im Einzelnen verfolgen wir mit dieser Analyse **zwei Ziele:**

– Die Bedeutung der Leistungspotenziale für den Unternehmenserfolg und die Interdependenzen zwischen den Potenzialen sollen verdeutlicht werden.

– Einzelne Aspekte der Leistungspotenziale sollen unter strategischer Perspek-tive erhellt und aktuelle Weiterentwicklungen in diesen Bereichen aufgezeigt werden.

2 Strategisches Beschaffungsmanagement

*Beispiel: **General Motors**, **Ford** und **Daimler-Chrysler** geben insgesamt jährlich mehr als 240 Milliarden Dollar für Materialeinkäufe aus (bezogen auf das Jahr 2000). Ihr gemeinsames zu Beginn des Jahres 2000 gegründetes **Internetunternehmen** soll als unabhängige Firma einen transparenten Weltmarkt schaffen. Die drei Autokonzerne wollen in diesem Markt möglichst alle Zulieferfirmen und Branchenkonkurrenten vereinen und einen Weltstandard schaffen. Preise würden schnell weltweit vergleichbar, Lager- und Managementkosten gesenkt. Der **virtuelle Marktplatz** könnte auch auf andere Branchen ausgedehnt werden. Der GM-Präsident Richard Wagoner erklärte, ein Alleingang einzelner Firmen beim Aufbau elektronischer Märkte sei keine «siegreiche Strategie». Gemeinsam können die Autofirmen schneller «den weltbesten Marktplatz aufbauen».*

2.1 Aufgaben

Im Zentrum des Leistungsprozesses steht die **Produktion** als die Kombination materieller und immaterieller Einsatzgüter (Inputfaktoren) und deren Transformation in Ausbringungsgüter (Outputfaktoren). Der Produktion vorgelagert ist die **Beschaffung** der Einsatzgüter, ihr nachgelagert ist der **Absatz** der Ausbringungsgüter. Diese drei Kernbereiche des Leistungsprozesses werden durch vor- und rückkoppelnde **Informationsströme** koordiniert und durch raum- und zeitüberbrückende **Logistikaktivitäten** integriert:

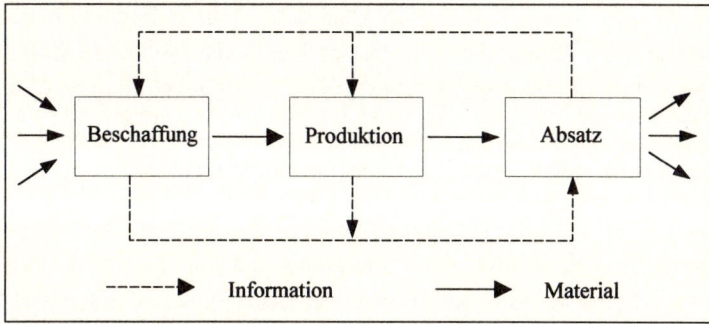

Abb. 7-2: Leistungsprozess

Die Elemente des Leistungsprozesses «Beschaffung», «Produktion» und «Absatz» werden im Folgenden erörtert.

> **Beschaffung** ist die Versorgung der Unternehmung mit Einsatzgütern.

Wir wollen unsere Ausführungen auf die Beschaffung von **Material,** also auf Roh-, Hilfs- und Betriebsstoffe sowie Halb- und Fertigfabrikate beschränken, da die Beschaffung von Informationen oder von Personal an anderer Stelle behandelt wird (vgl. S. 257 ff. bzw S. 534). Ergänzend sollen die Logistik (Materialtransport, -umschlag und -lagerung), abfallwirtschaftliche Fragen und Aspekte der Qualitätssicherung berücksichtigt werden.

Im Rahmen einer so abgegrenzten Beschaffung sind folgende **Aufgaben** zu bewältigen (in Anlehnung an *Grün* [Materialwirtschaft] 453 ff.):

– **Sicherung der Verfügbarkeit** des für die Leistungserstellung notwendigen Materials in der erforderlichen Menge und Qualität zur rechten Zeit am rechten Ort. Eine Verfehlung dieses Ziels, für das i.d.R. der Servicegrad als Mess- und Steuerungsgröße dient, kann schwer wiegende Störungen des Produktionsprozesses zur Folge haben und letztlich die Nichteinhaltung von Absatzzielen verursachen. Besonders auf entstehenden und wachsenden Märkten kann dies zu einem nicht mehr aufzuholenden Marktanteilsverlust führen.

– **Erhöhung der Flexibilität:** Die rasche Veränderung der Märkte verlangt nicht nur auf dem Absatzmarkt, sondern auch auf dem Beschaffungsmarkt die Fähigkeit eines Unternehmens, sich auf veränderte Bedingungen rasch einzustellen.

– **Senkung beschaffungsrelevanter Kosten:** Als beschaffungsrelevante Kosten gelten Bestellkosten, Transportkosten, Zins- und Lagerkosten, Personalkosten, Kosten der Abfallwirtschaft und der Qualitätssicherung. Bedenkt man, dass in der Industrie im Durchschnitt 50 % der Herstellkosten Materialkosten sind (vgl. *Grün* [Materialwirtschaft] 453 f.), so wird die Bedeutung dieses Kostenziels deutlich. Zu beachten ist der zumindest partielle Zielkonflikt zwischen Kostensenkung und Sicherung der Verfügbarkeit (Servicegrad).

– **Schutz der Umwelt:** Beschaffungsentscheidungen haben erheblichen Einfluss auf die Be- bzw. Entlastung der ökologischen Umwelt. Dabei ist einerseits an abfallwirtschaftliche Aspekte (Entsorgung, Recycling), andererseits aber auch an Beschaffungsaspekte im engeren Sinne (Wahl der Einsatzgüter unter Berücksichtigung ökologischer Aspekte) zu denken.

Im Folgenden sollen Beschaffungsstrategien beschrieben werden, die in besonderem Maße geeignet sind, den genannten vier Aufgaben zu entsprechen.

2.2 Beschaffungsstrategien

(1) Lieferantenauswahl

Die Auswahl der Lieferanten wird stark beeinflusst von der Wettbewerbsstrategie, die auf dem Absatzmarkt dominiert. Wir betrachten die Konsequenzen aus der Kostenführerstrategie und Differenzierungsstrategie für die Beschaffung.

(a) **Kostenführerstrategie:** Die Kostenführerstrategie erfordert ein konsequentes Kostenmanagement. So sind bei der Lieferantenauswahl Lieferpreis und Lieferkonditionen wichtigere Kriterien als die Lieferqualität oder das Image des Lieferanten. Bezüglich des Bereitstellungsprinzips favorisiert die Kostenführerschaft tendenziell die fertigungssynchrone Bereitstellung, besser als **Just-In-Time-Prinzip** bekannt. Die relativ gute Vorhersagbarkeit des Materialbedarfs bei der Massenfertigung ermöglicht erst seine Anwendung. Die mit der Reduktion von Lagerbeständen, der Minimierung von Durchlaufzeiten sowie der Termintreue einhergehende Kostensenkung unterstützt letztlich die Zielsetzung, der billigste Anbieter auf dem Markt zu sein.

Von besonderer Bedeutung ist heute die Strategie der Reduktion der Fertigungstiefe durch **Outsourcing**. In Abb. 7-3 sind die Sourcing-Strategien nach Bezugsgrößen dargestellt.

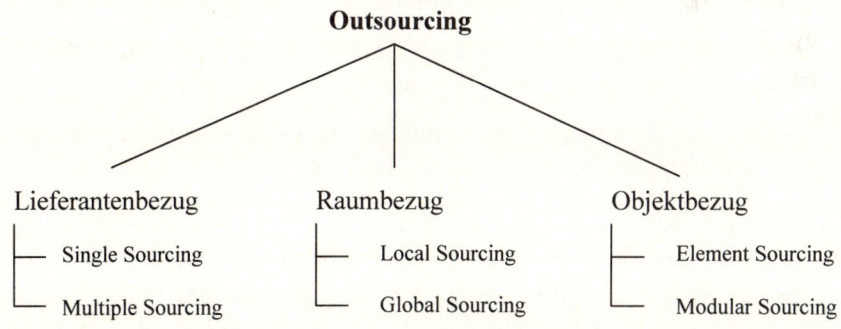

Abb. 7-3: Sourcing-Strategien nach Bezugsgrößen

Eine aktuelle Strategie der Kostensenkung stellt die Entscheidung zu Gunsten sog. **Systemlieferanten** (Modular Sourcing) dar. So wollen die Autohersteller heute nur noch mit wenigen Lieferanten im Geschäft sein, deren komplette Systeme mit wenigen Handgriffen in den Montagehallen der Autohersteller eingebaut werden können.

Ebenfalls unter Kostengesichtspunkten kann **Global Sourcing** gesehen werden. Es ermöglicht die Senkung der Materialkosten durch die Inanspruchnahme der Vorteile des weltweiten Wettbewerbs.

Global Sourcing ist die strategische Ausrichtung des Beschaffungsmanagements auf die Nutzung weltweiter Beschaffungsquellen.

Die Strategie des Global Sourcing erfährt heute eine wesentliche Unterstützung durch die internetbasierte Beschaffung (E-Procurement) und in diesem Zusammenhang durch die Einrichtung sog. virtueller Marktplätze (Einkäufer treten über die Website mit den Lieferanten in Kontakt).

Für Global Sourcing sprechen folgende **Gründe:**

- Konsequente Nutzung der Vorteile aus der weltweiten Arbeitsteilung,
- Teilnahme am weltweiten Know How-Transfer durch Präsenz auf internationalen Märkten,
- Nutzung weltweit verstreuter Informationen und Unterstützung der Früherkennungsaktivitäten («Horchposten»),
- Überwindung von Markteintrittsbarrieren bei der Erschließung neuer Absatzmärkte (z.B. bei einer Local Content-Politik im Abnehmerland),
- Vorbereitung auf die Globalisierung der Produktion durch Gründung von Auslandsniederlassungen (z.B. kulturelle und politische Aspekte),
- Reduktion der Abhängigkeit von einzelnen Lieferanten (z.B. bei Speicherchips bzw. Halbleitern).

(b) **Differenzierungsstrategie:** Andere Anforderungen an strategische Beschaffungsentscheidungen stellt die Differenzierungsstrategie (Produktion und Absatz qualitativ hochwertiger Produkte in begrenzter Stückzahl). Neben der Zuverlässigkeit des Lieferanten zählen nun vor allem **qualitätsbezogene Kriterien** bei dessen Auswahl, während preislichen Aspekten eine weit untergeordnete Bedeutung zukommt. Die Differenzierungsstrategie erfordert, vor allem dann, wenn sie mit einer geringen bzw. reduzierten Fertigungstiefe (Outsourcing) einhergeht, eine enge Zusammenarbeit zwischen Zulieferer und Abnehmer. Die Zahl der Lieferanten pro Zulieferteil oder -baugruppe wird tendenziell gering sein, häufig gar bei einem einzigen Zulieferer liegen (Single

Sourcing im Gegensatz zu Multiple Sourcing). Die Kooperation betrifft dann die Bereiche «Forschung und Entwicklung» sowie «Produktionsplanung». Ein derartiges Lieferkettenmanagement (Supply Chain Management) ermöglicht eine gleich bleibend hohe Zulieferqualität und spezialisierungsbedingte Kostenvorteile. Unterstützt wird diese Strategie durch «Reengineering» und «Kaizen». **Reengineering** bezeichnet in diesem Zusammenhang das Überdenken und Neugestalten der Zulieferer-Abnehmer-Beziehungen (zum «Business Reengineering» vgl. S. 404 ff.). **Kaizen** steht für das kontinuierliche Bemühen um Verbesserungen. Bei Kaizen steht häufig die Ausdehnung der Zusammenarbeit auf sämtliche Funktionsbereiche und (Führungs-) Ebenen des Zulieferunternehmens im Vordergrund, wodurch man eine insgesamt bessere Leistungsfähigkeit und -bereitschaft seitens des Zulieferers erwartet. Die Konsequenz ist eine enge Verzahnung der Leistungsprozesse bzw. der Wertketten der beteiligten Unternehmen.

(2) Beschaffungsstrategien mit Portfolio-Analyse

Die Portfolio-Analyse stellt ein Instrument dar, um für unterschiedliche Situationen des Beschaffungsmarktes geeignete Beschaffungsstrategien zu generieren. Am Beispiel eines **Unternehmens der Leder verarbeitenden Industrie** soll das Vorgehen beschrieben werden (vgl. dazu auch *Reichwald/Dietel* [Produktionswirtschaft] 476 ff.).

Folgende **Phasen** der Portfolio-Analyse sind zu unterscheiden (vgl. auch S. 131 ff.):

(a) Istportfolio

– Abgrenzung strategischer Beschaffungsgütergruppen

Aus der Gesamtmenge der Beschaffungsgüter werden nach bestimmten Kriterien (i.d.R. Eigenschaften der Beschaffungsgüter bzw. der Beschaffungsmärkte) möglichst homogene Gruppen (strategische Ressourceneinheiten) gebildet. Ein Leder verarbeitendes Unternehmen (etwa Herstellung von Handtaschen) könnte folgende Beschaffungsgütergruppen bilden (vgl. Abb. 7-4):

- Inländische Ledersorten (A),
- Ausländische Spezialledersorten (B),
- Metallteile wie Beschläge, Schlösser oder Scharniere (C),
- Futterstoffe (D),
- Hilfsstoffe wie Garne, Klebstoffe oder Lösungsmittel (E).

– **Abgrenzung strategischer Erfolgsfaktoren**

Strategische Erfolgsfaktoren haben wesentlichen Einfluss auf das Potenzial der Beschaffungsgütergruppen. Ähnlich wie bei den absatzorientierten Portfolio-Varianten wird eine Achse mit unternehmensbezogenen Faktoren, die andere mit umweltbezogenen Faktoren belegt. Umweltbezogene Faktoren könnten für ein Unternehmen der Lederwarenbranche Preisentwicklungen auf den Beschaffungsmärkten, die Verhandlungsstärke einzelner Lieferanten, deren Ausfallrisiko oder Qualitätsschwankungen sein. Als unternehmensinterne Faktoren könnten die eigene Verhandlungsstärke, die Flexibilität gegenüber Schwankungen bei Liefermenge und -qualität oder eigene Lagerkapazitäten in Betracht kommen. Die Achsen des Portfolios können durch einen einzigen Faktor bezeichnet sein, aber auch durch eine gewichtete Aggregation mehrerer Faktoren zu Stande kommen (vgl. S. 142 ff.).

– **Positionierung der Beschaffungsgütergruppen im Istportfolio**

Auch hier lässt sich eine Punkt- oder eine Bereichspositionierung vornehmen. Die Bedeutung einer Gruppe für die Beschaffungskosten kann durch die Größe der Kreisfläche wiedergegeben werden.

(b) Sollportfolio und Lückenanalyse

Das Istportfolio wird mit einem Sollportfolio «konfrontiert», das die Zielvorstellung bezüglich der Beschaffungsgütergruppen und der Erfolgsfaktoren enthält. Aus der Position der Gruppen im Istportfolio und den sich ergebenden Lücken zwischen Ist- und Sollpositionen sowie deren Analyse können für die einzelnen Gruppen i.d.R. Normstrategien abgeleitet werden.

(c) Normstrategien

Für die Diskussion der Normstrategien soll von den eindimensionalen Achsenbezeichnungen «Beschaffungsflexibilität» und «Beschaffungsmarktrisiko» ausgegangen werden (vgl. *Reichwald/Dietel* [Produktionswirtschaft] 477 f.), die jeweils in den Ausprägungen «hoch», «mittel», «gering» vorliegen. Eine geringe Beschaffungsflexibilität (z.B. auf Grund fehlender Substitutionsmöglichkeiten der Materialien, starrer Absatzgütereigenschaften oder eines zwingenden Fremdbezugs der fehlenden Beschaffungsgüter) bedeutet, dass (quantitative und qualitative) Versorgungsschwankungen zu Störungen im Leistungsprozess führen und damit u.U. erhebliche Kosten- und Erlöswirkungen auslösen. Das Beschaffungsmarktrisiko zeigt die Wahrscheinlichkeit mengen-, qualitäts- oder preismäßiger Lieferstörungen an und wird u.a. von der relativen Marktmacht des eigenen Unternehmens, der Angebots- und Nachfragesituation sowie von politischen Entwicklungen beeinflusst.

Für die Beschaffungsgütergruppen «Inländische Ledersorten» (A) wäre eine **Abschöpfungsstrategie** denkbar. Das beschaffungspolitische Instrumentarium wird dann auf die Realisierung von Kostenvorteilen ausgerichtet (Bestellpreise und -konditionen). Da die Beschaffungsflexibilität hoch, das Beschaffungsmarktrisiko jedoch gering ist, kann sich auch die Lieferantenauswahl auf Kostenkriterien (ggf. durch größere Bestellmengen bei einer geringen Lieferantenzahl) konzentrieren. Formen enger und langfristiger Zusammenarbeit sind von untergeordneter Bedeutung.

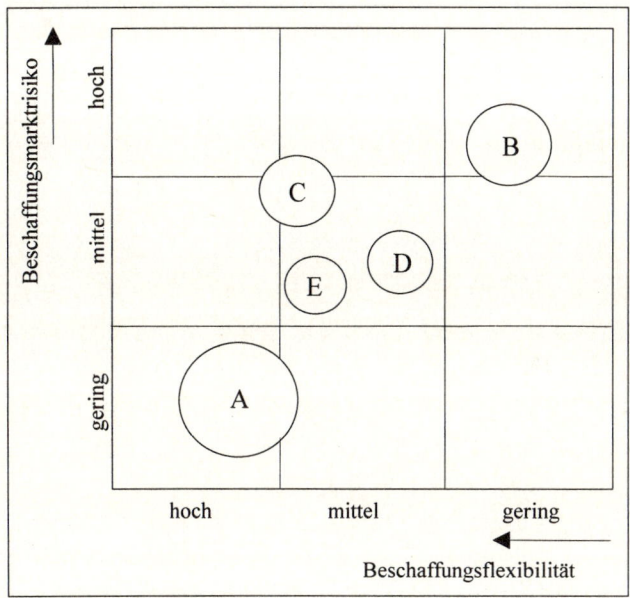

Abb. 7-4: Beschaffungsportfolio

Die Positionierung der Gruppe «Ausländische Spezialleder» (B) legt eine **Investitionsstrategie** nahe. Durch den Aufbau von Lagerkapazitäten oder eine Flexibilisierung der Fertigung kann die eigene Beschaffungsflexibilität erhöht werden. Das Beschaffungsmarktrisiko lässt sich durch eine enge Kooperation mit ausgewählten Zulieferern vor allem in mengen- und qualitätsmäßiger Hinsicht reduzieren. Preis- bzw. Kostenaspekte sind von untergeordnetem Rang.

Selektive Strategien kommen für die Gruppen «Metallteile» (C), «Futterstoffe» (D) und «Hilfsstoffe» (E) in Frage. Hier entscheidet die Risikopräferenz des Entscheidungsträgers bzw. die Gewichtung der Ziele «Sicherung der materiellen Liquidität» bzw. «Minimierung relevanter Kosten» darüber, ob letztendlich eine Abschöpfungsstrategie oder eine Investitionsstrategie gewählt wird.

Abschließend sei darauf hingewiesen, dass diese Strategien im Einzelfall einer entsprechenden Konkretisierung durch die Überführung in Einzelmaßnahmen (sachlicher Aspekt der Strategieimplementierung) bedürfen.

3 Strategisches Produktionsmanagement

3.1 Aufgaben

Im Zentrum des Leistungsprozesses steht die Produktion:

> **Produktion** ist die Kombination materieller und immaterieller Einsatzgüter und deren Transformation in Ausbringungsgüter.

Das **produktionswirtschaftliche Zielsystem** besteht aus ökonomischen, technischen, sozialen und ökologischen Zielen.

Ökonomische Ziele sind an Wertgrößen ausgerichtet, so etwa an der Steigerung der Wirtschaftlichkeit, der Senkung der Kosten (z.B. Herstellkosten, Rüstkosten).

Technische Ziele der Produktion beziehen sich primär auf Mengen, Qualität und Termine des Produktionsprogramms und des Produktionsprozesses.

Soziale Ziele sind auf die Erfüllung von Anforderungen im Humanbereich und im Sozialbereich ausgerichtet. Beispiele können sein: Erhöhung der Sicherheit des Arbeitsplatzes oder Steigerung der Zufriedenheit der Mitarbeiter (Humanisierung der Arbeit).

Ökologische Ziele der Produktion haben die Sicherung der Umwelt zum Gegenstand. Beispiele sind die Ressourcenschonung und die Rückstandsvermeidung, -umwandlung und -nutzung (Recycling).

3.2 Produktionsstrategien

Die Herausforderung an die Produktionsstrategien ist in der Verschärfung der Wettbewerbsbedingungen, dem technologischen Fortschritt, den gestiegenen ökologischen Anforderungen und im Umbruch der Arbeitswelt begründet. Aktuelle Trends in der Produktionswirtschaft sind insbesondere auf folgenden Feldern auszumachen (vgl. *Zahn/Schmid* [Produktionswirtschaft] 455 f.):

– **Erweiterung des Produktionsprogramms um Dienstleistungen:** Ein klassisches Beispiel stellt die Automobilindustrie dar. Neben dem Verkauf von Pkw werden u.a. Dienstleistungen wie Leasing, Versicherungen, Finanzierung, Flottenmanagement, Customer Knowledge-Management (z.B. Navigationssysteme) angeboten.

- **Funktionale Erweiterung:** Funktionsübergreifende Aktivitäten, die in einem direkten Bezug zu den Kernprozessen stehen, werden berücksichtigt. Dabei ist ein besonderes Augenmerk zu richten auf die Gestaltung der Schnittstellen mit den neu hinzukommenden Querschnittsfunktionen, wie dem Innovationsmanagement, dem Qualitätsmanagement und der Logistik.

- **Interdisziplinäre Erweiterung:** Ergänzung der klassischen ingenieurwissenschaftlichen Betrachtung der Produktion um Erkenntnisse der Informationstechnologie, der Ökologie, der Soziologie und der Psychologie.

Im Folgenden sollen **Produktionsstrategien** beschrieben werden, die eine Antwort auf die genannten Herausforderungen darstellen:

- Flexibilisierung der Fertigungsorganisation,
- Lean Production.

(1) Flexibilisierung der Fertigungsorganisation

Eine hohe Flexibilität der Produktion ist auf dynamischen Märkten eine Voraussetzung, um schnelle Änderungen des Angebots zu realisieren. Flexible Produktions- und Montagesysteme, die in der Lage sind, ein relativ umfangreiches Spektrum an Produktionsaufträgen bei variablen Losgrößen zu produzieren, stellen eine Möglichkeit zur Erhöhung der Flexibilität bei gleichzeitig hoher Produktivität dar (vgl. *Schweitzer* [Fertigungswirtschaft] 723 ff.). Eine Konkretisierung dieser Möglichkeit ist die sog. **Plattformstrategie** im Automobilbau. Sie erlaubt den Bau unterschiedlicher Modelle auf einer gemeinsamen Plattform (Bodengruppe, Fahrwerk, Antriebsstrang).

Ebenfalls diesem Ziel dienen die Konzepte der flexiblen Fertigungssysteme und der Inselfertigung. Die **flexiblen Fertigungssysteme** bestehen aus miteinander verbundenen Bearbeitungszentren (Maschinen, die mehrere Arbeitsgänge ohne besonderen Umrüstaufwand durchführen können). Die **Inselfertigung** ergänzt die technische Flexibilität um eine arbeitsorganisatorische Flexibilisierung. Eine Gruppe von Mitarbeitern ist mit weit reichender Entscheidungskompetenz für die Produktion der ihnen zugeordneten Teile und Baugruppen ausgestattet (z.B. bzgl. Arbeits-, Zeit- und Terminplanung, Materialbeschaffung und Qualitätssicherung). Durch die Ausweitung des Aufgaben- und Entscheidungsfeldes der Mitarbeiter und die notwendige Förderung ihrer fachlichen Qualifikation in Verbindung mit einer Flexibilitäts- und Leistungsorientierung des Lohn- und Anreizsystems erhofft man sich eine Steigerung ihrer Motivation und dadurch eine höhere Produktivität und Qualität der produzierten Güter bei gleichzeitig hoher Flexibilität (zu den Vorteilen von Teammodellen vgl. S. 407 ff.).

Beispiel: Bei der **BMW AG** *stellen* **Fertigungsinseln** *(Gruppenfertigung) heute das dominierende Organisationsprinzip in der Produktion dar: Mehr als 90 % aller Mitarbeiter sind hier in Kleingruppen von 7 bis 15 Beschäftigten organisiert. Die Gruppen erhalten klare Mengen- und Qualitätsziele, steuern ihre interne Aufgabenverteilung aber weitgehend selbst. Ein Sprecher vertritt die Gruppe nach außen. Werden durch Verbesserungsvorschläge der Gruppe Einsparungen erzielt, erhält die Gruppe 30 % des eingesparten Betrages. Über die Verwendung der «Prämie» entscheidet ebenfalls die Gruppe. Die Einführung dieser neue* **Organisationsform** *wurde von einer Neugestaltung des* **Bewertungs- und Entlohnungssystems** *begleitet: Funktionsbilder innerhalb der Gruppe ersetzen die Einzelbewertung eines Arbeitsplatzes, bestehende Lohngruppen werden durch neue Entgeltklassen ersetzt. Auf der Basis des Tarif-Entgelts zuzüglich einer Unternehmenszulage können die Beschäftigten in den Genuss persönlicher Leistungszulagen kommen. Maßstab sind dabei aber weniger Stückzahlen als vielmehr kombinierte Mengen- / Qualitätskenngrößen, die den Beitrag des Einzelnen zum Gruppenerfolg bemessen sollen. Bewertungskriterien sind neben «Kostenbewusstem Verhalten» und „Flexibilität und Eigeninitiative» auch «Beratung und Einarbeitung neuer Mitarbeiter» und «Unterstützung anderer Kollegen bei der Problemlösung».*

(2) Lean Production

Lean Production (schlanke Produktion) ist ein Führungskonzept, das sich aus mehreren Elementen zusammensetzt, die den Bereichen der Strategie und der Organisation entnommen sind. Es wurde bei *Toyota* entwickelt und durch die MIT-Studie von *Womack, Jones* und *Roos* («Die zweite Revolution in der Autoindustrie») im Jahre 1992 weltweit bekannt gemacht. Als Ziel von Lean Production wird i.d.R. die Maximierung des Abnehmernutzens durch die Erhöhung der Produktqualität bei hoher Produktivität und Reduktion der Kosten genannt. Noch gibt es keinen breiten Konsens über die genauen Merkmale und Systemeigenschaften von Lean Production, jedoch lassen sich folgende wesentliche **Bausteine** nennen:

– **Kundenorientierung** (Ausbau der Kunden-Lieferanten-Beziehung).

- **Teamorientierte Produktionsorganisation** zur Erhöhung der Mitarbeiter-motivation und –integration.

- **Reduktion der Spezialisierung** (Reintegration der Arbeit) zur Steigerung der Produktqualität sowie der Produktionsflexibilität als Kern des Konzepts.

- **Reduktion der Fertigungstiefe (Outsourcing)** und **enge Kooperation mit Zulieferern** in den Bereichen FuE (Einbezug der Lieferanten in den FuE-Prozess) und Produktion (Just-In-Time-Production).

- **Simultaneous Engineering** (Parallelität von Produkt- und Produktionsmittel-entwicklung) zur Reduktion von Entwicklungszeiten (Vermeidung des Ar-guments: «Das ist technisch nicht machbar!»). Einbindung der Zulieferer als Entwicklungspartner in Neuentwicklungsprozesse.

- **Total Quality Management (TQM)** als ein den Produktionsprozess beglei-tendes, die gesamte Wertkette der Unternehmung unter Berücksichtigung der Lieferanten- und Kundenwertketten umfassendes, sowohl mitarbeiter- als auch methodenorientiertes Qualitätssicherungskonzept («Null Fehler», vgl. auch **Kaizen** S. 511). Qualitätssicherung wird zur umfassenden Quer-schnittsaufgabe, zur umfassenden Managementaufgabe, die jeden Einzelnen betrifft.

Die Zusammenstellung der Bausteine macht deutlich, dass es sich bei Lean Pro-duction weniger um ein Instrument oder eine Methode, sondern eher um eine **Philosophie des Produktionsmanagements** handelt.

Mit Lean Production wird versucht, die Vorteile der Fließfertigung (hohe Produk-tivität und geringe Stückkosten) mit denen der Werkstattfertigung (hohe Qualität und Flexibilität) zu verbinden (vgl. *Adam* [Produktions-Management] 88 f.).

Bei der Übertragung des Lean Production-Konzepts auf nicht-japanische Unter-nehmen tritt eine Reihe von Problemen auf, die im Wesentlichen kulturbedingter Art sind. Die ersten Erfolge des Konzepts außerhalb Japans lassen jedoch auf sei-ne prinzipielle Transformierbarkeit schließen. Simultaneous Engineering und fle-xible Fertigungsorganisation mit Gruppenarbeit gelten heute fast schon als Stan-dardeinrichtung von Industriebetrieben.

4 Strategisches Marketing

4.1 Aufgaben

Der wirtschaftliche Erfolg einer Unternehmung hängt letztlich vom Absatzmarkt und den dort erzielten Ergebnissen, dem Markterfolg, ab. Hier entscheidet sich, ob sämtliche von der Unternehmung erbrachten Leistungen einen Preis erzielen, der zur Überdeckung der entstandenen Kosten ausreicht.

> Das **strategische Marketing** ist durch eine konsequente Ausrichtung sämtlicher Unternehmensfunktionen an den Anforderungen der Unternehmensumwelt gekennzeichnet.

Der erzielbare bzw. der sich am Markt bildende Preis hat eine Vielzahl von Determinanten. Er wird jedoch umso höher sein, je mehr es gelingt, den Nutzen des Abnehmers zu steigern. Hier wird nochmals deutlich, wie wichtig es ist, die eigene Unternehmung als Teil eines horizontalen und vertikalen **Wertkettensystems** zu begreifen (vgl. *Porter* [Wettbewerbsvorteile] 63 ff.).

Zur Erhöhung des Abnehmernutzens müssen die **Kaufkriterien** ermittelt werden. Neben den **Nutzungskriterien** als Messwerte für das, was den Abnehmernutzen schafft (z.B. Produktqualität, Beratung, Reparaturleistungen, Preis, Lieferkonditionen), kommt den Signalkriterien eine wichtige Rolle zu (vgl. *Porter* [Wettbewerbsvorteile] 191 ff.). **Signalkriterien** stellen Merkmale dar, welche die Entstehung von Abnehmernutzen signalisieren. Beispiel: In Abb. 7-5 sind Nutzungs- und Signalkriterien für Hochfrequenz- und Druckluftwerkzeuge für den industriellen Einsatz der Firma Bosch dargestellt.

Je nach Beschaffenheit von Nutzungs- und Signalkriterien bieten sich unterschiedliche Marketingstrategien an (vgl. 521 ff.). Die Ermittlung der jeweiligen Kaufkriterien ist eine Aufgabe der Marktforschung.

(1) Absatzmarktforschung

Die **Absatzmarktforschung** umfasst die Beschaffung absatzmarktbezogener Daten und ihre Verarbeitung (Reduktion, Analyse, Abstimmung, Zusammenführung und Präsentation) zu entscheidungsrelevanten Informationen für den Absatz (vgl. *Hammann/Erichson* [Marktforschung]).

Kaufkriterien			
Nutzungskriterien = Merkmale, die den Abnehmerwert schaffen		**Signalkriterien** = Merkmale, welche die Entstehung von Abnehmerwert signalisieren	
Rang	Nutzungskriterium	Rang	Signalkriterium
1	Produktqualität - Genauigkeit - Zuverlässigkeit - Dokumentation	1	Image der Unternehmung
2	Ergonomie, Gewicht, Geräusch, Design	2	Know How der Unternehmung
3	Preis	3	Qualität der Verkaufsunterlagen
4	Beratung		
5	Lieferzeit		
6	Reparaturleistungen		
7	Wirtschaftlichkeit		

Abb. 7-5: Kaufkriterien für Hochfrequenz- und Druckluftwerkzeuge der Fa. *Bosch*

Diese **Informationen** können sich auf die Marktsituation und -entwicklung beziehen (z.B. Marktvolumina und deren Entwicklung für (Gruppen von) Leistungen, Nachfragerbedürfnisse und -verhalten, Angebot und Verhalten der Wettbewerber), auf die Abgrenzung des Marktes (vgl S. 89 f.) oder auf die eigenen Marketingstrategien und deren Erfolg. Neben der Ermittlung von Gegenwartsdaten sind Prognosen über zukünftige Marktentwicklungen zu entwerfen. Marktbezogene und damit die nähere Umwelt betreffende Daten sind auch hier um solche aus der weiteren Umwelt zu ergänzen (vgl. S. 100 ff.). Die Absatzmarktforschung kann systematisch, kontinuierlich oder fallweise erfolgen. Ähnlich wie die Früherkennung sollte sie auf jeden Fall um eine ungerichtete Komponente ergänzt bzw. Teil eines integrierten, unternehmensweiten Informations- und Früherkennungssystems sein. Über die Methoden der Marktforschung informiert die entsprechende Fachliteratur (u.a. *Berndt* [Marketing 1], *Hammann/Erichson* [Marktforschung]).

(2) Segmentierung von Abnehmergruppen

Eine weitere Aufgabe des strategischen Marketing ist die **Segmentierung der Abnehmer.** Sie baut auf den im Rahmen der Absatzmarktforschung gewonnenen Informationen auf und hat eine weitere **Differenzierung** der im Rahmen der strategischen Planung gebildeten **Produkt/Markt-Kombinationen** zum Ziel (vgl. S. 163), i.d.R. nach geographischen, demographischen, psychographischen oder verhaltensbezogenen Merkmalen. Dies ermöglicht den gezielten Einsatz von Marketingstrategien. Beispiele: Kulturbedingte Unterschiede zwischen Deutschland und Japan verlangen völlig verschiedene Anforderungen an Werbekampagnen. Der Verkauf im Internet wendet sich an eine ganz spezifische Abnehmergruppe, die sich im Hinblick auf Preisvorstellung, Informationsbedürfnis usw. von den traditionellen Käufergruppen unterscheidet. Die Marktsegmentierung erlaubt auch eine Spezifizierung der Nutzungs- und Signalkriterien, wobei insbesondere bzgl. der Nutzungskriterien weit reichende Interdependenzen mit den Bereichen FuE, Beschaffung und Produktion bestehen.

4.2 Marketingstrategien

Eine wesentliche Aufgabe im Rahmen des strategischen Planungsprozesses stellt die Strategiewahl dar. Mit diesem Thema haben wir uns gründlich auseinander gesetzt (vgl. S. 182 ff.). Mit der gewählten Strategie wird die allgemeine Richtung festgelegt, mit der Wettbewerbsvorteile angestrebt werden. Entscheidet sich ein Geschäftsbereich bspw. für die Differenzierungsstrategie oder die Kostenführerstrategie, so bietet sich eine Fülle recht unterschiedlicher Marketingaktivitäten an, um die jeweilige Strategie zu realisieren. Grundsätzlich stehen die in Abb. 7-6 dargestellten Marketinginstrumente zur Verfügung.

Die **Produkt- und Sortimentspolitik** weist erhebliche Interdependenzen mit den Bereichen FuE, Beschaffung und Produktion auf. Der Neueinführung eines Produkts am Markt geht häufig eine lange Phase der Entwicklung bis zur Serienreife voraus. Sie führt zu Änderungen im Beschaffungsprogramm und u.U. zu Veränderungen der Lieferantenbeziehungen und -zusammensetzung, und sie hat i.d.R. auch Auswirkungen auf den Produktionsprozess und die Produktionsstruktur. Änderungen im Service haben i.d.R. organisatorische und personelle Konsequenzen. Unterstützt wird die Produkt- und Sortimentspolitik u.a. durch absatzmarktorientierte Portfolio-Konzepte (vgl. S. 143 ff.) sowie die lebenszyklusorientierte Kosten- und Erlösrechnung (vgl. S. 326 ff.).

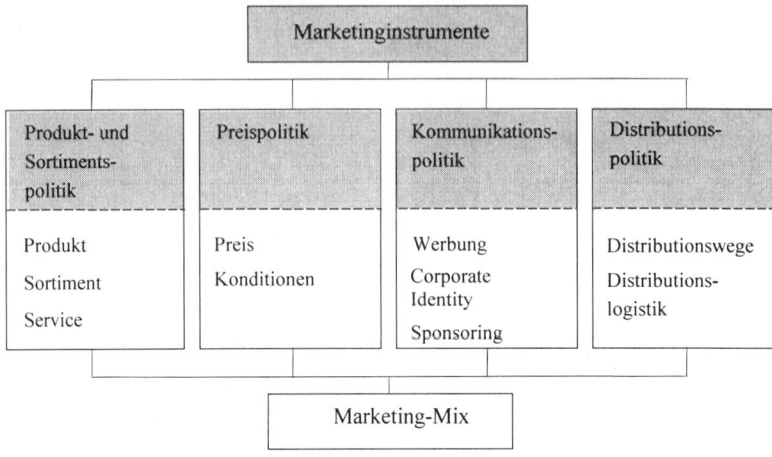

Abb. 7-6: Marketinginstrumente

Bei der **Preispolitik** geht es um die Festlegung des marktgerechten Preises, Möglichkeiten seiner Variation und abnehmergruppenspezifischen Differenzierung sowie um die Gewährung von Rabatten, Zahlungszielen und weiteren, die Leistungsübergabe begleitenden Konditionen. Der letztlich am Markt erzielbare Preis gibt den wirtschaftlichen Rahmen für sämtliche in der Unternehmung zu treffende Entscheidungen vor.

Die **Kommunikationspolitik** umfasst Inhalt und Gestalt der absatzmarktorientierten Informationspolitik der Unternehmung und ist im Kontext der Kaufkriterien primär den Signalkriterien zuzuordnen. Durch eine geeignete Kommunikationspolitik sollen Meinungen, Einstellungen, Erwartungen und letztlich Verhaltensweisen der Abnehmer, im weiteren Sinne auch der Wettbewerber, zielorientiert gesteuert werden. Moderne Instrumente der Kommunikationspolitik stellen das Sponsoring (z.B. Sportsponsoring) und die Pflege der Corporate Identity dar.

Die **Distributionspolitik** umfasst die Wahl der Absatzwege (direkt an Letztverwender oder indirekt über Groß- und Einzelhändler) sowie distributionslogistische Entscheidungen (Wahl der Transportmittel und -wege).

Der Einsatz der Kommunikationspolitik und der Distributionspolitik wird heute intensiv unterstützt durch die neuen Medien, speziell das **Internet**. Im Bereich **Business-to-Consumer** bieten heute große wie kleine Unternehmen ihre Produkte an. Den Möglichkeiten einer attraktiven, zielgruppengerechten und interaktiven

Präsentation sind durch den Einsatz multimedialer Technik kaum mehr Grenzen gesetzt. Die Verknüpfung mit lokalen Warenwirtschaftssystemen birgt darüber hinaus enorme Einsparpotenziale in sich. Spezialisierte Provider und Agenturen übernehmen häufig den Aufbau von Homepages, Shops und kompletten Verkaufs- und Logistikplattformen. Unternehmen wie Intershop, Brokat oder Openshop entwickeln die passende Software. Im Trend liegen sog. Malls, in denen zumeist themenspezifisch mehrere Shops zu einem virtuellen Kaufhaus zusammengefasst sind. Per Mausklick kann der Konsument bei verschiedenen Anbietern sein Produkt auswählen, kann sich bei Bedarf mit einem Call Center verbinden und dort beraten lassen und erhält die Lieferung kurzfristig. Für den Anbieter eröffnet sich der Vorteil, dass Kunden, die ein Webprogramm auswählen, Spuren hinterlassen, die sich auswerten lassen. Das Internet hat zudem den Vorteil, dass es im Vergleich zum klassischen Handel keine zeitlichen Restriktionen gibt, das Netz also zu jeder Zeit und an jedem Ort in Anspruch genommen werden kann. Damit verbunden ist eine beträchtliche Vergrößerung der Reichweite.

Die Erreichung höchster Sicherheitsstandards für den elektronischen Zahlungsverkehr stellt neben der Durchdringung der Haushalte mit Internet-Zugängen und - Endgeräten die letzte große Hürde für die breite Anwendung von Electronic Commerce mit dem Endkunden dar.

*Beispiele: Neben Internet-Spezialisten/-Pionieren wie **Amazon.com**, **CDnow**, **E-Toys**, **Dell** oder **Cisco** streben verstärkt **klassische Handelshäuser (Quelle, Nekkermann)** ins Internet. Langfristig wird kaum ein Einzelhändler das **Internet als Vertriebskanal** ignorieren können. Der Verband des Deutschen Einzelhandels schätzt, dass in 2010 bis zu 15 % der gesamten Umsätze auf das Online-Shopping entfallen. Nach einer Studie der Diebold Management Beratung haben vor allem jene Unternehmen Aussicht auf schnellen kommerziellen Erfolg im Internet, die entweder für den Internet-Handel speziell gegründet und organisiert wurden oder klassische Handelsorganisationen, die schon immer auf Direktvertrieb gesetzt haben. Die notwendige **Anpassung der Prozesse** innerhalb der Unternehmen an den Internet-Vertrieb ist hier weniger aufwändig.*

Von wesentlicher Bedeutung für den Absatzerfolg ist die Kombination der absatzpolitischen Instrumente zum sog. **Marketing-Mix**. In Abb. 7-7 ist dargestellt, welche Anforderungen an die Produkt- und Sortimentspolitik, die Preispolitik, die Kommunikationspolitik und die Distributionspolitik bei den beiden Geschäftsbereichsstrategien «Kostenführerstrategie» und «Differenzierungsstrategie» zu stellen sind.

	Produkt- und Sortimentspolitik	Preispolitik	Kommunikationspolitik	Distributionspolitik
Kostenführerstrategie	Einfache und homogene Produkte, geringer Service	Niedrige Preise, langfristig stabile Preise	Werbung in Massenmedien, Preis steht bei der Werbung im Vordergrund	Einfache Verkaufseinrichtung, Verlagerung von Vertriebsfunktionen auf den Käufer (Informationsbeschaffung, Selbstbedienung)
Differenzierungsstrategie	Produkte mit hoher Qualität, breiter Service, Variantenvielfalt, Berücksichtigung von Kundenwünschen	Hohe Preise, Preisdifferenzierung	Werbung in kundengruppenspezifischen Medien, qualitative Merkmale stehen bei der Werbung im Vordergrund, Präsentation des Unternehmens durch Sponsoring, Aufbau und Pflege langfristiger individueller Geschäftsbeziehungen (Beziehungsmarketing, Nachkaufmarketing, z.B.: Kundenclubs, Miles& More bei *Lufthansa*)	Vertrieb über Fachgeschäfte, Beratung des Kunden, After Sales Services

Abb. 7-7:   Marketing-Mix bei unterschiedlichen Marketingstrategien

Die Kostenführerstrategie zeichnet sich durch niedrige Preise aus. Darauf sind die übrigen Marketingstrategien auszurichten (Beispiel: *Aldi*). Im Gegensatz dazu zeichnet sich die Differenzierungsstrategie durch Qualitätsführerschaft aus. Die Preise sind entsprechend hoch; es findet ein ausgeprägter Service durch Fachgeschäfte statt (Beispiel: Feinkost «*Böhm*»).

5 Strategisches Finanzmanagement

5.1 Aufgaben

Beschaffungs-, Produktions- und Absatzprozesse sind begleitet von Zahlungsströmen. Sie führen zu Einnahmen und Ausgaben. Die Gestaltung der Zahlungsströme ist die Aufgabe der Finanzierung.

> Das **strategische Finanzmanagement** umfasst alle Aufgaben der Entwicklung und Sicherung eines Finanzierungspotenzials, das die Basis für die Wahl und Implementierung von Strategien darstellt.

Insofern kommt der Finanzierung im Rahmen des Strategischen Managements zunächst eine **unterstützende Funktion** zu. Diese passive, funktionale Aufgabe besteht in der Absicherung einer Strategie durch Bereitstellung von Kapital. So kann bspw. eine Akquisitionsstrategie nur dann durchgeführt werden, wenn die entsprechenden Finanzmittel zur Verfügung stehen. Ist dies nicht der Fall, kommt evtl. nur die weniger kapitalintensive Kooperationsstrategie in Frage. Neben dieser unterstützenden Funktion kommt der Finanzierung auch eine **aktive, potenzialorientierte Aufgabe** zu.

*Ein Beispiel: Unternehmen, die sich als Global Player begreifen, müssen das strategische Finanzmanagement in ihre Gesamtstrategie einbinden. **Der Gang deutscher Unternehmen an ausländische Börsen (z.B. Deutsche Telekom, SAP, RWE, Daimler-Chrysler)** – vorzugsweise an die New York Stock Exchange, aber auch an andere bedeutende Finanzplätze wie London oder Tokyo – ist in den letzten Jahren verstärkt Element strategischer Gesamtkonzeptionen geworden. Mit der Notierung an ausländischen Börsen verfolgen diese Unternehmen verschiedenen Ziele: Zugang zu internationalen Kapitalmärkten, Steigerung des Bekanntheitsgrades bei Kunden und Lieferanten, Pflege der **Investor Relations** insbesondere gegenüber den großen institutionellen Anlegern. Kundenorientierung geht dann mit **Aktionärsorientierung** einher («to produce where the clients are» und «shares follow products»).*

Als **übergeordnetes Ziel** des strategischen Finanzmanagements wird heute überwiegend die **Maximierung des Unternehmensgesamtwertes** (Shareholder Value) angesehen (vgl. S. 76 ff.). Daneben stellt die Sicherung der **Liquidität** durch

Optimierung der Kapitalstruktur eine unabdingbare Nebenbedingung dar. Aus diesen Oberzielen lassen sich folgende **Unterziele** ableiten:

– Koordination von Unternehmensstrategie und Finanzierungspolitik,
– Minimierung von Kapital- und Transaktionskosten,
– Minimierung von Währungs-, Zins- und Länderrisiken bzw. Nutzung entsprechender Chancen,
– Maximierung von Kapitalanlageerlösen.

5.2 Finanzierungsstrategien

Zur Verwirklichung der o.g. Ziele stehen insbesondere folgende Finanzierungsstrategien zur Verfügung:

– Strategisches Portfolio-Management,
– Going Public,
– Investor Relations,
– Cash Management.

(1) Strategisches Portfolio-Management

Die Grundidee der Portfolio-Analyse besteht darin, ein strategisches Geschäftsfeld nicht isoliert zu sehen, sondern in Verbindung mit anderen strategischen Geschäftsfeldern. Das auf der Portfolio-Analyse aufbauende Portfolio-Management hat die Aufgabe, die Gesamtheit der strategischen Geschäftsfelder so zu gestalten, dass die Vorteile des Synergieeffektes unter Risiko- und Ertragsaspekten wahrgenommen werden können. Dies wiederum bedeutet, dass eine **Allokation der finanziellen Ressourcen** von den Cashprodukten zu den Nachwuchsprodukten und Starprodukten stattfindet. Eine wichtige Aufgabe dabei ist, den künftigen Finanzbedarf der Nachwuchs- und Starprodukte zu ermitteln und den Kapitalfreisetzungseffekt aus den Cash Cows zu bestimmen. Ein Portfolio ist dann im Gleichgewicht, wenn Produkte, die Cash Flow verwenden (Nachwuchs- und Starprodukte), in ausreichendem Maße von jenen Produkten alimentiert werden können, die Cash Flow erwirtschaften (Cashprodukte).

Stehen vorhandene Ressourcen jedoch nicht in ausreichendem Maße zur Verfügung, ist über alternative Kapitalbeschaffungsmöglichkeiten zu entscheiden. Neben der Kreditfinanzierung werden heute vor allem Möglichkeiten der Freisetzung von Kapital durch Desinvestition und die Beschaffung von Eigenkapital an der Börse diskutiert. Mit der Desinvestitionsstrategie haben wir uns ausführlich beschäftigt (vgl. S. 174 ff.). Im Folgenden soll die Eigenkapitalbeschaffung durch das Going Public erörtert werden.

(2) Going Public

Die herausragenden Finanzierungsmöglichkeiten börsennotierter Unternehmen haben in den letzten Jahren verstärkt einen Trend zum **Going Public** (Gang an die Börse, auch als IPO = Initial Public Offering bezeichnet) ausgelöst. **Finanzierungseffekte** können dabei entstehen durch:

– Eine mit dem Börsengang verbundene Kapitalerhöhung,

– verbesserte Fremdfinanzierungsmöglichkeiten durch Ausgabe von Schuldverschreibungen (Industrieobligationen) und Wandelschuldverschreibungen sowie

– eine allgemeine Verbesserung der Kreditwürdigkeit auf Grund erhöhter Prüfungs- und Publizitätserfordernisse.

Neben der Kapitalbeschaffung gibt es **weitere Gründe für den Börsengang:** Änderung der Beteiligungsverhältnisse (z.B. bei Nachfolgeproblemen), Öffnung des Unternehmens für internationale Investoren, Steigerung des Bekanntheitsgrades von Unternehmung und Produkten («Unser Unternehmen ist am Neuen Markt»), Beteiligung von Mitarbeitern am Unternehmen sowie Privatisierung von Staatsunternehmen (z.B. *Deutsche Telekom AG, Deutsche Bahn AG).*

Die **Gestaltungsmöglichkeiten** des Going Public liegen in den Bereichen des Emissionsvolumens, des Emissionspreises, der Aktienstückelung, der Platzierung, der Wahl einer Emissionsbank bzw. eines Bankenkonsortiums, der Börsenplätze, der Börsensegmente (Amtlicher Handel, Neuer Markt), der Kommunikation gegenüber Anlegern und des Timing des Börsengangs.

*Beispiel: 1996 hat die **Deutsche Telekom** die erste Tranche einer Kapitalerhöhung von insgesamt 5 Mrd. DM Grundkapital an verschiedenen internationalen Finanzmärkten platziert. Dieses «Going Public» war der größte Börsengang in der deutschen Wirtschaftsgeschichte, die erste Tranche war darüber hinaus die größte Einzelplatzierung, die es weltweit je gegeben hat. Der Emissionskurs der 5,-DM-Stammaktien wurde im sog. Bookbuilding-Verfahren ermittelt, bei dem die Kaufinteressenten innerhalb einer festgelegten Preisspanne und Zeitspanne Gebote abgeben konnten. Der Börsengang wurde von einem internationalen Banken-*

konsortium, an dessen Spitze Deutsche Bank, Dresdner Bank und Goldman Sachs standen, begleitet.

*Die Strategie der **Positionierung der Deutschen Telekom als Global Player** wurde durch die internationale Platzierung der «T-Aktie» und damit die Öffnung für internationale Investorenkreise unterstützt. Die gleichzeitige Streuung der Aktie im Inland als Publikumswert stärkt die **Bindung der Kunden** an das Unternehmen. **Beteiligungsprogramme** für Mitarbeiter und Management steigern die Identifikation mit dem eigenen Unternehmen. Im Jahre 2000 werden weitere Anteile des Bundes an der Telekom an die Börse gebracht. Ebenfalls finden die Börsengänge der Tochtergesellschaften **T-Online** und **T-Mobil** statt.*

(3) Investor Relations

Einen wesentlichen Einfluss auf die Beschaffung von Eigenkapital an der Börse übt das **Standing** eines Unternehmens, d.h. sein Image bei den gegenwärtigen und künftigen Investoren aus. Die Förderung des Standing ist eine weitere Aufgabe des Strategischen Managements. Sie wird über die sog. Investor Relations wahrgenommen.

Ein wichtiges Instrument der Investor Relations ist der **Geschäftsbericht**. Er muss einen fairen Einblick in die gegenwärtige und künftige Lage der Gesellschaft vermitteln. Der Jahresabschluss sollte dem Internationalen Rechnungslegungsstandard (IAS) bzw. dem US-Standard (US-GAAP) entsprechen. Wichtig für die strategische Beurteilung eines Unternehmens ist eine **Segmentberichterstattung**, die Anhaltspunkte für die Positionierung der einzelnen strategischen Geschäftsfelder liefert. Weitere Maßnahmen der Investor Relations sind Zwischenberichte, Pressekonferenzen, Road Shows, Analystentreffen, Präsentationen des Unternehmens im Internet (mit Kennzahlen, Urteilen von Finanzanalysten, Möglichkeiten der Befragung des Vorstands per E-Mail). Um den persönlichen Kontakt mit den Aktionären grundsätzlich zu intensivieren, haben viele große deutsche Aktiengesellschaften ihre Inhaberaktien in **Namensaktien** umgewandelt.

__Siemens__ schreibt dazu im Juni 1999: «Der Eintrag ins Aktienbuch hat den Vorteil, dass wir künftig einen direkten Kontakt mit allen eingetragenen Aktionären pflegen können. So beabsichtigen wir, Ihnen in Zukunft beispielsweise Zwischenberichte, den Geschäftsbericht und die Einladung zur Hauptversammlung direkt zuzuschicken. Der direkte Versand gibt uns zugleich die Möglichkeit, Kosteneinsparungen gegenüber einer Versendung durch Dritte zu realisieren.

Namensaktien sind auch in den USA Standard. Deshalb kann uns die Umstellung auf Namensaktien die geplante Börseneinführung in den USA erleichtern. Von einer solchen US-Notierung erwarten wir uns eine erhöhte Nachfrage nach Siemens-Aktien und größere Einsatzmöglichkeiten und damit eine längerfristige Steigerung des Aktienkurses. Denn mit einer US-Notierung können die Teilnehmer des weltweit größten Kapitalmarktes die Siemens-Aktie künftig erheblich leichter und einfacher erwerben. Außerdem kann das Unternehmen bei transatlantischen Kooperationen und Akquisitionen neue Finanzierungswege einschlagen. Große Finanztransaktionen werden oft im Wege des Aktientausches abgewickelt. Diese Möglichkeit der Finanzierung stünde dem Unternehmen dann auch zur Verfügung.»

Um die Aktionärspflege nicht dem Zufall zu überlassen, unterhalten nahezu alle großen AGs spezielle Investor Relations-Abteilungen. Regelmäßige Analysten-Treffen sind Standard. Dem 97er Geschäftsbericht der **Siemens AG** bspw. ist dazu zu entnehmen: «Auch 1997 galt unser Augenmerk einem weiteren Ausbau der Investor-Relations-Aktivitäten. So erhöhten wir erneut die Anzahl unserer Unternehmenspräsentationen und der Einzelgespräche an den bedeutendsten Finanzmärkten in Nordamerika und Europa (u.a. New York, Boston, London, Edinburgh, Frankfurt und Zürich). Immer größere Bedeutung und Anerkennung gewinnen die mehrmals jährlich in München stattfindenden Konferenzen, in denen die Unternehmensleitung und Bereichsvorstände detailliert über die Lage des Konzerns und wichtige Entwicklungen in den Bereichen berichten sowie kritischen Fragen der Finanzanalysten Rede und Antwort stehen. Um den Analysten einen besseren Einblick in das Umfeld, in dem sich unser Unternehmen bewegt, zu vermitteln, wurden 1997 erstmals in ausgewählten Bereichen «Technologie- Workshops» veranstaltet. Dabei stehen nicht die wirtschaftliche Lage des Konzerns, sondern wichtige Branchentrends und neueste technologische Entwicklungen im Vordergrund.»

(4) Cash Management

Zumindest partiell dem strategischen Finanzmanagement zuzurechnen ist das Aufgabenfeld des **Cash Management.** Ursprünglich stand das Ziel der Liquiditätssicherung im Vordergrund des Cash Management, womit dieses eher dem operativen Finanzmanagement zuzuordnen wäre. Zunehmend soll das Cash Management aber auch längerfristige Ziele, wie den Ausbau finanzieller Stärken oder die Minimierung von Währungsrisiken, erfüllen. Zu den **Instrumenten** des Cash Management zählen u.a. die Devisentermingeschäfte, Finanzhedging sowie Leading

(Beschleunigung von Zahlungsvorgängen) und Lagging (Verzögerung von Zahlungsvorgängen) zur Sicherung von Währungskursrisiken (bzw. zur Nutzung von Chancen). Ein kontinuierliches «balance reporting» und «cash pooling» (zentrales Liquiditätsmanagement) dient der Liquiditätssicherung, das «Devisen-netting» (Ausgleich von Devisensalden) reduziert Transaktions- und Kurssicherungskosten.

Stets dann, wenn eine Gesamtaufgabe in Teilaufgaben zerlegt wird, stellt sich die Aufgabe der **Organisation** dieser Teilaufgaben. Für eine **Zentralisierung** des strategischen Finanzmanagements sprechen die notwendige Gesamtsicht der Unternehmung gerade unter finanziellen Aspekten sowic cinzelne Instrumente wie das «pooling» oder das «netting», welche die Koordination von Transaktionen fokussieren. Für eine **Dezentralisierung** sprechen einerseits allgemeine Vorteile dezentraler Organisationen (Nutzung verstreuten Wissens, Motivation, unternehmerisches Handeln, Marktnähe) sowie praktische Erwägungen bzgl. der Flexibilität und Schnelligkeit von Finanzierungsstrategien.

6 Strategisches Personalmanagement

6.1 Aufgaben

Unternehmungen werden von Menschen gegründet. Diese vollbringen Arbeitsleistungen und sind für den Erfolg oder den Misserfolg der Unternehmung verantwortlich. Die Gesamtheit aller Mitarbeiter in der Unternehmung soll hier unter dem Begriff **«Personal»** zusammengefasst werden.

Die strategische Bedeutung des Personals wird sichtbar, wenn wir nach den Interdependenzen mit den übrigen Potenzialen des Strategischen Managements fragen. Die Menschen in der Unternehmung sind die **Gestalter** der Potenziale. Sie entwickeln Informationssysteme, verändern Organisationsstrukturen, nehmen Einfluss auf die Entwicklung der Unternehmenskultur und sind Träger des strategischen Planungs- und Kontrollprozesses. Menschen entwickeln Strategien und sind für ihre Implementierung und Kontrolle verantwortlich. Auf der Leistungsebene nehmen Menschen Beschaffungs-, Produktions- und Absatzaufgaben wahr, entwickeln neue Technologien und versorgen die Unternehmung mit Kapital. Erst ihre Entscheidungen und Handlungen machen die Schaffung und Nutzung der übrigen Potenziale möglich.

Auf der anderen Seite ist der Mensch mit seinen individuellen Eigenschaften und Fähigkeiten auch **Gegenstand der Gestaltung.** Stärken im Bereich «Personal» können als eigenständige Quellen anhaltender schwer imitierbarer Wettbewerbsvorteile einen wichtigen Beitrag zum Aufbau eines langfristigen Erfolgspotenzials leisten. Entsprechende Schwächen in diesem Bereich führen zu Wettbewerbsnachteilen.

Diese Zusammenhänge machen deutlich, dass die Fähigkeiten des Personals den Rahmen festlegen, innerhalb dessen Unternehmensstrategien entwickelt und eingesetzt werden. Dies wiederum bedeutet:

> Eine wesentliche **Aufgabe des Strategischen Personalmanagements** besteht darin, die personalen Rahmenbedingungen für eine Strategie zu erkennen und auf sie einzuwirken.

Wettbewerb findet heute in besonderem Maße auf dem Felde der Innovation statt, die wiederum auf Wissen gründet, das vom Personal bereitgestellt wird. Personal ist auch und gerade vor diesem Hintergrund eine entscheidende Quelle des strategischen Erfolgs und bedarf daher einer besonderen Beachtung durch die Formulierung strategischer Perspektiven in Form von betrieblichen Personalstrategien. Diese stehen in zweierlei Richtungen mit der Unternehmensstrategie in Verbindung: Einerseits kann die Unternehmensstrategie von personalstrategischen Sachverhalten abhängen, andererseits kann die Personalstrategie aus der Unternehmensstrategie abgeleitet werden bzw. ist als Bestandteil der Unternehmensstrategie zu interpretieren (*Staehle* [Management]796 ff.).

Die Aufgaben der Personalstrategien bestehen zum einen darin, auf die Eigenschaften der Organisationsmitglieder so einzuwirken, dass die aus der Unternehmensstrategie abgeleiteten Anforderungen an das Personal erfüllt werden, zum anderen eigenständige personale Erfolgspotenziale zu erschließen. Wir unterscheiden Grundanforderungen und spezifische Anforderungen.

Die **Grundanforderungen** an die in einem Unternehmen beschäftigten Mitarbeiter umfassen:

– Die Leistungsfähigkeit und
– die Leistungsbereitschaft.

(1) Die **Leistungsfähigkeit** versetzt das Individuum in die Lage, eine entsprechende Aufgabe grundsätzlich durchführen zu können. Sie bezieht sich also auf das «**Können**», auf die (fachliche) **Qualifikation** des Individuums bzw. des Mitarbeiters. Die individuelle Leistungsfähigkeit wird durch die spezifischen physischen, sensorischen, kognitiven und affektiven Fähigkeiten determiniert.

(2) Die **Leistungsbereitschaft** bezieht sich auf den Aspekt des «**Wollens**» und ist eng mit Fragen der **Motivation** verknüpft. Ist die prinzipielle Leistungsfähigkeit eines Mitarbeiters gegeben, so hängt der Grad der Zielerreichung im Wesentlichen von der Leistungsbereitschaft bzw. der Motivation des Mitarbeiters ab. Motivation ist nicht unmittelbar messbar, sondern lediglich aus der Relation von herrschenden Bedingungen (Anforderungen der Aufgaben, Leistungsfähigkeit als Input) und beobachtbarem Verhalten (als Output) zu ermitteln (vgl. *Staehle* [Management] 218 ff.).

Individuen bringen eigene Ziele in die Unternehmung mit ein. Die Effizienz des Gesamtsystems «Unternehmung» hängt maßgeblich von der Beschaffenheit dieser Individualzielsysteme und der Fähigkeit der Unternehmensführung ab, diese Ziele mit den Unternehmenszielen abzustimmen. Damit wird die Erklärung der Motivation der Mitarbeiter, also der Beweggründe ihres Handelns, zu einer entscheidenden Führungsvoraussetzung. Erst wenn diese offen gelegt werden, kann auf die Motivation und Leistungsbereitschaft der Mitarbeiter gestaltend eingewirkt werden.

Zur Erklärung der Motivation sind verschiedene **Motivationstheorien** entwickelt worden. *Staehle* ([Management] 218 ff.) unterscheidet zwei Arten von Motivationstheorien: **Inhaltstheorien** versuchen zu erklären, *was* im Individuum oder in seiner Umwelt Verhalten erzeugt und aufrechterhält (Ansätze von *Maslow, Herzberg, McClelland)*, **Prozesstheorien** hingegen erklären, *wie* ein bestimmtes Verhalten hervorgebracht, gelenkt, erhalten oder abgebrochen wird (Ansätze von *Vroom, Porter/Lawler*).

Leistungsfähigkeit und Leistungsbereitschaft werden als Grundanforderungen begriffen, da sie in Abhängigkeit von der jeweiligen Situation (Ziele, Strategien, Bedingungen) eine inhaltliche Differenzierung und Präzisierung erfahren müssen. In Abhängigkeit von den **betrieblichen Funktionen** sind in zunehmendem Maße folgende **spezifische Anforderungen** verlangt:

(1) Produktion	**(2) Forschung und Entwicklung**
- Produktivität - Schnelligkeit - Genauigkeit - Spezialkenntnisse	- Innovationsfreudigkeit - Kreativität - Verantwortungsbewusstsein - Risikofreudigkeit - Spezialkenntnisse
(3) Marketing	**(4) Finanzen/Rechnungswesen**
- Kreativität - Kommunikationsfähigkeit - Kundenorientierung	- Genauigkeit - Spezialkenntnisse

Bezogen auf die **Hierarchie** gilt folgender spezifischer **Anforderungskatalog**:

(1) Führungskräfte	**(2) Ausführungskräfte**
- Generalisierung vor Spezialisierung - Sozialkompetenz - Umweltsensibilität - Entscheidungsfreudigkeit - Flexibilität - Kreativität - Vorurteilsfreiheit und Toleranz ⎫ - Kulturelle Anpassungsfähigkeit ⎬ speziell beim internationalen Personal- - Sprachkenntnisse ⎭ management	- Spezialisierung vor Generalisierung - Kreativität - Zuverlässigkeit - Schnelligkeit - Lernfähigkeit

Bei der Formulierung von Unternehmensstrategien und Personalstrategien lassen sich des Weiteren generalisierbare, für alle Mitarbeiter gültige strategische Anforderungsmerkmale ableiten: Strategisches Denken und Handeln, Umweltsensibilität, Kundenorientierung, Qualitätsbewusstsein und Identifikation mit dem Unternehmen. In Abhängigkeit von der jeweiligen **Strategie** wiederum sind besondere Anforderungen gefragt. Im Folgenden wird dies am Beispiel der Kostenführerstrategie und der Differenzierungsstrategie verdeutlicht:

(1) Kostenführerstrategie	**(2) Differenzierungsstrategie**
- Kostenbewusstsein	- Qualitätsbewusstsein
- Technisches Verständnis	- Servicebereitschaft
- Verantwortungsbewusstsein	- Lernbereitschaft

6.2 Personalstrategien

Wir suchen nach einer Antwort auf die Frage: Wie kann sichergestellt werden, dass das Personal die in Zukunft gestellten Anforderungen erfüllen kann und damit zur Basis strategischer Wettbewerbsvorteile wird? Konkret heißt dies gleichzeitig, im Einzelfall zu eruieren, wie die Kerngestaltungsbereiche einer Personalstrategie mit Inhalten anzufüllen sind.

(1) Strategische Personalbeschaffung

Ist in einem Unternehmen das für eine Strategie erforderliche Personal in quantitativer und/oder qualitativer Hinsicht nicht vorhanden, muss es **rekrutiert** werden. Dies gilt insbesondere dann, wenn neue Strategien gewählt werden, die das bisherige Personal überfordern. Beispiele stellen die ehemaligen Monopolunternehmen Post und Bahn AG dar. Auch bei der Wahl von Internationalisierungsstrategien kommen neue Anforderungen auf das Personal zu. Zuweilen werden gezielt Personen «eingekauft», um eine bestimmte Strategie zu realisieren. Das spektakulärste Beispiel ist das Engagement von *Ignacio Lopez* zur Realisierung der Sourcing-Strategie des Volkswagenwerks.

(2) Strategische Personalentwicklung

Aus- und Weiterbildung sollen dem Mitarbeiter die zur Aufgabenerfüllung notwendige **fachliche Qualifikation** vermitteln, also in erster Linie seine Leistungsfähigkeit beeinflussen. **Ausbildung** umfasst die berufliche Erstausbildung sowie Umschulungsmaßnahmen. **Weiterbildung** dient dem Erwerb zusätzlicher Qualifikationen bzw. der Anpassung der Qualifikation des Mitarbeiters an neue Aufgaben oder Bedingungen (z.B. Einsatz neuer Technologien im Büro wie PC, Workstations, Internet bzw. in FuE und Produktion wie CIM, CAD, CAM, CAEI). Es gibt Branchen, in denen der strategischen Personalentwicklung auf Grund der Engpässe in strategisch bedeutsamen Arbeitsmarktsegmenten eine besondere Bedeutung zukommt (z.B. Hight-Tech/EDV/IT).

Generell gilt aber, dass in einer sich schnell wandelnden Umwelt - und der sehen sich heute nahezu alle Unternehmen gegenüber - die Anpassung der fachlichen Qualifikation des Personals zu einer überlebenswichtigen Frage wird. Eine besondere Bedeutung erhalten in diesem Zusammenhang Weiterbildungsmaßnahmen für **Führungskräfte.**

Traditionell stand dabei die Vermittlung von Fachwissen einerseits und spezifischem Führungswissen andererseits (z.B. Planungstechniken) im Vordergrund. Zunehmende Bedeutung haben Bildungsmaßnahmen bezüglich Führungsverhalten und -stil bekommen. Ganz besonders wichtig sind - insbesondere in einer diskontinuierlichen Umwelt - die **Förderung sensorischer und kognitiver Eigenschaften von Führungspersonen** (Umfeldsensibilität, Fähigkeit zu vernetztem und utopischem Denken, physische und psychische Belastbarkeit). Derartige Bildungsmaßnahmen finden z.T. auf innerbetrieblicher Ebene statt. Führungskräfteseminare werden mit der Absicht eines Ideen- und Erfahrungsaustausches häufig auch extern und unternehmensübergreifend abgehalten.

(3) Strategische Anreizsysteme

Unter einem Anreizsystem verstehen wir die Gesamtheit aller bewusst gestalteten Arbeitsbedingungen, die zu bestimmten Verhaltensweisen führen und andere unerwünschte Verhaltensweisen möglichst ausschließen sollen.

Die Anreize, welche das Verhalten innerhalb der Unternehmung zielorientiert beeinflussen können, werden nach *Rosenstiel* ([Grundlagen] 231) wie folgt unterteilt:

- **Finanzielle Anreize** (Entgelt, Beteiligung am Gewinn, Beteiligung am Unternehmen in Form von Stock Options, Firmenfahrzeug),
- **soziale Anreize** (Kontakte mit Vorgesetzten, Gleichgestellten, Untergebenen, Gruppenzugehörigkeit),
- **Anreize der Arbeit selbst** (Arbeitsbedingungen und -inhalte, Entwicklungsmöglichkeiten, Chance auf Auslandsaufenthalt),

– **Anreize des organisatorischen Umfeldes** (Image, Standort, Größe, Alter und Führungsstil der Unternehmung).

Beispiel: Zur Zeit gehen immer mehr AGs dazu über, das Management - neben dem fixen Gehalt - in Form einer Beteiligung an der Wertentwicklung der Aktie des Unternehmens zu entlohnen. Mit diesem finanziellen Anreiz wird die Erwartung verbunden, dass das Management seine Strategien stärker am Shareholder Value ausrichtet. Ein Beispiel stellt das Star-Programm der **SAP** *dar. Die Grundidee dieses Programms liegt darin, durch Ausgabe von Optionen auf Vorzugsaktien des eigenen Unternehmens einer breiten Schicht von Mitarbeitern Teile ihrer Vergütung in Abhängigkeit von der Kursentwicklung der SAP-Vorzugsaktien innerhalb einer bestimmten Periode zukommen zu lassen und damit Anreize zum Verbleib bzw. Eintritt zu geben.*

(4) Strategische Personalführung

Im vorangegangenen Teil 6 haben wir festgestellt, dass der Unternehmenskultur eine wichtige Rolle im Strategischen Management zukommt. Wichtig ist vor allem ihre **Koordinations- und Integrationsfunktion.** Im Rahmen der begrenzten gestalterischen Möglichkeiten haben die Führungskräfte die Aufgabe, auf die Unternehmenskultur Einfluss zu nehmen. Ihnen kommt eine Vorbildfunktion zu, durch welche die Unternehmenskultur an andere Mitarbeiter weitergegeben werden soll. Die **Integration** der Mitarbeiter in die Unternehmung und ihre Kultur ist damit ebenfalls als Gestaltungsbereich des strategischen Personalmanagements zu begreifen.

Einen wesentlichen Einfluss auf Motivation und Leistungsbereitschaft und damit auch auf die Effizienz des Personals nehmen die **Strukturen und Beziehungen** zwischen den Personen (Realisations-, Informations-, Verteilungs- und Koordinationsbeziehungen). Im Rahmen der situativen Gestaltung derartiger Strukturen ist deshalb der Einflussfaktor «Mensch» unbedingt zu berücksichtigen. Unter dem Terminus «Humanisierung der Arbeit» sind vor diesem Hintergrund neue Arbeits- und Strukturformen entstanden: Teilautonome Gruppen (z.B. Qualitätszirkel, Lernstatt, Kollegien), job enrichment, job enlargement, job rotation (vgl. dazu auch S. 407 ff.).

Wesentlichen Einfluss auf die Leistungsbereitschaft des (ausführenden) Personals hat der von den Führungskräften praktizierte **Führungsstil**, wobei, wie in Teil 6 gezeigt, die Umkultur und damit die kulturelle Vorprägung der Mitarbeiter eine wichtige Rolle bezüglich der Erwartungen an den Führungsstil und der Effizienz des Führungsstils spielen. Die umfangreiche Beteiligung verschiedener hierarchischer Ebenen am Planungsprozess oder ein hoher Grad der Entscheidungsdelegation wirken sich in westlichen Kulturen i.d.R. positiv auf die Leistungsbereitschaft des Personals aus.

Zusammenfassend ist festzustellen, daß im Rahmen der sog. **New Economy** das Potenzial «Kapital» an Bedeutung zugunsten des Potenzials «Personal» verliert. Ein Internetunternehmen lebt fast ausschließlich von der Produktion und der Umsetzung von Ideen der Mitarbeiter. Personalstrategien, insbesondere die strategische Personalbeschaffung und die strategische Personalentwicklung, sind für solche Unternehmen wichtiger geworden als die traditionellen Investitions- und Finanzierungsstrategien. Dieser «Paradigmenwechsel» hat auch gravierende Auswirkungen auf die Modalitäten der Analyse von Bilanzkennzahlen (zunehmende Bedeutung der sog. Intangible Assets) sowie der Bewertung von Unternehmen.

7 Strategisches Technologiemanagement

7.1 Aufgaben

Technischer Fortschritt, vor allem im Bereich der Informations- und Kommunikationstechnologie, hat in den vergangenen Jahren die Rahmenbedingungen für Unternehmen und Märkte dramatisch verändert. Mit der Senkung der Transaktionskosten, insbesondere der Informationskosten (Beispiel: Internet), sind Märkte transparent und global vernetzt worden. Dadurch hat sich der Wettbewerb für die Unternehmen verschärft.

Technischer Fortschritt ist für die Unternehmen aber nicht nur eine Bedrohung, er bietet auch eine Vielzahl von Chancen. Die jungen Unternehmen des Neuen Marktes sind ein beredtes Beispiel für diese These. Bevor wir uns den Aufgaben des Technologiemanagements zuwenden, soll zunächst Klarheit in der verwirrenden Begriffswelt geschaffen werden (vgl. *Maas* ([Determinanten] 21):

> **Technologie** ist die Gesamtheit des Wissens über Verfahren, Methoden und Techniken, welche innerhalb der Unternehmung zum Einsatz kommen oder als Produkte von der Unternehmung angeboten werden.
>
> **Technik** bezeichnet die konkrete Umsetzung bzw. ökonomische Nutzung technologischen Wissens.

Der Begriff «**Forschung**» bezeichnet das nachprüfbare Suchen, Formulieren und Lösen von Grundproblemen nach wissenschaftlichen Methoden und weist daher einen starken Bezug zum Begriff «Technologie» auf. «**Entwicklung**» hingegen bedeutet das Überführen von Forschungsergebnissen zur Fabrikationsreife unter Beachtung wissenschaftlicher Erkenntnisse und vorhandener Techniken (vgl. *Schweitzer* [Fertigungswirtschaft] 629 f.).

Innovation ist der erstmalige wirtschaftliche Einsatz von Entdeckungen. Sie können sich auf Verfahren (Verfahrensinnovation), auf Produkte (Produktinnovation), auf die Organisation (Strukturinnovation) und auf den Humanbereich (Sozialinnovation) beziehen. Nach dem Umfang der Innovation unterscheidet man Basisinnovationen (grundlegende Neuerung) und Verbesserungsinnovationen (kontinuierliche Verbesserung bereits vorhandener Produkte und Verfahren). Der Effekt einer Innovation ist meist auffällig, aber auch kurzfristig, da die Konkurrenz i.d.R. den Vorsprung einholt.

Abb. 7-8: Forschung und Entwicklung (vgl. *Kern* [Produktionswirtschaft] 104)

Die Aufgaben des strategischen Technologiemanagements bestehen nun darin, entweder das Unternehmen in technischer Hinsicht an geänderte Anforderungen der Umwelt anzupassen oder durch eigene Aktivitäten die «technologische Umwelt» und damit die Umwelt allgemein zu gestalten. Die FuE-Aktivitäten selbst können einmal **bedarfsinduziert** sein, d.h. sie orientieren sich direkt am Bedarf des Marktes. Zum anderen können sie **autonom induziert** sein, d.h. es werden aufbauend auf einem Problemlösungspotenzial technische Lösungen entworfen, für die eine entsprechende Nachfrage vermutet wird.

> **Technologiemanagement** ist die Gesamtheit aller Führungsaufgaben zur Erhaltung und Verbesserung der Wettbewerbsfähigkeit einer Unternehmung im Technologiebereich.

Die **strategische Bedeutung** der «Technologie» soll im Folgenden schlaglichtartig erhellt werden:

(1) Die Wahl einer Produkt- oder Verfahrenstechnologie hat einerseits Einfluss auf die Zusammensetzung der **Lieferanten** und **Abnehmer** des Unternehmens. Daneben wird die konkrete Ausgestaltung der Beziehungen mit diesen durch bestimmte Technologien, vor allem durch die Informations- und Kommunikationstechnologien sowie die Logistiktechnologien beeinflusst. Die fertigungssynchrone Anlieferung von Teilen oder Baugruppen (Just-In-Time-Prinzip, vgl. S. 509) wird bspw. erst durch die Nutzung moderner Technologie möglich bzw. effizient.

(2) Die Beherrschung bestimmter Technologien hat indirekten und direkten Einfluss auf die **Wettbewerbsposition** der Unternehmung. Die Erforschung und Entwicklung neuer Technologien und Techniken, also die Hervorbringung von Innovationen im Technologiebereich, sind wichtige Instrumente zur Erlangung und Sicherung spezifischer Wettbewerbsvorteile. Letztlich spielt sich der Wettbewerb nicht auf der Ebene der Endprodukte ab, sondern auf jener der Kompetenzen von Unternehmen. Und die Technologie stellt für viele Unternehmen *die* **Kernkompetenz** dar (vgl. S. 504).

Der Wettbewerbsvorteil entsteht dadurch, dass die Innovation für die Wettbewerber eine **Diskontinuität** darstellt, die eine rechtzeitige und adäquate Reaktion verlangt. Erfolgt die Reaktion auf Grund verspäteter Erkennung der Diskontinuität oder unzureichender Flexibilität zu spät, so werden erhebliche, insbesondere bei Verfahrensinnovationen langfristige Wettbewerbsnachteile die Folge sein. Neben dem bereits einleitend angeführten, klassischen Beispiel der deutschen Uhrenindustrie ist die stürmische Entwicklung bei den Speicherkapazitäten von Mikro-Chips ein weiterer Beleg für die wachsende Bedeutung von Technologie als Erfolgsfaktor. Wettbewerber, denen es nicht gelingt, an der Spitze der Entwicklung mitzuhalten, werden den Technologierückstand nur dann noch einmal aufholen können, wenn ihnen der Übergang zu einer neuen, effizienten Grundlagentechnologie gelingt und sie damit ihrerseits die Konkurrenz mit einer Diskontinuität konfrontieren. Bis dahin werden sie die Technologie kaufen müssen und sich in einem Abhängigkeitsverhältnis gegenüber den Technologieführern befinden.

(3) Technologie ist auch für die **Gestaltung interner Beziehungen** oder Strukturen relevant. *Woodward* ([Organization]) untersuchte 1965 als Erste empirisch die Zusammenhänge zwischen Fertigungstechnologie und Organisationsstruktur. In zahlreichen Folgeuntersuchungen im Rahmen des situativen Ansatzes der Organisationstheorie wurde die Technologie als wichtige Situationsvariable bestätigt (vgl. z.B. *Kieser/Kubicek* [Organisation] 307 ff). Die heute den technologischen Fortschritt dominierende Informationstechnologie begünstigt die Dezentralisierung der Arbeitsplätze bis hin zur Telearbeit sowie die Aufgabenintegration auf Grund der generellen Verfügbarkeit und Informationen und schließlich die Auflösung starrer Arbeitsabläufe (räumliche und zeitliche Flexibilität) (vgl. *Bea/Göbel* [Organisation] 408 f.)

(4) Neue Technologien können über die Strategie der **horizontalen** oder **lateralen Diversifikation** den Übergang von der funktionalen zur divisionalen Struktur oder innerhalb einer bestehenden Spartenorganisation die Bildung neuer oder die Veränderung vorhandener Geschäftsbereiche bewirken. So waren z.B. bei der Diversifizierung der **Daimler-Benz AG** zu Beginn der 80er Jahre zum Technologie- und Mobilitätskonzern technologische Aspekte mit von entscheidender Bedeutung, da Weiterentwicklungen im Technologiesektor das Zusammenwachsen von Mobilitäts- und Transportkonzepten und damit erhebliche Synergiepotenziale vermuten ließen.

(5) Der Übergang von der **Werkstattfertigung zur Fließfertigung** verändert die Realisationsbeziehungen im Fertigungsbereich mit entsprechenden Konsequenzen für im Realgüterprozess vor- und nachgelagerte Abteilungen (Fertigungsvorbereitung, Lagerung, Transport). Ähnliche Veränderungen treten auf, wenn an die Stelle der Fließfertigung spezifische Formen der **Gruppenfertigung** treten.

(6) Einen über alle Branchen hinweg wichtigen Einflussfaktor auf organisatorische Regelungen und Beziehungen stellen die Entwicklungen im Bereich der **Informations- und Kommunikationstechnologie** dar. Beispielhaft sei hier auf die Verbreitung von PCs und die Entwicklung des Internet verwiesen (vgl. Teil 4, S. 331 ff.).

Umgekehrt können wir auf der Grundlage unserer Erkenntnisse aus den vorangegangenen Teilen dieses Buches annehmen, dass die Strategie, die Organisation und die Unternehmenskultur ihrerseits wesentliche Determinanten der Innovationstätigkeit sind.

7.2 Technologiestrategien

Der Einsatz von Technologiestrategien lenkt die Aufmerksamkeit auf folgende **Fragen**:

1. Auf welchen Technologiefeldern soll ein strategisches Engagement erfolgen?
2. Zu welchem Zeitpunkt soll ein technologischer Wechsel stattfinden?
3. Welcher Grad der Eigenständigkeit soll bei der Entwicklung und der Nutzung einer Technologie gewählt werden?

Diese Fragen sollen im Folgenden beantwortet werden.

(1) Wahl des Technologiefeldes

Die Wahl des Technologiefeldes setzt die Auseinandersetzung mit folgenden Problemen voraus:

– Welches **Marktpotenzial** ist für alternative Technologien zu erwarten und mit welcher Wettbewerbsintensität ist auf diesen Märkten zu rechnen? («Technologieattraktivität» im Technologie-Portfolio von *Pfeiffer u.a.*)

– Über welches **technologische Potenzial** verfügt die eigene Unternehmung in Relation zur potenziellen Konkurrenz? («Ressourcenstärke» im Technologie-Portfolio von *Pfeiffer u.a.*)

Frage eins versucht, das Zukunftspotenzial vorhandener Technologien und in Verbindung damit den Bedarf an neuen Technologien zu prognostizieren. Der zweite Fragenbereich führt zu einer technologieorientierten Potenzialanalyse der eigenen Unternehmung sowie der aktuellen und möglichst auch der zukünftigen Konkurrenten, deren Ergebnisse in spezifischen Fähigkeitsprofilen erfasst werden können.

Die regelmäßige Beantwortung dieser Fragen muss eine Informationsbasis für Entscheidungen im Technologiemanagement schaffen. Problematisch ist, dass diese Fragen nur mit hoher **Unsicherheit** beantwortet werden können und die Entscheidungen deshalb ebenfalls durch ein hohes Maß an Unsicherheit gekennzeichnet sind. So wird bspw. der Bedarf des Marktes an technischen Lösungen häufig erst mit der Erzielung bestimmter, neue Anwendungen eröffnender Forschungs- und Entwicklungsergebnisse erkennbar.

Beispiel: Der Markt für den «Walkman» entstand nicht primär durch eine Nachfrage nach solchen Geräten, sondern wurde durch die Entdeckung, dass ein Cassettenrecorder keine Lautsprecherboxen benötigt, erst möglich. Die technologische Innovation (Kombination von (kompaktem) Kassettenrecorder und Kopf-

hörerbetrieb) schaffte sich ihren Markt, wobei sich nach und nach diffusionskurvenartig weitere Nachfragergruppen motivieren ließen.

*Ähnliche Entwicklungen zeichnen sich im Bereich **Multimedia** ab: Immer höhere Übertragungsraten und Bandbreiten ermöglichen Anwendungen, die sich ihre Nachfrage und damit ihren Markt selbst schaffen (z.B. video on demand). Ab dem Jahre 2002 wird der neue Mobilfunk-Standard UMTS Übertragungsraten von 2 Mbit/Sekunde ermöglichen und damit Multimedia-Anwendungen auch mobil verfügbar machen.*

Genauso wie Technologien Märkte schaffen, können sie auch Märkte und Marktstrukturen verändern und dadurch erhebliche Chancen, aber auch Risiken verursachen. Die Unsicherheit resultiert u.a. daraus, dass Innovationen oft selbst in ihrem Ergebnis und ihrer marktlichen Bedeutung nicht vorhersehbar sind. Hinzu kommt ein vergleichsweise langer Prognose- und Planungshorizont auf Grund steigender Entwicklungszeiten in diskontinuierlicher Umwelt bei gleichzeitig zurückgehenden Produktlebensdauern. Die in Teil 4 dargestellten **Projektionsverfahren** (Szenario-Analyse und Früherkennungssysteme) erweisen sich auch im Bereich «Technologie» als geeignete Instrumente, um die vorhandene Unsicherheit zumindest teilweise zu reduzieren. **Technologie-Früherkennungssysteme** haben insbesondere die Funktion, eine Sensibilität für Technologieevolutionen zu entwickeln.

(2) Wahl des Zeitpunkts für den Technologiewechsel

Technologien unterliegen erfahrungsgemäß einem zeitabhängigen Wandel, der jenem des Produktlebenszyklus vergleichbar ist. In diesem Zusammenhang ist zu klären, wann ein Technologiewechsel sinnvoll ist. Das Konzept der S-Kurve nach *Mc Kinsey* trägt zur Klärung bei.

Die **S-Kurve** zeigt die Leistungsfähigkeit einer Technologie in Abhängigkeit vom kumulierten FuE-Aufwand. Bei zunehmendem FuE-Aufwand steigt die Leistungsfähigkeit der Technologie zunächst flach, dann steil an, bevor die Zunahme der Leistungsfähigkeit (interpretierbar als Grenzleistungsfähigkeit) wieder abnimmt und im Bereich der Grenze der Leistungsfähigkeit gegen Null geht. In diesem Bereich finden keine eigentlichen Innovationen mehr statt, sondern allenfalls marginale Produktverbesserungen. Zum gleichen Zeitpunkt ist die Leistungsfähigkeit einer neuen Technologie zwar noch geringer, verspricht aber in Zukunft eine höhere Grenzleistungsfähigkeit und ein absolut höheres Leistungsniveau. Wichtig ist nun, das zukünftige Potenzial einer neuen Technologie zu erkennen und den richtigen Zeitpunkt für den Ausstieg aus der alten und den Einstieg in die neue Technologie zu finden. Die Verabschiedung von einer Technologie, mit der man in der Vergangenheit Erfolg hatte, fällt allerdings schwer.

Inwieweit die S-Kurve die erhoffte Entscheidungsunterstützung bringt, muss abgewartet werden, da ihr Erklärungsgehalt ähnlich gering ist wie der des Produktlebenszykluskonzepts (vgl. S. 122 ff.).

Jedoch, und da scheint ihre Stärke zu liegen, ist die S-Kurve ein verständliches, leicht zu handhabendes (Visualisierungs-)Instrument, welches den Entscheidungsträger für zu treffende Entscheidungen sensibilisiert und dafür sorgt, dass Technologieentscheidungen als Aufgabe der strategischen Unternehmensführung erkannt werden.

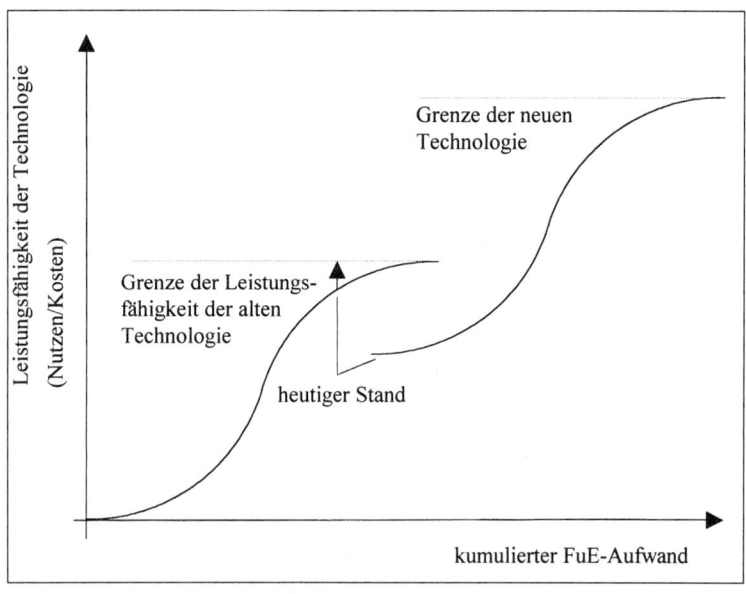

Abb. 7-9: Konzept der S-Kurve (nach *Krubasik* [Strategische Waffe] 29 f.)

*Beispiel: Mit den Fortschritten im Bereich der **Halbleitertechnologie** eröffneten sich völlig neue Möglichkeiten bei der Herstellung von PCs. Inzwischen nehmen die Produktlebenszyklen einzelner Prozessor-Generationen bei steigender Leistungsfähigkeit der Prozessoren kontinuierlich ab. Der gleichzeitig steigende Kapitalbedarf bei der Entwicklung neuer Chip-Generationen führt andererseits zu einer Konzentration dieser Aktivitäten bei einigen wenigen Unternehmen oder zu Kooperationen zwischen den Herstellern. Hieraus könnte ein Rückkopplungseffekt in Form neuer, unvorhersehbarer technologischer Entwicklungen erwachsen, der* *zuverlässige Aussagen über den Lebenszyklus gegenwärtiger wie auch zukünftiger Technologien kaum möglich erscheinen lässt.*

Entscheidet man sich für einen Technologiewechsel, so kann zwischen der Technologieführerstrategie und Technologiefolgerstrategie gewählt werden. Mit der **Technologieführerstrategie** (Pionierstrategie) wird versucht, stets als erster technologische Innovationen am Markt durchzusetzen. Der Technologiepionier hat den Vorteil, dass eine Monopolstellung geschaffen und Teile des Marktpotenzials abgeschöpft werden können, bevor andere Anbieter auftreten. Von besonderer Bedeutung ist dabei der Vorsprung auf der Erfahrungskurve, der sich in niedrigeren Produktionskosten niederschlägt (vgl. S. 127 ff.). Andererseits bietet die **Technologiefolgerstrategie** (Imitationsstrategie) die Chance, Entwicklungs- und Markterschließungskosten zu umgehen, aus Fehlern der Pioniere zu lernen und mit ausgereiften Fertigungsprozessen den Pionier einzuholen. Imitatoren können auch oft den Umstand nutzen, dass Technologieführer Wachstumsmärkte nicht allein befriedigen können und Nischen für kleinere kreative Nachahmer offen lassen. So haben sich im Umfeld von SAP viele kleine Softwareunternehmen etabliert, die Ergänzungslösungen anbieten.

(3) Wahl des Grades der Eigenständigkeit

Zunehmende Entwicklungszeiten, steigende Entwicklungskosten und sinkende Produktlebensdauern machen es heute vielfach notwendig, dass Unternehmen die Entwicklung bestimmter Produkte oder Verfahren gemeinsam betreiben, also eine **Kooperationsstrategie** wählen. Die Entwicklung eines **Großraumflugzeuges** für 500-800 Personen und einer Reichweite von 16.000 km bspw. übersteigt die Möglichkeiten eines einzelnen Herstellers. Das **Airbus-Konsortium** plant für den Großraumjet A3XX Entwicklungskosten von über 20 Mrd. DM. Die Umwandlung des Konsortiums in eine AG, die Verschmelzung der Partner zu einem europäischen „Luft- und Raumfahrt-Unternehmen" sind Optionen, um dieses und weitere Entwicklungsvorhaben realisieren zu können. Weitere derartige Kooperationen finden sich bei der kostenintensiven Entwicklung von **Speicher-Chips** und anderen mikroelektronischen Systemen, wo sich die Halbleiter-Giganten IBM, Motorola, Hewlett-Packard, AMD und Intel zum Forschungskonsortium **Sematech** (Semiconductor Manufacturing Technology) zusammengeschlossen haben.

Eigene Forschung in sog. **Venture Teams** erfordert den Einsatz eigener finanzieller und personeller Ressourcen. Jedoch bietet sie die Vorteile der Kontrolle des gesamten technologischen Entwicklungsprozesses, Exklusivität des technologischen Know Hows sowie technologische Unabhängigkeit und ausgeprägte Entscheidungsfreiheit. Diese Vorteile werden erkauft mit höheren Kosten und einem größeren Risiko. Eine Strategie der Risikoreduzierung besteht im Technologiekauf durch Lizenznahme und Akquisition von Unternehmen mit entsprechendem technischen Know How. Auch kommt die Anwerbung von Personal mit technologischem Wissen in Betracht.

*Beispiel aus dem Geschäftsbericht 1999 der **Siemens** AG: «Wir sorgen für bezahlbaren Strom aus umweltfreundlichen Kraftwerken... . Durch den **Erwerb des Westinghouse-Geschäfts** mit fossilbefeuerten Kraftwerken sind wir in dieser Sparte zur Spitze aufgerückt. Dieser Schritt bringt uns bei Einkauf, Produktentwicklung, Fertigung, Vertrieb und Service entscheidende Synergien und unseren Kunden neben umfangreicherer Beratung auch spezifische Lösungen für ihre Anforderungen. An dem seit 1998 boomenden US-Markt konnten wir voll partizipieren.»*

8 Zusammenfassung

Strategische Potenziale stellen Speicher spezifischer Stärken dar, die es ermöglichen, die Unternehmung in einer veränderlichen Umwelt erfolgreich zu positionieren und somit den langfristigen Unternehmenserfolg zu sichern. Die Potenziale eines Unternehmens lassen sich in zwei Gruppen unterteilen: Die Leistungspotenziale und die Führungspotenziale.

Die **Führungspotenziale** Planung, Kontrolle, Information, Organisation und Unternehmenskultur sind als Bausteine eines Strategischen Managements ausführlich in den vorausgehenden Teilen dieses Lehrbuches behandelt worden. In diesem Teil wird die strategische Bedeutung der **Leistungspotenziale** gewürdigt. Erörtert werden:

– Das Strategische Beschaffungsmanagement,
– das Strategische Produktionsmanagement,
– das Strategische Marketing,
– das Strategische Finanzmanagement,
– das Strategische Personalmanagement und
– das Strategische Technologiemanagement.

Beschaffungsstrategien befassen sich u.a. mit der Lieferantenauswahl und dem sog. Outsourcing. Ein Beschaffungsportfolio kann die Strategie unterstützen.

Produktionsstrategien sind u.a. auf die Flexibilisierung der Fertigungsorganisation und das sog. Lean Production ausgerichtet.

Marketingstrategien bestehen aus der Produkt- und Sortimentspolitik, der Preispolitik, der Kommunikationspolitik und der Distributionspolitik (hier spielt insbesondere das Internet eine zunehmend wichtigere Rolle).

Finanzierungsstrategien befassen sich mit dem strategischen Portfoliomanagement, dem Going Public, den Investor Relations und dem Cash Management.

Personalstrategien umfassen die strategische Personalbeschaffung, die strategische Personalentwicklung, die strategischen Anreizsysteme und die strategische Personalführung.

Technologiestrategien befassen sich mit der Wahl des Technologiefeldes, der Wahl des Zeitpunkts für den Technologiewechsel und der Wahl des Grades der Eigenständigkeit bei der Technologieentwicklung.

Fragen zur Wiederholung

1. Was ist unter einem strategischen Potenzial zu verstehen? (1)

2. Welche Potenzialarten können unterschieden werden und welche Beziehungen lassen sich zwischen ihnen erkennen? (1)

3. Welche Konsequenzen hat eine Kostenführerstrategie für die Ausrichtung der Beschaffungsstrategien? (2.2)

4. Was versteht man unter folgenden Begriffen: Just-In-Time, Global Sourcing, Multiple, Single und Modular Sourcing, Outsourcing, Reengineering und Kaizen? (2.2)

5. Wie kann die Portfolio-Analyse zur Gewinnung von Beschaffungsstrategien eingesetzt werden? (2.2)

6. Aus welchen Elementen besteht das produktionswirtschaftliche Zielsystem? (3.1)

7. Welches sind die Elemente der schlanken Produktion (Lean Production)? (3.2)

8. Welche Formen der Flexibilisierung der Fertigungsorganisation kann man unterscheiden? (3.2)

9. Welchem Zweck dient die Segmentierung von Abnehmergruppen im Rahmen des Strategischen Managements (4.1)

10. Welche Marketinginstrumente werden unterschieden und was beinhalten sie? (4.2)?

11. Welche Ziele lassen sich im strategischen Finanzmanagement unterscheiden? (5.1)

12. Welcher Zusammenhang besteht zwischen dem Going Public und der Pflege von Investor Relations (5.2)

13. Warum verbessern Namensaktien im Vergleich zu Inhaberaktien die Möglichkeiten der Investor Relations ? (5.2)

14. Was versteht man unter Cash Management? (5.2)

15. Welche Vorteile bringt ein Going Public am Neuen Markt für ein junges Unternehmen ? (5.2)

16. Beschreiben Sie den Unterschied zwischen Leistungsfähigkeit und Leistungsbereitschaft des Personals. (6.1)

17. Welche Eigenschaften des Personals werden bei der Kostenführerstrategie und bei der Differenzierungsstrategie verlangt? (6.1)

18. Was versteht man unter Stock Options im Rahmen der strategischen Anreiz- und Vergütungssysteme? (6.2)

19. Grenzen Sie die Begriffe «Technologie», «Technik» und «Innovation» voneinander ab. (7.1)

20. Was versteht man unter einem Technologiefrüherkennungssystem? (7.2)

21. Welche Argumente sprechen für eine Kooperation mit anderen Unternehmen im Bereich der Forschung und Entwicklung? (7.2)

22. Kennzeichnen Sie das Konzept der «S-Kurve». Worin besteht der eigentliche Nutzen dieses Instruments? (7.2)

Fragen zur Vertiefung

1. In welchem Verhältnis stehen strategischer Fit, Erfolgsfaktoren und der finanziell messbare Erfolg zueinander? Welchen grundsätzlichen Einfluss auf den Unternehmenserfolg haben Strategisches und Operatives Management?

2. Welche organisatorischen und kulturellen Aufgaben und Probleme sind bei der Einführung von Lean Production zu erwarten und wie können Lösungsansätze zu diesen Problemen aussehen?

3. Welche Auswirkungen können die verschiedenen Normstrategien von *Porter* auf die Gestaltung des Leistungspozesses und seine Komponenten haben?

4. Was spricht für und was gegen eine Zentralisierung des Technologiemanagements?

5. Worin besteht der Zusammenhang von Intrapreneurship, Venture Management und strategischem Technologiemanagement?

6. Worin unterscheiden sich grundsätzlich die Gestaltungsmöglichkeiten des Strategischen Managements bezüglich

- Beschaffung, Produktion, Marketing, Technologie und Finanzierung einerseits sowie

- Personal, Organisation und Unternehmenskultur andererseits?

7. Welche Entwicklungen haben in Deutschland die Bedeutung des Going Public verstärkt?

8. Welche Bedeutung hat das Internet für das strategische Beschaffungsmanagement?

Literaturempfehlungen

Strategisches Beschaffungsmanagement

Arnold, U.: Beschaffungsmanagement. 3. A., Stuttgart 1999.

Troßmann, E.: Beschaffung und Logistik. In: *Bea, F.X., E. Dichtl* u. *M. Schweitzer* (Hrsg.): Allgemeine Betriebswirtschaftslehre. Bd. III: Leistungsprozess. 7. A., Stuttgart 1997, S. 9-76.

Strategisches Produktionsmanagement

Schweitzer, M.: Industrielle Fertigungswirtschaft. In: *Schweitzer, M.* (Hrsg.): Industriebetriebslehre. 2. A., München 1994, S. 569-746.

Zahn, E. u. *U. Schmid*: Produktionswirtschaft: Grundlagen und operatives Produktionsmanagement. Stuttgart 1996.

Zäpfel, G.: Strategisches Produktions-Management. Berlin, New York 1989.

Strategisches Marketing

Berndt, R.: Marketing. Bd. I-III. 2./3. A., Berlin u.a. 1995/1996.

Böcker, F.: Marketing. 6. A., Stuttgart, Jena 1996.

Meffert, H.: Marketing. Grundlagen der Absatzpolitik. 8. A., Wiesbaden 1997.

Nieschlag, R., E. Dichtl u. *H. Hörschgen*: Marketing. 18. A., Berlin 1997.

Strategisches Finanzmanagement

Copeland, T.E. u. *J.F. Weston*: Financial Theory and Corporate Policy. 3.A., Reading/MA 1993.

Drukarczyk, J.: Finanzierung. In: *Bea, F.X, E. Dichtl* u. *M. Schweitzer* (Hrsg.): Allgemeine Betriebswirtschaftslehre. Bd. III: Leistungsprozess. 7. A., Stuttgart 1997, S. 283-399.

Perridon, L. u. *M. Steiner*: Finanzwirtschaft der Unternehmung. 10. A., München 1999.

Strategisches Personalmanagement

Anthony, P.W. u.a.: Human Resource Management. A Strategic Approach. 3. A., Fort Worth u.a. 1999.

Ridder, H.-E.: Personalwirtschaftslehre. Stuttgart, Berlin, Köln 1999.

Scholz, C.: Personalmanagement. 5.A., München 2000.

Staehle, W.H.: Management. Eine verhaltenswissenschaftliche Perspektive. 8. A., München 1999.

Strategisches Technologiemanagement

Bürgel, H. D. u.a.: FuE-Management. München 1996

Gerpott, T.J.: Strategisches Technologie- und Innovationsmanagement. Stuttgart 1999.

Zahn, E.: Handbuch Technologiemanagement. Stuttgart 1995.

Ausblick

Ein **Lehrbuch** hat nach vorherrschender Auffassung den **«gesicherten Bestand des Wissens»** zu vermitteln. Diesem Grundsatz sind wir gefolgt.

Das gesicherte Wissen ist das Ergebnis wissenschaftlicher Arbeit. Aus diesem Grunde sind am Beginn dieses Buches die drei Ziele einer Wissenschaft beschrieben worden: Die Beschreibung, die Gestaltung und die Erklärung ökonomischer Sachverhalte, also die Verfolgung des deskriptiven, des pragmatischen und des theoretischen Wissenschaftsziels. Die Gemeinschaft der Wissenschaftler, die sich in den letzten 40 Jahren diesen Zielen verpflichtet fühlte, hat einen Entwicklungsprozess gefördert, den man vereinfacht folgendermaßen charakterisieren kann: «Von der strategischen Planung zum Strategischen Management». Damit steht die Koordination aller Führungssubsysteme, der sog. **Fit-Gedanke**, im Mittelpunkt der Betrachtung.

Wir gehen von folgenden **Teilsystemen** aus:

- Strategische Planung,
- Strategische Kontrolle,
- Information,
- Organisation,
- Unternehmenskultur,
- Leistungspotenziale.

Diese Teilsysteme sind in sich zu harmonisieren (z. B. Intra-Strategie-Fit), untereinander zu koordinieren (Intra-System-Fit) und insgesamt mit der Umwelt abzustimmen (System-Umwelt-Fit). Diese Abstimmungsprobleme werden beschrieben (deskriptives Ziel), es werden empirisch belegte Erkenntnisse über Zusammenhänge vermittelt (theoretisches Wissenschaftsziel) und aus den empirisch gehaltvollen Hypothesen Empfehlungen für die praktische Gestaltung abgeleitet (pragmatisches Wissenschaftsziel).

Beim Versuch, den gesicherten Bestand des Wissens zu vermitteln, macht sich immer wieder und mit wachsender Intensität ein Gefühl der **Unsicherheit und Ungewissheit** breit. Diese Einstellung muss insbesondere dann reifen, wenn man die Geschichte des Strategischen Managements Revue passieren lässt. Die Vertreter der einzelnen Entwicklungsphasen waren selbstverständlich von ihrer Konzeption überzeugt und wurden doch von ihren Nachfolgern widerlegt. Damit stellt sich die Frage, wie die Vorstellung von den Aufgaben des Strategischen Managements aussehen könnte, die jene Vorstellungen mit Sicherheit ablösen werden, die wir in diesem Buch als «gesichert» vorgestellt haben. **Entwicklungen** auf folgenden Feldern zeichnen sich heute bereits ab:

1. **Theoretische Aussagen im System des Strategischen Managements werden ausgebaut und fundiert.** Damit wird der teilweise doch recht spekulative Charakter durch Erkenntnisse, die den Namen «Strategietheorie» verdienen, ersetzt. Mit welchen Forschungsproblemen dabei allerdings zu rechnen ist, wurde bereits beschrieben (vgl. S. 33 ff.).

2. Der Entwicklungsprozess von der strategischen Planung zum Strategischen Management wird dergestalt weitergeführt, dass **neue Subsysteme integriert** werden. So ist zu erkennen, dass der Bereich, den wir als «Management der sozialen Verantwortung» bezeichnen, vermehrt in das Strategische Management einbezogen wird.

3. Das **Erfahrungsobjekt «Non-Profit-Organisation»** rückt immer mehr in das Blickfeld. Es wächst die Erkenntnis, dass einerseits auf diesem Felde teilweise andere Bedingungen gelten als auf den traditionell dem Strategischen Management zu Grunde liegenden Wirtschaftssektoren und andererseits aber langfristiges und ökonomisches Handeln im öffentlichen Bereich an Bedeutung gewinnt.

4. Es findet eine **Verlagerung zwischen den Subsystemen** statt. Dieser Entwicklungsprozess könnte mit dem Schlagwort belegt werden: «Von der Planungsrationalität zur Rationalität der Selbstorganisation». Hier ist freilich in Zukunft noch zu klären, was unter diesen Begriffen im Detail zu verstehen ist.

5. Immer mehr Autoren beklagen - auf der Grundlage von Erfahrungen aus der Managementpraxis - das andauernde Bemühen um den Ausbau vorhandenen Wissens **verstelle den Blick auf eine neue theoretische Sichtweise.** Die Vorstellung von der mechanistischen, rational planbaren und damit letztlich beherrschbaren Unternehmung müsse dem Bild des indeterministischen, organischen und eher spontanen denn rationalen Systems weichen. Mittels Transformation von Erkenntnissen aus den Naturwissenschaften, der Pädagogik oder der ordnungstheoretischen Konzeptionen von *F.A. von Hayek* versuchen die neuen Konzepte der prinzipiellen Begrenztheit unseres Wissens über das komplexe und dynamischen Interaktionssystem von Unternehmung und Umwelt gerecht zu werden (vgl. u.a. *Göbel* [Selbstorganisation], *Haas* [Entwicklungsfähigkeit], *Scheurer* [Bausteine]).

Blickt man abschließend noch einmal aus dieser Perspektive auf die Entwicklungsgeschichte des Strategischen Managaments, so erkennt man, daß das Strategische Management möglicherweise an der Schwelle zu einem **neuen Paradigma** steht. Während in den 50er bis 70er Jahren, sie kann als Phase der Planung bezeichnet werden, und in den 70er und 80er Jahren, sie soll als Implementierungsphase bezeichnet werden, die Eigenschaften und v.a. die Defizite der Planungs- und Implementierungssubjekte (Management und Mitarbeiter) im Vordergrund standen, so findet jetzt eine Hinwendung zu den Eigenschaften der Gestaltungs- und Steuerungsobjekte, speziell des Unternehmens statt. Dieser neue Abschnitt kann als **Phase der kontextualen Gestaltung** bezeichnet werden. Er resultiert aus der Anerkennung von Komplexität und impliziert zwangsläufig eine Verlagerung des Gestaltungsfeldes auf Kontexte und Rahmenbedingungen.

Fokus	Eigenschaften und Defizite der Planungs- bzw. Implementierungs-**subjekte**		Eigenschaften und Defizite der Gestaltungs- bzw. Steuerungs**objekte**
Phase	**Planung** (ca. 1950–1970)	**Implementierung** (ca. 1975–1995)	**Kontextuale Gestaltung** (ab 1995)
Idee	Rationalitätssicherung des Planungsträgers durch — Planungstechniken — Phasenmodelle der Planung — Informationsversorgung	Umsetzung und Durchsetzung von Zielen, Strategien und Plänen durch die Bewältigung — personaler — organisationaler — sachlicher Probleme	Orientierung von Gestaltungs- bzw. Steuerungshandeln an der prinzipiellen Begrenztheit des Wissens bzw. des Gestaltungsobjekts «Unternehmung»
Inhalte	— Phasenschemata der Planung und Kontrolle — Planungs- und Kontrolltechniken — Management- Informationssysteme («MIS-Euphorie»)	— Implementierungsgerechte Organisationsgestaltung — Culture Management — Überwindung persönlicher Widerstände gegen Veränderungen — inkrementale Planung	— Reduktion von Machbarkeits- und Gestaltungsansprüchen — Dezentrale, kontextuale und prozessuale Steuerung anstelle zentralistisch- dirigistischer Intervention — Wissensmanagement

Abb.: Entwicklungsphasen des Strategischen Managements

Literaturverzeichnis

Abell, D.F.: [Defining] the Business: The Starting Point of Strategic Planning. Englewood Cliffs 1980.

Abell, D.F. u. J.S. Hammond: [Strategic] Market Planning. Englewood Cliffs 1979.

Adam, D.: [Produktions-Management]. 9. A., Wiesbaden 1998.

Aiken, M. u. J. Hage: Organizational [Alientation]: A Comparative Analysis. In: American Sociological Review, Vol. 33 (1968), S. 497-507.

Alchian, A.A.: Some [Economics] of Property. Santa Monica, CA., 1961.

Al-Laham, A.: Strategieprozesse in deutschen Unternehmen. Wiesbaden 1997.

Albach, H.: Strategische [Unternehmensplanung] bei erhöhter Unsicherheit. In: Zeitschrift für Betriebswirtschaft, 48. Jg. (1979), S. 703-715.

Ansoff, H.I.: Corporate [Strategy]. New York 1965.

Ansoff, H.I.: [Management-Strategie]. München 1966.

Ansoff, H.I.: Managing Surprise and Discontinuity - Strategic Response to [Weak Signals]. In: Zeitschrift für betriebswirtschaftliche Forschung, 28. Jg. (1976), H. 28, S. 129-152.

Ansoff, H.I.: Strategic [Management]. London 1979.

Ansoff, H.I.: Die Bewältigung von Überraschungen und Diskontinuitäten durch die Unternehmensführung. Strategische Reaktionen auf [Schwache Signale]. In: *Steinmann, H.* (Hrsg.): Planung und Kontrolle. München 1981, S. 233-264.

Ansoff, H.I., R.P. Declerck u. R.L. Hayes: From Strategic Planning to [Strategic Management]. London u.a. 1976.

Ansoff, H.I. u. E.J. McDonnell: [Implanting] Strategic Management. 2. A., New York u.a. 1990.

Anthony, P.W. u.a.: Human Resource Management. A Strategic Approach. 3. A., Fort Worth u.a. 1999.

Argyris, C.: Overcoming Organizational [Defenses] - Facilitating Organizational Learning. Boston 1990.

Argyris, C. u. A. Schön: Organizational [Learning]: A Theory of Action Perspective. Reading (Mass.) 1978.

Arnold, U.: Beschaffungsmanagement. 3. A., Stuttgart 1999.

Axelrod, R.: Die [Evolution] der Kooperation. München 1987.

Backhaus, K. u. *M. Meyer*: Strategische Allianzen und Strategische [Netzwerke]. In: Wirtschaftswissenschaftliches Studium, 22. Jg. (1993), H. 7, S. 330-334.

Bassen, A.: Dezentralisation und Koordination von Entscheidungen in der Holding. Wiesbaden 1998.

Batelle-Institut (Hrsg.): Frühwarnsysteme für die strategische Unternehmensführung. Ein [Radar] zur Erkennung von technologischen, wirtschaftlichen, politischen und sozialen Veränderungen im Umfeld der Unternehmung. Frankfurt/Main 1980.

Bauer, H.H.: Das [Erfahrungskurvenkonzept]. In: Wirtschaftswissenschaftliches Studium, 15. Jg. (1986), H. 1, S. 1-10.

Bea, F.X.: Diversifikation durch [Kooperation]. In: Der Betrieb, 41, Jg. (1988), H. 50, S. 2521-2526.

Bea, F.X.: [Entscheidungen] des Unternehmens. In: *Bea, F.X., E. Dichtl* u. *M. Schweitzer* (Hrsg.): Allgemeine Betriebswirtschaftslehre. Bd. I: Grundfragen. 7. A., Stuttgart 1996, S. 376-507.

Bea, F.X.: Shareholder Value. In: Wirtschaftswissenschaftliches Studium, 26. Jg. (1997), H. 10, S. 541-543.

Bea, F.X.: Grundkonzeption einer strategieorientierten [Unternehmensrechnung]. In: *Küpper, H.-U.* u. *E. Troßmann* (Hrsg.): Das Rechnungswesen im Spannungsfeld zwischen strategischem und operativem Management, Festschrift für *Marcell Schweitzer* zum 65. Geburtstag. Berlin 1997, S. 395-412.

Bea, F.X.: [Wissensmanagement]. In: Wirtschaftswissenschaftliches Studium, 29. Jg. (2000) S. 362-367

Bea, F.X u. *A. Kötzle*: Ursachen von Unternehmenskrisen und Maßnahmen zur Krisenvermeidung. In: Der Betrieb, 36. Jg. (1983), S. 565-571.

Bea, F.X u. *J. Haas*: Möglichkeiten und Grenzen der [Früherkennung] von Unternehmenskrisen. In: Wirtschaftswissenschaftliches Studium, 23. Jg. (1994), H. 10, S. 486-491.

Bea, F.X u. *S. Scheurer*: Die [Kontrollfunktion] des Aufsichtsrats. In: Der Betrieb, 47. Jg. (1994), H. 43, S. 2145-2152.

Bea, F.X. u. *H. Schnaitmann*: Begriff und Struktur betriebswirtschaftlicher [Prozesse]. In: Wirtschaftswissenschaftliches Studium, 24. Jg. (1995), S. 278-282.

Bea, F.X. u. *E. Göbel*: [Organisation]. Stuttgart 1999.

Becker, F.G.: [Anreizsysteme] für Führungskräfte. Stuttgart 1990.

Becker, F.G.: Grundlagen betrieblicher Leistungsbeurteilungen. 3. A., Stuttgart 1998.

Berndt, R.: [Marketing (1-3)] 1. Bd. I-III. 2./3. A., Berlin u.a. 1995/1996.

Berndt, R. (Hrsg.).: Innovations-Management. Berlin u.a. 2000.

Berndt, R., C. Fantapié-Altobelli u. *M. Sander* (Hrsg.): Internationale Marketing-Politik. Berlin u.a. 1997.

Berthel, J.: [Informationsbedarf]. In: Handwörterbuch der Organisation. 3. A., Stuttgart 1992, Sp. 872-886.

Bohnet, A.: Strategische Allianzen deutscher Unternehmen mit Partnern anderer Länder im China-Geschäft. In: *A. Kötzle* (Hrsg.): Strategisches Management. Stuttgart 1997, S. 263-282.

Bleicher, K.: Strukturen und Kulturen im [Umbruch]: Herausforderung für den Organisator. In: Zeitschrift Führung und Organisation, 55. Jg. (1986), S. 97-108.

Bleicher, K.: [Organisation]. Strategien - Strukturen - Kulturen. 2. A., Wiesbaden 1991.

Bleicher, K.: [Organisation II]. In: *Bea, F.X., E. Dichtl* u. *M. Schweitzer* (Hrsg.): Allgemeine Betriebswirtschaftslehre. Bd. II: Führung. 6. A., Stuttgart, Jena 1993, S. 103-186.

Bleicher, K.: Das Konzept Integriertes Management. 5. A., Frankfurt, New York 1999.

Bleicher, K.: [Unternehmungskultur] und strategische Unternehmungsführung. In: *Hahn, D.* u. *B. Taylor* (Hrsg.): Strategische Unternehmungsführung. 8. A., Heidelberg 1999, S. 223-265.

Böcker, F.: [Marketing]. 6. A., Stuttgart, Jena 1996.

Brockhoff, K.: [Prognosen]. In: *Bea, F.X., E. Dichtl* u. *M. Schweitzer* (Hrsg.): Allgemeine Betriebswirtschaftslehre. Bd. II. Führung. 7. A., Stuttgart 1997, S. 653-696.

Brockhoff, K.: [Produktpolitik]. 4. A., Stuttgart 1999.

Bruck, J.: Entwicklung einer Gesamtkonzeption für das Management strategischer Allianzen im FuE-Bereich. Frankfurt/Main 1996.

Bühner, R.: [Management-Holding (1987)]. In: Die Betriebswirtschaft, 47. Jg. (1987), S. 40-49.

Bühner, R.: [Management-Holding (1992)]: Unternehmensstruktur der Zukunft. 2.A., Landsberg/Lech 1992.

Bühner, R.: Strategie und Organisation. 2. A., Wiesbaden 1993.

Bühner, R.: Betriebswirtschaftliche Organisationslehre. 9. A., München, Wien 1999.

Bürgel, H.D. u.a.: FuE-Management. München 1996.

Buzzel, R.D. u. *B.T. Gale*: [PIMS] Principles. New York, London 1987.

Buzzel, R.D. u. *B.T. Gale*: Das [PIMS-Programm]. Strategien und Unternehmenserfolg. Wiesbaden 1989.

Chandler, A.D.: Strategy and Structure: [Chapters] in the History of the American Industrial Enterprise. Cambridge (Mass.), London 1962.

Coase, R.H.: The [Nature] of the Firm. In: Economica, 1937, H. 4, S. 386-405.

Coenenberg, A. u. *Th. M. Fischer*: [Prozeßkostenrechnung] – Strategische Neuorientierung in der Kostenrechnung. In: Die Betriebswirtschaft, 51. Jg. (1991), H. 1, S. 21-38.

Copeland, T.E. u. *J.F. Weston*: Financial Theory and Corporate Policy. 3. A., Reading (Mass.) 1993.

Copeland, T. u.a.: [Valuation]: Measuring and Managing the Value Companies. 2. A., New York 1994.

Corsten, H.: Grundlagen der [Wettbewerbsstrategie]. Leipzig 1998.

Cyert, R.M. u. *J.S. March*: A Behavioral [Theory] of the Firm. Englewood Cliffs 1963; deutsch: Eine verhaltenswissenschaftliche Theorie der Unternehmung. 2. A., Stuttgart 1995.

Day, G.S.: [Diagnosing] the Product Portfolio. In: Journal of Marketing, 41. Jg. (1977), H. 2, S. 29-38.

Deal, T.E. u. *A.A. Kennedy*: [Corporate Cultures]. The Rites and Rituals of Corporate Life. Reading (Mass.) 1982.

Dellmann, K. u. *K.P. Franz* (Hrsg.): Neuere Entwicklungen im Kostenmanagement. Bern u.a. 1994.

Demsetz, H.: Towards a [Theory] of Property Rights. In: American Economic Review, Papers and Proceedings, 57. Jg. (1967), S. 347-359.

Drukarczyk, J.: [Finanzierung]. In: *Bea, F.X., E. Dichtl* u. *M. Schweitzer* (Hrsg.): Allgemeine Betriebswirtschaftslehre. Bd. III: Leistungsprozeß. 7. A., Stuttgart 1997, S. 283-399.

Dunst, K.W.: [Portfolio-Management]. Konzeption für die strategische Unternehmensplanung. 2. A., Berlin, New York 1983.

Ebers, M. u. *W. Gotsch*: Institutionenökonomische [Theorien] der Organisation. In: *Kieser, A.* (Hrsg.): Organisationstheorien. 3. A., Stuttgart u.a. 1999, S. 199-251.

Eisele, W.: Innovatives Risikomanagement zwischen finanzwirtschaftlicher Finalität und bilanzieller Kausalität. In: *A. Kötzle* (Hrsg.): Strategisches Management. Stuttgart 1997, S. 59-82.

Eisele, W.: [Technik] des betrieblichen Rechnungswesens. 6. A., München 1999.

Erichson, B. u. *P. Hammann*: Beschaffung und Aufbereitung von [Informationen]. In: *Bea, F.X., E. Dichtl* u. *M. Schweitzer* (Hrsg.): Allgemeine Betriebswirtschaftslehrc. Bd. II: Führung. 7. A., Stuttgart 1997, S. 234-299.

Ewert, R. u. *A. Wagenhofer*: Interne [Unternehmensrechnung]. 4. A., Berlin u.a. 2000.

Feucht, H.: [Implementierung] von Technologiestrategien. Frankfurt/Main 1996.

Fix, O.: Beyond Leveraging Technological Excellence toward a Cross Fertilization with Market Knowledge. In: *A. Kötzle* (Hrsg.): Strategisches Management. Stuttgart 1997, S. 283-303.

Fünfgeld, H. u. *M. Gläser*: Impulse für ein erfolgreiches Management öffentlich-rechtlicher Rundfunkunternehmen. In: *A. Kötzle* (Hrsg.): Strategisches Management. Stuttgart 1997, S. 193-207.

Freeman, E.R.: Strategic [Management]. A Stakeholder Approach. Boston 1984.

Frese, E.: Grundlagen der [Organisation]. Konzepte, Prinzipien, Strukturen. 7. A., Wiesbaden 1998.

Früh, B.: Strategische Positionierung des Finanzplatzes Luxemburg. In: *A. Kötzle* (Hrsg.): Strategisches Management. Stuttgart 1997, S. 157-192.

Gaitanides, M.: [Prozeßorganisation]. München 1983.

Gaitanides, M. u.a.: [Prozeßmanagement]. München, Wien 1994.

Gälweiler, A.: [Unternehmensplanung] – Grundlagen und Praxis. Frankfurt/Main 1986.

Gälweiler, A.: Strategische [Unternehmensführung.) 2., v. *Markus Schwaniger* zus.gest. u. erg. A., Frankfurt, New York 1990.

Gaugler, E.: Information als [Führungsaufgabe]. In: Handwörterbuch der Führung. Stuttgart 1987, Sp. 1127-1137.

Gerpott, T.J.: Strategisches Technologie- und Innovationsmanagement. Stuttgart 1999.

Geschka, H.: Die [Szenariotechnik] in der strategischen Unternehmensplanung. In: *Hahn, D.* u. *B. Taylor* (Hrsg.): Strategische Unternehmungsplanung - Strategische Unternehmungsführung. 8. A., Heidelberg 1999, S. 518-545.

Giddens, A.: [Sociology]. Oxford 1989.

Gierke, L.: Instrumentarium zur Planung und Umsetzung von [Zulieferer-Hersteller-Netzwerken]. Frankfurt/Main 1999.

Gilmore, F.F. u. R.G. Brandenburg: [Anatomy] of Corporate Planning. In: Harvard Business Review, Vol. 40 (1962), H. 6, S. 61-69.

Göbel, E.: Das Management der sozialen [Verantwortung]. Berlin 1992.

Göbel, E.: [Organisationstheorie]. In: Das Wirtschaftsstudium, 21. Jg. (1992), H. 2, S. 117-122.

Göbel, E.: [Selbstorganisation]. Ende oder Grundlage rationaler Organisationsgestaltung? In: Zeitschrift Führung und Organisation, 62. Jg. (1993), H. 6, S. 391-395.

Göbel, E.: Der [Stakeholderansatz] im Dienste der strategischen Früherkennung. In: Zeitschrift für Planung 1995, S. 55-67.

Göbel, E.: [Forschung] im strategischen Management. Darstellung, Kritik, Empfehlungen. In: *A. Kötzle* (Hrsg.): Strategisches Management. Stuttgart 1997, S. 3-25.

Göbel, E.: Theorie und Gestaltung der Selbstorganisation. Berlin 1998.

Gomez, P. u. T. Zimmermann: [Unternehmensorganisation]. Profile, Dynamik, Methodik. 2. A., Frankfurt/Main, New York 1993.

Göltenboth, M.: Global-Sourcing und Kooperationen als Alternativen zur vertikalen Integration. Frankfurt/Main 1998.

Götze, K.: [Szenario-Technik] in der strategischen Unternehmensplanung. Wiesbaden 1991.

Grant, R.M.: Contemporary [Strategy] Analysis. 3. A., Cambridge 1998.

Grant, R.M.: Toward a [knowledge-based theory] of the firm. In: Strategic Management Journal 17, 1996, S. 109-123.

Grochla, E.: [Grundlagen] der organisatorischen Gestaltung. Stuttgart 1982.

Groffmann, H.-D.: Kooperatives [Führungsinformationssystem]. Grundlagen – Konzept – Prototyp. Wiesbaden 1992.

Grün, O.: [Materialwirtschaft]. In: *Schweitzer, M.* (Hrsg.): Industriebetriebslehre. 2. A., München 1994, S. 447-568.

Gutenberg, E.: [Grundlagen] der Betriebswirtschaftslehre. 24. A., Berlin u.a. 1983.

Haas, J.: Die [Entwicklungsfähigkeit] von Unternehmungen. Frankfurt/Main 1997.

Hahn, D.: PuK-Controllingkonzepte. 5.A. Wiesbaden 1996.

Hahn, D. u. *U. Krystek*: Betriebliche und überbetriebliche [Fühwarnsysteme]. In: Zeitschrift für betriebswirtschaftliche Forschung, 31. Jg. (1979), S. 76-88.

Hahn, D. u. *B. Taylor* (Hrsg.): Strategische [Unternehmungsplanung], Strategische Unternehmungsführung. 8. A., Heidelberg 1999.

Hahn, D.: Strategische [Unternehmungsführung] – Grundkonzept. In: *Hahn, D. B. Taylor* (Hrsg.): Strategische [Unternehmungsplanung], Strategische Unternehmungsführung. 8. A., Heidelberg 1999, S. 28-50.

Hahn, D. u. *M. Hintze*: [Konzepte] wertorientierter Unternehmungsführung. In: *Hahn, D.* u. *B. Taylor* (Hrsg.): Strategische [Unternehmungsplanung], Strategische Unternehmungsführung. 8. A., Heidelberg 1999, S. 324-353.

Hammann, P. u. *B. Erichson*: [Marktforschung]. 3.A., Stuttgart, Jena 1994.

Hammer, M. u. *J. Champy*: [Business Reengineering]. Die Radikalkur für das Unternehmen. Frankfurt/Main, New York 1994.

Hansen, H.R.: [Wirtschaftsinformatik] I. 7. A., Stuttgart, Jena 1997.

Harrigan, K.R.: [Strategies] for Declining Businesses. Lexington u.a. 1980.

Hasselberg, F.: [Strategische Kontrolle] im Rahmen strategischer Unternehmensführung. Frankfurt/Main u.a. 1989.

Hauschildt, J.: Innovationsmanagement. 2. A., München 1997.

Hax, A.C. u. *N.S. Majluf*: Strategic [Management]: An Integrative Perspective. Englewood Cliffs (N.J.) 1991.

Hax, A.C. u. *N.S. Majluf*: The Strategic Concept and Process. 2. A., London u.a. 1996. Deutsche Ausgabe: Strategisches [Management]. Frankfurt 1991.

Hayek, F.A. v.: [Recht], Gesetzgebung und Freiheit. Band 1: Regeln und Ordnung. München 1980.

Hedberg, B.: How Organizations Learn and [Unlearn]. In: *Nystrom, P.C.* u. *W.H. Starbuck* (Hrsg.): Handbook of Organizational Design (Vol. 1). London 1981, S. 3-27.

Heinen, E. u. *M. Fank*: [Unternehmenskultur]. 2. A., München 1997.

Henderson, B.D.: Die [Erfahrungskurve] in der Unternehmensstrategie. 2. A., Frankfurt/Main, New York 1984.

Herdzina, K.: Wettbewerbspolitik. 5. A., Stuttgart 1999.

Hertz, D.B.: [Risk Analysis] in Capital Investment. In: Harvard Business Review, Vol. 42 (1964), H. 1, S. 95-106.

Heyd, R.: Führungsorientierte Entscheidungskriterien beim Outsourcing. In: das wirtschaftsstudium (WISU), H. 8-9, 1998, S. 904-910.

Hilberath, B.J.: Zwischen Vision und Wirklichkeit. Würzburg 1999.

Hinterhuber, H.H.: Strategische [Unternehmungsführung]. Bd. I: Strategisches Denken. 6. A. Bd II: Strategisches Handeln. 6. A., Berlin, New York 1996/97.

Hinterhuber, H.H. u.a.: Die Unternehmung als kognitives System von Kernkompetenzen und strategischen Geschäftseinheiten. In: *Wildemann, H.* (Hrsg.): Produktions- und Zuliefernetzwerke. München 1996, S. 67-103.

Hinterhuber, H.H. u.a. (Hrsg.): Das Neue Strategische Management. 2. A., Wiesbaden 2000.

Hofer, Ch.W. u. *D. Schendel*: [Strategy] Formulation: Analytical Concepts. St. Paul u.a. 1978.

Hofstede, G.: [Kultur] und Organisation. In: Handwörterbuch der Organisation. 2. A., Stuttgart 1980, Sp. 1168-1182.

Hopfenbeck, W.: Allgemeine Betriebswirtschafts- und [Managementlehre]. 12. A., Landsberg/Lech 1998.

Hörschgen, H. u.a.: Marketing-Strategien, 2. A., Landsberg/Lech, Berlin 1993.

Horváth, P. u. *R.N. Herter*: [Benchmarking]. Vergleich mit den Besten der Besten. In: Controlling, 4. Jg. (1992), H. 1, S. 4-11.

Horváth, P. u. *W. Seidenschwarz*: Zielkostenmanagement. In: Controlling, 4. Jg. (1992), H. 3, S. 142-150.

Horváth, P., St. Niemand u. *M. Wolbold*: [Target Costing] - State of the Art. In: *Horváth, P.* (Hrsg.): Target Costing. Stuttgart 1993, S. 1-27.

Horváth, P. (Hrsg.): Target Costing. Marktorientierte Zielkosten in der deutschen Praxis. Stuttgart 1993.

Horváth, P.: [Controlling]. 7. A., München 1998.

Horváth, P. u. *U. Michel*: Wie die Balanced [Scorecard] ein wirkungsvolles Wertmanagement unterstützt. In: *Zahn, E.* u. *S. Fosciani* (Hrsg.): Maßgeschneiderte Strategien. Stuttgart 1999, S. 23-43.

Hoskisson, R.E. u.a: Theory and Research in Strategic Management: Swings of a Pendulum. In: Journal of Management 1999, Vol. 25, H. 3, S. 417-456.

Jensen, M.C. u. *W.H. Meckling*: [Theory] of the Firm: Managerial Behavior, Agency Costs and Ownership Structure. In: Journal of Financial Economics, 3, 1976, S. 305-360.

Jung, R.H.: [Mikroorganisation]. Eine Untersuchung der Selbstorganisationsleistungen in betrieblichen Führungssegmenten. Bern, Stuttgart 1985.

Kaplan, R.S. u. *D.P. Norton*: Balanced [Scorecard]: Strategien erfolgreich umsetzen. Deutsche Ausgabe Stuttgart 1997.

Kay, J.: Foundations of Corporate Success. Oxford 1993.

Keen, P.G. u. *M.S. Scott Morton*: [Decision Support Systems]. An Organizational Perspective. Reading (Mass.) 1978.

Keller, Th.: [Untenehmungsführung] mit Holding-Konzepten. Köln 1990.

Kern, W.: Industrielle [Produktionswirtschaft]. 5. A., Stuttgart 1992.

Khandwalla, P.N.: Effect of [Competition] on the Structure of Top Management Control. In: Academy of Management Journal, Vol. 16 (1973), S. 255-295.

Kieser, A. (Hrsg.): [Organisationstheorien]. 3. A., Stuttgart u.a. 1999.

Kieser, A.: Der Einfluß von [Fertigungstechnologie] auf die Organisationsstruktur industrieller Unternehmungen. In: Zeitschrift für betriebswirtschaftliche Forschung, 26. Jg. (1974), S. 569-590.

Kieser, A. u. *H. Kubicek*: [Organisation]. 3. A., Berlin, New York 1992.

Kirsch, W., W.M. Esser u. *E. Gabele*: Das [Management] des geplanten Wandels von Organisationen. Stuttgart 1979.

Kirsch, W.: Strategisches [Management]: Die geplante Evolution von Unternehmen. München 1997.

Kirsch, W.: [Wegweiser] zur Konstruktion einer evolutionären Theorie der strategischen Unternehmensführung. 2. A., München 1997.

Knyphausen-Aufseß, D. zu: [Theorie] der strategischen Unternehmensführung. State of the Art und neue Perspektiven. Wiesbaden 1995.

Knyphausen-Aufseß, D. zu: Strategisches Management auf dem Weg ins 21. Jahrhundert. In: Die Betriebswirtschaft (DBW) 57 (1997), S. 73-90.

Kolks, U.: [Strategieimplementierung]. Wiesbaden 1990.

Kosiol, E.: Die Unternehmung als wirtschaftliches [Aktionszentrum]. 2. A., Wiesbaden 1976.

Kosiol, E.: [Organisation] der Unternehmung. 2. A., Wiesbaden 1976.

Kötzle, A.: Die Identifikation strategisch gefährdeter [Geschäftseinheiten], Berlin 1993.

Kötzle, A. (Hrsg.): Strategisches Management. Stuttgart 1997

Kötzle, A.: Ansätze zur Theorie strategischer Unternehmensentwicklung. In: *Kötzle, A.* (Hrsg.): Strategisches Management. Stuttgart 1997, S. 27-43.

Kraege, T.: Informationssysteme für die Konzernführung. Wiesbaden 1998.

Krampe, G. u. *G. Müller*: [Diffusionsfunktionen] als theoretisches und praktisches Konzept zur strategischen Frühaufklärung. In: Zeitschrift für betriebswirtschaftliche Forschung, 33. Jg. (1981), S. 384-401.

Kreikebaum, H.: Strategische [Unternehmensplanung]. 6. A., Stuttgart u.a. 1997.

Krubasik, E.G.: Technologie – [Strategische Waffe]. In: Wirtschaftswoche 1982, H. 6, S. 28-33.

Krüger, W.: Organisation der Unternehmung. 3. A., Stuttgart 1994.

Krüger, W. u. *C. Homp*: Kernkompetenz – Management. Wiesbaden 1997.

Krystek, U. u. *G. Müller-Stewens*: [Frühaufklärung] für Unternehmen. Stuttgart 1993.

Krystek, U. u. *G. Müller-Stewens*: Strategische [Frühaufklärung]. In: *Hahn, D.* u. *B. Taylor* (Hrsg.): Strategische Unternehmungsplanung - Strategische Unternehmungsführung. 8. A., Heidelberg 1999, S. 497-517.

Kühlmann, K. u. *J. Weber*: Komponenten einer strategischen Planung im Versicherungs-Vermittlungsunternehmen. In: *A. Kötzle* (Hrsg.): Strategisches Management. Stuttgart 1997, S. 223-260.

Küpper, H.-U.: [Controlling]. 2. A., Stuttgart 1997.

Kupsch, P.: [Unternehmungsziele]. Stuttgart, New York 1979.

Lackes, R.: [Herausforderungen] an ein fortschrittliches Kosteninformationssystem. In: Kostenrechnungspraxis, 1990, H. 6, S. 327-328.

Lange, B.: [Portfoliomethoden] in der strategischen Unternehmensplanung. Hannover 1981.

Levitt, Th.: [Marketing] Myopia. In: Harvard Business Review, Vol 38 (1960), H 4, S. 45-56.

Lewis, T.G.: Steigerung des Unternehmenswertes: [Total Value] Management. Landsberg/Lech 1994.

Lindblom, Ch.E.: The [Science] of «Muddling Through». In: Public Administration Review, Vol. 19 (1959), S. 79-88.

Lorange, P.: [Strategic Control]. In: *Lamb, R.B.* (Hrsg.): Competitive Strategic Management. Englewood Cliffs 1984, S. 247-271.

Lorange, P., M.F. Scott Morton u. *S. Ghoshal*: Strategic Control Systems. St. Paul u.a. 1986.

Maas, Ch.: [Determinanten] betrieblichen Innovationsverhaltens. Theorie und Empirie. Berlin 1990.

Macharzina, K.: [Unternehmensführung]. 3. A., Wiesbaden 1999.

Malik, F.: Strategie des Managements komplexer Systeme. 3. A., Bern, Stuttgart 1989.

March, J.G. u. *J.P. Olsen*: [Ambiguity] and Choice in Organizations. Bergen u.a. 1976.

Markowitz, H.M.: [Portfolio] Selection. In: Journal of Finance, 1952, H. 7, S.77-92.

Meffert, H.: [Marketing]. Grundlagen der Absatzpolitik. 8. A., Wiesbaden 1997.

Miles, R.E. u. *Ch.C. Snow*: Organizational [Strategy], Structure and Process. New York 1978.

Milgrom, B. u. *J. Roberts*: Economics, Organization and Management. Englewood Cliffs, N.J., 1992.

Miller, D. u. *P.H. Friesen*: Momentum and Revolution in Organizational [Adaption]. In: Academy of Management Journal, Vol. 23 (1980), H. 4, S. 591-614.

Miller, D. u. *P.H. Friesen*: Innovation in Conservative and Entrepreneurial Firms: Two Models of Strategic Momentum. In: Strategic Management Journal, Vol. 3 (1982), S. 1-25.

Miller, D. u. *P.H. Friesen*: Organizations: A [Quantum] View. Englewood Cliffs 1984.

Mintzberg, H.: [Patterns] in Strategy Formation. In: Man. Sc. 24, 1978, S. 934-948.

Mintzberg, H.: The [Structuring] of Organizations. Englewood Cliffs 1979.

Mintzberg, H.: Mintzberg on [Management]. New York 1989.

Mintzberg, H.: The Rise and Fall of Strategic Planning. New York, London 1994.

Mössner, G.U.: [Planung] flexibler Unternehmensstrategien. München 1982.

Neus, W.: Einführung in die Betriebswirtschaftlehre. Stuttgart 1998.

Nieschlag, R., E. Dichtl u. *H. Hörschgen*: [Marketing]. 18. A., Berlin 1997.

Nonaka, J. u. *H. Takeuchi*: The [knowledge-creating] company. New York, Oxford 1995.

Nuber, W.: [Strategische Kontrolle]. Wiesbaden 1995.

Nuber, W.: Strategische Kontrolle in mittelständischen Unternehmungen. In: *A. Kötzle* (Hrsg.): Strategisches Management. Stuttgart 1997, S. 125-153.

Oberkampf, V.: [Szenario-Technik] – Darstellung der Methodik. Frankfurt/Main 1976.

Oster, S.M.: Modern Competitive Analysis. 2. A., New York, Oxford 1999.

Ouchi, W.G.: Markets, Bureaucracies, and [Clans]. In: Administrative Science Quarterly, Vol. 25 (1980), S. 129-141.

Ouchi, W.G.: Theory Z: How American Business Can Meet the Japanese Challenge. Reading (Mass.) 1981.

Pascale, R.T. u. *A.G. Athos*: The Art of Japanese Management. New York 1981.

Pawlowsky, P.: Betriebliche Qualifikationsstrategie und organisationales [Lernen]. In: *Staehle, W.H.* u. *P. Conrad* (Hrsg.): Managementforschung 2. Berlin, New York 1992, S. 177-237.

Penrose, E.T.: Theory of the Growth of the Firm. Oxford 1955.

Perlitz, M.: Internationales [Management]. 4. A., Stuttgart 2000.

Perridon, L. u. *M. Steiner*: Finanzwirtschaft der Unternehmung. 10. A., München 1999.

Peters, T.: Jenseits der [Hierarchien]. Liberation Management. Düsseldorf u.a. 1993.

Peters, T. u. *R.H. Waterman*: In Search of [Excellence]. New York u.a. 1982.

Pfeiffer, W. u.a.: [Technologie-Portfolio] zum Management strategischer Zukunftsgeschäftsfelder. 6. A., Göttingen 1991.

Pfohl, H.-Ch. u. *W. Stölzle*: [Planung und Kontrolle]. 2. A., München 1997.

Picot, A.: [Transaktionskostenansatz] in der Organisationstheorie: Stand der Diskussion und Aussagewert. In: Die Betriebswirtschaft, 42. Jg. (1982), S. 267-284.

Picot, A. u. *B. Lange*: Synoptische vs. inkrementale [Gestaltung] des strategischen Planungsprozesses. In: Zeitschrift für betriebswirtschaftliche Forschung, 31. Jg. (1979), S. 569-596.

Picot, A. u. *H. Dietl*: [Transaktionskostentheorie]. In: Wirtschaftswissenschaftliches Studium, 19. Jg. (1990), H. 4, S. 178-184.

Picot, A. u. *M. Maier*: [Informationssysteme], computergestützte. In: Handwörterbuch der Organisation. 3. A., Stuttgart 1992, Sp. 923-936.

Picot, A., R. Reichwald u. *R.T. Wiegand*: Die grenzenlose Unternehmung. 3. A., Wiesbaden 1998.

Pohmer, D. u. *F.X. Bea*: [Produktion] und Absatz. 3. A., Göttingen 1994.

Polanyi, M.: Personal [Knowledge]. Chicago 1958.

Popper, K. R.: [Objektive Erkenntnis], ein evolutionärer Entwurf. 4. A., Hamburg 1984.

Porter, M.E.: Competitive Strategy. New York, London 1980.

Porter, M.E.: Competitive Advantage. New York, London 1985.

Porter, M.E.: [Wettbewerbsstrategie]. 10. A., Frankfurt/Main 1999.

Porter, M. E.: [Wettbewerbsvorteile]. Spitzenleistungen erreichen und behaupten. 5. A., Frankfurt/Main 1999.

Porter, M.E. u. *M.B. Fuller*: [Koalitionen] und globale Strategien. In: *Porter, M.E.* (Hrsg.): Globaler Wettbewerb. Wiesbaden 1989, S. 363-399.

Prahalad, C.K. u. *G. Hamel*: The [Core Competence] of the Corporation. In: Harvard Business Review, 68. Jg. (1990), S. 79-91.

Probst, G.J.B.: Selbstorganisation und [Entwicklung]. In: Die Unternehmung, 41. Jg. (1987), Nr. 4, S. 242-255.

Probst, G.J.B.: [Selbst-Organisation]. Berlin, Hamburg 1987.

Probst, G.J.B.: [Organisation]. Strukturen, Lenkungsinstrumente, Entwicklungsperspektiven. Landsberg/Lech 1992.

Probst, G.J.B.: [Selbstorganisation]. In: Handwörterbuch der Organisation. 3. A., Stuttgart 1992, Sp. 2255-2269.

Probst, G.J.B. u. *P. Gomez*: Vernetztes Denken – Die [Methodik] des vernetzten Denkens zur Lösung komplexer Probleme. In: *Hahn, D.* u. *B. Taylor* (Hrsg.): Strategische Unternehmungsplanung, Strategische Unternehmungsführung. 8. A., Heidelberg 1999, S. 909-927.

Probst, G.J.B. u. *B. Büchel*: Organisationales [Lernen]. 2. A., Wiesbaden 1998.

Quarg, S.: Strategische Unternehmensplanung in der Transformation vom Plan zum Markt. Aachen 1995.

Quinn, J.B.: [Strategies] for Change. Logical Incrementalism. Homewood (Ill.) 1980.

Rappaport, A.: [Creating] Shareholder Value. The New Standard for Business Performance. New York, London 1986.

Rechkemmer, K.: [Information Systems] for the Strategic Management of Complex Corporate Groups. In: *A. Kötzle* (Hrsg.): Strategisches Management. Stuttgart 1997, S. 111-124.

Rechkemmer, K.: [Topmanagement] – Informationssysteme. Stuttgart 1999.

Reichmann, T. u. *O. Fröhling*: [Produktlebenszyklusorientierte Planungs- und Kontrollrechnungen] als Bausteine eines Dynamischen Kosten- und Erfolgs-Controlling. In: *Dellmann, K.* u. *K.P. Franz* (Hrsg.): Neuere Entwicklungen im Kostenmanagement. Bern u.a. 1994, S. 281-333.

Reichwald, R. u. *B. Dietel*: [Produktionswirtschaft]. In: *Heinen, E.* (Hrsg.): Industriebetriebslehre. 9. A., Wiesbaden 1991, S. 395-622.

Reiß, M. u. *T. Beck*: [Kernkompetenzen] in virtuellen Netzwerken. In: *Corsten H.* u. *T. Witt*: Unternehmensführung im Wandel. Stuttgart u.a. 1995, S. 33-60.

Ridder, H.-E.: Personalwirtschaftslehre. Stuttgart, Berlin, Köln 1999.

Riebel, P.: Einzelkosten- und [Deckungsbeitragsrechnung]: Grundlagen einer markt- und entscheidungsorientierten Unternehmensrechnung. 7. A., Wiesbaden 1994.

Robertson, D.H.: [Control] of Industry. London 1930.

Rosenstiel, L. von: Die motivationalen [Grundlagen] des Verhaltens in Organisationen - Leistung und Zufriedenheit. Berlin 1975.

Rückle, D. u. *A. Klein*: [Product-Life-Cycle-Cost-Management]. In: *Dellmann, K.* u. *K.P. Franz* (Hrsg.): Neuere Entwicklungen im Kostenmanagement. Bern u.a. 1994, S. 335-367.

Rumelt, R.R: [Strategy], Structure and Economic Performance. Cambridge (Mass.) 1974.

Sakurai, M.: Target Costing and How to [Use] it. In: Journal of Cost Management, Summer 1989, S. 39-50.

Sakurai, M. u. *P.J. Keating*: Target Costing und Activity Based Costing. In: Controlling, 6. Jg. (1994), H. 2, S. 84-91.

Saynisch, M.: [Grundlagen] des phasenweisen Projektablaufs. In: *Saynisch, M., H. Schelle* u. *A. Schub* (Hrsg.): Projektmanagement. Konzepte, Verfahren, Anwendungen. München, Wien 1979, S. 33-58.

Schanz, G.: [Organisationsgestaltung]. Management von Arbeitsteilung und Organisation. 2. A., München 1994.

Schanz, G.: [Wissenschaftsprogramme] der Betriebswirtschaftslehre. In: *Bea, F.X., E. Dichtl* u. *M. Schweitzer* (Hrsg.): Allgemeine Betriebswirtschaftslehre. Bd. 1: Grundfragen. 7. A., Stuttgart, Jena 1997, S. 81-198.

Schein, E.H.: [Organizational Psychology]. 2. A., Englewood Cliffs 1970; deutsch: Organisationspsychologie. Wiesbaden 1980.

Schein, E.H.: Coming to a New Awareness of Organizational Culture. In: Sloan Management Review, Vol. 25 (1984), Nr. 2, S. 3-16.

Schein, E.H.: [Organizational Culture] and Leadership. San Francisco u.a. 1985; deutsch: Unternehmenskultur. Ein Handbuch für Führungskräfte. Frankfurt/Main, New York 1986.

Scherer, A.G.: [Pluralismus] im Strategischen Management. Wiesbaden 1995.

Scherrer, G.: [Kostenrechnung]. 3. A., Stuttgart 1999.

Scheurer, S.: Bausteine einer Theorie der strategischen Steuerung von Unternehmen. Berlin 1997.

Scheurer, S. u. M. Zahn: Organisationales Lernen. In: Zeitschrift für Organisation, H. 3, 1998, S. 174-180.

Schiller, U. u. S. Lengsfeld: Strategische und operative Planung mit der Prozeßkostenrechnung. In: Zeitschrift für Betriebswirtschaft, 68. Jg. (1998), S. 525-547.

Schneck, O.: Strategische Planung in kirchlichen Organisationen. In: *A. Kötzle* (Hrsg.): Strategisches Management. Stuttgart 1997, S. 209-221.

Scholz, Ch.: [Strategisches Management]. Ein integrativer Ansatz. Berlin, New York 1987.

Scholz, Ch.: [Personalmanagement]. 5. A., München 2000.

Schrader, St.: Zwischenbetrieblicher [Informationstransfer]. Eine empirische Analyse kooperativen Verhaltens. Berlin 1990.

Schreyögg, G.: [Unternehmensstrategie]. Grundlagen einer Theorie strategischer Unternehmensführung. Berlin, New York 1984.

Schreyögg, G.: [Organisationskultur]. In: Handwörterbuch der Organisation. 3. A., Stuttgart 1992, Sp. 1525-1537.

Schreyögg, G.: Organisation. 3. A., Wiesbaden 1999.

Schreyögg, G. u. H. Steinmann: [Strategische Kontrolle]. In: Zeitschrift für betriebswirtschaftliche Forschung, 37. Jg. (1985), S. 391-410.

Schreyögg, G. u. H. Steinmann: Zur [organisatorischen Umsetzung] der strategischen Kontrolle. In: Zeitschrift für betriebswirtschaftliche Forschung, 38. Jg. (1986), S. 747-764.

Schweitzer, M.: Industrielle [Fertigungswirtschaft]. In: *Schweitzer, M.* (Hrsg.): Industriebetriebslehre. 2. A., München 1994, S. 569-746.

Schweitzer, M.: Prozeßorientierung der Kostenrechnung. In: *A. Kötzle* (Hrsg.): Strategisches Management. Stuttgart 1997, S. 85-110.

Schweitzer, M.: [Planung] und Steuerung. In: *Bea, F.X., E. Dichtl* u. *M. Schweitzer* (Hrsg.): Allgemeine Betriebswirtschaftslehre. Bd. II: Führung. 7. A., Stuttgart 1997, S. 21-131.

Schweitzer, M. u. *B. Friedl*: Neuere [Entwicklungen] der Kostenrechnung. Arbeitsbericht Nr. 22 der Forschungsabteilung für Industriewirtschaft (FIW), Tübingen 1993.

Schweitzer, M. u. *H.-U. Küpper*: [Systeme] der Kosten- und Erlösrechnung. 7. A., Wiesbaden 1998.

Scott-Morgan, P.: Die heimlichen [Spielregeln]. Die Macht der ungeschriebenen Gesetze in Unternehmen. Frankfurt/Main, New York 1994.

Senge, P.M.: The fifth [Discipline]. The Art and Practice of the Learning Organization. New York 1990.

Staehle, W.H.: [Management]. Eine verhaltenswissenschaftliche Perspektive. 8. A., München 1999.

Steinmann, H. u. *G. Schreyögg*: [Management]. 4. A., Wiesbaden 1997.

Stern, Stewart u.Co.: [EVA] – The Real Key to Creating Wealth. New York 1996.

Sydow, J.: Strategische [Netzwerke]. Evolution und Organisation. Wiesbaden 1993.

Thissen, S.: Strategisches Desinvestitionsmanagement. Frankfurt/Main 2000.

Thompson, J.L.: Strategic [Management]. 3. A., London u.a. 1997.

Troßmann, E.: Beschaffung und Logistik. In: *Bea, F.X., E. Dichtl* u. *M. Schweitzer* (Hrsg.): Allgemeine Betriebswirtschaftslehre. Bd. III: Leistungsprozeß. 7. A., Stuttgart 1997, S. 9-76.

Vancil, R.F. u. *P. Lorange*: Strategic [Planning] in Diversified Companies. In: *Vancil, R.F.* u. *P. Lorange* (Hrsg.): Strategic Planning Systems. Englewood Cliffs 1977, S. 22-36.

Welge, M.K. u. *A. Al-Laham*: Strategisches [Management]. 2. A., Wiesbaden 1999.

Welge, M.K., A. Al-Laham u. *P. Kajüter* (Hrsg.): Praxis des Strategischen Managements. Wiesbaden 2000.

Wicher, H.: Unternehmenskultur. In: wirtschaftswissenschaftliches studium (WISU) H.4, 1994 S. 329-341.

Wild, J.: Grundlagen der [Unternehmungsplanung], Reinbek bei Hamburg 1974.

Willke, H.: Systemisches [Wissensmanagement]. 2. A., Stuttgart 2000.

Williamson, O.E.: [Markets] and Hierarchies. Analysis and Antitrust Implications. A Study in the Economics of International Organizations. London 1975.

Williamson, O.E.: Die ökonomischen [Institutionen] des Kapitalismus. Unternehmen, Märkte, Kooperationen. Tübingen 1990.

Witte, E.: [Phasentheorem] und Organisation komplexer Entscheidungsverläufe. In: Zeitschrift für betriebswirtschaftliche Forschung, 20. Jg. (1968), S. 625-647.

Womack, J.P., D.T. Jones u. D. Roos: Die zweite Revolution in der Autoindustrie. 8. A., Frankfurt/Main, New York 1994.

Woodward, J.: Management and [Technology]. London 1958.

Woodward, J.: Industrial [Organization]: Theory and Practice. London 1965.

Zahn, E.: Strategische Planung zur Steuerung der langfristigen Unternehmensentwicklung. Berlin 1979.

Zahn, E. (Hrsg.): Handbuch [Technologiemanagement]. Stuttgart 1995.

Zahn, E.: [Informationstechnologie] und Informationsmanagement. In: *Bea, F.X., E. Dichtl u. M. Schweitzer* (Hrsg.): Allgemeine Betriebswirtschaftslehre. Bd. II: Führung. 6. A., Stuttgart/Jena 1993, S. 225-290; 7. A., Stuttgart 1997, S. 300-357.

Zahn, E. u. U. Schmid: Produktionswirtschaft: Grundlagen und operatives Produktionsmanagement. Stuttgart 1996.

Zahn, E. u. U. Schmid: [Produktionswirtschaft] im Wandel. In: wirtschaftswissenschaftliches Studium (WiSt), H. 9, 1997, S. 455-460.

Zäpfel, G.: Strategisches [Produktions-Management]. Berlin, New York 1989.

Zettelmeyer, B.: Strategisches Management und [strategische Kontrolle]. Darmstadt 1984.

Stichwortverzeichnis

Grundwissen der Ökonomik BWL

Herausgegeben von Prof. Dr. F. X. Bea und Prof. Dr. M. Schweitzer, Tübingen

Ahlert
Distributionspolitik
4. A. 2001. ca. DM 36,80
(UTB 1364)

Bea/Dichtl/Schweitzer
**Allgemeine Betriebs-
wirtschaftslehre**

Band 1 · Grundfragen
8. A. 2000. DM 34,80
(UTB 1081)

Band 2 · Führung
7. A. 1997. DM 29,80
(UTB 1082)

Band 3 · Leistungsprozeß
7. A. 1997. DM 29,80
(UTB 1083)

Bea/Göbel
Organisation
1999. DM 39,80
(UTB 2077)

Bea/Haas
Strategisches Management
2. A. 1997. DM 49,80
(UTB 1458)

Böcker
Marketing
6. A. 1996. DM 42,80
(UTB 919)

Brockhoff
Produktpolitik
4. A. 1999. DM 46,80
(UTB 1079)

Buchner
**Rechnungslegung und
Prüfung der Kapital-
gesellschaft**
3. A. 1996. DM 39,80
(UTB 1586)

Büschgen
Bankbetriebslehre
3. A. 1994. DM 36,80
(UTB 917)

Drukarczyk
Finanzierung
8. A. 1999. DM 46,80
(UTB 1229)

Gierl u.a.
Marketing Arbeitsbuch
2. A. 1995. DM 27,80
(UTB 1801)

Göpfrich
Wirtschaftsinformatik II
5. A. 1998. DM 27,80
(UTB 803)

In Verbindung mit

Göpfrich
**Arbeitsbuch Wirtschafts-
informatik II**
3. A. 1988. DM 18,80
(UTB 1281)

Hammann/Erichson
Marktforschung
4. A. 2000. DM 52,-
(UTB 805)

Hansen
Wirtschaftsinformatik I
7. A. 1997. DM 36,80
(UTB 802)

In Verbindung mit

Hansen
**Arbeitsbuch
Wirtschaftsinformatik**
5. A. 1997. DM 35,80
(UTB 1281)

Klimecki/Gmür
Personalmanagement
1998. DM 42,80
(UTB 2025)

Kuß/Tomczak
Käuferverhalten
2. A. 2000. DM 32,80
(UTB 1604)

Meyer
**Operations Research –
Systemforschung**
4. A. 1996. DM 26,80
(UTB 1231)

Perlitz
**Internationales Manage-
ment**
4. A. 2000. DM 58,-
(UTB 1560)

Scherrer
Kostenrechnung
3. A. 1999. DM 56,00
(UTB 1160)

Schünemann
Wirtschaftsprivatrecht
3. A. 1998. DM 52,00
(UTB 1584)

Schweiger/Schrattenecker
Werbung
4. A. 1995. DM 34,80
(UTB 1370)

Trossmann
Investition
1998. DM 49,80
(UTB 2013)

Wagner
**Betriebswirtschaftliche
Umweltökonomie**
1997. DM 49,00
(UTB GR 8131)

Zahn/Schmid
Produktionswirtschaft I:
Grundlagen und operatives
Produktionsmanagement
1996. DM 58,-
(UTB GR 8126)

Zahn/Schmid
Produktionswirtschaft II:
Strategisches Produktions-
management
2001. in Vorbereitung
(UTB GR 8139)

Lucius & Lucius

Organisation

von Franz Xaver Bea und Elisabeth Göbel, Tübingen

1999. XXIII, 468 S., 62 Abb., zahlr. Übers., kt. UTB 2077 (Grundw.Ökonomik - BWL)
DM 39,80 / öS 291,- / sFr 37,-. ISBN 3-8282-0095-8

Das Ziel des Buches ist es, einen möglichst umfassenden Überblick über die betriebswirt-schaftliche Organisationslehre zu vermitteln. Die Organisationstheorie und die praktische Gestaltung der Organisation werden gleichgewichtig behandelt. Dies stellt insofern eine Besonderheit dar, als bisher die beiden Bereiche eher getrennt behandelt werden: es gibt Lehrbücher, die sich schwerpunktmäßig mit den theoretischen Ansätzen beschäftigen, und solche, die eher "praxisorientiert" ausgerichtet sind. In diesem Lehrbuch wird dagegen die Verknüpfung von Theorie und Praxis in besonderer Weise betont.

Lucius & Lucius

Organisationen selber verändern

Trainingskonzepte und Trainingsunterlagen

von Frank Heideloff und Ingo Langosch

2000. VIII/288 S. kt.

DM 58,- / öS 423,- / sFr 52,50

ISBN 3-8282-0143-1

Strategien für Veränderungen in Unternehmen können sehr unterschiedlich ausgerichtet sein. In der Praxis sind mindestens vier Typen zu identifizieren:
- Macht- und Zwangsstrategien
- Empirisch-rationale Strategie. Durch Veränderung des Wissens wird der Mitarbeiter von einem Vorhaben überzeugt
- Normativ-reedukative Strategie
- Partizipative Strategie. Mitarbeiter werden bei allen Phasen der Problemabgrenzung, Alternativengenerierung und Lösungsauswahl beteiligt.

Die Autoren dieses Bandes beziehen eine klare Position in bezug auf die Wahl von Veränderungsstrategien. Die vertretene Strategie folgt den Gesichtspunkten von OE-Programmen sowie der Position der systemischen Beratung, die beide durch folgende Merkmale gekennzeichnet sind:
- Einbeziehen des Organisationsumfeldes
- ganzheitliches Berücksichtigen aller Bestandteile einer Organisation
- systematisches Vorgehen
- zyklisches Gestalten der Veränderungen: Analysieren, Planen, Durchführen, Kontrollieren und Wiederbeginn mit Analysieren
- Gestalten der sozialen Prozesse als Grundlage für den Wandel
- Einbeziehen der Mitarbeiter und möglichst vieler Betroffener
- Vermeiden von Einmischung aus "Expertenperspektive".

Die Thematik wird durch vier Seminareinheiten vermittelt, die alle von folgenden Elementen geprägt sind:
- Lernziele
- Ablaufplanung
- Aufgabenstellungen für die Teilnehmer
- Materialien für die Bearbeitung
- Instrumente für die Evaluation des Seminars

Lucius & Lucius